Strafjustiz und DDR-Unrecht

Dokumentation

Herausgegeben von
Klaus Marxen und Gerhard Werle

De Gruyter Recht · Berlin

Band 4/2. Teilband:

Spionage

Unter Mitarbeit von
Petra Schäfter und Ivo Thiemrodt

De Gruyter Recht · Berlin

Gedruckt mit Unterstützung des Bundesministeriums der Justiz und der
Stiftung zur Aufarbeitung der SED-Diktatur

∞ Gedruckt auf säurefreiem Papier,
das die US-ANSI-Norm über Haltbarkeit erfüllt

ISBN 3-89949-081-9

Bibliografische Information Der Deutschen Bibliothek

Die Deutsche Bibliothek verzeichnet diese Publikation in der Deutschen Nationalbibliografie; detaillierte bibliografische Daten sind im Internet über http://dnb.ddb.de abrufbar.

Printed in Germany
Einbandgestaltung: Christopher Schneider, Berlin
Druck und buchbinderische Verarbeitung: Hubert & Co., Göttingen

Inhalt

Band 4/2

Teil 2: Strafverfahren gegen Angehörige anderer nachrichtendienstlicher Abteilungen des Ministeriums für Staatssicherheit der DDR

Teil 3: Strafverfahren gegen Angehörige des militärischen Nachrichtendienstes der DDR

Teil 4: Beispielhafte Spionagefälle

Band 4/1

Dokumente

Teil 1: Strafverfahren gegen Angehörige der Hauptverwaltung A des Ministeriums für Staatssicherheit der DDR

Teil 2:
Strafverfahren gegen Angehörige anderer nachrichtendienstlicher Abteilungen des Ministeriums für Staatssicherheit der DDR

Lfd. Nr. 6

Die Hauptabteilung II des MfS
– Abwehr westlicher Nachrichtendienste –
– Verfahren gegen Kratsch u.a. –

Inhaltsverzeichnis
Anklage des Generalbundesanwalts vom 12.3.1993, Az. 3 StE 2/93 - 2

Der Generalbundesanwalt beim Bundesgerichtshof 12. März 1993
Az.: 3 BJs 512/90-2-(141) - Ref. 4 -; 3 StE 2/93-2- (2) - Ref. 4 -

ANKLAGE

1. Den Generalleutnant a.D. Dr. Günther Kratsch
   geboren 1930 in M.,
   Deutscher, verheiratet, nicht vorbestraft,
   in dieser Sache in Untersuchungshaft seit 30. August 1992
   aufgrund des Haftbefehls des Ermittlungsrichters des Bundesgerichtshofes vom 19. August 1992
   Verteidiger: Rechtsanwältin Gudrun Koziolek und Rechtsanwalt Dr. Frank Osterloh, {2}

2. den Generalmajor a.D. Wolfgang Lohse
   geboren 1932 in L.,
   Deutscher, verheiratet, nicht vorbestraft,
   in dieser Sache vorläufig festgenommen am 18. August 1992,
   vom Vollzug der Untersuchungshaft aufgrund des Haftbefehls des Ermittlungsrichters des Bundesgerichtshofes vom 19. August 1992 seit dem 19. August 1992 verschont aufgrund Beschlusses des Ermittlungsrichters des Bundesgerichtshofes vom selben Tage
   Verteidiger: Jürgen Strahl,

3. den Oberstleutnant a.D. Wolfgang Mauersberger
   geboren 1938 in W.,
   Deutscher, verheiratet, nicht vorbestraft, {3}
   in dieser Sache in Untersuchungshaft vom 18. bis 20. August 1992 aufgrund des Haftbefehls des Ermittlungsrichters des Bundesgerichtshofes vom 18. August 1992 vom Vollzug der Untersuchungshaft verschont aufgrund der Beschlüsse des Ermittlungsrichters vom 13. und 20. August 1992

4. den Oberstleutnant a.D. Kurt Ulbrich
   geboren 1933 in N.,
   Deutscher, verheiratet, nicht vorbestraft,
   vom Vollzug der Untersuchungshaft aufgrund des Haftbefehls des Ermittlungsrichters des Bundesgerichtshofes vom 21. August 1992 seit 21. August 1992 verschont aufgrund des Beschlusses des Ermittlungsrichters des Bundesgerichtshofes vom selben Tage {4}

klage ich an,

I. Dr. Günther Kratsch
durch zwei selbständige Handlungen

1. seit mindestens Februar 1960 bis 6. Dezember 1989 in Berlin (West und Ost) und an anderen Orten

jeweils fortgesetzt und gemeinschaftlich mit anderen Mitarbeitern des MfS im Verlauf ihrer in den vorgenannten Zeiträumen für den Geheimdienst einer fremden Macht gegen die Bundesrepublik Deutschland ausgeübten und auf Mitteilung oder Lieferung von Tatsachen, Gegenständen oder Erkenntnissen gerichteten geheimdienstlichen Tätigkeit

zu nicht näher feststellbaren Zeitpunkten im Verlauf der Jahre 1975 bis 1980

Staatsgeheimnisse einer fremden Macht oder einem ihrer Mittelsmänner mitgeteilt und dadurch die Gefahr eines schweren Nachteils für die äußere Sicherheit der Bundesrepublik Deutschland herbeigeführt zu haben und durch dieselbe Handlung

einem Amtsträger, einem für den öffentlichen Dienst besonders Verpflichteten oder einem Soldaten der Bundeswehr einen Vorteil als Gegenleistung dafür angeboten, versprochen und gewährt zu haben, daß er eine Diensthandlung {5} vorgenommen hat und künftig vornehme und dadurch seine Dienstpflichten verletzt hat oder verletzen würde

2. fortgesetzt und gemeinschaftlich mit anderen Mitarbeitern des Ministeriums für Staatssicherheit (MfS),

fremde bewegliche Sachen, die er in Besitz oder Gewahrsam hatte, rechtswidrig sich zugeeignet zu haben.

II. Wolfgang Lohse
seit mindestens März 1968 bis März 1990,

Wolfgang Mauersberger
seit mindestens Oktober 1968 bis März 1990

Kurt Ulbrich
seit mindestens September 1963 bis März 1990

in Berlin (West und Ost) und an anderen Orten

jeweils fortgesetzt und gemeinschaftlich mit anderen Mitarbeitern des MfS im Verlauf ihrer in den vorgenannten Zeiträumen für den Geheimdienst einer fremden Macht gegen die Bundesrepublik Deutschland ausgeübten und auf Mitteilung oder Lieferung von Tatsachen, Gegenständen oder Erkenntnissen gerichteten geheimdienstlichen Tätigkeit

zu nicht näher feststellbaren Zeitpunkten im Verlauf der Jahre 1975 bis 1980 {6}

Staatsgeheimnisse einer fremden Macht oder einem ihrer Mittelsmänner mitgeteilt und dadurch die Gefahr eines schweren Nachteils für die äußere Sicherheit der Bundesrepublik Deutschland herbeigeführt zu haben und Wolfgang Lohse sowie Kurt Ulbrich durch dieselbe Handlung einem Amtsträger, einem für den öffentlichen Dienst besonders Verpflichteten oder einem Soldaten der Bundeswehr einen Vorteil als Gegenleistung dafür angeboten, versprochen und gewährt zu haben, daß er eine Diensthandlung vorgenommen hat und künftig vornehme und dadurch seine Dienstpflichten verletzt hat oder verletzen würde.

Verbrechen und Vergehen
strafbar bezüglich des Angeschuldigten Dr. Kratsch
nach §§ 93, 94 Abs. 1 Nr. 1, §§ 98, 99, 100e a.F., 334 Abs. 1, §§ 3, 5 Nr. 4, 9, §§ 246 Abs. 1, 7 Abs. 1 1. Alt., 2 Abs. 1, 2 Abs. 3 StGB, Art. 315 Abs. 1, 4 EGStGB, §§ 177

Abs. 1 3. Alt., 181 Abs. 1 Nr. 1 und 2, §§ 81, 64, 22 Abs. 2 Nr. 2 StGB/DDR, 25 Abs. 2, 45 Abs. 2 und 5, 52, 53, 101 StGB
strafbar bezüglich der Angeschuldigten Wolfgang Lohse und Kurt Ulbrich
nach §§ 93, 94 Abs. 1 Nr. 1, 98, 99, 100e a.F., 334 Abs. 1, §§ 3, 5 Nr. 4, §§ 9, 25 Abs. 2, 45 Abs. 2 und 5, 52, 101 StGB {7}
strafbar bezüglich des Angeschuldigten Wolfgang Mauersberger
nach §§ 93, 94 Abs. 1 Nr. 1, 98, 99, §§ 3, 5 Nr. 4, §§ 9, 25 Abs. 2, 45 Abs. 2 und 5, 101 StGB. {8}

Die Angeschuldigten waren Offiziere in der für die Spionageabwehr zuständigen Hauptabteilung II des Ministeriums für Staatssicherheit (MfS) der ehemaligen DDR.

Spionageabwehr war zu einem wesentlichen Teil die Aufklärung gegnerischer Nachrichtendienste. Nach der Aufgabenzuweisung des MfS wurde darunter die Bearbeitung von Geheimdienstmitarbeitern mit dem Ziel der Werbung, Abschöpfung oder Nutzung als Referenzpersonen für die Einschleusung von Perspektivagenten sowie die ständige Erweiterung des IM-Bestandes im Bundesgebiet und in der DDR verstanden. Dieser Auftrag im Zusammenhang mit der systematischen und planmäßigen Beschaffung von Dokumenten, Unterlagen und Informationen aus feindlichen Zentren im Bundesgebiet qualifiziert die Hauptabteilung II zu einem Auslandsaufklärungsdienst der DDR, der mit einer gegen die Bundesrepublik Deutschland gerichteten geheimdienstlichen Tätigkeit beauftragt war.

Der Inhalt des Begriffs Spionageabwehr und damit die Zielrichtung, Art und Weise der darunter verstandenen Tätigkeit folgt zum einen aus dem Verständnis des SED-Regimes von den Zentren des Feindes. Demzufolge gehörten neben den westlichen Nachrichtendiensten auch Polizeidienststellen, die Bundeswehr, Zentren der Datenverarbeitung, Massenmedien, politische Parteien, caritative Einrichtungen und Men-{9}-schenrechtsorganisationen zu den Aufklärungszielen unter dem Deckmantel der Spionageabwehr. Zum anderen war die als Spionageabwehr bezeichnete nachrichtendienstliche Tätigkeit der Hauptabteilung II von der Haltung des SED-Regimes geprägt, Mißstände in der DDR auf ein gezieltes Einwirken des Klassenfeindes jenseits der Grenzen zurückzuführen. In diesem Zusammenhang, der mit Bekämpfung von „PiD“ (politisch-ideologische Diversion) und „PuT“ (politische Untergrundtätigkeit) gekennzeichnet ist, war der HA II die operative Ausspähung westlicher Journalisten und der Ständigen Vertretung der Bundesrepublik in der DDR zugewiesen.

Die Angeschuldigten Dr. Kratsch und Wolfgang Lohse sind als Leiter der HA II bzw. 1. Stellvertreter des Leiters der HA II für diese gegen die Bundesrepublik Deutschland gerichtete geheimdienstliche Agententätigkeit in vollem Umfang verantwortlich. Ihre Tatbeiträge beruhen zum einen auf der funktionsbedingten Einflußnahme auf das nachrichtendienstliche Geschehen, wie die Aufstellung und Bestätigung der Jahresarbeitspläne und die Überwachung der Planerfüllung, Bestätigung von Werbevorschlägen, operativen Reisen und Treffplänen sowie Bewilligung von Operativgeldern, zum anderen aber auch auf der unmittelbaren Einbeziehung in einzelne nachrichtendienstliche Operationen wie konkrete Wei-{10}sungen bei der Führung von Agenten, Teilnahme an Führungstreffs und vergleichbare operative Tätigkeiten sowie die Weiterleitung von beschafftem Verratsmaterial an die Verbindungsoffiziere des KGB.

Die Angeschuldigten sind für die folgenden Spionagefälle, in denen Staatsgeheimnisse dem MfS verraten wurden, verantwortlich:

Fall G.

Der anderweitig verfolgte Karl-Paul G. (DN „Reuter“) war von März 1975 bis Anfang 1983 für die Hauptabteilung II/2 nachrichtendienstlich tätig und übergab in der Zeit von 1975 bis 1980 aus seinem Arbeitsbereich in der Fa. IBM-Sondersysteme in Wilhelmshaven insgesamt etwa 35.000 Blatt unterschiedlicher Geheimdokumente bis zur Klassifizierung „Geheim“ aus dem Bereich der NATO, der Bundeswehr, des MAD und des LfV Niedersachsen teils im Original, teils verfilmt bei Treffs in der ehemaligen DDR an das MfS. Die Unterlagen betrafen insbesondere die Entwicklung geheimer Führungssysteme für die Bundeswahr und die NATO. Der Verrat der Entwicklungsunterlagen hat die Funktionsfähigkeit und Wirksamkeit der Führungssysteme im Spannungs- und Verteidigungsfall schwerwiegend gefährdet. G. erhielt für seine nachrichtendienstliche Tätigkeit ca. 70.000,-- DM. {11}

Der Angeschuldigte Wolfgang Mauersberger war Führungsoffizier des IM „Reuter“ und nahm sämtliche Treffs auf dem Gebiet der DDR wahr. Wolfgang Lohse war aufgrund seiner Funktion als Abteilungsleiter und Dr. Kratsch als Leiter der HA II in den Vorgang eingebunden. Sie steuerten die nachrichtendienstliche Tätigkeit durch Vorlage bzw. Bestätigung von Berichten, Weiterleitungsverfügungen an die HA III und HVA sowie durch Bestätigung der Operativgeldzahlungen. Auf Vorschlag des Angeschuldigten Dr. Günther Kratsch erhielt G. 1981 den „Kampforden für Verdienste um Volk und Vaterland“ in Bronze.

Der Fall Gisela G., Dagmar S. u.a.

Von zentraler Bedeutung mit entsprechendem Schaden für die äußere Sicherheit der Bundesrepublik Deutschland ist das nachrichtendienstliche Geschehen um das Ehepaar Günter und Gisela G., die als IM-Residenten in Hannover die „Residentur Mitte“ für die HA II/2 betrieben. Der im Jahre 1989 verstorbene Günter G., Deckname „Günter“, war seit 1964 für die HA II/2 nachrichtendienstlich tätig. Ab 1969 war seine Ehefrau Gisela G. (Deckname „Marga“) in diese nachrichtendienstliche Verbindung einbezogen. Die Bedeutung der nachrichtendienstlichen Tätigkeit der Residentur Mitte lag in der Führung der Dagmar S. (DN „Vera“). {12}

Günter G., der Dagmar S. unter „falscher Flagge“ angeworben hatte, gelang es, sie ab Juli 1968 als Angestellte im Schreibdienst der Standortverwaltung Hannover bei der MAD-Gruppe II zu plazieren. Dagmar S. lieferte neben umfangreichem Verratsmaterial aus ihrem Tätigkeitsbereich nach ihrer Bestellung zur VS-Verwalterin des Dezernats II/Poseidon im November 1975 dem MfS eine als „VS-Streng Geheim“ eingestufte Aufstellung von Poseidon-Einheiten im Wehrbereich II. Die Auflistung enthielt u.a. die Einheiten und die Standorte der dort stationierten Kernwaffenträgersysteme; ihre Preisgabe war geeignet, einen schweren Nachteil für die äußere Sicherheit der Bundesrepublik Deutschland herbeizuführen. Neben Dagmar S. waren in der Residentur Mitte die beim LfV Niedersachsen beschäftigte Ute B. (DN „Manfred“) und die beim Truppendienstgericht Nord in Hannover beschäftigte Tochter der Eheleute G., Sabine G. (DN „Sibille"), nachrichtendienstlich für die HA II tätig. An die Residentur Mitte wurden insgesamt ca. 400.000,-- DM Agentenlohn gezahlt. Der Angeschuldigte Ulbrich nahm als Führungsoffizier in der Regel die Treffs mit den Residenten wahr. Aufgrund ihrer Verantwortlichkeit für die Hauptabteilung II/2 steuerten die Angeschuldigten Dr. Kratsch und Wolfgang Lohse die nachrichtendienstliche Tätigkeit der Residentur Mitte u.a. {13} durch Aufstellung bzw. Bestätigung von Jahresarbeitsplänen. Sie nahmen an wichtigen Treffs mit den Residenten persönlich teil. Auf Vorschlag der Angeschuldigten Dr. Kratsch und Wolfgang Lohse erhielten die Eheleute G. zahlreiche Auszeichnungen.

Der Fall des verstorbenen Bundeswehrobersten Joachim Krase

Im Januar 1969 suchte der damalige Major der MAD-Gruppe I Joachim Krase (verstorben 1988) Kontakt zum MfS. Der damalige Minister für Staatssicherheit Erich Mielke übertrug die Fallbearbeitung des Selbstanbieters Krase dem Angeschuldigten Dr. Kratsch. Ab Anfang der siebziger Jahre war auch der Angeschuldigte Lohse in die Führung des Bundeswehroffiziers eingebunden. Krase lieferte seinen nachrichtendienstlichen Auftraggebern alle Angaben zu verdeckt arbeitenden Mitarbeitern des MAD, berichtete über Strukturen und Personal des MAD sowie Verbindungen des MAD zu befreundeten Diensten. Ende 1979/Anfang 1980 lieferte Krase eine als „VS-Streng Geheim" eingestufte Auflistung von „Poseidon"-Objekten. Aus den Dokumenten ergaben sich Koordinaten, Benutzernation, Teilstreitkraft und Einheiten sämtlicher in der Bundesrepublik Deutschland stationierter Kernwaffenträgersysteme mit Stand zum 15.10.1979. {14}

Aufgrund der herausragenden Bedeutung des Agenten Joachim Krase, der ab 1980 als Chef des Stabes des Amts für Sicherheit der Bundeswehr in Köln tätig war, wurde er bis zuletzt von Wolfgang Lohse geführt. Die Treffs mit Krase fanden in der Regel im Ausland, zuletzt 1987 in Salzburg, statt. Das über einen Instrukteur an das MfS gelangte Verratsmaterial wurde dem Angeschuldigten Dr. Kratsch vorgelegt, der über die weitere Verwendung entschied. Bei den jährlich drei bis viermal stattfindenden Instrukteurtreffs erhielt Krase jeweils 5000,-- DM.

Neben diesen Landesverratsfällen sind die Angeschuldigten Dr. Kratsch und Wolfgang Lohse u.a. für die Spionagefälle Arno und Angelika B., Dr. Dieter C., Volker F., Rolf G., Paul Sch. und Ruth W. verantwortlich.

Der Angeschuldigte Ulbrich war u.a. für die Führung der Agenten Ronald K., Rosemarie K., Horst D. und Ulrich S. verantwortlich. Der Angeschuldigte Mauersberger führte u.a. die Agenten Helmut S. und Ulrich S.

In seiner Eigenschaft als Leiter der HA II unterstand dem Angeschuldigten Dr. Kratsch seit 1. Januar 1984 auch die Abteilung M des ehemaligen MfS. Die Abteilung M war für die syste-{15}matische und flächendeckende Kontrolle des nationalen und internationalen Postverkehrs auf dem Gebiet der ehemaligen DDR zuständig. Schon seit den 50er Jahren nutzte das MfS die Gelegenheit, im Rahmen der Postkontrolle entdeckte Zahlungsmittel, Schmuck und Wertgegenstände ohne operativen Anlaß und unter Außerachtlassung der geltenden Einziehungsregelungen zu konfiszieren. Die Tätigkeitsabläufe innerhalb der Abteilung M im Zusammenhang mit dieser staatlich organisierten Unterschlagung und die erforderlichen Verhaltensanforderungen an die jeweiligen Mitarbeiter waren in verschiedenen Dienstvorschriften geregelt, die der Angeschuldigte Dr. Kratsch erlassen hatte. In der Zeit von Januar 1984 bis November 1989 wurden durch die Abteilungen M in der Zentrale und den 14 Bezirksverwaltungen auf diese Weise u.a. 30.785.128,14 DM zugunsten des Staatshaushalts der DDR konfisziert.

Außerdem bestimmte der Angeschuldigte Dr. Kratsch Paketsendungen einzubehalten, die in der Bundesrepublik Deutschland aufgegeben und auch an eine Adresse in der Bundesrepublik adressiert, jedoch aufgrund der Postleitzahlenidentität in das Gebiet der ehemaligen DDR gelangt waren. In Ausführung dieser Anordnung wurden von August 1984 bis Oktober 1989 von der Abteilung M monatlich mindestens 600 fehlgeleitete Paketsendungen einbehalten und verwertet. Der durch diese Unterschlagung angerichtete Schaden beträgt 10.210.000,-- Mark (Ost). {16}

Beweismittel

⊗ Es folgt eine Auflistung der Beweismittel, darunter Einlassungen der Angeschuldigten, eine Vielzahl von Zeugen (darunter 30 ehemalige IM sowie 22 ehemalige hauptamtliche Mitarbeiter des MfS), ein Sachverständiger, ein Gutachten des Amtes für den MAD sowie Urkunden, Augenscheinsobjekte und Lichtbilder. ⊗ {35}

⊗ Inhaltsverzeichnis ⊗ {43}

Wesentliches Ergebnis der Ermittlungen

Vorbemerkung

Gegenstand der Anklage ist die Tätigkeit der Angeschuldigten in der HA II des MfS, der sogenannten Spionageabwehr der ehemaligen DDR.

Der Tatvorwurf lautet auf Landesverrat in Tateinheit mit Bestechung. Nach der Rechtsprechung des Bundesgerichtshofes verdrängt das Verbrechen des Landesverrats das Vergehen der geheimdienstlichen Agententätigkeit (und der landesverräterischen Agententätigkeit) im Sinne der Subsidarität (BGHSt 24, 72). Da die festgestellte geheimdienstliche Agententätigkeit bei der Festsetzung der Strafe wegen Landesverrats zu berücksichtigen ist (BGHSt 24, 72, 81), muß dem durch die Darstellung der Tat (§ 264 StPO) in der Anklage entsprochen werden. Hinzu kommt, daß die o.a. Entscheidung des Bundesgerichtshofes auf einen anderen Tätertyp als die jahrzehntelangen Leiter eines Nachrichtendienstes abstellt und das Konkurrenzverhältnis zwischen Landesverrat und den §§ 98, 99 StGB[1] von daher eine andere Bewertung erfahren könnte. {44}

Die Anklage hat auch zu berücksichtigen, daß ein Beschuldigter wegen einer Tat im prozessualen Sinne nur in einem einzigen Strafverfahren verfolgt werden darf (Beschluß des 3. Strafsenats des Bundesgerichtshofes vom 14. August 1991 – StB 15/91 –, abgedruckt in NJW 1991, 2779, durch den der Haftbefehl des Ermittlungsrichters des Bundesgerichtshofes gegen Erich Mielke wegen Verdachts eines Vergehens nach § 99 StGB aufgehoben wurde, weil sich diese Tat mit dem Gegenstand eines von der Staatsanwaltschaft beim dem Kammergericht in Berlin geführten Ermittlungsverfahren[2] in Teilbereichen überschnitt, also Tatidentität im Sinne von § 264 StPO vorlag). Daher hat sich die Anklage um eine vollständige Darstellung des Geschehens, innerhalb dessen die Angeschuldigten den Straftatbestand verwirklicht haben, zu bemühen.

Die nachfolgende Darstellung entspricht diesen Vorgaben:

An die Schilderung der persönlichen Verhältnisse der Angeschuldigten schließt sich die Darstellung des Ministeriums für Staatssicherheit der ehemaligen DDR an. Dabei ist zum Verständnis und zur Kennzeichnung des Unwerts der angeklagten Tat auch das Selbstverständnis des MfS als „tschekistische Kampfformation der Dikta-{45}tur des Proletariats" und ferner der Führungsanspruch der „Sozialistischen Einheitspartei Deutschlands" (SED) zu beschreiben. Die auf diesem Selbstverständnis beruhende, mit rechtsstaatlichen Maßstäben nicht meßbare Tätigkeit der Angeschuldigten wird dargestellt und an konkreten Ereignissen erläutert.

Die von den Angeschuldigten Dr. Kratsch und Wolfgang Lohse geleitete HA II ist auch in Beziehung zu setzen zu anderen Aufklärungseinrichtungen des MfS. Sowohl Unterschiede in der Arbeitsweise als auch die Zusammenarbeit der einzelnen MfS-Hauptabteilungen, in denen ebenfalls tatbestandsmäßig im Sinne der §§ 94 ff.[3] gehandelt wurde, werden beschrieben. Andererseits wird dargestellt, daß die HA II mit ihrer im Sinne der §§ 99 StGB gegen die Bundesrepublik Deutschland gerichteten Ausspähung zugleich auch die für die Unterdrückung der Bevölkerung in der DDR verantwortlichen Einrichtungen des MfS unterstützt hat.

Es folgt schließlich die Darstellung der persönlichen Verantwortlichkeit der Angeschuldigten innerhalb der HA II. Dabei werden das Planungssystem und die Strukturen in diesem Nachrichtendienst beschrieben, die die Tatherrschaft der Angeschuldigten Dr. Kratsch und Wolfgang Lohse in {46} ihrer Funktion als Leiter bei allen wesentlichen nachrichtendienstlichen Operationen aufzeigen. Nach dieser Darstellung der funktionsbedingten Verantwortlichkeit folgt die Schilderung von Spionagefällen, in denen die Angeschuldigten selbst unmittelbar steuernd eingegriffen haben, insbesondere die Fälle der Agenten G., S., G. und K., die die geheimdienstliche Tätigkeit aller Angeschuldigten als Landesverrat qualifizieren. {47}

A. Persönliche Verhältnisse und beruflicher Werdegang der Angeschuldigten

I. Der Angeschuldigte Dr. Günther Kratsch

Der Angeschuldigte Dr. Kratsch wurde 1930 als Sohn des Kaufmannsgehilfen Erich K. und dessen Ehefrau, der Arbeiterin Margarete K., geb. M., in M. geboren. Er besuchte von 1937 bis 1945 die Volksschule in M.

Nach Abschluß der Volksschule absolvierte er in einer Eisenwarenhandlung von 1945 bis 1948 mit Erfolg eine Lehre als Handelsgehilfe und war bis 1950 in seinem erlernten Beruf tätig. Im Februar 1949 wurde Dr. Kratsch Mitglied der FDJ. 1950 wurde er als Sekretär der FDJ-Gruppe der Zweigstelle Menselwitz berufen und gleichzeitig in den Ortsvorstand gewählt. Im Jahre 1950 war Dr. Kratsch hauptamtlicher Sekretär des Ortsausschusses der Nationalen Front in Meuselwitz.

Am 10. Januar 1951 begann der Angeschuldigte seinen Dienst im MfS. Zunächst war er in der Kreisdienststelle Altenburg tätig. Nach Abschluß eines einjährigen Einführungslehrganges für operative Mitar-{48}beiter an der Schule des MfS in Potsdam/Eiche wurde Dr. Kratsch im Jahre 1952 zur Abteilung II (später HA II) in Berlin versetzt. Ab 01. Januar 1953 war er im Range eines Leutnants im Referat 2 der Abteilung II als Sachbearbeiter eingesetzt. Am 1. Februar 1958 wurde er Referatsleiter in der HA II/1. Am 01. Oktober 1957 wurde der Angeschuldigte mit der Leitung des Referats II/1 der HA II betraut und in dieser Funktion am 01. Februar 1958 zum Oberleutnant ernannt. Vom 01. Februar 1960 bis 7. Dezember 1965 leitete er die Abteilung 4 der HA II (ab 1965: HA II/2). In diese Zeit fielen seine Beförderungen zum Hauptmann (01. Februar 1961) und zum Major (01. Februar 1964). Vom 07. Dezember 1965 bis 31. August 1973 leitete Dr. Kratsch die HA II/2. Während dieser Zeit wurde er zum Oberstleutnant befördert (1. Februar 1968). Nach seiner Ernennung zum Oberst (01. April 1974) übernahm der Angeschuldigte die Funktion eines stellvertretenden Leiters der HA II. Bereits am 01. September 1973 war er kommissarisch mit dieser Aufgabe betraut worden. Als Stellvertreter des Leiters der HA II unterstand ihm bis zu seiner Bestellung zum Leiter der HA II am 15. Februar 1976 weiterhin die HA II/2 anleitungsmäßig. Während seiner Tätigkeit als Leiter der HA II, die mit seiner Beurlaubung am 06. Dezember 1989 endete, wurde er am {49} 15. Februar 1978 zum Generalmajor und am 01. Februar 1985 zum Generalleutnant ernannt.

Neben seiner Tätigkeit im MfS absolvierte Dr. Kratsch von 1960 bis 1965 ein Fernstudium an der Juristischen Hochschule des MfS in Potsdam und erlangte am 01. Oktober 1965 den akademischen Grad eines „Diplom-Juristen". Am 11. Mai 1977 promovierte er zum Doktor der Rechtswissenschaften.

Der Angeschuldigte ist seit 03. Juli 1954 mit der Verwaltungsangestellten Lisa K., geb. B., verheiratet. Seine Adoptivtochter C. wurde 1963 geboren.

⊗ Es folgen Angaben zu den finanziellen Verhältnissen des Angeschuldigten. ⊗ Laut Auskunft aus dem Bundeszentralregister ist er nicht vorbestraft.

II. Der Angeschuldigte Wolfgang Lohse

Wolfgang Lohse wurde 1932 als Sohn des Lagerarbeiters und späteren {50} Angehörigen der Volkspolizei Max L. sowie dessen Ehefrau, der Arbeiterin Martha L., geb. K., in L. geboren. Er besuchte von 1938 bis 1942 die Volksschule X., anschließend bis 1950 Y-Oberschule. Von 1950 bis 1952 absolvierte er beim VEB Lacke und Farben Leipzig eine Lehre als Chemiewerker.

Am 30. Juni 1952 begann der Angeschuldigte Lohse seinen Dienst im MfS. Zunächst wurde er als operativer Sachbearbeiter in der Abteilung VI bzw. V (Sachgebiet Kirche) der BV Leipzig eingesetzt. Im Jahre 1953 besuchte Wolfgang Lohse einen mehrmonatigen Qualifizierungslehrgang der Schule des MfS in Potsdam/Eiche. Ab 17. August 1955 war er im Range eines Unterleutnants als operativer Mitarbeiter in der Abteilung V des MfS in Berlin tätig. Nach persönlichen Schicksalsschlägen (Tod der ersten Ehefrau und eines Kindes im Jahre 1955) ließ sich der Angeschuldigte an die Bezirksverwaltung Leipzig (Abteilung VI) zurückversetzen. In der Folgezeit war er stellvertretender Leiter der Abteilung VI und Leiter der Abteilung XIII. Er wurde in dieser Zeit zum Leutnant (07. Oktober 1956) und zum Oberleutnant (07. Oktober 1953) befördert. Vom 01. Januar 1961 bis 31. Januar 1965 leitete Wolfgang Lohse die Abteilung II der BV Leipzig und wurde in dieser Zeit zum Hauptmann (07. Oktober {51} 1961) ernannt. Anschließend war er im Range eines Majors (Ernennung vom 08. Februar 1965) von Februar

1965 bis Februar 1968 für die HVA III als Offizier im besonderen Einsatz tätig. Ab 01. März 1968 wurde Wolfgang Lohse stellvertretender Abteilungsleiter und ab 01. Juni 1973 Abteilungsleiter der HA II/2. In diese Zeit fiel seine Beförderung zum Oberstleutnant (01. Februar 1973). Vom 01. Dezember 1978 bis 28. Februar 1984 war Wolfgang Lohse Leiter des Stabes HA II. Nach seiner Beförderung zum Oberst (01. Februar 1984) wurde der Angeschuldigte am 01. März 1984 zum Stellvertreter des Leiters der HA II berufen. Ab 01. Februar 1987 war er erster Stellvertreter des Leiters der HA II und wurde gleichzeitig zum Generalmajor befördert.

In den Jahren 1955 bis 1960 absolvierte Wolfgang Lohse, ein Fernstudium an der Akademie für Staats- und Rechtswissenschaft der DDR in Potsdam/Babelsberg, welches er mit dem akademischen Grad eines Diplom-Juristen abschloß.

Der Angeschuldigte Lohse trat am 15. Februar 1949 der SED bei, in der er ab 1951 leitende Funktionen wahrnahm. U.a. war er von 1971 bis 1978 Mitglied der Leitung der Abteilungsparteiorganisation (APO) und ab 1980 Mitglied der Leitung der Parteiorga-{52}nisation. Von September 1963 bis Juli 1964 besuchte er die Parteihochschule „Karl-Marx".

Die erste Ehefrau des Angeschuldigten Helga L., geb. S., verstarb am 19. September 1955. Aus dieser Ehe ist außer dem 1955 verstorbenen Kind ein heute 39 Jahre alter Sohn hervorgegangen. Seit 20. Juni 1959 ist Wolfgang Lohse in zweiter Ehe mit Gerda L., geb. M., verheiratet. Aus dieser Verbindung stammt ein weiterer im Jahre 1958 geborener Sohn des Angeschuldigten.

⊗ Es folgen Angaben zu den finanziellen Verhältnissen des Angeschuldigten. ⊗ Laut Auskunft aus dem Bundeszentralregister ist er nicht vorbestraft.

III. Der Angeschuldigte Wolfgang Mauersberger

Wolfgang Mauersberger wurde 1938 als Sohn des Fabrikarbeiters Johannes M. und dessen Ehefrau Johanna {53} M. in W. geboren. Sein Vater fiel 1944 im zweiten Weltkrieg. Im Jahre 1952 heiratete seine Mutter erneut. Der Angeschuldigte besuchte acht Jahre die Volksschule und begann am 01. September 1952 eine Lehre als Maschinenschlosser, die er 1954 mit dem Facharbeiterbrief abschloß. Von Herbst 1954 bis Frühjahr 1956 war er als Kühlmaschinenmonteur tätig. Am 02. April 1956 trat der Angeschuldigte in die Deutsche Grenzpolizei Chemnitz ein. Dieser Einheit gehörte er bis zum 15. April 1960 an.

Am 01. Mai 1960 begann Wolfgang Mauersberger als Unteroffizier seinen Dienst im MfS. Zunächst war er bis 31. Juli 1964 der Objektverwaltung „W" in Chemnitz zugewiesen. Am 01. August 1964 wurde er im Range eines Unterleutnants zur HA II in Berlin versetzt. Zunächst war er in der zentralen Auswertungsgruppe, ab Dezember 1964 in der HA II/6 tätig. Am 01. Oktober 1965 wurde Wolfgang Mauersberger zum Leutnant befördert. Ab 01. Februar 1968 war er in der HA II/5 als Hauptsachbearbeiter tätig und wurde mit Aufgaben der äußeren Spionageabwehr betraut. Am 07. Oktober 1968 wurde er zum Oberleutnant ernannt. Von 1969 bis zur Auflösung des MfS war der Angeschuldigte Mauersberger in unterschiedlichen Funktionen in der HA II/2 tä-{54}tig. Während dieser Zeit wurde er zum Hauptmann (7. Oktober 1971), Major (7. Oktober 1976) und zuletzt zum Oberstleutnant (7. Oktober 1985) befördert. Ab 1. Juli 1975 wurde der Angeschuldigte als stellvertretender Referatsleiter in der HA II/2 eingesetzt. Vom 1. Oktober 1981 bis 30. September 1984 leitete Wolfgang Mauersberger in der HA II/2 die Operativgruppe II, die sich mit spezifischen Problemen der „Arbeit im und nach dem Operationsgebiet" beschäftigte, ab 1. Oktober 1984 als Offizier für Sonderaufgaben. Vom 1. Oktober 1985 bis zur Auflösung des MfS war er Leiter der Arbeitsgruppe Koordinierung der HA II.

Vom 15. Oktober 1971 bis 14. Dezember 1974 absolvierte der Angeschuldigte Mauersberger an der Juristischen Fachschule Potsdam ein Fernstudium und erlangte den Abschluß als „Fachschuljurist".

Wolfgang Mauersberger war ab 1957 Mitglied in der SED. Während seines Dienstes bei der deutschen Grenzpolizei wurde er zum ersten Sekretär der SED-Grundorganisation gewählt. Im MfS war er für mehrere Wahlperioden Mitglied der Parteileitung. {55}

Der Angeschuldigte Mauersberger ist seit 10. März 1962 mit der Krankenschwester Brigitte M., geb. M., verheiratet. Die Ehe blieb kinderlos. Der Angeschuldigte ist zur Zeit als Montagearbeiter tätig. Laut Auskunft aus dem Bundeszentralregister ist er nicht vorbestraft.

IV. Der Angeschuldigte Kurt Ulbrich

Der Angeschuldigte Kurt Ulbrich wurde am 1933 als Sohn einer Arbeiterfamilie in N. geboren. Von 1939 bis 1947 besuchte er die Volksschule und erlernte anschließend den Beruf eines Malers. Er schloß die Lehre 1950 ab und übte den Beruf bis zu seinem Eintritt in das MfS am 19. Mai 1952 aus.

Innerhalb des MfS war Kurt Ulbrich zunächst von Mai 1952 bis Juni 1953 in der Wache der Bezirksverwaltung Dresden eingesetzt. Von Juni 1953 bis 31. Mai 1954 besuchte er die Schule des MfS in Potsdam-Eiche. Danach war er bis Oktober 1954 in der Kreisdienststelle Löbau tätig. Ab dem 1. November 1954 arbeitete er als Oberfeldwebel operativ in der HA II/5. Von 1958 bis 1963 war der Angeschuldigte Ulbrich im Sachgebiet Funk des Referates E {56} der HA II tätig und wurde 1960 zum Leutnant befördert. Im September 1963 kam er als operativer Mitarbeiter in die damalige Abteilung 4, der Vorläuferin der späteren Abteilung II/2. Am 8. Februar 1965 wurde er zum Oberleutnant befördert. Bis zur Auflösung des MfS war Kurt Ulbrich in der HA II/2 in verschiedenen Funktionen tätig. Er wurde am 1. Dezember 1970 zum Hauptmann, am 1. Februar 1974 zum Major und am 7. Oktober 1981 zum Oberstleutnant befördert.

Während der Zugehörigkeit zum MfS absolvierte der Angeschuldigte am 1. Oktober 1986 an der juristischen [Fach-]Schule des MfS ein Studium in der Fachrichtung Rechtswissenschaft, welches er mit dem Diplom „Fachschuljurist" abschloß.

Am 22. August 1959 heiratete er Renate U., geb. H. Aus der Ehe ging eine im Jahre 1962 geborene Tochter hervor.

Seit der Auflösung des MfS ist Kurt Ulbrich arbeitslos. ⊗ Es folgen Angaben zu den finanziellen Verhältnissen des Angeschuldigten. ⊗

Laut Auskunft des Bundeszentralregisters ist Kurt Ulbrich nicht vorbestraft. {57}

B. Die Straftaten der Angeschuldigten

I. Das Ministerium für Staatssicherheit

1. Entstehungsgeschichte

Das Ministerium für Staatssicherheit (MfS) wurde durch Gesetz vom 8. Februar 1950 gegründet.[4] Leiter des Ministeriums wurde Wilhelm Zaisser. Der ehemalige Leiter der „Hauptverwaltung zum Schutze der Volkswirtschaft", Erich Mielke, erhielt innerhalb des Ministeriums den Rang eines Staatssekretärs. Ein schriftliches Statut über die Stellung des Ministeriums innerhalb des Regierungsapparates der ehemaligen DDR, seine Hauptaufgaben und innere Organisationsstruktur gab es in den Anfangsjahren nicht. Auch das später erlassene, am 30. Juli 1969 durch Erich Honecker[5] bestätigte „Statut des Ministeriums für Staatssicherheit"[6] verzichtete auf eine Darstellung der internen Leistungsebenen und Zuständigkeitsbereiche, benannte als Funktionsträger ausdrücklich allein den Minister sowie seine Stellvertreter und beschränkte sich darüber hinaus insofern auf die Feststellung, das MfS gliedere sich „in Diensteinheiten entsprechend der bestätigten Struktur". Hierbei handelte es sich – unverändert bis zur Auflösung des MfS im November 1989 – in erster Linie um {58} Hauptabteilungen (HA), die Hauptverwaltung Aufklärung (HVA), Abteilungen und Referate der Zentrale in Berlin sowie um Bezirksverwaltungen (BV) und diesen nachgeordnete Kreisdienststellen (KD).

2. Struktur des MfS

a) Aufbau

Die Strukturen des MfS entsprachen im wesentlichen denen des KGB der Sowjetunion, welches ebenfalls Inlands- und Auslandsaufklärung in einem Dienst vereinte. Die Sicherheitskräfte der DDR verstanden sich stets als Kampfformation der internationalistischen, antiimperialistischen Bewegung unter Führung der Sowjetunion und der KPdSU.

Seit Gründung des MfS hatten alle Diensteinheiten des MfS als Teile des Gesamtapparates den Machterhalt des SED-Regimes als gemeinsame Aufgabe nach innen und außen zu sichern. Dementsprechend unterschied das Statut vom 30. Juli 1969 zwischen den Bereichen „Abwehr" und „Aufklärung". Zuständig für den Bereich „Aufklärung" waren innerhalb des MfS seit 1955 vorwiegend die Hauptabteilung XV (ab 1956: „Hauptverwaltung Aufklärung" – HVA) mit ihren Abteilungen und nachgeordneten Referaten sowie innerhalb der Bezirksver-{59}waltungen des MfS in erster Linie die dortigen Abteilungen XV, die im Jahre 1955 mit entsprechender Aufgabenstellung als eigenständige Diensteinheiten eingerichtet worden waren. Für den Bereich „Abwehr" war primär die als „Spionageabwehr" bezeichnete HA II zuständig. Aufgabe der Aufklärung und Abwehr war es gleichermaßen, mit inoffiziellen Mitarbeitern (IM) in der DDR sowie im Bundesgebiet nachrichtendienstlich tätig zu sein. Ohne nach Diensteinheiten oder internen Zuständigkeiten zu differenzieren, stellte bereits das Statut des Staatssekretariats für Staatssicherheit vom 15. Oktober 1953 fest, das Staatssekretariat habe

> „das Recht,
> a) - c) …,
> d) in Westdeutschland, West-Berlin und der DDR effektiv arbeitende Agenturen zu errichten und zu unterhalten".

Auch die HA II arbeitete von Anfang an vorgangs- und personenbezogen „in und nach dem Operationsgebiet" und führte dort zahlreiche Quellen. Eine Vielzahl von Ermittlungsverfahren belegt, daß neben der HVA und der HA II auch andere Hauptabteilungen des MfS, nämlich die HA I (Sicherung der Nationalen Volksarmee und Militäraufklärung), HA VI (Sicherung des Reiseverkehrs), HA VIII (Observation und Ermittlungen), HA XVIII (Sicherung der Volkswirtschaft), HA XIX (Si-{60}cherung des Verkehrswesens), HA XX (Bekämpfung politischer Untergrundtätigkeit und ideologischer Diversion), HA XXII (Terrorabwehr) und die einer Hauptabteilung gleichgestellte zentrale Koordinierungsgruppe (ZKG, zuständig u.a. für die Bekämpfung des „Illegalen Menschenhandels", also von Fluchthilfeorganisationen) operativ im Bundesgebiet tätig waren.

Der Aufbau des MfS ergibt sich aus folgendem Schaubild: {61}

⊗ Es folgt das angekündigte Schaubild. ⊗ {62}

b) Einfluß der Partei

Formell war das MfS ein Organ des Ministerrats der ehemaligen DDR. Faktisch war jedoch der Minister für Staatssicherheit, dessen Befehlsgebung die Ausgestaltung der Arbeitsweisen des MfS unterlag, ausschließlich dem Generalsekretär des ZK der SED (bis Mai 1971 Walter Ulbricht, anschließend Erich Honecker) rechenschaftspflichtig. Die Beschlüsse der Parteitage der SED, auf Bezirks- und Kreisebene auch diejenigen der örtlichen Parteiorgane, waren für die gesamte Tätigkeit des MfS – mithin auch für die Planung der operativen Arbeit der Angehörigen der HA II – richtungweisend und maßgebend. Konkretisiert wurde die „Parteimeinung" durch Vorgaben und Anweisungen, die dem MfS unmittelbar von der Abteilung Sicherheit im ZK, dem Politbüro oder dem Sekretariat des ZK der SED erteilt wurden.

Mit der Rolle des MfS als „Schild und Schwert" der SED war notwendig verknüpft, daß die Parteiführung ständig und umfassend über alle wesentlichen Erkenntnisse informiert und über Einschätzungen des MfS zu aktuellen politischen Lagen unterrichtet wurde. Die „Informationstätigkeit an die Partei" war durch Befehl Nr. 584/60 im einzelnen geregelt und {63} erfolgte in erster Linie über die „Zentrale Auswertungs- und Informationsgruppe" (ZAIG) des MfS, die auf der Grundlage des Befehls Nr. 299/65 aus der früheren „Zentralen Informationsgruppe" gebildet worden war. Aufgabe der ZAIG war es umgekehrt auch, die Diensteinheiten des MfS über Einschätzungen der Parteiführung und entsprechende Weisungen und Vorgaben des Ministers zu unterrichten bzw. solche an die Diensteinheiten zu verbreiten.

Das politische Selbstverständnis des MfS als „Schild und Schwert" der SED galt unverändert bis zur Auflösung. Da Erich Mielke seit Juni 1971 zunächst als Kandidat, ab 1976 als voll stimmberechtigtes Mitglied selbst dem Politbüro des ZK der SED angehörte, mithin unmittelbar am Zustandekommen der Entscheidungen der Parteiführung beteiligt war, für deren Umsetzung er alsdann in seinem Verantwortungsbereich Sorge trug, war im Grunde das MfS in seiner geheimdienstlichen Tätigkeit keiner äußeren Kontrolle unterworfen.

Die praktische Gewährleistung der Dominanz der SED erfolgte durch personelle Integra-{64}tion führender Parteikader in alle Leitungsfunktionen und durch die Etablierung von Parteiorganisationen in allen Struktureinheiten des MfS. Es galt der Grundsatz, daß der fachliche Leiter auch der politische Leiter des Kollektivs war. Die Parteisekretäre waren stets in eine enge Zusammenarbeit mit dem dienstlichen Leiter einbezogen. Regelmäßige Parteiveranstaltungen, das Parteilehrjahr und sog. Parteiaktivtagungen sowie die Bildung von Parteigruppen sicherten zusätzlich eine umfassende Einwirkungs- und Kontrollmöglichkeit des Parteiapparates der SED.

c) Politische Vorgaben der nachrichtendienstlichen Tätigkeit des MfS

Die gesamte Tätigkeit des MfS ist mit der weltanschaulich bedingten Politik des SED-Regimes untrennbar verbunden, Unzufriedenheit der eigenen Bevölkerung mit den Verhältnissen und Mißstände in der DDR nicht auf interne Mängel des Systems zurückzuführen, diese vielmehr mit einem gezielten Einwirken des „Klassenfeindes" jenseits der Grenze erklären. Wachsende Widersprüche in der DDR wurden als Werk von Kräften gesehen, die von außen den Aufbau des Sozialismus in der DDR störten. Die Bekämpfung von „PiD" („politisch-ideologische Diversion") und „PuT" („politische Untergrundtä-{65}tigkeit") wurde zum Schlagwort der Tätigkeit des MfS und zwar gleichermaßen in den Bereichen der Abwehr wie der Aufklärung. Als Träger der „PiD" wurden insbesondere die maßgeblichen politischen Parteien der Bundesrepublik, kirchliche Organisationen sowie in den 80er Jahren die sogenannte Friedensbewegung angesehen. Kirchliche Organisationen und Vereinigungen, die im Westen der sog. „Friedensbewegung" zuzurechnen waren oder nahestanden (Arbeitsgemeinschaft für europäische Friedensfragen, amnesty international, Arbeitskreis Atomwaffenfreies Europa, Deutsche Friedensgesellschaft Vereinigte Kriegsdienstgegner e.V., Deutsche Liga für Menschenrechte e.V., Evangelische Akademien in Loccum, Tutzing und Bad Boll, EKD und katholische Kirche, Konferenz für Europäische Atomare Abrüstung, Liaison-Komitee, Maximilian-Kolbe-Werk e.V., Pax Christi – Deutsches Sekretariat, Weltkirchenrat u.a.) und die über jeden Vorwurf aggressiver Bestrebungen erhaben waren, wurden der Subversion bezichtigt und in den sog. „ZAIG-Katalog" aufgenommen, in welchem die Angriffsobjekte der HA II und der HVA festgelegt waren. Die Bekämpfung von „PuT" und „PiD" war in erster Linie Aufgabe der Abwehreinheiten des MfS. Nach der Richtlinie Nr. 1/76[7] waren dementsprechend die IM generell u.a. mit der Zielrichtung einzusetzen, „Hinweise auf {66} Erscheinungsformen und Auswirkungen der politisch-ideologischen Diversion, der feindlichen Kontaktpolitik/Kontakttätigkeit und der feindlichen Stützpunkttätigkeit" sowie „Hinweise auf Organisatoren und Inspiratoren staatsfeindlicher Tätigkeit im Operationsgebiet" festzustellen und aufzuklären. In der Richtlinie Nr. 1/79[8] war festgelegt, daß „Informationen und Beweise über konkrete Aktivitäten und Maßnahmen zur Organisierung eines politischen Untergrundes in der DDR, das Zusammenwirken mit feindlich-negativen Personen und Personenkreisen im Innern der DDR und deren Wirksamwerden" (wozu auch „beabsichtigtes, geplantes bzw. vorbereitetes ungesetzliches Verlassen der DDR" gezählt wurde) durch geeignete IM im Innern der DDR und im Operationsgebiet zu gewinnen waren.

In diesem Zusammenhang ist die vom Ministerrat erlassene Dienstanweisung Nr. 2/83 „Zur Unterbindung und Zurückdrängung von Versuchen von Bürgern der DDR, die Übersiedlung nach nichtsozialistischen Staaten und West-Berlin zu erreichen sowie zur vorbeugenden Verhinderung, Aufklärung und wirksamen Bekämpfung damit im Zusammenhang stehender feindlich-negativer Handlungen“ zu sehen, in welcher die Zuständigkeit aller operativer Diensteinheiten für die Unterbindung und Zurückdrängung von Über-{67}siedlungsversuchen von DDR-Bürgern begründet wurde. Der HA II wurden in dieser Dienstanweisung – wie bei der Aufgabenbeschreibung der Abteilung II/12 und II/13 noch näher auszuführen ist – politisch-operative Aufgaben im Zusammenhang mit der Ausspähung westlicher Medien (HA II/13) und der Ständigen Vertretung der Bundesrepublik in der damaligen DDR (HA II/12), zugewiesen, da u.a. diese Institutionen für die Flut von Ausreiseanträgen und die zahlreichen Versuche der Republikflucht verantwortlich gemacht wurden. Die Dienstanweisung Nr. 2/83 wurde für den Bereich der HA II u.a. durch den vom Angeschuldigten Dr. Kratsch herausgegebenen Arbeits-, Orientierungs- und Informationshinweis vom 29.11.1983 umgesetzt. Entspannungstendenzen, die ab den 70er Jahren unübersehbar zunahmen, wurden nicht zum Anlaß genommen, eigene politische Standpunkte zu revidieren, sondern ignoriert oder mit verschärften Repressionsmaßnahmen im Innern der DDR beantwortet. So erarbeitete beispielsweise der Angeschuldigte Dr. Kratsch im Zusammenhang mit dem Besuch des Staatsratsvorsitzenden Erich Honecker im September 1987 in der Bundesrepublik Deutschland einen als „Streng geheim“ eingestuften Maßnahmeplan, um zu erwartenden politischen Demonstrationen und Aktionen oppositioneller Grup-{68}pen in der DDR entgegenzuwirken, insbesondere übernahm die HA II anläßlich des Honecker-Besuchs und der damit zu erwartenden Demonstrationen und Protestaktionen die Aufgabe, die Ständige Vertretung, Journalisten aus der Bundesrepublik Deutschland und oppositionelle Kreise „politisch-operativ“ aufzuklären und zu kontrollieren.

Ein weiterer Beleg für die enge Verknüpfung der Tätigkeit der HA II mit der Partei ist ein vom Angeschuldigten Wolfgang Lohse in Vertretung des Leiters der HA II unterzeichneter, als „Streng Vertraulich“ eingestufter Arbeits-, Orientierungs- und Informationshinweis (AOI) im Zusammenhang mit dem Wiener KSZE-Folgetreffen vom 25. Januar 1989. Die Durchsetzung der Schlußakte wird als Angriff gegen die DDR und deren innere Angelegenheiten bezeichnet. Es seien die erforderlichen Maßnahmen zur vorbeugenden Verhinderung der Realisierung erkannter Pläne und Absichten sowie zur wirksamen Unterbindung feindlich-negativer Handlungen durchzusetzen. Als Beispiele solcher Pläne werden Übersiedlungsersuchen und die Aktivitäten von reaktionären Kirchenkräften sowie Angehöriger von unter dem Dach der Kirche agierender sog. Basisgruppen genannt. {69}

Für die gesamte Arbeit der HA II im Zusammenhang mit der Stützung dieser Politik der SED ist kennzeichnend, daß unter dem Deckmantel der Spionageabwehr insbesondere durch Ausspähung der Ständigen Vertretung der Bundesrepublik Deutschland in Ost-Berlin und bundesdeutscher Journalisten eine gegen die Bundesrepublik Deutschland gerichtete geheimdienstliche Agententätigkeit ausgeübt wurde, die vordergründig auf die Feststellung der vermeintlichen Einflußnahme westlicher Stellen auf DDR-Bürger gerichtet war. Durch die im Ergebnis schrankenlose Aufklärungstätigkeit innerhalb der DDR und die operative Arbeit in der Bundesrepublik konnten im wesentlichen alle für die zentrale Entscheidungsfindung notwendigen Erkenntnisse beschafft werden.

3. Die Machtbefugnisse des MfS

Aus dieser Verknüpfung von Partei und MfS folgen die Machtbefugnisse, die dem MfS als „tschekistischer Kampfformation" eingeräumt waren. Im offiziellen Beitrag Mielkes zum 25. Jahrestag der Bildung des MfS ist dazu folgendes ausgeführt:

„Mit dem Ministerium für Staatssicherheit entstand ein spezielles Organ der Diktatur des Proletariats, das in der Lage ist und über alle Mittel verfügt, unter der Führung der SED gemeinsam mit den anderen {70} staatlichen Organen und bewaffneten Kräften und in enger Verbundenheit mit den Werktätigen die Arbeiter und Bauern-Macht und die revolutionäre Entwicklung zuverlässig gegen jede konterrevolutionäre Tätigkeit äußerer und innerer Feinde der DDR zu schützen sowie die innere Sicherheit und Ordnung allseitig zu gewährleisten".

Anknüpfend an den Namen des im Dezember 1917 gegründeten sowjetischen Sicherheitsorgans wurde der Minister für Staatssicherheit nicht müde, „höchste tschekistische Leistungen im Dienst unserer marxistisch-leninistischen Parteien zur Ehrung unserer sowjetischen Befreier" zu verlangen. Dabei bringt bereits der Begriff „Tscheka" (russische Abkürzung für „Außerordentliche Kommission zur Bekämpfung von Konterrevolution und Sabotage") die in der Unbegrenztheit der Machtmittel und Befugnisse bestehende Außerordentlichkeit des MfS zum Ausdruck. Dem Fehlen wirksamer gesetzlicher oder parlamentarischer Kontrollmechanismen entsprachen die unbeschränkten Machtbefugnisse, die das MfS ausüben konnte. Maßgebliche Eingriffsbefugnisse ergaben sich aus § 20 Abs. 2 des Volkspolizeigesetzes vom 11. Juni 1968, wonach die Angehörigen des MfS zur Wahrnehmung sämtlicher polizeilichen Befugnisse ermächtigt waren und aus § 88 Abs. 2 Ziffer 2 StPO/DDR, der dem MfS im strafprozessualen Ermittlungsverfahren den {71} Status eines Untersuchungsorgans verlieh. In den Fällen, in denen diese Ermächtigungen aus der Sicht des MfS die gebotenen Eingriffe nicht abdeckten, war das Organ nach leninistischem Verständnis durch die Anbindung an die Partei als Avantgarde der Arbeiterklasse legitimiert, in die Rechte der Bürger einzugreifen, selbst wenn staatliche Ermächtigungsnormen fehlten, die Eingriffe aber zur Erfüllung des Parteiauftrages für erforderlich gehalten wurden. Dieser Sicht entsprechend bedurfte es zur Durchführung konspirativer Hausdurchsuchungen, für Maßnahmen der Linie 26 (Raum- und Inlandstelefonüberwachung), der HA III (Auslandsfunkaufklärung/-telefonüberwachung) und der Linie M in der HA II (Postkontrolle) keiner gesetzlichen Eingriffsbefugnis; ausreichend war die schlichte Anordnung oder Bestätigung des Leiters der operativen Abteilung des MfS.

4. Die Personalstruktur des MfS

a) Die hauptamtlichen Mitarbeiter

Die Personenauswahl für das MfS traf die Abteilung Kader und Schulung. Nur die Elite der Bürger der ehemaligen DDR kam für {72} eine Mitarbeit in Frage. Nach der Dienstanweisung Nr. 1/73 über die Aufgaben bei der Gewinnung und Einstellung neuer Kader hatte die Gewinnung neuer Mitarbeiter – wie bei Geheindiensten allgemein üblich – grundsätzlich vom MfS auszugehen. Die Verfahrensweise war in dieser Dienstanweisung geregelt.

Die hauptamtlichen Mitarbeiter mußten sich schriftlich zur Mitarbeit im MfS verpflichten. Außerdem hatten sie einen Fahneneid zu leisten.

Zur Weiterbildung der Offiziere verfügte das MfS in Potsdam/Eiche über eine eigene Hochschule. Sie unterstand der Hauptabteilung Kader und Schulung. Zum Studium wurden hauptamtliche Mitarbeiter nach einer mindestens dreijährigen Tätigkeit zugelassen. Durch das Studium konnte der akademische Grad eines Dipl.-Juristen erlangt werden. Die Hochschule hatte das Promotionsrecht.

Aufgrund der vorliegenden Vorgangshefte ist davon auszugehen, daß die HA II Ende 1989 über ca. 500 hauptamtliche operative Mitarbeiter im Offiziersrang verfügte. {73}

b) Die inoffiziellen Mitarbeiter des MfS

Der Arbeit mit IM kam die zentrale Bedeutung im MfS zu; sie ist das „Markenzeichen" des MfS und steht im Einklang mit dem Selbstverständnis eines totalitären Staates. Die totale Überwachung aller Bürger kommt in dem immer wieder zitierten Arbeitsbegriff „Wer ist wer" zum Ausdruck. Diese lückenlose Überwachung aller Bereiche des gesellschaftlichen Lebens konnte nur durch ein flächendeckendes Netz von Informanten in der DDR gewährleistet werden.

Soweit die Auslandsaufklärung durch die HA II in Rede steht, folgt die herausgehobene Bedeutung der Arbeit mit IM zum einen aus der langen außenpolitischen Isolierung der DDR, die ihr die geheimdienstliche Tätigkeit aus Agenturen erschwerte und zum anderen aus den besonderen Möglichkeiten, die die Teilung Deutschlands gerade für eine solche Tätigkeit boten.

Die Arbeit mit dem IM war grundlegend in der „Richtlinie 1/79 für die Arbeit mit inoffiziellen Mitarbeitern (IM) und gesellschaftlichen Mitarbeitern (GMS)" des Ministers für Staatssicherheit, die am 1.1.1980 in Kraft trat, geregelt. Danach wurden folgende Kategorien von inoffiziellen Mitarbeitern unterschieden: {74}

(1) IM zur politisch-operativen Durchdringung und Sicherung des Verantwortungsbereiches (IMS).
In diese Kategorie fielen IM, die nach Auffassung des MfS wesentliche Beiträge zur allseitigen Gewährleistung der inneren Sicherheit leisten konnten und in hohem Maße vorbeugend und schadensverhütend wirken konnten; ihre Arbeit sollte der umfassenden, sicheren Einschätzung und Beherrschung der politisch-operativen Lage im Verantwortungsbereich und der Weiterführung des Klärungsprozesses „Wer ist wer" dienen.

(2) IM der Abwehr mit Feindverbindung bzw. zur unmittelbaren Bearbeitung im Verdacht der Feindtätigkeit stehender Personen (IMB).
Als IMB wurden IM eingestuft, die unmittelbar und direkt an

> „feindlich tätigen Personen oder in Verdacht der Feindtätigkeit stehenden Personen arbeiten, deren Vertrauen besitzen, in ihre Konspiration eingedrungen sind und auf dieser Grundlage Kenntnis von deren Plänen, Absichten, Maßnahmen, Mitteln und Methoden erhalten, operativ bedeutsame Informationen und Beweise erarbeiten sowie andere Aufgaben zur Bekämpfung subversiver Tätigkeit sowie zum Zurückdrängen der sie begün-{75}stigenden Bedingungen und Umstände lösen."

Der Wert der Arbeit mit IMB im Rahmen der Aufgabenstellung der HA II fand in der Dienstanweisung 1/87 besondere Berücksichtigung. Danach war die Werbung und Führung von IMB als eine grundsätzliche Aufgabe aller Diensteinheiten der Abwehr bei zentraler Abstimmung und Koordinierung durch die HA II festgelegt. Im Zeitpunkt der Auflösung des MfS wurden in der HA II ca. 200 IMB geführt.

(3) IM zur Führung anderer IM.
Als Führungs-IM (FIM) galten IM, die im Auftrag des MfS andere, ihnen übergebene IMS, IM-Ermittler, IM-Beobachter, IMK und GMS führten.

(4) IM für einen besonderen Einsatz (IME).
Als IME galten inoffizielle Mitarbeiter, die zur Lösung spezieller politisch-operativer Aufgaben eingesetzt wurden. Dazu gehörten IM, die ausschließlich oder überwiegend operative Beobachtungen und Ermittlungen durchführten, aber auch IM in besonderen Schlüsselpositionen (Betriebe u.a.) sowie Experten-IM, die über besondere politisch-operative Erfahrungen und fachspezifische Kenntnisse verfügten. {76}

(5) IM zur Sicherung der Konspiration und des Verbindungswesens (IMK).
Dazu gehörten IM, die zur Sicherung der Konspiration und des Verbindungswesens ihre oder von ihnen verwaltete Zimmer oder Wohnungen dem MfS zur Durchführung von Treffs zur Verfügung stellten. Außerdem gehörten zu dieser Kategorie Deckadressengeber (IMK/DA) oder Decktelefongeber (IMK/DT).

(6) Hauptamtliche IM (HIM).
Als hauptamtliche IM wurden zuverlässige und überprüfte IM geführt, mit denen aufgrund ihrer besonderen Fähigkeiten und Voraussetzungen eine Vereinbarung über einen langfristigen Einsatz abgeschlossen worden war und die für diese Tätigkeit fortlaufend vom MfS finanziell und sozial versorgt wurden.

Im Bereich der Auslandsaufklärung wurden darüber hinaus nach der Richtlinie Nr. 2/79[9] für die Arbeit mit inoffiziellen Mitarbeitern im Operationsgebiet“ folgende weitere IM-Kategorien unterschieden:

(1) Quelle
Als Quelle wurden solche IM bezeichnet, die über geheime feindliche Absichten, Pläne und Aktivitäten, über {77} das feindliche Potential sowie über interne Lagebedingungen informieren konnten. Die Beschaffung der Informationen konnte durch direkten Zugang, durch Abschöpfung oder unter Einsatz operativ-technischer Mittel erfolgen. Quellen mußten eine gesellschaftliche oder berufliche Position besitzen, die ihnen den Zugang zu geheimen Informationen bzw. den vertraulichen Kontakt zu Geheimnisträger ermöglichten.

(2) Residenten
Als Residenten galten inoffizielle Mitarbeiter, die im Operationsgebiet durch ständigen Wohnsitz, Übersiedlung oder legale Abdeckung in DDR-Institutionen legalisiert waren.

(3) Instrukteure
Instrukteure leiteten als Beauftragte der Zentrale auf der Grundlage von Befehlen und Weisungen IM im Operationsgebiet an. Sie hatten zu sichern, daß die von der Zentrale festgelegten Aufgabenstellungen durch die IM im Operationsgebiet erfüllt, die dafür erforderlichen Entscheidung an Ort und Stelle getroffen und die Zentrale umfassend und real über die Situation der im Operationsgebiet tätigen IM informiert

wurde. Instrukteure mußten aus ihrer beruflichen Tätigkeit {78} konspirativ herauszulösen sein und sich durch ihre tatsächliche oder vorgetäuschte Identität im Operationsgebiet aufhalten und bewegen können.

(4) Kurier
Kuriere hatten Informationen, operativ-technische und finanzielle Mittel zwischen dem MfS und dem IM im Operationsgebiet konspirativ zu transportieren. Ihr Aufenthalt und ihre Bewegung im Operationsgebiet erfolgten unter den gleichen Bedingungen und Anforderungen wie beim Instrukteur.

Vorrangige Aufgabe der IM war die Beschaffung von „operativ-bedeutsamen Informationen". Die Zusammenarbeit mit dem IM erfolgte unter strikter Wahrung der Konspiration. Aufträge und gelieferte Informationen wurden in einem Treffbericht des Führungsoffiziers schriftlich nachgewiesen. Die Berichte sollten „objektiv, unverfälscht, konkret und vollständig" sein und waren an den acht W-Fragen (wann, wo, was, wie, womit, warum, wer, wen) auszurichten. Durch eine erste qualifizierte Einschätzung der Information waren Widersprüche, Unklarheiten bzw. Lücken in der Berichterstattung des IM zu erkennen und durch konkrete Frage-{79}stellungen an den IM bzw. durch weiterführende Aufträge oder andere Möglichkeiten zu beseitigen.

Besonderer Wert wurde auf die Überprüfung der Ehrlichkeit und Zuverlässigkeit des IM gelegt. Auf diese Weise sollte in erster Linie die Überwerbung des IM durch einen anderen Geheimdienst entgegengewirkt werden. Bei Zweifeln an der Zuverlässigkeit des IM setzte das MfS alle ihm zur Verfügung stehenden operativen Mittel ein. Sie reichten von der Beschaffung von Vergleichsinformationen, über die „Stimmstreßanalyse" (Auswertung und Messung von akustischen Aufzeichnungen) über die Befragung des IM bis hin zur konspirativen Durchsuchung der Wohnung.

c) Offiziere im besonderen Einsatz (OibE)

Eine weitere Gruppe von Informanten waren die OibE, die entweder als hauptamtliche Offiziere des MfS auf Außenposten legendiert arbeiteten oder als besonders ausgewählte Personen in Schlüsselpositionen des Staatsapparates, der Wirtschaft und anderer Bereiche tätig waren. OibE des MfS gab es vornehmlich in den anderen Sicherheitsorganen wie Polizei, Armee, Justiz, in den großen Kombinaten sowie in der Wirtschaft, Wissenschaft und Kultur in den Einrichtungen mit Beziehungen ins westliche Ausland. {80} Durch die direkte Einbindung in die Befehlsstruktur der Staatssicherheit konnte das MfS so auf direktem Wege Einfluß auf Entscheidungen an den Schaltstellen der Gesellschaft nehmen. Grundlage der Arbeit der OibE war die Ordnung Nr. 6/86 über die Arbeit mit Offizieren im besonderen Einsatz des MfS – OibE-Ordnung –, die am 01.05.1986 in Kraft trat.

5. Die Vorgangsbearbeitung

a) Sicherheitsüberprüfungen

Die Überprüfung von Personen nach der „Richtlinie 1/82 zur Durchführung von Sicherheitsüberprüfungen" betraf in erster Linie Bürger der ehemaligen DDR, die Leitungspositionen innehatten oder sich darum bewarben bzw. solche, die um staatliche Gestattungen mit Sicherheitsbezug (z.B. Besuchsreise ins nichtsozialistische Ausland, Waffenerlaubnis u.a.) nachsuchten. Führte eine Sicherheitsüberprüfung zu Verdachtsmomenten, konnte gegenüber dem Betroffenen eine operative Personenkontrolle eingeleitet werden.

b) Operative Personenkontrolle (OPK)

In der Richtlinie Nr. 1/81 über die operative Personenkontrolle („OPK"), die mit {81} Wirkung vom 01. April 1981 in Kraft trat, wurden die Ziele der OPK folgendermaßen beschrieben:

„Entsprechend ihrem aktiv vorbeugenden Charakter sind mit der OPK wirksame Beiträge zur Vorbeugung und Aufdeckung feindlich-negativer Handlungen, zum Erkennen und Verhindern gegnerischer Wirkungsmöglichkeiten, zur Vorbeugungssicherung durch den Gegner besonders gefährdeter Personen und damit zur Klärung der Frage: Wer ist wer? in den Verantwortungsbereichen zu leisten. Die sich dabei ergebenden Möglichkeiten sind umfassend zum rechtzeitigen Erkennen und Beseitigen von feindlich-negative Handlungen begünstigenden Umständen und Bedingungen sowie zur Durchsetzung anderer schadensverhütender Maßnahmen zu nutzen. Damit ist in den Verantwortungsbereichen wirksam zur Durchsetzung der Politik der Partei- und Staatsführung beizutragen".

Voraussetzung einer operativen Personenkontrolle war das Vorliegen ausreichender Verdachtsmomente aufgrund von Hinweisen, die in der Regel von IM oder Bürgern der DDR, die sich an das MfS gewandt hatten, stammten. Im Rahmen der operativen Personenkontrolle konnte z.B. die Post bzw. das Telefon des Betroffenen überwacht werden. {82}

c) Die Bearbeitung von Operativvorgängen

In Operativvorgängen wurden Verdachtsfälle nachrichtendienstlich bearbeitet. Für jeden Operativvorgang waren in einem Eröffnungsbericht die zu realisierenden Ziele festzulegen. In einzelnen Operativplänen waren die im Operativvorgang zu erreichenden Ziele zu konkretisieren und die erforderlichen politisch-operativen Maßnahmen wie Telefon-, Brief- und Postkontrolle, operative Ermittlungen und Beobachtungen, Fahndungsmaßnahmen insbesondere im grenzüberschreitenden Verkehr und konspirative Durchsuchungen, die dazu einzusetzenden Inoffiziellen Mitarbeiter, das zweckmäßigste operativtaktische Vorgehen und Verhalten der operativen Kräfte und die effektive Zusammenarbeit mit anderen Diensteinheiten darzulegen.

Die Arbeitsweise der HA II belegt der Operativvorgang „Tina", der im Zusammenhang mit der Ausspähung der Ständigen Vertretung der Bundesrepublik in der ehemaligen DDR (StäV) steht:

Aufgrund einer Mitteilung der HVA Abteilung I vom 25. August 1988 an die Hauptabteilung II/12 wurde gemeldet, durch eine inoffizielle Verbindung sei bekannt geworden, daß Frau Dr. T. am 1. Juli 1988 aus dem Bundeskanzleramt an die {83} Ständige Vertretung der Bundesrepublik Deutschland in der DDR versetzt worden sei und ab 1. September 1988 ihre Tätigkeit als Leiterin der Kulturabteilung der Ständigen Vertretung in der DDR aufnehme. Aus der Mitteilung ergab sich im wesentlichen der Werdegang der Beamtin, ihre Mitgliedschaft in der SPD sowie ihre persönlichen Verhältnisse und eine Einschätzung ihrer Person. Es gab nicht den geringsten Anhaltspunkte für eine nachrichtendienstliche Tätigkeit von Frau Dr. T. Der für den Operativvorgang nötige „Verdacht“ folgte allein aus ihrer Zugehörigkeit zur StäV. In der Folgezeit nutzte die HA II alle wesentlichen ihr zur Verfügung stehenden Mittel und Methoden zur Aufklärung der neuen StäV-Angehörigen. Am 9. Februar 1989 erteilte der Leiter der HA II/12 OSL Oertel der Abteilung M eine entsprechenden Fahndungsauftrag. Die Ablichtungen der kontrollierten Post befinden sich bei den Operativakten. Die Abteilung 26 überwachte auf Veranlassung der HA II/12 den Telefonverkehr von Frau T. Im Zusammenhang mit deren Aufenthalt im Hotel „Astoria“ in Leipzig vom 7. Juli bis 9. Juli 1989 erhielt die Abteilung 26 den Auftrag zur akustischen Raumüberwachung (Maßnahme B). Während eines Aufenthalts in Schwerin wurde Frau T. durch die Abteilung VIII der Bezirksverwaltung Schwerin {84} umfassend observiert. Der Beobachtungsbericht vom 4. August 1989 wurde an die HA II/12 einschließlich der gefertigten Fotografien übersandt. In einem Schreiben vom 11. Oktober 1989, welches der Angeschuldigte Wolfgang Lohse in Vertretung des Leiters der HA II Dr. Kratsch unterzeichnete, wurde die Abteilung II der BV Rostock anläßlich eines Aufenthalts der Frau Dr. T. im Interhotel „Neptun“ in Warnemünde vom 16. Oktober 1989 bis 19. Oktober 1989 „um Prüfung der Möglichkeiten zur Realisierung operativer Kontrollmaßnahmen“ gebeten. Der Operativvorgang war zum Zeitpunkt der Auflösung des MfS noch nicht abgeschlossen.

6. Regelungsinstrumente

a) Vorschriften

Die Tätigkeit der Angehörigen des MfS wurde im einzelnen durch „allgemein-verbindliche Rechtsvorschriften“, „Dienstvorschriften“, „Befehle“ und andere „dienstliche Bestimmungen“ des Ministers reglementiert, wobei eine einheitliche Nomenklatur nicht bestand, die verschiedenen Erlasse vielmehr auch als „Richtlinien“, „Dienstanweisungen“, „Anweisungen“, „Ordnungen“, „Durchführungsbestimmungen“ und „Schreiben (mit Weisungscharakter)“ bezeichnet wurden. {85}

Zentrale Vorschriften für die Organe der „Spionageabwehr“, die auch für andere Diensteinheiten des MfS verbindlich waren, sind die Richtlinie (RL) Nr. 1/76 vom 1. Januar 1976 zur Entwicklung und Bearbeitung operativer Vorgänge, die RL Nr. 1/79 vom 8. Dezember 1979 für die Arbeit mit inoffiziellen Mitarbeitern (IM) und gesellschaftlichen Mitarbeitern für Sicherheit (GMS), die RL Nr. 2/79 vom 8. Dezember 1979 für die Arbeit mit inoffiziellen Mitarbeitern im Operationsgebiet. In diesen Vorschriften, die bis zur Auflösung des MfS im November 1989 galten, waren u.a. die Bearbeitung operativer Vorgänge, die jeweils zugehörigen Bearbeitungsschwerpunkte und eine Vielzahl in Betracht kommender taktischer Vorgehensweisen, z.B. die Ausnutzung von Zwangssituationen bei Vorliegen komprimitierender Materialien oder Umstände, eingehend dargelegt.

b) Führungsprinzip

Als grundsätzliche Führungsregel innerhalb des MfS insgesamt wie auch innerhalb der Hauptabteilung II und der Abteilungen II {86} der Bezirke galt das Prinzip der Einzelleitung. Damit gemeint ist der militärische Grundsatz von Befehl und Gehorsam, verbunden mit der uneingeschränkten Verantwortung des Vorgesetzten. Die Befehle und Anweisungen des Ministers richteten sich an die Leiter der Hauptabteilungen, der HVA und der Bezirksverwaltungen, deren Anordnungen an die Leiter der Abteilungen, die ihrerseits Befehlsgewalt gegenüber den Leitern der Referate ausübten. Innerhalb der Führungsebenen waren den jeweiligen Stellvertretern überwiegend eigene Leitungsfunktionen übertragen, diese hatten also nicht lediglich den Leiter bei dessen Abwesenheit zu vertreten, sondern – als zwischengeschaltete Leitungsebene – in selbstständiger Verantwortung nachgeordnete Diensteinheiten anzuleiten. Jeder Leiter einer Diensteinheit war seinem Vorgesetzten im Rahmen seines Zuständigkeitsbereiches für die Lösung der Aufgaben des MfS verantwortlich.

c) Planungswesen

Ein maßgebliches Instrument zur Steuerung der operativen Arbeit im MfS waren die {87} Planorientierungen der Hauptabteilungsleiter und die auf den verschiedenen Arbeitsebenen ausgearbeiteten und jeweils vom vorgesetzten Leiter bestätigten Jahresarbeitspläne. Gemäß der Richtlinie 1/80 des Ministers für Staatssicherheit war der Angeschuldigte Dr. Kratsch als Leiter der HA II verpflichtet, zum Ende eines jeden Jahres Planorientierungen für die operative Jahresplanung der Linie II herauszugeben. Die Planorientierung war Grundlage für die Arbeitsplanung der Abteilungen für das kommende Jahr. Die Stellvertreter des Leiters der HA II erstellten auf der Grundlage der Jahresarbeitspläne der ihnen unterstellten Abteilungsleiter die Jahresarbeitspläne für ihren Anleitungsbereich. Die Jahresarbeitspläne der Stellvertreter und die der Leiter der dem Angeschuldigten Kratsch direkt unterstellten Abteilungen und Arbeitsgruppen waren ihm zur Bestätigung vorzulegen. Grundlage des Jahresarbeitsplanes einer Abteilung waren die Arbeitspläne der Referatsleiter. Diese wurden dem Abteilungsleiter vorgelegt, der auf der Grundlage der vorgelegten Konzepte die Entscheidung traf, welche der einzelnen Vorgänge aufgrund ihrer Bedeutung in den Jahresarbeitsplan der Abteilung aufzunehmen waren. Die Jahresarbeitspläne enthielten Decknamen der einzelnen Operativ- bzw. {88} IM-Vorgänge, Zielstellung, den wesentlichen Sachstand, die Verantwortlichkeit und Termine. Klarnamen von Quellen sowie auszuforschende Personen wurden in den Plandokumenten der Abteilungsleiter nicht genannt und Hinweise, die zu deren Enttarnung hätten führen können, vermieden. Im übrigen wurden jedoch die wesentlichen Einzelumstände der Vorgänge, Registrierungen, Decknamen und Objekte (teils unter Angabe der beruflichen Ebene, in denen Quellen tätig waren, bisherige Vorgangsentwicklungen – verbunden mit analytischer Einschätzung –, angestrebte Entwicklungsziele und Entwicklungsmöglichkeiten beispielsweise aufgrund persönlicher und beruflicher Veränderungen einer Quelle), Gegenstände der Informationsbeschaffung sowie Arbeitsschritte und methodische Vorgehensweise zu ihrer Erlangung einschließlich personeller Verantwortlichkeiten in Kurzfassung dargelegt.

Darüber hinaus wurde die Tätigkeit der Abwehrorgane durch mündliche Anordnungen, ein System von Vorgaben, Orientierungen und Weisungen, die für die gesamte Hauptabteilung verbindlich war, geregelt. Verstöße gegen Anordnungen wurden bestraft. Zur Ahndung und Bestrafung von Verstößen gegen diese Vorschriften gaben die Disziplinarordnung des MfS und das Militärstrafgesetz die entsprechenden Rege-{89}lungen. Demzufolge konnten Leiter ihre Weisungen gegenüber Untergebenen notfalls mit Arrest oder gar mit der Waffe durchsetzen. {90}

II. Die Aufgaben der Linie II

Die Aufgaben der HA II als Spionageabwehr wurden in der „Dienstanweisung Nr. 1/87 zur Gewährleistung des komplexen Vorgehens bei der Abwehr geheimdienstlicher Angriffe gegen politische, ökonomische und militärische Bereiche" niedergelegt. Die Dienstanweisung ist gleichsam eine Festschreibung der der HA II im Zeitpunkt ihres Erlasses zugewiesenen Aufgaben.

Eine wesentliche Aufgabe war die Organisierung der Abwehrarbeit gegen die Spionagetätigkeit westlicher Geheimdienste, insbesondere der Bundesrepublik Deutschland, den USA, Großbritanniens sowie Frankreichs und die hierzu für erforderlich gehaltene nachrichtendienstliche Ausspähung der Nachrichtendienste dieser Länder bzw. von Organisationen, die vom MfS als „Zentren des Feindes" angesehen wurden. Der Einsatz geheimdienstlicher Mittel durch die Spionageabwehr gegen Verdächtige und vermutete „Zentren des Feindes" war bis zur Klärung der Verdachtslage zulässig. Die geheimdienstliche Agententätigkeit der HA II war von Anfang an nicht auf das Territorium der ehemaligen DDR beschränkt, sondern auch in die Bundesrepublik gerichtet. Daneben wurden von der Hauptabteilung II – wie auch in anderen Dienstein-{91}heiten des ehemaligen MfS – Agenten geführt, deren nachrichtendienstliche Tätigkeit nicht im Zusammenhang mit der originären Zuständigkeit der Hauptabteilung II stand. Nach den bisherigen Erkenntnissen ist davon auszugehen, daß Agenten in der Regel jeweils von der Diensteinheit des MfS geführt wurden, der die Anwerbung gelungen war.

Die ursprüngliche Struktur der HA II änderte sich Mitte der 70er Jahre insbesondere bedingt durch eine Zuständigkeitserweiterung aufgrund der Anerkennung der DDR durch zahlreiche Staaten und der damit verbundenen Einrichtung diplomatischer Missionen sowie der Etablierung von Büros ausländischer Korrespondenten in der ehemaligen DDR. Der ehemalige Minister für Staatssicherheit Erich Mielke vermutete in den Botschaften der NATO-Staaten zahlreiche Geheimdienstresidenturen ebenso wie in der Ständigen Vertretung der Bundesrepublik Deutschland (StäV). Folge dieser Einschätzung war u.a. die Bildung gesonderter Abteilungen, deren Aufgabe die Ausspähung westlicher Journalisten und der StäV war. Der Personalbestand der HA II zur Bekämpfung der vermuteten Spionage erhöhte sich dementsprechend. {92}

Daneben oblag der HA II seit den siebziger Jahren die Absicherung und Nutzung der Verbindungen des SED-Zentralkomitees zur DKP. Im Zusammenhang mit der Sicherung der DKP vor Angriffen westlicher Dienste ergaben sich konkrete Aufgaben für die Abteilung II/19 bezüglich der Militärorganisation (MO) der DKP:

Die MO wurde in den Jahren 1968/1969 gegründet. In den Anfangsjahren fanden die Ausbildungen der MO in Ungarn und in Polen statt. Mitte der 70er Jahre wurde die Arbeit wegen der politischen Brisanz der MO auf das Gebiet der DDR verlagert. Die Leitung der MO war in einer Villa in Berlin-Grünau untergebracht. Die Ausbildung der Mitglieder der MO erfolgte auf zwei Ausbildungsbasen bei Storkow im ehemaligen Bezirk Frankfurt/Oder. Zweimal im Jahr fanden Ausbildungslehrgänge auf den dortigen Militärbasen statt. Bei den Lehrgängen handelte es sich um eine zweistufige Ausbildung (Grundausbildung sowie Weiterbildung der Absolventen einer Grundausbildung). Die Ausbildung übernahm eine dazu geschaffene Ausbildergruppe der NVA, die ein General führte. Die Ausbildung hatte körperliche Ertüchtigung, Waffenkunde sowie Schieß- und Sprengübungen und andere militärische Übungen zum Inhalt. Außerdem wurde über konspiratives Verhalten im „Feindesland" sowie über konspirative {93} Treffdurchführungen unterrichtet. Die Mitglieder der MO waren in Gruppen eingeteilt; es bestand ein Verbindungssystem zwischen diesen Mitgliedern in der Bundesrepublik, so daß zu Übungszwecken jährlich einmal festgelegte Partner sich konspirativ in der Bundesrepublik treffen konnten. Über den möglichen Einsatz der Mitglieder wurden konkrete Pläne erarbeitet. Es war auch ins Auge gefaßt, die Mitglieder der MO als Ordnungskräfte bei Veranstaltungen der DKP einzusetzen. Die Treffen in der DDR wurden legendiert abgehalten. Vor den Übungen fanden in einer konspirativen Wohnung in Ost-Berlin Besprechungen statt. Die Ausbildungsbasen wurden während der Ausbildungszeit durch Sicherungskräfte des MfS bewacht. Finanziellen Mittel für die MO waren aus dem Finanzfond bereitzustellen. Im Jahre 1989 hatte die MO ca. 200 Mitglieder. Sie wurde durch den Vorsitzenden der DKP Herbert Mies und den Parteivorstand angeleitet.

Eine Beschneidung der Kompetenzen der HA II ergab sich Mitte der 70er Jahre durch die Gründung der HVA IX, die für die Gegenspionage zuständig war. Im Zusammenhang mit dieser Kompetenzänderung wurden auch einige Mitarbeiter der HA II zur HVA IX versetzt. Inoffizielle Mitarbeiter wurden ebenfalls an die HVA abgegeben. {94}

III. Zusammenarbeit der HA II mit anderen Diensteinheiten des MfS

Als Teil des „Gesamtsystems MfS" standen der HA II die Erkenntnisse anderer Diensteinheiten, deren technische und in bestimmten Zusammenhängen auch deren personelle Mittel zur Nutzung zur Verfügung. Hervorzuheben sind in diesem Zusammenhang die Verbindungen zu der HVA, der HA III, zu Linien M und 26 und zu der HA VI des MfS:

1. Zusammenarbeit mit der HVA

Im Bezug auf die Organisation der Arbeit „im und nach dem Operationsgebiet" bestanden zwischen der HVA und der HA II Absprachen. Prinzipielle Probleme der Zusammenarbeit mit der HVA regelte der Angeschuldigte Dr. Kratsch mit dem Leiter der HVA. Weitere grundsätzliche Fragen des gemeinsamen Vorgehens stimmte der Angeschuldigte Wolfgang Lohse mit dem Leiter der HVA IX ab. Im Rahmen dieser Zusammenarbeit wurden sowohl gemeinsame als auch jeweils eigenständige Operationen durchgeführt. Entsprechend der festgelegten Verantwortung übermittelte die HA II alle wichtigen Materialien (z.B. Werbevorgänge, Aktivitäten gegen Geheimdienstmitarbeiter) der HVA {95} bzw. die HVA kam auf den Leiter der HA II zu, wenn gemeinsame Aufgaben zu lösen waren und die Unterstützung der HA II benötigt wurde. Materialien, bei denen die operativen Möglichkeiten der HA II nicht ausreichten bzw. eine effektive und erfolgreiche Nutzung nicht gesichert war, wurden der HVA übergeben. Über wichtige Aktionen der HVA wurde die HA II informiert.

Darüber hinaus hatte gemäß Befehl Nr. 40/68 der Leiter der HVA zu garantieren,

„daß die Leiter der HA II und XX regelmäßig schriftliche Informationen und Hinweise, die für ... den Kampf gegen Zentren und Einrichtungen der politisch ideologischen Diversion wichtig sind, aus den bei der HVA, Abt. VII, vorhandenen Meldungen aller Linien und Dienststellen erhalten."

Damit war die HVA aufgefordert, der HA II für die „Bearbeitung feindlich-negativer Bürger", mithin der kritischen und oppositionellen Kräfte der DDR, Beweise für deren „Inspiration und Organisation" aus der Bundesrepublik zu liefern, die für Repressivmaßnahmen verwendet werden konnten.

2. Zusammenarbeit mit der HA III

Der HA III, die anfangs als Arbeitsgruppe, ab Anfang der 70er Jahre bis Januar 1983 {96} als Abteilung III geführt worden war, oblag zusammen mit den nachgeordneten Diensteinheiten der Linie III in den Bezirksverwaltungen die gesamte gegen die Bundesrepublik gerichtete Funk- und Fernmeldeaufklärung des Staatssicherheitsdienstes der ehemaligen DDR. Alle drahtgebundenen Fernsprechleitungen zwischen der DDR und der Bundesrepublik waren direkt an Abhörstationen der HA III angeschlossen. Darüber hinaus war die HA III in der Lage, die überwiegende Zahl der innerhalb des Bundesgebiets verlaufenden Richtfunkstrecken und große Teile der Autotelefonnetze B und C mit entsprechenden Gerätschaften zu überwachen. Insgesamt wurden von Einheiten der Linie III ständig etwa 30.000 bis 40.000 Telefonanschlüsse in der Bundesrepublik überwacht und die jährlich mehr als 100.000 abgehörten Gespräche auf hunderten von Bandgeräten in der DDR aufgezeichnet.

Auftraggeber des „Dienstleistungsbetrieb" der HA III waren neben dem gesamten MfS die sowjetischen Geheimdienste KGB und GRU sowie in beschränktem Maße die Verwaltung Aufklärung der NVA, deren „Zielkontrollaufträge" über die HA I des MfS an die HA III weitergeleitet wurden. {97}

Als Leiter der HA II war der Angeschuldigte gehalten, jährliche Informationsvorgaben an den Leiter der HA III zu richten. Diese Vorgaben bezeichneten die Angriffsbereiche, in welchem schwerpunktmäßig einzelne Zielobjekte für die HA II durch Abhörmaßnahmen aufgeklärt werden sollten. Die Übergabe der Vorgaben erfolgte jeweils im November für das darauffolgende Planjahr durch den Leiter der AGK, der vom Angeschuldigten Dr. Kratsch mit der Wahrnehmung der Verbindungsaufgaben zur HA III betraut worden war. In der Mitte des Planjahres wurden die Informationsvorgaben aktualisiert. Zusätzlich zu diesen Rahmenvorgaben erteilte die HA II der HA III jährlich eine Vielzahl konkreter Zielkontrollaufträge, die teils aus operativem Anlaß befristet, teils unbefristet zu erfüllen waren. Auch die Einzelaufträge aus den verschiedenen Abteilungen der HA II wurden durch den Leiter der AGK, dem Mitangeschuldigten Mauersberger, an die HA III übermittelt, deren Abhörergebnisse generell über die AGK an die auftraggebende Diensteinheit der HA II zurückflossen.

Eine zusammenfassende Übersicht über sämtliche durch Funkaufklärung gewonnenen Erkenntnisse wurde dem Angeschuldigten Dr. Kratsch regelmäßig zur Entscheidung darüber vorgelegt, ob und gegebenenfalls {98} durch welche Abteilung der HA II eine operative Nutzung der jeweiligen Informationen in Betracht kam. Eine der Abteilungen, die in größerem Umfange Aufklärungsergebnisse der HA III für ihre geheimdienstliche Tätigkeit verwendete, war die HA II/2.

3. Zusammenarbeit mit [den] Linien M und 26

Die Aufgabenstellung der Abteilung M des MfS wie auch der im wesentlichen deckungsgleich organisierten Abteilungen M in den Bezirksverwaltungen für Staatssicherheit bestand in der Durchführung einer systematischen und flächendeckenden Kontrolle und Auswertung von Brief- und Paketsendungen, die im nationalen und internationalen Verkehr der Deutschen Post der ehemaligen DDR befördert wurden. Die Wahrnehmung dieser Aufgabe durch Kräfte der Abteilungen M erfolgte teils in originärer Zuständigkeit, wobei die erlangten Informationen entsprechend den Aufgabenverteilungen innerhalb des MfS gestreut wurden, teils auf Veranlassung anderer Diensteinheiten des MfS, die berechtigt waren, zu operativen Zwecken Postfahndungsaufträge an Abteilungen M zu erteilen.

Die Nutzung von Maßnahmen der Linie M erfolgte im Bereich der HA II in erster Linie durch Fahndungsaufträge der Leiter {99} einzelner operativer Abteilungen der HA II zu bestimmten Anschriften und Verbindungen, die beispielsweise zur Überprüfung der „Ehrlichkeit“ des Betroffenen innerhalb eines bereits bestehenden nachrichtendienstlichen Kontakts oder zur Gewinnung von Ansatzpunkten für eine nachrichtendienstliche Verstrickung dienen konnten.

Die Abteilungen der Linie 26 des MfS waren innerhalb der ehemaligen DDR insbesondere zuständig für

- Telefonüberwachung (Maßnahme A),
- Akustische Raumüberwachung (Maßnahme B),
- Optische Raumüberwachung (Maßnahme D) und
- Überwachung des Fernschreibverkehrs (Maßnahme T).

Auch die Möglichkeiten der Linie 26 wurden von den Diensteinheiten der HA II und den Abteilungen II in den Bezirksverwaltungen vielfältig genutzt, um Erkenntnisse über DDR-Bürger, deren Westverbindungen, besuchsweise in der DDR sich aufhaltende Personen aus dem Operationsgebiet und von Mitarbeitern der Ständigen Vertretung der Bundesrepublik in der DDR zu gewinnen. Dabei konnten Maßnahmen der Kategorien B und D von Mitarbeitern der HA II nur mit Genehmigung des Leiters der {100} HA II beantragt werden. Diese Maßnahmen wurden im Vergleich zur Brief- und Telefonkontrolle relativ selten angeordnet.

4. Zusammenarbeit mit der HA VI

Vielfache Berührungspunkte bestanden im Rahmen der operativen Tätigkeit der HA II naturgemäß mit den Diensteinheiten der HA VI des MfS, welche für die Sicherung der

Grenze der DDR, die Kontrolle des grenzüberschreitenden Reiseverkehrs und die Überwachung der Interhotels in der DDR zuständig war. Durch Kräfte der Linie VI wurden Einreisebewegungen aus dem Operationsgebiet, insbesondere diejenigen spezieller Zielpersonen, für die HA II unter Beobachtung gehalten. Andererseits wurden die Grenzkontroll-Offiziere der HA VI in die praktische Durchführung von Schleusungsvorgängen der HA II eingebunden.

IV. Die linienspezifische Anleitung der Abteilung II der Bezirksverwaltungen für Staatssicherheit

In den insgesamt 16 – ab 1982: 15 – Bezirksverwaltungen des MfS, deren innere {101} Organisationsstruktur derjenigen der Zentrale des MfS angeglichen war, waren der HA II mit entsprechender Aufgabenstellung die Abteilungen II nachgeordnet. Grundlage der Arbeit der Bezirksverwaltungen auf der Linie II war zuletzt die Dienstanweisung 1/87, die für die politisch-operative Arbeit aller Diensteinheiten der Abwehr galt.

Verantwortlich für die Anleitung der Abteilungen II „auf Linie“ war der Leiter der HA II. Mittel der Steuerung waren insbesondere die gemäß der Richtlinie 1/80 des Ministers für Staatssicherheit jährlich von dem Leiter der HA II herausgegebenen Planorientierungen. Sie enthielten die Übersicht über die mit den Abteilungen II der Bezirksverwaltungen abgestimmten politisch-operativen Schwerpunktaufgaben für das jeweilige Planungsjahr und konkrete Vorgaben zu Einzelvorgängen.

Die Kontroll- und Anleitungsbefugnis gegenüber den Abteilungen II ermöglichte es der HA II, die nachrichtendienstlichen Verbindungen der Bezirksverwaltungen gezielt – etwa durch Vorgabe in den jährlichen Planorientierungen – für eigene operative Zwecke zu nutzen. Darüber hinaus wurden sämtliche durch die Aufklärungstätigkeit der Abteilungen II gewonnenen In-{102}formationen, denen überbezirkliche Bedeutung nicht von vornherein abzusprechen war, an die HA II weitergeleitet. Hervorzuheben ist, daß aus der Sicht der HA II und des Angeschuldigten Dr. Kratsch, der dazu grundsätzliche Bemerkungen in seinem Referat auf der Dienstkonferenz vom 8. April 1987 gemacht hat, die Abteilungen II in den Bezirken dazu aufgerufen waren, insbesondere die Führung von IMB mit dem Leiter der HA II abzustimmen. Anknüpfend an die Erkenntnisse anderer Diensteinheiten sowie insbesondere an die Tätigkeit der nachgeordneten Kreisdienststellen, welche die gesamte Bevölkerung ihres territorialen Bereichs auch auf Verwendbarkeit für Zwecke der Linie II zu durchleuchten hatten, wurden die Bewohner der DDR ausgespäht, ihr Lebenswandel und ihre Familienverhältnisse überprüft, Kontakte und Leumund im Wohngebiet und Arbeitsbereich festgestellt, fachliches, politisches und gesellschaftliches Auftreten beobachtet und ihre beruflichen Arbeitsleistungen und -ergebnisse ausgewertet. Ziel solcher Maßnahmen war es auch, unter der Bevölkerung der DDR diejenigen Personen herauszufiltern, die für nachrichtendienstliche Aufgaben – etwa als Werber, Übersiedler, Kurier oder Instrukteur – nutzbar erschienen. Dazu gehörte es auch, durch Sichtung von Reiseanträgen in dringenden Familienangelegen-{103}heiten sowie durch Auswertung von Maßnahmen der Linien M, III und 26 Verbindungen von Bürgern der DDR zu Bürgern der Bundesrepublik auf ihre operative Wertigkeit zu prüfen und ggf. über die Betroffenen, umfassend abgeklärten DDR-

Bürgern als „IM-Basis“, zu Neuvorgängen in das Operationsgebiet zu entwickeln. {104}

V. *Zusammenarbeit mit dem KGB und anderen östlichen Geheimdiensten*

Die Zusammenarbeit des MfS mit Geheimdiensten anderer Unterzeichnerstaaten des Warschauer Vertrages „über Freundschaft, Zusammenarbeit und gegenseitigen Beistand“ von 1955 erfolgte auf der Grundlage bilateraler „Vereinbarungen“ und „Protokolle“, die Regelungen für die Linie II des MfS enthielten. Weitergehende Festlegungen für die Zusammenarbeit ergaben sich aus der „Vereinbarung über die Zusammenarbeit zwischen dem Ministerium für Staatssicherheit der Deutschen Demokratischen Republik und dem Komitee für Staatssicherheit (KfS) beim Ministerrat der Union der sozialistischen Sowjetrepubliken“, die am 6. Dezember 1973 von dem Minister für Staatssicherheit der ehemaligen DDR Mielke und dem Vorsitzenden des Komitees für Staatssicherheit beim Ministerrat der UDSSR Andropow unterzeichnet wurde. In dieser Vereinbarung verpflichteten sich beide Seiten u.a. zum gegenseitigen Austausch von politischen, militärischen, wirtschaftlichen und wirtschaftlich-technischen Aufklärungsinformationen des Gegners sowie von durch die Geheimdienste beschaffter Muster der neuesten Technik sowie von operativen Materialien und Informationen für die Arbeitsformen und -methoden der Aufklärungs- und Abwehrdienste des {105} Gegners. Außerdem vereinbarten die Vertragsparteien die Koordination und Unterstützung bei der Durchführung von Aufklärungsmaßnahmen zum inoffiziellen Eindringen in wichtige Objekte des Gegners, in erster Linie der USA, der Bundesrepublik Deutschland sowie der NATO, und in der Abwehrarbeit gegen westliche Geheimdienste. Zur Lösung dieser gemeinsamen Aufgaben kamen beide Seiten überein, daß in der DDR eine Vertretung des Komitees für Staatssicherheit beim MfS und in Berlin sowie in den Bezirken der ehemaligen DDR tätig wird. Zur Gewährleistung der Erfüllung der sich aus dem Abkommen ergebenden gegenseitigen Verpflichtungen wurde die gemeinsame Erarbeitung allgemeiner Perspektivpläne der Zusammenarbeit für das MfS und für einzelne Linien sowie die Unterhaltung regelmäßiger Kontakte durch Arbeitstreffen vereinbart. In dem von Mielke und Andropow am 29. März 1978 unterzeichneten Protokoll über die Regelung des Zusammenwirkens zwischen dem MfS der ehemaligen DDR und der Vertretung des KfS wurde festgelegt, daß die Zusammenarbeit durch 30 Verbindungsoffiziere des KGB, von denen 15 bei den Bezirksverwaltungen tätig sein sollten, gewährleistet wird. Die den Verbindungsoffizieren obliegenden Aufgaben wurden in dem Protokoll detailliert dargelegt. Maßgebend für die Zusammenarbeit auf der Linie II {106} war das vom Angeschuldigten Dr. Kratsch unterzeichnete Protokoll über die Zusammenarbeit zwischen der Hauptabteilung II des MfS der DDR und der II. Hauptverwaltung des KfS der UDSSR vom 23. April 1981.

Innerhalb der HA II galt ab 19. Mai 1987 die Ordnung Nr. II/1/87 zur Organisierung der Zusammenarbeit zwischen der HA II des MfS und den Diensteinheiten der Linie Spionageabwehr der Bruderorgane sozialistischer Staaten. In dieser Dienstanweisung übertrug der Angeschuldigte Dr. Kratsch die Verantwortung für alle Prozesse der Zusammenarbeit mit den Bruderorganen auf der Linie Spionageabwehr dem Leiter der Abteilung 10 der HA II. In der „Ordnung über Auswertung von Informationen (Dokumenten,

Unterlagen, Berichten), die von Quellen unmittelbar aus dem Lager des Feindes beschafft werden" von 1. September 1980 bestimmte der Angeschuldigte Dr. Kratsch die Weiterleitung von Auswertungsergebnissen an die Sicherheitsorgane der UDSSR.

Darüber hinaus erfolgte die Abstimmung und Koordinierung gemeinsamen Vorgehens aus aktueller operativer Veranlassung auf der Ebene der Stellvertreter des Angeschuldigten Dr. Kratsch sowie der Leiter der Abteilungen II der Bezirksverwaltun-{107}-gen. In den Bezirken wurden von den Leitern der Abteilung II den Verbindungsoffizieren Eingangsinformationen (sog. „Primärmaterial") überlassen, an denen die UdSSR ein spezielles Interesse hatte. In der Praxis der HA II wurden außerdem die der Abteilung AKG zugeleiteten Berichte nach entsprechender Zustimmung des Leiters der HA II oder dessen Stellvertreters an das KGB weitergeleitet.

Dieser Übung ungeachtet wurden zu hohen sowjetischen Jahres- und anderen kommunistischen Staatsfeiertagen dem Leiter des KGB durch den Minister für Staatssicherheit auf Vorschlag des Angeschuldigten Dr. Kratsch „Geschenke" in Form von Kopien nachrichtendienstlich beschaffter politischer oder militärischer Dokumente überreicht, die zwar auf Arbeitsebene in der Regel bereits an die Sowjets gelangt waren, wegen ihrer inhaltlichen Bedeutsamkeit von der Leitung des MfS jedoch genutzt wurden, um das Gewicht der eigenen operativen Erfolge gegenüber der UdSSR besonders hervorzukehren.

Zwar war mit der Weitergabe nachrichtendienstlich erlangter Informationen an die Offiziere des KGB nicht verbunden, daß dem sowjetischen Geheimdienst jede Quelle der Auslandsaufklärung der DDR im „Operations-{108}gebiet BRD" offenbart worden wäre. Inhaltlich waren die Spionageergebnisse dem KGB jedoch vollen Umfangs bekannt.

VI. Die Struktur der HA II

1. Überblick

Die Hauptabteilung II war dem Minister für Staatssicherheit unmittelbar unterstellt. Dem grundsätzlichen Leitungssystem des MfS folgend führten Stellvertreter des Hauptabteilungsleiters mehrere Abteilungen in „Stellvertreterbereichen". Die HA II gliederte sich zuletzt in fünf Stellvertreterbereiche mit insgesamt 21 Abteilungen, einer Auswertungs- und Kontrollgruppe, der Arbeitsgruppe Koordinierung und der Arbeitsgruppe Ausländer.

Bei Auflösung des ehemaligen Ministeriums für Staatssicherheit Ende 1989 hatte die HA II die aus nachstehendem Schaubild ersichtliche Gesamtstruktur: {109}

⊗ Es folgt das angekündigte Schaubild.[10] {110}

2. Der Verantwortungsbereich des Leiters der HA II

Dem Leiter der HA II unterstanden direkt zentrale Leitungseinrichtungen.

Stab

Der Abteilung oblag in erster Linie die Planung und Koordinierung politisch-operativer Schwerpunktmaßnahmen im Zuständigkeitsbereich der Hauptabteilung II sowie die Erarbeitung von Dokumenten für die Führungs- und Leitungsebene. Außerdem gehörte zu diesem Bereich das operative Leitzentrum der HA II (Einleitung von Sofortmaßnahmen zu operativen Meldungen, Gewährleistung des Kommunikationssystems außerhalb der Dienstzeit). Die Abteilung war außerdem für organisatorische Fragen im Zusammenhang mit einem etwaigen Mobilmachungsfall zuständig. Daneben oblag ihr die Sicherheit der Dienstobjekte der Hauptabteilung und die militärische Ausbildung der Angehörigen der Diensteinheit.

Auswertungs- und Kontrollgruppe – AKG –

Die Auswertungs- und Kontrollgruppe unterstützte die Leitung durch Speicherung und {111} Aktualisierung operativ bedeutsamer Informationen im Zusammenhang mit den der HA II gestellten Aufgaben. Die dort gesammelten Daten und Informationen waren Grundlage der politisch-operativen Einschätzung und der sich daraus ergebenden Entscheidungen für die Leitung der HA II.

Die AKG wurde zuletzt von Oberstleutnant Dr. Siegfried Neubert geleitet.

Arbeitsgruppe Koordinierung – AGK –

Der vom Angeschuldigten Mauersberger geleiteten Arbeitsgruppe oblag die zentrale Koordinierung und Abstimmung der nachrichtendienstlichen Aktivitäten der HA II insbesondere mit den Bezirksverwaltungen sowie die Unterstützung anderer Diensteinheiten des MfS. Sie war für die Gewährleistung der Sicherheit des IM-Netzes des MfS und dessen effektive Nutzung zuständig. Außerdem oblag ihr die Identifizierung von Agenturen und Zielpersonen westlicher Geheimdienste, die zentrale Koordinierung der Operationsvorgangsbearbeitung und die Kontrolle von Verbindungssystemen westlicher Geheimdienste mit nachrichtendienstlichen Mitteln. {112}

Abteilung 10

Die zuletzt von Oberst Willi Brückner geführte Abteilung war in erster Linie zuständig für die Organisation und Realisierung der Zusammenarbeit mit den „Bruderorganen" auf der Linie Spionageabwehr sowie die Sicherung der DDR-Vertretungen in anderen sozialistischen Staaten.

Abteilung 13 – Westliche Journalisten –

Der Abteilung 13 oblag insbesondere die nachrichtendienstliche Ausspähung von ausländischen Korrespondenten bzw. Journalisten und deren Kontaktpartner. Die ihr zugewiesenen Aufgaben waren im Geschäftsverteilungsplan wie folgt umschrieben:

- Politisch-operative Abwehr geheimdienstlicher sowie anderer subversiver und feindlich-negativer Angriffe von ausländischen Korrespondenten/Journalisten und deren Kontaktpartnern

- Vorgangs- und personenbezogene Arbeit im und nach dem Operationsgebiet zum inoffiziellen Eindringen in zentrale imperialistische Publikationsorgane {113}
- Stabsmäßige Vorbereitung und Durchführung von Aktionen und Einsätzen im zentralen und territorialen Maßstab bei pressepolitischen Höhepunkten
- Politisch-operative Sicherung des Internationalen Pressezentrums (IPZ) und von „Panorama".

Die Aufgaben waren auf fünf Referate verteilt:

Referat 1
- Aufklärung, Kontrolle und Bearbeitung ausländischer Korrespondenten, vor allem aus NATO-Staaten (außer Bundesrepublik und Westberlin) sowie deren Kontaktpartnern
- Maßnahmen zur Abwehr feindlicher, insbesondere geheimdienstlicher Angriffe gegen Korrespondenten aus Entwicklungsländern;

Referat 2
Operative Bearbeitung der akkreditierten Reise- und ständigen Korrespondenten aus der BRD und Westberlin sowie deren Kontaktpartnern in der DDR; {114}

Referat 3
- Entwicklung und Führung von Werbevorgängen für die Arbeit im und nach dem Operationsgebiet;
- Operative Ermittlungen und Beobachtungen im Operationsgebiet

Referat 4
- Politisch-operative Sicherung der Mitarbeiter und Objekte IPZ und der Nachrichtenredaktion „Panorama"
- Koordinierung geplanter journalistischer Vorhaben in Zusammenarbeit mit den Abteilungen II der Bezirksverwaltungen und im Zusammenwirken mit den zuständigen staatlichen Stellen
- Vorbereitung, Durchführung und operative Nutzung von Aktionen und Einsätzen;

Referat 5
Information und Auswertung, Analytik, Speicherarbeit.

Aus dem Bereich der HA II/13 sind einige Spionagefälle bekannt. Sie sind Gegenstand folgender Ermittlungsverfahren: {115}

Fall der Eheleute K., DN „Alexander Prinz" bzw. „Martina Jacobi" – 3 BJs 227/92-4 –

Der DDR-Bürger Karl-Heinz K. wurde im Jahre 1984 durch die HA II/13 für eine Mitarbeit im MfS gewonnen. Operatives Ziel war es, ihn nach seiner Übersiedlung nach West-Berlin in den Medienbereich einzuschleusen. Auftragsgemäß nahm er eine Tätigkeit bei der Berliner Morgenpost auf und trat in die CDU ein. Die nachrichtendienstliche Verstrickung dauerte bis zur Auflösung des MfS an.

Fall des Günter L., DN „Ebert“ – 3 BJs 131/92-4 –

Der in Berlin (Ost) wohnhafte Journalist Günter L. war IM der HA II/13. Er berichtete dem MfS über Treffen mit ausländischen Journalisten, u.a. über Mitarbeiter der ARD und des ZDF.

Fall des Manfred R., DN „Fuchs“ – 3 BJs 142/92-4 –

Der in Berlin (Ost) wohnhafte Manfred R. wurde in der HA II/13 als IM geführt. Er spähte auftragsgemäß von 1980 bis 1989 u.a. ZDF-Mitarbeiter aus. {116}

Fall des Hans-Joachim A., DN „Adamo“ – 3 BJs 1120/91-4 –

Der Westberliner Hans-Joachim A. war von 1972 bis 1987 IM der HA II/1 und wurde dann von der HA II/13 bis 1989 geführt. Als FDP-Mitglied berichtete er über Interna der FDP in Westberlin. Er hatte Zugang zu Journalistenkreisen, die er auftragsgemäß ausspähte.

Fall der Eheleute J. und Margit B., DN „Marti“ bzw. „Monika“ – 3 BJs 153/92-4 –

Der in Berlin (Ost) wohnhafte französische Staatsangehörige Jordi B. war von 1962 bis 1989 für das MfS tätig. Er wurde zuletzt von der HA II/13 geführt und klärte ab 1984 in Westberlin u.a. Presseeinrichtungen (Journalistenclub Berlin e.V., Journalistenverband Berlin, Verein der Ausländischen Presse in Berlin, Journalistenunion der Dritten Welt) ab. Der Schwerpunkt seiner geheimdienstlichen Aktivitäten lag jedoch in der Abwicklung von Embargogeschäften und der Ausspähung der französischen Botschaft in Ostberlin sowie von Fluchthilfeunternehmen. Seine Ehefrau {117} Margit B., unterhielt von 1979 bis 1989 nachrichtendienstliche Beziehungen zur HA II und wurde zuletzt von der HA II/13 geführt. Sie wurde zur Absicherung und Unterstützung der nachrichtendienstlichen Tätigkeit ihres Ehemannes eingesetzt.

Fall des Klaus H., DN „Kurt“ – 3 BJs 276/92-4 –

Der in Berlin (Ost) wohnhafte Klaus H. war von 1979 bis 1989 IM der HA II/13. Als Redakteur der Chef-Redaktion – Aktuelle Kamera DDR Fernsehen – betreute er in der damaligen DDR tätige Aufnahmeteams westlicher Rundfunk- bzw. Fernsehanstalten, die er auftragsgemäß abschöpfte.

3. Der Verantwortungsbereich des Angeschuldigten Lohse als 1. Stellvertreter des Leiters der HA II

Abteilung 2

Die Abteilung 2 war zuständig für die operative Bearbeitung agenturführender Dienststellen der Geheimdienste der Bundesrepublik Deutschland und die Durchführung weiterer offensiver Maßnahmen im Operationsgebiet. Leiter der Abteilung war {118} Oberst Schlerhorn und Stellvertreter Oberstleutnant T.

Wegen der Bedeutung dieser Abteilung im Zusammenhang mit der gegen die Bundesrepublik gerichteten nachrichtendienstlichen Tätigkeit und der sich daraus ergebenden Verantwortlichkeit der Angeschuldigten ist die Arbeit dieser Abteilung gesondert darzustellen (vgl. VII).

Abteilung 4

Die Abteilung 4 war schwerpunktmäßig für die Militärspionageabwehr zuständig. Letzter Leiter der Abteilung war OSL Ulrich Holletz.

Abteilung 5

Die Abteilung 5 hatte die politisch-operative Fahndung zu den postalischen Verbindungssystemen westlicher Geheimdienste in enger Zusammenarbeit mit der HA VI und der Abt. M des MfS Berlin zu organisieren. Letzter Leiter der Abteilung war Oberstleutnant Stuchly.

Abteilung 12

Der Aufgabenschwerpunkt lag in der abwehrmäßigen Bearbeitung der StäV, um mögliche {119} geheimdienstliche Tätigkeiten für bundesdeutsche Geheimdienste zu erkennen. Außerdem hatte diese Abteilung das unbefugte Betreten der StäV zu verhindern. Die Abteilung führte ca. 150 IM. Diese wurden in erster Linie eingesetzt, um Mitarbeiter der StäV abzuschöpfen. Inoffizielle Mitarbeiter im Wohnbereich der StäV-Mitarbeiter kontrollierten Bewegungsabläufe, den Besucherverkehr und wurden an StäV-Mitarbeiter herangespielt, um kompromitierendes Material zu sammeln. Zur Überwachung der Vertretung wurde in den der StäV gegenüberliegenden Häusern Videotechnik eingesetzt. Außerdem kontrollierte im Auftrag der HA II/12 die Abteilung M die an die StäV gerichtete Post; die Abteilung 26 hatte die Fernsprechverbindungen zu überwachen. Während der gesamten operativen Bearbeitung der StäV konnte kein Angehöriger der Vertretung als Geheimdienstmitarbeiter enttarnt werden.

DDR-Bürger, die die StäV betraten, wurden durch die dort eingesetzten Polizeibeamten kontrolliert und die Personalien an die HA II/12 weitergegeben. Der Leiter der HA II/12 informierte in diesen Fällen die für den jeweiligen DDR-Bürger örtlich zuständige MfS-Dienststelle, um eine operative Kontrolle sicherzustellen. {120}

Aus dem Bereich der Abteilung 12 sind u.a. folgende Vorgänge bekannt, die die nachrichtendienstliche Arbeitsweise dieser Diensteinheit beleuchten:

Fall der Dr. Renate G., DN „Gisela“ und des Achim-Hartmut N., DN „Hans“
– 3 BJs 500/91-4 –

Dr. Renate G. (geschiedene N.) wurde 1972 auf ideologischer Basis für eine Zusammenarbeit mit dem MfS (HA II/2) angeworben. Während ihrer Studienzeit an der Humboldt-Universität berichtete sie über regimefeindliche Tendenzen von Studienkollegen und Professoren. Bei Einsätzen auf den Leipziger Messen klärte sie westliche Messebesucher ab und stellte Kontakte zu operativ interessanten Personen her. Aufgrund ihrer intimen Beziehungen zum portugiesischen Botschafter ergaben sich auch Kontakte zu anderen in der DDR akkreditierten Angehörigen westlicher Botschaften, Korrespondenten westlicher Medien und der Ständigen Vertretung. Sie berichtete dem MfS über ihre Kontakte zu dem Leiter der Ständigen Vertretung Günther Gaus und anderen Botschaftsangehörigen. Ab 1977 war der Ehemann des IM „Gisela“ in diese nachrichtendienstliche Tätigkeit einbezogen. Aufgrund der Kontakte zu Angehörigen der StäV lernte „Gisela“ den Mitarbeiter der politischen Abteilung der {121} StäV Dr. Stefan G., ihren jetzigen Ehemann, kennen, den sie ebenfalls auftragsgemäß abschöpfte. Mit Dr. G. ging „Gisela“ eine Intimbeziehung ein, die Anlaß für ihre Scheidung und die Beendigung der nachrichtendienstlichen Tätigkeit für das MfS war. Im Jahre 1987 siedelte sie ins Bundesgebiet über und heiratete Dr. G.

Fall des Michael T., DN „Mischa“ und Maik Roger T., DN „Bernd Richter“
– 3 BJs 161/92-4 (41) und 3 BJs 225/92-4

Der in Berlin-Mitte lebende Schlosserlehrmeister Michael T. wurde 1982 für eine inoffizielle Zusammenarbeit mit dem MfS geworben. Er führte den Decknamen „Mischa“. Hauptziel des MfS war die Ausspähung des damaligen Verwaltungsleiters der Ständigen Vertretung der Bundesrepublik Deutschland Dr. L., zu dem Michael T. gute persönliche Beziehungen unterhielt. Der Operationsvorgang gegen Dr. L. wurde unter der Deckbezeichnung „Laus“ geführt. T. beschaffte unter anderem einen Nachschlüssel zur Privatwohnung des StäV-Angehörigen und beschrieb dessen Wohnung. Er teilte dem MfS außerdem die Abwesenheits- und Urlaubszeiten des Dr. L. mit. Des weiteren übermittelte Michael T. seinen nachrichtendienstli-{122}chen Auftraggebern eine Vielzahl von Informationen über andere Mitglieder der StäV sowie von DDR-Bürgern, die im Kontakt zu der diplomatischen Vertretung standen. Er war auch mit der Aufnahme einer nachrichtendienstlichen Tätigkeit seines Sohnes Maik Roger T. einverstanden, der ebenfalls einen engen Kontakt zur Familie Dr. L.'s, bei der er zeitweise lebte, unterhielt. Maik Roger T. wurde unter dem Decknamen „Bernd Richter“ geführt und übermittelte der HA II/12 Informationen zur Person des Dr. L. und dessen Familie. Außerdem berichtete er über andere Kontakte zu Angehörigen der StäV und Bürgern der Bundesrepublik Deutschland, über Ausschleusungen von DDR-Bürgerinnen sowie über Dissidentengruppen und Kirchenkreise, zu denen er in Kontakt stand. Im Oktober 1987 stellte Maik Roger T. einen Antrag auf Übersiedlung ins Bundesgebiet und wurde daraufhin vom MfS für eine weitere Zusammenarbeit nach der Übersiedlung angeworben. Er erhielt den nachrichtendienstlichen Auftrag, den Kontakt zu Dr. L. auszubauen, indem er dessen Angebot annehmen sollte, in seinem Hause in Bonn zu wohnen. Außerdem sollte er mit Hilfe des StäV-Angehörigen ein Studium aufnehmen. Im Januar 1989 siedelte T. auftragsgemäß ins Bundesgebiet über und zog nach Bonn zu Dr. L. {123}

4. Der Verantwortungsbereich des (weiteren) Stellvertreters des Leiters der HA II Oberst Kurt Schenk

AG Ausländer

Aufgabe der Arbeitsgruppe war die politisch-operative Sicherung, Kontrolle und Bearbeitung von Ausländern.

Leiter der Arbeitsgruppe war bis Januar 1989 OSL Reiner Wiegand.

5. Der Verantwortungsbereich des (weiteren) Stellvertreters des Leiters der HA II Dieter Örtel

Abteilung 1

Nach der Zuständigkeitsverteilung des MfS hatte die Abteilung als sog. „Hauskapelle“ nachrichtendienstliche Angriffe gegen Angehörige, ehemalige Angehörige des MfS, das inoffizielle Netz und gegen Angehörige und Einrichtungen der Dienststelle des KfS im Sondergebiet Berlin-Karlshorst abzuwehren. Aus der Abteilung 1 wurden u.a. folgende Spionagefälle bekannt, für die der Angeschuldigte Dr. Kratsch in seiner Funktion als Leiter der HA II verantwortlich war: {124}

Fall der Eheleute Norbert und Walburga A., DN „Michael“ bzw. „Nicole“
– 3 BJs 126/92-4 –

Der in Mainz wohnhafte Norbert A. war von 1983 bis 1989 als IM „Michael“ für die HA II/1 tätig und berichtete dem MfS über die US-Streitkräfte in Mainz, bei denen er als Lagerverwalter angestellt war. Die Ehefrau des „Michael“, Walburga A. (DN „Nicole“). war in die nachrichtendienstliche Verbindung einbezogen.

Fall des Fritz D., DN „Marcel“ – 3 8Js 251/92-4 –

Der ehemalige Fremdenlegionär Fritz D. stand von 1959 bis 1989 in nachrichtendienstlichem Kontakt zur HA II und wurde ab 1964 von der HA II/1 geführt. „Marcel“ führte in Westberlin u.a. einige Bordelle. Im Jahre 1984 zog er nach Müllheim (Baden-Württemberg) um. Wesentliche Zielrichtung des Einsatzes des IMB war die Abklärung bzw. Observation von Personen und Objekten (u.a. französische Streitkräfte in West-Berlin, vermutete Kriegsverbrecher, Prostituierte, deren Freier, Fluchthelfer und militärische Objekte in Süddeutschland). {125}

Fall der Eheleute Alfred und Rosalinde K., DN „Krone“ bzw. „Simona“
– 3 BJs 150/92-4 –

Die 1961 aus der DDR ins Bundesgebiet übergesiedelten Eheleute K. waren von 1973 (Alfred K.) bzw. 1974 (Rosalinde K.) bis 1989 als IM für die HA II/1 nachrichtendienstlich tätig. Im Auftrag des MfS klärten sie Personen mit Kontakten in die ehemalige DDR und Übersiedler aus der DDR ab. Ab 1984 unterhielt „Krone“ im Auftrag des MfS Kontakt zum LfV Baden-Württemberg.

Fall der Eheleute Rudolf und Christa M., DN „Genald“ bzw. „Maureen“
– 3 BJs 776/91-4 –

Der in Westberlin wohnhafte Rudolf M. war von 1960 bis 1988 IM der HA II/1. Seine Ehefrau wurde 1966 ebenfalls von der HA II/1 für die nachrichtendienstliche Tätigkeit gewonnen. Sie wurden in erster Linie zu Personen- und Objektabklärungen eingesetzt. Aufgrund ihrer Tätigkeit schlug sie der Angeschuldigte Dr. Kratsch für mehrere Auszeichnungen vor. {126}

Fall der Eheleute Günter und Gisela S., DN „Reinhard“ bzw. „Friedel“
– 3 BJs 1046/91-4 –

Der Westberliner Günter S. war von 1957 bis 1989 für die HA II/1 nachrichtendienstlich tätig. Ab 1958 war seine Ehefrau in die geheimdienstliche Verbindung einbezogen. „Reinhard“ und „Friedel“ waren in erster Linie zur Personen- und Objektabklärung eingesetzt.

Die operativen Einsätze der vorgenannten IM der HA II/1 wurden in den Jahresarbeitsplänen 1986 und 1987 des Stellvertreters Dieter Örtel beschrieben und vom Angeschuldigten Dr. Kratsch bestätigt.

6. Der Verantwortungsbereich des Stellvertreters des Leiters der HA II
Oberst Horst Hillenhagen

Abteilung 6

Aufgabe diese Abteilung war die vorbeugende Verhinderung, Aufdeckung und Bekämpfung von Spionageangriffen westlicher Geheimdienste gegen politische sowie ausgewählte ökonomische Bereiche und Wissenschaftseinrichtungen. Leiter der Abteilung war zuletzt Major Frank Neuberger. {127}

Abteilung 16

Die Abteilung „Technik“ hatte operativ-technische Maßnahmen im Rahmen der operativen Vorgangsbearbeitung und die Durchführung operativ-technischer Sicherungsaufgaben zu realisieren und die Zusammenarbeit mit anderen operativ-technischen Diensteinheiten des MfS zu koordinieren. Außerdem war sie für die Entwicklung, Modifizierung und Einsatz nachrichtendienstlicher Technik zuständig.

Die Abteilung war in fünf Referate gegliedert.

Die Tätigkeit der HA II/16 veranschaulicht den nachfolgend geschilderten Fall:

Fall des Jochen M., DN „Martin“ – 3 BJs 272/92-4 (112) –

Der Beschuldigte wurde 1962 durch die BV Leipzig Abteilung II geworben. Er wurde von der HA II/16 insbesondere für operativ-technische Maßnahmen eingesetzt. U.a. reiste er ins Bundesgebiet ein, um Postschließfächer des Bundesnachrichtendienstes zu kontrollieren. Bei weiteren operativen Einsätzen in Westberlin verwanzte er Telefonzellen. Der Angeschuldigte Dr. Kratsch bestätigte mehrere Reisepläne für den IM für Einsätze ins Operationsge-{128}biet. Der Angeschuldigte Lohse war in seiner damaligen Funktion als Leiter der Abteilung II der BV Leipzig für die Werbung des IM „Martin“ verantwortlich.

Abteilung 17

Der Abteilung oblag die Durchführung konspirativer Beobachtungsmaßnahmen im Rahmen der operativen Bearbeitung von Spionagevorgängen. Leiter der Abteilung war zuletzt Oberst Heinz Hesselbarth.

Abteilung 19

Die Abteilung war für die politisch-operative Sicherung internationalistischer Beziehungen der SED und des FDGB zu festgelegten Parteien und Organisationen im Operationsgebiet zuständig. Außerdem oblag ihr die politisch-operative Sicherung und Unterstützung illegal kämpfender kommunistischer Parteien und deren Beziehungen zu Institutionen in der DDR. {129}

VII. Die gegen die Bundesrepublik Deutschland gerichtete nachrichtendienstliche Tätigkeit der Abteilung 2 der HA II

1. Aufbau der Abteilung

Struktur und Personalbestand der HA II/2 im Zeitpunkt der Auflösung des MfS folgen aus nachstehendem Organigramm: {130}

⊗ Es folgt das angekündigte Schaubild. ⊗ {131}

2. Funktionen der Angeschuldigten in der Abteilung II/2

Alle Angeschuldigten gehörten der Abteilung II/2 (früher II/4) in unterschiedlichen Funktionen während ihrer Tätigkeit im MfS an:

Dr. Kratsch leitete vom Februar 1960 bis Mitte 1973 diese Abteilung. Wolfgang Lohse war vom 01. März 1968 bis Mitte 1973 Stellvertreter des Abteilungsleiters und anschließend bis 30. November 1978 Leiter der Abteilung. Die Abteilung II/2 gehörte zu dem Anleitungsbereich, für den sowohl Dr. Kratsch als auch Wolfgang Lohse nach der Berufung zum Stellvertreter des Leiters der HA II (Dr. Kratsch vom 01. September 1973 bis 15. Februar 1976 und Wolfgang Lohse vom 01. März 1984 bis zur Auflösung des MfS) zuständig waren.

Wolfgang Mauersberger war in der Abteilung II/2 von Oktober 1968 bis September 1985 tätig. Zunächst wurde er dort als Hauptsachbearbeiter, von Juli 1975 bis September 1981 als stellvertretender Referatsleiter eingesetzt. Ab Oktober 1981 bis zu seiner Berufung als Leiter der AGK am 01. Oktober 1985 war er Referatsleiter bzw. Offizier für Sonderaufgaben. Er führte die Operativgruppe II, die mit „spezi-{132}fischen Problemen der Arbeit im und nach dem Operationsgebiet“ innerhalb der Abteilung II/2 betraut war.

Kurt Ulbrich gehörte der Abteilung II/2 von September 1963 bis zur Auflösung des MfS an. Er war dort zunächst als Hauptsachbearbeiter und dann als stellvertretender Referatsleiter eingesetzt. Von Februar 1975 bis Januar 1981 war er Referatsleiter und dann bis zur Auflösung des MfS als Offizier für Sonderaufgaben bzw. Stellvertreter des Abteilungsleiters tätig.

3. Aufgaben und Struktur

Der Schwerpunkt der gegen die Bundesrepublik gerichteten nachrichtendienstlichen Aktivitäten der HA II lag bei der Abteilung 2. Ihre Aufgabe war mit „operativer Bearbeitung agenturführender Dienststellen der Geheimdienste und Durchführung weiterer offensiver Maßnahmen im Operationsgebiet“ umschrieben. Bereits diese Umschreibung der Zuständigkeit in dem Geschäftsverteilungsplan der HA II belegt, daß sich das Verständnis des MfS von den Aufgaben einer Spionageabwehr erheblich von dem allgemeinen Sprachgebrauch unterscheidet. Selbst wenn sich die offensive Aufklärung bundesdeutscher Nachrichtendienste noch mit der Aufgabenstel-{133}lung einer effektiven Spionageabwehr begründen läßt, ergibt sich aus der weiteren Anweisung zu „offensiven Maßnahmen im Operationsgebiet“ eine Kompetenz der HA II, die sich nicht wesentlich von der eines Aufklärungsdienstes unterscheidet. Soweit die operative Bearbeitung von Nachrichtendiensten der Bundesrepublik als „Spionageabwehr“ in Rede steht, war ein Schwerpunkt der Arbeit der HA II/2 die Bearbeitung von Geheimdienstmitarbeitern mit dem Ziel der Werbung, Abschöpfung oder Nutzung als Referenzpersonen für die Einschleusung von Perspektivagenten sowie die ständige Erweiterung des IM-Bestandes im Bundesgebiet und in der DDR.

Eine weitere Relativierung erfährt der Begriff „Spionageabwehr“ dadurch, daß darunter auch die „systematische und planmäßige Beschaffung von Dokumenten, Unterlagen und Informationen aus feindlichen Zentren“ im Bundesgebiet verstanden wurde.

Als solche Zentren wurden angesehen:

- Bundeskriminalamt und Landeskriminalämter
- Dienststellen der Bundeswehr
- Polizeidienststellen
- Zentren der Datenverarbeitung
- Konzerne
- Springer-Konzern
- Massenmedien {134}
- CDU Westberlin, Niedersachsen, Baden-Württemberg
- Senatsdienststellen Westberlin
- Grüne und AL
- Menschenrechtsorganisationen

Der Beschaffungsauftrag konnte hinreichend erfüllt werden, da die Abteilung über bedeutende Quellen im Bundesgebiet verfügte.

4. Die nachrichtendienstliche Tätigkeit im einzelnen

Die bisher ermittelten Agentenfälle aus dem Zuständigkeitsbereich der HA II/2 kennzeichnen das oben beschriebene Selbstverständnis des MfS von einer „Spionageabwehr“ und belegen, daß es sich bei dieser Diensteinheit im Grunde um einen Auslandsaufklärungsdienst gehandelt hat:

Fall des Jürgen B., DN „Wecke“ – 3 BJs 163/92-4 –

Der anderweitig verfolgte Jürgen B. wurde im Jahre 1978 in der DDR wegen ver-{135}-suchten ungesetzlichen Grenzübertritts zu einer Freiheitsstrafe von einem Jahr und acht Monaten verurteilt. Im Vollzug wurde er vom MfS angeworben und arbeitete als Zellen-Informator (ZI). Im November 1978 teilte die HA IX der HA II mit, B. wolle im Falle seiner Entlassung aus der Staatsbürgerschaft der DDR und Überführung in die Bundesrepublik Deutschland als Inoffizieller Mitarbeiter für das MfS arbeiten. Mit Schreiben vom 9. Januar 1979 teilte der Leiter der HA II, der Angeschuldigte Dr. Kratsch, dem Leiter der HA IX mit, B. erscheine zur operativen Verwendung in der HA II geeignet. Im Februar 1979 führte der Angeschuldigte Wolfgang Mauersberger und der anderweitig verfolgte Arnim R. mit B. in Werbegespräch. Sie verpflichteten ihn unter dem Decknamen „Wecke“ für die nachrichtendienstliche Arbeit. Bei den Treffs auf dem Gebiet der ehemaligen DDR berichtete „Wecke“ über das Notaufnahmeverfahren in Gießen, seine Kontakte zu einem MAD-Mitarbeiter und zum LfV Niedersachsen. Nach seinem Eintritt in die „Freie Christengemeinde Bremen“ übermittelte er dem MfS Informationen zu dieser Glaubensgemeinschaft: Zielstellung der Organisation sei es u.a., „subversive Aktivitäten“ gegen sozialistische Staaten zu unternehmen. Mitglieder seien der niedersächsische Ministerpräsident Albrecht und {136} Bundeswehrgeneral Kießling. Aus seinem späteren Beschäftigungsbereich bei der Firma P. lieferte B. umfangreiches Schriftenmaterial von Kunden, zu Bauvorhaben der US-Army in der Bundesrepublik und in Übersee sowie Personendaten von Firmenangehörigen. Die nachrichtendienstliche Anbindung dauerte bis 1989 an. Wolfgang Lohse bestätigte den Jahresarbeitsplan 1989, in welchem die Einsatzrichtung des IM bestimmt war.

Fall des Manfred B., (DN „Schlösser“) – 3 BJs 159/92-4 –

Manfred B. stammt aus Leipzig. Er siedelte 1981 in das Bundesgebiet über und wurde Justizvollzugsbeamter (zuletzt Justizobersekretär) in der Justizvollzugsanstalt Tegel. Da er in der DDR mit einer Reisesperre belegt worden war, wandte er sich mit Schreiben vom 20. Februar 1988 an den Ministerrat der DDR. Durch die Abteilung M (Briefkontrolle) wurde dieses Schreiben des Manfred B. der HA II des MfS übergeben. Unter Aufhebung der Reisesperre vereinbarte der operative Mitarbeiter der HA II/2 Ri. zum 7. März 1988 einen Treff in Ost-Berlin. Bei dem ersten Kontaktgespräch erklärte B. seine Bereitschaft zur Zusammenarbeit mit dem MfS. Er erhielt den Decknamen {137} „Schlösser“. In der Folgezeit fanden regelmäßig Treffs (ein Treff pro Monat) in Ost-Berlin bzw. Leipzig statt. „Schlösser“ lieferte dem MfS alle ihm zugänglichen Materialien aus der Sicherheitsabteilung der JVA Tegel, die ihm geheimdienstlich interessant erschienen, zum Teil im Original oder in Fotokopie und berichtete über Interna der JVA

(Dienstabläufe, Besucherverkehr, Hausordnung, Häftlinge, Bewaffnung, JVA-Besucher), übergab Telefonverzeichnisse der JVA, des Senates für Justiz und des Polizeipräsidenten in Berlin und mehrere Verschlußsachen (Übersicht über Mitarbeiter der Sicherungsgruppe und Verbindungen zur Polizei sowie bzgl. des Transports inhaftierter Terroristen). B. erhielt in den Jahren 1988 und 1989 12.840,-- DM Agentenlohn. In seiner Leitungsfunktion bestätigte der Angeschuldigte Wolfgang Lohse den Jahresarbeitsplan 1989, in welchem die Arbeit des IM „Schlösser“ festgelegt war. Außerdem übernahmen er und Dr. Kratsch durch Bestätigung der Treffberichte, die die vom Führungsoffizier vorgeschlagene Konzeption zur Ausspähung durch B. enthielten, sowie durch Bestätigung von Operativgeldanforderungen die Verantwortung für die nachrichtendienstliche Tätigkeit des B. {138}

Fall der Eheleute B., DN „Abraham“ bzw. „Erika“ – 3 BJs 626/92-4 –

Der Westberliner Arno B. war zuletzt als Ingenieur bei der Firma S. in Berlin beschäftigt. Seine Ehefrau Angelika B. betrieb ein Bauunternehmen. Die Beschuldigten waren seit 1967 (Arno B.) bzw. seit 1975 (Angelika B.) bis 1989 für die Hauptabteilung II/2 als inoffizielle Mitarbeiter tätig. Sie führten die Decknamen „Abraham“ und „Erika“. Arno B. befaßte sich in erster Linie mit der Aufklärung der Nachrichtendienste in der Bundesrepublik Deutschland. Seine Ehefrau unterstützte ihn dabei, führte darüber hinaus aber auch zahlreiche eigene Aufträge aus und nahm ebenso wie ihr Ehemann nachrichtendienstliche Treffs wahr, bei denen sie die erlangten Informationen an ihre Führungsoffiziere weitergab. Die Eheleute waren mit nachrichtendienstlichen Hilfsmitteln ausgestattet (Container, Fotoausrüstung, Ausweispapiere). Für ihre Tätigkeit erhielten sie Agentenlohn in Höhe von ca. 80.000,-- DM.

Der Angeschuldigte Dr. Kratsch unterzeichnete am 18. Januar 1967 den Vorschlag zur Werbung des Arno B. sowie am 15. November 1971 den Vorschlag zur Auszeichnung dieses IM mit der „Medaille für {139} treue Dienste der NVA“ in Bronze. Er legte außerdem mehrere Reisepläne und Aufträge für den IM „Abraham“ dem zuständigen Anleitungsbereichsleiter Oberst a.D. E. zur Bestätigung vor. Dr. Kratsch beantragte für „Abraham“ zu operativen Zwecken einen Westberliner Reisepaß. Als Nachfolger des Angeschuldigten Kratsch in der Verantwortlichkeit für die HA II/2 bestätigte der Angeschuldigte Lohse am 14. Februar 1978 die Vorschläge des Führungsoffiziers in einem Treffbericht sowie am 10. November 1978 die vorgeschlagene Festlegung der Einsatzrichtung und Aufgabenstellung des IM-Ehepaares „Abraham“ und „Erika“. Wolfgang Lohse war auch für die Werbung des IM „Erika“ verantwortlich. Die Arbeit der IM war darüber hinaus in den von ihm bestätigten Jahresarbeitsplänen festgelegt.

Fall des Dr. C., DN „Krone“ – 3 BJs 347/91-2 –

Dr. C. wurde im März 1966 anläßlich eines Besuchs in Ost-Berlin nach Verlust seiner Tagesaufenthaltsgenehmigung vom MfS {140} kontaktiert und nach fünf weiteren Treffs durch eine schriftliche Verpflichtungserklärung für eine Zusammenarbeit unter dem Decknamen „Krone“ mit dem MfS gewonnen. „Krone“ berichtete bei Treffs in Ost-Berlin zunächst über Studienkollegen seines Mathematikstudiums an der Friedrich-

Wilhelm-Universität in Bonn. 1967 wurde er in Ost-Berlin in die Anwendung von Chiffriermitteln eingewiesen und erhielt Container, Chiffrierunterlagen und Falschausweise. Er wurde auch im „Einseitenfunk" (A3-Funk) ausgebildet. Im Jahre 1971 konnte Dr. C. als Angestellter in der „G.-Gesellschaft" in A. bei Bonn eingeschleust werden und berichtete fortan über Teilnehmer an den dort durchgeführten EDV-Seminaren. Auftragsgemäß richtete sich die Aufklärungstätigkeit des IM auf die bei der G. ausgebildeten Angehörigen von Sicherheitsorganen, z.B. Bundesnachrichtendienst, Verfassungsschutzämter, MAD, BKA und Bundeskanzleramt sowie BMI. Bei einem Treff im Februar 1975 übergab er Verzeichnisse mit Angaben von über 1000 Angehörigen oberer Bundesbehörden und im November 1982 die vollständigen Personalangaben von 200 Angehörigen von Sicherheitsbehörden. Gezielt klärte „Krone" bestimmte Angehörige von BND und BfV genauer ab und versuchte auftragsgemäß, persönliche Kontakte zu {141} weiblichen Angehörigen dieser Behörde herzustellen. Neben diesen Personenabklärungen übergab Dr. C. ihm offen zugängliches Material u.a. über Datenbanksysteme, das DV-Programm der Bundesregierung, das kriminalpolizeiliche Informationssystem von Schleswig-Holstein, Studien über Software und Computermärkte sowie wissenschaftliche Aufsätze und Abhandlungen aus dem EDV-Bereich. Für seine nachrichtendienstliche Tätigkeit erhielt Dr. C. im Zeitraum von 1966 bis 1987 insgesamt 66.300,-- DM. Der Angeschuldigte Dr. Kratsch war für die Werbung des IM „Krone" verantwortlich. Im Zusammenhang mit der Führung des IM bestätigten die Angeschuldigten Dr. Kratsch und Wolfgang Lohse Treffvorbereitungen bzw. -berichte, Reisepläne des Instrukteurs sowie Vorschläge für Auszeichnungen, statteten den IM und den Instrukteur mit nachrichtendienstlichen Hilfsmitteln aus und steuerten die Weiterleitung des Verratsmaterials.

Der Fall des Regierungsamtmanns Volker F., DN „Mühlenbeck" – 3 BJs 38/91-1 –

Volker F. wurde im April 1976 nach seiner Festnahme in der DDR wegen Spionage zu einer Freiheitsstrafe von 15 Jahren {142} verurteilt. Während seiner Haftzeit wurde er vom MfS geheimdienstlich angebahnt und war als sog. Zellen-IM tätig. Kurz vor seiner Haftentlassung nach West-Berlin am 12. Juli 1979 – im Austausch gegen einen in der Bundesrepublik in Haft befindlichen MfS-Agenten – erklärte er sich zur weiteren Zusammenarbeit mit dem MfS bereit. Er erhielt den Decknamen „Mühlenbeck". Anfang 1981 nahm er den ersten Treff an der Grenzübergangsstelle Friedrichstraße wahr. „Mühlenbeck" wurde von dem damaligen Abteilungsleiter der HA II/2 Oberst Erhard Schlerhorn geführt. Bis Oktober 1989 fanden in Ost-Berlin ca. 70 Treffs in einer konspirativen Wohnung statt. F. berichtete sowohl schriftlich als auch mündlich über Personen, Personengruppen und Organisationen. Im einzelnen lieferte er auftragsgemäß Informationen über

- die französische Sichtungsstelle im Lager Marienfelde,
- den polizeilichen Staatsschutz in Berlin (West),
- die CDU Berlin und einzelne Parteimitglieder,
- die Junge Union, {143}
- den Verband der Ost- und Mitteldeutschen (OMV),
- die Internationale Gesellschaft für Menschenrechte (IGfM)

- die Fluchthelfergruppe „Brücke“ sowie weitere in der Fluchthilfe tätig gewesene Personen,
- Objekte und Angehörige westlicher Geheimdienste,
- seine Arbeitsstelle (Bezirksamt Neukölln),
- sonstige ihm bekannte Personen.

Darüber hinaus übergab er u.a. folgende Materialien aus dem Bereich der CDU:

- Mitgliederverzeichnisse,
- Telefonverzeichnisse,
- Etatentwürfe der Partei,
- umfangreiches Schriftmaterial von Landesparteitagen,
- Schriftverkehr des CDU-Landesverbandes, {144}
- Schreiben/Briefe des Regierenden Bürgermeisters Diepgen,
- Arbeitsberichte von CDU-Mitgliedern im Europaparlament.

Darüber hinaus übermittelte „Mühlenbeck“ Telefonverzeichnisse des West-Berliner Senats, Jahresgesundheitsbücher sowie Arbeitsanweisungen z.B. betreffend Übersiedler aus der DDR.

Besonders honoriert wurden die nachrichtendienstlichen Hinweise des IM „Mühlenbeck“, die den Bundesbürger Bernd M. betrafen, der beabsichtigt haben soll, einen Major der Nationalen Volksarmee auszuschleusen. Aufgrund dieses Hinweises wurde M. im April 1987 auf der Transitstrecke festgenommen und wegen Spionagetätigkeit zu einer Freiheitsstrafe von acht Jahren verurteilt. Der Agent „Mühlenbeck“ erhielt im Zusammenhang mit der Festnahme eine Prämie in Höhe von 5.000,-- DM. Insgesamt empfing er 78.200,-- DM Agentenlohn. Dr. Kratsch und Wolfgang Lohse steuerten die Verteilung des Verratsmaterials. Wolfgang Lohse bestätigte die Treffberichte und Jahresarbeitspläne, die Festlegungen zur Einsatzrichtung des IM enthielten. {145}

Der Fall Rolf G., DN „Wilhelm Schneider“ – 3 BJs 87/88-1 –

Rolf G. war Mitarbeiter der Kriminalpolizei in Hamburg und Vorsitzender des Landesverbandes Hamburg des Bundes Deutscher Kriminalbeamter (BDK) und Mitglied des Bundesvorstandes des BDK. Er wurde durch Einreisen zu Verwandten in der DDR bereits 1953 dem MfS bekannt. Im Jahre 1963 wurde er als KP „Alster“ im MfS registriert und 1970 auf der Basis politischer Überzeugung angeworben. In den ersten Jahren seiner nachrichtendienstlichen Tätigkeit berichtete er u.a. dem MfS mündlich über Mitarbeiter der Abteilung Staatsschutz der Polizei in Hamburg und übergab eine Liste mit Daten von 67 Mitarbeitern der politischen Polizei in Hamburg. Außerdem händigte er seinen nachrichtendienstlichen Auftraggebern Verzeichnisse der Abgeordneten der Hamburger Bürgerschaft, Namens- und Adressenverzeichnisse der Kriminalpolizei in München, der Mitarbeiter des Landeskriminalamtes Bayern sowie sonstiger bayerischer Polizeibehörden aus, berichtete über den damaligen Präsidenten des Bundeskriminalamtes Horst Herold und übergab Dokumente betreffend die Neuorganisation des Bundeskriminalamtes. Nachdem G. im Jahre 1972 den Vorsitz des Bundes Deut-{146}scher Kriminalbeamter übernommen hatte, berichtete er insbesondere über die in dieser Funktion erlangten Erkenntnisse. Ab 1974 beschaffte G. u.a. folgende Dokumente:

- Sicherheitsakte für das Polizeipräsidium Hamburg,
- Sicherheitsprogramm für die Bundesrepublik Deutschland,
- Personalangaben zu 1.877 Angehörigen der Polizei in Hamburg,
- Angaben zum Funkverkehr der Polizei,
- Beschlüsse der gemeinsamen Kommission der Justiz- und Innenminister,
- Protokolle der AG Kripo,
- Anschriften und Telefonnummern der Staatsschutzdienststellen in Niedersachsen.

Im Jahre 1976 leitete er dem MfS ein von dem CDU-Bundestagsabgeordneten Friedrich Vogel übergebenes Dokument über das Sicherheitsprogramm der Bundesrepublik Deutschland zu. {147}

G. wurde durch Urteil des Hanseatischen Oberlandesgerichts in Hamburg (4 StE 1/78 vom 21. Dezember 1978) wegen geheimdienstlicher Agententätigkeit zu einer Freiheitsstrafe von zwei Jahren und sechs Monaten verurteilt. Am 15. September 1979 nahm er nach Verbüßung eines Teils der gegen ihn verhängten Freiheitsstrafe in Arnstadt mit dem MfS einen Treff wahr, bei dem ins Auge gefaßt wurde, daß G. in der Bundesrepublik Deutschland beruflich neu Fuß fassen sollte. Falls dies nicht gelinge, werde er mit seiner (damaligen) Frau in der DDR einen Wohnsitz nehmen. In der Folgezeit betrieb G. bis 1983 in Hamburg eine Detektei. Nach Untersagung der Gewerbetätigkeit siedelte er im Einvernehmen mit seinen nachrichtendienstlichen Auftraggebern in die DDR über. Im Jahre 1984 schlug sein damaliger Führungsoffizier R. (HA II/2) eine Umregistrierung des IM zum HIM mit Zahlung eines monatlichen Gehaltes in Höhe von 1.500,-- DM vor. Er sollte „künftig inoffiziell vom MfS nutzbare Kontakte zu operativ interessanten Personen aus der Bundesrepublik herstellen" und aufgrund seiner früheren Tätigkeit und persönlichen Erfahrungen analytisch tätig sein. Wolfgang Lohse bestätigte am 30. Juli 1985 die Weiterführung des IM als HIM. Dr. Kratsch schlug den IM „Wilhelm Schnei-{148}der" für mehrere Auszeichnungen vor. Die Angeschuldigten Dr. Kratsch und Wolfgang Lohse steuerten die nachrichtendienstliche Tätigkeit des IM „Wilhelm Schneider" in ihren jeweiligen Funktionen. Im Jahre 1985 gelang es G., seine damalige Bekannte und jetzige Ehefrau Herma Z., tätig beim Ortsamt Hamburg-Blankenese, für die nachrichtendienstliche Tätigkeit zu gewinnen. Sie war von 1985 bis 1989 als IM für die Hauptabteilung II/2 tätig und lieferte auftragsgemäß Erkenntnisse und Informationen aus ihrer Arbeitsstelle.

Der Fall des Jürgen K., DN „Horst" – 3 BJs 156/92-4 –

Jürgen K. unterhielt seit 1983 Kontakt zu Verwandten in der DDR und wurde im November 1984 durch einen Mitarbeiter des MfS angesprochen. Damals war er bereits seit 25 Jahren für das Projektierungsbüro A. in Stuttgart tätig. Die Firma A. beschäftigt sich mit dem Neu-, Aus- und Umbau von Verkehrs- und Militärflugplätzen in der Bundesrepublik und im Ausland. Im Jahre 1985 wurde K. als IMB „Horst" durch die HA II/2 für die nachrichtendienstliche Arbeit verpflichtet und erhielt den Auftrag zur Beschaffung von NATO-Dokumenten sowie zur weiteren Er-{149}arbeitung von Informationen über beabsichtigte Bauprojekte an Flugplätzen der NATO und der Bundeswehr. Er berichtete dem MfS u.a. über den Ausbau des Militärflughafens Hof-Pirk und die damit verbundene Kapazitätserweiterung für die Nutzung größerer Militärmaschinen. Außerdem sagte er die Übergabe des NATO-Dokuments „MIF“ (Militärische Infrastrukturforderung) zu. Er berichtete zudem über Planungen zum Ausbau des Verkehrsflughafen Kempten/Allgäu und dessen nachfolgende militärische Nutzung durch die Bundeswehr sowie über eine mögliche Schließung des Fliegerhorstes Memmingen. Weiter teilte er dem MfS mit, die Befeuerungsanlage des Flugplatzes in Schwäbisch-Hall sei erneuert worden, machte Angaben über die Erneuerung des Flughafens Hamburg, den Ausbau des Flughafens München II, des militärischen Teils des Flughafens in Frankfurt am Main sowie des US-Flugplatzes Spangdahlem/Eifel einschließlich der Zahl der dort stationierten Phantom-Flugzeuge. K. berichtete über seine persönlichen Kontakte zu Arbeitskollegen, einem Polizeibeamten aus Stuttgart und einem Angehörigen des Auswärtigen Amtes. Außerdem übergab er zwei Dokumentationen in englischer Sprache über die Standorte von NATO-Flugplätzen. In einer MfS-internen Einschätzung der HVA teilte der Leiter der HVA Großmann[11] dem Angeschuldigten Dr. Kratsch mit, bei den {150} übergebenen Materialien handle es sich „um nachrichtendienstlich relevante Festlegungen der NATO über verbindliche Normative und Standards für die Errichtung von Militärflugplätzen“. In dem Schreiben der HVA heißt es weiter, das Dokument aus dem Jahre 1982 sei als wertvoll einzustufen und geeignet, die Erkenntnisse über die Aktivitäten der NATO zu erweitern und zu präzisieren. Der Angeschuldigte Lohse bestätigte in seiner Eigenschaft als stellvertrender Leiter der HA II den Vorschlag zur Werbung des IM und die von dem MfS-Mitarbeiter T. verfaßten Treffberichte. Die Arbeit des IMB war Gegenstand der von Wolfgang Lohse bestätigten Jahresarbeitspläne 1987, 1988 und 1989 der HA II/2.

Der Fall des Ronald K., DN „Magister“ – 3 BJs 411/91-4 –

Ronald K. wurde 1971 durch den Angeschuldigten Ulbrich für die nachrichtendienstliche Arbeit gewonnen. Er berichtete dem MfS unter dem Decknamen „Magister“ über Personen und die Produktion von den Sendeanstalten ZDF, ARD, SFB sowie aus einem Arbeitsbereich bei der IFAGE-Filmproduktion. „Magister“ teilte dem MfS z.B. die ihm bekannte Personalplanung zu Film-{151}produktionen mit und erarbeitete Informationen zu verschiedenen Personen. Er berichtete außerdem über Produktionen in der DDR und Polen sowie über die Ausschreibungen und Vorgespräche mit dem Bundesamt für Verfassungsschutz über ein geplantes Projekt. K. erhielt bei 75 Treffs in den Jahren 1971 bis 1989 ca. 60.000,-- DM Agentenlohn. Außerdem war er mit einem vom MfS gefälschten Reisepaß, lautend auf seinen Klarnamen, ausgestattet. Während der gesamten Zeit seiner nachrichtendienstlichen Anbindung wurde „Magister“ vom Angeschuldigten Kurt Ulbrich geführt. Die Arbeit des IM war Gegenstand der Jahresarbeitsplanung der HA II/2, für die die Angeschuldigten Dr. Kratsch und Wolfgang Lohse verantwortlich waren.

Der Fall der Rosemarie K., DN „Grunewald“, und des Horst D., DN „Gerd“
– 3 BJs 355/91-1 –

Horst D. wurde 1965 in der DDR für eine nachrichtendienstliche Arbeit gewonnen und spähte im Auftrag des MfS bei Auslandsreisen Kollegen aus. Er knüpfte u.a. Kontakt zu

Rosemarie K., die im „Springer-Verlag" in Hamburg tätig war, an. Unter der Legende, er benötige Material für seine Diplomarbeit, versorgte Rosemarie K. ihn mit journalistischem {152} Material aus dem Springer-Büro. Sie erhielt für ihre Informationen Sachzuwendungen in Höhe von 40.000,-- DM. Die IM „Gerd" und „Grunewald" wurden von dem Angeschuldigten Kurt Ulbrich geführt. In den von Wolfgang Lohse bestätigten Jahresarbeitsplänen der HA II/2 war die Arbeit von „Grunewald" festgelegt.

Der Fall der Karin K., DN „Katrin" – 3 BJs 157/92-4 –

Karin K. hatte als DDR-Bürgerin ab 1969 Kontakt zum MfS und wurde 1983 nach legaler Aussiedlung aus der DDR 1984 erneut für die nachrichtendienstliche Arbeit von der HA II/2 gewonnen. In erster Linie hatte sie den Auftrag, für das MfS Personen, die als BND-Angehörige angesehen wurden, auszuspähen. „Katrin" wurde von Oberstleutnant T. geführt. Der Angeschuldigte Lohse bestätigte den Vorschlag zur Vorbereitung und Durchführung der Kontaktaufnahme sowie zur Werbung des IMB „Katrin" und Jahresarbeitspläne, in denen die Arbeit des IMB festgelegt war. {153}

Der Fall des Franz M., DN „Joachim Donner" – 3 BJs 250/92-4 –

Franz M. wurde 1965 als Bürger der ehemaligen DDR unter Decknamen „Joachim Donner" für die nachrichtendienstliche Arbeit gewonnen. Seine Übersiedlung in den Raum München hatte den Zweck der peripheren Bearbeitung der BND-Zentrale sowie die Ausspähung von operativ-interessanten Personen. Er erfüllte den nachrichtendienstlichen Auftrag nach seiner Übersiedlung bis 1989. Der nachrichtendienstliche Kontakt wurde bis 1973 über eine Instrukteurverbindung aufrechterhalten. Mit den Führungsoffizieren fanden mindestens 44 Treffs in der ehemaligen DDR statt. „Joachim Donner" erhielt mindestens 65.000,-- DM Agentenlohn. Der Angeschuldigte Dr. Kratsch bestätigte u.a. die Vorschläge zur Werbung vom 28. April 1965, für die nachrichtendienstliche Ausbildung und zur Übersiedlung des IM „Joachim Donner" vom 6. November 1967. Außerdem legte er als damaliger Abteilungsleiter der HA II/2 zahlreiche Reise- bzw. Treffpläne zur Genehmigung dem zuständigen Stellvertreter des Leiters der HA II vor. {154}

Der Fall Paul S., DN „Ritter", und Kurt G., DN „Uwe" – 3 BJs 261/92-4 und 3 BJs 263/92-4 –

Paul S. wurde im August 1956 unter Mitwirkung seines Neffen Gerhard S. aus materiellen Interessen (finanzielle Notlage) für das MfS geworben. Von 1956 bis 1989 erfüllte S. eine Vielzahl nachrichtendienstlicher Aufträge, die schwerpunktmäßig auf die Ausspähung westlicher Geheimdienste im Bundesgebiet gerichtet waren. Aufgrund seiner Hinweise sollen 14 Agenten des Bundesnachrichtendienstes und anderer Geheimdienste inhaftiert worden sein. Seine Aufklärungstätigkeit erstreckte sich auf das gesamte Bundesgebiet. Außerdem übernahm S. Aufgaben als Kurier. Seit Beginn seiner nachrichtendienstlichen Anbindung nutzte er für das MfS seine intimen Beziehungen zu der im Flüchtlingslager Berlin-Marienfelde beschäftigten Margarete G. Von seiner bei der

Bundesversicherungsanstalt für Angestellte in West-Berlin beschäftigten Tochter Edith L. ließ S. Personalabfragen zu vermeintlichen BND-Mitarbeitern durchführen. Im Jahre 1985 willigte er in den Plan des MfS, seine Tochter für die nachrichtendienstliche Arbeit anzubahnen, ein. Der Nachweis, daß {155} Frau L. für die nachrichtendienstliche Tätigkeit angeworben wurde, ist bisher nicht erbracht. Für seine Tätigkeit war „Ritter" in erheblichem Umfang mit nachrichtendienstlichen Hilfsmitteln ausgestattet (Funkgeräte mit Schnellgeber[12], verschiedene Container, Fotoapparate, total gefälschte Personalausweise u.a.). Er erhielt insgesamt ca. 260.000,-- DM und wurde mit zahlreichen Orden (Medaille für treue Dienste der NVA in Bronze, Silber und Gold, Verdienstmedaille der NVA in Bronze, Silber und Gold, Verdienstmedaille der DDR sowie den Kampforden um Verdienste für Volk und Vaterland in Silber) ausgezeichnet. Als wesentlicher Verdienst der nachrichtendienstlichen Arbeit des IM „Ritter" galt die Anwerbung des im Jahre 1990 verstorbenen Kurt G. (DN „Uwe") im Jahre 1956. G. war bis September 1971 Berufssoldat (letzter Dienstgrad: Oberfeldwebel) und fungierte als Kreisgeschäftsführer der CDU in Bruchsal. Er übermittelte dem MfS eine Vielzahl von Unterlagen und Informationen aus dem Bereich der Bundeswehr:

- Normenaufstellung für Minen, Spreng- und Zündmittel, {156}
- verschiedene Munitionslager und -transporte der Bundeswehr mit Belegungsübersichten,
- Bewaffnung von Bundeswehreinheiten,
- Art und Stationierung von Raketen der Bundeswehr,
- Überblick über die Versorgung der Truppe mit Munition,
- Stationierung von Bundeswehreinheiten,
- Protokoll über eine Wehrbereichsversammlung des Wehrbereichs II,
- Namen von MAD-Offizieren,
- Personalien von Soldaten,
- Dienstpläne,
- Struktur der „Technischen Truppenschule" Idar-Oberstein und Bremen,
- Stoffpläne von Lehrgängen, Ausbildungsrichtlinien,
- Organigramm des Bundesamtes für Wehrtechnik und Beschaffung, {157}

Außerdem berichtete „Uwe" über parteiinterne Vorgänge der CDU und Beisitzerlisten des Prüfungsausschusses für Kriegsdienstverweigerer und des Musterungsausschusses, Landkreis Karlsruhe.

Der Angeschuldigte Dr. Kratsch war für die Arbeit der IM „Ritter" und „Uwe" als Abteilungeleiter der HA II/2 unmittelbar verantwortlich. U.a. nahm er mehrere Treffs wahr, erteilte Aufträge zur Personenermittlung, genehmigte Reisepläne und schlug „Ritter" für mehrere Auszeichnungen vor. Von 1968 bis 1988 war Wolfgang Lohse in den Vorgang „Ritter" eingebunden. Er steuerte die nachrichtendienstliche Tätigkeit des IM durch Zeichnung von Treffberichten, Befürwortung von Auszeichnungen u.a.

Der Fall des Martin S., DN „Perle" – 3 BJs 221/92-4 (61) –

Der Zollbeamte Martin S. aus München wurde 1981 bei einem Besuch in der DDR durch die operativen Mitarbeiter der HA II/2 Bu. und Ri. kontaktiert und im {158} Jahre

1983 für die nachrichtendienstliche Mitarbeit gewonnen. Er erhielt den Decknamen „Perle“. Bei weiteren Treffs berichtete er aus seinem Arbeitsbereich beim Zollamt Flughafen München-Riem sowie zu BND-Objekten, die im Zusammenhang mit dem Flughafen München-Riem standen. Der Bericht über die Kontaktaufnahme zu „Perle“ vom 6. August 1981 wurde vom Angeschuldigten Kratsch bestätigt. Wolfgang Lohse ist für die Arbeit des IM aufgrund der von ihm bestätigten Jahresarbeitspläne 1986 bis 1989, in denen die Einsatzrichtung des IM festgelegt war, verantwortlich.

Der Fall Ulrich S., DN „Stange“ – 3 BJs 123/92-4 (2) –

Ulrich S. bot im April 1971 dem MfS mündlich und schriftlich an, Zeichnungen und andere Konstruktionsunterlagen aus seiner Arbeitsstelle beim M.-Institut gegen Entgelt zu liefern. S. war bis Mitte 1972 beim M.-Institut in G. und sodann bis etwa 1976 bei der D.-Anstalt in O. beschäftigt. Im Herbst 1976 wechselte er zur Firma W.-GmbH [in] M. Der {159} IM-Vorgang „Stange“ wurde im September 1979 wegen fehlender Perspektive archiviert. S. lieferte dem MfS Unterlagen über Forschungen aus dem Bereich der Luft- und Raumfahrt, sowie technische Daten über Raketen.

S. war mit nachrichtendienstlichen Hilfsmitteln ausgestattet (Container, Radiogerät zum Empfang von A3-Funksendungen, Chiffrierunterlagen, Fototechnik). In der Zeit von 1971 bis 1974 erhielt er 17.000,-- DM Agentenlohn. „Stange“ wurde anfangs von dem Offizier für Sonderaufgaben der HA II/2 Kurt Ulbrich und ab 1977 vom Angeschuldigten Mauersberger geführt. Auf Vorschlag des Angeschuldigten Lohse wurde S. im Jahre 1974 mit der „Verdienstmedaille der NVA“ in Bronze ausgezeichnet.

Der Fall des Helmut S., DN „Leonhard Schreiner“ – 3 BJs 170/92-4 (50) –

S. siedelte Ende der 50er Jahre in die DDR über, wurde dort vom LfV Berlin angeworben und anschließend für Verfas-{160}sungsschutzorgane der Bundesrepublik in der ehemaligen DDR tätig. 1961 wurde er verhaftet und zu einer Freiheitsstrafe von 15 Jahren verurteilt. Im Strafvollzug wurde er durch das MfS angeworben und siedelte im Auftrag des MfS in das Bundesgebiet über. Wegen privater Probleme wurde er in den 70er Jahren abgeschaltet. Im Oktober 1986 meldete sich S. unaufgefordert beim Grenzübergang Bahnhof Friedrichstraße und bot seine erneute Mitarbeit an. Nach seiner Werbung führte er im Auftrag der HA II/2 Objekt- und Personenabklärungen im bayerischen Raum durch. Er erhielt Agentenlohn in Höhe von ca. 11.000,-- DM. „Leonhard Schreiner“ wurde u.a. vom Angeschuldigten Wolfgang Mauersberger geführt. Der Angeschuldigte Lohse steuerte ab Oktober 1986 die nachrichtendienstliche Verbindung.

Der Fall Ruth W., DN „Inge Schneider“ – 3 BJs 815/91-4 –

Ruth W. wurde 1957 durch ihren späteren Ehemann Ernst W. (DN „Fritz Wür-{161}-fel“) an das MfS herangeführt, nachdem sie für diesen einen Treff mit MfS-Mitarbeitern in Ost-Berlin wahrgenommen hatte. Bei diesem Treff bot sie dem MfS ihre Mitarbeit an und verpflichtete sich schriftlich. Ruth W. lieferte als IM „Inge Schneider“ dem MfS Material aus ihren verschiedenen Beschäftigungsstellen als Fernschreiberin bei Behörden im Raum Düsseldorf. Darüber hinaus berichtete sie ausführlich über zahlreiche Personen aus ihrem privaten und dienstlichen Umfeld. Zum Zeitpunkt ihrer Werbung war sie als Fernschreiberin bei der Bundesbahn Düsseldorf tätig. Von dort lieferte sie in erster Linie Fernschreiben, die Militärtransporte und Polizeidienststellen im Raume Düsseldorf betrafen. Auftragsgemäß bewarb sich Ruth W. bei verschiedenen Behörden des Landes Nordrhein-Westfalen als Fernschreiberin. Im September 1960 wurde sie im Fernmeldezentrum der Bundeswehr in Düsseldorf eingestellt. Sie lieferte Informationen über die Tätigkeit des MAD und der Bundeswehr. Im Januar 1971 konnte sie als Fernschreiberin im Landeskriminalamt Düsseldorf platziert werden. Aus ihrem Tätigkeitsbereich übergab sie in den Jahren 1971 bis 1976 dem MfS 3281 Originaldokumente (Fernschreiben), davon 1355 mit nachrichtendienstlicher Bedeutung. Bis Oktober 1977 lieferte sie 5400 Einzelinformationen. Diese betrafen Hinweise zur Struktur {162} und zum Personalbestand westdeutscher Polizeiorgane, „Informationen zur Tätigkeit westdeutscher Geheimdienste, Abwehr- und Polizeiorgane gegen Kundschafter und Patrioten des MfS und der anderen sozialistischen Bruderorgane im Operationsgebiet", Hinweise zu den in der Bundesrepublik Deutschland aktiv tätigen Terroristen und Linksextremisten sowie Hinweise über das bundesdeutsche Fahndungs- und Überwachungssystem. Daneben lieferte sie interne Informationen über Arbeitsabläufe im LKA. Nach ihrem Ausscheiden aus dem LKA berichtete sie weiterhin über Mitarbeiter der ehemaligen Dienststelle und personelle sowie strukturelle Veränderungen. Dem von Ruth W. gelieferten Material wurde von der Führungsstelle „außerordentliche Bedeutung" beigemessen. Ruth W. war in Geheimschreibverfahren ausgebildet und mit Containern ausgerüstet. Die Führungstreffs wurden in unterschiedlichen konspirativen Objekten in der ehemaligen DDR durchgeführt. Sie erhielt insgesamt 846.000,-- DM Agentenlohn, davon entfielen auf die Zeit ab September 1976 574.000,-- DM. Aufgrund der Bedeutung der Agentin „Inge Schneider" waren die Angeschuldigten Dr. Kratsch und Wolfgang Lohse in den verschiedenen von ihnen wahrgenommenen Funktionen innerhalb der HA II in die nachrichtendienstliche Steuerung eingebun-{163}den. In den Jahren 1974 bis 1980 oblag den Angeschuldigten Wolfgang Lohse die Führung der Ruth W. Die Angeschuldigten Dr. Kratsch und Lohse waren auch für die Bestätigung der Operativgelder zuständig. Der Einsatz des IM war Gegenstand der Jahresarbeitsplanung der HA II/2.

Der Fall des Reinhold W. (DN „Rainer") – 3 BJs 167/92-4 –

Reinhold W. bot dem MfS im Mai 1983 seine Mitarbeit an. Bereits beim ersten Treff berichtete er dem MfS über seine Arbeit für den Bundesnachrichtendienst in den Jahren 1978 bis 1980 und seinem Auftrag, die Küsten- und Hafenanlagen der sozialistischen Ostseeanrainerstaaten aufzuklären. Nach seiner Werbung wandte sich W. im Februar 1984 im Auftrag des MfS an den Bundesnachrichtendienst und bot dort seine erneute Mitarbeit an. Daraufhin wurde W. von März 1984 bis November 1987 beim BND unter dem Decknamen „Bahrensdorf" geführt. In der Folgezeit berichtete er dem MfS über die Methoden des Bundesnachrichtendienstes und übergab Fotokopien seiner für den BND bestimmten Berichte. W. erhielt vom MfS Agentenlohn in Höhe von ca. 37.000,-- DM. In seiner Funktion als erster Stellvertre-{164}ter des Leiters der Hauptabteilung II unterzeichnete Wolfgang Lohse ein an den Leiter der Hauptabteilung XIX gerichtetes Schreiben, in welchem die aufgrund der Mitteilungen des IM „Rainer“ gewonnenen Erkenntnisse zur Vorgehensweise des BND bei der maritimem Aufklärung der sozialistischen Ostseeanliegerstaaten mitgeteilt wurden.

Der Fall des Wolfgang Z., DN „Hermes“ – 3 BJs 670/91-1 (210) –

Der Vorgang steht im Zusammenhang mit der vom MfS gesteuerten Ausspähung einer BND-Dienststelle („Brücke“) in Hamburg. Z. wurde 1985 bei Besuchen in Ost-Berlin durch das MfS für eine nachrichtendienstliche Arbeit gewonnen. Im Auftrag der HA II/2 mietete er 1986 ein gegenüber der BND-Dienststelle gelegenes Ladengeschäft mit Wohnung an. Durch die dort eingebaute Fototechnik konnten BND-Mitarbeiter gezielt fotografiert werden. Für die Bearbeitung war innerhalb der HA II/2 das Referat 1 (Oberstleutnant Wenzel) zuständig. Die Ausspähungstätigkeit des IMB war in den letzten Jahren einer der Schwerpunkte der Arbeit der HA II/2 im Operationsgebiet {165} und fand dementsprechend Eingang in die vom Angeschuldigten Lohse bestätigten Jahresarbeitspläne.

Aus den bisherigen Ermittlungen zur Struktur der HA II sind darüber hinaus in der HA II/2 bearbeitete IM-Vorgänge bekannt, in denen ehemalige Bürger der DDR als Reisekader eingesetzt wurden und Personen und Objektabklärungen im Bundesgebiet durchgeführt haben:

Ermittlungsverfahren gegen
- Rudi K. (DN „Erhard“) – 3 BJs 129/92-4 (9) –
- Wilfried A. (DN „Achim“) – 3 BJs 224/92-4 (64) –
- Dr. Jürgen B. (DN „Bernd Brandt“) – 3 BJs 228/92-4 (68) –
- Christel H. (DN „Anne“) – 3 BJs 231/92-4 (71) –
- Monika R. (DN „August“) – 3 BJs 233/92-4 (73) –
- Birgit G. (DN „Babette“) – 3 BJs 234/92-4 (74) –
- Sigrid R. (DN „Conny“) {166} – 3 BJs 236/92-4 (76) –
- Klaus S. (DN „Gerhard“) – 3 BJs 237/92-4 –
- Werner O. (DN „Robert Böhme“) – 3 BJs 256/92-4 –
- Gerd-Peter S. (DN „Gerd Orlopp“) – 3 BJs 264/92-4 –
- Eheleute Karin und Holger K. (DN „Max“) – 3 BJs 265/92-4 –
- Gudrun F. (DN „Gerda Wichert“) – 3 BJs 270/92-4 –
- Ilse N. (DN „Nora“) – 3 BJs 275/92-4 –
- Wolfgang G. (DN „Wulf“) – 3 BJs 518/92-4 –

Für die Angeschuldigten Dr. Kratsch und Wolfgang Lohse folgt die Verantwortlichkeit in diesen Fällen schon aus ihrer Zuständigkeit für die Bewilligung von Reisen ins Operationsgebiet und für die Ausstattung mit operativen Dokumenten. {167}

VIII. Verantwortlichkeit der Angeschuldigten Dr. Kratsch, Wolfgang Lohse, Wolfgang Mauersberger und Kurt Ulbrich im Zusammenhang mit der unmittelbaren Führung von IM der HA II/2 in Landesverratsfällen

1. Der Fall Karl-Paul G., DN „Reuter“ (3 BJs 1116/91-4)

a) Die nachrichtendienstliche Verstrickung

Karl-Paul G. meldete sich am 21. März 1975 an der Grenzübergangsstelle Bahnhof Friedrichstraße in Ost-Berlin und bat um einen Kontakt zu Dienststellen des MfS. Er wurde daraufhin an die MfS-Zentrale verwiesen und bot sich für eine nachrichtendienstliche Zusammenarbeit an. Das Anbahnungsgespräch führte der Angeschuldigte Wolfgang Mauersberger. G. war seit 1972 bei der Fa. I. in W. beschäftigt. Er gab an, er habe Zugang zu geheimen und vertraulichen Unterlagen der Firma, die damals ein computergesteuertes Führungssystem der Bundesmarine bzw. der NATO entwickelte (Projekt „Tenne“). Er teilte außerdem dem MfS mit, daß er voraussichtlich zum 1. April 1975 als Sicherheitsbeauftragter der Fa. I. in W. eingesetzt werde. Als Beweis für seine Zugänge legte er zwei Unterlagen über den Systemaufbau des Projektes „Tenne“ und eine Skizze über Nachrich-{168}tenverbindungen der Marine im Nordseeraum vor. G. wurde vom MfS anfangs als Kontaktperson „Drucker“ geführt. Später erhielt er den Decknamen „Reuter“. Beim Anbahnungstreff wurde er beauftragt, weitere Unterlagen zum System „Tenne“ und Personalangaben zu Beschäftigten der Niederlassung der I. zu beschaffen. Außerdem sollte er den Sitz der MAD-Nebenstelle der Marine und die Namen der dort beschäftigten Mitarbeiter feststellen.

b) Verratsumfang

Beim zweiten Treff am 25. April 1975 übergab G. drei technische Zeichnungen des Projekts „Tenne“, Teilbereich Flensburg. Aus den Dokumenten ergaben sich die Standorte der installierten I.-Anlagen. Einem von G. übergebenen Prospekt waren die Hauptfunktionen des Marineführungssystems der I. zu entnehmen. Des weiteren übermittelte er die gewünschten Angaben zum Personalbestand der I.-Niederlassung W. (Stand: 25.02.1975) mit den Hinweisen auf die jeweilige VS-Verpflichtung der Beschäftigten. Außerdem informierte er das MfS über den Standort des MAD-Stützpunktes in W. und benannte dessen Leiter. Nach seiner Bestellung als Sicherheitsbeauftragter der I. in W. informierte G. seine nachrichtendienstlichen Auftraggeber {169} über seine Zugangsmöglichkeiten zu geheimen Unterlagen der NATO und der Bundesmarine, die mit dem Projekt „Tenne“ in Zusammenhang standen. Außerdem berichtete er detailliert über seine Belehrung und Verpflichtung als Sicherheitsbeauftragter (Einstufung: Geheim, Streng Geheim). Bei weiteren Treffs im Jahre 1976 übergab G. an das MfS sechs Schmalfilme mit ca. 13.000 Aufnahmen. Es handelte sich um die Verfilmung von über 100 Dokumenten (Verschlußsachen VS-NfD, Vertr., Geheim) der NATO, der Bundeswehr und I.-Material zum Projekt „Tenne“.

Bei einem weiteren Treff am 27. Mai 1976 in Ost-Berlin mit Mauersberger übergab G. umfangreiche Dokumente zu dem Projekt „Tenne“. Es handelte es sich u.a. um folgende Unterlagen:

- Band I und II FMZ, konventioneller Spruchverkehr, Be- und Verarbeitung von Sprüchen
  Geheim,
  Stand 15.08.1975
- Betriebsspezifikation MHQ 78 (Fachbereichsfunktionen u.a.)
  Geheim
- Status-Bericht Projekt „Tenne“ {170}
  Stand der Erfüllung bzw. Verzug lt. Plan durch I./SG WHV
- MDV 500/11
  Marineliste, Zusammenfassung der im nationalen Fernmeldedienst (Bundesmarine) benutzten Rufzeichen und Adressengruppen von Marineeinheiten mit Erläuterungen zur Verfahrensweise,
  VS-Vertraulich.
  Die MDV enthielt die gesamte schwimmende und stationäre Technik der Marine.
- Technische Beschreibung Link 11-Station und konventionelle Fernsprechverbindung Projekt „Tenne“,
  VS-Vertraulich.
  Aus dem Dokument war ersichtlich, daß im Projekt „Tenne“ Verschlüsselungsgeräte des Typs Elcrovox verwendet werden sollen.
- NAVBALTAB TACTICAL CALL SIGN BOOK (BTCB/A)
  Takt. Signalbuch der NATO-Marine im Ostseeraum (engl. Text)
  Analog MDV 500/11,
  VS-Vertraulich
- ATP 34 (NAVY) (AIR) {171}
  Taktische Luftunterstützung von Marineoperationen
  Alliierte Ausbildungsanweisung Nr. 34,
  VS-Vertraulich
- Ein Schreiben der Seekarten- und Dienstvorschriftenstelle Nordsee zur Neunummerierung von Marinedienstvorschriften mit Anhang,
  a) Verfahrensweise,
  b) Ergänzungsblatt.
  Das Ergänzungsblatt enthielt 39 Dienstvorschriften (Kurzbezeichnung und MDV-Reg.-Nr.).

Anfang 1980 lieferte G. der HA II als VS-Geheim eingestufte Dokumente zum Projekt „Tenne“ im Umfang von ca. 40 Leitzordnern. Er hatte die Gelegenheit bei Auflösung der I. in W. genutzt, Dokumente, die unter seiner Kontrolle zur Vernichtung vorgesehen waren, aus dem Verschlußraum der Niederlassung zu entwenden. Bei dem Material in Form von EDV-Ausdrucken handelte es sich um das komplette EDV-Programm des Teilsystems im MHQ.

Die von G. übergebenen Unterlagen zum Projekt „Tenne“ waren nur einem begrenzten Personenkreis zugänglich und wurden ge-{172}heimgehalten, um die Gefahr eines schweren Nachteils für die äußere Sicherheit der Bundesrepublik Deutschland abzuwenden. Durch den Verrat war der militärische Gegner in der Lage, Führungssysteme des Befehlshabers der Flotte (ein kommandierender General, der alle kämpfenden Verbände, einschließlich Marineflieger kommandiert; ausgenommen lediglich die logistisch unterstützenden Verbände) so zu stören, daß der Befehlshaber die ihm unterstellten

Verbände nicht mehr erreicht. Diese Störung und Zerstörung der Führungssysteme hätte die gesamten Seestreitkräfte der Bundesmarine betroffen. Die Kommandeure der einzelnen Verbände wären gehalten gewesen, ungeführt zu entscheiden; in ihre Entscheidungen hätten die Informationen nicht einfließen können, die nur der Befehlshaber der Flotte haben kann. Durch den Verratsfall bekam ein potentieller Gegner Hilfen in die Hand, die es ihm ermöglichten, durch zielgerichtete Anschlußaufklärung Führungsmaßnahmen mitzuhören und sich darauf verbessert einzustellen. Außerdem war es dem Gegner durch den Verrat möglich, zielgerichtet Fehler in das Führungssystem der Bundeswehr bzw. der NATO einzubringen, die im Spannungs- und Verteidigungsfall zunächst unbemerkt Fehlentscheidungen in der Sache sowie bei der Übermittlung von Entscheidungen verursachen konnten. {173}

c) Nachrichtendienstliches Verbindungswesen und operative Hilfsmittel

In den Jahren 1976 bis 1977 fanden zwölf Treffs in der ehemaligen DDR zwischen „Reuter" und dem Angeschuldigten Wolfgang Mauersberger statt. Zur Verbindungsaufnahme erhielt G. eine Deckadresse und -telefonnummer. Er wurde am Bahnhof Friedrichstraße durch MfS-Mitarbeiter geschleust. Ab 1977 bestand außerdem eine Instrukteurverbindung. Als Instrukteur war der IM „Michael" eingesetzt. G. übergab bei einigen Treffs dem IM „Michael" Verratsmaterial.

G. war mit einem Container und einem operativen Reisepaß auf den Namen Paul Gärtner ausgestattet.

d) Agentenlohn und Auszeichnungen

G. erhielt bei den Treffs ca. 70.000,-- DM. Am 10. März 1976 wurde er „für besondere Verdienste bei der Auf-{174}klärung der Pläne der Feinde der DDR und den dadurch geleisteten Beitrag im Kampf um die Erhaltung des Friedens" mit einer Prämie in Höhe von 3.000,-- DM ausgezeichnet. Auf Vorschlag des Angeschuldigten Dr. Kratsch erhielt G. 1981 den „Kampforden für Verdienste um Volk und Vaterland" in Bronze.

e) Beendigung der nachrichtendienstlichen Tätigkeit

Im März 1980 teilte „Reuter" seinen nachrichtendienstlichen Arbeitgebern mit, das Arbeitsverhältnis bei der Firma I. in W. sei mit Wirkung vom 31. März 1980 beendet. Bedingt durch das Ausscheiden bei der Firma IMB konnte G. keine relevanten Informationen mehr aus dem Bereich der Bundeswehr liefern. Es kam noch bis 1983 zu fünf weiteren Treffs. Im Jahre 1986 wurde der Vorgang wegen Perspektivlosigkeit archiviert.

f) Die Verantwortlichkeit der Angeschuldigten Dr. Kratsch, Wolfgang Lohse und Wolfgang Mauersberger

Der Angeschuldigte Wolfgang Mauersberger war Führungsoffizier des IM Reuter und {175} nahm sämtliche Treffs auf dem Gebiet der DDR wahr. Wolfgang Lohse war aufgrund seiner Funktion als Abteilungsleiter und Dr. Kratsch als damaliger Leiter der HA

II in den Vorgang eingebunden. Sie steuerten die nachrichtendienstliche Tätigkeit durch Vorlage bzw. Bestätigung von Berichten, Weiterleitungsverfügungen an die HA III und HVA sowie durch Bestätigung der Operativgeldzahlungen.

2. Der Fall Gisela G., DN „Marga“, Dagmar S., DN „Vera“ u.a. („Residentur Mitte“) – 3 BJs 538/90-4 –

Ein Spionagefall höchster Bedeutung mit entsprechendem Schaden für die äußere Sicherheit der Bundesrepublik ist das nachrichtendienstliche Geschehen um das Ehepaar Günter und Gisela G., die als IM-Residenten die „Residentur Mitte“ für die HA II/2 betrieben.

a) Die nachrichtendienstliche Verstrickung des Residentenehepaares Günter und Gisela G. und ihrer Quellen „Vera“, „Manfred“ und „Sibille“

Am 26.10.1964 erkundigte sich der im Jahre 1989 verstorbene Günter G. am Grenzübergang Heinrich-Heine-Straße in Berlin {176} nach einer Übersiedlungsmöglichkeit in die DDR. Bei dieser Gelegenheit wurde er für die Mitarbeit im MfS angebahnt. Am 25. Juni 1966 verpflichtete er sich schriftlich unter dem Decknamen „Günter“ für die nachrichtendienstliche Tätigkeit im MfS. Die Übersiedlungspläne und die Anbindung an das MfS beruhten auf seiner schlechten wirtschaftlichen Lage. Günter G. betrieb damals in Hannover eine Reinigung. Im Jahre 1964 gab er dieses Geschäft auf und übernahm eine Gaststätte, die er bereits nach einem Jahr wieder verkaufte. Anschließend war er bei verschiedenen Arbeitgebern tätig. Nachdem 1967 die Ehefrau des IM „Günter“, die Angeschuldigte Gisela G., geboren 1928, überraschend zu einem Treff in Ost-Berlin erschien, wurde auch sie unter dem Decknamen „Marga“ für die nachrichtendienstliche Tätigkeit angebahnt. Sie war damals Hausfrau.

Die Bedeutung der nachrichtendienstlichen Tätigkeit der Residentur-Mitte lag insbesondere in der Führung der IM „Vera“ (Dagmar S.). Es handelt sich bei ihr um die zwanzig Jahre jüngere Schwester der Gisela G., die in den Jahren 1967 bis 1969 täglichen Kontakt zur Familie G. unterhielt. „Günter“ nutzte diese Gelegenheit, sie unter „falscher Flagge“ für die {177} nachrichtendienstliche Tätigkeit zu gewinnen. Ihm gelang es auch, Dagmar S. ab Juli 1968 als Angestellte im Schreibdienst der Standortverwaltung Hannover bei der MAD-Gruppe II zu platzieren.

1968 lernte „Günter“ durch Dagmar S. die am 13. Juni 1941 geborene Ute B. kennen. Aufgrund der Vermittlung von „Vera“ gelang es, Ute B. Ende 1973 im LfV Niedersachsen als Verwaltungsangestellte unterzubringen. 1974 wurde sie von Günter unter „falscher Flagge“ in die nachrichtendienstliche Tätigkeit der Residentur Mitte eingebunden. Sie führte die Deckbezeichnung „Manfred“. Günter täuschte vor, sie werde für das CIA tätig. Er hatte zu diesem Zweck vom MfS einen gefälschten Dienstausweis erhalten.

Die 1960 geborene Sabine G. wurde im Jahre 1980 durch ihre Eltern, die Residenten „Günter“ und „Marga“, an das MfS herangeführt. „Günter“ hatte die Berufswahl seiner Tochter von Anfang an am Interesse des MfS ausgerichtet. Ab 1. April 1981 war sie beim Truppendienstgericht Nord in Hannover als Schreibkraft (BAT VII) beschäftigt. {178}

b) Verratsumfang

Dagmar S. lieferte aus ihrem Tätigkeitsbereich bei der MAD-Gruppe II, bei der sie als Schreibkraft (BAT VII) beschäftigt war, umfangreiches Verratsmaterial (Originaldurchschriften von Verdachtsfällen bundesdeutscher Sicherheitsorgane, die durch das MfS zur Überprüfung der Gefährdung seiner inoffiziellen Mitarbeitern sowie von Mitarbeitern befreundeter östlicher Nachrichtendienste genutzt wurden). Durch „Vera" wurden dem MfS 150 Geheimdienstmitarbeiter des MAD, die Struktur der MAD-Gruppe II, Methoden und technische Mittel des MAD verraten. Durch Verfügung vom 4. November 1975 wurde Dagmar S. zum VS-Verwalter des Dezernats 2/„Poseidon" bestellt und ermächtigt, Verschlußsachen der Geheimhaltungsstufe „Streng Geheim", „Cosmic-Top-Secret" und „US-Secret" zu bearbeiten. Im November 1975 lieferte sie dem MfS eine in ihrer Eigenschaft als VS-Verwalterin erlangte Aufstellung von Poseidon-Objekten im Wehrbereich II. Unter dem Begriff „Poseidon"-Objekte werden die nuklearfähigen Einheiten der Bundesluftwaffe und des Bundesheeres erfaßt. Der Wehrbereich II umfaßt die Gebiete der Bundesländer Niedersachsen und Bremen. Bei den Einheiten handelt es sich um vier mit dem Waffensystem „Lance" ausgerüstete Hee-{179}reseinheiten sowie um zwölf mit „Nike"-Raketen versehene Luftabwehrbatterien. Eine niederländische Einheit verfügte ebenfalls über Raketen des Typs „Nike". Durch die in der Aufstellung aufgeführten Koordinaten wurde mit einer Toleranz von etwa 100 m der genaue Standort der nuklearen Lagerung innerhalb des Abschußbereichs der militärischen Anlagen bezeichnet. Dieses Koordinatensystem ist allgemein zugänglich und auch von einem potentiellen Gegner lesbar. Die Streitkräfte des Warschauer Paktes verfügten bereits 1975 über Munition mit der Fähigkeit, die Schutzräume der Lager zu durchschlagen. Die Bundesluftwaffe und die niederländische Einheit waren bis 1988 in der durch die Liste bezeichneten Weise ausgerüstet. Durch den Verrat der Unterlagen verfügten das MfS und damit die Staaten des Warschauer Paktes seit 1975 über eine viele Jahre gültige Information. Der potentielle Gegner hätte diese Information nicht durch eigene Beobachtung im Gelände erlangen können, weil sich im erwähnten Gebiet deutlich mehr militärische Anlagen befinden, die nach ihrer äußeren Erscheinung ebenfalls mit nuklearen Waffen ausgerüstet sein konnten, dies aber tatsächlich nicht waren. Er erlangte auf diese Weise einen kompletten Zielkatalog und eine wesentliche Hilfe für die Zielfindung, um in einem wichtigen und ausgedehnten Verteidigungsraum die Fähigkeit der NATO zum nu-{180}klearen Einsatz stark einzuschränken. Diese geheimgehaltenen und nur einem begrenzten Personenkreis zugänglichen Tatsachen bewirkten durch den Verrat einen schweren Nachteil für die äußere Sicherheit der Bundesrepublik Deutschland.

Ute B. lieferte dem MfS 204 Blatt „VS-Vertraulich" eingestufte Unterlagen in Form von Sonderinformationen des LfV Niedersachsen aus den Jahren 1983 und 1984, öffentliche Informationen des BfV ebenfalls aus den Jahren 1983 und 1984, drei Blatt „VS-Geheim" eingestufte Schnellinformationen des LfV Niedersachsen sowie das Telefonverzeichnis des LfV. Zuletzt übergab sie 1989 einen Lagebericht des niedersächsischen Verfassungsschutzes vom April 1989.

Sabine G. lieferte dem MfS Erkenntnisse aus ihrem Arbeitsbereich. So informierte sie das MfS über den Ausgang von Disziplinarverfahren, von denen sie im Truppendienstgericht Kenntnis erlangte. Perspektivisch plante das MfS, „Sibille“ im Bundesnachrichtendienst zu plazieren. {181}

c) Die nachrichtendienstliche Führung der Quellen durch „Günter“ und „Marga“

Entsprechend der vom MfS vorgegebenen Aufgabenstellung war das Residentenehepaar in erster Linie dafür verantwortlich, die Materialbeschaffung durch die Quellen zu steuern, erlangte Unterlagen zu fotografieren und an die HA II weiterzuleiten. Sie nahmen auch den Agentenlohn vom MfS bei den Treffs in Empfang.

d) Nachrichtendienstliches Verbindungswesen

„Günter“ und „Marga“ reisten regelmäßig zu den Treffs mit den MfS-Führungsoffizieren in die DDR. 1972 fanden die Treffs etwa alle sechs Wochen in Ost-Berlin statt, später wurde der zeitliche Abstand aus Sicherheitsgründen verlängert. Ab 1978 fanden Auslandstreffs in Österreich und Jugoslawien statt. „Sibille“ nahm an zwei dieser Treffs in Wien und Jugoslawien mit ihren Eltern teil.

Darüber hinaus bestand zeitweilig eine Instrukteurverbindung (IM „Pils“). „Marga“ war seit 1969 im einseitigen Funkverkehr ausgebildet. Außerdem verfügten die Residenten über Decktelefon und -adressen. Sie waren darüber hinaus mit {182} Fototechnik, Geheimschreibmittel, Containern und operativen Reisedokumenten ausgestattet.

„Vera“ erhielt vom MfS durch das Residentenehepaar zwei Container und Geheimschreibmittel. „Manfred“ war im Besitz von zwei Containern (Haarspray und Geldbörse), die zum Transport von Material aus dem LfV benutzt werden sollten.

e) Agentenlohn und Auszeichnungen

Die Höhe der an die Residentur Mitte geleisteten Zahlungen läßt sich nicht abschließend feststellen. Für die Zeit von September 1970 bis März 1979 liegen von „Günter“ und „Marga“ bestätigte Quittungen über den Erhalt von 65.950 DM und für die Zeit von 1980 bis 1989 von über 320.000 DM vor. Ab 1970 erhielt „Vera“ vom MfS monatliche Zahlungen, die die Residenten in Empfang nahmen. Im Jahre 1971 betrugen die Zahlungen monatlich 250 DM, 1973 500 DM und ab 1978 600 DM. Ute B. erhielt ab 1974 monatliche Zahlungen in Höhe von 200 DM und von 1981 bis 1989 von jeweils 600 DM. 1988 wurde sie zur Auszeichnung mit einer Prämie in Höhe von 3000 DM vorgeschlagen.

An Sabine G. wurden monatlich 500 DM gezahlt. {183}

Darüber hinaus wurden durch den Führungsoffizier Ulbrich regelmäßig auf ein von der HA II eingerichtetes Verwahrkonto Geldbeträge für das Residentenehepaar G. einbezahlt. Im Jahre 1989 belief sich das Guthaben auf ca. 140.000 Mark. Nach Auflösung des Kontos im Januar 1990 will der Angeschuldigte Ulbrich das Geld an einen inoffiziellen Mitarbeiter zum Zwecke des Umtausches in DM übergeben haben, um es dann an Gisela G. auszuhändigen. Der Verbleib des Geldes ist ungeklärt.

Die Bedeutung der Residentur Mitte spiegeln die an das Residentenehepaar auf Vorschlag der Angeschuldigten Dr. Kratsch bzw. Wolfgang Lohse verliehenen Orden wider.

„Günter“ erhielt folgende Auszeichnungen:

1969 Verdienstmedaille der NVA (Bronze)
1972 Verdienstmedaille der NVA (Silber)
1974 Kampforden (Bronze)
1976 Verdienter Mitarbeiter der Staatssicherheit
1978 Kampforden (Silber)
1979 Kampforden (Gold)
1980 Medaille für treue Dienste (Gold) i
1984 Vaterländischer Verdienstorden (Gold) {184}

„Marga“ wurden folgende Auszeichnungen verliehen:

1973 Verdienstmedaille der NVA (Bronze)
1974 Verdienstmedaille der NVA (Silber) 1978 Verdienstmedaille der DDR
1984 Kampforden (Gold).

Im Jahre 1988 wurde sie für die Verdienstmedaille der NVA (Gold) vorgeschlagen.

f) Verantwortlichkeit der Angeschuldigten Dr. Kratsch, Wolfgang Lohse und Kurt Ulbrich für die nachrichtendienstliche Tätigkeit der Residentur Mitte

Der Angeschuldigte Dr. Kratsch nahm in seiner Eigenschaft als Abteilungsleiter der Abteilung II/2 Treffs mit dem IM „Günter“ in verschiedenen konspirativen Objekten in der ehemaligen DDR wahr. Dabei wurden von „Vera“ und „Günter“ erarbeitete Informationen übergeben. Bei den Treffs erteilte er jeweils neue Aufträge bzw. bestätigte die Fortführung früher gestellter Aufgaben. Unter anderem bestätigte er den Einsatz des falschen CIA-Ausweises durch den IM „Günter“. Er veranlaßte außerdem die Überprüfung von Arbeitskollegen des Residenten und leitete Maßnahmen zur Abtragung der Schulden des Ehepaares ein, um eine geplante Anstellung von „Mar-{185}ga“ in den Staatsdienst zu erleichtern. In seiner Funktion als Abteilungsleiter der HA II/2 wirkte Dr. Kratsch bis 1973 maßgeblich an dem Aufbau der „Residentur Mitte“, insbesondere an der Werbung des IM „Vera“ mit.

Der Angeschuldigte Wolfgang Lohse nahm in seiner Funktion als Abteilungsleiter der Abteilung II/2 ab 1974 an mehreren Treffs mit den Residenten „Günter“ und „Marga“ teil. Außerdem bestätigte er regelmäßig Treffberichte mit den Vorgaben für die Agententätigkeit der Residentur Mitte, die vom Angeschuldigten Ulbrich zur Bestätigung vorgelegt wurden. Die Arbeit der Residentur Mitte war Gegenstand der Jahresarbeitspläne der HA II/2, die ab 1984 vom Angeschuldigten Lohse bestätigt wurden.

Kurt Ulbrich war von Dezember 1969 bis zur Auflösung des MfS unmittelbar mit der Führung der Residentur Mitte beauftragt. Er erarbeitete Vorschläge für die Führung, empfing das Verratsmaterial und nahm an zahlreichen Führungstreffs im In- und Ausland teil. {186}

3. Der Fall des verstorbenen Bundeswehr-Obersten Joachim Krase, DN „Günter Fiedler“

a) Die nachrichtendienstliche Verstrickung

Im Januar 1969 suchte der damalige Major der MAD-Gruppe I Joachim Krase (verstorben 1988) Kontakt zum Mfs und erklärte bei einem Zusammentreffen im Bereich der ehemaligen Demarkationslinie bei Schönberg gegenüber Oberst a.D. Klaus B. (HA I) seine Bereitschaft, interne Angaben aus dem Bereich des MAD, insbesondere Informationen zu CM (Doppelagenten) dem MfS zu übergeben. Der damalige Minister für Staatssicherheit Erich Mielke übertrug die weitere Fallbearbeitung des Selbstanbieters Krase dem Angeschuldigten Dr. Kratsch. Dieser hatte gemeinsam mit B. im Laufe des Jahres 1969 zwei Treffs mit dem Bundeswehroffizier Krase und übernahm dessen weitere Führung, in die seit Anfang der 70er Jahre auch der Angeschuldigte Lohse eingebunden war. Im Zeitpunkt der Kontaktaufnahme zum MAD war Krase stellvertretender Dezernatsleiter in der MAD-Gruppe I, Kiel. Am 15. April 1971 wurde er zum Oberstleutnant befördert. Ab 1. Oktober 1971 übernahm Krase die Leitung des Dezernats I/3 beim Amt für Sicherheit der Bundeswehr in Köln, ab 1. April 1973 war er als Gruppenleiter bei der MAD-Grup-{187}pe I in Kiel tätig. Ab 1. April 1974 leitete er die MAD-Stelle 11 in Hamburg. Am 1. Oktober 1975 wurde Krase zum Oberst befördert und als Kommandeur der MAD-Gruppe S in Bonn eingesetzt. Ab 1. Oktober 1977 leitete er die Abteilung III des Amts für Sicherheit der Bundeswehr in Bonn. Ab 1. April 1980 war Joachim Krase Chef des Stabes des Amts für Sicherheit der Bundeswehr in Köln.

b) Verratsumfang

Krase lieferte seinen nachrichtendienstlichen Auftraggebern alle Angaben zu CM des MAD, berichtete über Strukturen und Personal des MAD sowie Verbindungen des MAD zu befreundeten Diensten.

Während seiner Tätigkeit als Leiter der Stabsgruppe bzw. Kommandeur einer MAD-Gruppe sowie als Abteilungsleiter III (Spionageabwehr) des Amts für Sicherheit der Bundeswehr und stellvertretender Amtschef sowie Chef des Stabes des Amts für Sicherheit der Bundeswehr hatte Krase prinzipiell die Zugangsberechtigung zu allen Verschlußsachen des ihm unterstellten Bereichs. Er nahm von allen bedeutsamen Verschlußsachen Kenntnis. Als Abteilungsleiter III hatte er Zugriff auf alle Klardaten der geheimen Mitarbeiter des MAD sowie der Verdachtspersonen in wertigen Abwehroperationen. Als stellvertretender {188} Amtschef und Chef des Stabes hatte Krase darüber hinaus Zugriff auf alle Klardaten der geheimen Mitarbeiter der Abteilung II des MAD sowie auf die Verdachtspersonen in wertigen Abwehroperationen der Abteilung II.

Am 22.10.1979 nahm Krase Kenntnis von einer als „Streng geheim“ eingestuften Auflistung von „Poseidon“-Objekten, einer Verschlußsache, die nur einem begrenzten Personenkreis zugänglich war und vor einer fremden Macht geheimgehalten werden mußte, um die Gefahr eines schweren Nachteils für die äußere Sicherheit der Bundesrepublik Deutschland oder der Vertragsstaaten des Nordatlantik-Paktes abzuwenden. Aus dem Dokument ergaben sich Koordinaten, Benutzer-Nation, Teilstreitkraft und Einheit sämtlicher in der Bundesrepublik Deutschland stationierter Kernwaffenträgersysteme mit Stand 15.10.79. Bezüglich der Schadensbewertung gilt die gleiche Einschätzung wie bei den von Dagmar S. verratenen Standorten von Kernwaffenträgersystemen, mit dem Unterschied, daß der Verratsfall Krase in seiner Bedeutung erheblich über den Verrat der Dagmar S. hinausgeht. Während diese lediglich die „Poseidon"-Objekte des Wehrbereichs II verraten hat, erlangte der Warschauer Pakt durch den Verrat des Joa-{189}-chim Krase Kenntnis vom Standort aller im Bundesgebiet stationierten Kernwaffenträgersysteme.

Nach Übergabe des Dokuments an das MfS übermittelte dieses der Minister für Staatssicherheit Erich Mielke mit Schreiben vom 5. März 1980 an den Vorsitzenden des KfS, Armee-General Andropow, mit der Bitte, das Material an den damaligen Verteidigungsminister der ehemaligen UdSSR, Marschall Ustinov, zur Beurteilung weiterzuleiten.

c) Nachrichtendienstliches Verbindungswesen

Entsprechend der Bedeutung des Agenten Joachim Krase unterlag der Vorgang innerhalb der HA II äußerster Geheimhaltung. Zur Wahrung der Konspiration wurde der Agent in der Abteilung XII des MfS nicht registriert. Zu Beginn der nachrichtendienstlichen Verbindung fanden etwa drei Treffs in Ost-Berlin statt. Danach wurde der nachrichtendienstliche Kontakt, insbesondere die Lieferung des Verratsmaterials und die Zahlung des Agentenlohns, über eine Instrukteurverbindung sichergestellt. Als Instrukteur wurde der inzwischen verstorbene IM „Bert" (Klarname: Dr. Dieter B.) eingesetzt. Die Instrukteur-Treffs {190} fanden in unregelmäßigen Abständen ca. drei- bis viermal jährlich entsprechend der vorangegangenen Festlegung durch Joachim Krase im Bundesgebiet statt. „Bert" reiste mit DDR-Dokumenten. Die über den Instrukteur in einem verschlossenen Umschlag übermittelten Informationen nahm Wolfgang Lohse in Empfang und leitete sie an Dr. Kratsch weiter, der aufgrund seiner Leitungsfunktion über weitere Verwendung des Verratsmaterials entschied. Etwa ab 1978 konnte Krase unmittelbar über ein im Arbeitszimmer des Wolfgang Lohse installierten Telefon Kontakt zu seinem Führungsoffizier aufnehmen. Das Telefon befand sich in dessen Panzerschrank, um sicherzustellen, daß keine weiteren Personen von evtl. Anrufen Kenntnis erhielten. Ab 1976 nahm Wolfgang Lohse in unregelmäßigen Abständen Treffs mit Krase im Ausland wahr. Sie dauerten maximal drei Stunden, um das Eingreifen westlicher Abwehrdienste zu verhindern. Die Treffs dienten in erster Linie zur Aufrechterhaltung des persönlichen Kontaktes. Sie wurden von Kurt Ulbrich abgesichert, der von dem Hintergrund des Treffs und dem Treffpartner keine Kenntnis erhielt. Der letzte Auslandtreff zwischen Wolfgang Lohse und Joachim Krase fand 1987 in Salzburg statt. {191}

d) Nachrichtendienstliches Entgelt

Bei den drei- bis viermal jährlich stattfindenden Instrukteurtreffs erhielt Krase jeweils 5000,-- DM. Darüber hinaus wurden ihm aus besonderen Anläßen, z.B. seiner zweiten Hochzeit, Geldbeträge (3000,-- DM) übergeben. Nach dem Tod des Joachim Krase übersandte Wolfgang Lohse an dessen Sohn Wolfgang Krase im Oktober 1988 als angebliches Vermächtnis einen Geldbetrag von 5000,-- DM.

IX. Die Verantwortlichkeit der Angeschuldigten Dr. Kratsch, Wolfgang Lohse und Kurt Ulbrich für Bestechungen von Angehörigen des öffentlichen Dienstes in der Bundesrepublik

Die Angeschuldigten Dr. Kratsch, Lohse und Ulbrich haben an die Beamten B. und F., die Angestellten W., S., B. und Sabine G. sowie den Bundeswehroffizier Krase Zahlungen für die pflichtwidrige Mitteilung von Amtsgeheimnissen bewilligt bzw. geleistet. Derartige Zahlungen waren grundlegend in den Operativgeldordnungen Nr. 7/81 und 3/83 geregelt. Für den Bereich der HA II war für den Umgang mit Operativgeld darüber hinaus die Anweisung Nr. II/1/86 des Lei-{192}ters der HA II vom 11. März 1986 maßgebend. Die Festlegungen entsprachen der in der HA II bis dahin angewandten Praxis. Danach gehörten u.a. sämtliche Zuwendungen an Quellen und andere im Zusammenhang mit der Durchführung von Treffs anfallenden Auslagen zu den Operativgeldern. Operativgeldanforderungen konnten durch die Leiter der Abteilungen bzw. deren Stellvertreter nur bis zu einer Höhe von 1.000,-- Mark (Ost) bzw. 500,-- DM bestätigt werden. Darüber hinausgehende Beträge bedurften der Genehmigung des Leiters der HA II. Hieraus folgt, daß die Angeschuldigten Dr. Kratsch und Wolfgang Lohse schon im Bewilligungsverfahren durch entsprechende Bestätigungen konkret die Verantwortung für sämtliche Bestechungszahlungen übernommen haben, die bis zum Ende ihrer Amtszeit in der HA II/2 als regelmäßig wiederkehrende Leistungen an Angehörige des öffentlichen Dienstes der Bundesrepublik Deutschland fortgesetzt als Agentenlohn erbracht worden sind.

Der Justizobersekretär B. (DN „Schlösser“) hat von März 1988 bis 1989 als Gegenleistung insbesondere für Informationen aus der JVA Tegel Zahlungen in Höhe von insgesamt 12.840,-- DM erhalten, die ihm durch seinen Führungsoffizier R. bei Treffs in Ost-Berlin ausgezahlt wurden. {193}

Der Regierungsamtmann Volker F. (DN „Mühlenbeck“) hat von 1981 bis Oktober 1989 einen monatlichen Agentenlohn von 500,-- DM bis 1.000,-- DM u.a. für Informationen aus seiner Arbeitsstelle beim Bezirksamt Neukölln erhalten, der ihm durch seinen Führungsoffizier S. in der DDR ausbezahlt wurde.

Die Angestellte Ruth W. (DN „Inge Schneider“) hat von 1957 bis 1985 für Berichte aus ihren Arbeitsbereichen bei der Bundesbahn, dem Fernmeldezentrum der Bundeswehr sowie dem LKA in Düsseldorf einen monatlichen Agentenlohn zuletzt in Höhe von 1.500,-- DM, insgesamt 800.000,-- DM erhalten, der ihr teils im Inland durch den von der Führungsstelle eingesetzten Kurier, teils im Ausland durch ihre Führungsoffiziere gezahlt wurde.

Die MAD-Angestellte Dagmar S. (DN „Vera“) hat von 1969 bis 1988 einen monatlichen Agentenlohn für ihre Mitteilungen aus ihrer Dienststelle bei der MAD-Gruppe II von zuletzt 800,-- DM erhalten, der ihr im Bundesgebiet durch das Residentenehepaar „Günter“ und „Marga“ ausgezahlt worden ist. {194}

Die im LfV Niedersachsen angestellte Ute B. (DN „Manfred“) hat über das Residentenehepaar „Günter“ und „Marga“ monatlich Agentenlohn in Höhe von 200,-- DM für ihre Mitteilungen aus dem LfV Niedersachsen erhalten.

Die beim Truppendienstgericht Nord in Hannover beschäftigte Sabine G. erhielt von ihren Eltern, dem Residentenehepaar „Günter“ und „Marga“, monatlich einen Betrag von 500,-- DM für Mitteilungen aus ihrem Arbeitsbereich.

Der Oberst a.D. MAD Krase (DN „Günther Fiedler“) hat von 1969 bis 1935 in unregelmäßigen Abständen Agentenlohn von 5.000,-- DM für Mitteilungen aus seinen jeweiligen Dienstbereichen bei der Bundeswehr erhalten, wobei ihm das Geld in der Regel über die bestehende Instrukteurverbindung in das Bundesgebiet zugeleitet wurde.

Der Angeschuldigte Ulbrich war für die an die Quellen „Vera“ und „Manfred“ (Residentur Mitte) geleisteten Zahlungen in seiner Funktion als Führungsoffizier verantwortlich. {195}

C. *Straftaten des Angeschuldigten Dr. Kratsch im Zusammenhang mit der Verantwortlichkeit für die Abteilung M*

I. *Die Abteilung M des MfS der ehemaligen DDR*[13]

1. Entstehung

Im MfS bestanden seit Anfang der 50er-Jahre auf dem Gebiet der Postkontrolle die Abteilung M und die Postzollfahndung (PZF) unabhängig voneinander. Die Abteilung M war für die Briefkontrolle zuständig. Die PZF überprüfte Paketsendungen. 1984 wurden beide Abteilungen zusammengeschlossen, um durch eine einheitliche Führung eine bessere Überwachung zu gewährleisten. Dabei spielte auch der Gesichtspunkt, daß sich wiederholt Mitarbeiter dieser Bereiche persönlich bereichert hatten, eine Rolle. Mitarbeiter – auch aus der mittleren Führungsebene der Abteilung M – hatten jahrelang die Gelegenheit genutzt, Postgut zu entwenden. Es wurden regelrechte Bestellsysteme installiert. An den Straftaten waren auch Parteifunktionäre beteiligt. Mit Befehl Nr. 20/83 vom 20.12.1983 des damaligen Ministers für Staatssicherheit der DDR, Erich Mielke, wurde dem Angeschuldigten Dr. Kratsch als Leiter der Hauptabteilung II mit Wirkung zum 1. Januar 1984 die Verantwortung für die Abtei-{196}lung M des MfS übertragen. Regelungen zur Entnahme von Zahlungsmitteln und Wertgegenständen aus Postsendungen enthielt der Ministerbefehl nicht. Der Leiter der HA II wurde verpflichtet, in Abstimmung mit dem Leiter der ZAIG eine Dienstanweisung für die Arbeit der Linie M zu erarbeiten. Am 3. Juni 1985 wurde die Dienstanweisung Nr. 3/85 erlassen, die fortan Grundlage der Arbeit der Abteilung M war.

2. Aufgaben der Abteilung M

a) Postkontrolle im Rahmen der Spionageabwehr

Die Abteilung M nahm nach Selbstverständnis, historischer Entwicklung und Festschreibung in den einschlägigen Dienstvorschriften vornehmlich Aufgaben der Spionageabwehr wahr. Ihr oblag in erster Linie die Aufdeckung möglicher Verbindungen fremder Geheimdienste auf dem Postweg und die Verhinderung des Einschleusens von Materialien mit ideologischer Zielrichtung in den nationalen Postverkehr. Außerdem hatte die Abteilung M den Schutz der führenden Repräsentanten der ehemaligen DDR vor terroristischen Angriffen sowie Gewaltandrohungen auf dem Postweg sicherzustellen und generell Informationen zu erarbeiten, die geeignet waren, die Tätigkeit an-{197}derer Diensteinheiten des MfS zu unterstützen (z.B. Fertigung von Stimmungsberichten u.ä.). Die Aufgabengebiete und die wesentlichen Mittel und Methoden ihrer Verwirklichung waren in der eingangs erwähnten Dienstanweisung Nr. 3/85 zur politisch-operativen Kontrolle und Auswertung von Postsendungen durch die Abteilungen M von 3. Juni 1985 festgeschrieben. Auf der Grundlage dieser Dienstanweisung und der am 1. Juni 1986 in Kraft getretenen Ordnung Nr. 11/86 über die Zusammenarbeit zwischen den operativen Diensteinheiten und den Abteilungen M betrieben die Mitarbeiter der Abteilungen M eine flächendeckende Kontrolle und Auswertung von Postsendungen, die im nationalen und internationalen Verkehr der damaligen Deutschen Post befördert wurden. Nach der Dienstanweisung Nr. 3/85 wurden Postsendungen insbesondere geöffnet

- bei Vorliegen nachrichtendienstlich-relevanter Merkmale, die Maßnahmen der sog. Merkmalsfahndung auslösten;
- bei Empfänger-Adressen, zu denen ein Fahndungsauftrag vorlag (sog. Anschriftenfahndung);{198}
- bei der Durchführung der sog. Schriftenfahndung, die u.a. die Identifizierung von Personen auf der Grundlage von Merkmalen ihrer Schrift zum Ziel hatte.

In Erfüllung dieser Aufgabe entzogen Angehörige des MfS Sendungen des nationalen und internationalen Briefverkehrs der ehemaligen DDR im Eingangs- und Abgangsbereich dem postalischen Beförderungsumlauf, um sie – noch vor Abfertigung durch Mitarbeiter der Deutschen Post – in gesonderten Räumlichkeiten der Abteilungen M zu öffnen und den Inhalt der Briefe oder Pakete auszuwerten. Die hierbei erlangten Informationen wurden anschließend durch die Abteilungen M anderen Abteilungen des MfS bzw. der Bezirksverwaltungen der Staatssicherheit zur Verfügung gestellt. Einer derartigen Überwachung des Briefverkehrs unterlag landesweit durchschnittlich 10% des Sendungsaufkommens, so daß im Tatzeitraum allein in Berlin täglich zumindest 6.000 Sendungen geöffnet und durch Mitarbeiter der Abteilung M ausgewertet worden sind. Diese Tätigkeit der Abteilung M, für die auch der Angeschuldigte Dr. Kratsch mitverantwortlich ist, und welche in Teilbereichen möglicherweise den Tatbestand des § 99 StGB verwirklicht, ist nicht Gegenstand des Anklagevorwurfs. {199}

b) Konfiszierung von Zahlungsmitteln, Schmuck und Wertgegenständen

Schon in den 50er-Jahren nutzte das MfS die Gelegenheit, im Rahmen der Briefkontrolle entdeckte Zahlungsmittel, Schmuck und Wertgegenstände aus den Briefen zu entnehmen, um sie zu konfiszieren. In der Dienstanweisung Nr. 41/53 vom 30. November 1953 war z.B. festgelegt, daß Geld oder andere Wertsachen in Sendungen dem Leiter zu übergeben waren. Die am 9. Oktober 1974 durch den Leiter der Abteilung M des MfS erlassene „Richtlinie über die Bearbeitung von Briefsendungen mit Zahlungsmitteln, Postwertzeichen und anderen Devisen im grenzüberschreitenden Postverkehr“ enthielt eingehende Handlungsanweisungen für die mit der Auswertung von Postsendungen beauftragten Angehörigen der Abteilung M. Danach wurden grundsätzlich Sendungen im Posteingang und -abgang mit Beträgen im Wert von mehr als 20,-- Mark (Ost) konfisziert. Zielstellung der Richtlinie war die Gewährleistung und Durchsetzung einer einheitlichen Verfahrensweise in allen Abteilungen. Einen geänderten Maßstab für das Einbehalten von Zahlungsmitteln sahen die „Vorläufigen Festlegungen zur Übergabe von Briefsendungen an operative Diensteinheiten des MfS sowie über den Ausschluß von Briefsendungen von der Weiterbeförderung an die {200} Empfänger durch die Abteilungen M“ vom 1. Dezember 1983 vor. Hiernach waren Briefsendungen mit Zahlungsmitteln im internationalen Briefverkehr (Abgang) – unabhängig von einer Wertgrenze – in der Regel einzubehalten. Demgegenüber sollten Sendungen des internationalen Briefverkehrs (Eingang) mit Wertinhalten unter 100,-- DM weitergeleitet werden. Für Briefsendungen mit Zahlungsmitteln, Wertgegenständen und Postwertzeichen im nationalen Verkehr war eine Einbehaltung in der Regel nicht vorgesehen.

c) Einbehaltung fehlgeleiteter Paketsendungen (Irrläufer)

Aufgrund der Postleitzahlenidentität der Bundesrepublik Deutschland und der ehemaligen DDR gelangten häufig Paketsendungen in den Machtbereich des MfS, die dort von der Postzollfahndung bzw. nach Auflösung der PZF von der Abteilung M einer operativen Kontrolle unterzogen wurden. Eine Konzeption zur vollständigen Erfassung und Auswertung aller im Gebiet der ehemaligen DDR anfallenden „Irrläufer“ existierte anfangs nicht. Sowohl in den 60er wie auch in den 70er-Jahren bestand die Grundregel, fehlgeleitete Paketsendungen ausschließlich bei „politisch-operativ nutzbarem Inhalt“ zu öffnen und anschlie-{201}ßend auszuwerten. Sendungen, die diese Voraussetzungen nicht erfüllten, waren wieder – in unverändertem Zustand – dem Postverkehr zuzuführen. Dies galt auch für „operativ interessante Sendungen“, sofern es genügte, deren Inhalt fotografisch zu erfassen. Die beschriebenen Grundsätze waren in den Befehlen Nr. 514/63 vom 15. August 1963 und Nr. 36/74 vom 13. Dezember 1974 des Ministers für Staatssicherheit niedergelegt. Hiernach stellte die Verwertung des Inhalts von Irrläufersendungen zugunsten des Staatshaushaltes die Ausnahme dar. Mitte der 70er-Jahre erteilte dann der damals für die Postkontrolle zuständige Generalleutnant Beater mündlich den Befehl, nicht nur Irrläufer mit operativ interessantem Schriftgut einzuziehen, sondern auch solche, die neuwertige Konsumgüter aller Art enthielten. Diese sollten der Ausrüstung von Personen und Diensteinheiten des MfS dienen. Unterlagen über den Umfang der damals unterschlagenen Pakete liegen nicht vor.

3. Struktur und Organisation der Abteilung M

a) Grundstruktur im MfS Berlin

Die Abteilung M des MfS in Berlin verfügte im Oktober 1989 über einen Mitarbeiter-{202}stamm von 530 Personen, die im wesentlichen in zehn Abteilungen tätig waren. Daneben bestanden die Arbeitsgruppe des Leiters „AGL“ und die Auswertungs- und Kontrollgruppe (AKG). Leiter der Abteilung M des MfS war zuletzt Generalmajor a.D. Strobel. Als seine Stellvertreter fungierten Oberst Hundshagen, Oberst Schenkwitz und Oberstleutnant Pfüller. Den einzelnen Abteilungen innerhalb der Diensteinheit waren die nachfolgenden Aufgabenbereiche zugewiesen:

- *Abteilung 1* – Kontrolle des internationalen Briefverkehrs/Abgang
  Hier wurden alle in das Gebiet der Bundesrepublik, nach West-Berlin oder in die nichtsozialistischen Staaten abgehenden Briefsendungen erfaßt. Die Abteilung war in Referate untergliedert. Im Referat Fahndung wurden aus dem gesamten Briefauf-

kommen – das täglich durch die Post überstellt wurde – diejenigen Sendungen aussortiert, die für die Zwecke der Abteilung M interessant erschienen. Die inhaltliche Überprüfung der ausgesonderten Briefe u.a. die Erfassung von Zahlungsmitteln und Wertgegenständen oblag dem Referat Auswertung.

- *Abteilung 2* – Kontrolle des internationalen Briefverkehrs/Eingang. {203}
  Bezugsgegenstand der Briefüberwachung waren hier alle aus der Bundesrepublik, West-Berlin oder einem nichtsozialistischen Staat nach Ost-Berlin versandten Sendungen. Die Untergliederung der Abteilung und die Aufgabenbereiche der Referate entsprachen der Abteilung 1.
- *Abteilung 3* – Kontrolle des nationalen Briefverkehrs.
- *Abteilung 4* – Kontrolle des internationalen Kleingut-, Päckchen- und Paketverkehrs.
  Wie die Abteilungen 1 und 2 waren die Aufgaben auf ein Fahndungs- und Auswertungsreferat verteilt. Im Referat 4/3 wurden Postsendungen aus dem Bundesgebiet die aufgrund der Postleitzahlenidentität der Bundesrepublik und der ehemaligen DDR versehentlich in den Machtbereich der DDR gelangt waren (sog. Irrläufer) erfaßt und ausgewertet.
- *Abteilung 5* – Technische Bearbeitung der Postsendungen.
  (Öffnen, Untersuchen. Dokumentieren und Verschließen der durch die Fahndungsreferate vorausgewählten Postsendungen).
- *Abteilung 6* – Operative Aufgaben. {204}
  (Durchführung weiterer Ermittlungen bei nachrichtendienstlich relevanten Postsendungen).
- *Abteilung 7* – Rückwärtige Dienste/Materielltechnische Sicherstellung
- *Abteilung 8* – Speicherführung der Abt. M
- *Abteilung 9* – Durchführung physikalischer und chemischer Untersuchungen (Feststellung von Geheimschriften)
- *Abteilung 10* – Durchführung der Auftragsfahndung für operative Diensteinheiten im nationalen Postverkehr

Der Auswertungs- und Kontrollgruppe (AKG) oblag die Erarbeitung der im Bereich der Abteilung M gültigen Dienstanweisungen und Arbeitsordnungen. Sie unterhielt Verbindungen zu den operativen Diensteinheiten, die Auftraggeber für Postfahndungsaufträge waren. Außerdem hatte diese Abteilung Bargeld, Schmuck, Edelmetalle und Kunstgegenstände nach der vorangegangenen Entnahme aus Postsendungen durch Mitarbeiter anderer Abteilungen zu übernehmen, zu registrieren und in regelmäßigen Abständen an die Abteilung Finanzen des MfS weiterzuleiten. {205}

b) Grundstruktur der Abteilung M in den Bezirksverwaltungen

Außer der Bezirksverwaltung Berlin hatte jede der übrigen 14 BV des MfS eine Abteilung M. Die jeweilige Personalstärke lag deutlich unter der für die Abteilung M des MfS Berlin angegebenen Mitarbeiterzahl. Soweit bisher feststellbar, hatten die Abteilungen M folgende Personenkräfte:

Suhl	76 Mitarbeiter
Halle	149 Mitarbeiter
Leipzig	133 Mitarbeiter

Gera	110	Mitarbeiter
Schwerin	92	Mitarbeiter
Rostock	110	Mitarbeiter
Neubrandenburg	96	Mitarbeiter
Potsdam	133	Mitarbeiter
Magdeburg	155	Mitarbeiter

Die Organisationsstruktur der Abteilung M in den Bezirksverwaltungen entsprach im wesentlichen der Abteilung M des MfS in der Zentrale. Vorgesetzte des Abteilungsleiters M einer Bezirksverwaltung waren der Leiter der jeweiligen Bezirksverwaltung und dessen Stellvertreter operativ. Darüber hinaus waren alle auf die Tätigkeit der Abteilung M bezogenen Anordnungen, Planungen und fachlichen Vorgaben aus der Hauptabteilung II und der Abteilung M des MfS {206} Berlin für die Mitarbeiter auf Bezirksebene verbindlich. Ein wesentliches Steuerungsinstrument gegenüber den Abteilungen M in den Bezirksverwaltungen waren die jährlich vom Generalmajor Strobel erlassenen und vom Angeschuldigten Dr. Kratsch bestätigten „Jahresarbeitspläne des Leiters der Abteilung M des Ministeriums für Staatssicherheit Berlin“. Spätestens seit 1985 enthielten diese einen Abschnitt „Aufgaben zur Wahrnehmung der Federführung gegenüber den Abteilungen M der Bezirksverwaltungen“.

Darüber hinaus unterlagen alle Postkontrollorgane in den Bezirksverwaltungen einer ständigen Aufsicht und Überwachung zur Gewährleistung einer einheitlichen und gleichmäßigen Durchsetzung aller wesentlichen Vorgaben. Diese Anleitungsbefugnis ging soweit, daß in Einzelfällen der Umfang der monatlich aus den Postsendungen zu entnehmenden Zahlungsmittel festgelegt wurde.

c) Das Verhältnis der Abteilung M zu den Dienststellen der Deutschen Post

Die Ausnutzung der äußeren Bedingungen und Betriebsabläufe in den postalischen Ein{207}richtungen für die Ziele und Zwecke der Abteilungen M und die Einbindung dieser Diensteinheit in die Arbeitsprozesse der Post stellten eine wesentliche Grundbedingung für das Tätigwerden der Postkontrollorgane dar. Die Zielsetzung des Zusammenwirkens mit der Deutschen Post wurde in der Dienstanweisung Nr. 3/85 geregelt. Die Leiter der Abteilungen M hatten die politisch-operative Arbeit und das politisch-operative Zusammenwirken mit der Deutschen Post und der Zollverwaltung der ehemaligen DDR so zu organisieren, daß Konspiration und Geheimhaltung in der Tätigkeit der Abteilungen M gewährleistet waren. In räumlicher Hinsicht vollzog sich die Tätigkeit der Abteilungen M durchweg innerhalb der Dienstgebäude der Deutschen Post. Die Arbeitsbereiche der Staatssicherheit waren von denen der Post abgetrennt; sie befanden sich regelmäßig in eigenständigen – nur über gesonderte Zugänge erreichbaren – Gebäudekomplexen, die ausschließlich den Mitarbeitern der Abteilungen M vorbehalten waren. Die Bediensteten der Post hatten zu diesen Räumen, die häufig nur durch eine Schleuse oder einen besonderen Fahrstuhl zu erreichen waren, keinen Zutritt. Aufgrund der konsequenten räumlichen Trennung der Tätigkeitsbereiche und der Beschränkung aller dienstlichen Kontakte {208} zwischen den Angehörigen des MfS und den Postmitarbeitern auf Ausnahmefälle, fehlte es den Postbediensteten an Einblicksmöglichkeiten in das Aufgabengebiet der Abteilung M. Erkenntnisse über die im Bereich M wahrgenommenen Aufgaben und die dort verwirklichten Arbeitsabläufe blieben den Mitarbeitern der Post deshalb verborgen. Die Angehörigen der Abteilung M traten innerhalb der postalischen Dienststellen ausschließlich unter der Bezeichnung „Kooperationspartner" auf; darüber hinaus trugen sie Uniformen der Zollverwaltung. Aus der Sicht der Postmitarbeiter war der „Kooperationspartner" allgemein „für Belange der Staatssicherheit des Staates" zuständig – weitergehende Informationen ließ das MfS nicht nach außen dringen. Im postalischen Bearbeitungsablauf war die Übergabe aller ein- und abgehenden Postsendungen im nationalen und internationalen Bereich an den „Kooperationspartner" den Tätigkeiten der Deutschen Post vorgeschaltet. Demzufolge wurden sämtliche Brief- bzw. Kleingutsendungen – in den zentralen Postdienststellen Berlins und der Bezirke – zunächst der Abteilung M zur Verfügung gestellt und erst danach postalisch abgefertigt. {209}

II. Die Verantwortlichkeit des Angeschuldigten Dr. Kratsch für die strafrechtlich relevante Tätigkeit der [Abteilung] M

1. Organisation der Entnahme von Geld und Wertgegenständen im Rahmen der Briefkontrolle

a) Erlaß von Dienstvorschriften zur Regelung der Unterschlagungen

Die Unterschlagung von Geldern im Rahmen der Briefkontrolle war für das MfS von herausragender Bedeutung. Nach Übernahme der Verantwortung für den Tätigkeitsbereich der Abteilung M nutzte der Anschuldigte Dr. Kratsch den Erlaß neuer und die Durchsetzung bestehender Dienstanweisungen systematisch als Instrument, um im Wege der für seine Untergebenen verbindlichen Regelungen die bereits vor dem 1. Januar 1984 bestehende Praxis des MfS, Geld und Wertgegenstände aus Briefen zu entnehmen, fortzuführen und organisatorisch zu perfektionieren. Ausgangspunkt für diese Entwicklung war ein Schreiben des Angeschuldigten Dr. Kratsch vom 10. Juni 1984 an die Abteilungsleiter M aller Bezirksverwaltungen betreffend die Verfahrensweise mit Postsendungen, die Zahlungsmittel, Edelmetalle, Schmuck, Postwertzeichen u.a. zum Inhalt hatten. Danach waren Postsendungen einzubehalten, bei denen im {210} Prozeß der Auswertung die ungesetzliche Aus- und Einfuhr von Zahlungsmitteln, Edelmetallen, Schmuck, Postwertzeichen u.a. festgestellt wurden. Der verwertbare Inhalt war abzuführen. Eine Präzisierung und verfahrenstechnische Ausgestaltung erfuhren die von Dr. Kratsch mit vorbezeichneten Schreiben angeordneten Maßnahmen durch die vom Leiter der Abteilung M am 27. Juli 1984 erlassenen Festlegungen für die Bearbeitung von Postsendungen mit Zahlungsmitteln, Edelmetallen, Schmuck und Postwertzeichen und für die Behandlung und Abführung anderer Wareninhalte einbehaltener Postsendungen. Diese Dienstanweisung des Leiters der Abteilung M war durch die Leitung der Abteilung M in Berlin entwickelt und durch den Angeschuldigten Dr. Kratsch bestätigt worden; erst nach dessen Billigung trat sie in Kraft.

b) Arbeitsweise in der Abteilung M bei der Briefkontrolle

Die Arbeitsweise der Mitarbeiter der Abteilung M war in Dienstvorschriften geregelt. Oberstes Prinzip war eine eingehende Kontrolle der Mitarbeiter, um der „privaten"

Entwendung von Inhalten der Postsendungen entgegenzuwirken. Nach den geltenden Regelungen mußten die Mitarbeiter in Kitteln ohne Taschen arbeiten. Bei Öffnung {211} einer Postsendung mit eigens dafür geschaffenen technischen Hilfsmitteln durfte der Inhalt des Briefes nur zur Kenntnis genommen werden, wenn mindestens zwei Mitarbeiter im Raum anwesend waren. Wurden in einem Brief Geld oder andere Wertgegenstände vorgefunden, war dies laut anzusagen. Bestand an einer weitergehenden operativen Bearbeitung des Briefes kein Interesse, mußte unverzüglich ein entsprechender Beleg in doppelter Ausfertigung ausgeschrieben werden. Brief, Wertinhalt und Belege wurden dem jeweiligen Leiter übergeben. Er veranlaßte nach einer Kontrolle die Weiterleitung an das Referat AI bzw. an die AKG des MfS in Berlin auf dem Kurierweg. Einer dieser Belege wurde durch einen anderen Kurier übersandt.

c) Verwertung

Zahlungsmittel, Schmuck und sonstige Wertgegenstände aus Edelmetall, die durch Mitarbeiter der Abteilungen/Referate 1 bis 4 des Bereichs M in Berlin bzw. der Bezirksverwaltungen aus Postsendungen entnommen worden waren, wurden nach der Entnahme einem landesweit einheitlichen Verwertungsprogramm zugeführt. Sowohl die Grundstrukturen wie auch die Regelung von Einzelfragen bei der praktischen Abwicklung dieses Verfahrens waren zu wesentlichen Teilen in Dienstanweisungen des MfS geregelt. {212}

Besondere Bedeutung kommt insoweit dem Rundschreiben des Angeschuldigten Dr. Kratsch vom 10. Juni 1984 an alle Abteilungen M in den Bezirksverwaltungen zu. Danach war der Inhalt der einbehaltenen Postsendungen wie folgt abzuführen:

- Zahlungsmittel (außer verschmutzte), Edelmetalle, Schmuck an die Abteilung Finanzen des MfS monatlich jeweils bis zum 15. des Folgemonats in verplombten Behältnissen über die zuständige Abteilung Finanzen der BV,
- verschmutzte und beschädigte Zahlungsmittel an die Abteilung M des MfS mittels einheitlichem Vordruck,
- Postwertzeichen an die Abteilung M des MfS entsprechend Schreiben vom 4.10.1982
- andere Waren an die Abteilung M des MfS in verplombten Behältnissen mit Übergabeprotokoll, soweit durch die zuständige DE keine andere Entscheidung getroffen wird und durch den Transport keine Gefährdung für Personen und Sache eintreten kann.

Eine Ausformung dieser Vorgabe enthielten die vom Leiter der Abteilung M in Berlin unter dem 27. Juli 1984 getroffenen „Festlegungen für die Bearbeitung von Postsen{213}dungen mit Zahlungsmitteln, Edelmetallen, Schmuck und Postwertzeichen und für die Behandlung und Abführung anderer Wareninhalte einbehaltener Postsendungen“, die die Erfassung, Registrierung und Abführung der vereinnahmten Zahlungsmittel und Wertgegenstände detailliert regelten. Danach waren die im Bereich der Abteilungen M aus Postsendungen entnommenen Zahlungsmittel und Wertgegenstände aus Edelmetall zentral in den Referaten Auswertung/Information (bei den Bezirksverwaltungen) bzw. Auswertung/Kontrolle in der Abteilung M des MfS zusammenführen. Dort waren jeweils ein oder mehrere Sachbearbeiter mit der weiteren verwaltungsmäßigen Behandlung der entnommenen Gegenstände befaßt. Nach Ausstellung einer Empfangsquittung für das übergebende Referat wurden die übernommenen Zahlungsmittel bzw. Wertgegenstände in einem Asservaten- oder Nachweisbuch erfaßt. Anschließend wurden die Briefinhalte in versiegelten Panzerschränken verwahrt, um schließlich – in monatlichen Abständen – insgesamt der Abteilung Finanzen des MfS in Berlin zugeführt zu werden. Die Originalbriefsendungen nebst Umschlägen verblieben im Bereich der Abteilungen M. Nach Ablauf einer zweimonatigen Aufbewahrungsfrist wurden die Schriftstücke vernichtet. {214} Die in verplombten Geldbeuteln eingegangenen Zahlungsmittel wurden von der Abteilung M nach Überprüfung auf Vollständigkeit unter Erfassung in Kassenbüchern – gemeinsam mit anderen Einnahmen, etwa aus dem sog. Zwangsumtausch – auf ein Konto der Staatsbank der ehemaligen DDR eingezahlt und dadurch dem Staatshaushalt zur Verfügung gestellt. Die ausländischen Zahlungsmitteln gingen in den Valutadienstleistungsplan ein. Während die Abrechnung der DM-Beträge bei der Staatsbank im Kurs 1:1 erfolgte, wurden alle anderen Währungen im jeweils aktuellen Kurs verrechnet. Schließlich wurden sämtliche vereinnahmten Zahlungsmittel in nach Bezirksverwaltung und Währung gegliederten Übersichten – in monatlichen Abständen – zusammengestellt. Diese Übersichten wurden regelmäßig dem Leiter der Hauptabteilung II und dem Leiter der Abteilung M vorgelegt.

Schmuck, Edelmetalle und sonstige Wertgegenstände aus allen Bezirksverwaltungen und der Abteilung M in Berlin wurden mittels Übergabeprotokollen durch den zuständigen Sachbearbeiter der Abteilung Finanzen übernommen, auf Vollständigkeit über prüft und alsdann in einem Tresor aufbewahrt. Hierbei wurden die Wertgegenstände jedoch mit Asservaten aus anderen Abteilungen des MfS zusammengeführt und {215} vermischt, so daß eine Abgrenzung bzw. Individualisierung der aus dem Bereich M stammenden Teile ausgeschlossen ist. In regelmäßigen Abständen wurden alle Wertgegenstände nach vorgegebenen Kriterien sortiert, erneut in Protokollen erfaßt und danach in versiegelten Behältnissen an die Kunst- und Antiquitäten-GmbH in Mühlenbeck übergeben. Dort wurden die Wertsachen erfaßt und grundsätzlich in DM bewertet. Der hierbei festgestellte Wert wurde mit dem Faktor 2,5 multipliziert und die derart ermittelte Endsumme sodann an die Staatsbank überwiesen. Die Wertgegenstände selbst wurden nicht veräußert, sondern verblieben bei der Kunst- und Antiquitäten-GmbH und wurden dort eingelagert.

d) Schaden

Die im Zuge der Ermittlungen mittels EDV durchgeführte Erfassung aller im Bereich der Abteilung Finanzen des MfS sichergestellten Unterlagen über die Entnahme von Zahlungsmitteln aus Postsendungen erlaubt detaillierte und zuverlässige Aussagen über den entstandenen Schaden. In der Zeit von Januar 1984 bis November 1989 wurden durch die Abteilungen M des MfS und der 14 Bezirksverwaltungen für Staatssicherheit insgesamt Zahlungsmittel im Wert {216} von 32.725.913 DM vereinahmt, die sich aus 29 verschiedenen Währungen zusammensetzen und wie folgt aufgliedern:

Deutsche Mark (West)	30.785.128,14
US-Dollar	527.415,81
Australische Dollar	12.693,28
Belgische Francs	441.930,25
Canadische Dollar	69.406,83

DDR-Mark	2.162,32
Dänische Kronen	214.136,22
Griechische Drachmen	73.571,00
Portugiesische Escudos	17.910,40
Französische Franc	462.320,54
Finnmark	36.511,87
Niederländ. Gulden	88.699,87
Irak Diner	1.521,50
Islandkrone	17,10
Irländische Pfund	103, 50
Kuweitische Dinar	20,00
Italienische Lire	50.863.032,35
Norwegische Kronen	34.913,38
Österreichische Schilling	1.063.225,72
Polnische Zloty	21,00
Spanische Peseten	561.164,00
Iranische Riel	1.000,00
Schweizer Franken	127.762,57
Schwedische Kronen	323.911,96
Syrische Pfund	10,00
Türkische Lira	980.170,00
Japanische Yen	833.631,00
Zyprisches Pfund	221,50
Britisches Pfund {217}	35.257,00

Zielstellung allen auf die Verwertung von Postsendungen gerichteten Handelns der Abteilungen M war die „Stärkung der Volkswirtschaft“ der DDR. Dieser Gesichtspunkt wurde bei allgemeinen Dienstbesprechungen regelmäßig hervorgehoben, wobei die erzielten Ergebnisse bei der Vereinnahmung von Zahlungsmittel und Wertgegenständen als positive Arbeitsresultate herausgestellt und gewürdigt wurden.

2. Organisation der Einbehaltung von „Irrläufern“

a) Dienstvorschriften zur Regelung der Unterschlagung von Paketsendungen

Einer eingehenden Reglementierung auf neuer Grundlage unterzog der Angeschuldigte Dr. Kratsch das organisierte Einbehalten versehentlich in die DDR gelangter Paketsendungen („Irrläufer“).

Mit dem Ziel, die Inhalte dieser fehlgeleiteten Sendungen im Rahmen eines zentralisierten Verfahrens dem Staatshaushalt der ehemaligen DDR zuzuführen, war bereits mit Befehl Nr. 3/84 vom 05.01.1984 des Ministers für Staatssicherheit die „Arbeitsgruppe Asservate“ bei der Verwaltung Rückwärtige Dienste des MfS gegründet wor-{218}den. Die Aufgabe dieser Arbeitsgruppe bestand u.a. in der systematischen Erfassung und Verwertung der „Irrläufer“.

Mit Schreiben vom 03.08.1984 ordnete der Angeschuldigte Dr. Kratsch gegenüber allen Bezirksverwaltungen für Staatssicherheit und der Abteilung M des MfS verbindlich an, „Irrläufer“ grundsätzlich dem Postumlauf zu entziehen und in regelmäßigen Abständen dem Referat 4/3 der Abteilung M des MfS in Berlin zu überstellen.

b) Verwertung der „Irrläufer"

Entsprechend den Festlegungen des Angeschuldigten Dr. Kratsch mußten alle erkannten „Irrläufer" durch die Mitarbeiter der Postkontrollorgane vom Band genommen, protokollarisch erfaßt und unter Verschluß aufbewahrt werden. Durch Mitarbeiter der Abteilung M 4/3 Berlin wurden diese monatlich einmal auf der „Nord-" und der „Südtour" abgeholt. Diese überführten die Irrläufer in die im Zentrallager Freienbrink geschaffenen Räumlichkeiten. Dort wurden die fehlgeleiteten Postsendungen zunächst durch Angehörige des Referats 4/3 mittels Röntgenstrahlung untersucht. {219} Enthielten die Irrläufer Zahlungsmittel, Schmuck oder Edelmetalle, wurden sie in gleicher Weise behandelt wie die Briefe, die Wertgegenstände enthielten. In den übrigen Fällen wurden die Paketinhalte systematisch in einem zweistufigen Verfahren verwertet. Zunächst wurden die Pakete, nachdem sie geröntgt worden waren, von Mitarbeitern des Referats 4/3 der Abteilung M in ungeöffnetem Zustand in vier Gruppen eingeteilt:

- Die sog. operativ-interessanten Sendungen, insbesondere Sendungen von oder an Ministerien, Dienststellen der Streitkräfte oder Polizei sowie der Justizorgane oder Rechtsanwälte, Konzerne, Patentbüros und anderen Firmen und Einrichtungen auf dem Gebiet der Wirtschaft, Wissenschaft und Forschung. Als besonders interessant wurden Sendungen angesehen, die Tonträger, Kassetten, Videobänder, Zeitschriften, Bücher u.ä. enthielten.
- Pakete mit verderblichem Inhalt (Lebensmittel) bzw. beschädigte Sendungen
- Sendungen, die Gebrauchsgüter aller Art (Textilien, Lederwaren, Haushaltsgeräte, Elektronikartikel u.ä.) beinhalteten. {220}
- Pakete von oder für Krankenanstalten, Pflegeheime o.ä. Einrichtungen.

Nach Abschluß dieser Vorsortierung wurden alle Sendungen der zugletztgenannten Gruppe ungeöffnet wieder dem Postverkehr zugeführt. Die operativ interessanten Sendungen waren nach Öffnung zunächst auf das Vorhandensein nachrichtendienstlich relevanter Gegenstände bzw. Informationen zu untersuchen. Bei Feststellung entsprechender Materialien wurden diese an die Auswertungs- und Kontrollgruppe der Abteilung M weitergeleitet. Dort war dann auch über den weiteren Verbleib der Sendungen (Rückführung in den Postverkehr oder Verwertung des Inhalts) zu entscheiden. Die übrigen operativ nicht interessanten Pakete wurden geöffnet und – nach Vernichtung etwaiger verdorbener Waren – vollständig an die Arbeitsgruppe Asservate weitergeleitet. Insgesamt wurden durch das Referat 4/3 allenfalls 30% der fehlgeleiteten Pakete nach Überprüfung ihres Inhalts wieder in die postalische Bearbeitung zurückgeführt; ein Anteil von zumindest 70% der Irrläufer verblieb demgegenüber in Freienbrink und wurde verwertet.

Die Verwertung erfolgte durch die Arbeitsgruppe Asservate, die bei der „Verwaltung Rückwärtige Dienste (VRD)" gebildet worden {221} war. Nach Einstufung aller vom Referat 4/3 übernommenen Gegenstände in Verwertungskategorien wurden dem Leiter der VRD und dem Leiter der Abteilung Finanzen Listen mit Verwertungsvorschlägen vorgelegt, die im Anschluß an die regelmäßig erfolgte Bestätigung durch die vorgenannten Abteilungsleiter verwirklicht wurden. Hierbei kamen vornehmlich folgende Möglichkeiten einer endgültigen Verwertung in Betracht:

- Der Verkauf der Waren in der sog. Verkaufsstelle VD II oder an MfS-Offiziere. Dieser Modus wurde insbesondere bei Lebens- und Genußmitteln sowie Gebrauchsgegenständen gewählt, die für dienstliche Zwecke des MfS nicht nutzbar waren. Der durch den Verkauf der Waren erzielte Erlös wurde über die Abteilung Finanzen des MfS dem Staatshaushalt zugeführt.
- Weitere Handelsgüter, die nach Einschätzung der Arbeitsgruppe Asservate nicht über die Verkaufsstelle VD/II, sondern im westlichen Ausland zu verkaufen waren, wurden dem Bereich Kommerzielle Koordinierung des Ministeriums für Außenhandel überlassen. Diese Waren wurden anschließend durch die Kunst- und Antiquitäten GmbH an Geschäftspartner im Ausland veräußert und die dabei erlang-{222}ten Einnahmen über die Abteilung Finanzen des MfS der Staatskasse der ehemaligen DDR gutgeschrieben. Die Verrechnung der ausländischen Währungen in Mark der DDR folgte durch die Mitarbeiter der KuA-GmbH regelmäßig im Verhältnis 1:1.

Eine weitere Verwertungsmöglichkeit war die Überlassung an andere Diensteinheiten des MfS. Nach Genehmigung durch den Leiter VRD konnten in den einzelnen Fachabteilungen benötigte Güter bei der AG Asservate angefordert werden.

Technisch defekte Geräte führte das MfS dem Bereich der Ersatzteilgewinnung zu. Außerdem wurde ein Teil der Waren der Zollverwaltung zur weiteren Verwertung überlassen.

Gelegentlich wurden Gebrauchsgegenstände – nach entsprechender Genehmigung durch den Leiter der VRD – auch an einzelne Mitarbeiter des MfS übergeben. Die Bezahlung der Waren erfolgte in der Regel über die Abteilung Finanzen. Der Angeschuldigte Dr. Kratsch nutzte diese Einkaufsmöglichkeit und erwarb in größerem Umfang Gegenstände für den privaten Verbrauch, z.B. Heimwerkerwerkzeuge, Jagdbücher, Haushaltsgegenstände. {223}

c) Schaden

Die konsequente Ausführung der Anordnung des Angeschuldigten Dr. Kratsch vom 03.08.1984 durch Mitarbeiter der Abteilung M in Berlin und den Bezirksverwaltungen für Staatssicherheit hatte zur Folge, daß von August 1984 bis Oktober 1989 im Gebiet der ehemaligen DDR monatlich mindestens 600 fehlgeleitete Paketsendungen einbehalten, nach Freienbrink überführt, dort geöffnet und verwertet worden sind.

Im übrigen lassen sich im Hinblick auf den durch diese Verfahrensweise verursachten Gesamtschaden in Höhe von 10.210.000 Deutsche Mark (Ost) folgende Feststellungen treffen:

- Gegenstände im Wert von 8.338.467 Deutsche Mark (Ost) wurden über die Verkaufsstelle Zentrum im Wege des Verkaufs an MfS-Offiziere verwertet.
- Weitere Gegenstände im Wert von 944.470 Deutsche Mark (Ost) wurden durch die Kunst- und Antiquitäten GmbH/Mühlenbeck übernommen und anschließend in westliche Ausland veräußert. {224}
- Waren im Wert von 228.332 Deutsche Mark (Ost) wurden durch die Arbeitsgruppe Asservate anderen Diensteinheiten des MfS überlassen.

– Waren im Wert von zumindest 700.000 Deutsche Mark (Ost) lagerten bis zur Auflösung der Abteilung M – ohne daß weitere Verwertungsmaßnahmen getroffen worden waren – im Zentrallager Freienbrink. {225}

D. *Beweiswürdigung*

Die Angeschuldigten haben sich zur Sache eingelassen. Dr. Kratsch und Wolfgang Lohse haben die Verantwortung für die gegen die Bundesrepublik Deutschland gerichtete nachrichtendienstliche Tätigkeit der HA II übernommen und die ihnen zur Last gelegten Spionagefälle eingeräumt. Die Angeschuldigten Wolfgang Mauersberger und Kurt Ulbrich sind ebenfalls geständig.

Die Darstellung des Sachverhalts im wesentlichen Ergebnis der Ermittlungen folgt den Akten des MfS, die dieses Geschehen dokumentieren und belegen. Im übrigen haben zahlreiche hauptamtliche Mitarbeiter der HA II sowie Beschuldigte in den Ausläuferverfahren die Richtigkeit des Inhalts der MfS-Akten bestätigt. {226}

E. *Rechtliche Würdigung*

I. *[Strafbarkeit der Angeklagten]*

Indem die Angeschuldigten Dr. Kratsch und Wolfgang Lohse in den Fällen K., S. sowie G., der Angeschuldigte Mauersberger, im Fall G. und der Angeschuldigte Ulbrich im Fall S. maßgebend daran mitgewirkt haben, daß Staatsgeheimnisse der Bundesrepublik Deutschland an die DDR-Führung offenbart wurden, haben sie sich des fortgesetzten Landesverrats schuldig gemacht. Das Zusammenwirken zwischen den meldenden Quellen und den Angeschuldigten war arbeitsteilig, wie es für die Mittäterschaft im Sinne des § 25 Abs. 2 StGB kennzeichnend ist. Die Angeschuldigten haben sich dabei nicht etwa auf die Rolle eines Repräsentanten des Warschauer Paktes beschränkt, der für diesen das Verratsmaterial in Empfang nahm; sie haben vielmehr einerseits tatherrschaftlich mit dem Ziel entsprechender Informationsbeschaffung den Einsatz ihrer jeweils als Mittäter anzusehenden Agenten im Operationsgebiet gesteuert, andererseits als Mittelsmann der Partei- und Staatsführung der DDR dafür Sorge getragen, daß die zu ihrer Kenntnis gelangten Geheimnisse der Bundesrepublik Deutschland innerhalb der DDR denjenigen Institutionen – insbesondere den für militärische und militärpolitische Belange zuständigen Stellen – zugänglich wurden, {227} für deren Zwecke sie zum Nachteil der Bundesrepublik nutzbar gemacht werden konnten und vor denen sie deshalb geheimzuhalten waren. In dem Verdachtsfall K. ist zudem belegt, daß das Verratsmaterial an die Sowjetunion weitergeleitet wurde.

Für die subjektive Tatseite des Landesverrats kommt es nicht darauf an, ob die Planungen der Angeschuldigten von vornherein jeweils konkret auf die Erlangung des fraglichen Verratsmaterials gerichtet waren – was in den Fällen K., G. und S. bereits nach Eingang der ersten Lieferungen der Agenten anzunehmen ist. Die Zugangsmöglichkeiten dieser Quellen waren den Angeschuldigten bekannt. Die Beschaffung der fraglichen Unterlagen war jeweils Teil einer nachrichtendienstlichen Gesamtoperation, deren Rahmen durch die Angeschuldigten vorgegeben war und bis hin zu Treff- und Übergabemodalitäten allgemein nach ihren Maßgaben ausgefüllt wurde. Danach war den Angeschuldigten die Möglichkeit bewußt, daß die von ihnen in ihrem Ablauf gesteuerte Verratstätigkeit dieser Agenten zur Offenbarung von Staatsgeheimnissen der Bundesrepublik Deutschland führen werde. Dieser Erfolg war von ihnen auch beabsichtigt. {228}

Das Verhalten der Angeschuldigten erfüllt zudem den Tatbestand der landesverräterischen Agententätigkeit des § 98 Abs. 1 Nr. 1 StGB und der geheimdienstlichen Agententätigkeit des § 99 Abs. 1 Nr. 1 StGB sowie hinsichtlich der Zeit vor Inkrafttreten dieser Vorschriften am 25. Juni 1968[14] (BGBl. I S. 741) die Voraussetzungen des § 100e StGB a.F.

Die grundsätzliche Strafbarkeit der Angehörigen der Auslandsaufklärungsdienste der ehemaligen DDR hat der BGH in mehreren Entscheidungen ausdrücklich anerkannt. Die Strafbarkeit nach § 99 StGB war zur Tatzeit bereits begründet, weil der Tatort auch innerhalb der Bundesrepublik lag, §§ 3, 9, 25 StGB. Denn dem außerhalb der Bundesrepublik tätigen Offizier des MfS wird als Mittäter nach den unbestrittenen Regeln des allgemeinen Strafrechts das Verhalten des im Inland handelnden Tatbeteiligten zugerechnet. Damit war § 99 StGB bereits vor dem Beitritt der DDR zur Bundesrepublik auf das Verhalten der Angeschuldigten anwendbar.

Dieser Rechtszustand ist durch den Einigungsvertrag und Artikel 315 EGStGB nicht geändert worden. Verfassungs- und völkerrechtliche Grundsätze stehen der fortgeltenden Strafbarkeit des Verhaltens der Angeschuldigten nicht entgegen. {229} Auch eine völkerrechtlich erlaubte Friedensspionage im Ausland bleibt ein Eingriff in die Gebietshoheit des betroffenen Staates und legitimiert diesen, sich mit Mitteln des Strafrechts dagegen zur Wehr zu setzen. Aus dem Gleichheitsgrundsatz des Art. 3 GG folgt nicht die Pflicht des Gesetzgebers, die Offiziere der mit Auslandsspionage befaßten Dienststellen der DDR von Strafe freizustellen. Das Ende des Staates DDR und damit die Unmöglichkeit seiner Strafverfolgung gegen „Spionage aus dem Westen" läßt das Schutzbedürfnis der Bundesrepublik unberührt. Die äußere Sicherheit der Bundesrepublik Deutschland kann von dem früheren Verhalten der für die DDR nachrichtendienstlich tätig gewesenen Personen weiterhin betroffen werden, weil die Auswirkungen dieser Tätigkeit durch den Beitritt der DDR zur Bundesrepublik nicht weggefallen sind. Bereits dieses unvergleichbare Schutzbedürfnis eines nicht mehr existierenden Staates und eines Staates, der Anlaß hat, seine äußere Sicherheit mit den Mitteln des Strafrechts zu schützen, läßt dem Gesetzgeber seinen Spielraum, das Problem der Strafbarkeit ehemaliger Offiziere des MfS seiner Beurteilung entsprechend zu regeln. {230}

Eine Gleichstellung der Spione der Bundesrepublik Deutschland und der DDR ist auch wegen der grundverschiedenen Tätigkeitsbilder und der nicht vergleichbaren Einordnung der Dienste in das Gefüge des von Gewaltenteilung und parlamentarischer und gerichtlicher Kontrolle geprägten demokratischen Rechtsstaats einerseits und in den totalitären Machtapparat eines die Weltrevolution anstrebenden und den Willen der eigenen Bevölkerung ignorierenden Staates andererseits nicht möglich. Die dem Vorlagebeschluß des Kammergerichts[15] zugrundeliegende entgegengesetzte Auffassung, die Hauptverwaltung Aufklärung des MfS habe ähnlich wie der Bundesnachrichtendienst nur Auslandsaufklärung betrieben, ist nicht haltbar. Sie legt Behauptungen von Beschuldigten zugrunde und berücksichtigt nicht die Ermittlungsergebnisse der Strafverfolgungsbehörden. Zu diesem Ergebnis ist namentlich auch das OLG Stuttgart nach umfassender Beweisaufnahme in dem Strafverfahren gegen Köhler gelangt.[16] Im übrigen wird auf die Stellungnahme des Generalbundesanwalts vom 19. November 1991 zum Vorlagebeschluß des Kammergerichts Bezug genommen. {231}

Das Verbrechen des Landesverrats (§ 94 StGB) verdrängt im Sinne der Gesetzeskonkurrenz die Vergehen der landesverräterischen und geheimdienstlichen Agententätigkeit (§§ 98, 99 StGB).

Die drei Fälle des Landesverrats werden durch den Gesamtvorsatz der Angeschuldigten zu einer fortgesetzten Handlung verbunden. Dabei wird die gefestigte Rechtsprechung des Bundesgerichtshofes zugrundegelegt (BGHSt 26, 4 ff.). Die Angeschuldigten haben jährlich nachrichtendienstliche Operationen entwickelt, die darauf abzielten, die äußere Sicherheit der Bundesrepublik durch die Beschaffung möglichst hochwertiger Informationen zu beeinträchtigen. Der wechselnde Erfolg dieser grundsätzlich gleichen, immer gegen dasselbe Rechtsgut gerichteten und vom gleichen Willen und Wollen getragenen Tätigkeit führt dazu, daß andauernd der Tatbestand des § 99 StGB, wiederholt der des § 98 StGB und in drei Fällen der des § 94 StGB erfüllt ist. Dies begründet eine fortgesetzte Handlung auf der Grundlage der oben genannten Rechtsprechung. Dabei wird nicht verkannt, daß der Bundesgerichtshof in jüngster Zeit die Voraussetzungen der fortgesetzten Handlung durch höhere Anforderungen an den Gesamtvorsatz im Hinblick auf die konkrete Aus-{232}gestaltung der einzelnen Taten eingeengt hat. Die Entscheidung im 26. Band ist aber noch nicht in Frage gestellt worden.

Das Verhalten der Angeschuldigten erfüllt zugleich den Tatbestand der Bestechung nach § 334 StGB. Die Agenten sind als Amtsträger bzw. für den öffentlichen Dienst besonders Verpflichtete für ihre Verratstätigkeit seitens des MfS fortlaufend entlohnt und ergänzend zum Teil mit Sonderzahlungen bedacht worden. Diese Zahlungen sind den Angeschuldigten aufgrund ihrer Planverantwortlichkeit und Bewilligungsmacht zuzurechnen. Der Umstand, daß die Auszahlung der Gelder teilweise außerhalb des Gebietes der Bundesrepublik Deutschland erfolgte, hindert die Strafbarkeit nicht, da die Bestechungszahlungen an die einzelnen Empfänger jeweils im Rahmen fortgesetzter Begehung geleistet und jedenfalls einige der Teilakte auf dem Gebiet der Bundesrepublik Deutschland ausgeführt worden sind.

Die Vergehen nach § 334 StGB stehen zu dem Verbrechen des fortgesetzten Landesverrats im Verhältnis der Tateinheit (§ 52). {233}

Gegenstand der Strafverfolgung gegen den Angeschuldigten Dr. Kratsch wegen dessen Tätigkeit im Zuständigkeitsbereich der Linie M des MfS ist die Entnahme von Bargeld und Wertsachen aus Postsendungen zum Nachteil von Deutschen mit dem erklärten Ziel, auf diese Weise dem MfS eine zusätzliche Einnahmequelle zu eröffnen. Die Strafbarkeit folgt für die angeklagten Unterschlagungen aus § 246 Abs. 1 i.V.m. § 7 Abs. 1 StGB. Im übrigen ist die Tat – soweit nicht Rechtsgüter von Deutschen (aus den alten Bundesländern) verletzt sind – nach §§ 177 Abs. 1, 3. Alt., 181 Abs. 1 Nr. 1 und 2 StGB/DDR, § 315 Abs. 1 EGStGB, §§ 2 Abs. 3, 246 Abs. 1 StGB strafbar.

Der Tatbestandsmäßigkeit im Sinne von § 246 StGB steht nicht entgegen, daß der Angeschuldigte das aus den Briefen entnommene Geld nicht für sich selbst verwendet hat. Durch die beträchtlichen Geldentnahmen wurde das politische System der ehemaligen DDR, an dessen Erhaltung der Angeschuldigte aufgrund seiner politischen Einstellung sowie seiner herausgehobenen Funktion innerhalb des Staatsapparates ein besonderes Interesse hatte, in erheblichem Maße gestärkt. Bereits diese Tatsache erfüllt das Tatbestandsmerkmal des „sich zueignen" im Sinne des § 246 StGB (vgl. {234} RGSt 62, 15 (17); BGHSt 4, 236 (239); BGH, NJW 1954, S. 1295; GA 1959, S. 373; OLG Karlsruhe, Justiz 1975, S. 314).

Die Zueignung der entnommenen Zahlungsmittel und Wertgegenstände war auch in der DDR rechtswidrig. Art. 31 Abs. 1 der Verfassung der DDR gewährleistete grundsätzlich die Unverletzlichkeit des Postgeheimnisses, die nur durch Gesetz – Art. 31 Abs. 2 – eingeschränkt werden durfte. Derartige Einschränkungen waren in §§ 108ff., 115 Abs. 1 bis 3 StPO/DDR, §§ 5, 16 Zollgesetz und § 19 Devisengesetz vorgesehen. Selbst wenn man unterstellt, daß anläßlich der Entnahme von Zahlungsmitteln möglicherweise im Einzelfall die Voraussetzungen der vorgenannten Bestimmungen vorgelegen haben können, rechtfertigt es nicht die Vereinnahmung der Wertsachen durch die dem Beschuldigten unterstellte Abteilung M. Die Rechtswidrigkeit wird nicht dadurch ausgeschlossen, daß der Fiskus eine Sache stiehlt oder unterschlägt, die er in einem gesetzlich geordneten Verfahren möglicherweise hätte beschlagnahmen, einziehen oder enteignen können. Die Tätigkeit der Linie M im Hinblick auf die Entnahme von Geld und Wertsachen aus Postwendungen ist als historisches Geschehen etwas völlig anderes als eine zoll- oder devisenrechtliche Einziehung. Die Linie M ver-{235}folgte keinen strafprozessualen, zoll- oder devisenrechtlichen Zweck, insbesondere traten die MfS-Mitarbeiter in keine Prüfung ein, ob die Voraussetzungen einer Beschlagnahme oder Einziehung überhaupt gegeben waren. Es gab – jenseits aller Zuständigkeitserwägungen – keine Entscheidung einer staatlichen Stelle in Verfolgung der vorgenannten Bestimmungen, sondern nur eine schlichte Wegnahme des Geldes und der Wertsachen, die ausschließlich von der Zielsetzung getragen war, dem Staatsapparat der DDR durch die systematische Zuführung von Zahlungsmitteln und Wertgegenständen eine weitere Einnahmequelle zu verschaffen. Die Vorgehensweise der Abteilung M erfolgte außerhalb jeder verfahrensrechtlichen Regelung. So wurden weder Ermittlungsverfahren zur Verfolgung von Straftaten eingeleitet, noch sind Postsendungen als Beweismittel ordnungsgemäß sichergestellt oder beschlagnahmt worden. Eine gesetzliche Grundlage, die das MfS berechtigt hätte, derartige Regelungen zu treffen, gab es nicht, insbesondere entsprachen weder das Statut des Ministeriums für Staatssicherheit vom 30. Juli 1969 noch die vom ehemaligen Minister für Staatssicherheit bzw. von dem Angeschuldigten Dr. Kratsch erlassenen Befehle und Dienstanweisungen dem Maßstab des Art. 31 der Verfassung der DDR. Selbst wenn man {236} in der Aufgabenzuweisung an die Hauptabteilung II im Bereich des Staatsschutzes und in der Ermächtigung, diesen Auftrag mit (nachrichtendienstlichen) spezifischen Mitteln auszuführen, eine entfernt mit dem G 10 der Bundesrepublik vergleichbare Ermächtigung sehen würde, könnte eine solche Ermächtigungsnorm kein Verhalten der Linie M rechtfertigen, das gänzlich außerhalb des staatsschutzmäßigen Auftrages liegt. {237}

II. [Antrag]

Ich beantrage,

a) das Hauptverfahren zu eröffnen,
b) Termin zur Hauptverhandlung vor dem 1. Strafsenat des Kammergerichts Berlin zu bestimmen,

c) bezüglich der Angeschuldigten Wolfgang Lohse, Wolfgang Mauersberger, und Kurt Ulbrich die bestehenden Haftbefehle samt den Außervollzugssetzungsbeschlüssen aufrechtzuerhalten,

d) bezüglich des Angeschuldigten Dr. Kratsch den bestehenden Haftbefehl aufrechtzuerhalten und die Fortdauer der Untersuchungshaft anzuordnen.

Anmerkungen

1 Vgl. Anhang S. 1024.

2 Erich Mielke wurde von der Staatsanwaltschaft bei dem KG Berlin am 16.9.1992 – Az. 2 Js 15/91 – und am 16.2.1994 – Az. 29/2 Js 1241/92 – u.a. wegen Freiheitsberaubung angeklagt. Die beiden Verfahren wurden durch Beschluss des LG Berlin vom 12.12.1994 – Az. 522 - 105/92 – miteinander verbunden. Am 23.12.1998 stellte das LG Berlin – Az. (522) 2 Js 15/91 KLs und 29/2 Js 1241/92 KLs (37/94) – das Verfahren wegen Verhandlungsunfähigkeit ein.

3 Vgl. Anhang S. 1023ff.

4 DDR-GBl. 1950, S. 95.

5 Zu Honecker vgl. den Dokumentationsband zu Amtsmissbrauch und Korruption, lfd. Nr. 8.

6 Das Statut ist abgedruckt in Judt, Matthias (Hg.): DDR-Geschichte in Dokumenten. Beschlüsse, Berichte, interne Materialien und Alltagszeugnisse, Berlin 1997, S. 467f.

7 Die Richtlinie ist abgedruckt bei Fricke, Karl Wilhelm: MfS intern, Köln 1991, S. 93ff.

8 Die Richtlinie ist vollständig abgedruckt in Müller-Enbergs, Inoffizielle Mitarbeiter des Ministeriums für Staatssicherheit, Richtlinien und Durchführungsbestimmungen, Berlin 1996, S. 305ff.

9 Die Richtlinie ist vollständig abgedruckt in Müller-Enbergs, Helmut (Hg.): Inoffizielle Mitarbeiter des Ministeriums für Staatssicherheit, Teil 2: Anleitungen für die Arbeit mit Agenten, Kundschaftern und Spionen in der Bundesrepublik Deutschland, Berlin 1998, S. 471ff.

10 Zur Struktur der HA II vgl. auch Schaubild 5 im Anhang auf S. 1018.

11 Zu Großmann vgl. lfd. Nr. 2.

12 So genannte Schnellgeber ermöglichten es, einen Funkspruch in wenigen Sekunden an die Zentrale zu übermitteln.

13 Zur Tätigkeit der Abteilung M vgl. auch den geplanten Dokumentationsband zu den MfS-Straftaten.

14 Das genannte Gesetz trat nicht am 25.6., sondern am 1.8.1968 in Kraft (vgl. Art. 10 Abs. 1 des 8. StrÄndG vom 25. Juni 1968 – BGBl. I S. 741, 755).

15 Vgl. lfd. Nr. 2-2.

16 Vgl. lfd. Nr. 5.

Inhaltsverzeichnis
Beschluss (Vorlage) des Kammergerichts Berlin vom 27.8.1993,
Az. (1) 3 StE 2/93 (12/93)

Kammergericht Berlin 27. August 1993
Az.: (1) 3 StE 2/93 (12/93)

BESCHLUSS[1]

In der Strafsache gegen

1. den Generalleutnant a.D. Dr. Günther Kratsch
   geboren 1930 in M.,
   zur Zeit in der Justizvollzugsanstalt Moabit, Gef.B.Nr. 4423/92-9,
2. den Generalmajor a.D. Wolfgang Lohse
   geboren 1932 in L.,
3. den Oberstleutnant a.D. Wolfgang Mauersberger
   geboren 1938 in W.,
4. den Oberstleutnant a.D. Kurt Ulbrich
   geboren 1933 in N.,

wegen Verdachts des Landesverrats u.a. {2}

hat der 1. Strafsenat des Kammergerichts in Berlin am 27. August 1993 beschlossen:

1. Das Verfahren wird ausgesetzt.
2. Das Bundesverfassungsgericht wird angerufen zur Entscheidung folgender Rechtsfrage:
   Verstößt Artikel 315 Abs. 4 EGStGB in der Fassung des Einigungsvertrages insoweit gegen Artikel 20 Abs. 3 GG, als er die Strafverfolgung wegen Landesverrats, geheimdienstlicher Agententätigkeit und damit in Zusammenhang stehender Bestechung gegen solche Personen beibehält, die zur Tatzeit ihren Lebensmittelpunkt in der ehemaligen DDR hatten?

Gründe

Die Angeschuldigten waren Offiziere des Ministeriums für Staatssicherheit (MfS) der ehemaligen DDR. Sie gehörten der für die Spionageabwehr zuständigen Hauptabteilung II (HA II) an, und zwar zuletzt Dr. Kratsch als Leiter, Lohse als Stellvertreter des Leiters, Mauersberger als Leiter der Arbeitsgruppe Koordinierung und Ulbrich als Stellvertreter des Leiters der Abteilung II/2 sowie als Offizier für Sonderaufgaben.

Mit der zu dem Kammergericht erhobenen Anklage des Generalbundesanwalts beim Bundesgerichtshof vom 12. März 1993[2] wird ihnen im Zusammenhang mit einer gegen die Bundesrepublik Deutschland gerichteten geheimdienstlichen Agententätigkeit fortgesetzter Landesverrat vorgeworfen; tateinheitlich damit sollen sich die Angeschuldigten Dr. Kratsch, Lohse und Ulbrich der Bestechung schuldig gemacht haben. {3}

Dem Angeschuldigten Dr. Kratsch wird zur Last gelegt, durch eine weitere, sachlichrechtlich selbständige Handlung als Leiter der Abteilung M des MfS, die ebenfalls Aufgaben der Spionageabwehr wahrnahm, für die Durchführung der systematischen und flächendeckenden Kontrolle des nationalen und internationalen Postverkehrs auf dem Gebiet der ehemaligen DDR zuständig gewesen zu sein und in dieser Eigenschaft dafür Verantwortung getragen zu haben, daß in Postsendungen enthaltene Zahlungsmittel, Schmuckstücke und andere Wertgegenstände dem Staat zuflossen und auch der Inhalt von fehlgeleiteten Postsendungen aus der Bundesrepublik Deutschland entnommen und konfisziert wurde. Dieses als Unterschlagung gewertete Vorgehen ist nicht Gegenstand der Vorlage. Bedenken gegen die Abtrennung dieses Vorwurfs und eine gesonderte Sachentscheidung ergeben sich aus den verfahrensrechtlichen Tatbegriff (§ 264 Abs. 1 StPO), so daß im Falle der getrennten Aburteilung der Verbrauch der Strafklage (Art. 103 Abs. 2 GG) für die übrigen Tatvorwürfe zu besorgen ist.

A. [Sachverhalt und rechtliche Würdigung]

Nach dem Ergebnis der Ermittlungen ist von folgendem wesentlichen Sachverhalt auszugehen:

I. [Die Aufgabe der HA II und die Tätigkeit der Angeschuldigten]

⊗ Es folgt eine Zusammenfassung des diesbezüglichen wesentlichen Ergebnisses der Ermittlungen (vgl. hierzu lfd. Nr. 1-1). ⊗

II. [Einlassungen der Angeschuldigten]

Die Angeschuldigten haben ihre dienstliche Tätigkeit innerhalb des MfS zugegeben und sich, soweit sie erklärten, sich an Einzelheiten erinnern zu können, zu den Tatvorwürfen geäußert. Diese Aussagen, die Angaben der von der Bundesanwaltschaft benannten Zeugen und das überreichte Beweismaterial lassen erwarten, daß in einer Hauptverhandlung Feststellungen im Sinne der Anklage getroffen werden können.

Der Angeschuldigte Dr. Kratsch trägt darüber hinaus in Anlehnung an seine Vernehmungen vom 31. August 1992 und 8. September 1992 in der Schutzschrift seines Verteidigers vom 31. Mai 1993 vor:

Nach der Einigung Deutschlands habe er Gespräche mit den Präsidenten des Bundesamts für Verfassungsschutz Boeden und Dr. Werthebach geführt. Unter Hinweis auf ein Straffreiheitsgesetz oder die Anwendung des § 153e StPO[3] sei ihm zugesichert worden, daß hauptamtliche Mitarbeiter des MfS und Agenten des MfS in der Bundesrepublik Deutschland mit keiner Strafverfolgung wegen ihrer Tätigkeit zu rechnen hätten. Im Vertrauen auf diese Zusicherung habe er seinen Gesprächspartnern vertrauliche Informationen geliefert und grundsätzliche Fehler bundesdeutscher Geheimdienste bei der Führung ihrer Vertrauensleute offenbart. In der Einhaltung der Zusicherung sehe er sich nun enttäuscht.

Für die verfahrensrechtliche Beurteilung kann der Senat offenlassen, ob dem Angeschuldigten die behaupteten Zusicherungen gegeben worden sind. Selbst wenn das der Fall gewesen sein sollte, stünde der Durchführung des Verfahrens kein Hindernis entgegen. Ein Verstoß gegen § 136a Abs. 1 Satz 1 StPO läge nicht vor. Die genannte Vorschrift bezieht sich nur auf die von einem staatlichen Strafverfolgungsorgan in einer

Vernehmung {10} herbeigeführten Aussagen (vgl. BGHSt 34, 365, 369); sie läßt Äußerungen vor der Begründung der Beschuldigteneigenschaft und außerhalb von Vernehmungen unberührt (vgl. Kleinknecht/Meyer, StPO 40. Aufl., § 136a Rdn. 4). Das Vorbringen des Angeschuldigten ergibt eindeutig, daß seine Gesprächspartner keine Strafverfolgungsorgane waren und daß die Gespräche außerhalb von Vernehmungen stattfanden.

III. [Rechtliche Würdigung]

Das den Angeschuldigten Dr. Kratsch, Lohse, Mauersberger und Ulbrich vorgeworfene Tun fällt unter die Vorschriften des Landesverrats (§ 94 Abs. 1 Nr. 1 StGB[4]) und der geheimdienstlichen Agententätigkeit (§ 99 Abs. 1 Nr. 1 StGB[5]), jeweils in Tateinheit mit Bestechung (§§ 334 Abs. 1, 52 StGB).

1. [Anzuwendendes Recht]

Das deutsche Strafrecht findet Anwendung, wenn die Tat im Inland begangen worden ist (§ 3 StGB). Begangen ist eine Tat nicht nur dort, wo der Täter gehandelt hat. Tatort ist nach § 9 Abs. 1 StGB auch der Ort, an dem der zum Tatbestand gehörende Erfolg eingetreten ist. Beim Straftatbestand des Landesverrats (§ 94 Abs. 1 StGB), der die Herbeiführung der konkreten Gefahr eines schweren Nachteils für die äußere Sicherheit der Bundesrepublik Deutschland voraussetzt, ist der Eintritt der Gefahr bereits ein Erfolg im Sinne des § 9 Abs. 1 StGB (vgl. BayObLG NJW 1957, 1327; Tröndle in LK, StGB 10. Aufl., § 9 Rdn. 4; Eser in Schönke/Schröder, StGB 24. Aufl., § 9 Rdn. 6; Dreher/Tröndle, StGB 44. Aufl., § 9 Rdn. 3), so daß der Tatort insoweit auch in der Bundesrepublik Deutschland begründet war. Außerdem wird beim Landesverrat dem in der ehemaligen DDR handelnden Mittäter (§ 25 Abs. 2 StGB) das Verhalten des Tatbeteiligten im Inland zugerechnet mit der Folge, daß auch für ihn der Tatort in der Bundesrepublik Deutschland liegt (vgl. BGHR StGB § 94 Beihilfe 1 S. 2 {11} = NJW 1991, 2498; Tröndle in LK aaO, Rdn. 3; Eser aaO, Rdn. 4). Das gilt entsprechend für den Straftatbestand der geheimdienstlichen Agententätigkeit (§ 99 Abs. 1 StGB). Zusätzlich bestimmt § 5 Nr. 4 StGB, daß für Straftaten nach §§ 94 und 99 StGB das deutsche Strafrecht unabhängig vom Tatort gilt.

2. [Rechtslage nach dem Einigungsvertrag]

An dieser Rechtslage, wie sie sich vor dem Beitritt der DDR zur Bundesrepublik Deutschland am 3. Oktober 1990 ergab, hat sich hinsichtlich der Anwendbarkeit deutschen Strafrechts nichts geändert (Vgl. BGH NJW 1991, 929, 930; Simma/Volk NJW 1991, 871, 873). Gemäß Art. 8 des Einigungsvertrages ist im Beitrittsgebiet mit Ausnahme der in Anlage I aufgeführten Bestimmungen Bundesrecht in Kraft getreten. Unter den Vorschriften die auf dem Gebiet der ehemaligen DDR keine Anwendung finden, sind die Vorschriften des § 5 Nr. 4 StGB, des Landesverrats und der geheimdienstlichen Agententätigkeit nicht genannt (vgl. Anlage I Kapitel III Sachgebiet C Abschnitt III Nr. 1). Art. 315 Abs. 4 EGStGB in der Fassung der Anlage I Kapitel III Sachgebiet C

Abschnitt II Nr. 1 Buchst. b des Einigungsvertrages bestätigt vielmehr die Fortgeltung der Rechtslage, indem die in den Absätzen 1 bis 3 genannten Änderungen keine Anwendung finden, wenn für die Tat das Strafrecht der Bundesrepublik Deutschland schon vor dem Wirksamwerden des Beitritts gegolten hat.

3. Strafbarkeit der Angeschuldigten wegen Landesverrats

Nach § 94 Abs. 1 Nr. 1 StGB wird bestraft, wer ein Staatsgeheimnis einer fremden Macht oder einem ihrer Mittelsmänner mitteilt und dadurch die Gefahr eines schweren Nachteils für die äußere Sicherheit der Bundesrepublik Deutschland herbeiführt. Diese Voraussetzungen liegen vor. {12}

Die in den Fällen „Reuter" (I. Nr. 1 Buchst. a), „Residentur Mitte" (I. Nr. 1 Buchst. b) und „Fiedler" (I. Nr. 1 Buchst. c) der Anklage zufolge verratenen Erkenntnisse über das Marineführungssystem, über den MAD und mehrere nuklearfähige Einheiten der Bundesluftwaffe und des Bundesheeres sowie die Standorte der im Bundesgebiet stationierten Kernwaffenträgersysteme sind Staatsgeheimnisse. Hierunter sind nach § 93 Abs. 1 StGB[6] alle Tatsachen, Gegenstände oder Erkenntnisse zu verstehen, die nur einem begrenzten Personenkreis zugänglich sind und vor einer fremden Macht geheimgehalten werden müssen, um die Gefahr eines schweren Nachteils für die äußere Sicherheit der Bundesrepublik Deutschland abzuwenden. Die Erkenntnisse waren nur einem begrenzten Personenkreis zugänglich und mußten wegen ihres Inhalts, der die militärische Sicherheit der Bundesrepublik Deutschland berührte, vor einer fremden Macht wie dem MfS geheimgehalten werden, weil sie für den Fall ihres Bekanntwerdens zu schweren nachteiligen Folgen für die Bundesrepublik Deutschland hätten führen können.

Die Angeschuldigten sind nach dem Ergebnis der Ermittlungen dringend verdächtig, die Merkmale des inneren Tatbestandes erfüllt zu haben. Danach haben sie als professionelle Geheimdienstler gewußt oder zumindest billigend in Kauf genommen, daß die Informationen geheimhaltungsbedürftig waren und daß ihr Inhalt, wenn er allgemein bekannt wurde, einen schweren Nachteil für die äußere Sicherheit der Bundesrepublik Deutschland herbeizuführen geeignet war. Das würde für die Annahme des Vorsatzes genügen (vgl. Träger in LK, § 93 StGB Rdn. 19; Stree in Schönke/Schröder, § 94 StGB Rdn. 13).

4. Strafbarkeit der Angeschuldigten wegen geheimdienstlicher Agententätigkeit {13}

Als Mitarbeiter des MfS sind die Angeschuldigten dringend verdächtig, für den Geheimdienst einer fremden Macht vorsätzlich eine auf die Mitteilung und Lieferung von Tatsachen, Gegenständen und Erkenntnissen gerichtete geheimdienstliche Tätigkeit ausgeübt zu haben (§ 99 Abs. 1 Nr. 1 StGB). Erfaßt von der Vorschrift werden alle Personen, die in irgendeiner Weise an der Ausspähung oder der Mitteilung von Ausforschungsergebnissen mitgewirkt haben. Daß die Tätigkeit gegen die Bundesrepublik Deutschland gerichtet war, ergibt sich aus den konkreten Ausforschungsbemühungen (vgl. BGHSt 32, 104, 107; 29, 325, 327).

§ 99 StGB hat mit Wirkung vom 1. August 1968 (vgl. Art. 10 Abs. 1 des 8. StrÄndG vom 25. Juni 1968 – BGBl. I S. 741, 755 –) den früheren § 100e StGB[7] abgelöst, der denjenigen mit Strafe bedrohte, der zu einer Einrichtung außerhalb des Geltungsbereichs des StGB Beziehungen aufnahm oder unterhielt, welche die Mitteilung von Staatsgeheimnissen zum Gegenstand hatte. Diese Voraussetzung ist bei dem umfassenden Ausforschungsauftrag des MfS erfüllt. Nach §§ 1, 2 Abs. 1 StGB ist daher einheitlich das neue Recht anzuwenden (vgl. Träger aaO, § 99 StGB Rdn. 22).

In den Fällen „Reuter", „Residentur Mitte" und „Fiedler" tritt eine geheimdienstliche Agententätigkeit der Angeschuldigten wegen der in § 99 Abs. 1 StGB enthaltenen Subsidiaritätsklausel hinter § 94 Abs. 1 StGB zurück.

5. Strafbarkeit der Angeschuldigten Dr. Kratsch, Lohse und Ulbrich wegen Bestechung

Soweit den vorbezeichneten Angeschuldigten vorgeworfen wird, die Zahlungen von Agentenlöhnen an Angehörige des öffentlichen Dienstes verantwortet zu haben, stellt sich dies als Bestechung (§ 334 Abs. 1 StGB) dar. {14}

Die Bestechung steht mit Landesverrat und geheimdienstlicher Agententätigkeit in Tateinheit (§ 52 StGB).

IV. [Der Vorlagebeschluss des Kammergerichts vom 22. Juli 1991)

Die Tatvorwürfe gegen die Angeschuldigten Dr. Kratsch, Lohse, Mauersberger und Ulbrich gleichen in rechtlicher Hinsicht denen, die der Generalbundesanwalt beim Bundesgerichtshof mit der unter dem 10. Juni 1991 zu dem Kammergericht – (1) 3 StE 9/91 (13/91) – anhängig gemachten Anklage gegen den letzten Leiter der Hauptverwaltung Aufklärung (HVA) im MfS wegen Landesverrats – begangen im Verlauf einer geheimdienstlichen Tätigkeit – und vier weitere ehemalige Angehörige der Hauptverwaltung Aufklärung wegen geheimdienstlicher Agententätigkeit, jeweils in Tateinheit mit Bestechung, erhoben hat. In beiden Verfahren stehen die Taten im Zusammenhang mit der sogenannten Außenspionage der DDR gegen die Bundesrepublik Deutschland.

Durch Beschluß vom 22. Juli 1991[8] (NJW 1991, 2501 = JR 1991, 426) hat der Senat das Verfahren gegen die dort Angeschuldigten ausgesetzt und das Bundesverfassungsgericht zur der Fragen angerufen, ob

1. Artikel 315 Abs. 4 EGStGB in der Fassung des Einigungsvertrages insoweit gegen Artikel 3 Abs. 1 GG verstößt, als er die Strafverfolgung wegen geheimdienstlicher Agententätigkeit, im Verlauf damit verübten Landesverrats und der mit der geheimdienstlichen Tätigkeit im Zusammenhang stehenden Bestechung gegen solche Personen beibehält, die ihre Handlungen vom Boden der ehemaligen DDR aus begangen haben und die im Zeitpunkt des Wirksamwerdens der Einheit Deutschlands am 3. Oktober 1990 ihre Lebensgrundlage in der ehemaligen DDR hatten,
2. ob die für den Kriegsfall geltende allgemeine Regel des Völkerrechts des Artikels 31 der Haager Landkriegsordnung, wonach der zu seinem Heer zurückgekehrte Spion für früher begangene Spionage nicht verantwortlich gemacht {15} werden darf, auf den unter Nr. 1 genannten Personenkreis entsprechend angewendet werden kann.

Zur Begründung der Vorlage hat der Senat ausgeführt:

⊗ Es folgt ein Zitat aus der Begründung des Vorlagebeschlusses vom 22. Juli 1991 (vgl. lfd. Nr. 2-2, S. 271-275). ⊗

In dem Vorlagebeschluß des Senats heißt es ferner:

⊗ Es folgt ein weiteres Zitat aus der Begründung des Vorlagebeschlusses vom 22. Juli 1991 (vgl. lfd. Nr. 2-2, S. 276). ⊗

B. [Weitere Begründung der Vorlage]

Der Senat hält an seiner in dem Vorlagebeschluß geäußerten Rechtsauffassung fest. Der Bundesgerichtshof hat zwar zuletzt in dem Urteil vom 30. Juli 1993 – 3 StR 347/92[9] – seinen früheren Standpunkt (vgl. BGHSt 37, 305; NJW 1991, 929; 2498) bekräftigt, daß ehemalige Angehörige des MfS wegen Landesverrats und gegen die Bundesrepublik Deutschland gerichteter geheimdienstlicher Agententätigkeit, die sie vor dem Beitritt der DDR zur Bundesrepublik Deutschland begangen haben, verfolgt werden können. Das Bayerische Oberste Landesgericht (vgl. NStZ 1992, 281[10]), das OLG Stuttgart (in der Sache gegen Köhler – 4 - 1 StE 3/92[11] –), die überwiegende Kommentarliteratur (vgl. Gribbohm in LK, StGB 11. Aufl., § 2 Rdn. 70; Dreher/Tröndle, StGB 46. Aufl., § 99 Rdn. 1a mit Nachw.) und Teile des übrigen Schrifttums (vgl. Lippold aaO[12]; Wilke NJW 1991, 2465) folgen ihm. Andere Autoren kommen ausgehend von unterschiedlichen Lösungsansätzen zu dem Ergebnis, daß die Außenspionage der ehemaligen DDR straffrei sein müsse (vgl. u.a. Albrecht/Kadelbach NJ 1992, 137; Arndt NJW 1991, 2466; Classen JZ 1991, 717; Ignor/Müller StV 1991, 573; Samson in SK, StGB, Vorbem. § 3 Rdn. 48; NJW 1991, 335; NJ 1991, 143, 236; Zuck MDR 1991, 1009; Widmaier NJW 1991, 2460; 1990, 3169). Der Senat nimmt das vorliegende Verfahren aber zum Anlaß, den bereits erörterten und aus dem Rechtsstaatsprinzip (Art. 20 Abs. 3 GG) abzuleitenden Gedanken des Vertrauensschutzes herauszugreifen.

1. Dem Vorliegen eines Vertrauenstatbestandes wird unter Hinweis darauf entgegengetreten (vgl. BayObLG aaO; Lippold aaO; Dreher/ Tröndle aaO), daß sich die Bundesrepublik Deutschland auch anläßlich der Unterzeichnung des Grundlagenvertrages zur Einheit Deutschlands bekannt und die Verfolgung dieses Ziels nicht aufgegeben habe. Der Deutschen Demokratischen Republik sei diese {25} Haltung bekannt gewesen. Angehörige der mit der Spionagetätigkeit gegen die Bundesrepublik Deutschland befaßten Dienststellen hätten somit nicht darauf vertrauen können, nach der Wiederherstellung der Einheit Deutschlands strafrechtlich unbehelligt zu bleiben.

Die Auffassung trifft im Ausgangspunkt zu. Sie beleuchtet aber nur einen Teilaspekt, indem sie die Betrachtung vom Standpunkt der Bundesrepublik Deutschland vornimmt. In den Urteil zum Grundlagenvertrag hat das Bundesverfassungsgericht zwar die vom Grundgesetz her gebotene Rechtsauffassung unterstrichen, daß die Einheit Deutschlands nur in einem freien und nicht den politischen Vorstellungen der DDR entsprechenden Staat erreicht werden dürfe (vgl. BVerfGE 36, 1, 29). Die Herbeiführung dieses Ziels kann aber die tatsächlichen Verhältnisse, unter denen die den Angeschuldigten vorgeworfenen Taten begangen worden sind, nicht außer Betracht lassen. Vertrauen knüpft notwendigerweise an die subjektive Erwartung des Betroffenen an (vgl. Albrecht/Kadelbach aaO S. 146). Unter Berücksichtigung der Machtverhältnisse, wie sie bis zur Wende im Herbst 1989 bestanden, kann es kaum einem Zweifel unterliegen, daß die Mitarbeiter der Nachrichtendienste der DDR davon ausgegangen sind, wegen ihrer Spionagetätigkeit nicht zur Rechenschaft gezogen zu werden, solange sie sich nicht dem Zugriff der Strafverfolgungsbehörden der Bundesrepublik Deutschland aussetzten. Diesen Standpunkt konnten sie auch einnehmen, nachdem die aufgrund freier und demokratischer Wahlen gebildete Volkskammer die Deutsche Demokratische Republik durch Art. 1 Abs. 1 Satz 1 der Verfassungsgrundsätze vom 17. Juni 1990 (GBl.-DDR I S. 299) in einen freiheitlichen und demokratischen Rechtsstaat umgebildet hatte. Die Rechtslage hinsichtlich der faktischen Nichtverfolgbarkeit der nachrichtendienstlichen Tätigkeit blieb unverändert. Die DDR hatte zwar das MfS aufgelöst. Sie unternahm aber nichts, um den durch § 5 Nr. 4 StGB begründeten Strafanspruch der Bundesrepublik Deutschland auf ihrem {26} Gebiet durchsetzen zu helfen. Erst mit dem Beitritt der DDR zur Bundesrepublik Deutschland am 3. Oktober 1990 hat sich das geändert. Die Tatsache, daß sich ein Vertrauenstatbestand gebildet hatte, ist dadurch jedoch nicht weggefallen.

2. Eine Schutzwürdigkeit aufgrund des Vertrauenstatbestandes wird mit der Erwägung versagt, daß für die rechtsstaatlich verfaßte Ordnung der Bundesrepublik Deutschland kein Anlaß bestanden habe, das Vertrauen in den Fortbestand des SED-Regimes zu schützen (vgl. Lippold aaO S. 24; Dreher/Tröndle aaO). Darum geht es hier nicht. Die faktische Nichtverfolgbarkeit von Tätern, die vom Boden der ehemaligen DDR aus die Bundesrepublik Deutschland ausgespäht hatten, war nicht an das Fortbestehen der SED-Herrschaft gebunden. Sie blieb eine Tatsache auch dann, nachdem das SED-Regime abgelöst worden war und sich die DDR eine freiheitlich demokratisch verfaßte Ordnung gegeben hatte. Gerade dem Umstand, daß die ehemalige DDR nach dem Zerfall des SED-Regimes nicht unmittelbar in der Bundesrepublik Deutschland aufgegangen ist, sondern sich zunächst in einen freiheitlichen, demokratischen Rechtsstaat gewandelt hatte, kommt entscheidende Bedeutung zu und macht jedenfalls aus der Sicht der Angeschuldigten das entstandene Vertrauen schutzwürdig; denn auch unter den veränderten Umständen gingen sie davon aus, daß ihr Staat sie weiter schützen und sie nicht dem Zugriff der Strafverfolgungsbehörden der Bundesrepublik Deutschland aussetzen werde.

Die Schutzwürdigkeit des Vertrauens wäre anders zu beurteilen, wenn eine Abwägung ergäbe, daß überwiegende Belange des Gemeinwohls es gebieten würden, den Vertrauensschutz zu versagen (vgl. BVerfGE 76, 256, 349). Das ist nicht der Fall. Die Gefahren, die sich durch die Ausspähung der Bundesrepublik Deutschland durch die ehemalige DDR ergaben, sind entfallen; die DDR existiert nicht mehr. Die Angeschuldigten haben den Vertrauenstatbestand auch nicht etwa dadurch geschaffen, daß sie sich dem Zugriff der {27} Strafverfolgungsbehörden durch die Flucht in die DDR entzogen haben. Wäre das der Fall, läge ein Vertrauen, das des Schutzes würdig ist, in der Tat nicht vor. Deshalb geht die Ansicht (vgl. Renzikowski JR 1992, 270, 272 Fußn. 26) fehl, daß bei Annahme eines Vertrauensschutzes zugunsten der Angehörigen der Nachrichtendienste der ehemaligen DDR auch die in die DDR geflüchteten Terroristen nicht mehr bestraft werden könnten.

3. Der Anwendung des Vertrauensschutzgedankens steht nicht entgegen, daß die Strafbarkeit der den Angeschuldigten vorgeworfenen Taten unverändert geblieben ist und sich nur die Zugriffsmöglichkeit auf die Angeschuldigten eröffnet hat. Der gegenteiligen Ansicht (vgl. Dreher/Tröndle aaO; Renzikowski [aaO] S. 272) vermag der Senat nicht zu folgen.

Zu berücksichtigen ist, daß sich die Zugriffsmöglichkeit nicht lediglich infolge einer Veränderung tatsächlicher Verhältnisse ergeben hat. Ihr liegen rechtliche Vorgänge zugrunde. Der Beitritt der ehemaligen Deutschen Demokratischen Republik zur Bundesrepublik Deutschland hat sich auf der Grundlage des Art. 1 Abs. 1 des Einigungsvertrages und des hierzu ergangenen Gesetzes vom 23. September 1990 (BGBl. II 885) vollzogen. Artikel 315 Abs. 4 EGStGB in der Fassung der Anlage I Kapitel III Sachgebiet C Abschnitt II Nr. 1 Buchst. b des Einigungsvertrages wirkt sich hinsichtlich der Strafverfolgung ehemaliger Angehöriger des MfS wegen Landesverrats und geheimdienstlicher Agententätigkeit zum Nachteil der Bundesrepublik Deutschland nicht nur für die Zukunft aus. Er greift auch in vorgefundene (vgl. BVerfGE 63, 343, 356) strafrechtliche Verfahrenslagen ein. Einem solchen Vorgang mißt der Senat eine besondere rechtliche Qualität zu; denn in den Fällen der vorliegenden Art hat der Eingriff im Ergebnis die gleichen Auswirkungen wie die nachträgliche Ausdehnung des Anwendungsbereichs einer Norm. {28}

Der Senat bleibt daher bei der Auffassung, daß die Strafverfolgung ehemaliger Angehöriger des MfS wegen vor dem 3. Oktober 1990 vom Boden der ehemaligen DDR aus begangenen Landesverrats und gegen die Bundesrepublik Deutschland gerichteter geheimdienstlicher Agententätigkeit mit dem Vertrauensgrundsatz und deshalb mit Art. 20 Abs. 3 GG nicht zu vereinbaren ist.

Das gleiche gilt für die Verfolgung wegen des Verdachts der Bestechung. Dieses Delikt ist im Rahmen der vorgenannten Tätigkeiten begangen worden und steht in untrennbarem Zusammenhang mit ihnen.

4. Die Feststellungen, die dem Urteil des Oberlandesgerichts Stuttgart vom 10. Dezember 1992 in der Strafsache gegen Köhler (4 StE 3/92) zugrunde liegen, geben keinen Anlaß zu einer anderen Beurteilung.

Das OLG Stuttgart führt aus: Maßgebend für die Erfüllung der Aufgaben des MfS seien in erster Linie das Programm der SED und deren Beschlüsse und erst in zweiter Linie die Verfassung und die Gesetze gewesen. Die SED habe die Weichen gestellt. Das MfS sei das zentrale Machtinstrument der SED und ihrer Machthaber gewesen (UA S. 13). Die Hauptverwaltung Aufklärung (HVA) und die Abteilungen XV der Bezirksverwaltungen hätten mit den übrigen Dienststellen des MfS – hierzu gehörte auch die HA II, in der die Angeschuldigten Dr. Kratsch, Lohse, Mauersberger und Ulbrich tätig waren – eine Einheit gebildet (UA S. 159).

Hieraus ließe sich ableiten, daß auch die Dienststellen des MfS, die sich mit der Ausspähung der Bundesrepublik Deutschland befaßten, als Teil des allgemeinen Unterdrückungsapparates der SED anzusehen sind. Für die strafrechtliche Beurteilung der den {29} Angeschuldigten vorgeworfenen Taten ist das aber nicht von Bedeutung. Denn Repressalien gegen einzelne Bürger oder andere Teile der Bevölkerung werden den Angeschuldigten nicht zur Last gelegt.

C. *[Entscheidungserheblichkeit]*

Auf die Frage der Verfassungsmäßigkeit des Art. 315 Abs. 4 EGStGB kommt es an. Der Senat hat über die Eröffnung des Hauptverfahrens zu entscheiden. Bereits in diesem

Zwischenverfahren ist die Gültigkeit der in Betracht kommenden Norm zu beachten (vgl. Rieß in Löwe-Rosenberg, StPO 24. Aufl., § 203 Rdn. 5 mit Nachw. in Fn. 6).

Über die Aussetzung des Verfahrens und die Anrufung des Bundesverfassungsgerichts entscheidet der Senat in seiner vollen Besetzung (vgl. BVerfGE 1, 80).

Anmerkungen

1 Nach dem Beschluss des BVerfG v. 15.5.1995 (vgl. lfd. Nr. 2-4) nahm das KG Berlin den Vorlagebeschluss am 14.7.1995 – Az. (1) 3 StE 2/93 (12/93) – zurück. Das Verfahren gegen Kratsch wurde vom KG Berlin am 24.6.1996 zunächst vorläufig und am 6.1.1997 endgültig gem. § 153a Abs. 2 StPO eingestellt. Bezüglich der weiteren drei Angeklagten hatte der Generalbundesanwalt die Klage bereits am 4.6.1996 – Az. 3 StE 2/93 - 2 - (2) – zurückgenommen und das Verfahren anschließend gem. § 153c StPO (Lohse, Ulbrich) bzw. § 170 Abs. 2 StPO (Mauersberger) eingestellt.

2 Vgl. lfd. Nr. 6-1.

3 Vgl. Anhang S. 1028

4 Vgl. Anhang S. 1023.

5 Vgl. Anhang S. 1024.

6 Vgl. Anhang S. 1022.

7 Vgl. Anhang S. 1022.

8 Vgl. lfd. Nr. 2-2.

9 Vgl. lfd. Nr. 3-2.

10 Vgl. lfd. Nr. 3-1.

11 Vgl. lfd. Nr. 5.

12 Gemeint ist Lippold, Rainer: Die Strafbarkeit der DDR-Spionage und ihre Verfassungsmäßigkeit, NJW 1992, 18ff.

Lfd. Nr. 7

Die Hauptabteilung III des MfS
– Funkaufklärung und Funkabwehr –
– Verfahren gegen Männchen u.a. –

Inhaltsverzeichnis
Anklage des Generalbundesanwalts vom 3.5.1993, Az. 3 StE 3/93 - 2

Der Generalbundesanwalt beim Bundesgerichtshof 3. Mai 1993
Az.: 3 StE 3/93-2 (3); 3 BJs 298/90-2 (98)

ANKLAGE[1]

Den Generalmajor a.D. des Ministeriums für Staatssicherheit (MfS)
der ehemaligen DDR
Dr. Horst Richard Max Männchen,
geboren 1935 in B.,
verheiratet, deutscher Staatsangehöriger, bisher unbestraft {2}

klage ich an,

von 1966 bis Anfang Dezember 1989 in Berlin (West und Ost) und an anderen Orten gemeinschaftlich mit anderen für den Geheimdienst einer fremden Macht eine geheimdienstliche Agententätigkeit gegen die Bundesrepublik Deutschland ausgeübt zu haben, die auf die Mitteilung oder Lieferung von Tatsachen, Gegenständen oder Erkenntnissen gerichtet war.

Vergehen der geheimdienstlichen Agententätigkeit, strafbar nach § 99 Abs. 1 Nr. 1, §§ 3 und 5 Nr. 4, §§ 2 Abs. 1 und 9 Abs. 1, §§ 25 Abs. 2, 45 Abs. 2 und 5, § 101 StGB, § 100e StGB a.F. {3}

Der Angeschuldigte war von 1966 bis Ende des Jahres 1989 im Ministerium für Staatssicherheit (MfS) der ehemaligen DDR unmittelbar unterhalb der politisch-administrativen Ebene für die Aufklärung der Fernmeldeverbindungen der Bundesrepublik Deutschland verantwortlich. Die fachlich zuständige, von ihm geleitete Diensteinheit war anfänglich eine Stabsstelle, die später zum Bereich erweitert, 1971 in eine selbständige Abteilung umgewandelt wurde und seit Anfang 1983 den Rang einer Hauptabteilung (HA) hatte. Sie bildete zusammen mit den ihm ebenfalls unterstellten Fachabteilungen der Bezirksverwaltungen die Linie III des MfS.

Als „Zentrales Organ des Elektronischen Kampfes des MfS" klärte die HA III vornehmlich die zwischen Berlin (West) und dem übrigen Bundesgebiet bestehenden und die das Territorium der DDR in Thüringen überquerenden Richtfunkstrecken auf, aber auch Teile des inneren, nicht grenzüberschreitenden Richtfunkverkehrs der damaligen Bundesrepublik Deutschland. Hierzu verfügte sie über ein System von Erfassungsstützpunkten, die entlang der innerdeutschen Grenze, um Berlin und auf dem Gebiet der damaligen CSSR stationiert waren.

Aufgeklärt wurden zum anderen die leitungsgebundenen Fernmeldeverbindungen zwischen der DDR und der Bundesrepublik einschließlich Berlin (West), aber auch die zwischen Berlin (West) und dem übrigen Bundesgebiet. Insoweit wurden die Kabel auf DDR-Gebiet an Anschaltpunkten, im Fall der Mitte der 80er Jahre zwischen West-Berlin und Uelzen verleg-{4}ten Glasfaserverbindung an der bei Rathenow im Bezirks Potsdam errichteten Verstärkerstation abgegriffen und zu nahe gelegenen Dienstobjekten geführt.

Die leitungsabhängigen wie auch die drahtlosen Nachrichtenverbindungen wurden von der Linie III vor allem im Fernsprech-, aber auch im Fernschreib- und Telefaxbereich aufgeklärt.

Der operativen Kontrolle der HA III unterlagen des weiteren, soweit räumlich erfaßbar, der Autotelefonverkehr (B- und C-Netz) wie auch die Funkfernsprechnetze bundesdeutscher Sicherheitsbehörden. Zur Aufklärung dieses Fernmeldespektrums verfügte sie zusätzlich über Erfassungsstützpunkte in der Ständigen Vertretung der DDR in Bonn und deren Handelspolitischer Abteilung in Düsseldorf, zumindest zeitweise auch in der Handelmission der UdSSR in Köln. Schließlich sind von der HA III auch über Satellit geführte Nachrichtenverbindungen, in erster Linie solche zwischen der Bundesrepublik Deutschland und den USA, selektiv abgeschöpft worden.

In all diesen Fällen wurde die HA III in erster Linie im Auftrag operativer Diensteinheiten des MfS, vor allem der Hauptverwaltung Aufklärung (HVA), tätig, außerdem auch für den militärischen Nachrichtendienst der ehemaligen DDR und vereinzelt auch für das KGB. Im übrigen konnte sie weitestgehend eigeninitiativ aufklären, was sie auch in großem Umfang getan hat. Von ihrer funkelektro-{5}nischen Aufklärung waren schwerpunktmäßig die Bereiche Politik, Wirtschaft, Verteidigung, Staatsschutz und Journalismus erfaßt.

Anfang November 1989 standen etwa 100.000 Fernmeldeanschlüsse von Teilnehmern in der Bundesrepublik Deutschland einschließlich Berlin (West) unter Zielkontrolle der HA III, deren Stützpunkte in der Lage waren, gleichzeitig bis zu 5000 Nachrichtenverbindungen aufzuzeichnen.

Seit spätestens Mitte der 70er Jahre wurden von der HA III mittels eines manipulierten Autotelefons unter mißbräuchlicher Nutzung von Kennungen berechtigter Teilnehmer im Auftrag der HVA und der HA VIII beim Kraftfahrt-Bundesamt in Flensburg, aber auch bei Kfz.-Zulassungsstellen, Einwohnermeldeämtern, örtlichen Polizeibehörden und Dienststellen der Deutschen Bundespost Informationen abgefragt.

Ständig mitgehört wurden Abfragen bundesdeutscher Sicherheitsorgane im polizeilichen Fahndungs- und Überwachungssystem INPOL, auf dessen Bestand die HA III seit 1985 unter Einsatz eines Datenfunkterminals nebst dazugehörendem Funkgerät unmittelbaren Zugriff hatte. Seit spätestens 1986 sicherte die HA III operative Maßnahmen der HVA und des militärischen Nachrichtendienstes in Berlin (West) und im übrigen Bundesgebiet sowie an der innerdeutschen Grenze funkmäßig ab. {6}

Die HA III führte einen schweizerischen Staatsangehörigen und einen West-Berliner Bürger als Inoffizielle Mitarbeiter. Diese beschafften einen beträchtlichen Teil der für die Aufklärung der Nachrichtenverbindungen der Bundesrepublik Deutschland benötigten technischen Geräte, die teilweise Embargobestimmungen unterlagen. {7}

Beweismittel

⊗ Es folgt eine Auflistung von Beweismitteln, darunter Einlassungen des Angeschuldigten, 36 Zeugen sowie Urkunden und Augenscheinsobjekte. ⊗ {16}

Wesentliches Ergebnis der Ermittlungen

⊗ Inhaltsvzeichnis ⊗ {18}

A. Persönliche und wirtschaftliche Verhältnisse des Angeschuldigten

Der Angeschuldigte ist 1935 als Sohn des Eisengießers und späteren Kranführers R. M. in B. geboren. Seine Mutter, E. M., geborene F., war kaufmännische Angestellte. Zusammen mit zwei Schwestern, die noch leben, wuchs er im kommunistisch geprägten Elternhaus auf. Eingeschult wurde er in seiner Geburtsstadt. 1947 zog die Familie nach Königsstein an der Elbe um, wo er 1949 die Volksschule verließ, um anschließend die Oberschule in Pirna zu besuchen, an der er 1953 das Abitur ablegte.

Noch am Tag der Schulentlassung (15. Juni 1953) wurde er vom Ministerium für Staatssicherheit (MfS) als operativer Mitarbeiter mit dem Dienstgrad Gefreiter eingestellt, wenig später nach Berlin versetzt und dort 1956 der neugeschaffenen, für die Funkabwehr zuständigen, wenig später nach Gosen verlegten Abteilung F zugeteilt, innerhalb derer er im Rang eines Hauptmanns die Leitung des Referats 3 übernahm, dessen Aufgabe es war, illegale Funkanlagen in der DDR aufzuspüren, den Agentenfunk westlicher Nachrichtendienste aufzuzeichnen und ihn zu analysieren. {19}

1960 begann er an der Ingenieurschule Mittweida ein Fernstudium, das er im August 1965 nach erfolgreich bestandenem Examen als Hochfrequenz-Ingenieur abschloß. Nach einem 1961 unter Alkoholeinwirkung verursachten Verkehrsunfall, bei dem er seinen linken Arm verlor, wurde er aus dem MfS entlassen, im Februar 1963 jedoch wieder übernommen und der HVA/VIII zugeteilt, bei der er damit befaßt war, Funkverbindungen der Zentrale zu im Operationsgebiet tätigen Agenten auf Schwachstellen zu untersuchen, die es der bundesdeutschen Spionageabwehr hätten ermöglichen können, in eben diese Verbindungen einzudringen.

1966 begann der Angeschuldigte, der Ende der 50er Jahre Offizier geworden war, in der Folgezeit sämtliche Offiziersdienstgrade durchlief und Anfang 1979 zum Generalmajor befördert wurde, an der Juristischen Hochschule des MfS in Potsdam-Eiche ein Fernstudium, das er 1968 als Diplom-Jurist abschloß. 1974 wurde er mit einer Arbeit über die Funkaufklärung zum Dr. jur. „promoviert“.

Der Angeschuldigte trat 1968 der FdJ bei, war von 1957 bis Ende 1989 Mitglied der SED und wurde im Lauf der Jahre mit dem Vaterländischen Verdienstorden in Silber, dem Banner der Arbeit und dem Kampforden in Bronze, Silber und Gold ausgezeichnet. Außerdem erhielt er von der NVA die Medaille der Waffenbrüder-{20}schaft in Gold, eine Ehrenurkunde des KGB und von der CSSR die Stufe I der Medaille zur Festigung der Waffenbrüderschaft.

Zum 31. Januar 1990 schied der Angeschuldigte, der sich 1986 nach mehreren Herzinfarkten einer Bypass-Operation unterziehen mußte, aus den Diensten des MfS aus. Von seiner Funktion als Leiter der HA III war er schon am 06. Dezember 1989 entbunden worden. Seit 01. Februar 1990 ist er als Vollinvalide anerkannt. ⊗ Es folgen Ausführungen zu den finanziellen Verhältnissen des Angeschuldigten. ⊗

Der Angeschuldigte, der zur Miete wohnt, ist seit 1959 in kinderlos gebliebener Ehe mit der gelernten Industriekauffrau Lydia M., geborene G., verheiratet. ⊗ Es folgt der Beruf der Ehefrau. ⊗

Ausweislich der Auskunft aus dem Zentralregister ist der Angeschuldigte nicht bestraft. {21}

B. Die Hauptabteilung (HA) III des Ministeriums für Staatssicherheit (MfS) der ehemaligen DDR

I. Entstehung des MfS

Das im Februar 1950 gegründete Ministerium für Staatssicherheit (MfS) der DDR, im Juli 1953 von Walter Ulbricht wegen angeblichen Versagens im Vorfeld des Aufstandes vom 17. Juli 1953 zum „Staatssekretariat für Staatssicherheit" (unterstellt dem Ministerium des Innern) degradiert und im November 1955 wieder als selbständiges Ministerium errichtet, war formell ein Organ des Ministerrats der DDR, tatsächlich aber das mit allen Vollmachten ausgestattete Herrschaftsinstrument der SED-Parteiführung.

In § 1 Abs. 2 des Statuts vom 30. Juli 1969[2] war festgelegt, daß das MfS seine Aufgaben auf der Grundlage

„– des Programms der Sozialistischen Einheitspartei Deutschland,
– der Beschlüsse des Zentralkomitees und des Politbüros des Zentralkomitees der Sozialistischen Einheitspartei Deutschlands, {22}
– der Verfassung der Deutschen Demokratischen Republik, der Gesetze und Beschlüsse der Volkskammer,
– der Erlasse und Beschlüsse des Staatsrates,
– der Beschlüsse und Anordnungen des Nationalen Verteidigungsrates und der Befehle, Direktiven und Weisungen seines Vorsitzenden,
– der Verordnungen und Beschlüsse des Ministerrats sowie anderer allgemein verbindlicher Rechtsvorschriften"

verwirklicht.

Diese Reihenfolge, die zugleich eine Rangfolge zum Ausdruck bringt, macht die Allmacht der SED deutlich: Ihre politischen Grundsatzentscheidungen, die Beschlüsse des ZK und die seines Politbüros standen über der Verfassung der DDR, ohne diese allerdings zu verdrängen.

II. Aufgaben des MfS

Als „Sicherheits- und Rechtspflegeorgan" hatte das MfS „die staatliche Sicherheit und den Schutz der DDR" zu gewährleisten. Das Statut vom 30. Juli 1969 unterschied zwischen den Be-{23}reichen Aufklärung und Abwehr (§ 1 Abs. 3, § 4 Abs. 2) und legte insoweit fest, daß das MfS beide Aufgaben „unter Anwendung spezifischer Mittel und Methoden" zu erfüllen hatte (§ 4 Abs. 2). Im Vordergrund stand dabei die Durchführung „politisch-operativer Maßnahmen gegen die Zentren des Feindes" (§ 2 lit. a), womit das Eindringen in die Bereiche Politik, Militär, Wirtschaft und Wissenschaft der Bundesrepublik Deutschland gemeint war (§ 7).

III. Entstehung und Entwicklung der HA III

Anfang des Jahres 1966 beauftragte Bruno Beater, 1. Stellvertreter des Ministers für Staatssicherheit, den Angeschuldigten mit dem Aufbau einer Arbeitsgruppe, die auf verschiedenen Stützpunkten entlang der innerdeutschen Grenze den Funkverkehr der Bundesrepublik Deutschland aufzuklären hatte. Diese ursprünglich als „Koordinierungsgruppe Funk" firmierende Einheit, die anfänglich den Rang einer Stabsstelle hatte, wurde spätestens 1969/70 zum „Bereich III" erweitert.

Durch Befehl Mielkes vom 26. Juni 1971 (Nr. 20/71) wurden zur „Gewährleistung einer wirkungsvollen und optimalen Aufklärung, Abwehr und offensiven Bekämpfung der gegnerischen Elektronischen Kampfführung mit operativ-technisch-physikalischen Mitteln und Me-{24}thoden" mit Wirkung vom 1. Juli 1971 im MfS die selbständige Abteilung 3 und im „erforderlichen Umfang" in den Bezirksverwaltungen selbstständige Referate III gebildet. Am 28. Juni 1971 bestätigte Mielke die vom Angeschuldigten ausgearbeitete, 72 Seiten umfassende „Vorläufige Führungs- und Informationsordnung der Linie III des Ministeriums für Staatssicherheit".

Im September 1982 erhielten die Referate der Linie III in den Bezirksverwaltungen den Rang von Abteilungen.

Aufgrund einer mit der Abteilung 26 getroffenen Vereinbarung vom 11. Oktober 1982 wurde die bis dahin von dieser MfS-Diensteinheit durchgeführte Kontrolle des grenzüberschreitenden, drahtgebundenen Fernsprechverkehrs (Aufgabe V) und Fernschreibverkehrs (Aufgabe R) der Linie III übertragen. Zum damaligen Zeitpunkt standen neben zwei ankommenden und acht abgehenden Fernsprechleitungen zwischen Berlin (West) und der DDR sämtliche 132 zwischen ihr und der Bundesrepublik Deutschland/Berlin (West) geschalteten Fernschreibkanäle unter Dauerkontrolle, darüber hinaus wurden die über 64 aus dem Bundesgebiet in die DDR ankommende Fernsprechkanäle geführten Gespräche selektiv aufgezeichnet. Abhöreinrichtungen für den Fernsprechverkehr gab es damals auch schon bei den Bezirksverwaltungen Magdeburg (13 Leitungen), Leipzig (10 Leitungen) {25} und Schwerin (9 Leitungen). Die Linie 26 war seitdem in erster Linie nur noch für die Überwachung des DDR-internen Fernsprech- und Fernschreibverkehrs zuständig.

Durch Befehl Mielkes vom 15. Januar 1983 wurde aus dem Zusammenschluß der Abteilung 3 und der für die Funkabwehr zuständigen Abteilung F die Hauptabteilung III gebildet. Sie stellte Anfang des Jahres 1990 ihre Tätigkeit ein.

IV. Zuständigkeiten der HA III

Die HA III verstand sich als „Zentrales Organ des Elektronischen Kampfes (ELOKA) des MfS". Neben der dem Aufspüren illegaler Aussendungen auf dem Gebiet der DDR dienenden Funkabwehr und der auf den DDR-internen Funkverkehr beschränkten Funkkontrolle, die beide als rein defensive bzw. innere Vorgänge der DDR betreffende Tätigkeiten nicht Gegenstand der Anklage sind, oblag ihr zusammen mit den nachgeordneten Diensteinheiten der Linie III in den Bezirksverwaltungen, mit nachrichtenelektronischen Mitteln möglichst viele Informationen aus „feindlichen Nachrichtenbeziehungen", in erster Linie aus Funk- und Fernmeldeverbindungen der Bundesrepublik Deutschland zu gewinnen. {26}

Dabei hatte sich die HA III, entsprechend dem allgemeinen Informationsbedarf der Staats- und Parteiführung der DDR, aber auch und besonders des MfS selbst, ständig um die Erlangung von Erkenntnissen vor allem aus den Bereichen der Bundesregierung und der Landesregierungen, der Parteien, der Bundeswehr, der Rüstungsindustrie, der Dienste und der Polizei zu bemühen.

Darüber hinaus wurde die HA III seit spätestens 1987 aufgrund von sog. Informationsbedarfsvorgaben tätig, die ihr die HVA, verschiedene Hauptabteilungen, Abteilungen und Bezirksverwaltungen des MfS, vereinzelt auch das KGB und der Nachrichtendienst der CSSR, erteilen konnten und auch erteilt haben. Bei diesen Vorgaben handelte es sich um generelle Aufträge, mehr oder weniger genau beschriebene Felder (z.B. „Abwehrorgane der BRD und West-Berlins") mit funkelektronischen Mitteln aufzuklären. Ein spezifisches, die Überwachung genau vorgegebener Anschlüsse betreffendes Auftragsinstrument war das System der sog. Zielkontrolle (s. hierzu Kapitel D).

Spätestens seit Anfang 1988 wurde das technische Potential der HA III auch zur Bekämpfung der „Politischen Untergrundtätigkeit" (PUT) der sog. inneren Opposition eingesetzt. Dabei fielen u.a. im Rahmen einer gezielten Telefonkontrolle der in West-Berlin wohnhaften ehema-{27}ligen DDR-Bürger Fuchs und Jahn Erkenntnisse aus Gesprächen mit den bekannten Regimekritikern Hirsch, Templin, Eppelmann und Bohley an.

V. Struktur und Personalstärke der HA III

Die HA III, eine der größten Diensteinheiten des MfS, gliederte sich zuletzt in fünf Stellvertreterbereiche mit insgesamt 25 Abteilungen, von denen eine die für die technische Ausbildung des Nachwuchses der gesamten Linie III zuständige Schule „Bruno Beater" in Groß-Schönebeck war. Anfang 1989 verfügte die Linie III auf dem Territorium der DDR über insgesamt 78 Objekte und Stützpunkte, die zumeist als Einrichtungen der NVA legendiert waren. Das zentrale Dienstobjekt befand sich in Berlin-Wuhlheide, von den insgesamt 48 Außenstellen wurden 23 von der Abteilungen III der Bezirksverwaltungen geführt.

Dem Angeschuldigten direkt unterstellt waren sein 1. Stellvertreter, der zugleich Stellvertreter O (Operativ) war, und die Stellvertreter I (Informationsgewinnung), F (Funkabwehr), S (Sicherheit) und T (Technik/Rückwärtige Dienste) sowie bestimmte Struktureinheiten, wie z.B. die Arbeitsgruppe für Koordinierung (AGK) und die AG Finanzen. Die genaue Gliederung der HA III ergibt sich aus dem nachfolgenden Schaubild: {28}

⊗ Es folgt das angekündigte Schaubild. ⊗ {29}

Im Vordergrund des gegen den Angeschuldigten erhobenen Tatvorwurfs stehen die Aktivitäten der Stellvertreterbereiche O und I. Die der anderen Bereiche haben, wie schon angedeutet, aus strafrechtlicher Sicht weitestgehend außer Betracht zu bleiben.

Die HA III hatte zuletzt rund 3300 Mitarbeiter, wovon ca. 800 im Wach- und Sicherungsdienst eingesetzt waren. Ca. 500 versahen ihren Dienst im Zentralen Objekt Wuhlheide (ZOW), ca. 700 im Zentralobjekt der Spezialfunkdienste (SF) in Gosen, etwa ebenso viele in den zentral geführten Außenstellen und ca. 600 in den Außenstellen, für die die einzelnen Bezirksverwaltungen zuständig waren. {30}

C. Leitung der HA III durch den Angeschuldigten

I. Nach dem im gesamten MfS geltenden Prinzip der Einzelleitung (§ 8 Abs. 1 des Statuts vom 30. Juli 1969) war der Angeschuldigte seinem jeweiligen Vorgesetzten (seit Ende 1986 Generalleutnant Dr. Schwanitz, zuvor die Generalleutnants Neiber[3] und Beater) für die Lösung der Aufgaben des MfS in seinem Bereich verantwortlich und rechenschaftspflichtig (§ 12 Abs. 2 des Statuts). Seine Verantwortlichkeit definierte er in der „Vorläufigen Grundstruktur der Hauptabteilung III" vom 12. Juni 1986 selbst wie folgt:

„Der Leiter der HA III führt und leitet die qualifizierte Erfüllung der Gesamtaufgabenstellung der HA III. Er ist persönlich verantwortlich für die konzeptionelle Durchdringung, Planung, Realisierung, Kontrolle und Koordinierung der grundsätzlichen Aufgaben des elektronischen Kampfes."

Auf die operative Tätigkeit der HA III im Ganzen oder aber in einzelnen Bereichen wirkte der Angeschuldigte teils unmittelbar, teils über seine Stellvertreter ein. Dies geschah in Form von:

- Orientierungen zu Planvorgaben des Ministers,
- Jahresplänen, {31}
- Leiterinformationen
- Dienstanweisungen,
- Ordnungen,
- Konzeptionen,
- Maßnahmen,
- Befehlen

  und
- Weisungen,

wobei seine Einflußnahme nicht selten bis ins Detail ging.

Im Plan für das Jahr 1989 forderte der Angeschuldigte u.a., daß

„ein zuverlässiger Schutz der operativen Kräfte und die Sicherung der operativen Arbeit der Diensteinheiten des MfS im und nach dem Operationsgebiet, einschließlich der Verbindungswege, erfolgt."

Im selben Jahresplan verlangte er die weitere Abschöpfung des Satellitensystems INTELSAT, die verstärkte Aufklärung des C-Netzes der {32} Deutschen Bundespost, die Maßnahmen *Trennlinie* und *Relais* weiterzuführen, die Maßnahmen *Zugriff* und *Einblick* noch wirksamer zu gestalten und in das digitale Richtfunksystem DRS 34 noch stärker einzudringen. Hierauf wird an späterer Stelle noch im einzelnen eingegangen werden.

II. Der Angeschuldigte wird als „typischer Alleinherrscher" geschildert, der sich um alles kümmerte. Alle Eingänge, besonders die Zielkontrollaufträge, liefen zunächst über seinen Tisch. Ebenso verhielt es sich mit den Aufklärungsergebnissen, die er sich selbst während seines Urlaubs vorlegen ließ, sofern er diesen in der DDR verbrachte. Im Falle eines Auslandsurlaubs mußten ihm nach seiner Rückkehr die zwischenzeitlich gewonnenen Informationen zusammen mit den Zielkontrollaufträgen, in Mehrfertigung gesammelt, vorgelegt werden. Schreiben von Diensteinheiten des MfS, von denen ein bestimmter Informationsbedarf angemeldet wurde, pflegte er, mit genauen Anweisungen für die Realisierung versehen, an die fachlich zuständigen Stellvertreter weiterzuleiten.

Die Anleitung seiner Stellvertreter erfolgte insbesondere durch

- monatliche Führungsberatungen zu „Komplexen Aufgaben des elektronischen Kampfes“,
- 14-tägig stattfindende Beratungen, {33}
- wöchentliche „individuelle Absprachen“ und
- tägliche Rapporte unter Teilnahme aller Stellvertreter, aber auch des Leiters des Bereichs A, der die Aufgabe hatte, die eingehenden Aufträge an die informationsgewinnenden Einheiten zu steuern und die zurückfließenden Informationen aufzubereiten.

In unregelmäßigen Abständen hielt der Angeschuldigte Dienstkonferenzen ab. Dabei verlangte er jeweils eine Erhöhung des Informationsaufkommens. Anweisungen und Arbeitspläne der Stellvertreter für die ihnen unterstehenden Bereiche bedurften seiner Bestätigung. {34}

D. Das System der sog. Zielkontrolle

I. Nachdem die HA III seit Ende der 70er Jahre über die ersten selbsttätig funktionierenden Rufnummerselektierungsanlagen (RSA) verfügte, mit denen Anfang der 80er Jahre sämtliche Stützpunkte ausgestattet waren, konnten Diensteinheiten des MfS, aber auch der Bereich Aufklärung des Ministeriums für Nationale Verteidigung und „Bruderorgane“ sie damit beauftragen, bestimmte Fernmeldeanschlüsse zeitweise oder auch ständig automatisch zu überwachen. Zuvor hatten empfangene Rufnummern zunächst mittels eines Codiergeräts lesbar gemacht und sodann mit Listen verglichen werden müssen, in denen die zu kontrollierenden Anschlüsse verzeichnet waren.

Kern einer jeden Selektierungsanlage war ein Erkennungsrechner, der die angewählte Rufnummer im Bestand suchte und bei positivem Abgleich eines von insgesamt 128 peripheren Tonband-/Mitlesegeräten anschaltete. Dieses Laufwerk druckte zugleich ein Protokoll aus, das die erfaßte Fernmeldeverbindung, Datum, Beginn und Ende des Aufzeichnungsvorgangs, die internen Bearbeitungs- und Weiterleitungskategorien und schließlich das Gerät wiedergab, das den betreffenden Nachrichtenverkehr aufgenommen hatte. Auch Telex- und Telefaxsendungen wurden zunächst auf Band aufgezeichnet und später lesbar gemacht. Bei Anwahl eines Anschlusses, {35} zu dem Datenübertragung erfolgte, schaltete die Selektierungsanlage eine spezielle Technik ein.

Die automatisch bespielten Bänder wurden möglichst zeitgleich im Rahmen einer Vorauswertung anhand der Vorgaben des Zielkontrollauftrags darauf abgehört, ob eine Weiterbearbeitung zu erfolgen hatte. Auf sämtlichen Stützpunkten mußten ein oder zwei Mitarbeiter daneben in frei gesuchte Gespräche hineinhören, die außerhalb des von der Zielkontroll-Liste erfaßten Spektrums lagen. Wurde der Inhalt eines solchen Gesprächs für operativ wichtig erachtet, erfolgte die Weiterleitung des Aufnahmebandes an die Vorauswertung.

II. 1979 erließ der Angeschuldigte eine „Vorläufige Ordnung über die Arbeit mit operativen Zielkontrollen in der Linie III“. In der Zielkontrollordnung vom 25. Februar 1986 heißt es u.a.:

„Das System der operativen Zielkontrollen ist eine spezifische Form der gezielten Informationsgewinnung in der Linie III, die durch die Abschöpfung vorgegebener Fernschreib- und Fernsprechanschlüsse (einschließlich Datex-, Telex- und Funkfernsprechanschlüsse) nach bestimmten Kriterien realisiert wird." {36}

Und weiter:

„Das Ziel ist es, aktuelle und bedarfsgerechte politisch-operativ bedeutsame Informationen aus den spezifischen Informationsquellen der Linie III zu gewinnen, die dem bestehenden aktuellen, ständigen oder zeitweiligen Informationsbedarf der Partei- und Staatsführung der DDR, des MfS und der Bruderorgane in den sozialistischen Staaten ... gerecht werden."

Der Vielfalt der damaligen Übertragungstechnik entsprechend sah die 1. Durchführungsbestimmung zur Ordnung Nr. 5/87[4] Erich Mielkes vom 7. Dezember 1987 vor:

„Kontrollaufträge an die Diensteinheiten der Linie III können erteilt werden zu
- Telefon-, Telex- und Faksimileanschlüssen in der DDR (sc. bei grenzüberschreitender Anwahl) und im Operationsgebiet
- Mobiltelefonanschlüssen (Autotelefon, Schiffstelefon usw.) des Operationsgebietes
- Eurosignalanschlüssen des Operationsgebietes."

Aufträge waren des weiteren zu Datex- und Teletexanschlüssen der Deutschen Bundespost möglich. Auch Rufnummern, unter denen Mail-Boxen und Datenverarbeitungs-Systeme zu erreichen {37} waren, wurden unter Zielkontrolle gestellt, um vor allem Codewörter und Einwahlprozeduren zu erfahren.

III. Die der HA III erteilten Zielkontrollaufträge enthielten im wesentlichen die Vorwahl- und Anschlußnummern (Telefon, Mobiltelefon, Telex, Teletex oder Telefax) der abzuschöpfenden „Quelle", deren Vor- und Nachnamen (falls bekannt, auch Geburtsdatum und Wohnanschrift), ihre berufliche Tätigkeit und den konkreten Informationsbedarf, der mit dem Ziel, auch kompromittierende Erkenntnisse zu gewinnen, fast durchgängig den Privatbereich und das private Umfeld der betreffenden Person umfaßte. Hinzu kamen technisch-administrative Vorgaben, die vor allem die Laufzeit des Kontrollauftrags, die Form der Inhaltswiedergabe der abzuhörenden Verbindung und die Zeitspanne betrafen, innerhalb derer eine Information an die auftraggebende Diensteinheit weiterzuleiten war.

Für die Zielkontrolle gab es, je nach operativer Bedeutung des Anschlusses, unterschiedliche Laufzeiten. Diese konnten einen Monat, sechs Monate, zwei Jahre oder zehn Jahre betragen, was gleichbedeutend mit einer unbefristeten Überwachung war.

Für die Bearbeitung und Weiterleitung von Erkenntnissen aus einer aufgeklärten Nachrichtenverbindung sah die Zielkontrollordnung vom {38} 25. Februar 1986 abgestufte Kategorien vor. Sie reichten hinsichtlich abgehörter Telefongespräche von der binnen drei Stunden fernschriftlich (bei Gefahr im Verzug nach fernmündlicher Vorausunterrichtung) mitzuteilenden sog. Sofortinformation, die gleichbedeutend mit einer wortwörtlichen Wiedergabe des Gesprächsinhalts war, bis hin zur Magnetbandkonserve, die innerhalb von vier Werktagen auf dem Postweg übersandt werden mußte.

IV. Bis 1984 wurden Zielkontrollaufträge von der Abteilung 12 sowohl auf ihre funktechnische Realisierbarkeit wie auch darauf überprüft, ob die betreffenden Anschlüsse schon erfaßt sind. Danach erfolgte die Eingangskontrolle hinsichtlich einer etwaigen Erfassung überwiegend und zunehmend rechnergestützt in der für die Koordinierung des EDV-Einsatzes in der gesamten Linie III zuständigen Abteilung 13, von der die Aufträge sodann über die Abteilung 12 an die Stützpunkte weitergeleitet wurden. Die aufzuklärenden Bereiche waren seit Einführung des Systems mit sog. Deliktsschlüsseln gekennzeichnet. 1.5 stand, um nur wenige Beispiele anzuführen, für Politik, 1.9 für Kirche, 5.1 für den Bundesnachrichtendienst und 10.6 für Journalismus.

Die Zielkontrollaufträge wurden von der Abteilung 13 auf Disketten gespeichert, die per Kurier, von der Abteilung 12 gesteuert, an diejenigen Stützpunkte gelangten, die sich auf-{39}grund ihres Standortes für eine „Bearbeitung" der betreffenden Anschlüsse am besten eigneten. Mit dem von diesen Disketten eingelesenen Bestand wurden bei der Aufklärung des Äthers oder Kabels erfaßte Fernmeldenummern verglichen.

V. Ende 1989 waren in der Linie III insgesamt vier 1024-kanalige Rufnummerselektierungsanlagen in Betrieb. Diese waren jeweils in der Lage, auf maximal 1024 Einzelkanäle zu schalten und in ihnen sechs verschiedene Vorwahlbereiche mit bis zu 10.000 Anschlußnummern unter Kontrolle zu halten. Zwei dieser Anlagen waren im Bereich der Abteilung 7 (Richtfunk), eine bei der Abteilung 16 (Kabel) und eine bei der Bezirksverwaltung Magdeburg (Kabel) stationiert. Zusätzlich verfügte die HA III über eine Vielzahl von Selektierungsanlagen geringerer Kanalkapazität, die jedoch ebenfalls jeweils bis zu 10.000 Anschlüsse speichern konnten.

Während die Speicherkapazitäten ohne weiteres genügten, um alle relevanten Anschlüsse unter Zielkontrolle zu stellen, konnten andererseits gleichzeitig maximal nur so viele Fernmeldeverbindungen automatisch erfaßt werden, wie die Selektierungsanlagen Kanäle „abgreifen" konnten. Die maximal gleichzeitig erfaßbaren Verbindungen (die Zahl dürfte bei etwa 8.000 gelegen haben) konnten indes nicht auch gleichzeitig fixiert werden. Die insoweit in {40} der Linie III insgesamt vorhandene Kapazität, etwa 5000 Kommunikationen gleichzeitig aufzeichnen zu können, erwies sich jedoch jederzeit als ausreichend.

VI. Anträge zur Einleitung operativer Zielkontrollen wurden seitens des MfS vor allem von der HVA gestellt. Sie war der größte Bedarfsträger, gefolgt von der HA II (Spionageabwehr), der HA I (Sicherung der Nationalen Volksarmee und der Grenztruppen) und den Hauptabteilungen XVIII (Sicherung der Volkswirtschaft), XIX (Sicherung der Verkehrs- und Nachrichtenverbindungen) und XXII (Terrorabwehr). Zielkontrollaufträge kamen vereinzelt auch von der Zentralen Koordinierungsgruppe (ZKG) des MfS, von der Verwaltung Aufklärung des Hauptstabes der Nationalen Volksarmee, vom KGB und dem Geheimdienst der CSSR. Insgesamt gesehen lag der Schwerpunkt bei den Bereichen Politik, Dienste (Bundesnachrichtendienst und Verfassungsschutz), Journalismus, Wirtschaft und Verteidigung.

Der HA III selbst war es im Grunde untersagt, eigeninitiativ Zielkontrollen durchzuführen. Ausnahmen bestanden zum einen beim Erkennen zusätzlicher Anschlüsse eines bereits unter Kontrolle stehenden Nutzers oder neuer, mit einem bestimmten Aufklärungsthema zusammenhängender Nummern. Für solche eigenen Kontrollmaßnahmen mußten in den Selektierungsanlagen in einer sog. Zusatzliste stets einige „Plät-{41}ze" freigehalten werden. Zum anderen konnte und mußte die HA III von sich aus Fernmeldeanschlüsse kontrollieren, die der Aufklärung von Schwerpunktobjekten aus dem politischen, militärischen, geheimdienstlichen oder journalistischen Bereich dienten. Davon hat sie in reichlichem Maße Gebrauch gemacht.

Darüber hinaus hatten die informationsgewinnenden Diensteinheiten der HA III durch eigenverantwortlich einzuleitende Zielkontrollen Erkenntnisse zu Bundesbürgern zu erarbeiten, auf die sie bei ihrer Abhörtätigkeit gestoßen waren und die ihnen für eine „operative Nutzung" geeignet erschienen. Hierzu zählten vor allem Personen aus dem Umfeld der Politik, wie z.B. Persönliche Referenten, Sekretärinnen und Kraftfahrer, des weiteren Angehörige von Mitarbeitern in sicherheitsempfindlichen Einrichtungen, aber auch „ehemalige DDR-Bürger mit aktiven Rückverbindungen in die DDR". Die operativen Ansatzpunkte, auf die bei der Aufklärung besonders geachtet werden mußte, waren mißliche finanzielle Situation, außereheliche Intimbekanntschaften und abnormes Sexualverhalten. Entsprechende Abhörergebnisse waren vor allem zur weiteren Nutzung durch die HVA bestimmt.

VII. Die bei den Zielkontrollen gewonnenen Erkenntnisse wurden zentral im Bereich A, und zwar in der in Fachreferate gegliederten Abteilung 1 ausgewertet und bearbeitet. Sie verfaßte für {42} die auftraggebenden Stellen sog. Sofort-, Einzel- oder Ergänzungsinformationen, Auskunftsberichte oder auch Dossiers, die im Falle eigeninitiativer Zielkontrolltätigkeit an die sachlich zuständigen MfS-Diensteinheiten weitergegeben wurden. All diese Ausarbeitungen enthielten aus Gründen der Konspiration keinen Hinweis auf die HA III und waren überdies bewußt so formuliert, daß der Eindruck entstehen mußte, als gingen sie auf Meldungen personaler Quellen zurück.

Obgleich die Abteilung 1 eine auswertende Einheit war, konnte sie im Rahmen ihres Aufgabengebiets erlangte Ausgangsinformationen zum Anlaß nehmen, andere Gliederungen der HA III mit weiteren Recherchen zu beauftragen. So hat sie im Jahresarbeitsplan 1989 den Linien III der Bezirksverwaltungen Rostock, Magdeburg, Karl-Marx-Stadt und Gera die Erarbeitung von Auskunftsberichten/Dossiers zu insgesamt 45 namentlich genannten Bundesbürger aus den Bereichen Politik, Wirtschaft, Militär, Journalismus und Staatsschutz aufgegeben.

VIII. Die Zahl der jährlich neu eingeleiteten Zielkontrollmaßnahmen dürfte nach dem Ergebnis der Ermittlungen zwischen 10.000 und 20.000 gelegen haben, wobei offen bleiben muß, wie viele Zielkontrollen im gleichen Zeitraum infolge Fristablaufs gelöscht wurden. Für das Jahr 1988 ergibt sich insoweit aus der Lageeinschätzung der Abteilung 13 vom 19. September {43} 1988, daß seit Beginn jenes Jahres 13.500 Kontrollmaßnahmen eingeleitet und zugleich 8700 Löschungen vorgenommen wurden.

Was die Frage des prozentualen Anteils der unbefristeten Kontrollaufträge am Gesamtaufkommen betrifft, haben die Ermittlungen zu keinem übereinstimmenden Ergebnis geführt. Während der Zeuge L. bekundet hat, die Masse der Zielkontrollaufträge sei auf ein halbes Jahr befristet, die Laufzeit des geringeren Teils dagegen unbefristet gewesen und bei etwa 20% habe die Dauer unter einem halben Jahr gelegen, haben nach Angaben des Zeugen F. die unbefristeten Zielkontrollaufträge etwa 80% des Gesamtbestandes ausgemacht, was sich weitestgehend mit der Einlassung des Angeschuldigten deckt.

Was schließlich die Zahl der gegen Ende der Tätigkeit der HA III ständig unter Zielkontrolle stehenden Anschlüsse von Teilnehmern im Bundesgebiet einschließlich West-Berlins angeht, wird diese vom Zeugen L. mit etwa 60.000, vom Angeschuldigten mit etwa 40.000 angegeben. Demgegenüber hat der Zeuge B. bekundet, die ihm als Leiter der Abteilung 13 unterstehende Zentraldatei habe zuletzt etwa 90.000 bis 110.000 Datensätze enthalten, von denen der größte Teil bis zum Schluß unter Kontrolle gestanden habe. Diese Bekundung verdient aufgrund der Sachnähe des Zeugen den Vorzug. Sie deckt sich mit den Angaben des An-{44}geschuldigten bei einer Vernehmung durch den Generalstaatsanwalt der ehemaligen DDR im Mai 1990. In diesem Zusammenhang sei erwähnt, daß noch am 15. November 1989, also sechs Tage nach dem Fall der Mauer, im Auftrag der HA II (Spionageabwehr) rund 1500 im Bundesgebiet einschließlich Berlin (West) belegene Anschlüsse unter Zielkontrolle standen.

IX. Anfang des Jahres 1989 war die HA III dazu übergegangen, ihr operativ bedeutsam erscheinende, aus Zielkontrollmaßnahmen gewonnene Erkenntnisse in einer sog. Hinweiskartei für den Auswertebereich zusammenzufassen. In der für den Monat März 1989 vorliegenden Kartei finden sich so unterschiedliche Hinweise wie:

„– 01.03.-05.03.89 Reise W. Brandt in die USA/Washington,
– 09.03.89 Generalsekretär H. ..., Wolfgang um 07.30 Uhr Flug nach Bonn/Bad Godesberg zur Humboldt-Stiftung,
– Eine Person aus dem Münchener Konzern MBB wird sich in der Zeit von 06.-08.03 in West-Berlin aufhalten.
– Dr. R. ... (BMFT), zur Zeit auf Dienstreise, – ab 06.3 wieder in Bonn zu erreichen, {45}
– Der Münchner Autor T. ..., Martin (TeleNr.: ...) veröffentlicht seine Bücher unter dem Namen: ‚Strick'."

X. Am 13. November 1989 übergab der in Rhinow (Bezirk Potsdam) stationierte Stützpunkt „Quelle 1" seine gesamten Zielkontrollunterlagen der zuständigen Abteilung 7 zur Rückführung und ggfs. Vernichtung. Das in zahlreichen Kisten verpackte Material enthielt in einer nicht mehr feststellbaren Größenordnung

- numerisch sortierte Zielkontrollkarten des Ortsnetzes 030 (Berlin-West) zwischen den Anschlußnummern 16951 und 99881011
- alphabetisch geordnete Zielkontrollkarten von A bis Z
- numerisch sortierte Zielkontrollkarten des Ortsnetzes 0221 (Köln) zwischen den Anschlußnummern 1910 und 898061, alphabetisch geordnet von A bis Z
- numerisch sortierte Zielkontrollkarten der verschiedensten, in den Bundesländern Nordrhein-Westfalen, Niedersachsen, Rheinland-Pfalz, Bayern und Hessen gelegenen Ortsnetze,
- nach bestimmten Komplexen geordnete Zielkontrollkarten (Suchwörter waren u.a.: Botschaften, Firmen, GmbH, Bundesdrucke-{46}rei, Partnerschaftsvermittler, anrufbare Telefonzellen, Verlage/Buchhandlungen, Hotels/Gaststätten, Bundesministerium, Bundestag, Bundeskanzleramt, Auswärtiges Amt, CDU, SPD, FDP, SEW, Die Grünen, Polizei, Zoll, BZR, Bundeswehr, Detekteien, Bundeshaus WB, Feindorganisationen, Stiftungen, TU/FU, Forschungsinstitute, Kirche, Sekten, Landsmannschaften und Banken). {47}

E. Aufklärung drahtgebundener Nachrichtenverbindungen (Abteilungen 16 und 7)

Während es der HA III seit Ende der 60er Jahre in zunehmendem Maße technisch möglich war, den DDR-Gebiet überquerenden Richtfunkverkehr, aber auch einen Teil des über Funkbrücken innerhalb des Bundesgebiets geführten Fernmeldeverkehrs schwerpunktmäßig zu kontrollieren, war dies in Bezug auf Kabelverbindungen erst später der Fall. Um auch insoweit eine Aufklärungsmöglichkeit zu schaffen, wurde 1981 auf

Betreiben des Angeschuldigten an das fünf Jahre zuvor zwischen Berlin (West) und dem übrigen Bundesgebiet verlegte Kabel in einem Schacht, der sich im Bereich des zum Brandenburger Tor gehörenden Grenzsperrgebiets befand, ein Mithörkabel angeschlossen und in einen Kellerraum des Objekts Otto-Grotewohl-Straße 5 verlegt, wo fortan der erfaßte Fernsprechverkehr aufgezeichnet wurde (Stützpunkt *Brunnen*). Später erfolgte die Kontrolle im Dienstobjekt Gotlindestraße. Die Zuständigkeit hierfür ging 1986/87 von der Abteilung 16 auf die Abteilung 7 [über].

Ende 1982 (zwischen Ost- und West-Berlin gab es damals rd. 570 ankommende und 84 abgehende, drahtgebundene Fernsprechleitungen) wurden auf Anordnung des Angeschuldigten die Tubenkabel in der Internationalen Vermittlungsstelle (IVSt) des Fernmeldeamtes Dottistraße hinter {48} dem sog. Anschaltpunkt abgegriffen und über Sonderleitungen in die neu errichtete Dienststelle in der nahe gelegenen Gotlindestraße (Berlin-Lichtenberg) geführt, wo die Trennung in Einzelkanäle erfolgte. 98% aller die DDR verlassender Fernleitungen liefen damals über Berlin (Ost).

Eine Überwachung dieses leitungsgebundenen, grenzüberschreitenden Nachrichtenverkehrs war schon seit Ende der 60er Jahre erfolgt, wegen fehlender technischer Möglichkeiten allerdings nur sehr unvollkommen und überdies nur mit dem Ziel, codierte oder modulierte Meldungen geheimer, in der DDR operierender Mitarbeiter westlicher Nachrichtendienste aufzuspüren.

Fortan wurden die leitungsgebundenen Fernmeldeverbindungen zwischen der DDR und West-Berlin, zwischen der DDR und der Bundesrepublik sowie zwischen West-Berlin und dem übrigen Bundesgebiet (der oben erwähnte Stützpunkt *Brunnen* war spätestens 1984 in die Gotlindestraße verlagert worden) in diesem Dienstobjekt unter Einsatz von Selektierungstechnik aufgezeichnet und ausgewertet.

Hinsichtlich der beiden erstgenannten Verbindungswege wurde in der Regel nur der gehende (abfließende) Nachrichtenverkehr kontrolliert, eine Überwachung des kommenden Verkehrs erfolgte nur in Ausnahmefällen. Erst nach den Demonstrationen aus Anlaß des 70. Jahrestages {49} der Ermordung von Rosa Luxemburg und Karl Liebknecht in Ost-Berlin im Januar 1989 nahmen die der Abteilung 16 für die Kontrolle des kommenden Verkehrs erteilten Aufträge erheblich zu.

Die 12 Wählleitungen aus dem Ortsnetz Potsdam nach West-Berlin wurden im Internationalen Kopfamt (IKA) in Potsdam abgegriffen und auf besonderen Übertragungswegen zum Dienstobjekt in der Gotlindestraße geschaltet.

1982 wurden auch in Magdeburg, später ebenso in Schwerin und Leipzig die dortigen Knotenvermittlungsstellen für Leitungen zwischen der DDR und der Bundesrepublik Deutschland abgegriffen und von den Abteilungen 16 der jeweiligen Bezirksverwaltungen „bearbeitet“. Von Leipzig gingen damals insgesamt 24, von Magdeburg 36 und von Schwerin 9 Leitungen in Richtung Bundesgebiet.

Im Objekt Gotlindestraße waren gegen Ende 1989 zur automatischen Überwachung der in die Zuständigkeit der Abteilungen 16 und 7 fallenden Nachrichtenverbindungen insgesamt vier Rufnummerselektierungsanlagen installiert. Eine sog. V-Anlage konnte gleichzeitig bis zu 512 Leitungen auf die in den Selektor eingespeicherten Anschlußnummern absuchen (eine zweite Anlage dieser Art war noch nicht betriebsbereit), zwei sog. Kilo-Anlagen waren in der Lage, jeweils 1024 Leitungen zu kontrollieren. {50}

Tag für Tag wurden von der Linie 16 durchschnittlich mindestens 40, das sind jährlich mindestens 15.000 Informationen erarbeitet. Die von ihr 1987 gewonnenen Erkenntnisse machten in jenem Jahr den Großteil des gesamten Informationsaufkommens der HA III aus. Nach Angaben des Angeschuldigten war sie, was den Raum Berlin/Potsdam betrifft, zuletzt in der Lage, etwa 50 bis 60% sämtlicher aus dieser Gegend nach West-Berlin und in das übrige Bundesgebiet abgehenden Gespräche gleichzeitig aufzuzeichnen.

Für eine Kontrolle der Fernmeldeverbindungen innerhalb der DDR war die HA III/16 weder zuständig noch in der Lage. Dies war Sache der MfS-Abteilung 26.

Die Abteilung 16 hat am 9. November 1989 ihre Arbeit eingestellt, bereits am 4. Dezember 1989 wurde der Anschaltpunkt in der Dottistraße vollständig abgebaut. {51}

F. Aufklärung des Richtfunkverkehrs (Abteilungen 6 und 7, teilweise auch 9)

I. Die selektive Abschöpfung der drahtlosen Richtfunkverbindungen zwischen dem Bundesgebiet und Berlin (West) und der das Territorium der DDR in Thüringen passierenden Richtfunkstrecken Hamburg-München und München-Hannover (jeweils in umgekehrter Richtung), aber auch des internen, ausschließlich auf Trassen innerhalb der Bundesrepublik Deutschland verlaufenden Richtfunkverkehrs, besaß für die HA III angesichts der Zahl und operativen Bedeutung der dabei gewonnenen Erkenntnisse einen hohen Stellenwert.

Dabei kam es der HA III sehr zustatten, daß in der Bundesrepublik die weitverbreitete Meinung herrschte, dieses trägerfrequente Fernmeldesystem sei durch das MfS der DDR mangels erforderlicher Technik (Antennen, Verstärker, Empfänger, Selektoren und Aufzeichnungsgeräte) nicht abhörbar, und falls doch, könne sich das Einzelgespräch in der großen Masse der gleichzeitig erfolgenden Nachrichtenübertragungen gleichsam verstecken. So haben sich beispielsweise Angehörige der Ständigen Vertretung der Bundesrepublik Deutschland in Berlin (Ost), wissend, daß auch und insbesondere die von der Vertretung abgehenden Gespräche unter funkelektronischer Dauerkontrolle des MfS standen, des öfteren in den Westteil der {52} Stadt begeben, um von dort, zumeist in der Dienststelle des Bundesministers für Innerdeutsche Beziehungen oder beim Senator für Bundesangelegenheiten, vermeintlich abhörsicher Telefongespräche in das Bundesgebiet zu führen.

II. Die Informationsgewinnung aus dem Richtfunksystem (HA III-interne Bezeichnung: TA 500) erfolgte auf verschiedenen Stützpunkten, für deren Standortwahl vor allem günstige Empfangsbedingungen und optimale Eindringtiefen ausschlaggebend waren. Sie befanden sich in den Bezirken Berlin, Potsdam, Rostock, Schwerin, Frankfurt/Oder, Magdeburg, Erfurt, Suhl, Gera, Leipzig und Chemnitz (Karl-Marx-Stadt). Drei weitere Erfassungsstützpunkte (*Rubin*, *Topas*, *Saphir* 2) waren in der damaligen CSSR stationiert. Auf dem Stützpunkt *Rubin* (bei Cerchov) waren u.a. die Funkstrecken zur Versorgung der Hauptknotenvermittlungsstellen Weiden, Regensburg, Passau und Deggendorf sowie der Knotenvermittlungsstellen Starnberg, Schwandorf, Straubing und Amberg mit (1987) insgesamt 6900 Kanälen empfangbar, auf dem Stützpunkt *Saphir* 2 (bei Bratislava) lag die Botschaft der Bundesrepublik Deutschland in Wien unter ständiger funkelektronischer Kontrolle. Diese beiden Stützpunkte konnten von den insgesamt rd.

22.000 erfaßbaren Sprach- und Fernschreibkanälen nur wenig mehr als 100 bearbeiten, die allerdings als operativ besonders bedeutsam eingeschätzt wurden. {53}

III. Während Gespräche über die Funkbrücke von und nach Berlin problemlos abgehört werden konnten, wirkte es sich bei der Abschöpfung der übrigen Richtfunkstrecken erschwerend aus, daß (jedenfalls bis 1985) nur das in Richtung DDR verlaufende Funkfeld empfangbar war, was zur Folge hatte, daß einer der beiden Gesprächsteilnehmer maximal mit mittelmäßiger Lautstärke gehört werden konnte. Eine Ausnahme bildeten die technischen Bedingungen im Bereich des Stützpunktes *Lupine* (bei Magdeburg), wo infolge des Verlaufs der Richtfunkstrecke über DDR-Gebiet uneingeschränkter zweiseitiger Empfang möglich war.

Im Frühjahr 1981 standen unter Kontrolle

- 300 Fernsprechkanäle zwischen Berlin und Köln/Hamburg/Bonn, die mittels automatisierter Selektierungsanlagen abgehört,
- 187 Fernsprechkanäle zwischen Berlin und Düsseldorf/München, in die hineingehört und
- 30 Fernschreibkanäle zwischen Berlin und Bonn/München/Hamburg, die maschinell aufgezeichnet wurden. {54}

An sog. inneren Richtfunkstrecken standen zur gleichen Zeit unter Kontrolle

- 8 Fernsprechkanäle und 6 Fernschreibkanäle des Bayerischen Staatsministeriums des Innern,
- 7 Fernsprechkanäle der Deutschen Bundespost (Dienstleitungen),
- 10 Fernsprechkanäle der Bundeswehr (einschließlich MAD) und
- 24 Fernschreibkanäle des Bundesministers des Innern und des Bundesministers der Verteidigung (Bundesgrenzschutz, Landesämter für Verfassungsschutz, Staatsschutz, militärischer Abschirmdienst).

IV. Bis 1985 war die Aufklärung interner Richtfunkstrecken überwiegend auf Sonderkanäle der Bundeswehr und anderer Sicherheitsorgane ausgerichtet. So wurden durch die HA III vor allem während der NATO-Stabsrahmenübungen WINTEX/CIMEX die für das Militär geschalteten Sondernetze abgeschöpft.

Nach ersten, im Jahre 1983 erzielten Erfolgen bei der Erfassung von Nachrichtenübertragungen im Selbstwählferndienst (SWFD) ging die HA III spätestens 1987 dazu über, die internen, also nicht grenzüberschreitenden Richtfunkverbindungen der Bundesrepublik Deutschland auch und {55} gerade im Bereich des öffentlichen Fernmeldeverkehrs als ständige oder auch nur vorübergehende Abschöpfquelle zu nutzen. So wurde z.B. 1989 für die Zeit der Industrie-Messe in Hannover (5. bis 12. April) angeordnet, daß alle internen Richtfunkverbindungen aus jenem Raum nach München, Hamburg, Köln und Bremen „mit dem vorhandenen technischen Potential unter lückenlose Kontrolle zu stellen sind.“

1988 gelang es, die Richtfunkstrecken Skandinavien/Bundesrepublik Deutschland und Österreich/Bundesrepublik Deutschland zu erfassen.

V. Bei der nachrichtendienstlichen Nutzung des Richtfunkverkehrs (wie auch anderer Nachrichtenverbindungen) waren der HA III durch die Masse bedingte Grenzen gesetzt, was das folgende Beispiel verdeutlicht:

1985 waren vom Gebiet der DDR und der CSSR aus theoretisch insgesamt etwa 250.000 Kanäle des analogen Richtfunknetzes der Deutschen Bundespost erreichbar, funktaktisch aufgeklärt waren aber nur 83.000, von denen wiederum mangels ausreichender Selektierungstechnik nur 841 unter ständige Kontrolle gestellt werden konnten. Davon entfielen die meisten Kanäle (728) auf den Selbstwählferndienst zwischen Berlin (West) und dem übrigen Bundesgebiet und 87 auf von der Bundeswehr genutzte Fernsprech- und Fernschreibverbindungen. {56}

Die operative Nutzung des digitalen Richtfunksystems (DRS) der Deutschen Bundespost, an der seit April 1985 unter der Deckbezeichnung *Saphir* A/2-2 gearbeitet wurde, war für die HA III mit großen technischen Schwierigkeiten verbunden (s. hierzu auch Kapitel J). Erstmals 1988 gelang es ihr vom Ansatz her, eine solche Richtfunkverbindung lesbar zu machen. Die verstärkte Bearbeitung des DRS war der HA III vom Angeschuldigten für das Jahr 1989 als „Kampfaufgabe" gestellt. {57}

G. Aufklärung des Autotelefonverkehrs und der Funknetze bundesdeutscher Sicherheitsbehörden (Abteilung 9)

I. Eine äußerst ergiebige Informationsquelle war der Autotelefonverkehr. Da bei ihm sowohl die Nummer der rufenden als auch die der angerufenen Stelle übertragen wird, konnten durch die Zielkontrolle auch abgehende Gespräche erfaßt werden. Das Funktelefonnetz B (B-Netz) nachrichtendienstlich zu nutzen, war technisch problemlos, verlor jedoch zunehmend an Relevanz, nachdem es seit Ende 1985 schrittweise in das C-Netz übergeführt wurde. Dabei kam es der HA III sehr zustatten, daß vor allem operativ bedeutsame Nutzer in das technisch ausgereiftere C-Netz (HA III-interne Bezeichnung: TA 10 C) überwechselten.

Die Aufklärung der Funkfernsprechnetze B und C (auf eine operative Bearbeitung der Netze D und E hatte sich die HA III seit 1987 eingestellt) erfolgte vor allem von Stützpunkten aus, die entlang der innerdeutschen Grenze und um West-Berlin lagen. Drei weitere Stützpunkte befanden sich, wie bereits erwähnt, auf dem Territorium der damaligen CSSR, zwei davon nahe an der Grenze zu Bayern. Während der Autotelefonverkehr innerhalb West-Berlins ohne Einschränkung aufgenommen werden konnte (die sonstigen innerstädtisch verlaufenden Gespräche waren für die HA III infolge Kabelführung {58} nicht aufklärbar), war dies hinsichtlich des übrigen Bundesgebiets nur möglich, sofern sich der Teilnehmer im sog. Erfassungsbereich bewegte, dessen Grenze im Jahre 1988 ungefähr von Husum über Bremen, Minden, Lippstadt, Gießen, Aschaffenburg, Ansbach, Ingolstadt und Starnberg nach Berchtesgaden verlief.

Weitere Stützpunkte für die Aufklärung des Autotelefonverkehrs befanden sich in der Ständigen Vertretung der DDR in Bonn (*Steuerung* 1A), in deren Handelspolitischer Abteilung in Düsseldorf (*Steuerung* 1C) und (zumindest zeitweise) zusätzlich in der Handelsmission der UdSSR in Köln (*Steuerung* 1B).

Diese Basen waren zwar organisatorisch solche der HVA, da nach MfS-interner Zuständigkeitsregelung nur sie die Bundesrepublik Deutschland von deren Boden aus aufklären durfte. Faktisch handelte es sich bei ihnen aber um Erfassungsstützpunkte der HA III, die wegen der begrenzten funkelektronischen Eindringmöglichkeit auf das

Bundesgebiet im Hinblick auf die herausragende operative Bedeutung des Großraums Düsseldorf-Köln-Bonn einen besonderen Stellenwert hatten.

Dem funkelektronischen Zugriff der HA III unterlagen u.a. das Autotelefon des Bundespräsidenten, das der Präsidenten des Bundesnachrichtendienstes und des Bundesamtes für Verfassungsschutz und auch das des Generalbundes-{59}anwalts. Im September 1988 standen die Autotelefonanschlüsse sämtlicher Mitglieder der damaligen Bundesregierung, mit Ausnahme der für die Ministerinnen/Minister Süßmuth, Wilms und Schneider ausgegebenen Anschlüsse, unter Zielkontrolle. Von den zur gleichen Zeit in Berlin (West) vergebenen 2100 Funkfernmeldeanschlüssen (B- und C-Netz) waren damals insgesamt 900 aufgeklärt und 39 hiervon unter ständige Zielkontrolle gestellt.

Seit Mitte 1987 verfügte die HA III über eine speziell für die Bearbeitung des C-Netzes konstruierte Selektortechnik (*Wabe*, später *Selector* IV). Aus dem Abhören der unter Zielkontrolle gestellten Anschlüsse dieses Netzes konnte die Abteilung 9 im ersten Quartal 1988 rd. 2000, in der Zeit von Januar bis Juli 1989 rd. 4000 Informationen gewinnen.

Als Ende Februar 1989 das Funkfernsprechnetz C im Raum Hamburg versuchsweise auf Kleinfeldzellen umgeschaltet wurde, hatte dies für die HA III zur Folge, daß die funkelektronische Erreichbarkeit der Anschlüsse um 90% zurückging.

II. Operativ bearbeitet wurden von der HA III/9 auch die UKW-Funknetze des Bundesgrenzschutzes, des Verfassungsschutzes und des Bundesnachrichtendienstes, aber auch des Zolls und der Bayerischen Grenzpolizei. Unter Kontrolle der Erfassungsstützpunkte auf dem Gebiet der {60} damaligen CSSR standen insoweit u.a. die an das INPOL-Netz angeschlossenen Datenfunkterminals der Grenzpolizeiinspektionen Lindau und Bad Reichenhall und der Grenzpolizeistelle Nürnberg.

Einer ständigen Kontrolle unterlagen vor allem die Observationsgruppen des Bundesnachrichtendienstes in München und Düsseldorf, deren Einsätze fast ausschließlich der Absicherung von Treffs mit geheimen Mitarbeitern aus der DDR dienten. Der Funkverkehr der Observationskräfte untereinander, aber auch mit dem jeweiligen Fallführer, wurde zwar bis 1987 durch Geräte der Marke „Vericrypt 1100" verschleiert, war aber dennoch für die HA III in verständlicher Form abhörbar, weil sie auf ihren Stützpunkten über insgesamt 50 entsprechende Gegengeräte verfügte, die vom Operativ-Technischen Sektor (OTS) auf der Grundlage eines operativ beschafften Originals nachgebaut worden waren. Durch die Abhörmaßnahmen erlangte das MfS Kenntnis vom genauen Standort einer Vielzahl von BND-Außenstellen und ihrer Legendierung, aber auch ihrer spezifischen Aufgaben und technischen Ausstattung.

Zu einem erheblichen Rückgang des Informationsaufkommens aus dem Observationsfunk führte der seit 1986/87 rasch zunehmende Einsatz mobiler Chiffriertechnik (besonders von Geräten der Motorola-Serie MX 300). Diese Systeme erwiesen sich als unangreifbar. {61}

H. Aufklärung des über Glasfaserkabel geführten Nachrichtenverkehrs (Abteilung 7)

Durch Anweisung Nr. III/015/85 vom 16. April 1985 setzte der Angeschuldigte eine nichtstrukturelle Arbeitsgruppe ein, der er die Aufgabe zuwies, das von der Deutschen Bundespost zwischen West-Berlin und Uelzen verlegte Glasfaserkabel (Lichtwellenleiter) operativ zu nutzen. Die Maßnahme lief unter der Bezeichnung *Saphir* A/2-1.

Zu diesem Zweck wurde das Kabel noch vor seiner Inbetriebnahme im Bereich einer bei Rathenow gelegenen Verstärkerstation von der DDR-Post abgegriffen und zu dem von der Abteilung 7 betriebenen Stützpunkt in Rhinow („Quelle 1") geführt. Dort wurde das damals neuartigste leitungsgebundene Nachrichtenübermittlungssystem unter Einsatz westlicher Demultiplex-Technik, mit deren Hilfe eine Leitung in Einzelkanäle aufgelöst wird, operativ bearbeitet.

Im Juni 1987 hatte die Glasfaserverbindung ihre Gesamtkapazität (57.600 Kanäle) erreicht. Ende jenes Jahres begann die Deutsche Bundesport damit, Telefonverbindungen auf das System zu schalten, im Oktober 1989 waren insgesamt rd. 6000 Kanäle für Fernsprech- und Datenübertragungen geschaltet. Bereits im Januar 1988 {62} hatte die HA III mit dem Informationsgewinnungsprozeß aus 60 ausgesuchten Kanälen begonnen, eine Zahl, die sich ständig steigerte. Bis April 1988 konnten teils im Wege automatischer Zielkontrolle, teils durch Hineinhören 152 Informationen gewonnen werden, im ersten Halbjahr 1989 waren es schon rd. 4000, die fast ausschließlich auf die Verkehrsrichtung Berlin (West)-Bonn/Köln entfielen. {63}

I. Aufklärung von Satellitenfunkverbindungen (Abteilung 2)

Seit etwa 1982/83 befaßte sich die HA III auch mit der Aufklärung des Satellitenfunks. Im Vordergrund stand dabei in den letzten Jahren ihres Bestehens die Abschöpfung von Kommunikationsbeziehungen des internationalen Satellitensystems INTELSAT (Deckbezeichnung: *Saturn*). Das Kanalangebot der fünf im Empfangsbereich der Linie III befindlichen Satelliten überstieg das vorhandene Potential jedoch um ein Vielfaches. Von den insgesamt ca. 3500 Kanälen, die durch die Deutsche Bundespost genutzt wurden, konnten zuletzt 376 Sprachkanäle, 14 Fernschreibspektren und eine Datenleitung bearbeitet werden. Für die Bearbeitung der Sprachkanäle standen eine 128-kanalige sowie zwei 32-kanalige automatische Selektierungsanlagen und fünf manuell zu bedienende, jeweils 10 Kanäle erfassende Geräte zu Verfügung. Gleichzeitig konnten maximal 180 Verbindungen gleichzeitig abgeschöpft werden.

Von Januar bis Ende April 1989 wurden über 3000 sog. Ausgangsmaterialien erarbeitet, vor allem aus den Bereichen der deutschen Außen- und Sicherheitspolitik und der Industrie. {64}

Im Mai 1989 konnten Informationen aus der Sprachkommunikation, dem Telexverkehr sowie aus Daten- und Telefaxübertragungen der Verbindungsrichtungen

USA	–	BRD	(einseitig)
Ägypten	–	BRD	(zweiseitig)
Kenia	–	BRD	"
Jordanien	–	BRD	"
Südafrika	–	BRD	"
Israel	–	BRD	"
Syrien	–	BRD	"
Nigeria	–	BRD	"

gewonnen werden.

Eine für das MfS wichtige Erkenntnisquelle waren die über Satellit abgestrahlten Meldungen verschiedener Außenstellen des Bundesnachrichtendienstes an die Zentrale in Pullach, so der Residenturen in Wien, Washington, New York, Amman, Kairo, Nairobi und Pretoria.

Seit Ende 1988 wurde die Satellitenverbindung der öffentlichen Datennetze *Telenet* und *Tymet* (USA) mit *Datex-P* (BRD) ständig rechnergestützt überwacht. Allein in der Zeit bis Mai 1989 konnten dadurch mehr als 1000 für das MfS bedeutsame Informationen gewonnen werden, insbesondere aus den Bereichen Militär, Geheimdienste, Hochtechnologie, Rüstungsindustrie, Journalismus und Politik. Dabei handelte es sich beispielsweise um interne strategische {65} Planungen von Rüstungskonzernen und um den Austausch von Nachrichten über Truppenbewegungen.

Im Juni 1989 beantragte der Angeschuldigte bei Generalleutnant Dr. Schwanitz für die operative Beschaffung westlicher Technik zur Aufklärung zweier neuartiger Satelliten-Kommunikationssysteme der Deutschen Bundespost die Bereitstellung zusätzlicher Valuta-Mittel in Höhe von 1,2 Millionen DM. {66}

J. Einzelne Aufklärungskomplexe und Kontrollergebnisse/Grenzen der Aufklärung

I. Von den Zielkontrollmaßnahmen der HA III waren u.a. sämtliche Bundes- und Landesministerien erfaßt.

In der Behörde des Bundesbeauftragten für die Unterlagen des Staatssicherheitsdienstes der ehemaligen DDR wurden insoweit Belege hinsichtlich des Bundesministers der Finanzen und der Bundesministerien für

- Arbeit und Sozialordnung,
- Jugend, Familie und Gesundheit,
- Verkehr,
- Post und Fernmeldewesen,
- Wirtschaft und
- innerdeutsche Beziehungen (BMB)

aufgefunden.

Seit Mitte des Jahres 1985 mußte die Abteilung 7 sämtliche von ihr abgehörten Telefongespräche des zuletzt genannten Bundesministers, seines Staatssekretärs Ludwig R., des {67} für den sog. Häftlingsfreikauf und Austauschfragen zuständigen Ministerialrats P. und des von der DDR-Regierung für die Lösung „humanitärer Angelegenheiten" bestellten Rechtsanwalts Dr. Wolfgang Vogel, die dieser von seinem West-Berliner Büro aus führte, darüber hinaus aber auch alle telefonischen Kontakte, die DDR-Bürger während eines vorübergehenden Aufenthalts im Bundesgebiet mit dem BMB aufgenommen hatten, wortwörtlich wiedergeben und die entsprechenden Texte als Sofortinformation per Fernschreiben an die Abteilung 1 weiterleiten. Alle übrigen, aus dem Ressort des BMB stammenden Gesprächsaufzeichnungen wurden, sofern es um Fragen der Familienzusammenführung ging, EDV-mäßig erfaßt.

Zur Erfüllung des Auftrags, den Bereich des BMB weitestgehend aufzuklären, verfügte die Abteilung 7 über ein Telefonverzeichnis, das neben der Einwahlnummer des Ministeriums die Nebenstellen fast sämtlicher Mitarbeiter des BMB enthielt. Bei der

Suche nach erfolgversprechenden Ansatzpunkten für eine operative Bearbeitung galt das besondere Interesse den Sekretärinnen und Kraftfahrern des Ministeriums, aber auch dem Persönlichen Referenten des Staatssekretärs. {68}

Unter intensiver Zielkontrolle standen die Senatsverwaltungen des Landes Berlin. Dabei fand selbst die 1986 eingerichtete Protokollstelle des Senats zur 750-Jahr-Feier der Stadt die besondere Aufmerksamkeit des MfS.

Gezielt aufgeklärt wurde des weiteren die Abteilung Staatsschutz des Bundeskriminalamtes in Meckenheim. Insoweit verfügte die HA III über von der HVA beschafftes Basismaterial zur Struktur und zu Mitarbeitern der Behörde, einschließlich ihrer Fernsprechanschlüsse, aber auch über selbst recherchierte Rufzeichen und Funktelefonnummern von Dienstfahrzeugen.

Auch und besonders die Staatsschutzabteilung des Berliner Polizeipräsidenten unterlag einer ständigen Zielkontrolle durch die HA III, wobei die Kommunikation mit dem Bundeskriminalamt im Vordergrund des Aufklärungsinteresses stand. Abhörbelege gibt es auch bezüglich der Landeskriminalämter Hessen und Niedersachsen, der Kriminalpolizei Hamburg, Frankfurt am Main und Salzgitter sowie der Bayerischen Grenzpolizei.

Daß die HA III auch um die funkelektronische Aufklärung des Bundesamtes und der Landesämter für Verfassungsschutz wie auch des Militärischen Abschirmdienstes bemüht war, sei hier nochmals besonders erwähnt. Aus diesem Gesamt-{69}komplex konnte allein die Abteilung 7 durch Kontrolle des Richtfunks im ersten Halbjahr 1988 insgesamt 844 Informationen gewinnen.

II. Zum Informationsaufkommen der HA III trug seit etwa 1985 in zunehmendem Maße die Aufklärung des Telefax-Verkehrs bei. So konnte beispielsweise die für die Kontrolle der Nachrichtenverbindungen zwischen Berlin (West) und dem übrigen Bundesgebiet zuständige Abteilung 7 von Januar bis November 1987 rd. 5800, im Zeitraum Januar bis September 1988 insgesamt 8129 Fax-Sendungen lesbar machen. Auch in diesem Bereich der Informationsgewinnung kam vor allem westliche Gerätetechnik zum Einsatz, hier besonders solche der Firma *Rank/Xerox*.

III. Im Auswertebereich der HA III fielen in der letzten Zeit des Bestehens des MfS jährlich zwischen 250.000 und 500.000 sog. Ausgangsmaterialien an (darunter massenhaft Fernschreiben, Fax-Sendungen und Informationen aus der Aktion *Fahndung West*), die analysiert, zusammengeführt und zur Weiterleitung an den Auftraggeber, bei eigeninitiativer Aufklärung an die zuständigen Bereiche des MfS aufbereitet wurden. Hiervon entfielen ca. 40% auf die Überwachung des Richtfunks und drahtgebundener Kommunikationsbeziehungen, ca. 25% auf die des Autotelefonverkehrs, ca. 10% auf die Abschöpfung des Satellitenfunks und der Rest auf die Überwachung anderer Nachrichtenverbindungen (z.B. UKW-Funk). {70}

Im Zeitraum Januar bis September 1989 erarbeitete die HA III auf der Grundlage der durch ihre Diensteinheiten gewonnenen Ausgangserkenntnisse

- 55537 Sofort-, Einzel- und Ergänzungsinformationen (1988: 43.000).
- 211 Berichte und Analysen sowie
- 150 Dossiers und Auskunftsberichte.

Rund 2300 Informationen hiervon befaßten sich mit „politischen und militärischen Aktivitäten des Gegners". Sie bezogen sich, was den Bereich der Politik betrifft, schwerpunktmäßig auf die von dem damaligen SPD-Parteivorsitzenden Dr. Hans-Jochen Vogel und dem seinerzeit Regierenden Bürgermeister von Berlin, Walter Momper, angestrebten Gespräche mit Erich Honecker[5]. Art und Inhalt der beabsichtigten Gesprächsführung konnten von der HA III schon im Vorfeld der Begegnungen funkelektronisch aufgeklärt werden, was übrigens auch hinsichtlich der Leitlinien der SPD für den Dialog mit der SED der Fall war.

Was den militärischen und militärpolitischen Sektor betrifft, konnte die HA III im genannten Zeitraum u.a. Erkenntnisse zu den Positionen der NATO-Staaten zur Frage der Modernisierung nuklearer Kurzstreckenraketen gewinnen {71} und in das „Regime" der in Übungen und Manöver des Verteidigungsbündnisses einbezogenen militärischen Führungsstäbe eindringen. Insgesamt wurden von Januar bis September 1989 aus dem Bereich der in der Bundesrepublik Deutschland stationierten NATO-Streitkräfte 705 (1988: 677) Informationen gewonnen.

IV. Unter ständiger Abschöpfung standen seit spätestens September 1988 sechs Kanäle der Fernmeldeschule der Bundeswehr und der Fachschule des Heeres für Elektrotechnik sowie fünf Kanäle der Bundeswehr-Standortvermittlungen Starnberg-Maxhof und Passau. Dabei handelte es sich um Standleitungen aus internen Richtfunkstrecken. Im Aufklärungsstadium befanden sich Ende 1988 drei Kanäle der 4. Panzergrenadierdivision in Regensburg und zwei Kanäle der Bundeswehrverwaltungsschule in Oberammergau.

Sehr ergiebige Informationen zur Erprobung von Wehrtechnik konnten im Rahmen der Aufklärung der Forschungsstelle der Bundeswehr in Meppen (Bezirk Osnabrück) gewonnen werden.

Mit Hilfe eines 1978 von einem geheimen Mitarbeiter der HA XXII samt der dazugehörenden Codiertechnik beschafften Sprechfunkgeräts des Bundesgrenzschutzes (BGS) war es der HA III möglich, jahrelang den Funkverkehr des BGS zu entschlüsseln. {72}

V. Erfolglos blieben die Bemühungen der HA III, in besonders geschützte Datensysteme des Bundesnachrichtendienstes und des Verfassungsschutzes (hier vor allem das nachrichtendienstliche Informationssystem NADIS) einzudringen. Im Rahmen entsprechender Versuche gelang ihr indes erstmals der Zugriff auf Mail-Boxen, so auch auf eine solche der Bundeswehr. Dabei konnten vom MfS als sehr wertvoll eingeschätzte Informationen über die im Juni 1987 erfolgte Übergabe von vier Mittleren Artillerie-Raketensystemen (MARS) an die Artillerieschule des Heeres mit detaillierten Angaben zu technischen Daten dieses Waffensystems erlangt werden. Die Aufklärung von Mail-Boxen befand sich bei Beendigung der Tätigkeit der HA III allerdings noch im Anfangsstadium.

Als eindringsicher erwiesen sich des weiteren die im Fernsprech-, Fernschreib- und Datenübertragungsverkehr verwendeten Chiffrierverfahren *Elcrovox*, *Elcrotel* und *Elcrodat*, ebenso das vielseitig einsetzbare Verschlüsselungssystem *Telecrypt*.

VI. Seit 1987 war die HA III bemüht, Zugang zu Datenübertragungssystemen der Bundesrepublik Deutschland zu gewinnen, besonders zu *Datex-P* und *Datex-L*. Über die Experimentierphase kamen ihre Anstrengungen jedoch nicht hinaus. {73}

Die ständig zunehmende Digitalisierung der Richtfunk- und Satellitenverbindungen im 34 und 128 Megabit-Bereich, die Nutzung stets höherer Frequenzbereiche, die sich ständig fortentwickelnde Modulationstechnik, die Umstellung des C-Netzes auf Kleinfeldzellen, die Einführung neuer Übertragungsmedien und – nicht zuletzt – der verstärkte

Einsatz von Codier- und Chiffriertechnik führten mangels erforderlicher Eindringmöglichkeiten in immer größerem Maße zu empfindlichen Informationsdefiziten. Dies wurde von der HA III klar erkannt und auch klar ausgesprochen. Zeugnis hierfür sind die Mitte 1987 erarbeitete, prognostisch in das Jahr 1995 reichende „Forschungs- und Entwicklungskonzeption" und die vom Angeschuldigten am 14. Oktober 1989 unterzeichnete „Lageeinschätzung zur Jahresplanung 1990". {74}

K. *Funktaktische Aufklärung und Auswertung*

In den Fernmeldesystemen der Deutschen Bundespost gab es seit spätestens Mitte der 80er Jahre durch rechnergestütztes Ab-, Um-, Zu- und Neuschalten von Kanälen, aber auch durch Änderungen des Richtungsverlaufs und der Nutzungsart (Fernsprechen, Fernschreiben, Datenübertragung) einen ständigen Wechsel, der für die HA III bis zum Erfassen aktueller Schaltungen nicht selten mit empfindlichen Ausfallzeiten verbunden war, auch und insbesondere hinsichtlich der operativen Schwerpunktbereiche Berlin, Bonn, Köln und München. So wies, um dies beispielhaft zu erläutern, ein von der Abteilung 7 im Januar 1988 aufgeklärter Richtfunkkanal, der zunächst mit der Verkehrsrichtung Berlin-Hamburg belegt war, wenig später eine Beschaltung in Richtung Frankfurt am Main und wiederum später in eine ganz andere Richtung auf.

Um sich auf solche Veränderungen möglichst rasch einstellen zu können, legte die HA III zum einen die Dienstleitungen der Deutschen Bundespost unter Dauerkontrolle, eine Maßnahme, bei der nebenbei auch Erkenntnisse über fernmeldetechnische Anforderungen der Bundeswehr für bestimmte Übungen und über die Schaltung von Sonderkanälen anläßlich der Besuche von Mitgliedern der Bundesregierung in West-Berlin anfielen. {75}

Zum anderen wurden im Vorfeld der eigentlichen Erkenntnisabschöpfung, wie schon angedeutet, die Kanäle als solche aufgeklärt, d.h. nach Verkehrsrichtung und Art der Belegung erforscht. So bearbeitete z.B. die Abteilung 7 im ersten Halbjahr 1987 insgesamt 26 Verkehrsbeziehungen (im ankommenden und abgehenden Richtungsverlauf) zwischen Berlin (West) und den Städten München, Stuttgart, Karlsruhe, Bremen, Hannover, Hamburg und Düsseldorf mit insgesamt 826 Kanälen.

Bei der seit Anfang der 80er Jahre unter der Bezeichnung „*Trennlinie*" regelmäßig durchgeführten Suche nach noch nicht erschlossenen Kanälen wurden im Zeitraum September 1986 bis Januar 1987 neben Telefax-Sendungen bundesdeutscher Firmen rund 1500 Fernschreiben aus dem Bereich der Bundeswehr (u.a. zu Vorhaben der Flugabwehr) und 317 aus dem polizeilichen Sektor (u.a. zu Maßnahmen zum Schutz besonders gefährdeter Persönlichkeiten) mitgelesen und außerdem 615 Sofort-/Einzelinformationen erarbeitet.

Im ersten Halbjahr 1989 wurden im Rahmen dieser Maßnahme durch die Aufklärung von Mietkanälen (Sprach- und Faxübertragungen) des Bundesamtes für Wehrtechnik und Beschaffung (BWB) in Koblenz und nachgeordneter Wehrtechnischer Dienststellen (WTD) Erkenntnisse zur Entwicklung, Erprobung und/oder Einführung von Waffen {76} und Waffensystemen gewannen, die der Leiter der Abteilung 2 wie folgt bewertete: „Sie stellen in ihrer Gesamtheit einen Schwerpunkt zur Abdeckung des Informationsbedarfs der HVA und der Freunde (sc. des sowjetischen Nachrichtendienstes) dar." Die aufgeklärten Vorgänge bezogen sich u.a. auf den Mehrfachraketenwerfer MLRS, unbemannte Flugkörper, das Flugabwehr-Raketensystem *Patriot*, die Flugabwehrrakete *Skriger*, Startbahnbomben und das Infrarot-Torpedo DM 2A3.

Die nachrichtendienstlichen Erkenntnisse der verschiedenen Abteilungen zu sammeln, auszuwerten und an die einzelnen Stützpunkte weiterzugeben, was unter dem Begriff „Quellensteuerung" lief, war Aufgabe der Abteilung 12. Sie selbst hat aber auch funktaktische Aufklärung betrieben, wie dies z.B. Anfang 1989 in bezug auf Fernmeldeverbindungen zwischen München-Hannover-Hamburg und Skandinavien der Fall war. {77}

L. Maßnahme ZUGRIFF

I. Seit spätestens Mitte der 70er Jahre war die HA III in der Lage, mittels eines von ihr selbst oder einer anderen Diensteinheit des MfS beschafften, in der Bundesrepublik Deutschland hergestellten Autotelefons (B-Netz) bei bundesdeutschen Dienststellen, allen voran beim Kraftfahrt-Bundesamt (KBA) in Flensburg, Informationen abzufragen.

Zu diesem Zweck war der Teilnehmer-Codegeber des Autotelefons von ihr unterdrückt und zugleich so manipuliert worden, daß er frei programmierbar war, d.h. durch Kennungen von Autotelefonen berechtigter Teilnehmer ersetzt werden konnte, die sie im Rahmen ihrer Abhörtätigkeit aufgeklärt hatte.

Auch die zur Abfrage notwendigen Kennwörter, die in bestimmten zeitlichen Abständen wechselten, stammten überwiegend aus der Funkaufklärung. So erfuhr die HA III die vom Kraftfahrt-Bundesamt zur Direktabfrage alle zwei Wochen neu ausgegebenen Codes durch Mitlesen des entsprechenden Fernschreibverkehrs, der unverschlüsselt war. In Einzelfällen waren die Kennwörter von der HVA beschafft worden.

Bei dem mit der HA III-intern streng abgesicherten Maßnahme *Zugriff* befaßten Personenkreis handelte es sich um ein ausgewähltes {78} Team, das seine auf entsprechende Anforderungen, vornehmlich der HVA und der HA VIII (Ermittlungen, Beobachtungen), zurückgehenden Aufträge unmittelbar vom Angeschuldigten erhielt.

II. Zur Abfrage selbst fuhr die Gruppe überwiegend auf den Brocken im Harz oder in den Thüringer Wald. Diese grenznahen Gebiete wurden, von ihrer funkmäßig günstigen Höhenlage abgesehen, vor allem deshalb aufgesucht, weil im Falle einer Peilung durch bundesdeutsche Dienststellen nicht sicher hätte ausgemacht werden können, daß die elektronische Abstrahlung von DDR-Territorium ausgegangen ist. Von wechselnden Standorten aus stellte die Gruppe Verbindungen in das Fernsprechnetz der Deutschen Bundespost her und konnte so – scheinbar vom Bundesgebiet aus – unkontrolliert telefonieren. Man gab sich als Polizeibeamter aus und verwendete dabei Namen, die sich aus operativ beschafften Verzeichnissen größerer Polizeidienststellen ergaben. Die anfallenden Gebühren wurden automatisch dem für die jeweils verwendete Kennung zugelassenen Teilnehmer in Rechnung gestellt.

Bei Abfrage nachrichtendienstlich interessierender Kfz.-Kennzeichen, aber auch von Telefonnummern, erfuhr die HA III bisweilen ungefragt nicht nur die Tatsache der Sperrung, sondern auch die Dienststelle, für die diese Sperrung erfolgt war. {79}

Außer Anfragen beim KBA, bei Kfz.-Zulassungsstellen, Einwohnermeldeämtern, örtlichen Polizeidienststellen und Dienststellen der Post erfolgten auch Anrufe bei Zielpersonen des MfS zum Zwecke der Identitätsklärung mittels Stimmvergleich. Dies alles ersparte dem MfS aufwendige und mit dem Risiko der Enttarnung behaftete Aufklärungsbemühungen durch menschliche Quellen im Operationsgebiet.

III. Jährlich wurden ca. 1000 *Zugriff*-Maßnahmen durchgeführt, wobei die HA III seit Beginn des Jahres 1989 verstärkte Bemühungen zur Verbesserung des Datenschutzes feststellte. Im Vordergrund des Interesses der HVA standen 1987 Erkenntnisse „zu Familienangehörigen und Verwandten, zu aktuellen Wohnanschriften und Aufenthaltsorten sowie zur finanziellen Lage" von Personen aus dem Kreis bundesdeutscher Abwehrorgane. Für sie wurden 1988 im Rahmen der Maßnahmen insgesamt 380 Recherchen durchgeführt.

Das von der HA III im Rahmen der Aktion *Zugriff* verwendete Autotelefon wurde bisweilen auch vom KGB genutzt, um zu Agenturischen Mitarbeitern (AM) im Operationsgebiet Verbindung aufzunehmen.

IV. Nach zum Teil langjährigen Vorarbeiten war es der HA III seit Anfang 1989 möglich (diese Möglichkeit wurde von ihr, jedenfalls teilweise, auch genutzt), durch Abschöpfen von Daten-{80}fernübertragungen (DFUE) (1), durch fernmündliche Abfragen (2) und/oder durch aktives Eindringen über DFUE-Anschlüsse (3) die Datenspeicher/Datennetze u.a. folgender Dienststellen, Einrichtungen und Firmen in der Bundesrepublik Deutschland für das MfS operativ nutzbar zu machen:

1, 2, 3 – Zentrales Informations- und Auskunftssystem INPOL des Bundeskriminalamts in Wiesbaden mit den analogen Dateien der Länder Baden-Württemberg (PAD), Bayern (IBP), Berlin (ISVB), Hamburg/Niedersachsen (POLAS), Hessen (HEPOLIS), Rheinland-Pfalz (POLIS), Nordrhein-Westfalen (PIKAS) und Schleswig-Holstein (PED),
2 – Grenzschutzdirektion in Koblenz,
1 – Bundeszentralregister (BZR) in Berlin (West),
1, 2 – Kraftfahrt-Bundesamt in Flensburg einschließlich Zentrales Verkehrsinformationssystem ZEVIS,
2 – Luftfahrt-Bundesamt in Braunschweig,
1 – SIEMENS-Rechnerverbund, {81}
2 – Einwohnermeldeämter, Ausländerämter, Passarchive, Gewerbeaufsichtsämter und Finanzämter von 138 Orten,
3 – Ordnungsämter einer Vielzahl von Gemeinden,
2 – Kfz.-Zulassungstellen von 135 Orten,
1, 2 – Schutzgemeinschaft für Allgemeine Kreditsicherung e.V. SCHUFA,
2 – Creditreform (Wirtschaftsauskünfte, Inkasso),
2 – Bundesverwaltungsamt in Köln nebst Ausländerzentralregister (AZR),
2 – Anmeldestelle der Deutschen Bundespost (DBP) für Telefonanschlüsse in Berlin (West),
1 – Dienststelle der DBP in Berlin (West), zuständig für Sendefrequenzen und Senderstandorte,
1 – Deutsches Patentamt, Dienststelle Berlin
1 – Fluggesellschaft PAN AM,
1 – Fernsprechbuchverlag in Nürnberg, {82}
1, 3 – Air Defense System (Informationsnetz der US-Luftverteidigung) in Darmstadt,
1 – HOMAC (Datensystem der US-Transportfliegerkräfte) in Ramstein,

1, 3 – POA USAREUR (Datensystem der US-Landstreitkräfte) in Heidelberg,
1 – Berliner Bank AG,
1,3 – Deutsche Forschungs- und Versuchsanstalt für Luftund Raumfahrt in Darmstadt,
1 – Max-Planck-Institute (u.a. in Mülheim und Garching),
1 – Kernforschungszentrum Karlsruhe,
1 – Kernforschungsanlage Jülich,
1 – Rechenzentrum der Deutschen Bundesbahn in Frankfurt am Main,
1 – Fa. Krupp in Essen und
1 – Institut für Weltwirtschaft in Kiel. {83}

M. Aktion FAHNDUNG West

Unter dieser Bezeichnung wurden durch die HA III seit den 70er Jahren Personen- und Sachfahndungsabfragen bundesdeutscher Sicherheitsbehörden, sofern funkelektronisch erfaßbar, ständig automatisch abgehört, aufgezeichnet und ausgewertet.

Seit 1980 speicherte die HA III rechnergestützt sämtliche Informationen, die sie auf diese Weise hatte gewinnen können. Das gleichnamige Datenverarbeitungsprojekt (DVP) wurde von ihr als ein Beitrag verstanden, „die Absicherung und den Schutz der Kundschafter, Reisekader und operativen Maßnahmen des MfS und befreundeter Staatssicherheitsorgane im Operationsgebiet zu verbessern“. In die Datenbank *Fahndung West* waren bereits im August 1980 Erkenntnisse zu 200.000 Personen, 30.000 Kraftfahrzeugen und 1000 Objekten eingespeichert. Informationen aus diesem Bestand leitete die HA III im Fall nachrichtendienstlicher Relevanz an die operativen Linien des MfS weiter, denen es, allen voran der HVA, möglich war, durch gezielte Anfragen nach Personen, Objekten, Kfz.-Kennzeichen und Nummern von Personaldokumenten sich bei ihren gegen die Bundesrepublik Deutschland gerichteten Aktionen auf erkannte Risiken einzustellen. {84}

Der weit überwiegende Teil der in das Datenverarbeitungsprojekt *Fahndung West* eingeflossenen Informationen stammte aus permanent mitgelesenen INPOL-Abfragen bundesdeutscher Dienststellen im Nahbereich der innerdeutschen Grenze, insbesondere der Grenzübergangsstellen. Im Rahmen dieser Maßnahme fielen 1988 rd. 260.000 Einzelerkenntnisse an, von denen etwa 15.000 an andere Diensteinheiten des MfS weitergegeben wurden.

Um den Zufluß an Informationen zur Datenbank *Fahndung West* breiter zu fächern, bemühte sich die HA III seit dem Jahre 1987, vor allem den Nachrichtenverkehr des Bundeskriminalamts und der Landeskriminalämter, des Bundesamtes und der Landesämter für Verfassungsschutz, des Bundesgrenzschutzes und der Zollfahndung als zusätzliche Erkenntnisquelle zu erschließen. Hierzu wurden entsprechende Richtfunkverbindungen und Standkanäle, das Transitkabel und verschiedene Fernschreibnetze funktaktisch aufgeklärt. {85}

N. *Maßnahme PANORAMA*

Unter der Deckbezeichnung *Panorama* wurde seit spätestens Anfang der 80er Jahre die in der Bundesrepublik Deutschland 1974 eingeführte drahtlose Personenrufanlage *Eurosignal* (Europäischer Funkrufdienst) aufgeklärt und nachrichtendienstlich genutzt.

Bei diesem einseitigen Kommunikationssystem wurden und werden von Anschlüssen des öffentlichen Fernsprechnetzes codierte Tonfrequenzsignale zu beweglichen Funkempfängern gesendet, denen vom Fernmeldeamt bis zu vier Rufnummern zugewiesen werden können, deren Bedeutung zwischen den Funkrufpartnern vereinbart werden muß.

Sobald es der HA III im Rahmen der Aktion *Zugriff* gelungen war, durch Abfragen bei der Deutschen Bundespost die *Eurosignal*-Nummern operativ bedeutsamer Teilnehmer zu erfahren, wurden die betreffenden Anschlüsse unter Zielkontrolle gestellt.

Über dieses eigeninitiative Vorgehen hinaus war die HA III im Rahmen der Maßnahme *Panorama* vor allem für die HVA und die HA II (Spionageabwehr) tätig, die das Signalsystem in einer Vielzahl von Fällen zum Bestandteil des nachrichtendienstlichen Meldewegs gemacht hatten. Hierzu erhielt der Agent vier, teils von der {86} HA III aufgeklärte, teils durch die HVA operativ beschaffte Telefonnummern, die in der Bundesrepublik Deutschland zum Auslösen des *Eurosignals* vergeben waren. Je nach der Reihenfolge, in der diese Anschlüsse (die Inhaber selbst waren dem Agenten nicht bekannt) gewählt wurden, ergaben sich insgesamt 12 verschiedene Kombinationen, deren Bedeutung zwischen dem Agenten und der Führungsstelle im einzelnen festgelegt war. Mit dem Empfang der entsprechenden Frequenzsignale war die Funkpeilstation in Gosen beauftragt, die auch für die Weiterleitung der aufgenommenen Anwahlkombination an den Führungsoffizier des meldenden Agenten zu sorgen hatte. {87}

O. *Aktion EINBLICK*

Seit 1985 griff die HA III durch direkte Abfrage auf den Bestand des polizeilichen Fahndungs- und Überwachungssystems INPOL einschließlich der geschützten Grenzfahndungsnotierungen zu.

Die hierfür erforderliche Primärtechnik, ein Datenfunkterminal und das dazu passende Funkgerät, beides ein damals auf der COCOM-Liste stehendes Produkt der US-amerikanischen Firma Motorola und so konstruiert, daß es sich zum Einbau in ein Kraftfahrzeug eignete, hatte auftragsgemäß der schweizerische Staatsbürger Edwin B. beschafft, der für die HA III seit Beginn der 70er Jahre als IM tätig war (siehe hierzu Kapitel T).

Um mit diesen Geräten senden und empfangen zu können, fertigte eine der technischen Abteilungen der HA III spezielle Richtfunkantennen an, die genaustens auf die einschlägigen Frequenzen abgestimmt waren und über die problemlos auf den Territorien der Bundesrepublik Deutschland installierte Relaisstationen erreicht werden konnten, wobei das Risiko einer Anpeilung gerade wegen der ausgeprägten Richtcharakteristik dieser Antennen äußerst gering war. {88}

Durch gezielte Aufklärung der Zugangsprozeduren zum Datenfunksystem INPOL war der HA III bekannt geworden, daß die beim Einschalten eines Terminals und ein weiteres Mal beim Starten der Abfrage ausgesendete spezielle Gerätekennung vom Rechner der Empfängerstation registriert und überprüft wurde, dieser eine Abfrage selbst bei positivem Abgleich aber nur zuließ, wenn der berechtigte Nutzer zuvor für einen bestimmten Zeitraum von anderer Stelle angemeldet war.

Mit einer fremden Kennung wäre deshalb ein Zugriff überhaupt nicht, mit der (technisch ohne größere Schwierigkeiten realisierbaren) Imitation einer berechtigten Kennung nur bedingt möglich, aber zusätzlich mit dem Risiko verbunden gewesen, daß die Rückmeldung auf eine Abfrage an das zufällig gleichzeitig eingeschaltete Terminal des berechtigten Nutzers gelangt, was den Argwohn der bundesdeutschen Sicherheitsbehörden hätte wecken können. Die HA III löste dieses Problem in der Weise, daß sie die interne Kennung des von ihr eingesetzten Geräts unterdrückte und durch ein frei programmierbares System ersetzte. So war es ihr möglich, durch funkelektronische Aufklärung ermittelte interne Gerätekennungen in die modifizierte Anlage einzugeben. Nachdem bei der Kontrolle von INPOL-Abfragen im innerdeutschen Zugverkehr festgestellt worden war, daß die Beamten des Bundesgrenzschutzes die Funkgeräte nach der Abfrage stets für eine gewisse {89} Zeit abzuschalten pflegten, wurden die dadurch auftretenden, wiederum durch gezielte Abhörmaßnahmen ermittelten Pausen von der HA III für ihren Zugriff auf das INPOL-System genutzt.

Die oben erwähnte Aufklärung von Gerätekennungen erfolgte über ein spezielles Empfangsgerät („*Wabe*“). Aus der aufgezeichneten, durch einen angeschlossenen Decoder lesbar gemachten Datenübertragung wurde mittels eines Rechners die interne Gerätekennung, aber auch die Benutzerkennung herausgefiltert.

Die umfangreiche, zur Abfrage im INPOL-System erforderliche Gerätetechnik war in einem Lkw eingebaut.

Bei den etwa wöchentlich durchgeführten Einsätzen, die meist mehrere Tage dauerten, wurden, um bei bundesdeutschen Sicherheitsbehörden nicht aufzufallen, jeweils etwa nur fünf Abfragen getätigt. Der monatliche, überwiegend auf Anforderung der HVA zurückgehende Auftragsbestand belief sich auf 100 bis 200 Abfragen. {90}

P. Maßnahme RELAIS

Unter diesem Tarnnamen führte die HA III seit 1982 mehr oder weniger regelmäßig Aktionen zur Aufklärung „gegnerischer“ Frequenzbereiche durch. Eine dieser Maßnahmen (*Relais* VI) erfolgte in Berlin (West) unter Nutzung eines mit spezieller Technik ausgerüsteten sowjetischen Diplomatenfahrzeugs. Aufklärungsziel waren außer Observationsfahrzeugen des Landesamtes für Verfassungsschutz Berlin Objekte mit so geringer elektromagnetischer Ausstrahlung, daß diese vom Territorium der DDR aus nicht empfangen werden konnte. Hierzu zählten neben verschiedenen Niederlassungen der Firma Siemens u.a. das Verlagsgebäude des Tagesspiegel, das Bundeshaus, die Bundesdruckerei und das Bundeszentralregister.

Seit 1983 wurden durch die HA III bei Hubschrauberflügen (benutzt wurde jeweils ein Hubschrauber der sowjetischen Streitkräfte) in monatlichen Abständen in West-Berlin gelegene, mit Rechentechnik ausgestattete Objekte funkelektronisch und fotooptisch aufgeklärt (*Relais* II). Eine entsprechende Maßnahme erfolgte auch entlang der innerdeutschen Grenze. Die dabei zum Einsatz gekommenen Geräte für Funkempfang, Antennen-, Aufzeichnungs-, Foto- und Fernsehtechnik stammten fast ausnahmslos aus westlicher Produktion. Allein im Zeitraum Ja-{91}nuar 1987 bis September 1988 wurden annähernd 3500 Luftbildaufnahmen gefertigt, die man u.a. der HVA zur operativen Auswertung überließ. {92}

Q. Aktionen SCHUTZ und NELKE

Im Rahmen der Maßnahme *Schutz*, die seit spätestens 1986 lief, sicherte die HA III operative Vorgänge der HVA in Berlin (West) und im übrigen Bundesgebiet funkmäßig ab. Bei ihnen handelte es sich zum einen um Treffs zwischen geheimen Mitarbeitern der HVA und den zu ihnen entsandten Kurieren oder Instrukteuren, zum anderen um das Beschicken oder Entleeren von sog. Toten Briefkästen (TBK). Der unterstützende Beitrag der HA III, der von der insoweit für die gesamte HVA zentral zuständigen Arbeitsgruppe Nachrichten (AG „N") der Abteilung IX (Gegenspionage) koordiniert wurde, bestand jeweils darin, die am Treff- bzw. Ablageort und in seiner näheren Umgebung vor, während und nach dem abzusichernden Ereignis bestehende Funklage (insbesondere in Bezug auf Observationskräfte der Polizei und des Verfassungsschutzes) weitestgehend unter Kontrolle zu halten, um beim Erkennen von Hinweisen auf eine mögliche Gefährdung der Operation in geeigneter Weise reagieren zu können. Dieser funkelektronische Flankenschutz wurde im Jahre 1986 in 210, 1987 in 263 und 1988 in insgesamt 316 Fällen gewährt. Am 30. Oktober 1989 konnte der Angeschuldigte in seiner „Zuarbeit zum Rapport anläßlich des 40. Jahrestages des MfS" melden, daß die HA III seit Beginn jenes Jah-{93}res zum „Schutz der operativen Kräfte bei 602 Maßnahmen der Diensteinheiten des MfS im Operationsgebiet" tätig geworden war.

Außerdem war die HA III, ebenfalls seit spätestens 1986, für die HVA, aber auch für den Militärischen Nachrichtendienst der DDR (Bereich Aufklärung des Hauptstabes der NVA), bei der Absicherung operativer Maßnahmen an der innerdeutschen Grenze unterstützend tätig (Aktion *Nelke*). Dabei handelte es sich um Ein- und Ausreisen, vor allem aber um Personen- und Materialschleusungen. Aufgabe der HA III war es, das sog. gegnerische Vorfeld in dem betreffenden Grenzabschnitt bis zur nächsten größeren Stadt funkmäßig aufzuklären, d.h. Auffälligkeiten im Funkverkehr vor allem des Bundesgrenzschutzes, der Polizei und des Zolls fest zustellen. Einsätze solcher Art gab es im Jahre 1986 in 1554, 1987 in 1388, 1988 in 2283 und in der Zeit von Januar bis September 1989 in insgesamt 1879 Fällen.

Seit 1988 machte die HA III der HVA neben sofortmeldepflichtigen Informationen zum Zwecke der Optimierung des Schutzes ihrer Schleusungsvorhaben tägliche Lageübersichten mit einer zusammenfassenden Darstellung aller grenzbezogenen Ereignisse und „Aktivitäten der gegnerischen Grenzüberwachungsorgane" zugänglich. {94}

R. Projekt PHONOTHEK

Auf Anordnung des Angeschuldigten arbeitete die HA III seit etwa 1985 im Zusammenwirken mit dem Operativ-Technischen Sektor (OTS) des MfS an einer Methode zur automatischen Analyse und Erkennung von Stimmen, insbesondere solcher von Personen aus dem Operationsgebiet.

Im Rahmen dieses Projekts wurden sog. Stimmkonserven angelegt, die bei der Entwicklung einer rechnergestützten Technik zur Sprecherkennung als Arbeitsmaterial dienten, wobei Stimmlage, Mundart und Ausdrucksweise die wesentlichen Parameter bildeten.

Vermutlich ab Ende 1990 wäre die HA III in der Lage gewesen, als Selektierungsmerkmal die Stimme einzusetzen, was es ihr ermöglicht hätte, beispielsweise die von einem bestimmten Bundesminister oder Angehörigen eines Landesamtes für Verfassungsschutz geführten Telefongespräche, über welchen Anschluß diese auch immer gelaufen wären, automatisch zu erfassen. {95}

S. Projekt SPEICHERZUGRIFF/LABYRINTH

1985 stellte der Angeschuldigte seiner Hauptabteilung die „Kampfaufgabe“, die technischen Voraussetzungen dafür zu schaffen, um von Rechner zu Rechner in Datensysteme des Operationsgebiets eindringen zu können. Dieses unter der Federführung der Abteilung 13 stehende, vom Angeschuldigten in verschiedenen Jahresplänen mehr und mehr präzisierte Vorhaben lief anfänglich unter der Deckbezeichnung *Speicherzugriff*, seit Mai 1989 zur Erhöhung der Geheimhaltung unter dem Tarnnamen *Labyrinth*, nachdem im Monat zuvor mit der XVI. Verwaltung des KGB eine Arbeitsgruppe zur gemeinsamen Problemlösung gebildet worden war.

Im Rahmen des Projekts wurden allein im Jahre 1987 ca. 25.000 Fernsprechkanäle mit dem Ziel der Erkennung einer Nutzung für Datenfernübertragungen funktaktisch aufgeklärt.

Bei der Verwirklichung dieses die Sicherheit der Bundesrepublik Deutschland in hohem Maße berührenden Vorhabens konnte die HA III letztlich nur bescheidene Anfangserfolge erzielen. {96}

T. Von der HA III geführte Inoffizielle Mitarbeiter (IM)

Von 1970 bis Ende 1989 führte die HA III unter dem Decknamen *Rubin* den 1969 von der HA II (Spionageabwehr) geworbenen und wenig später an sie weitergegebenen schweizerischen Staatsangehörigen Edwin B., Mitinhaber der Firma M. in Zürich, als IM.

B. lieferte im Rahmen seiner annähernd 20 Jahre dauernden Beschaffungstätigkeit auftragsgemäß u.a.

- Sende- und Empfangseinrichtungen,
- Tonaufzeichnungsgeräte,
- Chiffrier- und Codiertechnik der Firma BBC,
- zwei Chiffriergeräte der österreichischen Firma C. (Typ HC 250),
- einen Datenanalysator und ein Datenfunkterminal nebst dazugehörendem Funkgerät der US-amerikanischen Firma Motorola,
- einen Computer mit 16 Byte-Technologie und
- elektronische Bausteine für die Funkaufklärung. {97}

Die Mehrzahl dieser technischen Geräte unterlag den Embargo-Bestimmungen.

Bis Anfang 1982 flog B. zu Treffs, die in Berlin (Ost) stattfanden (nur vereinzelt auch in Leipzig), nach Berlin-Tegel und reiste anschließend mit der S-Bahn über den Bahnhof Friedrichstraße in die DDR ein. Nachdem im März 1982 seine Bemühungen, im Bundesgebiet ein als Verschlußsache eingestuftes Handbuch zum Verschlüsselungsgerät *Elcrotel* 4B der Firma Siemens zu beschaffen, gescheitert waren und er wegen der Entdeckung der Tat Fahndungsmaßnahmen gegen sich befürchtete, flog er fortan von Zürich über Wien und Prag nach Berlin-Schönefeld. Die Geräte wurden als Luftfracht über Österreich eingeführt.

Ein weiterer, für die HA III langjährig als Beschaffer aufgabenspezifischer Technik tätig gewesener West-Berliner Bürger ist noch nicht identifiziert.

Im Jahre 1989 war die HA III damit befaßt, Hinweise auf Personen aus dem Bereich der „gegnerischen Funkkontrolle" in Berlin (West) mit dem Ziel ihrer Anwerbung zu bearbeiten. Des weiteren wurde zum Zwecke der Aufklärung von Funksende- und Empfangsanlagen im Bundesgebiet der Einsatz verschiedener als IM bereits geworbener oder noch zu werbender Personen vorbereitet. {98}

U. Zusammenarbeit mit der Hauptverwaltung Aufklärung (HVA) des MfS, dem Operativ-Technischen Sektor (OTS) und anderen Stellen

Über die Aktionen *Schutz* und *Nelke* (siehe Kapitel Q) hinaus unterstützte die HA III die Tätigkeit der HVA auch insoweit, als sie dieser Diensteinheit des MfS von ihr beschaffte Dokumente, so z.B. offizielle oder interne Firmenschriften und Schulungsunterlagen, aber auch Prüfvorschriften, Jahrbücher und Produktkataloge, zur operativen Auswertung überließ.

Im Rahmen der schon erwähnten Aktion *Steuerung* stellte die HA III der HVA/VIII die in der Ständigen Vertretung der DDR in Bonn und im Gebäude der Handelspolitischen Abteilung in Düsseldorf, zumindest zeitweise auch im Gebäude der Handelsmission der UdSSR in Köln zur Bearbeitung des Autotelefonnetzes B und C wie auch des Observationsfunks installierte Gerätetechnik zur Verfügung, die von ihr gewartet und repariert wurde. Auch die Auswertung der Bänder war Sache der HA III.

1987 leitete die HA III an die HVA insgesamt rund 11.600 (1986: rund 10.800) Informationen weiter. Davon stammten rund 4.000 aus der Aktion *Fahndung West*, weitere rund 1.300 (1988: 1740) aus dem Bereich der NATO und der Bundeswehr. Außerdem erarbeitete sie für die HVA über 80 (1988: 42) Auskunftsberichte/Dossiers {99} über operativ interessante Bundesbürger aus den Bereichen Wirtschaft, Journalismus, Militär und Politik, darunter zu 16 Personen, „die im Rahmen der Kontaktpolitik/Kontakttätigkeit in Erscheinung traten."

Eine besonders intensive Zusammenarbeit hatte es mit dem Sektor Wissenschaft und Technik (SWT) der HVA bei der gezielten Beschaffung westlicher Empfangs- und Rechentechnik einschließlich der zum Betrieb erforderlichen Software gegeben.

Eine ausgesprochen fachbezogene Kooperation fand statt mit dem (aus Gründen der Tarnung) beim Ministerium für Wissenschaft und Technik ressortierenden Operativ-Technischen Sektor (OTS), dessen Institut für technische Untersuchungen (ITU) 1988 mit dem bis dahin der HA III zugehörigen Institut für wissenschaftlich-technische Entwicklung (IWTE) zusammengelegt wurde. In seiner „Einschätzung des Standes der Zusammenarbeit mit dem OTS" vom 10. Januar 1989 bedauerte der Angeschuldigte, daß ein Großteil der von der HA III für die Informationsgewinnung aus neuer westlicher Nachrichtentechnologie angeforderten Geräte nicht zur Verfügung gestellt werden konnten. In Kooperation mit Kombinaten, Hochschulen und der Akademie der Wissenschaft betrieb die HA III (Abteilung T) eigene linienspezifische Forschung und Entwicklung. {100}

Schließlich und endlich arbeitete die HA III mit dem Ministerium für Post- und Fernmeldewesen (MPF), aber auch mit dem Ministerium für Nationale Verteidigung (MfNV) zusammen, insoweit besonders mit den Bereichen Aufklärung, Operativ und Nachrichten des Hauptstabes der Nationalen Volksarmee (NVA) und der Abteilung Aufklärung des Kommandos der Volksmarine. Ein unmittelbares Zusammenwirken gab es bei Übungen und Manövern der NATO/Bundeswehr in Form arbeitsteiliger Einsätze entlang der Grenze zur Bundesrepublik auf LKWs sowie in Hubschraubern und Flugzeugen. Das Schiff „Jasmund" der 4. Flotille der Volksmarine wurde von der HA III bei Einsätzen im Bereich der westlichen und nordwestlichen Ostsee und der östlichen Nordsee „zur Lösung von Aufklärungsaufgaben in Gebieten, die von Funkerfassungsstützpunkten auf dem Territorium der DDR nicht erreicht werden können", als operativtechnische Basis mitgenutzt. Dieser „Stützpunkt 602" hatte unter anderem bestimmte Richtfunkfrequenzen zu identifizieren und abzuschöpfen.

Im Februar 1988 machte der Angeschuldigte dem Ministerium für Nationale Verteidigung „im Verlauf des Jahres 1987 erarbeitete Aufklärungsergebnisse über sich abzeichnende Entwicklungstendenzen bei den BRD-Landstreitkräften" zugänglich, eine Dokumentation mit bemerkenswert detaillierten Angaben. {101}

V. Zusammenarbeit mit Nachrichtendiensten der UdSSR und der CSSR

Als Teil des „Gesamtsystems des Elektronischen Kampfes" arbeitete die HA III auf dem Gebiet der Funkabwehr (zuständig hierfür war der „Apparat der Koordination" – AdK – in Prag), aber auch und besonders im Bereich der elektronischen Aufklärung eng mit der XVI. Verwaltung des KGB der UdSSR in Moskau und deren in Potsdam stationierter Gruppe 16 zusammen. Auch mit dem Nachrichtendienst der CSSR (XIII. Verwaltung des Ministeriums des Innern) gab es eine Kooperation. Von und zu beiden „Bruderorganen" waren Verbindungsoffiziere eingesetzt.

Diese Zusammenarbeit, von der die Partner (jedenfalls das KGB) im Ergebnis mehr profitierten als die HA III, umfaßte den Austausch von Informationen, die Abstimmung von Aufklärungsplänen, die Durchführung gemeinsamer Forschungs- und Entwicklungsvorhaben und den Austausch von Technik. Ein- bis zweimal jährlich erhielt das KGB, mit dem im Rahmen der gemeinsamen Aktion *Vorstoss* unter anderem auch die Ständige Vertretung der Bundesrepublik Deutschland in der Hannoverschen Straße in Ost-Berlin intensiv elektronisch aufgeklärt wurde, ein Band mit – wenn nicht sämtlichen – so doch allen aktuellen, operativ besonders bedeutsamen Zielkontrollaufträgen. Allein in der Zeit von 1981 bis 1984 wurden dem KGB ne-{102}ben 11.000 „politisch-operativen" Erkenntnissen 3.200 „fernmeldetechnische und operativ-technische" Informationen und Berichte überlassen.

Mit dem KGB fanden Arbeitstreffen statt, so z.B. im Juni 1985 in Moskau, bei dem unter anderem die Themen „Zum Eindringen in Datenbanksysteme" und „Zu *Telefax*-Übertragungen in der BRD" erörtert wurden und der Angeschuldigte über den aktuellen Erkenntnisstand der HA III im Rahmen der Aufklärung und Lesbarmachung digitaler

Übertragungsstrecken in der Bundesrepublik Deutschland berichtete. Im April 1989 wurde zur Realisierung der Maßnahme *Speicherzugriff/Labyrinth* mit dem KGB eine gemeinsame Arbeitsgruppe gebildet, die auch kurze Zeit später ihre Tätigkeit aufnahm. Auf die Berechtigung des KGB, Zielkontrollaufträge zu stellen, und das im Rahmen der Aktion *Zugriff* verwendete Autotelefon für eigene nachrichtendienstliche Zwecke zu nutzen, wie auch auf die Zusammenarbeit im Rahmen der Maßnahme *Relais* ist an anderer Stelle bereits eingegangen worden.

Im Rahmen der Zusammenarbeit mit dem Auslandsnachrichtendienst der CSSR wurden durch die HA III in der Zeit von Januar bis Oktober 1988 zur Absicherung operativer, gegen die Bundesrepublik Deutschland gerichteter Maßnahmen dieses Dienstes 65 sog. Schutzmaßnahmen durchgeführt. {103}

Diesem Partner leitete der Angeschuldigte im Februar 1989 eine zusammenfassende Darstellung der Fahndungsmethodik bundesdeutscher Sicherheitsorgane zu.

In den Jahren 1987/88 hatte es zur Aufklärung noch nicht erkannter Richtfunksysteme entlang der Staatsgrenze der CSSR zur Bundesrepublik Deutschland gemeinsame Hubschrauberflüge gegeben.

Der schon erwähnte gemeinsame Betrieb von drei auf dem Territorium der CSSR stationierten Erfassungsstützpunkten bot günstige Möglichkeiten des tiefen Eindringens in bundesdeutsche Nachrichtenkommunikationen eines relativ breiten Spektrums (UKW-Funkverbindung, Autotelefonnetz, interne und grenzüberschreitende Richtfunkstrecken). {104}

W. Einlassung des Angeschuldigten

Der Angeschuldigte hat sich zum Tatvorwurf umfassend geäußert und dabei Angaben gemacht, die mit dem übrigen Ermittlungsergebnis weitgehend übereinstimmen. Im Rahmen der Vernehmung ist von ihm auch über Kontaktaufnahmen und/oder entsprechende Versuche durch KGB-Angehörige in der Zeit nach seinem Ausscheiden aus dem Dienst des MfS berichtet worden.

Zum Hintergrund und Motiv seines Handelns hat der Angeschuldigte unter anderem ausgeführt:

„... möchte ich betonen, daß ich mich ständig als Soldat gefühlt habe, gebunden an meinen Fahneneid und an die besonderen Verpflichtungen, die mir als MfS-Angehörigen auferlegt waren. Während meines aktiven Dienstes war ich außerdem der Überzeugung, daß ich der guten Sache diene, und zwar im Interesse meines Vaterlandes. Die Bundesrepublik Deutschland war für mich aufgrund meiner Erziehung und der seitens der SED geleisteten Überzeugungsarbeit immer der Klassenfeind. Im übrigen war ich auch Stolz auf die Errungenschaften der DDR. Der Staat DDR hat mich gebildet, ihm verdankte ich meinen beruflichen Aufstieg. Dies führte zu einem Gefühl der Dankbarkeit diesem Staat gegenüber.“ {105}

Und weiter:

„Im nachhinein betrachtet muß ich sagen, einer falschen Sache gut gedient und ihr zu allem Überfluß auch noch meine Gesundheit geopfert zu haben. Schuldig fühle ich mich meinen früheren Mitarbeitern gegenüber, die ich zu dieser falschen Sache angeleitet habe und die heute wegen ihrer aktiven Tätigkeit im MfS auf der Straße liegen. Ich stehe loyal zu der jetzigen Bundesrepublik Deutschland und will nach Kräften verhindern, daß dieser Staat Schaden leidet.“

Am 15. Januar 1991 hat der Angeschuldigte im Bundesamt für Verfassungsschutz in Köln über „Aufgaben und Leistungsfähigkeit der ehemaligen HA III" referiert. Im Juli des gleichen Jahres übergab er eine Aufstellung mit Hinweisen auf (nach seinen Kenntnissen) mögliche Quellen des ehemaligen MfS wie auch auf mögliche Doppelagenten. Die Hinweise betrafen weitestgehend den Sicherheitsbehörden bereits bekannte Personen oder Sachverhalte. {106}

X. Rechtliche Erwägung

I. Das strafrechtlich erhebliche Verhalten des Angeschuldigten erfüllt den äußeren und inneren Tatbestand des Vergehens der Geheimdienstlichen Agententätigkeit im Sinne des § 99 Abs. 1 Nr. 1 StGB[6], hinsichtlich der Zeit vor Inkrafttreten dieser Vorschrift (1. August 1968) auch die Voraussetzung des § 100e StGB a.F.[7] (§ 2 StGB).

Da der Angeschuldigte in bewußtem und gewollten Zusammenwirken mit anderen Mitarbeitern des MfS, vor allem mit Angehörigen der von ihm befehligten Diensteinheit, gehandelt hat, liegt mittäterschaftliche Begehung im Sinne des § 25 Abs. 2 StGB vor.

II. Die vor 1966 gegen die Bundesrepublik Deutschland ausgeübte Agententätigkeit und die gegen die drei in Berlin (West) stationierten Mächte gerichtete Aufklärung ist mit Verfügung vom 5. April 1993 gemäß § 154a Abs. 1 Nr. 1 StPO von der Strafverfolgung ausgenommen worden, weil diese Tatteile für die zu erwartende Strafe nicht beträchtlich ins Gewicht fallen. Auch hinsichtlich des tateinheitlich (§ 52 Abs. 1 StGB) konkurrierenden Vergehens nach § 201 Abs. 1 StGB (der erforderliche Strafantrag wurde nur in einem einzigen Fall gestellt) ist die Strafverfolgung gemäß § 154a {107} Abs. 1 Nr. 1 StPO auf das Vergehen der geheimdienstlichen Agententätigkeit im Sinne des § 99 StGB beschränkt worden.

Die dem Angeschuldigten zur Last gelegte Tat ist in der strafrechtlich dem Ausland im Sinne des § 5 StGB gleichstehenden ehemaligen DDR, teilweise aber auch im Inland begangen worden, insbesondere, soweit Abhörtechnik im Bundesgebiet installiert war, eine Aufklärungstätigkeit in West-Berlin erfolgte, im Rahmen der Aktionen *Zugriff* und *Einblick* mit bundesdeutschen Dienststellen kommuniziert wurde und die Inoffiziellen Mitarbeiter der HA III bei der Beschaffung in der Bundesrepublik Deutschland tätig waren (§ 9 Abs. 1 StGB, der auch für das in Mittäterschaft begangene Vergehen des § 99 StGB gilt, vgl. BGH NJW 1991, 2498).

Für die Tat gilt demzufolge insgesamt das Strafrecht der Bundesrepublik Deutschland (§§ 3 und 5 Nr. 4 StGB).

III. Soweit die funkelektronische Aufklärungstätigkeit der HA III gegen in der Bundesrepublik Deutschland stationierte Truppen der USA gerichtet war und nicht im Inland erfolgte, ist mangels einer insoweit im räumlichen Geltungsbereich des Vierten Strafrechtsänderungsgesetzes, der gemäß Artikel 7 Abs. 4 des 4. StÄG zur Tatzeit das Gebiet der alten Bundesländer ohne Berlin (West) umfaßte (vgl. Träger in LK 10. Aufl. vor § 93 StGB Rdn. 8), begangenen {108} Tat eine Strafbarkeit des Angeschuldigten nach dieser Vorschrift nicht gegeben. Da sich die insofern ausgeübte Aufklärungstätigkeit aber gegen der durch die Mitgliedschaft der beiden Staaten im NATO-Verteidigungsbündnis bedingten gemeinsamen Interessenlage auch gegen die Bundesrepublik

Deutschland gerichtet hat, ist der Tatbestand des § 99 StGB ohne dessen Erweiterung durch das 4. StÄG erfüllt (BGHSt 38, 75ff.).

Wegen des Verlustes der Amtsfähigkeit, der Wählbarkeit und des Stimmrechts wird auf die §§ 45, 101 StGB verwiesen.

Angesichts des vom Angeschuldigten zu verantwortenden massiven Eingriffs der HA III in die grundgesetzlich geschützte Privatsphäre einer Vielzahl von Personen kam ein Absehen von der Strafverfolgung nach § 153e Abs. 1 Satz 2 StPO[8] nicht in Betracht.

IV. Der Angeschuldigte wußte, daß die ihm vorgeworfene Tat nach dem Recht der Bundesrepublik Deutschland unter Strafe steht. Sie ist nicht deshalb rechtmäßig oder entschuldigt, weil er als Offizier des MfS in Ausübung einer ihm obliegenden Dienstpflicht gehandelt hat. Da allein das Recht der Bundesrepublik maßgebend ist, vermag der Umstand, daß das Verhalten des Angeschuldigten nach dem Recht der DDR legitim war, die Rechtswidrigkeit nicht zu beseitigen. Der Grundsatz der entschuldigenden Pflichten-{109}kollision oder der Unzumutbarkeit normgemäßen Verhaltens, die in ihrer rechtlichen Anerkennung als übergesetzliche Entschuldigungsgründe ohnehin zweifelhaft sind, kommt schon deshalb nicht zum Tragen, weil der Angeschuldigte nicht unter dem Druck widerstreitender Interessen gehandelt hat (vgl. BGH NJW 1991, 2498, 2499 f.).

V. An dieser Rechtslage hat sich durch den Einigungsvertrag vom 23. September 1989 (BGBl. II 885 ff.) nichts geändert.

Eine Straffreiheit ergibt sich insbesondere nicht aus Art. 315 EGStGB. Nach Abs. 1 dieser Bestimmung ist bei Straftaten, die vor dem 3. Oktober 1990 (ausschließlich) auf dem Gebiet der DDR begangen worden sind, das im Vergleich der beiden Strafrechtsordnungen mildere Gesetz anzuwenden. Da der Angeschuldigte die ihm vorgeworfene Tat gemäß §§ 3, 9 Abs. 1 StGB auch in der Bundesrepublik Deutschland begangen hat, ist schon deshalb zweifelhaft, ob Art. 315 Abs. 1 EGStGB im vorliegenden Fall überhaupt anwendbar ist. Diese Bestimmung setzt überdies voraus, daß die zu beurteilende Tat auch nach dem Recht der DDR strafbar war, weil nur dann ein Vergleich der beiden Rechtsordnungen stattfinden kann (Wilke in NJW 1991, 2465; Gribbohm in LK, 11. Aufl. 1992, § 2 Rdn. 60a). Dies ist vorliegend aber gerade nicht der Fall. Auf die Frage der Verfassungs-{110}mäßigkeit des Art. 315 Abs. 4 StGB, die fraglos zu bejahen ist (BGHSt 37, 305, 309), kommt es deshalb nicht an.

Auch aus anderen Bestimmungen des Einigungsvertrages ergeben sich keine Anhaltspunkte dafür, daß die dem Angeschuldigte vorgeworfene Tat nicht bestraft werden darf. Die Vorschrift des § 99 StGB ist in Anlage I Kapitel III Sachgebiet C, Abschnitt III Nr. 1 nicht genannt.

VI. Auch höherrangiges Recht steht einer Bestrafung des Angeschuldigten nicht entgegen.

Daß der Gesetzgeber es für richtig hielt, die Strafbarkeit von hauptamtlichen Mitarbeitern des MfS wegen ihrer vor dem 3. Oktober 1990 vom Gebiet der ehemaligen DDR ausgehenden, gegen die Bundesrepublik Deutschland gerichteten geheimdienstlichen Agententätigkeit im Sinne des § 99 StGB fortdauern zu lassen, erscheint unter dem Blickwinkel des Art. 3 Abs. 1 GG nicht willkürlich (vgl. hierzu im einzelnen BGH NJW 1991, 2498).

Daß zum andern die Strafverfolgung des Angeschuldigten effektiv erst infolge der Vereinigung der DDR mit der Bundesrepublik Deutschland betrieben werden konnte, bedeutet keinen Verstoß gegen das Rückwirkungsverbot des Art. 103 Abs. 2 GG. Diese Vorschrift hat mit {111} der tatsächlichen Verfolgbarkeit von Straftaten nichts zu tun (BGH Beschl. v. 4.10.1991 – StB 22/91[9]).

Schließlich und endlich finden sich auch im Völkerrecht, sei es vertraglicher, sei es gewohnheitsrechtlicher Natur, keine nach Art. 25 GG zu beachtenden Regeln, die einer Bestrafung des Angeschuldigten entgegenstehen. Insbesondere ist Art. 31 der Haager Landkriegsordnung[10] vom 18. Oktober 1907 (RGBl. 1910, 107) nicht, auch nicht entsprechend, anwendbar. Diese eindeutig dem Kriegsvölkerrecht zuzuordnende Bestimmung regelt einen Sachverhalt, der mit der nachrichtendienstlichen Konfrontation, wie sie zwischen der ehemaligen DDR und der Bundesrepublik Deutschland bestanden hat, auch nicht annähernd vergleichbar ist.

Ich beantrage,

1. das Hauptverfahren zu eröffnen.
2. Termin zur Hauptverhandlung vor dem 2. Strafsenat des Kammergerichts zu bestimmen und
3. dem Angeschuldigten einen Verteidiger zu bestellen.

Anmerkungen

1 Am 25.9.1995 nahm der Generalbundesanwalt die Anklage gegen Männchen zurück und stellte das Verfahren dann schließlich am 27.10.1995 gem. § 153 Abs. 1 StPO ein.

2 Das Statut ist abgedruckt in Judt, Matthias (Hg.): DDR-Geschichte in Dokumenten. Beschlüsse, Berichte, interne Materialien und Alltagszeugnisse, Berlin 1997, S. 467f.

3 Gerhard Neiber wurde in mehreren Verfahren in Zusammenhang mit seiner Tätigkeit beim MfS angeklagt. So warf ihm die StA bei dem KG Berlin in ihrer Anklageschrift vom 29.10.1993 – Az. 29/2 Js 228/90 – vor, die Verschleppung und Tötung des NVA-Soldaten Werner Weinhold geplant zu haben. Das LG Berlin lehnte durch Beschluss vom 26.4.1994 – Az. (532) 29/2 Js 228/90 (12/93 – die Eröffnung des Hauptverfahrens aus tatsächlichen Gründen ab. Gegenstand der Anklage der StA II bei dem LG Berlin vom 7.4.1995 – Az. 29/2 Js 231/90 – war das Gewähren von Unterschlupf von Angehörigen der Roten-Armee-Fraktion in der DDR (Strafvereitelung). Auch hier kam es aus rechtlichen und tatsächlichen Gründen nicht zur Eröffnung des Hauptverfahrens (LG Berlin, Beschluss vom 18.6.1998 – Az. 522-52/96 in 522-21/95). (Diese beiden Verfahren sind zum Abdruck in dem geplanten Dokumentationsband zu den MfS-Straftaten vorgesehen.) In einem weiteren Verfahren (Anklage der StA II bei dem LG Berlin vom 23.2.1994 – Az. 29/2 Js 1196/92) wurde Neiber Anstiftung zum Mord vorgeworfen. Nachdem das Verfahren zunächst zu dem Verfahren gegen Josef T. und Anna B. hinzuverbunden worden war, die nach dem Stand der Ermittlungen die Mordpläne ausführen sollten, erfolgte schließlich die Einstellung des Verfahrens gegen Neiber wegen Verhandlungsunfähigkeit (Beschluss des LG Berlin vom 15.7.1996 – Az. 529-29/93).

4 Die 1. Durchführungsbestimmung zur Ordnung Nr. 5/87 ist vollständig abgedruckt in Knabe, Hubertus: West-Arbeit des MfS. Das Zusammenspiel zwischen „Aufklärung" und „Abwehr", Berlin 1999, S. 474ff.

5 Zu Honecker vgl. den Dokumentationsband zu Amtsmissbrauch und Korruption, lfd. Nr. 8.

6 Vgl. Anhang S. 1024.

7 Vgl. Anhang S. 1022.

8 Vgl. Anhang S. 1028.

9 Vgl. DtZ 1992, 62; BGHR StGB § 99 Agent 2; BGHR StPO § 116 Agent 2; BGHR GG Art 103 Abs 2 Rückwirkung 2.

10 Vgl. Anhang S. 1020.

Lfd. Nr. 8

Die Hauptabteilung VIII des MfS
– Beobachtungen und Ermittlungen –
– Verfahren gegen Coburger u.a. –

Inhaltsverzeichnis
Erstinstanzliches Urteil des Kammergerichts Berlin vom 14.5.1993,
Az. (2) 3 StE 16/92 - 4 (1) (12/92) bzgl. Coburger

Kammergericht Berlin 14. Mai 1993
Az.: (2) 3 StE 16/92 - 4 (1) (12/92)

URTEIL

Im Namen des Volkes

in der Strafsache gegen

den Generalmajor a.D.
Dr. Karli Coburger
geboren 1929 in N.,

wegen geheimdienstlicher Agententätigkeit {1a}

hat der 2. Strafsenat des Kammergerichts in Berlin aufgrund der vom 8. März 1993 bis zum 14. Mai 1993 durchgeführten Hauptverhandlung, an der teilgenommen haben:

⊗ Es folgt die Nennung der Verfahrensbeteiligten. ⊗

in der Sitzung vom *14. Mai 1993* für *Recht* erkannt:

Der Angeklagte wird wegen geheimdienstlicher Agententätigkeit zu einer Freiheitsstrafe von

einem Jahr und neun Monaten

verurteilt.
Die Vollstreckung der Strafe wird zur Bewährung ausgesetzt. {1b}
Der Angeklagte hat die Kosten des Verfahrens zu tragen.
Angewendete Vorschriften:
§§ 99 Abs. 1 Nr. 1, 25 Abs. 2, 56 Abs. 1 und 2 StGB. {2}

Gründe

A. Die persönlichen Verhältnisse des Angeklagten

Der jetzt 63 alte Angeklagte wurde als Sohn einer Arbeiterfamilie in Thüringen geboren. Er besuchte die Volksschule, anschließend die Handelsschule und eine Wirtschaftsoberschule. 1948 bestand er das Abitur und begann eine Praktikantenzeit in einem Plastikverarbeitungswerk. Anschließend nahm er bis 1950 in der Fachrichtung Betriebswirtschaft an einem Lehrgang der Verwaltungsakademie in Forst-Zinna teil. Danach wurde er als Betriebsassistent in einen Plastikherstellungsbetrieb in Espenhain bei Leipzig versetzt und arbeitete dort – zuletzt als Abteilungsleiter – bis Ende August 1952. Im Mai 1951 war er der Sozialistischen Einheitspartei Deutschlands (SED) beigetreten.

Am 1. September 1952 wurde er hauptamtlicher Mitarbeiter des Ministeriums für Staatssicherheit (MfS) in der Bezirksverwaltung Leipzig und war dort in der für Wirtschaftsabwehr zuständigen Abteilung III tätig. Nach einem Qualifikationslehrgang an der Schule des MfS in Potsdam wurde er an die Zentrale des MfS in Berlin versetzt, übernahm dort zunächst eine Tätigkeit als Hilfssachbearbeiter und später als sogenannter

„Instrukteur“ mit dem Aufgabenbereich, Ermittlungsverfahren unter anderem auf die einheitliche Einhaltung der Untersuchungsprinzipien der DDR zu überprüfen. 1957 begann er neben seiner Tätigkeit im MfS – er war zu dieser Zeit Oberleutnant und Referatsleiter in der späteren, für Untersuchungen und Vernehmungen (auch von Strafta-{3}ten) zuständigen Hauptabteilung IX – im Fachbereich Kriminalistik ein Studium an der „mittleren Polizeischule“ des Innenministeriums in Aschersleben, das er 1960 beendete. In der HA IX war er in der Folgezeit als stellvertretender Abteilungsleiter im Rang eines Hauptmanns mit Aufgaben der Spionageabwehr betraut, von 1963 bis 1966 als Leiter der Abteilung 2 im Rang eines Majors tätig. Zu dieser Zeit hatte er an der Humboldt-Universität in Berlin ein Studium im Fachbereich Kriminalistik begonnen, das er 1966 als Diplomkriminalist abschloß. Darauf wurde er, inzwischen Oberstleutnant und Oberst, zum stellvertretenden Leiter der HA IX ernannt und war für die Abteilung Wirtschaftsabwehr sowie für die Abteilung, die mit der Aufklärung von Kriegsverbrechen aus der Zeit des Dritten Reichs befaßt war, anleitungsbefugt. 1976 promovierte er an der Juristischen Hochschule des MfS in Potsdam zum Dr. jur., am 1. Februar 1984 wurde er Generalmajor. Vom 1. Mai 1984 bis zur Auflösung des MfS im Jahre 1990 war der Angeklagte Leiter der HA VIII. Während seiner Tätigkeit im MfS wurde er mit einer Vielzahl von Ehrungen und Orden ausgezeichnet.

Der Angeklagte ist seit 1956 verheiratet; er hat zwei inzwischen erwachsene Kinder. Seit der Auflösung des MfS ist er im Vorruhestand und ⊗ es folgen Angaben zu den finanziellen Verhältnissen des Angeklagten. ⊗ Der Angeklagte ist nicht vorbestraft. {4}

B. *Allgemeine Feststellungen zum Aufbau des Ministeriums für Staatssicherheit, seiner Hauptabteilungen und zum Verantwortungsbereich ihrer Leiter*

1. Das Ministerium für Staatsicherheit der ehemaligen Deutschen Demokratischen Republik wurde 1950 gegründet. Seine weitreichenden Aufgaben, u.a. im Bereich der Abwehrarbeit sowie der weitgefächerten Überwachungs- und Aufklärungstätigkeit, wurden auf über 20 Hauptabteilungen und weitere Diensteinheiten, wie beispielsweise die Hauptverwaltung Aufklärung (HVA), die Zentrale Auswertungs- und Informationsgruppe (ZAIG) oder die Zentrale Koordinierungsgruppe (ZKG) verteilt, die entweder dem Minister selbst oder seinen Stellvertretern unterstanden. Die einzelnen Hauptabteilungen wiederum waren in mehrere Abteilungen, diese in Referate unterteilt.

2. Im Mittelpunkt der dem vorliegenden Strafverfahren zugrunde liegenden Ereignisse steht die Hauptabteilung VIII, die bis 1982 dem Stellvertreterbereich Generalleutnants Beater, danach Generalleutnants Neiber[1] angehörte; in der Zeit vom 1. Mai 1984 bis zur Auflösung des MfS wurde sie von dem Angeklagten Dr. Coburger geleitet; sie war in vierzehn Abteilungen unterteilt.

Die Aufgaben der Hauptabteilung VIII wurden in der „Ordnung 6/87 über die Zusammenarbeit zwischen den operativen Diensteinheiten und den Diensteinheiten der Linie VIII“ vom 3. Juli 1987 geregelt. Danach hatte sie in erster Linie zur Unterstützung der politisch-operativen Arbeit anderer {5} Diensteinheiten des MfS auftragsgebunden operative Beobachtungen und Ermittlungen in der DDR und im Operationsgebiet, d.h. vorrangig in der Bundesrepublik Deutschland und in West-Berlin, sowie konspirative Durchsuchungen in der DDR, aber auch strafprozessuale Zwangs- und Sicherungsmaßnahmen durchzuführen und andere rechtliche Befugnisse zur Verhaftung, vorläufigen Festnahme, Zuführung, Vorführung, Durchsuchung und Beschlagnahme zur qualifizierten Unterstützung der Untersuchungsarbeit des MfS wahrzunehmen.

Im wesentlichen übernahm die Hauptabteilung VIII mithin nachrichtendienstliche Aufträge aus den Zuständigkeitsbereichen anderer Diensteinheiten des MfS, die deren operative Möglichkeiten überstiegen. Zur Wahrung der Konspiration liefen die Absprachen von Details für Beobachtungen nur in den auftraggebenden Abteilungen, die in ihren Aufträgen lediglich die Beobachtungsaufgabe umschrieben und die Zielrichtung der Untersuchung (Benennung der jeweiligen Straftatbestände) angaben; Einzelheiten wurden nur insoweit mitgeteilt, als dies zur Erfüllung des erteilten Auftrages unbedingt erforderlich war. Die Auftragserteilung lief grundsätzlich auch nicht über den Leiter der Hauptabteilung VIII, sondern richtete sich zumeist an die zuständigen Referate, in denen grundsätzlich ohne Einschaltung des Hauptabteilungsleiters bestimmt wurde, welche IM's und welche technischen Hilfsmittel einzusetzen waren. Ausnahmen galten nur für Maßnahmen im Operationsgebiet, die über operative Ermittlungen und operative Beobachtungen hinausgingen. Diese waren wegen ihrer operativen Bedeutsamkeit oder ihrer politischen Brisanz zwischen den Leitern der auftraggebenden Diensteinheit und der Hauptabteilung VIII persönlich abzusprechen und in einem Operativplan zu fixieren, der dem Minister oder seinem zuständigen Stellvertreter zur Bestätigung vorzulegen war. Nach Erledigung der Aufträge {6} informierte der jeweilige IM seinen Führungsoffizier in aller Regel mündlich, der daraufhin einen an die auftraggebende Abteilung weiterzuleitenden sog. Beobachtungsbericht über die Realisierung des Auftrages fertigte.

Zur Erfüllung ihrer Aufgaben hatte die Hauptabteilung VIII das gesamte Bundesgebiet mit einem Netz von Agenten überzogen; ihre genaue Zahl ließ sich in der Hauptverhandlung nicht ermitteln. Jedoch kann davon ausgegangen werden, daß in der Bundesrepublik einschließlich (West)Berlin jedenfalls in der Zeit, in der der Angeklagte die HA VIII geleitet hat, mindestens 40-50 IM aktiv als Beobachter und Ermittler tätig waren. Zu ihnen zählten u.a. der ehemalige Mitangeklagte Schneider[2] (Deckname: Rennfahrer), die Zeugen Sch. (Deckname: Genua), Ta. (Deckname: Berliner) und Wilhelm V. (Decknamen: Oran/London/Louis); als Kuriere waren die Zeugen Heinrich Th. (Deckname: Palermo) und Johann Th. (Deckname: Roma) tätig.

Einzelheiten über die Werbung, Auswahl, Erziehung, Ausbildung und Befähigung der sog. „IM für besondere Aufgaben" enthalten die von dem ehemaligen Mitangeklagten Dr. Schubert[3] bestätigte Arbeitsorientierung „Suche, Auswahl, Aufklärung und Überprüfung geeigneter Werbekandidaten zur Lösung politisch-operativer Aufgaben des Stellvertreterbereiches – Operationsgebiet – der Hauptabteilung VIII" vom 2. Juli 1980 sowie die von dem Angeklagten Dr. Coburger entwickelte Konzeption „Für die Entwicklung der operativen Beobachtung, Ermittlung und aktiver operativer Maßnahmen im und nach dem Operationsgebiet" vom 25. September 1985. Letztere wies den Agenten spezifische Aufgaben zu, wie beispielsweise die Kontrolle von Personen und Objekten, die über den Rahmen von Beobachtungen hinausging, die Durchführung von konspirativen und anderen Durchsuchungen im {7} Operationsgebiet (später auf das Gebiet der DDR beschränkt), die Beschaffung von besonders bedeutsamen Informationen, Materialien und Unterlagen, die unter Einsatz spezifischer Mittel und Methoden zu realisieren war.

3. Unmittelbar unterstanden dem Leiter der Hauptabteilung VIII die zentralen Leitungseinrichtungen, wie beispielsweise die Arbeitsgruppe des Leiters, die u.a. für organisatorische Fragen im Zusammenhang mit einem etwaigen Mobilmachungsfall zuständig war, die Arbeitsgruppe Sonderaufgaben, die sich mit Schulung und Weiterqualifizierung der Mitarbeiter des MfS in Rahmen zentral vorgegebener Themen befaßte, die Arbeitsgruppe Finanzen, die Außenstelle der Sparkasse für die Mitarbeiter des MfS war, die gesamten Haushaltsmittel zu verwalten hatte und dabei mit den einzelnen Sachbearbeitern für Finanzen in den verschiedenen Abteilungen zusammenarbeitete, sowie die Auswertungs- und Kontrollgruppe (AKG), die den Leiter in seiner Führungs- und Leitungstätigkeit und bei der Erstellung seiner Planorientierungen unterstützte, Erkenntnisse von Feststellungen über Verstöße gegen das Transitabkommen zu erfassen hatte und sich mit Grundsatzfragen bezüglich der Arbeit mit IM's beschäftigte.

Nach der vom Minister für Staatssicherheit erlassenen „Richtlinie Nr. 1/80 für die Planung der politisch-operativen Arbeit im MfS“ vom 16. Juni 1980 war der Leiter verantwortlich, daß Einschätzungen der politisch-operativen Lage zielgerichtet zur Gewinnung von Erkenntnissen für die Planung der politisch-operativen Arbeit genutzt bzw. vorgenommen werden. Zur Erreichung dieses Zieles war er verpflichtet, zum 5. November eines jeden Jahres in sog. Planorientierungen die im Planjahr vorrangig zu realisierenden politisch-operativen Ziele und Aufgaben zur Gewährleistung der {8} Sicherheit im Verantwortungsbereich komplex zu planen, die Entwicklung der operativen Kräfte und Prozesse, die Arbeit im und nach dem Operationsgebiet festzulegen und diese unter Mitarbeit der einzelnen Abteilungsleiter sowie der AKG herauszugeben und dem stellvertretenden Minister des MfS zur Bestätigung vorzulegen. Die bestätigte Planorientierung war Grundlage für die Arbeitsplanung der einzelnen Abteilungen und Referate für das kommende Jahr. Aufgabe des Leiters war es somit, die grundsätzlichen Prozesse der Abteilung zu leiten und die Arbeit der verschiedenen Abteilungen und Gruppen, die über spezielle Möglichkeiten verfügten, die für die Auftragsabwicklung notwendig waren, zu koordinieren. Er hatte nach der „Richtlinie 1/79 für die Arbeit mit Inoffiziellen Mitarbeitern (IM) und Gesellschaftlichen Mitarbeitern für Sicherheit (GMS)“ vom 8. Dezember 1979[4] auch sämtliche Vorschläge für die Werbung neuer hauptamtlicher Mitarbeiter, von sog. IMB (Mitarbeiter mit Feindberührung) und von Personen, die nicht Bürger der DDR sind, zu bestätigen. Generell war der Hauptabteilungsleiter zwar verantwortlich für die ordnungsgemäße Durchführung von Beobachtungen und Ermittlungen für andere Diensteinheiten, war aber in allen dazu entscheidenden Fragen abhängig von bestehenden zentralen Befehlen, Richtlinien und Weisungen. In monatlichen Abständen hatte er dem zuständigen Stellvertreter des Ministers über die Tätigkeit der Hauptabteilung VIII zu berichten; der Bericht enthielt im wesentlichen Angaben über die Zahl der durchgeführten Beobachtungen, Ermittlungen, Festnahmen und Durchsuchungen, der neuen Kontakte, sowie Arbeitserkenntnisse und wurde von der AKG vorgefertigt. Wöchentlich fanden in der Hauptabteilung Dienstbesprechungen über die wichtigsten Vorkommnisse statt. {9}

C. Die Tatbeiträge des Angeklagten

1. Der Angeklagte nahm die globale Steuerung der nachrichtendienstlichen Tätigkeit der Hauptabteilung mit seinen Möglichkeiten im administrativen Bereich entsprechend seinem oben unter B 3. dargestellten Aufgabenbereich, insbesondere unter Beachtung der Richtlinien 1/79 und 1/80, in der Zeit vom 1. Mai 1984 bis zur Auflösung des MfS wahr.

2. Als er die Leitung der Hauptabteilung VIII übernahm, traf er nach seinen Worten auf einen Apparat, der sich in vielen Jahren entwickelt hatte und eingespielt war. Er hatte zu diesem Zeitpunkt aufgrund seiner in den anderen Hauptabteilungen geleisteten Arbeit zunächst keine Erfahrungen im Umgang mit den in den verschiedenen Referaten geführten „Inoffiziellen Mitarbeitern" sowie mit den Methoden ihres Einsatzes. Insoweit verließ er sich weitgehend auf die Entscheidungen der in den Referaten tätigen Führungsoffiziere. Durch die in den o.a. Richtlinien auch dem Hauptabteilungsleiter vorgeschriebenen regelmäßigen Berichte, die ihm von den ihm untergeordneten Abteilungen vorgefertigt wurden, sowie durch die bei Maßnahmen im Operationsgebiet erforderlichen Absprachen mit den Leitern der auftraggebenden Diensteinheit war er jedoch stets über die Zahl der in seiner Hauptabteilung tätigen IM's sowie darüber informiert, daß sie von ihren Führungsoffizieren auch in der Bundesrepublik Deutschland und in (West)Berlin eingesetzt wurden; deutlich wird das durch die von dem Angeklagten bestätigte „Konzeption zur perspektivischen Entwicklung des Referates 5 der Abteilung 6" vom 2. März 1987, in der u.a. die Einsatzmöglichkeiten der bereits oben unter {10} B 2. genannten IM's dargestellt wurden. Häufig nahm der Angeklagte Gelegenheiten wahr, „Inoffizielle Mitarbeiter" persönlich kennenzulernen. Er nahm auch an Veranstaltungen teil, bei denen IM's für ihre Leistungen geehrt und ausgezeichnet wurden, und er bemühte sich, diese in Gesprächen, aber auch durch die Befürwortung von zusätzlichen finanziellen Unterstützungen für weitere Aufgaben zu motivieren. So war er beispielsweise bei der Feier anläßlich des 60. Geburtstages des ehemaligen Mitangeklagten Schneider anwesend, und er schaltete sich im August 1984 auch ein, als der IM Josef T.[5] (Deckname: „Karate") in der Bundesrepublik vor seiner Verhaftung stand und daraufhin in die DDR übersiedelte.

3. Aufgrund seiner Kenntnisse, die er im administrativen Bereich seiner Tätigkeit in der Hauptabteilung VIII gewonnen hatte, wußte der Angeklagte auch, daß in der Abteilung 6 insbesondere von dem ehemaligen Mitangeklagten Kusche[6], seinerzeit Referatsleiter, und seinem Mitarbeiter, dem Zeugen Ernst Ri. (Deckname: Cairo), eine Gruppe „Inoffizieller Mitarbeiter" unter der Bezeichnung „Gruppe Rennfahrer" geführt wurde, die vornehmlich zu dem Verwandten- und Bekanntenkreis des ehemaligen Mitangeklagten Schneider gehörte, und die für die Realisierung einer großen Anzahl oft komplizierter Auftragsersuchen verantwortlich war.

a) Der ehemalige Mitangeklagte Heinrich Schneider (Deckname: „Rennfahrer") selbst war in Sommer 1970 als IM „für besondere Maßnahmen" angeworben worden und hatte seither eine Vielzahl von Aufträgen erledigt, die ihm von seinem Führungsoffizier Kusche erteilt worden waren. In dem Zeitraum, in dem der Angeklagte Dr. Coburger für die Hauptabteilung VIII verantwortlich war, war er maßgeblich damit {11} betraut, die von dem Zeugen Ta. gelieferten Unterlagen und Materialien nach (Ost-)Berlin zu bringen.

b) Den Zeugen Rudolf Ta. (Deckname: „Berliner") hatte Schneider Anfang der 70er Jahre bei der Firma R. kennengelernt, Kusche davon erzählt und ihn schließlich dazu überredet, ihm gegen entsprechendes Entgelt Informationen aus seinem beruflichen Tätigkeitsbereich zu liefern. Ta. wurde von Schneider geführt und hatte nie Kenntnis davon, für das MfS zu arbeiten, glaubte vielmehr, für die Firma Schneiders tätig zu sein, die er für den Ableger einer amerikanischen Firma hielt. Bis in das Jahr 1992 hinein lieferte Ta. Proben, Rohstoffe, anwendungsorientierte Rezepturen und andere grundlegende Informationen aus dem Bereich der Polyurethanchemie (Hart- und Weichschaumherstellung), die er bei den Firmen R. und E. an sich genommen hatte. Obwohl Ta. stets nur solches Material geliefert haben will, das er als veraltet ansah und dessen Weitergabe seinen Firmen angeblich nicht schaden konnte, wurde der volkswirtschaftliche Nutzen dieser Informationen im MfS in höchste Wertstufen eingeordnet; sie waren für die DDR von solcher Bedeutung, daß deren Nutzen von dem damaligen Leiter der HVA, Generaloberst Markus Wolf[7], mehrfach hervorgehoben wurde. Der Zeuge Ta. erhielt für seine Lieferungen – über Schneider – Zahlungen von insgesamt etwa 400.000.-- DM, wobei in diesem Betrag auch Auslagenerstattungen für die Lieferung operativer Technik, wie beispielsweise Computer u.ä., enthalten sind. Zur Aufrechterhaltung der Legende hinsichtlich des Empfängers der Materialien nahm Schneider Materiallieferungen Ta.'s auch noch nach der Auflösung des MfS entgegen, wenngleich er sie auch nicht bezahlte; entsprechende Unterlagen wurden in der Wohnung Schneiders sichergestellt. {12}

c) Der Zeuge Wilhelm V. (Decknamen: Oran/London/Louis), ein Freund Schneiders, führte für das MfS, weil er sich in Geldschwierigkeiten befand, in der Zeit zwischen 1975 bis 1979 (DN: Oran) und 1987 bis 1989 (DN: London) zahlreiche Ermittlungs- und Beobachtungsaufträge durch.

4. Zu den von dem ehemaligen Mitangeklagten Kusche geführten „Inoffiziellen Mitarbeitern" gehörte auch der Zeuge Bernhard Sch., der von 1975 bis 1989 unter dem Decknamen „Genua" für die Abteilung 6 der HA VIII des MfS tätig war. Sch. war Anfang der 70er Jahre als Angestellter eines Schlüsselnotdienstes in das Blickfeld des MfS geraten und wurde 1975 – zu diesen Zeitpunkt war er bereits mit eigenem Schlüsseldienst selbständig – von Kusche für das MfS angeworben, hatte allerdings von dem geheindienstlichen Hintergrund der ihm erteilten Aufträge zunächst keine Ahnung und wurde lediglich aus finanziellen Erwägungen tätig. In der Folgezeit bis hinein in die Zeit, in der der Angeklagte Dr. Coburger für die Hauptabteilung VIII verantwortlich war, lieferte er jegliche Schließtechnik und dazugehöriges Werkzeug und stellte seine Code-Unterlagen zum Kopieren zur Verfügung, so daß das MfS alsbald zur Herstellung jeglicher Sicherheitsschlüssel in der Lage war. Unabhängig hiervon lieferte er dem MfS teils aus eigenem Antrieb, teils auf entsprechenden Auftrag seines jeweiligen Führungsoffiziers einzelne Schlüssel, wie zum Beispiel:

a) 1978 einen sog. Notschlüssel der Polizei, mit dem u.a. Verkehrslichtsignaleinrichtungen sowie Polizeirufsäulen betätigt, aber auch Eingangstüren zu Polizeirevieren und -inspektionen geöffnet werden konnten; {13}
b) 1980 einen Generalhauptschlüssel für die Generalschlüsselanlage des Hotels „Savoy" in (West-)Berlin, die er mit finanzieller Unterstützung des MfS – um Konkurrenten unterbieten zu können – eingebaut hatte;
c) den Schlüssel für ein bestimmtes Hotelzimmer in Gauting bei München, das amerikanischen Agenten als Aufenthaltsort anläßlich bestimmter Messen gedient haben soll;

d) sog. Stuff-Rohlinge für bestimmte Schließfächer, die für das MfS von nachrichtendienstlichem Interesse waren;
e) Nachschlüssel zu der in (West-)Berlin gelegenen Privatwohnung einer Mitarbeiterin des Deutschen Bundestages, die in dem Verdacht stand, für einen anderen Geheimdienst zu arbeiten.

In der bereits erwähnten, vom Angeklagten bestätigten Konzeption vom 2. März 1987 wurde u.a. auch ausgeführt, daß „Genua" in der Lage sei, Objekte konspirativ zu öffnen, in sie einzudringen und konspirative Maßnahmen durchzuführen.

5. Der Angeklagte hat sich nicht nur mit den Leitungsaufgaben der ihm anvertrauten Hauptabteilung VIII befaßt, sondern sich auch unmittelbar an dem nachrichtendienstlichen Geschehen beteiligt; beispielhaft hierfür ist der Zentrale Operativvorgang „Subversion". Unter diesem Decknamen waren die Bestrebungen zusammengefaßt, eine seit 1975 bestehende, im wesentlichen von dem Hamburger Kaufmann Julius Lamp'l geleitete Fluchthelferorganisation zu bekämpfen und zu zerschlagen. Bereits im Dezember 1976 hatte der damalige Leiter der Hauptabteilung VIII, Dr. Schubert, angeordnet, zu diesem Zweck verschiedene Operativvorgänge zu einem zentralen Vorgang zusammenzufassen und ihn in der Abteilung 4 {14} der Hauptabteilung VIII federführend zu bearbeiten. Es gelang, die Organisation systematisch zu unterwandern, aufgrund der dadurch gewonnenen Erkenntnisse Fluchthelfer festzunehmen und gegen diese in der DDR Strafverfahren durchzuführen. Bis November 1984 wurden bereits in 64 Fällen Personen festgenommen und in der DDR zu zum Teil hohen Freiheitsstrafen verurteilt. Die Pläne, Lamp'ls habhaft zu werden, scheiterten letztlich, weil dieser inzwischen in einem bei dem Landgericht Hamburg anhängig gewesenen Strafverfahren verhaftet und am 8. Juni 1984 wegen Geldfälschung zu einer Freiheitsstrafe von drei Jahren und drei Monaten verurteilt worden war. Da die Organisation aber auch während der Zeit der Inhaftierung Lamp'ls von anderen fortgeführt wurde, dauerten naturgemäß die Bemühungen des MfS fort, auch diese zu bekämpfen. Der Angeklagte schaltete sich in den Vorgang mit der von ihm zu verantwortenden „Bearbeitungskonzeption zum Zentralen Operativen Vorgang ‚Subversion' zur wirksamen Bekämpfung und Zerschlagung der gerichtsbekannten kriminellen Menschenhändlerbande Lamp'l" vom 2. November 1984 sowie deren Präzisierungen vom 4. November 1986, 12. November 1987 und 12. Oktober 1988 ein, die aufgrund entsprechender Dienstanweisungen jährlich zu erstellen und von dem Angeklagten zu bestätigen waren. Er traf auf diese Weise Maßnahmen zum Einsatz von IM's und zur Erweiterung der operativen Basis und legte fest, welche der Mitarbeiter auf die führenden Mitglieder der Organisation anzusetzen waren. So wurde beispielsweise auf seine Weisung 1985 IMB „Herbert" (Klarname unbekannt), sowie 1987 und 1988 IMB „Peter Mohrhammer" (Klarname ebenfalls unbekannt) auf Lamp'l mit der Aufgabenstellung angesetzt, die Verbindungen des Lamp'l im kommerziellen Bereich aufzuklären und solche Aktivitäten zu erarbeiten, die für eine weitere Kriminalisierung des Lamp'l gegenüber „BRD-Justiz-{15}behörden" geeignet sind. Der Vorgang wurde in der Hauptabteilung VIII bis 1989 geführt und bearbeitet.

7. Der Angeklagte griff steuernd auch in die Führung einzelner IM's ein, wie das Beispiel des Zeugen Rolf Georg Va. zeigt, der. unter dem Decknamen „Georg Marbach" von Dezember 1984 bis Ende 1989 für die Abteilungen 13 und 14 der Hauptabteilung als Inoffizieller Mitarbeiter tätig war. Va., der seinerzeit im Versicherungswesen

angestellt war, hatte nach einer fristlosen Kündigung durch die C.-Versicherung vor dem wirtschaftlichen Ruin gestanden und beschlossen, in die DDR umzusiedeln. Im MfS erkannte man sofort die besonderen Zugangsmöglichkeiten eines Versicherungsmaklers. Er wurde für eine nachrichtendienstliche Tätigkeit geworben, in die Bundesrepublik zurückgeschleust, mit einem Startkapital in Höhe von 5.000.-- DM ausgerüstet und damit in die Lage versetzt, sich als Versicherungsmakler selbständig zu machen. Er wurde im Geheimschreibverfahren geschult und mit Kameras sowie einem Diktiergerät und einem Taschencomputer ausgerüstet. Dem Zeugen wurde der Auftrag erteilt, im Rahmen seiner Vertretertätigkeit Personen kennenzulernen, die Einflüsse auf wirtschaftliche, politische und militärische Prozesse im süddeutschen Raum haben. In Erfüllung dieses Auftrages überreichte er zunächst eine Kundenkartei der C.-Versicherung mit den Namen von mehreren Hundert Kunden, die der Zeuge vor seiner Entlassung betreut hatte. Im Laufe seiner Tätigkeit hat er darüber hinaus zwölf operative Ermittlungen, vierzehn Objektaufklärungen durchgeführt und 50 operative Informationen sowie 42 Personeneinschätzungen geliefert; dazu gehörten u.a. Aufklärungen von Mitgliedern der Zeugen Jehovas, die in die DDR grundsätzlich nicht einreisen durften. Die dem Zeugen entstandenen Kosten wurden ersetzt und die Einzelaufträge anfangs nach ihrem Wert bezahlt; im letzten {16} Jahr erhielt der Zeuge monatlich 500.-- DM, insgesamt etwa 64.000.-- DM. Die Treffs fanden durchschnittlich in vierteljährlichen Abständen statt. In der „Planvorgabe für die Planung der politisch-operativen, fachlichen und Kaderarbeit 1989“ vom 12. Dezember 1988 hat der Angeklagte angeordnet, daß der Zeuge auf der Grundlage von Einsatz- und Entwicklungskonzeptionen schrittweise an die Ermittlungstätigkeit heranzuführen sei, seine Eignung als IM-Ermittler geprüft und er zur Realisierung von Ermittlungen unter Nutzung der Speicherabfrage befähigt werden solle.

D. Beweiswürdigung

Diese Feststellungen beruhen im wesentlichen auf den Angaben des Angeklagten, der in der Hauptverhandlung ausdrücklich die volle Verantwortung für die Planung der operativen Arbeitsprozesse und die Gewährleistung der Arbeitsfähigkeit der von ihm geleiteten Hauptabteilung für die Zeit seiner Leitungsfunktion sowie für die Durchführung von Aufträgen und Maßnahmen insoweit übernommen hat, als er mit ihnen befaßt war oder von ihnen Kenntnis erlangt hatte. Die hier getroffenen Feststellungen zu der Tätigkeit des Angeklagten als Leiter der Hauptabteilung VIII in ihrem administrativen und nachrichtendienstlichen Bereich bewegen sich in diesem Rahmen; der Angeklagte hat diese Tätigkeit eingeräumt.

Die Feststellungen des Senats werden bestätigt durch die Aussagen der ehemaligen Mitangeklagten Dr. Schubert, Kusche und Schneider (gegen sie wurde das Verfahren zur gesonderten Verhandlung abgetrennt), den Bekundungen der Zeugen Rolf Georg Va., Heinrich und Johann Th., Ralf K., {17} Bernhard Sch. (seine Aussage wurde durch Verlesung der richterlichen Vernehmung vom 20. Juli 1992 in die Hauptverhandlung eingeführt), Rudolf Ta. (seine Aussage wurde durch Verlesung seiner richterlichen Vernehmung vom 4. Juni 1992 und durch Vernehmung der Vernehmungsbeamtin KK’in z.A. S. in die Hauptverhandlung eingeführt), Ernst Ri. (seine Aussage wurde durch Vernehmung des Vernehmungsbeamten KHK L. in die Hauptverhandlung eingeführt) sowie die ausweislich der Sitzungsniederschrift verlesenen bzw. in Augenschein genommenen Urkunden.

Soweit die Zeugen Heinrich und Johann Th. bestritten haben, Kurierdienste für das MfS geleistet zu haben, wurden ihre Aussagen durch die insoweit glaubhaften und durch verlesene Urkunden bestätigten Angaben der ehemaligen Mitangeklagten Schneider und Kusche widerlegt.

E. Rechtliche Bewertung

1. Nach diesen Feststellungen hat sich der Angeklagte der gemeinschaftlichen geheimdienstlichen Agententätigkeit nach § 99 Abs. 1 Nr. 1[8], § 25 Abs. 2 StGB strafbar gemacht.

a) Der Angeklagte hat als Leiter der Hauptabteilung VIII in der Zeit vom 1. Mai 1984 bis zum 31. März 1990 für das Ministerium für Staatssicherheit der DDR, also für den Geheimdienst einer fremden Nacht, eine geheimdienstliche Tätigkeit gegen die Bundesrepublik Deutschland ausgeübt, die auf die Mitteilung und Lieferung von Tatsachen, Gegenständen oder Erkenntnissen gerichtet war. Denn er hat durch seine Tätigkeit im administrativen und im nachrichten-{18}dienstlichen Bereich die Voraussetzungen geschaffen bzw. aufrechterhalten, die den Einsatz und die Arbeitsergebnisse der „Inoffiziellen Mitarbeiter" auf dem Gebiet der Bundesrepublik Deutschland ermöglicht haben.

b) Das Verhalten des Angeklagten war weder gerechtfertigt noch entschuldigt. Er hat die Tat zwar in Ausübung seiner gegenüber dem Ministerium für Staatssicherheit bestehenden Amts- und Dienstpflichten begangen, jedoch ist hier für die Frage der Rechtfertigung oder Entschuldigung allein das Strafrecht der Bundesrepublik Deutschland maßgebend, weil die Tat im Inland begangen wurde (§§ 3, 9 StGB). Der Angeklagte ist selbst zwar nur außerhalb der Bundesrepublik tätig geworden, jedoch muß er sich den von ihm veranlaßten und zu verantwortenden Tatbeitrag der „Inoffiziellen Mitarbeiter", die in der Bundesrepublik gehandelt haben, als deren Mittäter nach § 25 Abs. 2 StGB zurechnen lassen (vgl. BGH NJW 1991, 2498). Das hat nach § 9 Abs. 1 StGB zur Folge, daß die Tat an jedem Ort begangen wurde, an dem einer der Mittäter gehandelt hat, somit auch in der Bundesrepublik Deutschland (vgl. Dreher/Tröndle, StGB 46. Aufl., Rdn. 2; Eser in Schönke/Schröder, StGB 24. Aufl., Rdn. 4; Tröndle in Leipziger Kommentar, StGB 10. Aufl., Rdn. 3; je zu § 9 StGB).

c) Der Angeklagte hat auch schuldhaft gehandelt. Nach seinen Angaben in der Hauptverhandlung war ihm bewußt, und es entsprach auch seinem Willen, eine gegen die Bundesrepublik Deutschland gerichtete nachrichtendienstliche Tätigkeit entfaltet zu haben.

2. An der Strafbarkeit des Verhaltens des Angeklagten hat sich auch durch den Vertrag zwischen der Bundesrepublik Deutschland und der Deutschen Demokratischen Republik über {19} die Herstellung der Einheit Deutschlands vom 31. August 1990 nichts geändert. Unter den in Anlage I, Kapitel III Sachgebiet C, Abschnitt III Nr. 1 aufgeführten Bestimmungen des Strafgesetzbuches, die auf dem Gebiet der ehemaligen DDR keine Anwendung finden, ist § 99 StGB nicht aufgeführt. Es bestehen auch keine Anhaltspunkte für die Annahme, daß es sich insoweit um ein Versehen der vertragsschließenden Staaten gehandelt haben könnte. Vielmehr kann davon ausgegangen werden, daß hier eine bewußte Entscheidung getroffen worden ist (vgl. BGH NJW 1991, 2498, 2500). Das folgt auch aus dem Umstand, daß die Fraktionen von CDU/CSU und FDP es

für erforderlich gehalten, haben, den Entwurf eines Amnestiegesetzes für Mitarbeiter des MfS vorzulegen, die von der DDR aus Spionage gegen die Bundesrepublik Deutschland betrieben haben (Bundestagsdrucksache 11/7762); ein solches Gesetz wurde allerdings nicht verabschiedet.

3. Auch Verfassungsrecht steht einer Bestrafung des Angeklagten nicht entgegen.

a) Das sich aus Art. 103 Abs. 2 GG ergebende Rückwirkungsverbot schließt eine Bestrafung den Angeklagten nicht aus. Denn ein Fall der rückwirkenden Gesetzesänderung liegt hier nicht vor. Die Strafbarkeit der Taten nach § 99 StGB war bereits vor dem Abschluß des Einigungsvertrages begründet. Wie bereits dargelegt, muß er sich das arbeitsteilige, mittäterschaftliche Handeln der unter seiner Verantwortung in der Bundesrepublik tätig gewordenen Inoffiziellen Mitarbeiter des MfS nach § 25 Abs. 2 StGB anrechnen lassen; daß er wegen dieses Verhaltens nicht schon früher belangt wurde, ist allein darauf zurückzuführen, daß er das Gebiet der Bundesrepublik Deutschland während des Bestehens der DDR nicht betreten hat. Durch den Einigungsvertrag wurde jetzt lediglich die tatsächliche Strafverfolgungsmöglichkeit er-{20}öffnet; darin aber liegt kein Verstoß gegen das Rückwirkungsverbot des Art. 103 Abs. 2 GG (BVerfGE 25, 269, 286 f.).

b) Im vorliegenden Fall steht auch der Gleichheitsgrundsatz des Art. 3 GG einer Bestrafung nicht entgegen. Eine Willkürbehandlung von MfS-Angehörigen gegenüber Mitarbeitern des Bundesnachrichtendienstes dadurch, daß ihr Verhalten an dem für sie fortgeltenden § 99 StGB zu messen ist, scheidet in Fällen der vorliegenden Art selbst dann aus, wenn schwerwiegende Menschenrechtsverletzungen nicht nachzuweisen sind. Eine Gleichstellung der Spione der Bundesrepublik Deutschland und der DDR ist jedenfalls dann nicht zulässig, wenn sich das strafrechtlich zu bewertende Verhalten der MfS-Angehörigen von dem rein nachrichtendienstlich ausgerichteten Tätigkeitsbereich des BND unterscheidet. Diese Voraussetzung ist im vorliegenden Fall gegeben. Der Operativvorgang „Subversion" macht das deutlich. Die von dem Angeklagten zu verantwortenden Maßnahmen sowie die gezielte Steuerung von Agenten zur „Zerschlagung der Menschenhändlerbande Lamp'l" gehen über eine rein nachrichtendienstliche Tätigkeit hinaus und schließen die Annahme einer Willkürbehandlung von MfS-Angehörigen von vornherein aus. Der Senat entfernt sich daher auch nicht von der Auffassung des 1. Strafsenats des Kammergerichts. Seinem Vorlagebeschluß[9] (vgl. NJW 1991, 2501) lag insofern ein anderer Sachverhalt zugrunde, als dort von einer rein nachrichtendienstlich ausgerichteten Tätigkeit der angeschuldigten MfS-Angehörigen, die der Hauptverwaltung Aufklärung angehörten, ausgegangen wurde. Der erkennende Senat sieht daher keinen Anlaß, dem Hilfsantrag des Angeklagten zu folgen und die Sache ebenfalls dem Bundesverfassungsgericht zur Entscheidung der Frage vorzulegen, ob die Strafverfolgung wegen einer Verletzung des Gleichheitsgrundsatzes widerspricht. {21}

c) Der Bestrafung des Angeklagten steht auch nicht Art. 31 der Haager Landkriegsordnung[10] vom 18. Oktober 1907 (RGBl. 1910, 107) entgegen, wonach ein Spion, der zu dem Heer, dem er angehört, zurückgekehrt ist und später vom Feind gefangen genommen wird, für früher begangene Spionage nicht verantwortlich gemacht werden kann. Daß auch eine entsprechende Anwendung dieser Bestimmung auf Fälle der vorliegenden Art wegen der grundlegenden Verschiedenheit der in Frage stehenden Sachverhalte nicht möglich ist, hat der Bundesgerichtshof bereits mehrfach entschieden (NJW 1991, 929; 1991, 2498, 2500); der Senat schließt sich dieser Auffassung an.

c) Der Angeklagte kann sich auch nicht darauf berufen, daß er als Offizier im Ministerium für Staatssicherheit auf den Fortbestand der gesetzlichen Grundlagen seiner Tätigkeit und darauf vertrauen durfte, daß das Recht der Bundesrepublik Deutschland nicht auf das Gebiet der ehemaligen DDR ausgedehnt werden würde. Der Angeklagte wußte, daß er sich nach den Gesetzen der Bundesrepublik Deutschland strafbar gemacht hatte und dort jederzeit der Strafverfolgung unterliegen würde. Er konnte zu keinen Zeitpunkt ernsthaft damit rechnen, daß die Strafbarkeit bei einem Wechsel der politischen Verhältnisse, wie er jetzt eingetreten ist, jemals entfallen würde. Das Oberlandesgericht Stuttgart hat in seinem Urteil vom 10. Dezember 1992 in dem Verfahren gegen Herbert Köhler[11], ehemals Oberst im MfS (4 - 3 StE 3/92), daher zu Recht ausgeführt, daß ein insoweit vorhandenes Vertrauen nur im Rahmen der Strafzumessung Berücksichtigung finden könne. {22}

F. *Strafzumessung*

Bei der Strafzumessung hat der Senat hinsichtlich der Tätigkeit des Angeklagten im nachrichtendienstlichen Bereich nur die festgestellten Fälle berücksichtigt, in denen die Inoffiziellen Mitarbeiter in der Zeit der Amtsführung des Angeklagten in der Hauptabteilung VIII, also in der Zeit vom 1. Mai 1984 bis zum 31. März 1990, tätig gewesen sind.

1. Der Senat hat den Strafrahmen des § 99 Abs. 1 StGB zugrunde gelegt, weil ein besonders schwerer Fall geheimdienstlicher Agententätigkeit nicht vorliegt. Er hat zugunsten des Angeklagten berücksichtigt, daß der Angeklagte die Tat in Erfüllung der ihm aufgrund seiner beruflichen Stellung in Ministerium für Staatssicherheit obliegenden Pflichten beging und daß ihm nicht zu widerlegen war, daß er dabei strikt auf die Einhaltung des in der DDR geltenden Rechts geachtet hat, so daß sein Handeln dort als rechtmäßig angesehen wurde. Er hatte daher bei der Ausübung der ihm obliegenden Aufgaben, die überdies dem von ihm geleisteten Diensteid entsprachen, keine Hemmschwellen zu überwinden. Angst vor strafrechtlicher Verfolgung brauchte er nicht zu haben, weil es ihm als MfS-Offizier ohnehin verboten war, das kapitalistische Ausland zu betreten. Es ist auch nachvollziehbar, daß sich der Angeklagte dem Staat, den er als Garant für Frieden, Völkerverständigung und soziale Gerechtigkeit ansah, verpflichtet fühlte und daß er darauf vertraute, daß sein Dienstherr – der Staat DDR – im Rahmen der Vereinigung der deutschen Staaten dafür eintreten würde, daß die in der DDR als rechtmäßig geltende Tätigkeit der Mitarbeiter des MfS strafrechtlich auch wei-{23}terhin nicht verfolgt werde. Zugunsten des Angeklagten sprach auch, daß er in der Hauptverhandlung die Verantwortung für sein Tun uneingeschränkt übernommen und dazu beigetragen hat, daß die Strukturen des Ministeriums für Staatssicherheit deutlich sichtbar wurden. Der Senat hat weiterhin berücksichtigt, daß der Angeklagte wegen seines Alters und der Tatsache, daß er durch die Vereinigung Deutschlands seine Existenz verloren hat, besonders strafempfindlich ist; hinzu kommt, daß er bislang nicht vorbestraft ist. Unter Berücksichtigung dieser Umstände hält der Senat eine

Freiheitsstrafe von einen Jahr und neun Monaten

für unrechts- und schuldangemessen.

2. Der Senat hat die Vollstreckung der Strafe nach § 56 Abs. 2 StGB zur Bewährung ausgesetzt. Schon im Hinblick auf die veränderte politische Situation ist nicht zu erwarten, daß sich der Angeklagte erneut in der geschilderten Weise strafbar machen könnte. Der Senat geht davon aus, daß der Angeklagte auch ohne die Einwirkung des Strafvollzuges keine Straftaten mehr begehen wird. Die besonderen Umstände im Sinne von § 56 Abs. 2 StGB ergeben sich bereits daraus, daß der Angeklagte hier in Ausübung seines Berufes tätig geworden ist und ein meßbarer Schaden für die Bundesrepublik Deutschland nicht eingetreten ist.

Die Verteidigung der Rechtsordnung gebietet die Vollstreckung der Freiheitsstrafe nicht (§ 56 Abs. 3 StGB).

3. Für die Anordnung von Nebenfolgen im Sinne von §§ 101, 45 Abs. 2 und 5 StGB besteht kein Anlaß. {24}

Anmerkungen

1 Gerhard Neiber wurde in mehreren Verfahren in Zusammenhang mit seiner Tätigkeit beim MfS angeklagt. So warf ihm die StA bei dem KG Berlin in ihrer Anklageschrift vom 29.10.1993 – Az. 29/2 Js 228/90 – vor, die Verschleppung und Tötung des NVA-Soldaten Werner Weinhold geplant zu haben. Das LG Berlin lehnte durch Beschluss vom 26.4.1994 – Az. (532) 29/2 Js 228/90 (12/93 – die Eröffnung des Hauptverfahrens aus tatsächlichen Gründen ab. Gegenstand der Anklage der StA II bei dem LG Berlin vom 7.4.1995 – Az. 29/2 Js 231/90 – war das Gewähren von Unterschlupf von Angehörigen der Roten-Armee-Fraktion in der DDR (Strafvereitelung). Auch hier kam es aus rechtlichen und tatsächlichen Gründen nicht zur Eröffnung des Hauptverfahrens (LG Berlin, Beschluss vom 18.6.1998 – Az. 522-52/96 in 522-21/95). (Diese beiden Verfahren sind zum Abdruck in dem geplanten Dokumentationsband zu den MfS-Straftaten vorgesehen.) In einem weiteren Verfahren (Anklage der StA II bei dem LG Berlin vom 23.2.1994 – Az. 29/2 Js 1196/92) wurde Neiber Anstiftung zum Mord vorgeworfen. Nachdem das Verfahren zunächst zu dem Verfahren gegen Josef T. und Anna B. hinzuverbunden worden war, die nach dem Stand der Ermittlungen die Mordpläne ausführen sollten, erfolgte schließlich die Einstellung des Verfahrens gegen Neiber wegen Verhandlungsunfähigkeit (Beschluss des LG Berlin vom 15.7.1996 – Az. 529-29/93).

2 Das Verfahren gegen Schneider wurde abgetrennt. Zum Verfahrensfortgang vgl. lfd. Nr. 8-2.

3 Das Verfahren gegen Albert Schubert wurde abgetrennt und vom Landgericht Berlin durch Beschluss vom 14.11.1994 – Az. (529) 1 Kap Js 711/93 (29/93) – zum Verfahren gegen Josef T. und Anna B. hinzuverbunden. Bei den Letztgenannten handelt es sich um diejenigen Personen, die nach den Ermittlungen der Staatsanwaltschaft die Mordpläne ausführen sollten. Nachdem Schubert verhandlungsunfähig geworden war, wurde das Verfahren gegen ihn erneut abgetrennt, zunächst vorläufig ausgesetzt und schließlich durch Beschluss des Landgerichts Berlin vom 23.10.1996 – Az. 529 - 29/93 – wegen dauernder Verhandlungsunfähigkeit gem. § 206a StPO eingestellt. T. und B. wurden vom Landgericht Berlin durch Urteil vom 10.7.1996 – Az. (529) 1 Kap Js 711/93 Ks (29/93) – aus tatsächlichen Gründen rechtskräftig freigesprochen.

4 Die Richtlinie ist vollständig abgedruckt in Müller-Enbergs, Inoffizielle Mitarbeiter des Ministeriums für Staatssicherheit, Richtlinien und Durchführungsbestimmungen, Berlin 1996, S. 305ff.

5 Zum Verfahren gegen T. vgl. Anm. 3.

6 Das Verfahren gegen Kusche wurde abgetrennt. Zum Verfahrensfortgang vgl. lfd. Nrn. 8-2, 8-4 und 8-6.

7 Zu Wolf vgl. lfd. Nr. 1.

8 Vgl. Anhang S. 1024.

9 Vgl. lfd. Nr. 2-2.

10 Vgl. Anhang S. 1020.

11 Vgl. lfd. Nr. 5.

Inhaltsverzeichnis
Erstinstanzliches Urteil des Kammergerichts Berlin vom 1.7.1993, Az. (2/1) 3 StE 16/92 - 4 (1) (81/92) bzgl. Kusche und Schneider

Kammergericht Berlin 1. Juli 1993
Az.: (2/1) 3 StE 16/92 - 4 (1) (81/92)

URTEIL

Im Namen des Volkes

In der Strafsache gegen

1. den Oberstleutnant a.D.
   Hans Kusche
   geboren 1930 in H.,
2. den Kaufmann
   Heinrich Peter Schneider,
   geboren 1929 in K.,

wegen geheimdienstlicher Agententätigkeit u.a. {2}

hat der 2. Strafsenat des Kammergerichts in Berlin aufgrund der vom 8. März 1993 bis zum 1. Juli 1993 durchgeführten Hauptverhandlung, an der teilgenommen haben:

⊗ Es folgt die Nennung der Verfahrensbeteiligten. ⊗

in der Sitzung vom 1. Juli 1993 für Recht erkannt:

Die Angeklagten sind der geheimdienstlichen Agententätigkeit in Tateinheit mit Beihilfe zum versuchten Mord schuldig.
Es werden verurteilt:
a) der Angeklagte Kusche – unter Freisprechung im übrigen – zu einer Freiheitsstrafe von
drei Jahren und sechs Monaten,
b) der Angeklagte Schneider zu einer Freiheitsstrafe von
vier Jahren und sechs Monaten. {3}

Die Angeklagten haben die Kosten des Verfahrens zu tragen, soweit sie verurteilt wurden; soweit der Angeklagte Kusche freigesprochen wurde, fallen die Kosten des Verfahrens und die notwendigen Auslagen des Angeklagten der Landeskasse Berlin zur Last.

Angewendete Vorschriften:
§§ 99 Abs. 1 Nr. 1, 211, 22, 23 Abs. 1 und 2, 25 Abs. 2, 27, 52 Abs. 1 und 2 StGB {4}

Gründe

1. Teil

A. Die persönlichen Verhältnisse der Angeklagten

1. Der Angeklagte Hans Kusche ist jetzt 62 Jahre alt. Er wurde in H. geboren, lebte dort bis zu seinem achten Lebensjahr und zog im Jahre 1938, weil seine Eltern in H. faschistischen Repressalien ausgesetzt waren, in die Nähe von Leipzig. Dort besuchte er bis 1945 die Volksschule und begann die Lehre eines Elektrofeinmechanikers, die er jedoch nicht abschloß, weil seine Eltern das Lehrverhältnis gekündigt hatten; bis Januar 1949 arbeitete er daraufhin als Traktorist in der Landwirtschaft. Im Februar 1949 trat er freiwillig in die SED ein und meldete sich im Kreis Merseburg als Polizeianwärter bei der Volkspolizei. Dort und später beim MfS, wohin er im Mai 1951 gewechselt war, war er in Halle und in Berlin als Kraftfahrer eingesetzt. Durch Vermittlung eines verantwortlichen Mitarbeiters des MfS, dessen Fahrer er war, wurde er schließlich im Oktober 1954 im Range eines Oberfeldwebels Hilfssachbearbeiter in der damaligen operativen Abteilung II des MfS in Berlin und nach einer Beförderung zum Oberleutnant schließlich Referatsleiter in der Hauptabteilung II. Wegen einer Verkehrsstraftat – er war wegen eines Trunkenheitsdeliktes mit tödlichem Ausgang und wegen Fahrerflucht zu einer Freiheitsstrafe verurteilt worden – wurde er 1960 aus der SED ausgeschlossen, aus dem Dienst des MfS entlassen und von Oktober 1961 bis November 1969 als Leutnant im Innenministerium beschäftigt. Ins MfS kehrte er im Dezember 1969 zurück und {5} wurde der Hauptabteilung VIII als operativer Mitarbeiter zugeteilt. Dort wurde er nach seiner Beförderung zum Hauptmann im Oktober 1976 als Leiter des Referats 3 in der Abteilung 6 sowie nach seiner Beförderung zum Oberstleutnant im Februar 1985 des Referats 6 in derselben Abteilung eingesetzt. Er absolvierte an der Schule des MfS einen Lehrgang zum „Fachschuljuristen“ und wurde am 30. November 1989 aus dem Dienst verabschiedet. Hans Kusche, der seinen Dienst im MfS aus echter Überzeugung versehen hat, wurde mit verschiedenen Geldprämien und Orden, wie beispielsweise dem Vaterländischen Verdienstorden in Gold und dem Kampforden in Gold, ausgezeichnet.

Der Angeklagte ist seit 1954 verheiratet und Vater eines im Jahre 1956 geborenen Sohnes. Im Bundeszentralregister sind über ihn keine Eintragungen enthalten.

2. Der jetzt 63 Jahre alte Angeklagte Heinrich Schneider hat die Volksschule besucht und eine Lehre als Werkzeugmacher begonnen. Diese hat er jedoch nicht abgeschlossen, sich vielmehr freiwillig zur damaligen Wehrmacht gemeldet, aus der er aber nach einer Kriegsverletzung (Knieschuß) desertierte. Nach Kriegsende bestritt er seinen Lebensunterhalt durch Tätigkeiten im Straßenhandel, als Schrotthändler, Fuhrunternehmer und auf dem Bau als Maschinist. Von 1967 bis 1970 war bei der Firma L., die in G. Poolbillardtische herstellte, als Betriebsleiter beschäftigt und machte sich danach selbständig. Er gründete im Januar 1970 ein eigenes kunststoffverarbeitendes Unternehmen, stellte zunächst Bilder und Reliefs aus Kunstharz, später für eine andere Firma Abstandhalter für Verschalungen her. ⊗ Es folgen Angaben zu den finanziellen Verhältnissen des Angeklagten. ⊗

Seit Sommer '70 bis zur Auflösung des Ministeriums für Staatssicherheit ist der Angeklagte für dieses als Inoffizieller Mitarbeiter (IM) tätig gewesen; er galt als einer der besten IM's. Für seine Tätigkeit erhielt er ein monatliches Entgelt von anfangs 800,-- DM, später 1.200,-- DM zuzüglich 600,-- DM für Fahrtkosten, Zahlungen für die einzelnen Treffs, ein 13. Monatsgehalt sowie Sonderzuwendungen und Prämien. Darüber hinaus wurde er beispielsweise bei der Anschaffung von Kraftfahrzeugen unterstützt und erhielt Zuwendungen in Höhe von 5.000,--, 8.000,-- und 15.000,-- DM. Der Angeklagte Schneider hält es für möglich, in der Zeit seiner Tätigkeit vom MfS insgesamt 800.000,-- DM erhalten zu haben; in dieser Summe sind aber auch solche Beträge enthalten, die der Angeklagte für das MfS verauslagt hatte, so daß lediglich etwas mehr als 300.000,-- DM als reiner Agentenlohn anzusehen sind. Zu seinem „Führungsoffizier" Hans Kusche unterhielt der Angeklagte einen engen freundschaftlichen Kontakt.

Aus der ersten, im Jahre 1968 geschiedenen Ehe des Angeklagten sind zwei Söhne hervorgegangen; seit 1970 ist er in zweiter Ehe verheiratet. Im Bundeszentralregister sind Vorstrafen des Angeklagten nicht eingetragen. {7}

B. Allgemeine Feststellungen zum Aufbau des Ministeriums für Staatssicherheit, seiner Hauptabteilungen und zum Verantwortungsbereich ihrer Leiter und Referatsleiter

⊗ Es folgen die angekündigten Ausführungen (vgl. lfd. Nr. 8-1, S. 756ff.). ⊗ {11}

C. Die Tatbeiträge der Angeklagten

I. Die Anwerbung des Angeklagten Schneider

Im Jahre 1957 nahm der Angeklagte Schneider von sich aus Kontakt zum Ministerium für Staatssicherheit auf. Er hatte sich zu diesem Zeitpunkt in finanziellen Schwierigkeiten befunden und versprach sich durch eine Tätigkeit für das MfS eine Lösung seiner Probleme. Der Angeklagte Kusche, der zu dieser Zeit noch in der Hauptabteilung II tätig war, vereinbarte mit ihm einen Treffpunkt in (Ost)Berlin und klärte das persönliche Umfeld des Angeklagten ab. Zu einer Verpflichtung kam es damals nicht, weil Schneider inzwischen wegen Einbruchs und Hehlerei zu einer Freiheitsstrafe von einem Jahr und neun Monaten verurteilt worden war und die Strafe zu verbüßen hatte. Im Jahre 1970 erinnerte sich der Angeklagte Kusche seiner, als er in der Abteilung 6 der Hauptabteilung VIII ein IM-Netz in der Bundesrepublik aufzubauen hatte. Mit Hilfe des Zeugen Ernst Ri. (DN: Cairo) ermittelte er die Anschrift Schneiders und erkundigte sich, ob bei ihm noch ein Interesse für eine Mitarbeit vorhanden sei. Der Angeklagte Schneider war interessiert, nahm eine Einladung des Angeklagten Kusche an und traf sich mit ihm im Sommer 1970 im (Ost)Berliner „Café Warschau". Er wurde als IM „für besondere Maßnahmen" angeworben, erhielt den Decknamen „Rennfahrer" und wurde von dem Angeklagten Kusche bis zu dessen Ausscheiden aus dem MfS „geführt". In der Folgezeit fanden zumeist in (Ost)Berlin regelmäßige „Treffs" mit Kusche oder dem Zeugen {12} Ri. (DN: Cairo) statt. Schneider wurde im A-3-Funkverkehr für einseitige Nachrichtenübermittlung geschult und entsprechend ausgerüstet; weiterhin erhielt er eine Fotoausrüstung und für die Aktion „Fürst" vorübergehend eine Schußwaffe. Der Angeklagte ist über den gesamten Zeitraum nicht allein aus finanziellen Gründen für das MfS tätig gewesen. Mit seinem Führungsoffizier verband ihn ein freundschaftliches Verhältnis, das wohl auch jetzt noch besteht. Darüber hinaus fühlte er sich in dem Machtapparat des MfS nicht zuletzt deshalb geborgen, weil man ihn dort achtete und seine Tätigkeit anerkannte. Wie seine Jahreseinschätzung für das Berichtsjahr 1975 zeigt, wurde bereits zu diesem Zeitpunkt seine positive Einstellung zur DDR hervorgehoben. Wegen seiner Zuverlässigkeit, seiner Einsatzbereitschaft und seiner erfolgreichen operativen Tätigkeit ist er mehrfach ausgezeichnet worden, u.a. mit der Verdienstmedaille der DDR, dem Vaterländischen Verdienstorden in Bronze und dem Ehrenabzeichen „35 Jahre MfS". Daneben erhielt er mehrfach Anerkennungsschreiben, wie z.B. vom ehemaligen Leiter der HVA, Generaloberst Markus Wolf[1]. In den letzten vier/ fünf Jahren soll er mit Ausnahme der Abschöpfung der Quelle „Berliner" kaum noch Aufträge realisiert haben; gleichwohl wurde ihm wegen seiner Einstellung zum MfS weiterhin sein volles Entgelt ausbezahlt.

II. Aufbau der Gruppe „Rennfahrer"

1. Der Angeklagte Schneider unterstützte seinen „Führungsoffizier (FO)" Kusche in dessen Bemühen, ein IM-Netz in der Bundesrepublik aufzubauen. Vornehmlich aus seinem Verwandten- und Bekanntenkreis schlug er eine Reihe von Personen als Kandidaten vor, die zum Teil durch den Angeklagten Kusche angeworben werden konnten und in der Folge-{13}zeit von ihm unter der Bezeichnung „Gruppe Rennfahrer" geführt wurden; sie waren für die Realisierung einer großen Anzahl oft komplizierter Auftragsersuchen verantwortlich. Zu dem Kreis dieser IM zählten:

a) Joseph T. (DN: Karate): Er wurde von den Strafverfolgungsbehörden in der Bundesrepublik gesucht, hatte sich wegen finanzieller Probleme an seinen Freund Schneider gewandt und wurde von ihm daraufhin dem MfS vermittelt. Er war für das MfS in der Zeit von 1974 bis 1983 als Observant und Ermittler tätig, erledigte in den ersten sechs Jahren seiner Tätigkeit mehr als 100 Auftragsersuchen, danach überwiegend im Zentralen Operativvorgang (ZOV) Subversion (vgl. unten zu IV 22[2] und 2. Teil I) und wurde im Oktober 1983 konspirativ in die DDR eingeschleust, weil seine Verhaftung in der Bundesrepublik unmittelbar bevorstand.

b) Ingrid Schneider (DN: Karin), Ehefrau des Angeklagten. Sie begleitete ihren Ehemann gelegentlich zu dessen Treffen in (Ost)Berlin, lernte dort Kusche kennen und erhielt mehrmals Geldgeschenke zwischen 300.-- und 500.-- DM, die sie mit ihrem Decknamen quittierte. Sie unterstützte ihren Ehemann, indem sie zwischen 1972 und 1988 für ihn Funknachrichten empfing und Zahlenkombinationen entschlüsselte.

c) Ralf Schneider (DN: Parma), Sohn des Angeklagten, wurde wegen Geldschwierigkeiten für das MfS in der Zeit von 1985 bis 1989 als Kurier, Observant und Ermittler tätig.

d) Wilhelm V. (DN'en: Oran/London/Louis), Freund des Angeklagten Schneider. Er führte für das MfS, weil er sich ebenfalls in Geldschwierigkeiten befand, in der Zeit zwischen 1975 bis 1979 (DN: Oran) und 1987 bis 1989 (DN: London) zahlreiche Ermittlungs- und Beobachtungsaufträge durch. {14}

e) Rudolf Ta. (DN: Berliner). Ihn hatte der Angeklagte Schneider bei der Firma R. Anfang der 70er Jahre kennengelernt, Kusche davon erzählt und ihn schließlich dazu überredet, ihm gegen entsprechendes Entgelt Informationen aus seinem beruflichen Tätigkeitsbereich zu liefern, die er dann umgehend an Kusche weiterleitete. Ta. wurde von Schneider geführt und hatte nie Kenntnis davon, für das MfS zu arbeiten, glaubte vielmehr, für die Firma Schneiders tätig zu sein, die er für den Ableger einer amerikanischen Firma hielt. Schneider hielt diese Legende auch noch nach der Auflösung des MfS aufrecht, so daß Ta. schließlich bis in das Jahr 1992 hinein Proben, Rohstoffe, anwendungsorientierte Rezepturen und andere grundlegende Informationen aus dem Bereich der Polyurethanchemie (Hart- und Weichschaumherstellung) lieferte, die er bei den Firmen R. und E. an sich genommen hatte; für die letzten Lieferungen soll er von Schneider allerdings kein Geld mehr erhalten haben. Aus der Sicht des Rudolf Ta. handelte es sich dabei um Material, das nach dem damaligen Stand der westlichen Technik völlig überholt war; ihm kam es so vor, als habe er die Formel für Wasser geliefert. Für die DDR war der volkswirtschaftliche Nutzen der dort in höchste Wertstufen eingeordneten Informationen jedoch von solcher Bedeutung, daß er von dem damaligen Leiter der HVA, Generaloberst Markus Wolf, mehrfach hervorgehoben wurde. Allein in der Zeit von 1972 bis 1983 lieferte Ta. 326 Informationen, die von Schneider in der Hauptverhandlung bestätigt wurden.

f) Der inzwischen verstorbene Paul Be. (DN: Diamant) begleitete den Angeklagten Schneider zu dessen erstem Treff mit Kusche im Jahre 1970 in (Ost)Berlin und zeigte sich ge-{15}genüber Kusche ebenfalls interessiert, für das MfS zu arbeiten. Nach einer Überprüfung durch Kusche wurde er später als IM verpflichtet. Be. und Schneider bearbeiteten bis zum Jahre 1975 eine Reihe von Aufträgen gemeinsam; 1976 brach der Kontakt des Be. zum MfS ab.

g) Daneben zählten zu der Gruppe Rennfahrer eine Reihe weiterer „Inoffizieller Mitarbeiter", über deren Gewinnung für das MfS in der Hauptverhandlung entweder keine Klarheit gefunden werden konnte oder die nachweislich von dem Angeklagten Schneider nicht vermittelt wurden, wie z.B. die damalige Lebensgefährtin des Joseph T., Anna B. (DN: Janett), deren zweiter Ehemann Carl B. (DN: René), die geschiedene Ehefrau des Wilhelm V., Gertrud V. (DN: Tanger) sowie deren Sohn Ralf K. (DN: Rabat).

h) Zur „Gruppe Rennfahrer" wurde im MfS auch der Zeuge Heinrich Th. (DN: Palermo) gezählt, der als Inhaber einer Speditionsfirma regelmäßig die Strecke Köln-Berlin befuhr. Da das MfS dringend nach einer Transportmöglichkeit für die von Schneider gelieferten Materialien suchte und Th. mit Schneider befreundet war, erklärte sich dieser nach einer Rücksprache mit Kusche, der sich ihm gegenüber als Mitarbeiter des Außenhandelsministeriums ausgegeben hatte, bereit, für beide Transporte durchzuführen. Er will vom MfS nicht angeworben worden sein, keine Verpflichtungserklärung unterschrieben und von dem geheimdienstlichen Hintergrund seiner Tätigkeit keine Kenntnis gehabt haben; bei seinen regelmäßigen Kurierdiensten wurde er mitunter von seinem Sohn, dem Zeugen Johann Th. (DN: Roma), unterstützt.

2. Im Jahre 1976 wurde im MfS beschlossen, für den Angeklagten Schneider eine Reiselegende zu schaffen. Da man be-{16}fürchtete, die häufigen Reisen Schneiders von Köln nach Berlin könnten den bundesdeutschen Behörden auffallen, entschloß man sich, auf seinen Namen in der Nähe des Flughafens Tempelhof das Hotel „Luftbrücke" zu erwerben, um ihm die Möglichkeit zu geben, seine Reisen auf entsprechende Fragen begründen zu können. Das Hotel erhielt den Decknamen „Rheinland" und wurde von den Zeugen Anna B. und Joseph T. geleitet; im Januar 1981 wurde es in erster Linie deshalb verkauft, weil Frau B. schwer erkrankte und sich mehreren Operationen unterziehen mußte. Ob das Hotel – wie die Anklage meint – auch als Aufklärungsbasis für

dort verkehrende US-Luftwaffenoffiziere diente, konnte in der Hauptverhandlung nicht geklärt werden.

III. Anwerbung und Abschöpfung des Zeugen Sch.

Zu den von dem Angeklagten Kusche geführten Inoffiziellen Mitarbeitern gehörte auch der Zeuge Bernhard Sch., der nach einem Jahre dauernden IM-Vorlauf von 1975 bis 1989 unter dem Decknamen „Genua“ für die Abteilung 6 der HA VIII des MfS tätig war. Sch. war Anfang der 70er Jahre als Angestellter eines Schlüsselnotdienstes in das Blickfeld des MfS geraten und wurde 1975 – zu diesem Zeitpunkt war er bereits mit eigenem Schlüsseldienst selbständig – von Kusche, der sich als für Schlüsselfragen zuständiger Mitarbeiter des Außenhandelsministeriums der DDR ausgegeben hatte, nach seinem Interesse für eine Zusammenarbeit befragt. Sch., der von dem geheimdienstlichen Hintergrund der Anfrage zunächst keine Ahnung hatte, stimmte aus finanziellen Erwägungen zu. In der Folgezeit lieferte er an Kusche bzw. seinen jeweiligen FO – Kusche will ihn bereits 1976 an einen anderen FO abgegeben haben – jegliche Schließtechnik und dazugehöriges Werkzeug und stellte seine {17} Code-Unterlagen zum Kopieren zur Verfügung, so daß das MfS alsbald zur Herstellung jeglicher Sicherheitsschlüssel in der Lage war. Unabhängig hiervon lieferte er dem MfS teils aus eigenem Antrieb, teils auf entsprechenden Auftrag seines jeweiligen Führungsoffiziers einzelne Schlüssel:

1. 1978 gelangte er über einen Polizeibeamten aus seinem Bekanntenkreis an einen sog. Notschlüssel der Polizei, mit dem u.a. Verkehrslichtsignaleinrichtungen sowie Polizeirufsäulen betätigt, aber auch Eingangstüren zu Polizeirevieren und -inspektionen geöffnet werden konnten; diesen Schlüssel übergab er Kusche.
2. Im Jahr 1980 wurde das Hotel „Savoy“ in (West)Berlin mit einer Generalschlüsselanlage ausgestattet. Dieser Auftrag wurde Sch. erteilt, weil er dem Auftraggeber ein besonders günstiges Angebot unterbreitet hatte. Dazu war er in der Lage, weil er vom MfS den Differenzbetrag in Höhe von 3.500.-- DM erstattet bekam. Da das Hotel „Savoy“ nach den Erkenntnissen der HA II als Treffpunkt des Bundesnachrichtendienstes galt, war das MfS daran interessiert, in den Besitz des Generalhauptschlüssels zu gelangen; Sch. lieferte ihn.
3. Sch. beschaffte auch den Schlüssel für ein bestimmtes Hotelzimmer in Gauting bei München, das amerikanischen Agenten als Aufenthaltsort anläßlich bestimmter Messen gedient haben soll.
4. Von der Hauptabteilung VIII war Sch. u.a. beauftragt worden, sog. Stuff-Rohlinge für bestimmte Schließfächer zu beschaffen, die für das MfS von nachrichtendienstlichem Interesse waren; Sch. führte auch diesen Auftrag aus. {18}
5. Er beschaffte auftragsgemäß auch Nachschlüssel zu der in (West)Berlin gelegenen Privatwohnung einer Mitarbeiterin des Deutschen Bundestages, die in dem Verdacht stand, für einen anderen Geheimdienst zu arbeiten.

IV. Führung des IM Egidius Di. (DN: Holger Thobe)

Zu den von dem Angeklagten Kusche geführten Inoffiziellen Mitarbeitern gehörte auch der Zeuge Egidius Di. Er arbeitete mit dem MfS seit Anfang der siebziger Jahre zusammen und beendete seine Tätigkeit im Jahre 1987; von dem Angeklagten Kusche wurde er von September 1982 bis etwa Mitte 1986 geführt.

Der Schwerpunkt seiner Tätigkeit bestand in der Aufklärung des in Hamburg ansässigen Julius Lamp'l, der von dort eine Fluchthelferorganisation leitete, deren Bekämpfung und Zerschlagung vom MfS geplant war und von der Hauptabteilung VIII operativ bearbeitet wurde (vgl. hierzu die Feststellungen im 2. Teil der Urteilsgründe). Seine Aufgabe bestand im wesentlichen darin, ein enges Vertrauensverhältnis zu Lamp'l aufzubauen, ihn und sein gesamtes Umfeld sowie seine Verstrickungen in kriminelle Aktionen auf- und abzuklären und von möglichen geplanten Schleusungen zu berichten. Er erfüllte diesen Auftrag und berichtete seinen jeweiligen Führungsoffizieren in regelmäßigen Abständen. Mit Kusche führte er auch mehrere Auslandstreffs durch, so in Budapest (8-10 mal), Bulgarien (etwa zweimal) und Prag (3-4 mal). {19}

V. Die nachrichtendienstliche Tätigkeit des Angeklagten Schneider

1. Als der Angeklagte Schneider für das MfS zu arbeiten begann, war er noch bei der Firma L. tätig, die zu dem amerikanischen Chemiekonzern „K. Corporation" gehörte. Eine längere Abwesenheit des Firmeninhabers im Juli 1970 nutzte der Angeklagte Schneider, sich Nachschlüssel zu den Büroräumen anzufertigen und, nachdem er sich eine Minox-Kamera gekauft hatte, die gesamten Geschäftsunterlagen des ersten Halbjahres 1970 abzulichten. Insgesamt 15 Filme übergab er in (Ost-)Berlin dem Angeklagten Kusche, der ihm hierfür 1.000.-- DM aushändigte. Die Aufnahmen mußte Schneider zweimal wiederholen, weil er mit der Minox anfangs nicht umzugehen verstand und die Bilder zunächst unscharf waren. Darüber hinaus übergab er Proben von Chemikalien aus dem Labor der Firma L.

2. Im November 1970 informierte der Angeklagte Schneider seinen FO Kusche über eine Mitarbeiterin in einem Bonner Ministerium, die er während einer Reise in Spanien kennengelernt und später in ihrer Wohnung aufgesucht hatte; die Frau wurde vom MfS jedoch nicht abgeschöpft.

3. Am 2. April 1971 erteilte der Angeklagte Kusche auf Anweisung der Hauptabteilung II „Rennfahrer" und „Diamant" den Auftrag, das persönliche Umfeld der in (West-) Berlin ansässigen Dolmetscherin für die griechische Sprache, Frau Dr. T., abzuklären, die in dem Verdacht stand, für einen anderen Geheimdienst tätig zu sein. Der Auftrag wurde von beiden erfüllt; der Angeklagte Schneider erhielt hierfür 2.000.-- DM. {20}

4. Am 5. Mai 1971 beauftragte der Angeklagte Kusche beide IM, in Neu-Ulm die dort ansässige ukrainische revolutionäre-demokratische Partei, eine Emigrantenorganisation, abzuklären. Wie einem Treffbericht vom 17. Juni 1971 zu entnehmen ist, haben beide IM den auf die Hauptabteilung II zurückgehenden Auftrag erfüllt und hierfür je 1.000.-- DM erhalten.

5. Im Juni 1971 beschaffte der Angeklagte Schneider dem MfS mehrere TÜV-Plaketten für westdeutsche Kfz-Kennzeichen und erhielt hierfür 2.540.-- DM.

6. Etwa zu dieser Zeit besorgte er die Kopie eines Polizeiausweises, den sein Schwager anläßlich eines Aufenthalts in seiner Wohnung vergessen hatte.

7. Ebenfalls im Juni 1971 lieferte der Angeklagte Schneider ohne einen entsprechenden Auftrag seines FO's Informationen über einen Hallenneubau der westdeutschen

Speditionsfirma „H." und über einen Schrottautos und alte Motoren umfassenden Vertrag dieser Firma mit der CSSR; die Firma H. stand aus der Sicht des MfS in dem Verdacht, mit Geheimdiensten zusammenzuarbeiten.

8. Im November 1971 benannte er seinem FO drei Personen aus der Kölner Unterwelt (es handelte sich um Zuhälter und Einbrecher), die er für eine nachrichtendienstliche Tätigkeit geeignet hielt, die aber von MfS nicht bearbeitet wurden.

9. Im Juni 1972 erhielt der Angeklagte Schneider von Kusche den Auftrag, einen Schutzschild der Bereitschaftspolizei zu beschaffen, weil das MfS Interesse daran hatte festzustellen, ob das dafür verwendete Material besser als das in der DDR gebrauchte war. Schneider bat den Bürgermeister seines {21} Wohnortes um Mithilfe, indem er ihm vorspiegelte, er wolle die Festigkeit des Materials testen, weil er es für Türfüllungen benutzen wolle. Der Bürgermeister setzte sich daraufhin mit der Herstellerfirma in Verbindung, erhielt einen Schild und übergab ihn im November 1972 dem Angeklagten, der ihn über „Palermo" dem MfS zur Verfügung stellte. Schneider bekam dafür 2.300,-- DM; 150,-- DM gab er dem Bürgermeister als Ersatz seiner Auslagen, den Rest behielt er für sich.

10. Im zeitlichen Zusammenhang mit den olympischen Sommerspielen 1972 in München wurde dem Angeklagten Schneider wahrscheinlich von dem Zeugen Ri. auf Anweisung seines Abteilungsleiters Mikuszeit der Auftrag erteilt, in der Zeit vom 25. August bis 10. September jederzeit erreichbar zu sein, die Möglichkeiten für die isolierte Unterbringung einer Person zu schaffen, eine große Transportkiste zu bauen und die Möglichkeiten des Kaufs eines Gebrauchtwagens mit großem Kofferraum zu überprüfen. Diese Vorbereitungen wurden für den Fall getroffen, daß führende Stellen in der DDR den Rücktransport von etwaigen Flüchtlingen der DDR-Olympiamannschaft oder anderer Personen anordneten, die freiwillig nicht in die DDR zurückkehren wollten. Schneider erfüllte den Auftrag, teilte dem Angeklagten Kusche als Unterbringungsmöglichkeit die Anschrift seiner Schwester mit, gab den Bau einer Transportkiste in Auftrag und ermittelte, daß der Kauf des Gebrauchtwagens jederzeit möglich sei. Zu einem weiteren Einsatz des Angeklagten Schneider in dieser Angelegenheit kam es nicht. Daß er (wovon die Anklage ausgeht) die Hintergründe des ihm erteilten Auftrages kannte und wußte, daß die von ihm getroffenen Vorbereitungen der beabsichtigten Rückführung flüchtiger Sportler dienten, konnte in der Hauptverhandlung nicht festgestellt werden. Auch zu Gunsten des Angeklagten Kusche geht der Senat davon {22} aus, daß er möglicherweise nicht die gesamte Tragweite des ihm erteilten Auftrages erkannt und geglaubt hat, die angeordneten Maßnahmen sollten lediglich der Rückführung gefährdeter MfS-Angehöriger dienen.

11. Im September 1972 lieferte Schneider nach vorheriger Absprache mit Kusche dem MfS über den Kurier „Palermo" in drei normalen Gütertransportkisten zum Preise von 34.000.-- DM zuzüglich 2.000,-- DM Transportkosten eine nicht mehr feststellbare Menge von Perücken, die das MfS – wenigstens zum Teil – für eine geheimdienstliche Aktion in Chile benötigt hatte, sowie einen Posten Damenstrümpfe.

12. Im Januar 1974 erhielt der Angeklagte Schneider von seinem FO den Auftrag, aus den Büroräumen der in (West-)Berlin ⊗ es folgt die Adresse ⊗ ansässigen Firma I. bestimmte, ihm näher bezeichnete Unterlagen zu entwenden; die Firma stand mit Handelsorganen der DDR in vertraglichen Verbindungen, galt aber in den Augen des MfS

als Geheimdienststelle, die Wirtschaftsspionage gegen die DDR betreiben würde. Im MfS hoffte man, mit Hilfe dieser Unterlagen u.a. in Verdacht geratene Wirtschaftsfunktionäre der DDR überführen zu können. Schneider erhielt hierzu von Kusche einen Nachschlüssel für das Büro, drang am 12. Januar in die Räume ein, sichtete das Material, verstaute es in einer mitgebrachten Reisetasche und übergab es am selben Tag in (Ost)-Berlin dem Angeklagten Kusche, der es an die auftraggebende HA IX weiterleitete. Aufgrund des überlieferten Materials wurden gegen den Botschaftsangehörigen der DDR in Albanien, Philip Durweiler, und gegen den Wirtschaftsfunktionär Gerhard Hempel Ermittlungsverfahren wegen des Verdachts der Spionagetätigkeit eingeleitet und Haftbefehle erwirkt. Schneider erhielt als Anerkennung für seine Tätigkeit, die dadurch erschwert worden war, daß er sich in {23} den Büroräumen selbst eingeschlossen hatte, die Türen mit dem Nachschlüssel nicht mehr öffnen und erst mit einem Taschenmesser das Schloß freilegen konnte, insgesamt 10.000,-- DM.

13. Im März 1974 besorgte sich Schneider im Auftrage Kusches im westdeutschen Handel kugelsichere Westen, die er über „Palermo“ dem MfS verkaufte.

14. Anläßlich der Fußballweltmeisterschaft in der Bundesrepublik Deutschland im Sommer 1974 wurde der Angeklagte Schneider, wie dem Treffbericht vom 20. März 1974 zu entnehmen ist, von seinem FO Kusche abermals angewiesen, sich auf Abruf bereitzuhalten, für drei Wochen in Köln eine Wohnung als Stützpunkt anzumieten, bei Bedarf die Transportkiste, die sich inzwischen bei IM „Palermo“ befand, zu verwenden und diesen zu fragen, ob er gegebenenfalls erforderliche Zusatztransporte übernehmen könne; der Auftrag hatte von Seiten des MfS dieselbe Zielsetzung wie der, der dem Angeklagten Schneider anläßlich der Olympischen Sommerspiele erteilt worden war. Schneider erfüllte auch diesen Auftrag, mietete insbesondere bei seiner Schwester in Köln ein Zimmer, zahlte 500.-- DM Miete an und teilte Kusche die Telefonnummer des Stützpunktes mit. Die Kenntnis, daß diese Vorbereitungen dazu dienten, etwaige Flüchtlinge der DDR-Fußballnationalmannschaft notfalls gewaltsam in die DDR zurückzuführen (wovon die Anklage ausgeht), war beiden Angeklagten allerdings nicht nachzuweisen.

15. In der Zeit von Mai 1974 bis Februar 1977 nahm der Angeklagte Schneider an sogenannten Briefaktionen teil. Ihm über den Kurier „Palermo“ überreichte, bereits adressierte Briefumschläge, deren Inhalt er nicht kannte, warf er in Briefkästen verschiedener westdeutscher Städte ein; inso-{24}weit handelte es sich um Aufträge, die der Abteilung 6 der Hauptabteilung VIII von der Abteilung X der HVA erteilt worden waren.

16. Im September 1975 ließ der Angeklagte Kusche, einem Auftrag der HVA Abteilung X folgend, dem Angeklagten Schneider über „Palermo“ einen Koffer mit Akten zukommen, die im Zusammenhang mit der sog. FIBAG-Affaire standen. Diese waren aufgrund einer postalischen Fehlleitung in den Bezirk Dresden und in den Besitz des MfS gelangt. Sein Inhalt war geeignet, das Vertrauensverhältnis zwischen den damaligen Parteivorsitzenden der CSU, Dr. Strauß, und der CDU, Dr. Kohl, nachhaltig zu stören. Auftragsgemäß deponierten Schneider und der Zeuge T. ([DN:] Karate) den Koffer in der Gepäckaufbewahrung des Mainzer Hauptbahnhofs und sandten den dazugehörigen Schlüssel an die Adresse Dr. Kohls, der die Annahme des Koffers jedoch verweigerte und ihn der Polizei übergab. Der Angeklagte Schneider übermittelte seinem Führungsoffizier nach der Erledigung des Auftrages einige Zeitungsberichte, aus denen dieser die Auftragszusammenhänge erahnte und sie nach Rücksprachen mit Mitarbeitern der HVA

bestätigt fand; wegen des zu großen Risikos einer Dekonspiration will Kusche die Erledigung ähnlicher Aufgaben durch sein Referat daraufhin abgelehnt haben.

17. Im Juni 1977 wurden der Angeklagte Schneider sowie die Zeugen T. (DN: Karate) und V. (DN'en: London, Oran) von dem Angeklagten Kusche, der von seinem Abteilungsleiter Mikuszeit entsprechend angewiesen worden war, als Ermittler in dem von der Hauptabteilung I bearbeiteten Operativvorgang „Terrorist" eingesetzt. Unter diesem Decknamen verbargen sich die Bemühungen des Ministeriums für Staatssicherheit, des im Jahre 1975 in die Bundesrepublik {25} geflohenen Angehörigen des Grenzregiments Werner Weinhold, der bei seiner Flucht zwei Angehörige der Grenztruppen erschossen hatte und in der Bundesrepublik daraufhin wegen Totschlags zu einer Freiheitsstrafe von fünfeinhalb Jahren verurteilt worden war, habhaft zu werden. Aufgabe der IM war es, unter Fertigung von Lichtbildern im Raume Viersen die Arbeitsstelle des Werner Weinhold sowie das Umfeld der Eheleute B., die den Aufenthaltsort Weinholds DDR-Zöllnern verraten hatten, abzuklären. Sie erfüllten ihren Auftrag und fertigten Berichte darüber an. Diese wurden zur Auswertung der Hauptabteilung I übermittelt.

18. Im September 1977 wurden der Angeklagte Schneider und der Zeuge Wilhelm V. (DN'en: London, Oran) in dem Vorgang „Trainer" von dem Angeklagten Kusche zu Ermittlungen in Hamburg eingesetzt. Hinter diesem Vorgang verbargen sich die Bemühungen der HA XX, den damaligen Ruder-Trainer in der DDR, den Zeugen Richard Wecke, der sich anläßlich der Ruderweltmeisterschaften in Amsterdam am 29. August 1977 in die Bundesrepublik abgesetzt hatte, zu einer Rückkehr in die DDR zu bewegen. Der Zeuge war zunächst von seinem Schwiegervater in der Zeit vom 2. bis 6. September 1977 in Hamburg aufgesucht worden, der ihn in offiziellem Auftrag zu überreden suchte, in die DDR zurückzukehren. Am 5. September 1977 wurde er alsdann von dem für seinen ehemaligen Dresdener Verein zuständigen Verantwortlichen der Staatssicherheit mit demselben Ziel angerufen, der ihm für den Fall seiner Rückkehr Straffreiheit und die Möglichkeit versprach, in seinem Beruf weiterzuarbeiten. Letztlich unternahm sein Vater in der Zeit vom 9. bis 12. September 1977 in offiziellem Auftrag abermals den Versuch, ihn zur Rückkehr zu bewegen. {26}

Da der Zeuge Wecke alle Angebote, in die DDR zurückzukehren, abgelehnt hatte, wurde im MfS nunmehr die Möglichkeit einer gewaltsamen Rückführung des Trainers erwogen. Das ergibt sich aus dem von Kusche erarbeiteten und von Dr. Schubert bestätigten schriftlichen Auftrag vom 19. September 1977. Dieser bestand aus zwei Teilen. In der Hauptverhandlung konnte der Inhalt des zweiten Teiles allerdings nicht festgestellt werden; es ist nicht bekannt, ob er jemals konzipiert wurde. Der erste Teil, den Schneider und V. annahmen, diente offensichtlich der Vorbereitung der beabsichtigten Maßnahme. Schneiders Aufgabe bestand darin, V. nach Hamburg zu fahren, sich dort mit ihm gemeinsam in der Nähe von Weckes Aufenthaltsort einzuquartieren und das von V. erarbeitete Material über die genaue Lage des Objekts – damit war der Aufenthaltsort gemeint – und die unmittelbare Umgebung zur Durchführung „einer spezifischen Maßnahme" nach (Ost)Berlin zu bringen. Beide IM sollten den Tagesablauf und die Gewohnheiten des Zeugen sowie die „exakten Möglichkeiten" feststellen, mit ihm eine Unterhaltung zu führen und ihn in einem Kraftfahrzeug unterzubringen. Nachdem V. bereits nach drei Tagen wieder nach Hause gefahren war, setzte Schneider die Beobachtungen fort, fuhr am 22., 27. und 30. September 1977 zu Berichterstattungen zu dem Angeklagten Kusche, der den Angeklagten Dr. Schubert und Generaloberst Beater jeweils über den Sachstand unterrichtete und schon am 27. September 1977 eine Unterbrechung der Aktion vorschlug, weil Schneider eine Dekonspiration besorgt und darüber hinaus berichtet hatte, daß eine männliche Person, die der „Trainer" hätte sein können, das Objekt am Abend des 24. September 1977 verlassen habe und nicht wieder zurückgekehrt sei. Die Sache wurde daraufhin nicht weiter verfolgt. Schneider erhielt für seine Bemühungen insgesamt 5.100.-- DM; daß er den Hintergrund seines Auftrages kannte, {27} eine gewaltsame Rückführung des Trainers vorzubereiten, konnte nicht festgestellt werden; dasselbe gilt für Kusche.

19. Bereits seit November 1976 war die Hauptabteilung VIII (worauf näher im 2. Teil der Urteilsgründe einzugehen sein wird) mit der operativen Bearbeitung des Zentralen Operativvorgangs „Subversion" befaßt. Dieser Vorgang hatte die Bekämpfung und Zerschlagung einer Fluchthelferorganisation zum Gegenstand, die in Hamburg von einem Julius Lamp'l (Deckname: „Parasit") und verschiedenen Mitarbeitern geführt wurde; seit dem Sommer 1980 bestand der Auftrag, Lamp'l in Hamburg zu liquidieren. Der Angeklagte Schneider wurde von seinem Führungsoffizier zwar in dieses Vorhaben eingeweiht, gab ihm aber zu verstehen, daß er nicht bereit sei, Lamp'l zu töten. Dennoch erfüllte er im Rahmen der Aufklärung des Lamp'l und seiner Mitarbeiterin Hannelore K. in der Zeit zwischen dem 18. August und 8. Oktober 1980 mindestens drei Beobachtungsaufträge. Er klärte die Wohnobjekte der beiden Personen, deren unmittelbare Umgebung und ihre Kraftfahrzeuge auf, erkundete Aufenthaltsmöglichkeiten und Fluchtwege in unmittelbarer Nähe des Wohngrundstücks des Lamp'l und fertigte mehrere Lichtbilder. Seine Beobachtungsberichte sowie die Fotos leitete er über den Kurier „Palermo" dem Angeklagten Kusche zu.

20. Im Dezember 1983 erhielten der Angeklagte Schneider und sein Sohn Ralf (DN: Parma) von dem Angeklagten Kusche den Auftrag, nach Leverkusen zu fahren und dort in der DDR bekannt gewordene Pressemitteilungen über die ehemaligen DDR-Fußballnationalspieler Falko Götz und Dirk Schlegel zu überprüfen, die im November 1983 ein Europapokalspiel ihres Vereins in Belgrad genutzt hatten, sich in die Bundesrepublik abzusetzen. Beide fuhren zu einem Trainingsspiel des FC Bayer 04 Leverkusen. Der Angeklagte fertigte eine Reihe {28} von Lichtbildern, ermittelte die Trainingszeiten des Vereins und fand die Pressemitteilung bestätigt, daß beide Spieler ein Gehalt von monatlich 3.000.-- DM erhielten und von dem Verein eine Wohnung sowie ein Kraftfahrzeug zur Verfügung gestellt bekommen hatten; dies übermittelte Schneider dem Angeklagten Kusche.

21. Aus den Unterlagen, die aus der den Angeklagten Schneider betreffenden Akte des MfS („Rennfahrer") verlesen wurden, ergab sich, daß Schneider während seiner Tätigkeit für das MfS insgesamt mehrere hundert Aufträge ausgeführt hat (die mangels ausreichender Bestimmbarkeit zum Nachteil des Angeklagten – auch bei der Strafzumessung – keine Berücksichtigung gefunden haben). Darüber hinaus bot Schneider seinem Führungsoffizier Kusche wahrscheinlich aus rein wirtschaftlichen Interessen auch ohne einen entsprechenden Auftrag solche Dinge an, von denen er meinte, sie könnten für das MfS von Interesse sein. So verkaufte er in einem Fall beispielsweise 1000 Salamander-Schuhe und bot ein anderes Mal eine Maschinenpistole zum Kauf an, die ihm für 250.-- DM in seinem Heimatdorf angeboten worden war; da es sich jedoch um ein altes Exportmodell

gehandelt hatte, war Kusche an einem Ankauf nicht interessiert. (Daß Schneider – wie es in der Anklage heißt – im November 1975 auch eine Maschinenpistole der NATO-Streitkräfte nebst 132 Schuß Munition lieferte, ließ sich allerdings nicht feststellen.)

VI. Weitere nachrichtendienstliche Tätigkeiten des Angeklagten Kusche

1. Dem Angeklagten Schneider waren im Laufe der Zeit von seinem FO Kusche eine Reihe weiterer Aufträge erteilt worden, deren Realisierung durch Schneider indessen nicht {29} festgestellt werden konnte, wobei offen blieb, ob Schneider diese nicht ausführen wollte oder es aus welchen Gründen auch immer nicht konnte.

a) Im August 1972 erhielt Schneider den Auftrag, dem MfS einige Exemplare einer bestimmten Spezialmunition zu beschaffen, wobei es sich um Gummigeschosse mit nicht tödlicher Wirkung gehandelt haben soll. Schneider verlangte für 5 Patronen 2.500.-- DM, womit man einverstanden war, führte den Auftrag offensichtlich aber nicht aus.

b) Im Dezember 1972 erhielt er den Auftrag, seinem Nachbarn Martin U. (DN: Gemüsehändler), der ihm die an das MfS gelieferten Perücken sowie die TÜV-Aufkleber und Führerscheinformulare beschafft hatte, Probeaufträge zu erteilen. Es ließ sich nicht feststellen, daß Schneider diesen Auftrag erledigt hat; die ihm zur Übergabe an U. bestimmten 500.-- DM will er für sich behalten haben.

c) Zur selben Zeit wurde Schneider von Kusche beauftragt zu prüfen, ob sein Bekannter, Fritz S. (DN: Kaufmann), geeignet sei, in operative Aufgaben einbezogen zu werden; er sollte die Aufklärung ihm benannter Personen übernehmen. Schneider war in diesem Zusammenhang auch gefragt worden, ob er jemanden kennen würde, der den Fluchthelfer Lamp'l erledigen würde, und benannte für diese Aufgabe S., der für 50.000.-- DM dazu bereit sei; es ließ sich aber nicht feststellen, daß Schneider mit S. über diese Aufgaben jemals sprach.

d) In Erledigung eines Auftragsersuchens der HVA beauftragte der Angeklagte Kusche Schneider und den IM „Diamant“, Informationen über die F.-Werke in M. zu beschaffen und Einbruchsmöglichkeiten in {30} diese Firma festzustellen; der HVA ging es in erster Linie darum, in den Besitz eines sog. Stabilisators für Panzerwaffen zu gelangen. Auftrag und Beschaffungsmöglichkeiten wurden auch mit Schneider erörtert, wahrscheinlich wegen zu hoher Kosten aber nicht realisiert.

e) Ebenfalls von Schneider nicht ausgeführt wurde der ihm von dem Angeklagten Kusche erteilte Auftrag, Blanko-Kfz-Zulassungen zu beschaffen.

f) Ob und inwieweit der von Kusche dem IM „Diamant“ im Juni 1971 erteilte Auftrag, Inhalt und Stand der Gefechtsbereitschaft der in Bitburg stationierten US-Luftwaffeneinheit abzuklären, erfüllt wurde, ließ sich in der Hauptverhandlung nicht feststellen.

2. Der Angeklagte Kusche erhielt auch mehrfach nachrichtendienstliches Material, wobei sich mit der zur Verurteilung erforderlichen Sicherheit allerdings nicht feststellen ließ, ob dieses von dem IM „Diamant“ besorgte Material über Schneider und den Kurier „Palermo“ an Kusche gelangte, oder ob „Diamant“ es selbst nach (Ost)Berlin brachte; der Senat ist zugunsten des Angeklagten Schneider davon ausgegangen, daß er mit dem Transport nichts zu tun hatte. Im einzelnen handelt es sich

a) um die Lieferung von vier Schuß Übungsmunition für Bordkanonen der US-Luftwaffe im Sommer 1972, die die Hauptabteilung VIII der HVA zur operativen Auswertung zur Verfügung stellte;
b) um anderes konspiratives Material, wie z.B. amtliche Schreiben, Kopfbögen, Unterschriften und Siegel von 36 verschiedenen westdeutschen Behörden und Stadtverwaltungen im {31} Jahr 1971, sowie im Dezember 1973 eine amerikanische Offiziersuniform.

3. Im Oktober 1974 wurde die Abteilung 6 der Hauptabteilung VIII von der HVA Abteilung X, zu deren Aufgaben die Desinformation im Operationsgebiet gehörte, beauftragt, etwa 200-300 Flugblätter in der Nähe von Gastarbeiterzentren bundesdeutscher Großstädte abzulegen. In diesen Flugblättern wurde zum Fremdenhaß aufgestachelt, wie die (auszugsweisen) Formulierungen deutlich machen:

„Deutsche wehrt euch! Raus mit den Mohammeds! Raus mit dem asozialen Gesindel! Bekämpft jeden Türken, Griechen, Jugoslawen, Italiener und Nordafrikaner, bis auch der letzte Fremdarbeiter deutschen Boden verlassen hat!“.

Flugblätter diesen Inhalts waren im MfS von dem Zeugen Frank R. hergestellt worden und wiesen als angebliche Urheberin die rechtsgerichtete Deutsche Volksunion (DVU) aus und dienten dem Ziel, diese zu diskreditieren; man erhoffte sich, daß von den bundesdeutschen Behörden Schritte zum Verbot der DVU eingeleitet würden.

Derartige Flugblätter gelangten in den Besitz des Angeklagten Kusche. Ob er sie direkt unter Beifügung eines Auftragsschreibens der HVA von dem Zeugen R. erhielt, wie dieser behauptet hat, oder von einem IM in dem Glauben, es handele sich um Originale der DVU, wie der Angeklagte erklärt hat, wurde in der Hauptverhandlung nicht festgestellt. Der Senat hat insoweit auch keinen Aufklärungsbedarf gesehen, weil diese Frage für die strafrechtliche Beurteilung der Aktion unerheblich ist. Denn es konnte in der Hauptverhandlung mit der erforderlichen Sicherheit weder festgestellt werden, daß der Angeklagte Kusche den Auftrag erteilte, die Flugblätter zu verteilen, noch daß der Angeklagte Schneider einen solchen Auftrag ausgeführt hat. Der von dem Zeugen Ri. gefertigte Treffbericht vom 28. {32} Oktober 1974 belegt, daß dieser Auftrag Schneider von diesem Zeugen erteilt worden ist, und läßt den Schluß zu, daß Kusche von dieser Aktion möglicherweise nichts wußte. Auch die in der Hauptabteilung VIII gefertigten Berichte stammen nicht von Kusche. Vielmehr teilte der Leiter der Abteilung 6, Oberstleutnant Bock, dem Leiter der Abteilung X der HVA am 21. November 1974 mit, daß das Material in Zentren von Gastarbeitern der Städte Düsseldorf, Köln, Mainz, Ludwigshafen und Heidelberg abgelegt worden sei. Aus handschriftlichen Notizen, die auf diesem Schreiben enthalten sind, ergibt sich, daß in den Städten Düsseldorf, Köln und Mainz „Rennfahrer“ tätig geworden ist und daß die Flugblätter in den restlichen Städten von einem anderen IM verteilt wurden, jedoch zwingt die Bezeichnung „Rennfahrer“ nicht zu der Annahme, daß Schneider der Verteiler gewesen ist. Denn der Begriff „Rennfahrer“ taucht in den Akten des MfS jedenfalls dann, wenn – wie hier – die Berichte nicht von Kusche stammen, auch im Zusammenhang mit der Gruppe „Rennfahrer“ auf, so daß nicht auszuschließen ist, daß ein anderer IM, beispielsweise „Diamant“, die Flugblätter verteilt hat.

VII. Operation „Fürst“

1. Unter der Bezeichnung „Objekt Fürst“ wurde im MfS ein Operativvorgang geführt, der sich mit dem 1972 aus der DDR geflohenen und seither in (West)Berlin lebenden Siegfried Sch. befaßte. Dieser hatte das MfS insbesondere durch Plakataktionen an der Berliner Mauer auf sich aufmerksam gemacht, mit denen er die Grenztruppen auf Menschenrechtsverletzungen in der damaligen DDR hinweisen wollte. Namentlich wurde er dadurch bekannt, daß er sich im Anschluß an seine Aktionen bei dem MfS telefonisch meldete und sich zu ihnen bekannte. Das MfS war auch im Besitz einer Fotogra-{33}fie, auf der er mit einer gegen die Grenze gerichteten Pistole abgebildet war. Die Aktionen des Siegfried Sch. hatten jedoch nicht nur demonstrativen Charakter. Denn er sicherte die von ihm an der Mauer aufgestellten und befestigten Plakate mitunter mit sogenannten Sprengfallen, so daß beim Abmontieren eines der Plakate ein Angehöriger der Grenztruppen schwere Augenverletzungen davontrug.

2. Aufgrund dieser Aktionen befahl der damalige 1. Stellvertreter des Ministers für Staatssicherheit, Generaloberst Beater, Ende 1974 den ihm unmittelbar unterstellten ehemaligen Mitangeklagten Dr. Schubert zu sich. Er unterrichtete ihn über die Aktivitäten des Sch. und erklärte ihm, daß Versuche der Regierung der DDR, den Senat von (West-) Berlin zu bewegen, die Grenzprovokationen zu unterbinden, gescheitert seien. Auf Befehl „von ganz oben“ sei das „Objekt Fürst“ – wie Siegfried Sch. fortan genannt wurde – daher zur Vermeidung weiterer Grenzprovokationen zu liquidieren. Dr. Schubert wies daraufhin den Angeklagten Kusche an, für diese Aufgabe aus dem Kreis seiner Inoffiziellen Mitarbeiter eine „unbedingt zuverlässige“ Person auszuwählen. Die Wahl Kusches fiel auf den Angeklagten Schneider. Er fertigte einen Auskunftsbericht über den „IM Rennfahrer“, legte ihn Dr. Schubert vor und bestellte Schneider schließlich zu einem Treff in eine ihm bekannte konspirative Wohnung in (Ost)Berlin. Dort fragte Dr. Schubert den Angeklagten Schneider sinngemäß, ob er für das MfS jemanden „umlegen“ oder „liquidieren“ würde und wieviel Geld er dafür haben wolle. Nach kurzer Bedenkzeit erklärte sich Schneider bereit, einen entsprechenden Auftrag auszuführen. Da er aber von Anfang an nicht die Absicht hatte, selbst jemanden zu töten, und er sich durch die Forderung eines Geldbetrages gegenüber dem MfS zur Erfüllung eines solchen Auftrages zusätzlich verpflichtet gefühlt hätte, {34} äußerte er Dr. Schubert gegenüber, daß er dafür kein Geld nehmen werde. Dr. Schubert unterrichtete Beater über den Verlauf des Gesprächs und beauftragte den Angeklagten Kusche alsbald, die notwendigen Maßnahmen zur Liquidierung des Sch. zu erarbeiten. Er behielt die Entwicklung der Dinge jedoch im Auge und nahm auch in der Folgezeit an weiteren Treffs mit den Angeklagten Kusche und Schneider teil.

3. Kurze Zeit nach diesem ersten Treff traf Schneider in Köln den Zeugen Joseph T., den er seit langem kannte. Der Zeuge erzählte ihm, daß er sich in finanziellen Schwierigkeiten befinde und daß nach ihm gefahndet werde; er bat Schneider um Hilfe. Dieser kam daraufhin auf den Gedanken, den Zeugen bei der Erledigung des ihm gerade erteilten Auftrages einzuschalten. Er wollte Sch. nach wie vor nicht selber töten, andererseits aber durch eine Nichterfüllung des Auftrages weder sein Ansehen bei dem MfS noch seine Einnahmequelle gefährden, und er glaubte, in T. denjenigen gefunden zu haben, der den Tötungsauftrag erfüllen würde. Bei seinem nächsten Besuch in (Ost)Berlin unterrichtete er Kusche von seinem Vorhaben, der den Zeugen von einem früheren Treff her

bereits flüchtig kannte. Kusche war an T. auch als IM interessiert und händigte Schneider zunächst einen Geldbetrag von 1.000.-- DM für eine Uhr aus, die T. seinem Freund zum Verkauf gegeben hatte. Schneider gab T. das Geld und kündigte weitere Verdienstmöglichkeiten für den Fall an, daß er für das MfS arbeiten würde. Als sich T. hierzu bereiterklärte, verschaffte ihm Kusche gefälschte bundesdeutsche Personalpapiere (Personalausweis und Führerschein), die es T. in der Folgezeit erlaubten, sich in der Bundesrepublik und im grenzüberschreitenden Verkehr zur DDR unbehelligt zu bewegen. T. begleitete Schneider nach (Ost)Berlin. Er wurde von ihm un-{35}terrichtet, daß er, Schneider, vom MfS den Auftrag erhalten habe, jemanden „wegzuputzen". Gleichwohl erklärte sich T. bereit, für das MfS tätig zu werden, denn er hoffte, hierdurch seine finanzielle Lage verbessern zu können; aufgrund seiner früheren Tätigkeit im Kampfsport erhielt er den Decknamen „Karate".

4. Dr. Schubert erklärte nach Rücksprache mit Beater sein Einverständnis zu einer Beteiligung des Zeugen T. am Vorgang „Fürst", obwohl weder er noch der Angeklagte Kusche entgegen der sonst üblichen Praxis im Ministerium für Staatssicherheit zuvor seine Zuverlässigkeit überprüft hatten.

a) In Erfüllung der ihm erteilten Weisung beauftragte Kusche den Angeklagten Schneider sowie den Zeugen T., zunächst die Person des Siegfried Sch., seine Ehefrau, Wohnung und Arbeitstelle abzuklären. Sie erfüllten diesen Auftrag und stellten fest, daß Sch. sich häufig in den Lokalen seiner Wohngegend aufhielt, zumeist betrunken nach Hause kam und daß seine Ehefrau, die Zeugin Irmgard Sch., in einer Bar in der Nähe des Kurfürstendamm tätig war.

b) Unterdessen waren von den Angeklagten – denen ein eigenes Interesse an der Durchführung der Tat allerdings nicht nachzuweisen war – in Erfüllung des Liquidierungsauftrages von Generaloberst Beater unter Einschluß einer Tatbeteiligung T.'s unterschiedliche Pläne erörtert worden, auf welche Weise Sch. getötet und wie sein Leichnam beseitigt werden könne. So wurde beispielsweise überlegt, ihn in seiner Wohnung umzubringen und aus dem Fenster zu werfen. Hierzu war es jedoch erforderlich, in den Besitz der Wohnungs- und Haustürschlüssel der Eheleute Sch. zu gelan-{36}gen. Zu diesem Zweck nahm Schneider Kontakt zu der Zeugin Irmgard Sch. auf, ging ein intimes Verhältnis mit ihr ein und fertigte anläßlich einer gemeinsamen Übernachtung am 22. Januar 1974 im Hotel Kempinski von ihren Schlüsseln Abdrücke, nach denen der Angeklagte Kusche die entsprechenden Nachschlüssel anfertigen ließ. Mit deren Hilfe gelangten Schneider und T. in die Wohnung, die sie auftragsgemäß zunächst nach belastenden Unterlagen und Waffen durchsuchten. Den Plan, Sch. dort nach seiner Rückkehr zu töten, verfolgten sie jedoch nicht; die Gründe hierfür ließen sich nicht feststellen.

c) Schließlich kamen die Angeklagten Kusche und Schneider überein, daß T. das Opfer im Hausflur seines Wohnhauses mit einem Handkantenschlag, einem sogenannten Federschlag, der nach der Beschreibung des Zeugen T. federnd kurz vor den Kehlkopf geschlagen wird, umbringen sollte; daß die Tötung eines Menschen auf diese Weise möglich und er dazu in der Lage sei, hatte ihnen der Zeuge deutlich gemacht. Nach erfolgter Tat sollte Sch. alsdann hinter einer Mülltonne abgelegt und später im Kofferraum eines Autos in die DDR abtransportiert werden. Anhaltspunkte für die Annahme, der ihnen erteilte Tötungsauftrag könne von Seiten des MfS nicht ernstgemeint gewesen sein, hatte der Angeklagte Schneider nicht; er verließ Kusche – wie er eingeräumt hat – nach dem letzten Treff in dem Glauben, Sch. solle getötet werden.

Da aufgrund der vorhandenen Fotografie des Sch. bekannt war, daß dieser bewaffnet sein könnte, hatte Schneider auf seinen ausdrücklichen Wunsch zu ihrem persönlichen Schutz aus den Beständen des MfS von einem Mitarbeiter aus dem Büro des Generaloberst Beater eine mit belgischer Munition geladene Pistole belgischer Herkunft erhalten; zur Tötung {37} des Siegfried Sch. sollte sie nicht verwendet werden. Das Magazin der Waffe war mit sechs Schuß geladen, eine Patrone befand sich im Lauf und eine weitere wurde Schneider zusätzlich übergeben.

d) Nach Absprache mit Kusche sollte die Tat nunmehr in der Nacht vom 17. zum 18. Februar 1975 ausgeführt werden. Schneider und T. waren sich einig, daß T. die Tat allein ausführen und Schneider ihm dadurch helfen sollte, daß er vor dem Haus aufpaßte. Sie begaben sich zu dem in Berlin ⊗ es folgt die Adresse ⊗ gelegenen Wohnhaus des Sch. und warteten auf ihn. Schneider führte die ihm zur Verfügung gestellte Pistole bei sich, entfernte daraus jedoch das Magazin und die im Lauf befindliche Patrone. T. sollte sein Opfer mit einem Handkantenschlag niederstrecken, wobei beide wußten und billigten, daß ein solcher Schlag, wenn er richtig angesetzt wird, eine tödliche Wirkung haben kann; der Zeuge T. hat das in der Hauptverhandlung bestätigt und ausdrücklich erklärt, daß er zu einem tödlich wirkenden Schlag durchaus in der Lage sei.

Als Sch., der angetrunken war, sich seinem Wohnhaus näherte, betrat T., der ebenfalls im Besitz eines Haustürschlüssels war, den Hausflur, schloß die Haustür hinter sich ab und wartete auf sein Opfer; Schneider indessen blieb auf der Straße und leistete Aufpasserdienste. Er hatte nach wie vor zwar nicht die Absicht, sich unmittelbar an der Tötung des Sch. zu beteiligen. Jedoch wußte er, daß T. den Sch. mit einem Handkantenschlag niederstrecken wollte und daß ein solcher Schlag auch eine tödliche Wirkung haben kann. Er sah daher die Möglichkeit, daß Sch. von T. getötet werden könnte, und nahm sie billigend in Kauf; in der Hauptverhandlung hat er ein-{38}geräumt, daß „man nie weiß, wie jemand reagiert, wenn er in Gefahr ist“. Maßnahmen, die eine Tötung des Sch. hätten ausschließen können, hat er jedenfalls nicht ergriffen.

Kurz nachdem der zu diesem Zeitpunkt arg- und wehrlose Sch. das Haus betreten und die Haustür wieder verschlossen hatte, griff T. ihn aus dem Hinterhalt an. Er versetzte seinem Opfer einen Handkantenschlag, der jedoch keinerlei Wirkung zeitigte. Ob der Schlag nicht richtig angesetzt war oder ob sich hier der Größenunterschied von Täter (etwa 1,60 m) und Opfer (etwa 1,80 m) auswirkte, ist ungewiß. Jedenfalls machte T. daraufhin einen Überwurf und anschließend, nachdem Sch. wieder auf die Beine gekommen war, einen Hüftwurf, wobei er jedoch ausrutschte und hinfiel. Als Schneider die nach außen dringenden lauten Geräusche hörte, folgte er seinem Freund mit Hilfe seines Nachschlüssels in den Hausflur, um ihm notfalls beistehen zu können. Er sah T. auf dem Boden und Sch. über ihm liegen. Daraufhin schlug er entweder mit der Pistole oder mit der Faust, in der er, um wirkungsvoller schlagen zu können, das Magazin hielt, ein- oder mehrmals auf Sch. ein; bei dieser Aktion verlor Schneider das Magazin. Sch. gelang es aufzustehen, sich zur Wehr zu setzen, Schneider im Gesicht blutende Kratzwunden beizubringen und laut um Hilfe zu rufen. Ob T. nun sinngemäß schrie: „Erschieß' ihn doch!“ oder ob er in seiner späteren Befragung durch das MfS lediglich behauptet hat, eine solche Äußerung getan zu haben, ließ sich in der Hauptverhandlung nicht feststellen. Jedenfalls gelang es Sch., auf den Hof zu flüchten. Deshalb und weil im Haus bereits Stimmen der Hausbewohner zu hören waren, nahm T. von einem weiteren Vorgehen gegen Sch. Abstand. Beide suchten zunächst das verlorengegangene Magazin, fanden im Hausflur jedoch nur eine Patrone und verließen das Haus. {39}

Mit einem Taxi fuhren sie zu einer Pension in die Rankestraße, wo T. sich eingemietet hatte. Nachdem sie in groben Umrissen ihr künftiges Aussageverhalten gegenüber dem MfS abgesprochen hatten, übergab Schneider dem Zeugen die Pistole und drei Patronen (die aus dem Lauf, die im Hausflur gefundene und die ihm von Kusche zusätzlich übergebene) und trug ihm auf, Waffe und Munition sowie die aus der Wohnung entwendeten Unterlagen „nach drüben" zu bringen und in der Raststätte Michendorf so lange zu warten, bis man sich dort mit ihm in Verbindung setzen würde.

5. Während der Angeklagte Schneider, nachdem er sich gewaschen und umgezogen hatte, mit seinem Kraftfahrzeug sofort zurück nach Westdeutschland fuhr, blieb der Zeuge T. zunächst noch einige Zeit in der Pension, holte dann sein in der Nähe des Tatorts geparktes Fahrzeug, übernachtete in Berlin und fuhr am nächsten Tag nach Michendorf. Dort wurde der Zeuge von Dr. Schubert und dem Angeklagten Kusche angesprochen und zur Berichterstattung nach Berlin-Karlshorst verbracht. In mehrtägigen Befragungen schilderte der Zeuge den äußeren Tathergang im wesentlichen so, wie ihn der Senat festgestellt hat. Er bemühte sich darüber hinaus zu versichern, daß sie ernsthaft versucht hätten, Sch. zu töten. Die von ihm angesetzten Handkantenschläge hätten ihre beabsichtigte tödliche Wirkung jedoch verfehlt und auch Schneider habe es nicht geschafft, ihn zu töten. Er habe ihm zwar zweimal den Pistolenlauf in den Mund gesteckt und versucht abzudrücken, jedoch habe sich beide Male ein Schuß nicht gelöst. Der Zeuge erklärte sich gegenüber Dr. Schubert und dem Angeklagten Kusche bereit, die Tat – allerdings allein – noch einmal zu wiederholen. In Karlshorst wurde der Zeuge etwa vierzehn Tage festgehalten, bis es dem Angeklagten Kusche gelungen war, Kontakt mit Schneider aufzunehmen und ihn ebenfalls zur Be-{40}richterstattung nach (Ost)Berlin zu bestellen. Die Angaben Schneiders entsprachen im wesentlichen denen des Zeugen T.; auch er zeigte sich bestrebt nachzuweisen, daß sie sich ernsthaft bemüht hätten, Sch. zu töten.

6. Da Siegfried Sch. im Anschluß an den Überfall – aus welchen Gründen auch immer – von weiteren Grenzprovokationen ersichtlich Abstand nahm, zeigten sich Generaloberst Beater und Dr. Schubert mit dem Erfolg der Aktion äußerst zufrieden. T. und Schneider erhielten zusammen 15.000.-- DM. Entgegen seinen sonstigen Gewohnheiten, vom MfS auch solche Geldbeträge anzunehmen, die zu seinen Arbeitsleistungen in keinem Verhältnis standen, und andere IM's, die Aufträge mit ihm zusammen erledigt hatten, skrupellos zu übervorteilen, war Schneider hier zunächst nicht bereit, das Geld entgegenzunehmen. Erst als er von dem Angeklagten Kusche auf seine Auslagen hingewiesen worden war, nahm er 5.000.-- DM und ließ T. den Restbetrag zukommen.

7. Der Zeuge T. wurde von dem Angeklagten Kusche nach Erledigung dieser Aktion im März 1975 mit sogenannten Nachuntersuchungen beauftragt, um die Person des Siegfried Sch. erneut abzuklären. Die Bemühungen des Zeugen blieben jedoch erfolglos. Nach der Scheidung von seiner Ehefrau Irmgard tauchte Siegfried Sch. im Frühjahr 1975 zwar noch kurzfristig bei seiner Mutter in Süddeutschland auf, ist seither aber unbekannten Aufenthalts; möglicherweise ist er nach Rhodesien ausgewandert. Da Tatzeu-

gen nicht zur Verfügung stehen, ließ sich daher nicht feststellen, welche Verletzungen er durch den Überfall erlitten hatte. Es ist aber davon auszugehen, daß sie nicht sehr schwerwiegend waren. Seiner Ehefrau, die bei ihm eine dicke Lippe sowie verbundene Finger gesehen hatte, erzählte er, daß er mit {41} Freunden eine Schlägerei gehabt habe. Anzeige bei der Polizei hat er wegen des Überfalls nicht erstattet. Es ließ sich daher auch nicht feststellen, daß Schneider – wovon die Anklageschrift ausgeht – ihm zweimal den Pistolenlauf in den Mund gesteckt und versucht hat, ihn zu erschießen.

8. Hinreichende Anhaltspunkte dafür, daß in diese Aktion westliche Geheimdienste eingebunden gewesen seien oder den Ablauf des Geschehens in irgendeiner Weise beeinflußt haben könnten, hat der Senat nicht.

D. Beweiswürdigung

Diese Feststellungen beruhen im wesentlichen auf den Angaben der Angeklagten, soweit der Senat ihnen zu folgen vermochte, auf den Aussagen der ehemaligen Mitangeklagten Dr. Schubert und Dr. Coburger (gegen sie wurde das Verfahren zur gesonderten Verhandlung abgetrennt), den Bekundungen der Zeugen Anna B., Harry Da., Egidius Di., Rudolf Dö., Paul Ki., Ralf K., Werner Kr. (der vereidigt wurde), Erich Mielke, Dr. Gerhard Neiber[3], KK N. (der vereidigt wurde), Ernst Ri. (seine Aussage wurde durch die beeidete Vernehmung des Vernehmungsbeamten KHK L. in die Hauptverhandlung eingeführt), Frank R., Bernhard Sch. (seine Aussage wurde durch Verlesung der richterlichen Vernehmung vom 20. Juli 1992 in die Hauptverhandlung eingeführt), Irmgard Sch., Rudolf Ta. (seine Aussage wurde durch Verlesung seiner richterlichen Vernehmung vom 4. Juni 1992 und durch die beeidete Vernehmung der Vernehmungsbeamtin KK'in z.A. S. in die Hauptverhandlung eingeführt), Heinrich {42} und Johann Th., Joseph T., Rolf Georg Va., Richard Wecke, Stephan Wo., sowie den ausweislich der Sitzungsniederschrift verlesenen bzw. in Augenschein genommenen Urkunden.

Soweit die Zeugen Heinrich und Johann Th. bestritten haben, Kurierdienste für das MfS geleistet zu haben, wurden ihre Aussagen durch die insoweit glaubhaften und durch verlesene Urkunden bestätigten Angaben der Angeklagten Schneider und Kusche widerlegt.

Vorbemerkungen

Der Senat hatte sich im vorliegenden Verfahren bei der Bewertung der Einlassungen der Angeklagten Kusche und Schneider überwiegend mit den Bekundungen von Zeugen auseinanderzusetzen, die über Jahre hinaus für das Ministerium für Staatssicherheit als Mitarbeiter oder als Inoffizielle Mitarbeiter tätig gewesen sind. Ferner standen ihm zur Bewertung der Einlassungen insbesondere die im MfS geführten IM-Akten „Rennfahrer" und (in Ablichtungen) „Karate" zur Verfügung. Dem Senat war bewußt, daß insbesondere die Informationen, die den Akten entnommen werden konnten, im Hinblick darauf, daß Aufgabenstellung und Arbeitsweise des MfS den Erfordernissen rechtsstaatlicher Sachverhaltsaufklärung in keiner Weise entsprochen haben (vgl. BGH StV 1992, 280 = NStZ 1992, 449), einer strengen und besonders kritischen Überprüfung bedurften. Der Senat hat diesem Erfordernis Rechnung getragen und insbesondere berücksichtigt, daß die in den Akten enthaltenen Berichte über Treffs und sonstige Aktionen möglicherweise von Profilierungsstreben oder anderen Interessen entweder des im Einzelfall beauftragten IM oder seines Führungsoffiziers beeinflußt sein und deshalb Übertreibungen und Aufbauschungen enthalten können. Es hat {43} sich im großen und ganzen aber gezeigt, daß insbesondere die von dem Angeklagten Kusche gefertigten Berichte keine durchgreifenden Zweifel an ihrer Richtigkeit aufkommen ließen. Diese konnte der Senat zur Feststellung des Sachverhalts daher weitgehend heranziehen; soweit dennoch Zweifel auftraten, werden sie im folgenden erörtert.

I. Zu den Einlassungen der Angeklagten hinsichtlich ihrer nachrichtendienstlichen Tätigkeiten

1. Der Angeklagte Kusche hat die Feststellungen zu seinem Werdegang im Ministerium für Staatssicherheit, zu seinem Tätigkeits- und Verantwortungsbereich, zur Anwerbung des Angeklagten Schneider (vgl. oben zu C I), zum Aufbau der Gruppe „Rennfahrer" (vgl. oben zu C II), zur Anwerbung und Abschöpfung des Zeugen Sch. (vgl. oben zu C III) sowie zur Führung des IM „Holger Thobe" (vgl. oben zu C IV) in vollem Umfang bestätigt. Er hat auch die oben unter C V aufgeführten Aktionen sowie die unter C VI dargestellten nachrichtendienstlichen Tätigkeiten – mit Ausnahme der Flugblattaktion – im wesentlichen eingeräumt. Lediglich in vereinzelten Fällen weichen seine Angaben von den Feststellungen des Senats ab:

a) Hinsichtlich der Aufträge im Zusammenhang mit den olympischen Sommerspielen und der Fußballweltmeisterschaft hat der Angeklagte zwar deren Erteilung und deren Erfüllung durch den Angeklagten Schneider eingeräumt, jedoch behauptet, die getroffenen Vorbereitungen hätten nicht einer möglichen Rückführung geflohener Sportler gedient. Im MfS hätten sogenannte Einsatzgruppen bestanden, die, mit bundesdeutschen Pässen ausgerüstet, zu allen größeren Veranstaltungen in der Bundesrepublik, wie beispielsweise Olym-{44}pische Spiele, Fußballweltmeisterschaft oder Kommunistischer Parteitag, gereist seien. Er, Kusche, sei von Oberst Mikuszeit angewiesen worden, zu deren Schutz die geschilderten Maßnahmen zu ergreifen, um ihren Rücktransport in die DDR zu sichern, falls ihnen in der Bundesrepublik etwas zustoßen sollte. Der Senat folgt dieser Einlassung nur in objektiver Hinsicht. Er geht davon aus, daß die getroffenen Maßnahmen allein dem Zweck dienten, Personen – gleichgültig, ob Sportler, Funktionäre oder MfS-Angehörige – gewaltsam in die DDR zurückführen zu können, wenn sie freiwillig zu einer Rückkehr nicht bereit gewesen wären. Denn für Personen, die freiwillig in die DDR hätten zurückkehren wollen, bedurfte es der geschilderten Schutzmaßnahmen jedenfalls für Mitglieder dieser sogenannten Einsatzgruppen nicht. Im Falle ihrer Enttarnung und strafrechtlichen Verfolgung in der Bundesrepublik Deutschland wäre es jedenfalls nicht erforderlich gewesen, sie – wie es in dem Bericht des Zeugen Ri. über den Treff mit IM „Rennfahrer" vom 23. August 1972 heißt – bis zu ihrer Rückführung „isoliert" in der Weise unterzubringen, daß sie sich gegenüber niemandem bemerkbar machen konnten; denn es kann davon ausgegangen werden, daß sich solche Personen ruhig verhalten und alles getan hätten, ihre Entdeckung zu vermeiden. Das Erfordernis einer „isolierten" Unterbringungsmöglichkeit kann daher vernünftigerweise nur dahin gedeutet werden, daß man damit rechnete, solche Personen vorübergehend unterbringen zu müssen, von denen zu erwarten war, daß sie sich gegen eine Rückführung in die DDR wehren und versuchen würden, auf sich aufmerksam zu machen; es kann also nur der Vorbereitung einer gewaltsamen Rückführung gedient haben.

Die Aussage des Zeugen Ki., seinerzeit Leiter der für die Sicherung des Sports zuständigen Hauptabteilung XX, {45} steht dieser Bewertung nicht entgegen. Er hat zwar bekundet, daß von seiner Abteilung aus keine vorbeugenden Maßnahmen anläßlich der Olympischen Sommerspiele und der Fußballweltmeisterschaft in Auftrag gegeben worden seien. Das aber schließt nicht aus, daß der Zeuge Mikuszeit, der Kusche seinerzeit angewiesen hatte, die geschilderten Maßnahmen zu ergreifen, von einer anderen Diensteinheit des MfS seinen Auftrag erhalten hatte; Feststellungen hierüber konnten in der Hauptverhandlung nicht getroffen werden.

b) Hinsichtlich der Aktion „Trainer“ hat der Angeklagte Kusche bestritten, daß der Rudertrainer Richard Wecke gewaltsam in die DDR zurückgebracht werden sollte. Er hat behauptet, die Aktion habe auf Anweisung Erich Mielkes nur dem Ziel gedient, die Voraussetzungen für eine Kontaktaufnahme mit Wecke zu überprüfen und eine solche herzustellen. Der Senat ist dieser Einlassung nur in objektiver Hinsicht gefolgt.

Der Zeuge Mielke vermochte sich an den Vorfall nicht mehr zu erinnern. Nach den Bekundungen des Zeugen Wecke aber ist davon auszugehen, daß die mehrfachen Bemühungen des MfS, ihn zu einer freiwilligen Rückkehr in die DDR zu bewegen, spätestens mit dem Besuch seines Vaters am 12. September 1977 erfolglos abgeschlossen waren. Es ist daher nicht nachvollziehbar, daß der dem Angeklagten Schneider am 19. September 1977 erteilte Aufklärungsauftrag dem Ziel gedient haben soll, Möglichkeiten festzustellen, wo man mit dem „Objekt eine Unterhaltung“ führen könne, wenn solche Unterhaltungen bereits stattgefunden hatten und erfolglos abgeschlossen waren. Ebensowenig ist es glaubhaft, daß die „exakten Möglichkeiten“, „das Objekt im Kfz. unterzubringen“ nur deshalb festgestellt werden sollten, weil man sich dort mit dem Zeugen Wecke angeblich habe unterhalten wol-{46}len. Diese Formulierung in dem schriftlich erteilten Auftrag läßt nach Auffassung des Senats vielmehr den vernünftigen Schluß zu, daß der Angeklagte Schneider helfen sollte, Vorbereitungen für eine gewaltsame Rückführung des Zeugen Wecke in die DDR zu treffen. Dafür, daß diese dann nicht beschlossen wurde, spricht der Umstand, daß der Teil II des Auftrages nicht realisiert wurde.

Die Aussage des Zeugen Ki. führt zu keiner anderen Bewertung des Geschehens. Er hat zwar bekundet, daß es von seiner Hauptabteilung XX aus in keinem Fall Anordnungen für eine gewaltsame Rückführung von Sportlern gegeben habe, die sich aus der DDR abgesetzt hatten; es sei in allen Fällen versucht worden, diese auf der Grundlage der Freiwilligkeit durch Kontaktaufnahmen zu einer Rückkehr in die DDR zu bewegen. Die Frage allerdings, wie er sich den nach Abschluß dieser Bemühungen dem IM Rennfahrer erteilten Auftrag vom 19. September 1977 erkläre, beantwortete er unter Hinweis auf § 55 StPO ebensowenig wie die nach den in solchen Fällen üblichen Arbeitsmethoden des MfS, auf dem Gebiet der Bundesrepublik.

Auch der Umstand, daß in den Akten der Hauptabteilung XX der Bezirksverwaltung, die dem Senat ebenfalls vorgelegen haben (Vorgang „Ring“), kein Hinweis für eine gewaltsame Rückführung des Zeugen enthalten ist, rechtfertigt keine abweichende Beurteilung dieser Frage. Denn es ist durchaus möglich, daß ein solcher Auftrag von einer anderen Dienststelle des MfS, beispielsweise der den Auftrag bearbeitenden HA XX in Berlin, ins Auge gefaßt worden war.

2. Der Angeklagte Schneider hat sich zu seiner Tätigkeit für das MfS bekannt. Die Feststellungen zu seiner Anwerbung und zum Aufbau der Gruppe „Rennfahrer" – soweit sie ihn be-{47}treffen –, im wesentlichen aber auch die Erledigung der oben unter C V dargestellten einzelnen Aufträge hat er bestätigt. Soweit er behauptet hat, Einzelheiten oder Hintergründe der ihm erteilten Aufträge nicht gekannt zu haben, wie im Fall 10 (olympische Sommerspiele), Fall 14 (Fußballweltmeisterschaft) und Fall 18 (Vorgang „Trainer"), ist ihm der Senat gefolgt; diese Behauptungen waren dem Angeklagten mit der zur Verurteilung erforderlichen Sicherheit nicht zu widerlegen.

a) Der Senat ist dem Angeklagten auch gefolgt, soweit er bestritten hat, dem MfS für den IM „Diamant" durch Einschaltung seines Kuriers „Palermo" jemals Materialien oder vier Patronen (vgl. oben zu C VI 3) geliefert zu haben. Nachdem der Angeklagte Kusche eingeräumt hat, diese Gegenstände möglicherweise auch durch den IM „Diamant" direkt und nicht von „Palermo" erhalten zu haben, vermochte der Senat dem Angeklagten diese Einlassung mit den zur Verfügung stehenden Beweismitteln nicht zu widerlegen. Der Senat verkennt nicht, daß Schneider die Einschaltung „Palermos" für einzelne Lieferungen des IM „Diamant" zu Beginn der Beweisaufnahme noch nicht in Abrede gestellt hatte, doch ist mit der erforderlichen Sicherheit nicht auszuschließen, daß sich Schneider bei der Vielzahl der erörterten Einzelaufträge insoweit geirrt oder sich mißverständlich geäußert hat.

b) Hinsichtlich des ihm im Zusammenhang mit den Olympischen Spielen (vgl. oben C V Fall 10) erteilten Auftrages hat der Angeklagte Schneider bestritten, den Bau einer Transportkiste in Auftrag gegeben zu haben. Er hat insoweit behauptet, er habe eine solche Kiste lediglich für den Transport der von ihm gelieferten Perücken (vgl. oben C V Fall 11) bauen lassen. Der Senat glaubt diese Einlassung nicht. {48}

In Kenntnis dieser Einlassung hat der Angeklagte Kusche hierzu überzeugend und glaubhaft versichert, daß die Perücken seinerzeit in drei normalen Gütertransportkisten geliefert worden seien; er könne sich daran insbesondere deshalb noch genau erinnern, weil er eine dieser Kisten dazu verwendet habe, in seinem Garten einen Sandkasten zu bauen. Der Angeklagte Kusche hat es nachdrücklich ausgeschlossen, daß die Perücken in einer großen Kiste geliefert worden seien. Eine solche sei vielmehr im Zusammenhang mit der vorbereiteten Rückführung von MfS-Angehörigen in Auftrag gegeben und von Schneider auch geliefert worden. Bestätigt wird diese Angabe durch die in der Hauptverhandlung verlesenen Quittungen für Auslagen des Angeklagten Schneider; sie belegen, daß ihm für die Lieferung der Perücken Transportkosten in Höhe von 2.000.-- DM und gesondert hiervon für den Bau einer Transportkiste 100.-- DM ersetzt wurden.

II. Die Einlassungen der Angeklagten zur „Operation Fürst"

1. Der Angeklagte Kusche hat im wesentlichen behauptet, daß Sch. nach den Planungen im MfS überhaupt nicht getötet werden sollte. Es sollte vielmehr nur ein Scheinangriff gestartet und Sch. lediglich verprügelt werden, um ihn dazu zu bewegen, von seinen Provokationen an der Grenze Abstand zu nehmen. Der Angeklagte hat ferner behauptet,

dies dem Angeklagten Schneider auch gesagt zu haben, so daß ihm und dem Zeugen T. letztlich ein ernstgemeinter Tötungsauftrag überhaupt nicht erteilt worden sei. {49}

Seine Behauptungen hat er im wesentlichen wie folgt begründet: Nachdem ihm Dr. Schubert die Entwicklung von Plänen zur Beseitigung des Schulz aufgetragen hatte, sei er von dem 1. Stellvertreter des Ministers, Beater, dahin informiert worden, daß die ganze Aktion nur das Ziel habe, „Fürst" einen Denkzettel zu verpassen, um ihn von seinen Provokationen gegen die DDR abzubringen; es solle nicht sein, daß er dabei umkomme. Beater habe ihm aufgetragen, über das Gespräch Stillschweigen zu bewahren und auch Dr. Schubert nichts zu sagen; zum Zwecke der Konspiration solle er aber alle Berichte und Pläne so fertigen, daß der Eindruck entstehe, das Ziel der Aktion sei die Liquidierung von „Fürst". Kusche erklärte weiter, er habe alle Abläufe der Aktion im Rahmen der ihm erteilten Weisungen so gesteuert, daß eine Tötung des „Fürst" ausgeschlossen war. Aus diesem Grunde sei ihm auch nur eine Waffe ausgehändigt worden, die funktionsunfähig war, so daß nicht einmal im Notfall durch den Einsatz der Pistole eine Tötung erfolgen konnte. Darüber hinaus habe er dem Angeklagten Schneider auf dessen Frage, ob „Fürst" wirklich umzubringen sei, ausdrücklich erklärt, ihm solle nur ein Denkzettel verpaßt werden. Im übrigen habe er den Angeklagten Schneider gar nicht für fähig gehalten, einen Mord zu begehen. Der Senat vermochte dieser Einlassung des Angeklagten nicht zu folgen; sie ist nicht glaubhaft.

a) Das angebliche Verhalten von Beater ist nicht nachvollziehbar. Wenn er lediglich einen Scheinangriff gegen Siegfried Sch. geplant hätte, um ihn zur Aufgabe seiner Provokationen zu veranlassen, dann hätte er ihn angeordnet. Es ist nicht verständlich und ergibt auch unter Berücksichtigung des Grundsatzes der zu wahrenden Konspiration keinen Sinn, aus welchem Grunde den Personen, die mit der Aktion betraut werden sollten, zunächst vorgespiegelt werden {50} sollte, sie hätten „Fürst" zu liquidieren, und aus welchem Grunde alle Planungen und zu erstellenden Berichte in diese Richtung gehen sollten. Hätte Sch. lediglich verprügelt werden sollen, wäre für das MfS sowohl die Auswahl eines tatbereiten IM als auch die Planung einer solchen Tat bedeutend einfacher gewesen, zumal Sch. abends zumeist betrunken nach Hause kam und es keinerlei Schwierigkeiten bereitet hätte, ihn auf der Straße in eine Schlägerei zu verwickeln. Auch hätte es der Anstrengungen nicht bedurft, in den Besitz seiner Wohnungs- und Haustürschlüssel zu gelangen, und es wäre nicht erforderlich gewesen, dem Angeklagten Schneider eine Waffe auszuhändigen. Ausgesprochen unsinnig erscheint auch die Weisung, den Überfall auf Sch. in den Akten des MfS als eine Tötungsaktion darzustellen; eine solche Weisung ist unter keinem Gesichtspunkt, auch nicht unter dem der Konspiration, verständlich.

Ebensowenig ist nachvollziehbar, warum Beater den Angeklagten Kusche in seinen Plan eingeweiht und ihm aufgegeben haben soll, nicht einmal seinem Hauptabteilungsleiter von dem Inhalt dieses Gesprächs etwas zu erzählen. Denn nach der Einlassung des Dr. Schubert will er von Beater längst in diese Planung eingeweiht und sich mit ihm darüber einig gewesen sein, daß nur sie beide die genaue Zielstellung des Auftrages kennen dürften, weil ihnen bekannt war, daß der Angeklagte Kusche mit Schneider sehr eng liiert war, und weil sie befürchteten, er könne Schneider über ihr tatsächliches Vorhaben zu früh unterrichten.

Einen Sinn gäbe die von Beater angeblich getroffene Anordnung allenfalls dann, wenn er dem ihm „von ganz oben" erteilten Auftrag, „Fürst" zu beseitigen, aus eigener Machtvollkommenheit zuwidergehandelt und aus diesem Grunde Dr. Schubert und dem Angeklagten Kusche die entgegenstehenden {51} Anweisungen erteilt hätte. Diese Möglichkeit schließt der Senat jedoch als fernliegend aus. Abgesehen davon, daß es hierfür nicht die geringsten Anhaltspunkte gibt, sind auch die Folgen zu bedenken, denen sich der im Militärsrang stehende 1. Stellvertreter des Ministers im Falle einer bekannt werdenden Befehlsverweigerung ausgesetzt hätte. Die Einlassungen des ehemaligen Angeklagten Dr. Schubert und des Angeklagten Kusche hinsichtlich der fehlenden Ernsthaftigkeit eines Tötungsauftrages können daher nur als ein untauglicher Versuch bewertet werden, die Machenschaften des MfS in einem milderen Licht, oder, wie es der Zeuge Dr. Neiber erklärt hat, als eine humanitäre Aktion erscheinen zu lassen.

b) Die Einlassung des Angeklagten Kusche wird von dem Zeugen Dr. Neiber inhaltlich im wesentlichen zwar bestätigt, doch mißt der Senat seinen Angaben keinen Beweiswert zu, weil eine Vernehmung zur Sache im Sinne von § 69 StPO nicht erfolgt ist. Der Zeuge hat in der Hauptverhandlung lediglich eine schriftlich vorbereitete, mitunter polemisierende Erklärung verlesen, in der er, ohne daß ihm das Gericht zuvor das Beweisthema mitgeteilt hatte, auf die Vorgänge „Fürst", „Terrorist" und „Subversion bzw. Parasit" einging und generell alle an diesen Vorgängen beteiligten Mitglieder des MfS zu entlasten suchte. Anschließend erklärte er, daß er nunmehr von seinem umfassenden Auskunftsverweigerungsrecht nach § 55 StPO Gebrauch mache. Fragen, die sich auf den Inhalt seiner Erklärung bezogen, beantwortete er nur zu einem sehr geringen Teil, überwiegend gar nicht. Es war dem Gericht daher nicht möglich, die Glaubhaftigkeit seiner Angaben durch entsprechende Rückfragen zu überprüfen. Dazu bestand aber erheblicher Anlaß, weil die schriftlich vorbereitete Erklärung den Eindruck erweckt hat, mit Hilfe Dritter gefertigt worden zu sein, und weil {52} sie ersichtlich den Versuch unternimmt, insbesondere bei der Operation „Parasit" die Einlassungen der Angeklagten und die Aussagen einiger Zeugen hinsichtlich der verwendeten Sprengtechnik auf einen gemeinsamen Nenner zu bringen.

c) Kusche hat den Angeklagten Schneider entgegen seiner Einlassung auch nicht darüber unterrichtet, daß „Fürst" lediglich ein Denkzettel verpaßt werden sollte. Nach den Bekundungen Schneiders ist dieser vielmehr auch nach dem letzten Treff mit Kusche davon ausgegangen, daß ihre Aufgabe darin bestanden habe, „Fürst" zu liquidieren. Seine Angaben und die des Zeugen T. anläßlich der mehrtägigen Befragung durch das MfS bestätigen diese Annahme. Es wäre nicht erforderlich gewesen, dem MfS weiszumachen, daß und wie man versucht habe, „Fürst" umzubringen, wenn der eigentliche Auftrag nur dahin gegangen wäre, diesem einen Denkzettel zu verpassen. Eine derartige Überschreitung eines ihnen erteilten Auftrages hätten Dr. Schubert und der Angeklagte Kusche, die an der Befragung teilgenommen hatten, nie hingenommen.

d) Auch die Tatsache, daß sich Generaloberst Beater und Dr. Schubert mit dem Erfolg der Aktion äußerst zufrieden zeigten, spricht nicht gegen die Annahme, daß hier kein Scheinauftrag erteilt worden ist. Denn ihre Zufriedenheit kann auch darauf zurückzuführen gewesen sein, daß Sch. – aus welchen Gründen auch immer – seine Aktionen an der Mauer eingestellt hatte.

e) Gegen die Behauptung, Sch. habe nur ein Denkzettel verpaßt werden sollen, spricht auch der Umstand, daß Dr. Schubert ohne weiteres mit einer Einschaltung des Zeugen T. einverstanden war, obwohl er ihn kaum kannte und {53} der Zeuge entgegen den sonstigen Gewohnheiten vom MfS nicht auf seine Zuverlässigkeit überprüft worden war. Wenn seine Einlassung richtig ist, daß er dem Angeklagten Schneider den besagten Auftrag nur deshalb erteilte, weil er ihn zwar für kriminell, nicht aber für einen Killertypen gehalten und ihn dahin eingeschätzt habe, daß er kein Risiko eingehe und einen Mord nicht wolle, dann ist es nicht nachvollziehbar, daß er mit einer Einschaltung T.'s einverstanden gewesen sein soll. Er kannte den Zeugen nicht, lernte ihn erst – wie er eingeräumt hat – nach der Aktion kennen, war aber dahin unterrichtet worden, daß der Zeuge im Kampfsport erfahren war und sich bereiterklärt hatte, Sch. mittels eines Handkantenschlages zu töten. Wie sich T. bei der Tatausführung verhalten würde, war für ihn völlig ungewiß. Nach den Erfahrungen, die der Senat aufgrund der in der Hauptverhandlung aus den Akten des Ministeriums für Staatssicherheit verlesenen Urkunden und aufgrund der Bekundungen der ehemaligen Mitangeklagten Dr. Coburger und Dr. Schubert sowie des Angeklagten Kusche über die im MfS bei jeder Gelegenheit zur Wahrung der Konspiration und zur Sicherheit der einzelnen Mitarbeiter getroffenen Vorsichtsmaßnahmen gewonnen hat, ist es auszuschließen, daß Dr. Schubert ein derartiges Risiko eingegangen wäre, wenn die Tötung des Siegfried Sch. nicht von vornherein beschlossen gewesen wäre. Für diesen Fall aber war der Einsatz des Zeugen T. für die DDR ein geringeres Risiko. Denn wäre dieser anläßlich der Tat festgenommen worden, wäre sie wegen der erheblichen Vorstrafen des Täters mit großer Wahrscheinlichkeit als die eines Kriminellen eingestuft, nicht aber die DDR als Urheber verdächtigt worden. Dr. Schubert konnte davon ausgehen, daß der Zeuge den eigentlichen Hintergrund der Tat verschwiegen und sich nicht zusätzlich einer nachrichtendienstlichen Agententätigkeit bezichtigt hätte. {54}

f) Der Senat ist auch davon überzeugt, daß Schneider von Kusche eine funktionsfähige Pistole erhalten hat. Die Waffe war ihm gegeben worden, um sich im Notfall gegen Sch. verteidigen zu können, von dem man annahm, er könne bewaffnet sein. Mit einer funktionsunfähigen Waffe hätte sich Schneider aber nicht nur nicht wirkungsvoll verteidigen können, er hätte sich vielmehr zusätzlichen Gefahren ausgesetzt. Denn hätte er die Pistole gezogen, hätte sich möglicherweise Sch. unter Einsatz seiner Waffe verteidigt und Schneider zumindest erheblich verletzen können. Das wußte Kusche. Er mußte auch damit rechnen, daß Schneider oder T. – beide sind nach eigenen Angaben im Umgang mit Waffen vertraut – diese auf ihre Funktionsfähigkeit prüfen und gegebenenfalls die Durchführung des ihnen erteilten Auftrages abbrechen würden; den Vertrauensmißbrauch hätte Kusche ihnen kaum erklären können. Aufgrund der engen Beziehungen Kusches zu seinem IM Schneider ist es auch auszuschließen, daß er ihn derart enttäuscht oder gefährdet hätte. Darüber hinaus ist davon auszugehen, daß Schneider die Waffe auch tatsächlich geprüft hat. Es ist wenig wahrscheinlich, daß jemand, der im Umgang mit Schußwaffen vertraut ist, eine Waffe mit sich führt, die er sich nicht näher angesehen hat. Ebensowenig wahrscheinlich ist, daß bei einer Prüfung der Waffe übersehen worden sein könnte, daß sie beschußunfähig war. Schneider ist jedenfalls von ihrer Funktionsfähigkeit ausgegangen, denn anderenfalls hätte er keinen Anlaß gehabt, daraus die Munition zu entfernen.

g) Aufgrund der Bekundungen des Angeklagten Schneider und des Zeugen T. ist der Senat allerdings zu Gunsten des Angeklagten Kusche davon ausgegangen,

- daß dieser davon überzeugt war, Schneider werde „Fürst“ {55} nicht töten,
- daß er lediglich aufgrund seiner Befehls- und Weisungsgebundenheit mit beiden IM's deren gemeinsames Vorgehen besprach und beispielsweise Schneider durch Beschaffung einer Pistole unterstützte und
- daß er, wie er selbst eingeräumt hat, eine Beteiligung an der Tötung aus dienstrechtlichen Gründen nicht hätte ablehnen können.

Jedoch ist der Senat davon überzeugt, daß Kusche damit gerechnet und die Möglichkeit billigend in Kauf genommen hat, T. könne „Fürst“ bei dem geplanten Überfall töten. Auch er kannte den Zeugen nicht hinreichend und vermochte daher seine Verhaltensweisen vorab nicht genügend einzuschätzen, um sicher zu sein, daß er Sch. nicht töten werde. Die mögliche tödliche Wirkung eines richtig geführten Handkantenschlages war ihm bekannt.

2. Der Angeklagte Schneider hat den äußeren Tathergang im wesentlichen so beschrieben und eingeräumt, wie ihn der Senat festgestellt hat. Diese Angaben des Angeklagten sind glaubhaft, denn sie werden durch die Bekundungen des Zeugen T. und durch die ausweislich der Sitzungsniederschrift zu diesem Tatkomplex aus den Akten des Ministeriums für Staatssicherheit verlesenen Treffberichte und andere Urkunden weitgehend bestätigt. Die Berichte, die im MfS aufgrund der Anhörung des Angeklagten Schneider und des Zeugen T. gefertigt wurden, hat der Senat allerdings besonders vorsichtig bewertet, weil die beiden IM, wie sie unwiderlegt bekundet haben, dem MfS ihre Absicht, sie hätten Sch. töten wollen, in besonders drastischer Weise glaubhaft gemacht hatten. Der Senat hat daher ihre Angaben hinsichtlich des angeblichen Versuchs, Sch. zu erschießen, unberücksichtigt gelassen. Sie beruhen offenbar {56} auf der vorher in groben Umrissen getroffenen Absprache über ihr Aussageverhalten gegenüber dem MfS. Der Senat geht davon aus, daß sich die Absprache im wesentlichen nur auf ihr vermeintliches Bemühen erstreckte, „Fürst“ zu liquidieren und daß ihre Angaben im übrigen dem gemeinsam Erlebten entsprechen. Aufgrund ihrer äußerst einfachen Persönlichkeitsstruktur sind sie von ihrem Intellekt her nicht in der Lage, über längere Zeit einen komplizierten Sachverhalt zu schildern, den sie nicht erlebt haben. Der Senat hat daher keinen Anlaß gesehen, ihre Angaben gegenüber dem MfS nicht zu berücksichtigen.

a) Der Senat ist dem Angeklagten auch insoweit gefolgt, als er behauptet hat, zu keinem Zeitpunkt die Absicht gehabt zu haben, den ihm erteilten Auftrag zu erfüllen und Siegfried Sch. selber zu töten; ein eigener Tötungswille konnte ihm nicht nachgewiesen werden. Für den fehlenden eigenen Tötungswillen spricht insbesondere das Verhalten des Angeklagten während der Tat. Denn er begleitete T. zunächst nicht in den Hausflur. Er folgte ihm vielmehr erst dann, als er aufgrund der aus dem Haus dringenden Geräusche glaubte, sein Freund sei dort selbst in Schwierigkeiten geraten, was er letztlich auch bestätigt fand. Ein weiteres Indiz für den fehlenden Täterwillen sieht der Senat auch in dem Umstand, daß Schneider es zunächst ablehnte, die vom MfS für ihre Tätigkeit angebotenen 15.000.-- DM entgegenzunehmen, um sich den Betrag mit T. zu teilen. Da der Angeklagte während seiner Tätigkeit für das MfS – weder vorher noch später – jemals eine Gelegenheit ausließ, ihm angebotene Geldbeträge anzunehmen, läßt sein

Verhalten den Schluß zu, daß er meinte, ihm stehe das Geld nicht zu, weil T. es übernommen hatte, den Liquidierungsauftrag allein durchzuführen. {57}

b) Der Senat ist dem Angeklagten jedoch nicht gefolgt, soweit er in der Hauptverhandlung behauptet hat, er und T. seien vor der Tat übereinkommen, Sch. nicht zu töten, ihn vielmehr nur zu verprügeln und dem MfS gegenüber zu behaupten, sie hätten die Tötung versucht, aber nicht geschafft. Denn noch in seiner Vernehmung vom 5. Juni 1992 durch den Zeugen N. im Bundeskriminalamt, hat der Angeklagte Schneider ausgesagt, daß er Sch. nur einen Denkzettel verpassen wollte, er aber nicht genau sagen könne, ob Ronnie – gemeint ist T. – ihn umbringen oder ob er ihn auch nur verprügeln wollte. Diese Aussage spricht eindeutig gegen eine vorher getroffene Vereinbarung gemeinsamen Verhaltens; daß er eine derart wichtige Absprache zu diesem Zeitpunkt angesichts des gegen ihn erhobenen Vorwurfs vergessen haben könnte, ist unwahrscheinlich.

Zwar wurde diese angebliche Vereinbarung auch von dem Zeugen T. bestätigt, wonach sie auf der Fahrt von Köln nach Berlin getroffen worden sein soll. Der Zeuge ist insoweit jedoch nicht glaubwürdig. T. hat mehrfach, auch in seiner Vernehmung durch den Zeugen N., zu erkennen gegeben, daß er niemanden belasten werde. Er hat dieses Versprechen auch in die Tat umzusetzen gesucht. So hat er beispielsweise in seiner Aussage vor dem Senat versucht, die Zeugin Anna B. zu entlasten, hat ihr anschließend – wie diese bekundet hat – davon berichtet und sie gebeten, ihm 2.000.-- DM zu geben. Auch die Zeugin Irmgard K. hatte er, wie er auf Vorhalt bestätigt hat, nach der Festnahme ihres Mannes aufgesucht und ihr mitgeteilt, daß er ihren Mann entlasten werde. Aufgrund dieser Umstände und der Tatsache, daß sich Schneider an eine Vereinbarung vor der Tat nicht erinnern konnte, hält der Senat die Behauptung des Zeugen T. für eine Schutzbehauptung; vieles spricht dafür, daß sich T. und Schneider über ihr {58} Aussageverhalten erst während des Ermittlungsverfahrens anläßlich eines Zusammentreffens bei Schneider geeinigt haben.

c) Der Senat geht auch davon aus, daß Schneider damit gerechnet hat, T. könne sein Opfer im Hausflur töten. Er hat diese Möglichkeit eingeräumt und in der Hauptverhandlung eine entsprechende Frage dahin beantwortet, daß man nie wisse, wie jemand reagiert, wenn er in Gefahr gerät. Diese Einschätzung ist richtig, zumal Schneider wußte, daß T. sein Opfer mit einem Handkantenschlag angreifen wollte und daß ein solcher Schlag selbst dann tödlich sein kann, wenn eine Tötungsabsicht nicht verfolgt wird. Der Senat geht ferner davon aus, daß Schneider die Möglichkeit der Tötung billigend in Kauf genommen hat; es sind keine Anhaltspunkte ersichtlich, daß er beispielsweise Maßnahmen getroffen hat, die diesen Erfolg verhindert hätten. Er hat sich auch nicht – was anderenfalls nahe gelegen hätte – darauf berufen, dem Zeugen T. nur deshalb in den Hausflur gefolgt zu sein, um gegebenenfalls zu verhindern, daß sein offensichtlich in Not geratener Freund „Fürst" töten könne.

3. Der Senat hat keinen Anlaß gesehen, den Andeutungen des ehemaligen Mitangeklagten Dr. Schubert sowie des Zeugen Dr. Neiber nachzugehen und zu versuchen festzustellen, ob westliche Geheimdienste von dieser Aktion vorher unterrichtet waren, ob sie irgendwelche Zusagen gemacht oder in den Ablauf des Geschehens in irgendeiner Weise eingegriffen haben. Über bloße Andeutungen hinausgehende Anhaltspunkte für eine solche Annahme hat der Senat nicht, zumal sich beide auch nur global über eine angebliche Einschaltung „der Gegenseite" erklärt und sich auf eine Äußerung General-

oberst Beaters bezogen haben, wonach „die Gegenseite" die Sache {59} „abgesichert" und nach der Aktion „Wort gehalten" habe. Darüber hinaus sieht der Senat auch keinen Aufklärungsbedarf, denn es ist nicht ersichtlich, daß „die Gegenseite" mit dem MfS vorher abgesprochene Maßnahmen ergriffen haben könnte, um eine Tötung des Sch. zu verhindern; weder wurde Sch. in irgendeiner Form bewacht oder beschützt, noch ist jemand an T. herangetreten, um ihn davon abzubringen, den von ihm geplanten tödlich wirkenden Handkantenschlag anzubringen, noch sind andere Einflußmöglichkeiten auch nur andeutungsweise erkennbar geworden.

E. Rechtliche Würdigung

I. Der Angeklagte Kusche

Nach diesen Feststellungen hat sich der Angeklagte Kusche der gemeinschaftlichen geheimdienstlichen Agententätigkeit nach § 99 Abs. 1 Nr. 1[4], § 25 Abs. 2 StGB sowie – tateinheitlich hierzu – der Beihilfe zum versuchten Mord nach §§ 211, 22, 23, 27, 52 StGB strafbar gemacht.

1. Der Angeklagte hat in der Zeit von Sommer 1970 bis Mai 1989 zunächst als Operativer Mitarbeiter, ab Oktober 1976 als Referatsleiter in der Hauptabteilung VIII für das Ministerium für Staatssicherheit der DDR, also für den Geheimdienst einer fremden Macht, eine geheimdienstliche Tätigkeit gegen die Bundesrepublik Deutschland ausgeübt, die auf die Mitteilung und Lieferung von Tatsachen, Gegenständen oder Erkenntnissen gerichtet war. Denn er hat durch seine Tätigkeit den Einsatz und die Arbeitsergebnisse der „Inoffiziellen Mitarbeiter" auf dem Gebiet der Bundesrepublik Deutschland ermöglicht. Er handelte gemeinsam {60} (§ 25 StGB) mit den von ihm geführten Inoffiziellen Mitarbeitern, insbesondere mit dem Angeklagten Schneider.

Das Verhalten des Angeklagten war weder gerechtfertigt noch entschuldigt. Er hat die Tat zwar in Ausübung seiner gegenüber dem Ministerium für Staatssicherheit bestehenden Amts- und Dienstpflichten begangen, jedoch ist hier für die Frage der Rechtfertigung oder Entschuldigung allein das Strafrecht der Bundesrepublik Deutschland maßgebend, weil die Tat im Inland begangen wurde (§§ 3, 9 StGB). Der Angeklagte ist selbst zwar nur außerhalb der Bundesrepublik tätig geworden, jedoch muß er sich den von ihm veranlaßten und zu verantwortenden Tatbeitrag der „Inoffiziellen Mitarbeiter", die in der Bundesrepublik gehandelt haben, als deren Mittäter nach § 25 Abs. 2 StGB zurechnen lassen (vgl. BGH NJW 1991, 2498). Das hat nach § 9 Abs. 1 StGB zur Folge, daß die Tat an jedem Ort begangen wurde, an dem einer der Mittäter gehandelt hat, somit auch in der Bundesrepublik Deutschland (vgl. Dreher/Tröndle, StGB 46. Aufl., Rdn. 2; Eser in Schönke/Schröder, StGB 24. Aufl., Rdn. 4; Tröndle in Leipziger Kommentar, StGB 10. Aufl., Rdn. 3; je zu § 9 StGB).

Der Angeklagte hat auch schuldhaft gehandelt. Nach seinen Angaben in der Hauptverhandlung war ihm bewußt, und es entsprach auch seinem Willen, eine gegen die Bundesrepublik Deutschland gerichtete nachrichtendienstliche Tätigkeit entfaltet zu haben.

a) An der Strafbarkeit des Verhaltens des Angeklagten hat sich durch den Vertrag zwischen der Bundesrepublik Deutschland und der Deutschen Demokratischen Republik über die Herstellung der Einheit Deutschlands vom 31. August 1990 nichts geändert. Unter den in Anlage I, Kapitel III Sachge-{61}biet C, Abschnitt III Nr. 1 aufgeführten Bestimmungen des Strafgesetzbuches, die auf dem Gebiet der ehemaligen DDR keine Anwendung finden, ist § 99 StGB nicht aufgeführt. Es bestehen auch keine Anhaltspunkte für die Annahme, daß es sich insoweit um ein Versehen der vertragsschließenden Staaten gehandelt haben könnte. Vielmehr kann davon ausgegangen werden, daß hier eine bewußte Entscheidung getroffen worden ist (vgl. BGH NJW 1991, 2498, 2500). Das folgt auch aus dem Umstand, daß die Fraktionen von CDU/CSU und FDP es für erforderlich gehalten haben, den Entwurf eines Amnestiegesetzes für Mitarbeiter des MfS vorzulegen, die von der DDR aus Spionage gegen die Bundesrepublik Deutschland betrieben haben (Bundestagsdrucksache 11/7762); ein solches Gesetz wurde allerdings nicht verabschiedet.

b) Auch Verfassungsrecht steht einer Bestrafung des Angeklagten nicht entgegen.

aa) Das sich aus Art. 103 Abs. 2 GG ergebende Rückwirkungsverbot schließt eine Bestrafung des Angeklagten nicht aus. Ein Fall der rückwirkenden Gesetzesänderung liegt hier nicht vor. Die Strafbarkeit der Taten nach § 99 StGB war bereits vor dem Abschluß des Einigungsvertrages begründet. Wie bereits dargelegt, muß sich der Angeklagte das arbeitsteilige, mittäterschaftliche Handeln der unter seiner Verantwortung in der Bundesrepublik tätig gewordenen Inoffiziellen Mitarbeiter des MfS nach § 25 Abs. 2 StGB anrechnen lassen; daß er wegen dieses Verhaltens nicht schon früher belangt wurde, ist allein darauf zurückzuführen, daß er das Gebiet der Bundesrepublik Deutschland während des Bestehens der DDR nicht betreten hat. Durch den Einigungsvertrag wurde jetzt lediglich die tatsächliche Strafverfolgungsmöglichkeit eröffnet; darin aber liegt kein Verstoß gegen das {62} Rückwirkungsverbot des Art. 103 Abs. 2 GG (BVerfGE 25, 269, 286 f.).

bb) Im vorliegenden Fall steht auch der Gleichheitsgrundsatz des Art. 3 GG einer Bestrafung nicht entgegen. Eine Willkürbehandlung von MfS-Angehörigen gegenüber Mitarbeitern des Bundesnachrichtendienstes dadurch, daß ihr Verhalten an dem für sie fortgeltenden § 99 StGB zu messen ist, scheidet in Fällen der vorliegenden Art selbst dann aus, wenn schwerwiegende Menschenrechtsverletzungen nicht nachzuweisen sind. Eine Gleichstellung der Spione der Bundesrepublik Deutschland und der DDR ist jedenfalls dann nicht zulässig, wenn sich das strafrechtlich zu bewertende Verhalten der MfS-Angehörigen von dem rein nachrichtendienstlich ausgerichteten Tätigkeitsbereich des BND unterscheidet. Diese Voraussetzung ist im vorliegenden Fall gegeben. Die Operativvorgänge „Fürst" und „Subversion", aber auch die Planungen anläßlich der Olympischen Sommerspiele, der Fußballweltmeisterschaft und der Rückführung des Zeugen Wecke in die DDR machen das hinreichend deutlich. Auch wenn der Angeklagte Kusche nicht in allen Fällen die Hintergründe der geplanten Aktionen gekannt hat, so geht sein Tatbeitrag doch jedenfalls im Fall „Fürst" über eine rein nachrichtendienstliche Tätigkeit hinaus und schließt die Annahme einer Willkürbehandlung von MfS-Angehörigen von vornherein aus. Der Senat entfernt sich daher auch nicht von der Auffassung des 1. Strafsenats des Kammergerichts. Seinem Vorlagebeschluß (vgl. NJW 1991, 2501) lag insofern ein anderer Sachverhalt zugrunde, als dort von einer rein nachrichtendienstlich ausgerichteten Tätigkeit der angeschuldigten MfS-Angehörigen, die der Hauptverwaltung Aufklärung angehörten, ausgegangen wurde. {63}

2. Nach den Feststellungen hat sich der Angeklagte Kusche auch der Beihilfe zum versuchten Mord strafbar gemacht (§§ 211 Abs. 2, 22, 23 Abs. 1, 27 StGB).

Der Senat hat davon abgesehen, den Tatbeitrag des Angeklagte sowohl nach den Bestimmungen des Strafgesetzbuches der Bundesrepublik Deutschland als auch nach denen des Strafgesetzbuches der ehemaligen Deutschen Demokratischen Republik zu bewerten. Zwar hätte hierzu grundsätzlich Anlaß bestanden, weil nach § 9 Abs. 2 StGB Tatort der Beihilfe sowohl der Ort ist, an dem die Tat begangen wurde (West-Berlin), als auch der, an dem der Teilnehmer tätig geworden ist (Ost-Berlin) (vgl. Dreher/Tröndle, StGB 46. Auflage, § 9 Rdn. 5) und weil nach Art. 315 Abs. 1 EGStGB in Verbindung mit § 2 Abs. 3 StGB auf die Tat das mildeste Gesetz anzuwenden ist; das aber sind die Bestimmungen des geltenden Strafgesetzbuches.

a) Der Zeuge T. hat versucht, Siegfried Sch. zu töten (§§ 211 Abs. 2, 22, 23 Abs. 1 StGB). Den Plan, ihn im Flur seines Wohnhauses mittels eines Handkantenschlages zu töten, hat T. dadurch zu verwirklichen begonnen, daß er seinem ahnungslosen Opfer im Hausflur auflauerte und ihn mit einem Handkantenschlag angriff, der die beabsichtigte Wirkung zwar verfehlte, grundsätzlich aber ein zur Tötung eines Menschen geeignetes Mittel darstellt, zumal dann, wenn der Täter im Kampfsport erfahren ist; auf den Zeugen trifft diese Voraussetzung zu.

Er ist von diesem Versuch auch nicht etwa dadurch zurückgetreten, daß er seinen Plan nicht mehr weiter verfolgte, als es Sch. gelang, auf den Hof zu flüchten. Ein straf-befreiender Rücktritt im Sinne von § 24 Abs. 1 StGB liegt nicht vor, weil T. die weitere Ausführung der Tat {64} nicht freiwillig aufgegeben hat; er wurde vielmehr daran gehindert, weil im Hause bereits Stimmen laut wurden und er seine Entdeckung befürchten mußte.

Die Voraussetzungen des § 211 Abs. 2 StGB sind erfüllt, weil T. heimtückisch handelte; er nutzte die Arg- und Wehrlosigkeit seines Opfers aus und griff ihn aus dem Hinterhalt an.

b) Zu dieser zumindest bedingt vorsätzlich begangenen Tat des T. hat der Angeklagte Kusche objektiv dadurch Beihilfe im Sinne von § 27 StGB geleistet, daß er sich maßgeblich an der Erarbeitung des Tatplanes beteiligte und dem Angeklagten Schneider zu ihrem persönlichen Schutz eine funktionsfähige Pistole übergab.

Der Angeklagte Kusche handelte auch vorsätzlich. Er wußte, daß T. im Kampfsport erfahren ist, zugesagt hatte, „Fürst“ mit einem Handkantenschlag zu töten und daß er die Tat in der Nacht vom 17. zum 18. Februar 1975 ausführen wollte. Er rechnete aufgrund der dargestellten Umstände auch damit, daß er zum Erfolg kommen könne. Diese Möglichkeit nahm er billigend in Kauf. Sie entsprach dem mit dieser Aktion verfolgten und von ihm unterstützten Ziel, so daß der Angeklagte auch nichts zur Verhinderung des Erfolgseintritts unternahm; mithin wollte er den Erfolg (vgl. BGH StV 1985, 100; BGHSt 7, 363, 368). Kusche wußte auch, daß sein Tatbeitrag geeignet war, die Tat des T. zu fördern und er wollte dies in Erfüllung der ihm von Dr. Schubert erteilten Weisung auch tun; daß er seinen Beitrag bereits im Rahmen der Vorbereitung der Tat erbracht hat und an der Durchführung der Tat selbst nicht beteiligt war, ist unerheblich (vgl. BGHSt 28, 346, 348; 16, 12, 14 mit jew. weit. Nachw.). {65}

Der Angeklagte kann sich mit Erfolg auch nicht darauf berufen, letztlich nur auf Weisung seines Vorgesetzten Dr. Schubert gehandelt zu haben. Der Angeklagte stand in militärischem Rang. Weder der von ihm geleistete Fahneneid noch Bestimmungen im Ministerium für Staatssicherheit zwangen ihn, strafbare Handlungen zu begehen. Daher bestand für ihn – wie der Zeuge Dr. Neiber bestätigt hat – die Möglichkeit, durch Erklärung gegenüber seinem Vorgesetzten den Befehl, eine strafbare Handlung zu unterstützen, zu verweigern. Von dieser Möglichkeit hat der Angeklagte indessen keinen Gebrauch gemacht. Daß er sich durch eine Befehlsverweigerung allerdings erhebliche Schwierigkeiten in seinem beruflichen Werdegang verschafft hätte, verkennt der Senat nicht; im Rahmen der auch ihm zumutbaren Güterabwägung hätte er solche Nachteile aber in Kauf nehmen müssen.

c) Entgegen dem Antrag der Bundesanwaltschaft hat der Senat den Angeklagten Kusche nicht als Mittäter des von T. versuchten Mordes angesehen. Nach der Rechtsprechung des Bundesgerichtshofs liegt Mittäterschaft vor, wenn ein an der Tat Beteiligter mit seinem Beitrag nicht bloß fremdes Tun fördern will, sondern wenn dieser Beitrag Teil einer gemeinschaftlichen Tätigkeit sein soll. Dabei muß er seinen Teilbeitrag als Teil der Tätigkeit des anderen und umgekehrt die Tätigkeit des anderen als Ergänzung seines eigenen Tatanteils wollen. Ob ein Beteiligter dieses enge Verhältnis zur Tat haben will, ist nach den gesamten Umständen, die von der Vorstellung des Täters umfaßt werden, in wertender Betrachtung zu beurteilen. Wesentliche Anhaltspunkte für diese Wertung können gefunden werden im Grad des eigenen Interesses am Erfolg der Tat, im Umfang der Tatbeteiligung und in der Tatherrschaft oder wenigstens im Wil-{66}len zur Tatherrschaft, so daß Durchführung und Ausgang der Tat maßgeblich vom Willen des Angeklagten abhängen (BGH NStZ 1982, 243; vgl. aber auch BGHSt 28, 346, 348 f.; BGH NStZ 1985, 165). Unter Beachtung dieser Abgrenzungskriterien ist die Annahme einer Mittäterschaft des Angeklagten Kusche nicht gerechtfertigt. Der Senat verkennt zwar nicht das berufliche Interesse des Angeklagten an einem erfolgreichen Abschluß der Tat, er hat aber keine darüber hinausgehenden Anhaltspunkte, daß Kusche die Tat des T. als eigene und er sich dessen Tatbeitrag zurechnen lassen wollte. Vor allen Dingen aber war Kusche nicht „Herr des Tatgeschehens“, wie die Bundesanwaltschaft meint. Wenn er aus eigener Machtvollkommenheit seinen Inoffiziellen Mitarbeitern Schneider und T. etwa gesagt hätte, sie sollten von dem im MfS gefaßten Plan Abstand nehmen, hätte er dadurch die Tat nicht verhindern können. Denn es ist davon auszugehen, daß sich in einem solchen Fall Dr. Schubert unmittelbar eingeschaltet und auf einer Verwirklichung der Vereinbarung bestanden hätte. Die Durchführung und der Ausgang der Tat waren daher von dem Willen des Angeklagten unabhängig.

3. Zwischen den Straftaten der nachrichtendienstlichen Tätigkeit und der Beihilfe zum versuchten Mord besteht Tateinheit nach § 52 StGB, weil die Beihilfehandlung zur Durchführung der nachrichtendienstlichen Tätigkeit begangen wurde. {67}

II. Der Angeklagte Schneider

Nach den Feststellungen hat sich auch der Angeklagte Schneider der gemeinschaftlichen geheimdienstlichen Agententätigkeit nach § 99 Abs. 1 Nr. 1, § 25 Abs. 2 StGB sowie – tateinheitlich hierzu – der Beihilfe zum versuchten Mord nach §§ 211 Abs. 2, 22, 23 Abs. 1, 27 Abs. 1, 52 StGB strafbar gemacht.

1. Der Angeklagte hat in der Zeit von Sommer 1970 bis zum 31. März 1990 als Inoffizieller Mitarbeiter unter dem Decknamen „Rennfahrer“ für das Ministerium für Staatssicherheit der DDR, also für den Geheimdienst einer fremden Macht, eine geheim-

dienstliche Tätigkeit gegen die Bundesrepublik Deutschland ausgeübt, die auf die Mitteilung und Lieferung von Tatsachen, Gegenständen oder Erkenntnissen gerichtet war. Denn er hat durch seine Tätigkeit dem MfS die in den Urteilsgründen näher aufgeführten Tatsachen, Gegenstände und Erkenntnisse geliefert. Der Angeklagte handelte gemeinsam (§ 25 Abs. 2 StGB), und zwar in erster Linie in Zusammenwirken mit seinem Führungsoffizier, dem Angeklagten Kusche.

Der Angeklagte hat schuldhaft gehandelt. Nach seinen Angaben in der Hauptverhandlung war auch ihm bewußt, und es entsprach auch seinem Willen, eine gegen die Bundesrepublik Deutschland gerichtete nachrichtendienstliche Tätigkeit entfaltet zu haben.

2. Darüber hinaus hat sich nach den Feststellungen auch der Angeklagte Schneider der Beihilfe zum versuchten Mord strafbar gemacht (§§ 211 Abs. 2, 22, 23 Abs. 1, 27 StGB). {68}

a) Daß der Zeuge T. einen versuchten Mord begangen hat, wurde bereits erörtert und bedarf keiner erneuten Begründung.

b) Die von dem Angeklagten Schneider hierzu geleistete Unterstützung bestand darin, daß er die Schlüssel für die Wohnung der Eheleute Sch. beschaffte, den Zeugen zum Tatort begleitete, ihm vor Begehung der Tat zusagte, für ihn auf der Straße Aufpasserdienste zu leisten, und ihm, als T. während der Aktion in Schwierigkeiten geriet, beistand und durch Schläge auf das Opfer dazu beitrug, daß sich der Zeuge wieder freimachen konnte.

c) Der Angeklagte handelte auch vorsätzlich. Er wußte, daß T. im Kampfsport erfahren ist und dem Angeklagten Kusche zugesagt hatte, „Fürst“ mit einem Handkantenschlag zu töten. Wie bereits in der Beweiswürdigung eingehend ausgeführt worden ist (vgl. D II 2c), hatte Schneider damit gerechnet, daß T. sein Opfer im Hausflur töten könne und diese Möglichkeit billigend in Kauf genommen. Schneider wußte auch, daß sein Tatbeitrag geeignet war, die Tat des T. zu fördern und er wollte dies aufgrund der mit Kusche getroffenen Vereinbarung auch tun.

d) Der Senat hat auch den Angeklagten Schneider entgegen dem Antrag der Bundesanwaltschaft nicht als Mittäter des von T. versuchten Mordes angesehen. Unter Berücksichtigung der oben aufgeführten Abgrenzungskriterien zwischen Mittäterschaft und Beihilfe ist die Annahme einer Mittäterschaft des Angeklagten Schneider auch hier nicht gerechtfertigt. Der Angeklagte hatte eindeutig zu erkennen gegeben, daß er selbst Sch. keinesfalls töten wolle, er allenfalls bereit sei, ihm einen Denkzettel zu verpassen. Er hatte sich im Laufe der Aktion auch dementsprechend ver-{69}halten, war dem Zeugen insbesondere erst dann in den Hausflur gefolgt, als er diesen in Not glaubte, und er hatte auch die Pistole zur Tötung des Sch. nicht eingesetzt. Der Senat hat auch sonst keine Anhaltspunkte, daß Schneider sich die Tat des T. als eigene und er sich dessen Tatbeitrag zurechnen lassen wollte.

3. Zwischen den Straftaten der nachrichtendienstlichen Tätigkeit und der Beihilfe zum versuchten Mord besteht Tateinheit nach § 52 StGB, weil die Beihilfehandlung zur Durchführung der nachrichtendienstlichen Tätigkeit begangen wurde.

F. Strafzumessungserwägungen

Der Senat hat gemäß § 52 Abs. 2 StGB den sich aus der Anwendung der §§ 211, 23 Abs. 2, 27 Abs. 2, 49 Abs. 1 StGB ergebenden Strafrahmen bezüglich beider Angeklagten zugrunde gelegt. Er hat von der Möglichkeit der Strafmilderung zweifachen Gebrauch gemacht: für den Fall der Beihilfe ist sie zwingend vorgeschrieben (§ 27 Abs. 2 StGB), für den Versuch steht sie im pflichtgemäßen Ermessen des erkennenden Gerichts (§ 23 Abs. 2 StGB). Insoweit hat der Senat seine Entscheidung aufgrund einer Gesamtsschau der Tatumstände sowie der Persönlichkeit beider Täter, insbesondere der versuchsbezogenen Umstände, getroffen (vgl. BGHSt 16, 351, 353; 36, 1, 18). Er hat dabei berücksichtigt, daß Siegfried Sch. durch den Angriff des T. keine nennenswerten Schäden davongetragen und dem Überfall selbst offenbar keine besondere Bedeutung beigemessen hat, denn er sprach gegen-{70}über seiner Frau lediglich von einer Schlägerei mit Freunden und er zeigte den Vorfall nicht bei der Polizei an. T. entwickelte offensichtlich auch keine besondere kriminelle Intensität, denn er gab sein Vorhaben unverzüglich auf, nachdem er im Hausflur Stimmen von Mitbewohnern gehört hatte. Beiden Angeklagten war darüber hinaus zugute zu halten, daß sie der geplanten Tat ohnehin nicht sehr nahe standen. Nach alledem steht für die Ahndung der Tat bei beiden Angeklagten ein Strafrahmen von sechs Monaten bis elf Jahre und drei Monate Freiheitsstrafe zur Verfügung.

1. Zugunsten des Angeklagten Kusche hat der Senat berücksichtigt, daß er die Tat in Erfüllung der ihm aufgrund seiner beruflichen Stellung im Ministerium für Staatssicherheit obliegenden Pflichten beging, daß sein Handeln dort als rechtmäßig angesehen wurde, so daß er bei der Ausübung der ihm obliegenden Aufgaben, die überdies dem von ihm geleisteten Diensteid entsprachen, keine Hemmschwellen zu überwinden hatte. Angst vor strafrechtlicher Verfolgung brauchte er nicht zu haben, weil es ihm als MfS-Angehörigen ohnehin verboten war, das kapitalistische Ausland zu betreten. Der Angeklagte hat auch mehrfach betont, daß er sich dem Staat DDR verbunden und verpflichtet fühlte und an die in der DDR vorgegebenen Ziele glaubte. Offenbar auf der Grundlage dieser Einstellung hat er sich zu seiner Tätigkeit im MfS bekannt und jedenfalls die ihm zur Last gelegte (reine) nachrichtendienstliche Tätigkeit eingeräumt; das wurde ihm zugute gehalten. Strafmindernd wirkte sich ferner aus, daß er aufgrund seiner untergeordneten Stellung im Ministerium weisungsgebunden war und die ihm von seinen Vorgesetzten erteilten Befehle auszuführen hatte. Allerdings bestand im Fall „Fürst" die dienstrecht-{71}liche Möglichkeit der Befehlsverweigerung, denn an einer Tötungshandlung brauchte er nicht teilzunehmen; daß er das zur Wahrung eigener, wenn auch wohlverstandener Interessen nicht getan hat, hat ihm der Senat angelastet. Er hat zu Gunsten des Angeklagten jedoch berücksichtigt, daß die Tatzeit lange zurückliegt, daß der Angeklagte wegen seines Alters, seines angegriffenen Gesundheitszustandes und der Tatsache, daß er durch die Vereinigung Deutschlands seine Existenz verloren hat, besonders strafempfindlich ist und daß er bislang nicht vorbestraft ist. Strafschärfend wirkte sich hingegen die Dauer und der Umfang seiner geheimdienstlichen Agententätigkeit aus. Unter Berücksichtigung dieser Umstände hält der Senat eine

Freiheitsstrafe von drei Jahren und sechs Monaten

für unrechts- und schuldangemessen.

2. Die Tätigkeit des Angeklagten Schneider war unter anderen Gesichtspunkten zu bewerten, denn er ist nicht aus Überzeugung für einen Staat tätig geworden, in dem er aufgewachsen ist, sondern er hat gegen diesen gearbeitet. Ihm war anzulasten, daß er sich aus einer gutbürgerlichen Existenz heraus, mit ausreichendem Einkommen, ohne besondere Notwendigkeit, freiwillig zu einer Mitarbeit im Ministerium für Staatssicherheit verpflichtet hatte. Aufgrund seiner Erfolge und seiner Zuverlässigkeit erlangte er dort im Laufe der Zeit Anerkennung und Ansehen. Dies war für ihn, der sich aufgrund seiner zahlreichen Vorstrafen (die im Bundeszentralregister längst getilgt sind und bei der Strafzumessung keine Rolle spielen) in der Bundesrepublik in einer gesellschaftlichen Randstellung fühlte, eine völlig neue Erfahrung. Sie und die inzwischen gewachsene Freundschaft zu seinem Führungsoffizier mögen Ursache da-{72}für gewesen sein, daß er nicht auf den Gedanken gekommen ist, sich aus dem Bereich des MfS wieder zu lösen, seine Tätigkeit vielmehr über fast zwei Jahrzehnte fortsetzte. Unter Berücksichtigung der Persönlichkeit des Angeklagten kommt dieser Motivationslage eine strafmildernde Bedeutung zu. Andererseits konnte nicht außer Betracht bleiben, daß er aufgrund seiner Verbindung mit Kusche gerade im Mordkomplott gegen Sch. eine besondere Rolle gespielt hat. Denn mit ihm hat Kusche die Pläne zur Liquidierung erörtert, er hat Beobachtungsaufträge weitergeleitet und sie mit T. ausgeführt, und er ist mit der Zeugin Sch. ein intimes Verhältnis eingegangen, um an ihre Wohnungsschlüssel zu gelangen. Auch mußten die Dauer seiner geheimdienstlichen Agententätigkeit und die Tatsache Berücksichtigung finden, daß er seine Ehefrau, seinen Sohn und viele seiner Bekannten dem MfS zugeführt hat. Er hat über Jahre hinaus eine Vielzahl von Aufträgen erfüllt, wobei ihm allerdings nicht nachzuweisen war, daß hierdurch ein nachhaltiger Schaden für die Bundesrepublik Deutschland eingetreten ist; das kommt ihm jetzt ebenso zugute wie der Umstand, daß die Tatzeit lange zurückliegt und der Angeklagte in den letzten Jahren seiner Zugehörigkeit zum MfS nennenswerte Aufträge nicht mehr erfüllt hat. Schließlich hat der Senat strafmildernd berücksichtigt, daß der Angeklagte keine Eintragungen im Bundeszentralregister aufweist. Unter Berücksichtigung dieser für und gegen ihn sprechendenden Umstände hält der Senat eine

Freiheitsstrafe von vier Jahren und sechs Monaten

für unrechts- und schuldangemessen. {73}

G. Nebenentscheidungen

1. Für die Anordnung von Nebenfolgen im Sinne von §§ 101, 45 Abs. 2 und 5 StGB besteht kein Anlaß.

2. Der Senat lehnt es auch ab, nach § 73a StGB einen Betrag von 374.000.-- DM, den der Angeklagte als Agentenlohn erhalten haben soll, für verfallen zu erklären. Abgesehen davon, daß sich die genaue Höhe des Agentenlohnes nicht mehr feststellen läßt – der Angeklagte hält etwa 300.000.-DM für möglich –, vermag der Senat auch nicht festzustellen, daß der Wert des Erlangten in dem Vermögen des Angeklagten noch vorhanden ist. Im Hinblick darauf, daß der Angeklagte aus der Landeskasse Zuschüsse für die Reisekosten (Benzingeld) zur Wahrnehmung der Hauptverhandlung erhielt, weil er unwiderlegbar vorgetragen hat, daß seine Ersparnisse aufgebraucht seien, geht der Senat davon

aus, daß der Wert des Erlangten im Vermögen des Angeklagten nicht mehr vorhanden ist. Das Erlangte setzt sich aus monatlichen Teilbeträgen von anfangs 800.-- DM, später 1.200.-- DM zusammen, die der Angeklagte seit Anfang der 70er Jahre erhielt. Wie er diese verbraucht hat, konnte nicht geklärt werden. Dieser Umstand schließt es zwar nicht aus, den Verfall nicht anzuordnen (vgl. BGHSt 38, 23, 25), doch hat der Senat von dem ihm durch § 73c Abs. 1 Satz 2 StGB eingeräumten Ermessen Gebrauch gemacht. Er hat insbesondere die derzeitige schlechte wirtschaftliche Lage des Angeklagten und den Umstand berücksichtigt, daß sich diese während der Zeit der Strafvollstreckung eher verschlechtern als verbessern wird. Es ist auch davon auszugehen, daß der Angeklagte im Hinblick auf sein Alter auch nach der Entlassung aus der Strafhaft an dieser Situation wenig wird verändern können. {74}

Eine Schuldenlast von über 300.000.-- DM würde bei dieser Sachlage seine Wiedereingliederung in die Gesellschaft zusätzlich erschweren.

2. Teil
Beteiligung des Angeklagten Kusche an der Operation „Parasit"

Der Generalbundesanwalt beim Bundesgerichtshof hat dem Angeklagten Kusche auch zur Last gelegt, sich im Zusammenhang mit der geplanten Liquidierung des in Hamburg lebenden Fluchthelfers Julius Lamp'l der Verabredung zu einem Verbrechen, nämlich einem Mord, strafbar gemacht zu haben. Die vom Senat hierzu getroffenen Feststellungen rechtfertigen die Verurteilung des Angeklagten wegen dieses Vorwurfs jedoch nicht; insoweit war er freizusprechen, weil diese Tat nach der Anklage tatmehrheitlich begangen worden sein soll.

I. Feststellungen zum Tathergang

1. Wie bereits dargelegt (vgl. oben C IV 22[5]), war die Hauptabteilung VIII bereits seit November 1976 mit der operativen Bearbeitung des Zentralen Operationsvorgangs „Subversion" befaßt. Dieser Vorgang hatte die Bekämpfung und Zerschlagung einer Fluchthelferorganisation zum Gegenstand, die in Hamburg von Julius Lamp'l (Deckname: „Parasit") und {75} verschiedenen Mitarbeitern geführt wurde. Bereits im Dezember 1976 hatte der damalige Leiter der Hauptabteilung VIII, Dr. Schubert, angeordnet, zu diesem Zweck verschiedene Operativvorgänge zu einem zentralen Vorgang zusammenzufassen und ihn in der Abteilung 4 der Hauptabteilung VIII federführend zu bearbeiten. Die Person des Lamp'l, seine Wohnung, seine Kraftfahrzeuge und sein gesamtes Umfeld wurden unter Einsatz einer Reihe von Inoffiziellen Mitarbeitern, darunter beispielsweise die Zeugen T. und Di., jahrelang aufgeklärt. Es gelang, die Organisation systematisch zu unterwandern, aufgrund der dadurch gewonnenen Erkenntnisse Fluchthelfer festzunehmen und gegen diese in der DDR Strafverfahren durchzuführen. Allein bis November 1984 wurden 64 Personen festgenommen und in der DDR zu zum Teil hohen Freiheitsstrafen verurteilt.

2. In den Jahren 1979/80 war die Organisation besonders aktiv. Bemühungen der Regierung der DDR, die Bundesrepublik im Rahmen der gemeinsamen Transitkommission zu veranlassen, den Mißbrauch des Transitabkommens durch Lamp'l und seine

Mitarbeiter zu unterbinden, zeitigten nicht den gewünschten Erfolg. Das veranlaßte im Jahre 1980 den Zeugen Dr. Neiber, der seinerzeit als Generalleutnant die Geschäfte des damaligen 1. Stellvertreters des Ministers, Generaloberst Beater, führte, den ehemaligen Mitangeklagten Dr. Schubert zu sich zu bestellen und ihm aufzutragen, die für die Ausschaltung des Lamp'l erforderlichen Maßnahmen einzuleiten; von Beater war schon damals angeregt worden, am Auto des Lamp'l einen Sprengsatz anzubringen und ihn in die Luft zu sprengen.

a) Dr. Schubert setzte sich mit dem Angeklagten Kusche in Verbindung, unterrichtete ihn über die geplante Liquidierung des Lamp'l und befahl ihm, hierfür die geeigneten IM {76} auszusuchen. Nachdem Kusche dem Angeklagten Schneider zunächst gezielte Beobachtungsaufträge erteilt (vgl. 1. Teil, C V Fall 22) und dieser ihm in Erinnerung an den Fall „Fürst" erklärt hatte, er stehe für die Liquidierungsaktion nicht zur Verfügung, entschloß er sich, T. zu benennen. Dr. Schubert befahl ihm daraufhin, den Zeugen nach Berlin zu bestellen, wo er ihn im Februar 1981 sinngemäß fragte, ob er bereit sei, eine Sache zu machen, die der mit „Fürst" ähnlich sei. Als T. erfuhr, daß er allein handeln solle, sagte er zu und wurde sogleich zu einem weiteren Treff nach (Ost)Berlin bestellt. An diesem nahm neben Dr. Schubert und dem Angeklagten Kusche auch der Zeuge Dr. Neiber teil, der sich unter dem Namen „Herr Schneider" vorgestellt hatte. T. hatte seine Lebensgefährtin, die Zeugin Anna B., mitgebracht, die nach den Vorstellungen des Angeklagten Kusche bei der Durchführung der Aktion zur Absicherung des Zeugen T. mitwirken sollte. Die Zeugin wurde von Dr. Schubert gefragt, ob sie bereit sei, ihn bei einer geplanten Aktion in Hamburg zu unterstützen. Es handele sich um ein skrupelloses Subjekt, das für Rauschgiftdelikte und Fluchthelferaktionen verantwortlich sei und liquidiert werden müsse. Dr. Schubert erklärte ihnen, daß dazu der Einsatz einer Bombe unter dem Pkw des Lamp'l geplant sei, man werde T. etwas geben, das er unter das Auto tun solle. Beide bestätigten Dr. Schubert ihre Bereitschaft zur Durchführung des Auftrages, wollen auf der Heimreise aber überein gekommen sein, Lamp'l nicht zu töten. Der Angeklagte Kusche beteiligte sich an dem Gespräch nur am Rande. Es ließ sich nicht feststellen, daß er den Plan Dr. Schuberts, Lamp'l töten zu lassen, aus eigenem Interesse, über die ihm erteilten Befehle und Weisungen hinaus, unterstützt hat oder unterstützen wollte. {77}

b) In der Zwischenzeit hatte der Zeuge Dr. Neiber den in der Hauptabteilung III tätigen Zeugen Joachim He. unter [dem] Gebot vollkommener Verschwiegenheit auch gegenüber dem Leiter seiner Hauptabteilung, dem Zeugen Dr. Männchen[6], den Auftrag erteilt, für die Realisierung des Vorhabens einen Sprengsatz zu konstruieren. Dieser Sprengsatz sollte aus westlicher Technik hergestellt werden, um zu verhindern, daß die DDR mit dem Anschlag in irgendeiner Weise in Verbindung gebracht werden könnte. Der Sprengsatz wurde von dem Zeugen He. auftragsgemäß gebaut. Er bestand aus drei verschiedenen Teilen: dem in einem funktionsfähigen Kofferradio untergebrachten Sender, dem Empfänger und der mit einem Zünder versehenen Sprengladung; von letzterer stellte er zwei her. Der Empfänger war mit einem etwa 8 cm langen Messingstift in der Weise gesichert, daß er funktionsfähig und empfangsbereit erst dann wurde, wenn dieser Stift hervorgezogen wurde. Nach den Bekundungen des Zeugen He. ließ er sich, wenn er erst einmal gezogen war, nicht mehr zurückschieben und konnte auch nicht durch einen neuen Stift ersetzt werden; eine eingebaute Klappe verhinderte diese Möglichkeit.

Eine der beiden Sprengladungen wurde für eine Sprengübung verwendet. Zu dieser war der Zeuge T. nach (Ost)Berlin bestellt worden, wo man ihn zunächst in der theoretischen, dann – auf einem militärischen Übungsplatz außerhalb Berlins – in Gegenwart des Zeugen He., Dr. Schuberts und des Angeklagten Kusche in der praktischen Handhabung der Technik unterrichtete, ihn insbesondere darauf hinwies, daß mit dem Ziehen des Sicherungsstiftes der Sprengsatz scharf gemacht werde. Bei dieser Übung wurde ein Pkw der Marke „Mercedes" zerstört, wobei T. den Sender im Kofferradio zu bedienen und die Sprengladung auszulösen hatte. Um den aus der Sicht des MfS wegen des ver-{78}wendeten westlichen Materials wertvollen Empfänger bei diesem Versuch nicht zu beschädigen, war dieser selbst nicht unter dem Fahrzeug angebracht worden. Befestigt hatte man dort lediglich den in einem länglichen Behälter untergebrachten Sprengstoff, der mit dem Empfänger durch ein längeres Kabel verbunden war.

c) T. war – jedenfalls nach außen hin – nach wie vor bereit, den ihm von Dr. Schubert erteilten Auftrag zu erfüllen. Er hatte bis zu diesem Zeitpunkt – teilweise mit der Zeugin B. – eine Vielzahl von Beobachtungsaufträgen erfüllt und vor allen Dingen die von Lamp'l und seinen Helfern benutzten Fahrzeuge, seine bekannten Anlaufstellen sowie die Fahrtzeiten und die allgemeinen Verkehrslagen auf den von ihm bevorzugten Strecken aufgeklärt. Dies war erforderlich, weil nach dem im MfS entwickelten Plan der Sprengsatz nachts am Auto des Lamp'l angebracht und am folgenden Tag während einer seiner Fahrten auf einer Landstraße an einer verkehrsmäßig überschaubaren und wenig befahrenen Stelle gezündet werden sollte. T. berichtete dem Angeklagten Kusche über das Ergebnis seiner Beobachtungen, der seinerseits Dr. Schubert in unregelmäßigen Abständen informierte.

d) Im Oktober 1981 wurde T. nach (Ost)Berlin bestellt, wo man ihm erstmals den Sprengsatz in der Weise aushändigte, daß er mittels eines Klebebandes unter seinem Kraftfahrzeug befestigt wurde. Der Sprengsatz bestand im Gegensatz zu der Probesprengung jetzt aus zwei Teilen, nämlich dem Sender und einem einer Munitionskiste ähnlichen Behälter etwa von der Größe eines halben Aktenkoffers; in diesem Behälter befanden sich der Empfänger und die in einem kleineren Container untergebrachte Sprengladung. Im April 1982 erhielt er darüber hinaus einen etwa 15 cm lan-{79}gen, wasserrohrähnlichen Metall-Container, in dem sich Heroin befunden haben soll. Dieser sollte ebenfalls unter dem Fahrzeug angebracht werden, um die Urheberschaft des Anschlags zu vertuschen und den Verdacht auf Drogendealer zu lenken.

e) T. wurde über Kusche aufgetragen, erneut nach Hamburg zu fahren, nunmehr aber den Liquidierungsauftrag auszuführen; wegen verstärkter Kontrollmaßnahmen anläßlich eines Staatsbesuches wurde er jedoch kurz nach seiner Ankunft telefonisch angewiesen, die Aktion zu unterbrechen und den Sprengsatz zurückzubringen. In der Folgezeit, d.h. in den Monaten April, Mai, September, Oktober und Dezember 1982 sowie im Januar und Februar 1983 wurden er und – bis etwa August 1982 – auch die Zeugin Anna B. auf Anweisung von Dr. Neiber und Dr. Schubert mehrfach nach Hamburg geschickt, um entweder die Liquidierung oder gelegentlich erneute Beobachtungen im Zusammenhang mit diesem Auftrag durchzuführen. T. und – bis zu ihrer Erkrankung – die Zeugin B. fuhren zwar jeweils nach Hamburg und erfüllten die Beobachtungsaufträge, fanden im übrigen aber immer wieder Umstände vor, die der geplanten Liquidierung des Lamp'l entgegenstanden; sei es, daß in der Nähe des Zielobjekts Einsatzfahrzeuge der Polizei hielten, das Fahrzeug des Lamp'l dort nicht parkte oder daß Bauarbeiten oder starker Personenverkehr eine Anbringung des Sprengsatzes verhinderten. In der Zwischenzeit fuhr T. regelmäßig nach (Ost)Berlin, um Dr. Schubert, Dr. Neiber oder dem Angeklagten Kusche Bericht zu erstatten. Dort glaubte man seinen Angaben, weil andere Inoffizielle Mitarbeiter, wie die IM „Ines“ und „Fehmarn“ oder „Holger Thobe“ T. während seiner Anwesenheit in Hamburg von ihm unbemerkt beobachtet und seine Angaben weitgehend bestätigt hatten. Etwa fünfmal brachte er die Sprengtechnik zurück und hän-{80}digte sie dem Angeklagten Kusche aus, von dem er sie dann – wenn er nach Hamburg beordert wurde – auch wieder zurückerhielt. In der Zwischenzeit wurde sie jedenfalls im April und September 1982, wahrscheinlich aber auch öfter, von dem Zeugen He. auf ihre Funktionsfähigkeit und daraufhin untersucht, ob an ihr Manipulationen vorgenommen wurden. Nachdem Lamp'l in der Bundesrepublik verhaftet und vom Landgericht Hamburg wegen Geldfälschung zu einer Freiheitsstrafe von drei Jahren und drei Monaten verurteilt worden war, wurde der Plan, Lamp'l mittels der Sprengladung zu liquidieren, im MfS aufgegeben. In Folge dieser Entscheidung will der Zeuge He. die gesamte Technik einschließlich der Konstruktionsunterlagen vernichtet haben.

g) Mit der Liquidierung des Lamp'l war zu einem etwas früheren Zeitpunkt auch der Zeuge Egidius Di. (DN: Holger Thobe) von dem Zeugen Dr. Neiber beauftragt worden. Wie bereits dargestellt (vgl. 1. Teil C IV), war dieser Zeuge seit Anfang der siebziger Jahre für das MfS tätig und u.a. mit der Aufklärung des Lamp'l betraut worden. 1980 lernte er im Zusammenhang mit dieser speziellen Aufgabe den ehemaligen Angeklagten Dr. Schubert kennen, der ihm – allerdings im Konjunktiv redend – unverblümt zu verstehen gab, daß es das beste sei, wenn Lamp'l verschwände. Dr. Schubert und der Zeuge trafen sich mehrfach. Im Sommer 1980 nahm an einem der Treffs erstmals der Zeuge Dr. Neiber teil, beteiligte sich aber kaum an der Unterhaltung. Da Di. zu diesem Zeitpunkt jedoch seine Bereitschaft für eine „spezifische Maßnahme“ gegen Lamp'l erklärt hatte, erschien Dr. Neiber mit Dr. Schubert auch zu dem nächsten Treff etwa Anfang 1981. Hier kam er konkret zu der Feststellung, daß die einzige Möglichkeit, Lamp'l von seinem Treiben abzubringen, darin bestehe, ihn zu liquidieren, womit zweifelsfrei töten gemeint war. Er fragte Di., ob er bereit sei, Lamp'l {81} zu liquidieren, und versprach für den Fall der erfolgreichen Durchführung eine Prämie von 50.000.-- DM; Di. sagte zu, will aber nicht daran gedacht haben, „so etwas jemals zu machen“. Der dritte Treff mit Dr. Neiber fand etwa fünf Wochen später zusammen mit Dr. Schubert und dem Angeklagten Kusche statt, nachdem feststand, daß Di. mit Lamp'l eine gemeinsame Reise nach Lima unternehmen würde. Gesprächsthema war ausschließlich die Tötung des Julius Lamp'l, wobei Dr. Neiber eine Reihe konkreter Vorschläge zur Tatdurchführung unterbreitete, wie beispielsweise Ertränken beim Baden, Stoßen von Klippen oder Felsen, Erwürgen nach durchzechter Nacht, Beibringen von Kokain in einer Überdosis. Di. sollte sich vor Antritt der Reise noch einmal mit dem MfS in Verbindung setzen, was er auch tat. Der Zeuge tötete Lamp'l nicht. Nach seiner Rückkehr aus Lima kam es zu einem letzten Treff mit Dr. Neiber, bei dem er ihm sowie Dr. Schubert und dem Angeklagten Kusche frei erfundene Gründe für das Scheitern der geplanten Tat mitteilte, die Dr. Neiber verärgert zur Kenntnis nahm. Soweit der Angeklagte Kusche bei den Treffs vor und nach der Lima-Reise zugegen war, beteiligte er sich an der Erörterung des Liquidierungsauftrages nicht; mit ihm handelte Di. jeweils nur das „normale Tagesgeschäft“ ab. Kusche soll ihm sogar den Rat gegeben haben, sich „auf einen solchen Blödsinn“ nicht einzulassen. Nach der Einschätzung Di.'s habe Kusche auch erkannt, daß er Lamp'l nicht töten werde, habe jedoch Angst gehabt, es seinen Vorgesetzten mitzuteilen. {82}

II. Beweiswürdigung

Diese Feststellungen beruhen auf den Angaben der Angeklagten, soweit ihnen gefolgt werden konnte, auf den Aussagen des ehemaligen Mitangeklagten Dr. Schubert, den Bekundungen der Zeugen Anna B., Egidius Di., Joachim He., Dr. Horst Männchen, Dr. Gerhard Neiber, Joseph T., den Erläuterungen des Sachverständigen Göbel vom Bundeskriminalamt, sowie den ausweislich der Sitzungsniederschrift verlesenen Urkunden.

1. Aufgrund der Beweisaufnahme in der Hauptverhandlung ist der Senat zu der Überzeugung gelangt, daß etwa im Sommer 1980 im MfS unter maßgeblicher Mitwirkung des Zeugen Dr. Neiber der Beschluß gefaßt worden ist, den Fluchthelfer Julius Lamp'l durch einen hierfür geeigneten Inoffiziellen Mitarbeiter töten zu lassen, um ihn von seinen Schleusungsaktivitäten abzubringen; der Anschlag sollte durch Anbringung eines Sprengsatzes unter seinem Kraftfahrzeug und durch Zündung der Sprengladung ausgeführt werden.

a) Der ehemalige Mitangeklagte Dr. Schubert und der Zeuge Dr. Neiber haben zwar bestätigt, daß dem Zeugen T. der Auftrag erteilt worden sei, unter dem Kraftfahrzeug des Lamp'l einen Sprengsatz anzubringen. Sie haben sich aber dahin eingelassen, daß es sich ähnlich wie im Fall „Fürst“ nur um einen Scheinauftrag gehandelt habe: man habe Lamp'l lediglich warnen, nicht aber töten wollen. Durch die Anbringung des Sprengsatzes habe ihm deutlich gemacht werden sollen, daß das MfS jederzeit in der Lage sei, ihn umzubringen. Man habe gehofft, ihn auf diese Weise zu veranlassen, seine Schleuseraktionen einzustellen. Aus diesem {83} Grunde sei dem Zeugen He. auch aufgetragen worden, die zweite Sprengladung als Blindsprengsatz zu konstruieren. Der Senat ist diesen Angaben nicht gefolgt; die Einlassung Dr. Schuberts ist nicht glaubhaft, der verlesenen Erklärung Dr. Neibers kommt auch hier kein Beweiswert zu (vgl. 1. Teil, D II 1b).

aa) Die Anordnung eines Scheinauftrages und die Falschinformation des mit der Erledigung des Auftrages betrauten IM ergeben keinen Sinn. Wenn tatsächlich beabsichtigt gewesen wäre, einen Blindsatz an dem Auto des Lamp'l anzubringen, hätte es der Herstellung einer Technik nicht bedurft, die aus der Sicht des MfS wegen des verwendeten westlichen Materials hochwertig war. Wollte man Lamp'l lediglich erschrecken, hätte man sich ohne weiteres einer einfacheren Technik bedienen können, und es wäre auch nicht erforderlich gewesen, T. mit einem Sender auszustatten. Es wäre auch nicht erforderlich gewesen anzuordnen, daß sich T. nach erfolgreichem Abschluß der Aktion sofort in die DDR absetzen sollte. Überflüssig wäre es dann auch gewesen, mit ihm eine Sprengübung zu veranstalten. Dem Zeugen der Wahrheit zuwider vorzuspiegeln, er solle jemanden umbringen, bleibt auch aus Gründen der Konspiration unverständlich. Ein solches Verhalten ergibt keinen Sinn, denn daß der Scheinauftrag nur dem Zweck gedient haben könnte, die Zuverlässigkeit T.'s zu überprüfen, ist nicht ersichtlich.

bb) Nach den Angaben des ehemaligen Angeklagten Dr. Schubert sollte Lamp'l durch die Anbringung des Sprengsatzes veranlaßt werden, aus Angst seine Schleuseraktionen einzustellen. Dieses Ziel hätte man aber nur erreichen können, wenn Lamp'l das MfS, als Urheber der Sprengladung erkannt hätte. Das aber sollte durch die Verwendung westlichen Ma-{84}terials und die Anbringung eines mit Heroin gefüllten Containers ausdrücklich vermieden werden, die Urheber dieses vermeintlichen Anschlages sollten vielmehr in der Drogenszene gesucht werden. Es ist in hohem Maße unwahrscheinlich, daß einem Geheimdienst Planungsfehler unterlaufen, bei denen Tatvorbereitung und Zielvorstellung einander derart widersprechen.

b) Der Senat ist auch davon überzeugt, daß der Zeuge He. entgegen seinen Bekundungen in der Hauptverhandlung zwei funktionsfähige Sprengladungen hergestellt hat. Der Senat hält den Zeugen nicht für glaubwürdig. Der Zeuge kam seiner Aussageverpflichtung nur widerwillig nach und war ersichtlich bemüht, seine ehemaligen Kollegen und Vorgesetzten im MfS nicht zu belasten. Auch der Sachverständige Göbel, der sich zu der von dem Zeugen hergestellten Technik zu äußern hatte, hat seine Verwunderung über die angeblichen Erinnerungslücken des Zeugen selbst bei technischen Rückfragen zum Ausdruck gebracht. Nach den Bekundungen des Zeugen bestand der sog. Blindsprengsatz so wie die bei dem Übungssprengen benutzte Technik aus drei Teilen, wobei die Sprengladung allerdings mit Sand gefüllt gewesen sei. Nach seinen Angaben hat T. diesen dritten Teil allerdings nie erhalten, ihm seien immer nur Sender und Empfänger ausgehändigt worden. Abgesehen davon, daß die Herstellung einer aus drei Teilen bestehenden Bombe, von denen zwei während des Einsatzes erst noch hätten verbunden werden müssen, nach den Angaben des Sachverständigen äußerst ungewöhnlich ist, hält der Senat die Aussage des Zeugen auch aus einem anderen Grunde für falsch. Der Zeuge He. hat nämlich die Größe des dem Zeugen T. angeblich übergebenen Empfänger-Teils mit etwa 15x8x6 cm angegeben, während der Angeklagte Kusche in Übereinstimmung mit dem Zeugen T. dieses Teil als etwa „halb so groß wie {85} ein Aktenkoffer" beschrieben haben. Nach den Angaben des Sachverständigen Göbel würde in einem Container dieser Größenordnung sowohl die für die Sprengung eines Autos erforderliche Sprengstoffmenge als auch die nach der Beschreibung des Zeugen He. verwendete Technik für die Empfangsanlage mit der von ihm angegebenen Größe untergebracht werden können. Der Senat ist davon überzeugt, daß der Zeuge He. in den Container, den T. erhalten hat, sowohl die Empfangsanlage als auch den – echten – Sprengstoff untergebracht hat und er mit seiner – falschen – Aussage vor dem Senat lediglich helfen wollte, die von Dr. Schubert und Dr. Neiber aufgestellte Theorie der fehlenden Ernsthaftigkeit ihres geäußerten Liquidierungswillens zu untermauern. Daß der Zeuge He. insoweit die Unwahrheit gesagt hat, wird zur Überzeugung des Senats auch dadurch bestätigt, daß er die von T. nach seinen Einsätzen in Hamburg zurückgeführte Technik mehrfach auf ihre Funktionsfähigkeit untersucht und insbesondere den Zustand der Batterien überprüft hat. Eine solche Prüfung wäre jedoch überflüssig gewesen, wenn es – wie bei einem Blindsprengsatz – auf die Einsatzfähigkeit von Sender und Empfänger überhaupt nicht ankommt; daß die Untersuchung nur dem Zweck gedient haben könnte festzustellen, ob T. an der Anlage möglicherweise manipuliert hat, hat der Zeuge aber nicht behauptet.

c) Daß auch der Angeklagte Kusche damit gerechnet hat, Dr. Neiber könne den Liquidierungsauftrag ernst meinen und T. einen echten Sprengsatz zur Verfügung stellen, hat er in der Hauptverhandlung eingeräumt. Um die Tötung des Lamp'l zu verhindern, habe er allerdings den Sicherungsstift manipuliert, so daß T. den Sprengsatz nicht hätte zünden können. Kusche hat behauptet, den Sicherungsstift herausgezogen und durch einen anderen ersetzt zu ha-{86}ben, den er durchgesägt habe, so daß T. zwar einen Teil des Stiftes herausziehen, den Zündmechanismus aber nicht hätte auslösen können. T. habe nach Hamburg immer nur eine, auf diese Weise entschärfte Sprengladung mitgenommen. Immer dann, wenn er, Kusche, die Bombe von ihm zurückerhalten habe, habe er mittels einer Pinzette die beiden Teile des von ihm eingesetzten Metallstiftes herausgezogen und den ursprünglichen Stift wieder eingesetzt, so daß He. die Manipulation nicht habe bemerken können. Diese Einlassung ist nicht glaubhaft.

aa) Bei ihrer Bewertung läßt der Senat die Aussage des Zeugen He., wonach der Sicherungsstift, wenn er einmal herausgezogen war, nicht wieder zurückgeschoben werden konnte, so daß eine Manipulation durch den Angeklagten in der von ihm beschriebenen Weise nicht möglich gewesen sei, unberücksichtigt, weil er den Zeugen, wie bereits dargelegt, nicht für glaubwürdig hält und mangels hinreichender Anhaltspunkte nicht beurteilen kann, ob ausgerechnet diese, den Angeklagten belastenden Angaben zutreffen.

bb) Der Senat schließt es dennoch aus, daß der Angeklagte Kusche den Sprengsatz manipuliert hat. Schon der Versuch, den Sprengsatz funktionsunfähig zu machen, wäre gegenüber der Anordnung seines Hauptabteilungsleiters Dr. Schubert, ihn dem T. zur Erfüllung des Liquidierungsauftrages auszuhändigen, eine grobe Befehlsverweigerung gewesen. Die Fähigkeit zu einer solchen traut der Senat dem Angeklagten aufgrund seines Persönlichkeitsbildes aber nicht zu. Der in das militärische System des MfS eingebunden gewesene Angeklagte hat in der Hauptverhandlung mehrfach auf die Bedeutung des von ihm geleisteten Fahneneides und auf die bestehende Weisungsgebundenheit gegenüber den Anordnungen seiner Vorgesetzten der Hauptabteilung VIII hingewiesen. Er {87} hat sich auch zu seinen Aufgaben im MfS bekannt, sich ersichtlich in die Hierarchie des MfS eingebunden gefühlt und die Befehlsgewalt seiner Vorgesetzten anerkannt. Beispielhaft ist seine Erklärung, die er anläßlich der Erörterung des Vorgangs „Fürst“ auf die Frage, was er gesagt hätte, wenn Sch. getötet worden wäre, abgegeben hat: „na ja, ich hatte meine Befehle“.

cc) Der Senat schließt die Möglichkeit einer Befehlsverweigerung durch den Angeklagten darüber hinaus auch deshalb aus, weil die beruflichen und wirtschaftlichen Folgen einer Befehlsverweigerung im Hinblick darauf, daß er bereits einmal aus geringerem Anlaß aus dem Ministerium für Staatssicherheit ausgeschlossen worden war, für ihn verheerend gewesen wären.

dd) Der Senat hält es weiterhin für äußerst unwahrscheinlich, daß sich der Angeklagte der Gefahr ausgesetzt hätte, daß der Sprengsatz während des behaupteten Austauschs des Sicherungsstiftes explodiert. Denn der Sprengsatz hätte, wie der Sachverständige Göbel bestätigt hat, auch durch andere als von dem eigentlichen Sender ausgehende Funksignale gezündet werden können. Mit dieser Möglichkeit mußte der Angeklagte rechnen, weil er aufgrund der Erklärungen des Zeugen He. anläßlich der Sprengübung den Mechanismus des Sprengsatzes sowie die Funktion des Sicherungsstiftes kannte, und weil er wußte, daß durch ein Herausziehen des Stiftes der Sprengsatz „scharf gemacht“ und durch Empfang eines Funksignals gezündet wurde; ausschalten konnte er diese Möglichkeit nicht.

d) Die Ernsthaftigkeit des T. erteilten Auftrages ergibt sich auch aus dem dem Zeugen Di. von Dr. {88} Neiber erteilten Auftrag, Lamp'l während einer gemeinsamen Reise nach Lima zu töten. Die von dem Senat insoweit getroffenen Feststellungen beruhen auf den glaubhaften Bekundungen des Zeugen Di., der insbesondere bestätigt hat, kurz vor Antritt der Reise noch einmal beim MfS angerufen und seine Bereitschaft zur Tatausführung versichert zu haben; die teilweise entgegenstehenden Angaben des Zeugen Dr. Neiber aus seiner verlesenen Erklärung hat der Senat aus den bereits genannten Gründen auch hier unberücksichtigt gelassen.

2. Der Senat ist weiterhin davon überzeugt, daß der ehemalige Angeklagte Dr. Schubert den Zeugen T. zu bestimmen versucht hat, Lamp'l zu töten. Er hat seine Feststellungen insbesondere aufgrund Aussagen der Zeugen T. und Anna B. getroffen, die insoweit glaubhaft bekundet haben, die Gespräche über die Notwendigkeit einer Tötung des Lamp'l mit Dr. Schubert geführt zu haben und von ihm gefragt worden zu sein, ob sie einen solchen Auftrag durchführen würden. Sie haben auch bestätigt, daß sich der Angeklagte Kusche an diesen Gesprächen nur am Rande beteiligt habe.

III. Rechtliche Würdigung

Die getroffenen Feststellungen rechtfertigen eine Verurteilung des Angeklagten Kusche unter keinem Gesichtspunkt, auch nicht wegen einer Verabredung zu einem Verbrechen nach § 30 StGB. {89}

1) Nach den Feststellungen des Senats hatte der Tatbeitrag der Zeugen T. und Anna B. das Stadium des versuchten Mordes im Sinne von §§ 211, 22, 23 StGB noch nicht erreicht. Ihre Tätigkeit beschränkte sich weitgehend darauf, das Umfeld des Lamp'l aufzuklären und auf eine günstige Gelegenheit zu warten, den Sprengsatz an seinem Kraftfahrzeug anbringen zu können; eine solche Möglichkeit bot sich ihnen jedoch nicht, der Sprengsatz wurde am Auto nicht befestigt.

Nach § 22 StGB versucht eine Straftat, wer nach seiner Vorstellung von der Tat zur Verwirklichung des Tatbestandes unmittelbar ansetzt. Nach dem konkreten Tatplan sollte der Sprengsatz nachts unter dem Fahrzeug des Lamp'l angebracht und am darauf folgenden Tag während der Fahrt auf einer Landstraße an einer besonders günstigen Stelle gezündet werden. Es kann dahinstehen, ob durch die Anwesenheit des T. vor dem Grundstück des Lamp'l bereits eine objektive Gefahr für dessen Leben begründet wurde. Denn keinesfalls hätte eine solche Gefährdungshandlung in ungestörtem Fortgang unmittelbar zur Tatbestandserfüllung führen oder in unmittelbarem räumlichen und zeitlichen Zusammenhang mit ihr stehen können (vgl. BGHSt 26, 201, 203; 28, 162, 163). Dies wäre sicherlich erst dann möglich gewesen, wenn T. den Sprengsatz an dem Auto befestigt und den Sicherungsstift herausgezogen hätte. Sein tatsächlich geleisteter Tatbeitrag kann daher nur als eine straflose Vorbereitungshandlung bewertet werden, so daß auch das Verhalten des Angeklagten Kusche nur noch unter dem Gesichtspunkt der Verabredung zu einem Verbrechen im Sinne von § 30 StGB zu würdigen war.

2. Nach den Feststellungen des Senats hat der Angeklagte Kusche die Zeugen T. und Anna B. auch nicht zu {90} bestimmen versucht, Lamp'l zu töten, mithin ein Verbrechen zu begehen (§ 30 Abs. 1 StGB). Sie haben vielmehr ergeben, daß allein der ehemalige Mitangeklagte Dr. Schubert auf die Zeugen einwirkte, ihnen die Notwendigkeit einer

Liquidierung des Lamp'l deutlich machte, sie nach ihrer Bereitschaft fragte, einen entsprechenden Auftrag durchzuführen, und schließlich ihre Einwilligungserklärung entgegennahm. Sie belegen aber auch, daß sich der Angeklagte Kusche an diesen Gesprächen nur am Rande beteiligte, und auf die Willensbildung der Zeugen keinen Einfluß nahm. Er hat daher die objektiven Tatbestandsvoraussetzungen des § 30 Abs. 1 StGB weder in der Form der Täterschaft noch in der Form der Mittäterschaft, wie etwa durch ein gemeinsames Einwirken auf die Zeugen, erfüllt.

3. Die Feststellungen rechtfertigen auch nicht die Verurteilung des Angeklagten Kusche wegen eines Versuchs der Beteiligung nach § 30 Abs. 2 StGB in der Form der Verabredung. Es ist in der Rechtsprechung anerkannt, daß eine Verabredung in diesem Sinne nur vorliegt, wenn sich die Übereinkunft der Beteiligten auf eine mittäterschaftliche Begehung richtet und daß ein Tatbeitrag in der Form der Beihilfe nicht ausreicht (vgl. BGH NStE § 30 StGB Nrn. 1, 2). Diese Voraussetzung ist im vorliegenden Fall indessen nicht erfüllt.

Zwischen dem Angeklagten Kusche und den Zeugen T. und B. ist keine Übereinkunft getroffen worden, an der Tötung gemeinschaftlich mitzuwirken. Der Angeklagte Kusche hat zwar die Vorbereitung der geplanten Tat durch die Erteilung von Beobachtungsaufträgen und insbesondere durch das jeweilige Aushändigen des Sprengsatzes gefördert, und er besaß damit auch eine gewisse Tatherrschaft. Es ist jedoch zu berücksichtigen, daß er lediglich auf Weisung {91} seiner Vorgesetzten gehandelt hat und die Tötung des Lamp'l selbst nicht wollte. Es kann daher nicht davon ausgegangen werden, daß Kusche die Tatbeiträge des T. als Ergänzung seines eigenen Tatanteils verstand und er die Tat als eigene wollte (vgl. hierzu BGHSt 28, 346, 348), so daß ein mittäterschaftlicher Beitrag des Angeklagten Kusche nicht vorliegt.

Anmerkungen

1 Zu Wolf vgl. lfd. Nr. 1.

2 Gemeint ist wohl der Gliederungspunkt IV 19 auf S. 779.

3 Gerhard Neiber wurde in mehreren Verfahren in Zusammenhang mit seiner Tätigkeit beim MfS angeklagt. Seine Rolle im hier behandelten Fall Siegfried Sch. wertete die StA II bei dem LG Berlin in ihrer Anklageschrift vom 23.2.1994 – Az. 29/2 Js 1196/92 – als Anstiftung zum Mord. Nachdem das Verfahren zunächst zu dem Verfahren gegen Josef T. und Anna B. hinzuverbunden worden war, die nach dem Stand der Ermittlungen die Mordpläne ausführen sollten, erfolgte die Einstellung des Verfahrens gegen Neiber wegen Verhandlungsunfähigkeit (Beschluss des LG Berlin vom 15.7.1996 – Az. 529-29/93). In einem weiteren Verfahren warf ihm die StA bei dem KG Berlin in ihrer Anklageschrift vom 29.10.1993 – Az. 29/2 Js 228/90 – vor, die Verschleppung und Tötung des NVA-Soldaten Werner Weinhold geplant zu haben. Das LG Berlin lehnte durch Beschluss vom 26.4.1994 – Az. (532) 29/2 Js 228/90 (12/93 – die Eröffnung des Hauptverfahrens aus tatsächlichen Gründen ab. Gegenstand der Anklage der StA II bei dem LG Berlin vom 7.4.1995 – Az. 29/2 Js 231/90 – war das Gewähren von Unterschlupf von Angehörigen der Roten-Armee-Fraktion in der DDR (Strafvereitelung). Auch hier kam es aus rechtlichen und tatsächlichen Gründen nicht zur Eröffnung des Hauptverfahrens (LG Berlin, Beschluss vom 18.6.1998 – Az. 522-52/96 in 522-21/95). (Die beiden letztgenannten Verfahren sind zum Abdruck in dem geplanten Dokumentationsband zu den MfS-Straftaten vorgesehen.)

4 Vgl. Anhang S. 1024.

5 Vgl. Anm. 2.

6 Vgl. lfd. Nr. 7.

Inhaltsverzeichnis
Beschluss (Aufhebung und Zurückverweisung) des Bundesverfassungsgerichts vom 26.5.1995, Az. 2 BvR 1724/93; 1130/94

Bundesverfassungsgericht 26. Mai 1995
Az.: 2 BvR 1724/93; 2 BvR 1130/94

BESCHLUSS

Im Namen des Volkes

In den Verfahren über die Verfassungsbeschwerden

des Herrn Dr. Coburger

– Bevollmächtigter: Prof. Dr. Axel Azzola –

gegen

1. das Urteil des Kammergerichts vom 14. Mai 1993 – (2) 3 StE 16/92 - 4 (1) - (12/92)[1]
– 2 BvR 1724/93 –,
2. a) den Beschluß des Bundesgerichtshofs vom 29. April 1994 – 3 StR 13/94 –[2],
b) das Urteil des Kammergerichts vom 14. Mai 1993 – (2) 3 StE 16/92 - 4 (1) - (12/92)
– 2 BvR 1130/94 –

hat die 2. Kammer des Zweiten Senats des Bundesverfassungsgerichts durch

⊗ Es folgt die Nennung der Verfahrensbeteiligten. ⊗

gemäß § 93b in Verbindung mit § 93c BVerfGG in der Fassung der Bekanntmachung vom 11. August 1993 (BGBl I S. 1473) am 26. Mai 1995 einstimmig beschlossen: {2}

Die Verfassungsbeschwerden werden zur gemeinsamen Entscheidung verbunden.
Das Urteil des Kammergerichts vom 14. Mai 1993 – (2) 3 StE 16/92-4 (1) – (12/92) – und der Beschluß des Bundesgerichtshofs vom 29. April 1994 – 3 StR 13/94 – verletzen den Beschwerdeführer in seinen Grundrechten aus Artikel 2 Absatz 2 Satz 2 in Verbindung mit dem im Rechtsstaatsprinzip wurzelnden Grundsatz der Verhältnismäßigkeit.
Die Entscheidungen werden aufgehoben. Die Sache wird an das Kammergericht zurückverwiesen.
Die Bundesrepublik Deutschland hat dem Beschwerdeführer seine notwendigen Auslagen zu erstatten.

Gründe

I. [Zugrunde liegender Sachverhalt und Prozessgeschichte]

⊗ Es folgt eine kurze Zusammenfassung des Sachverhalts und der Prozessgeschichte (vgl. lfd. Nr. 8-1). ⊗ {4}

II. [Rüge, Stellungnahmen]

1. Mit den Verfassungsbeschwerden wendet sich der Beschwerdeführer gegen die vorgenannten Entscheidungen. Er rügt einen Verstoß gegen Art. 3 Abs. 1 GG und beruft sich auf ein Verfahrenshindernis aufgrund des rechtsstaatlich gewährleisteten Vertrauensschutzes.

2. Das Bundesministerium der Justiz und die Senatsverwaltung für Justiz in Berlin hatten Gelegenheit zur Stellungnahme.

III. [Begründetheit der Verfassungsbeschwerden]

Die Annahme der Verfassungsbeschwerden ist zur Durchsetzung der in § 90 Abs. 1 BVerfGG genannten Rechte angezeigt (§ 93a Abs. 2 Buchst. b BVerfGG). Die Kammer ist gemäß § 93c Abs. 1 Satz 1 BVerfGG zuständig, weil die Verfassungsbeschwerden auf der Grundlage der durch den als Anlage beigefügten Beschluß des Zweiten Senats vom 15. Mai 1995 – 2 BvL 19/91 u.a.[3] – geklärten maßgeblichen verfassungsrechtlichen Fragen offensichtlich begründet sind.

Die von dem Beschwerdeführer angegriffenen Entscheidungen verletzen ihn in seinem Grundrecht aus Art. 2 Abs. 2 Satz 2 GG in Verbindung mit dem im Rechtsstaatsprinzip wurzelnden Grundsatz der Verhältnismäßigkeit. Die Strafgerichte haben bei der Verurteilung des Beschwerdeführers die Tragweite des sich aus dem verfassungsrechtlichen Verhältnismäßigkeitsgrundsatz ergebenden Verfolgungshindernisses für Straftaten nach § 99 StGB[4], die vom Boden der DDR oder solchen Staaten aus begangen wurden, in denen dem Beschwerdeführer weder Auslieferung an die Bundesrepublik Deutschland noch Bestrafung wegen seiner Agententätigkeit drohte, nicht berücksichtigt. Der Beschwerdeführer hat nach den Urteilsfeststellungen seine geheimdienstliche Tätigkeit nur außerhalb der Bundesrepublik Deutschland entfaltet. Die angegriffenen Entscheidungen enthalten jedoch keine Feststellungen, ob sich der Beschwerdeführer nur innerhalb der DDR aufgehalten hat oder auch in Staaten, die den Beschwerdeführer wegen seiner Agententätigkeit an die Bundesrepublik Deutschland ausgeliefert hätten, oder ob sich der Beschwerdeführer in einem oder mehrerer dieser {5} Staaten – etwa aufgrund von Strafvorschriften, die gemäß Art. VII Abs. 11 des NATO-Truppenstatuts erlassen wurden – strafbar gemacht hat. Von solchen Feststellungen hängt es ab, ob und gegebenenfalls inwieweit das zugunsten von Geheimdienstmitarbeitern der DDR bestehende verfassungsrechtliche Verfolgungshindernis zugunsten des Beschwerdeführers eingreift.

Die angegriffenen Entscheidungen sind deshalb gemäß § 95 Abs. 2 BVerfGG aufzuheben; die Sache ist zur erneuten Prüfung an das Oberlandesgericht zurückzuverweisen (vgl. E. I., II. des o.a. Beschlusses des Zweiten Senats).

Da die Verfassungsbeschwerden des Beschwerdeführers in vollem Umfang begründet sind, sind ihm gemäß § 34a Abs. 2 BVerfGG die im Verfassungsbeschwerde-Verfahren entstandenen notwendigen Auslagen zu erstatten.

Diese Entscheidung ist unanfechtbar.

Anmerkungen

1 Vgl. lfd. Nr. 8-1.
2 Mit Beschluss vom 29.4.1994 – Az. 3 StR 13/94 – hatte der BGH die Revision Coburgers als unbegründet verworfen.
3 Vgl. lfd. Nr. 2-4.
4 Vgl. Anhang S. 1024.

Inhaltsverzeichnis
Beschluss (Aufhebung und Zurückverweisung) des Bundesverfassungsgerichts vom 9.7.1995, Az. 2 BvR 1180/94

Bundesverfassungsgericht 9. Juli 1995
Az.: 2 BvR 1180/94

BESCHLUSS

Im Namen des Volkes

In dem Verfahren über die Verfassungsbeschwerde

des Herrn Kusche, Hans

– Bevollmächtigte: Rechtsanwälte Walter Wellinghausen und Kollegen –

gegen

a) den Beschluß des Bundesgerichtshofs vom 29. April 1994 – 3 StR 14/94 –,

b) das Urteil des Kammergerichts vom 1. Juli 1993 – (2/1) - 3 StE 16/92-4 (1) (81/92)[1] –

hat die 2. Kammer des Zweiten Senats des Bundesverfassungsgerichts durch

⊗ Es folgt die Nennung der Verfahrensbeteiligten. ⊗

gemäß § 93b in Verbindung mit §§ 93a, 93c BVerfGG in der Fassung der Bekanntmachung vom 11. August 1993 (BGBl I S. 1473) am 9. Juli 1995 einstimmig beschlossen: {2}

Das Urteil des Kammergerichts vom 1. Juli 1993 – (2/1) – 3 StE 16/92-4 (1) – (81/92) – und der Beschluß des Bundesgerichtshofs vom 29. April 1994 – 3 StR 14/94 – verletzen den Beschwerdeführer dadurch in seinem Grundrecht aus Artikel 2 Absatz 2 Satz 2 des Grundgesetzes in Verbindung mit dem im Rechtsstaatsprinzip wurzelnden Grundsatz der Verhältnismäßigkeit, daß er auf der Grundlage der bisherigen Feststellungen auch wegen geheimdienstlicher Agententätigkeit schuldig gesprochen worden ist sowie Dauer und Intensität seiner Agententätigkeit strafschärfend berücksichtigt worden sind.
Die Entscheidung des Bundesgerichtshofs wird aufgehoben. Die Sache wird an den Bundesgerichtshof zurückverwiesen.
Die Bundesrepublik Deutschland hat dem Beschwerdeführer die Hälfte seiner notwendigen Auslagen zu erstatten.

Gründe

I. [Zugrunde liegender Sachverhalt und Prozessgeschichte]

⊗ Es folgt eine kurze Zusammenfassung des Sachverhalts und der Prozessgeschichte (vgl. lfd. Nr. 8-2). ⊗

II. [Rügen, Stellungnahmen]

1. Mit der Verfassungsbeschwerde wendet sich der Beschwerdeführer gegen die vorgenannten Entscheidungen. Er ist der Auffassung, er habe sich nicht wegen geheindienstlicher Agententätigkeit strafbar gemacht. Seine Verurteilung verstoße gegen das Rechtsstaatsprinzip aus Art. 20 Abs. 3 GG und gegen Art. 3 und Art. 103 GG. Außerdem greife zu seinen Gunsten Art. 31 HLKO[2] analog ein. Seine Bestrafung wegen Beihilfe zum versuchten Mord verstoße ebenso gegen allgemeine Regeln des Völkerrechts, da er die Tat im Rahmen seiner Agententätigkeit ausgeführt habe.

2. Das Bundesministerium der Justiz und die Senatsverwaltung für Justiz in Berlin hatten Gelegenheit zur Stellungnahme.

III. [Begründetheit der Verfassungsbeschwerde]

Die Annahme der Verfassungsbeschwerde ist zur Durchsetzung der in § 90 Abs. 1 BVerfGG genannten Rechte angezeigt (§ 93a Abs. 2 Buchst. b BVerfGG). Die Kammer ist gemäß § 93c Abs. 1 Satz 1 BVerfGG für die Entscheidung zuständig, weil die Verfassungsbeschwerde auf der Grundlage der durch den als Anlage beigefügten Beschluß des Zweiten Senats vom 15. Mai 1995[3] – 2 BvL 19/91 u.a. – geklärten maßgeblichen verfassungsrechtlichen Fragen in dem aus der Beschlußformel ersichtlichen Umfang offensichtlich begründet ist.

1. Die von dem Beschwerdeführer angegriffenen Entscheidungen verletzen ihn dadurch in seinem Grundrecht aus Art. 2 Abs. 2 Satz 2 GG in Verbindung mit dem im Rechtsstaatsprinzip wurzelnden Grundsatz der Verhältnismäßigkeit, daß er auf der Grundlage der bisherigen Feststellungen auch wegen geheimdienstlicher Agententätigkeit schuldig gesprochen und die Agententätigkeit strafschärfend berücksichtigt worden ist. Die Strafgerichte haben insoweit bei der Verurteilung des Beschwerdeführers die Tragweite des sich aus dem verfassungsrechtlichen Verhältnismä-{6}ßigkeitsgrundsatz ergebenden Verfolgungshindernisses für Straftaten nach § 99 StGB[4], die vom Boden der DDR oder solcher Staaten aus begangen wurden, in denen dem Beschwerdeführer weder Auslieferung an die Bundesrepublik Deutschland noch Bestrafung wegen seiner Agententätigkeit drohte, nicht berücksichtigt. Der Beschwerdeführer hat nach den Urteilsfeststellungen seine geheimdienstliche Tätigkeit nur außerhalb der Bundesrepublik Deutschland entfaltet. Die angegriffenen Entscheidungen enthalten keine Feststellungen dazu, ob der Beschwerdeführer seiner Agententätigkeit gegen die Bundesrepublik außer in der DDR auch in Staaten nachgegangen ist, die ihn deswegen an die Bundesrepublik Deutschland ausgeliefert hätten oder dieses Verhalten – etwa aufgrund von Strafvorschriften, die gemäß Art. VII Abs. 11 des NATO-Truppenstatuts erlassen worden waren – selbst mit Strafe bedrohten. Für das Verfassungsbeschwerde-Verfahren muß deshalb zugunsten des Beschwerdeführers unterstellt werden, daß er ausschließlich vom Boden der DDR aus tätig geworden ist. In diesem Falle kommt ihm das nach dem Senatsbeschluß vom 15. Mai 1995 für Staatsbürger der DDR, die im Zeitpunkt der Wiedervereinigung ihren Lebensmittelpunkt in der ehemaligen DDR hatten, aus dem verfassungsrechtlichen Grundsatz der Verhältnismäßigkeit hergeleitete Verfolgungshindernis für Straftaten nach § 99 StGB zugute. Er durfte dann nicht wegen geheimdienstlicher Agententätigkeit schuldig gesprochen und dieser Schuldspruch durfte bei der Strafzumessung

nicht strafschärfend berücksichtigt werden. Abschließend geklärt ist diese Frage indessen noch nicht, weil die Strafgerichte bisher nicht geprüft haben, ob der Beschwerdeführer seine Agententätigkeit gegen die Bundesrepublik auch auf dem Boden solcher Staaten entfaltet hat, in denen ihm die Auslieferung an die Bundesrepublik oder wegen dieser Tätigkeit eine Bestrafung durch den Drittstaat selbst drohte. Von solchen ergänzenden Feststellungen hängt es ab, ob und gegebenenfalls inwieweit das zugunsten von Geheimdienstmitarbeitern der DDR bestehende verfassungsrechtliche Verfolgungshindernis zugunsten des Beschwerdeführers eingreift. Diese Frage wird nach einer Zurückverweisung durch die Strafgerichte noch zu prüfen sein, wenn eine erneute Verurteilung nach § 99 StGB erfolgen soll. {7}

Dagegen bestehen keine verfassungsrechtlichen Bedenken gegen die Verurteilung des Beschwerdeführers wegen Beihilfe zum versuchten Mord. Mit der dagegen gerichteten Rüge hat der Beschwerdeführer aus den Gründen des Senatsbeschlusses vom 15. Mai 1995 keinen Erfolg. Eine andere Frage ist, ob bei der hier vorliegenden Verurteilung wegen zweier in Tateinheit verwirklichter Straftaten die Aufhebung der Verurteilung wegen der einen Straftat aus strafprozessualen Gründen auch die Aufhebung der Verurteilung wegen des anderen Delikts zur Folge haben muß. Aus der Sicht des Verfassungs- und Verfassungsprozeßrechts ändert dies nichts daran, daß die Verfassungsbeschwerde lediglich zum Teil begründet ist.

2. Gemäß § 93c Abs. 2 in Verbindung mit § 95 Abs. 2 BVerfGG hebt das Bundesverfassungsgericht die angegriffene Entscheidung auf, wenn der Verfassungsbeschwerde gegen eine Entscheidung stattgegeben wird, und verweist die Sache in den Fällen, in denen der Rechtsweg i.S. des § 90 Abs. 2 Satz 1 BVerfGG erschöpft worden war, an ein zuständiges Gericht zurück. Nach dem Wortlaut des Gesetzes sind grundsätzlich alle angegriffenen Entscheidungen aufzuheben, für die nach § 93c Abs. 2 in Verbindung mit § 95 Abs. 1 Satz 1 BVerfGG ein Verfassungsverstoß festgestellt wurde, soweit die Entscheidungen auf der festgestellten Verletzung beruhen. Dies gilt indessen nicht einschränkungslos. Werden etwa sämtliche im Rechtszuge ergangenen Entscheidungen mit der Verfassungsbeschwerde angegriffen und in bezug auf alle diese Entscheidungen eine Verfassungsverletzung festgestellt, so ist das Bundesverfassungsgericht nicht genötigt, sämtliche Entscheidungen aufzuheben und die Sache wieder an die erste Instanz im Rechtszuge zurückzuverweisen. Das Bundesverfassungsgericht hat auch die Möglichkeit, die Sache an ein Gericht höherer Instanz zurückzuverweisen und die Entscheidungen der Vorinstanzen, die die notwendige Grundlage für ein Rechtsmittelverfahren in höherer Instanz bilden, nicht aufzuheben. Dies folgt aus der dem Bundesverfassungsgericht in § 95 Abs. 2 BVerfGG eingeräumten Befugnis, in den Fällen des § 90 Abs. 2 Satz 1 BVerfGG die Sache an ein zuständiges Gericht – das nicht notwendig das Gericht erster Instanz sein muß – zurückzuverweisen; dem Bundesverfas-{8}sungsgericht ist damit ein Gestaltungsspielraum eingeräumt, der je nach der Art der festgestellten Verfassungsverletzung und unter Berücksichtigung von Gründen der Prozeßwirtschaftlichkeit in unterschiedlicher Weise genutzt werden kann. Insofern muß die aufhebende Entscheidung nach § 95 Abs. 2 BVerfGG der feststellenden Entscheidung nach § 95 Abs. 1 Satz 1 BVerfGG nicht kongruent sein (vgl. Rennert in: Umbach/Clemens, Mitarbeiterkommentar zum BVerfGG, § 95 BVerfGG, Rn. 24 und Rn. 48; Clemens, Tenorierung von BVerfG-Entscheidungen – Verfassungsbeschwerden und Richtervorlagen, in: Um-

bach/Clemens, Mitarbeiterkommentar zum BVerfGG, S. 142 ff., Rn. 30 bis 34). Wenn die Sache – wie im vorliegenden Fall – zur abschließenden Entscheidung in den fachgerichtlichen Instanzenzug zurückverwiesen werden muß, müssen die aufhebende Entscheidung und die Zurückverweisung soweit greifen, wie es zur Beseitigung des festgestellten Verfassungsverstoßes nötig ist. Bei einer verfassungsgerichtlichen Entscheidung, die von den Fachgerichten nur eine neue rechtliche Beurteilung erfordert, reicht die Zurückverweisung an die letzte Rechtsprüfungsinstanz – im allgemeinen das Revisionsgericht – regelmäßig aus; sind dagegen für die neue Beurteilung auch tatsächliche Feststellungen nötig, so muß die Zurückverweisung grundsätzlich in eine Instanz erfolgen, die außer zur Rechts- auch zur Tatsachenüberprüfung und -neufeststellung befugt ist. Diese Erwägungen könnten dafür sprechen, im vorliegenden Falle nicht nur die Entscheidung des Revisionsgerichts, sondern auch die des Kammergerichts aufzuheben, soweit sie auf dem festgestellten Verfassungsverstoß beruhen, und die Sache an das Kammergericht als Tatsacheninstanz zurückzuverweisen.

Indessen ergeben sich im vorliegenden Falle Zweifelsfragen darüber, in welchem Umfang der festgestellte Verfassungsverstoß eine Aufhebung der angegriffenen Entscheidungen erfordert, die ihre Wurzel nicht im Verfassungs- oder Verfassungsprozeßrecht haben, sondern sich gerade aus den Besonderheiten des Strafprozeßrechts ergeben. Das strafprozessuale Revisionsrecht unterscheidet in § 353 StPO zwischen der Aufhebung des Urteilsspruchs und der Aufhebung der ihm zugrundeliegenden Feststellungen. Dabei sind Teilaufhebungen unterschiedlicher Art und Reichweite {9} möglich, über deren Voraussetzungen die Strafgerichte eine reichhaltige Kasuistik entwickelt haben, die sich weitgehend an Erwägungen der Verfahrensökonomie orientiert (vgl. dazu etwa die Kommentierung zu § 353 StPO bei Kleinknecht/Meyer-Goßner, StPO, 42. Aufl.). Im vorliegenden Fall fordert der festgestellte Verfassungsverstoß aus verfassungsrechtlicher Sicht lediglich eine Aufhebung der Verurteilung wegen geheimdienstlicher Agententätigkeit sowie des Rechtsfolgenausspruchs, der durch die strafschärfende Berücksichtigung der in den angegriffenen Entscheidungen festgestellten Agententätigkeit des Beschwerdeführers ebenfalls von dem Verfassungsverstoß infiziert ist. Ob indessen aus strafprozessualer Sicht eine Trennung der beiden nach dem Schuldspruch in Tateinheit verwirklichten Straftaten möglich ist und ob und inwieweit die Berücksichtigung des verfassungsrechtlichen Prozeßhindernisses auch die Aufhebung der den strafgerichtlichen Entscheidungen zugrundeliegenden Tatsachenfeststellungen – und damit eine erneute Beweisaufnahme – erfordert, ist dagegen ausschließlich eine Frage der Auslegung und Anwendung des Strafprozeßrechts, die in erster Linie nicht dem Bundesverfassungsgericht, sondern den dafür zuständigen Strafgerichten – zuvörderst dem Bundesgerichtshof als Revisionsgericht – obliegt. Diese Erwägungen rechtfertigen es, im vorliegenden Fall allein die Revisionsentscheidung des Bundesgerichtshofs aufzuheben und die Sache an diesen zurückzuverweisen, damit dieser im Rahmen der neuen Revisionsentscheidung den Umfang der Aufhebung des kammergerichtlichen Urteils näher bestimmen kann, der aus strafprozeßrechtlicher Sicht notwendig ist, um den festgestellten Verfassungsverstoß zu beheben. Auf diese Weise wird erreicht, daß sich der Eingriff in die rechtskräftigen strafgerichtlichen Entscheidungen und damit der Umfang einer Neuverhandlung der Sache durch die Strafgerichte auf dasjenige Maß beschränken, das durch den festgestellten Verfassungsverstoß geboten ist. Zu einer weitergehenden Wiedereröffnung des Rechtszuges besteht kein Anlaß.

3. Da die Verfassungsbeschwerde nur insoweit begründet ist, als der Beschwerdeführer wegen geheimdienstlicher Agententätigkeit verurteilt und dies bei der Strafzumessung zu seinem Nach-{10}teil berücksichtigt worden ist, der Beschwerdeführer aber die Feststellung der Verfassungswidrigkeit der angegriffenen Entscheidungen insgesamt erstrebte, sind ihm die notwendigen Auslagen gemäß § 34a Abs. 3 BVerfGG nur zur Hälfte zu erstatten.

Diese Entscheidung ist unanfechtbar.

Anmerkungen

1 Vgl. lfd. Nr. 8-2.
2 Vgl. Anhang S. 1020.
3 Vgl. lfd. Nr. 2-4.
4 Vgl. Anhang S. 1024.

Inhaltsverzeichnis

Verfügung (Anklagerücknahme und anschl. Einstellung) des Generalbundesanwalts vom 23.8.1995, Az. 3 StE 16/92 – 4 bzgl. Coburger

Der Generalbundesanwalt beim Bundesgerichtshof 23. August 1995
Az.: 3 StE 16/92-4 (1)

VERFÜGUNG

Betrifft: Strafsache
gegen Dr. Karli Coburger u.a.
wegen geheimdienstlicher Agententätigkeit

1. Vermerk

I. [Sachverhalt und Prozessgeschichte]

⊗ Es folgt eine kurze Zusammenfassung des Sachverhalts und der Prozessgeschichte (vgl. lfd. Nr. 8-1 bis 8-4). ⊗

II. [Voraussetzungen für eine Einstellung des Verfahrens gem. § 153c StPO]

Anhaltspunkte für Aufenthalte des Angeklagten im westlichen oder neutralen Ausland sind nicht vorhanden. Diesem Gesichtspunkt wurde bei den bisherigen Ermittlungen keine Beachtung geschenkt, weil er für die Frage der Strafbarkeit nach §§ 94, 95 StGB[1] nicht von Relevanz war. Bereits die Frage, ob der Angeklagte an Agententreffs im Ausland teilgenommen hat, muß als offen betrachtet werden und erfordert aufwendige Recherchen. Führungstreffs von leiten-{3}den Mitarbeitern des MfS mit Führungsfunktionen, die mit denen des Angeklagten Dr. Coburger vergleichbar sind, waren jedenfalls in der HVA die Regel und sind auch aus anderen Hauptabteilungen bekannt (z.B. Lohse[2], HA II).

Bisher sind zehn Agenten, die zum Zuständigkeitsbereich des Angeklagten gehörten, angeklagt worden. Es handelt sich dabei um folgende Fälle:

- Traude Hahn und Felix O. (3 BJs 1434/92-4)
- Reinhard Hermann Reinhold F. (3 BJs 1441/92-4)
- Brigitta Gertrud P. und Fritz P., (3 BJs 1460/92-4)
- Bernd Robert R. und Renate R. (3 BJs 1438/92-4)
- Hildegard W. und Konrad August W. (3 BJs 791/93-4)
- Anna B. (3 BJs 931/92).

Zu diesen Fällen ist der Angeklagte aussagefähig. Eine umfassende Aufklärung der vom MfS durch Spionage erlangten und eventuell an Drittstaaten weitergegebenen Informationen ist von erheblicher Bedeutung. Im Falle der operativen Tätigkeit der HA VIII kommt hinzu, daß die von ihr und dem Angeklagten ausgehenden Maßnahmen sowie die gezielte Steuerung von Agenten über eine rein nachrichtendienstlich ausgerichtete Tätigkeit hinausgingen und in erheblichem Maße Individualrechtsgüter der davon betroffenen Bürger verletzten. Das Legalitätsprinzip sowie das Verfassungsgebot der effektiven Strafverfolgung (BVerfGE 46, 214, 222 m.w.N.) fordern eine Ahndung dieser Straftaten.

Diese Interessenlage wird von der Vorschrift des § 153c StPO[3] erfaßt.

Die Vorschrift des § 153c Abs. 2 StPO knüpft an die Regelung des § 9 StGB an und gilt für Straftaten, bei denen der Tätigkeitsort außerhalb, der Erfolgsort, d.h. das betroffene Rechtsgut, innerhalb des Geltungsbereichs des StGB liegen (Kleinknecht/Meyer-Goßner, § 153c Rdnr. 13).

Einstellungsvoraussetzung ist, daß {4}

1. die Straftat im Geltungsbereicht der StPO durch eine Tätigkeit außerhalb dieses Bereichs begangen wurde und
2. der Verfolgung überwiegende öffentliche Interessen entgegenstehen.

Zu 1.:

Im Minderheitenvotum der Entscheidung des Bundesverfassungsgerichts vom 15. Mai 1995[4] (2 BvL 19/91 u.a., Seite 30 f.) ist ausgeführt, daß die Lage des Führungsoffiziers, der im Auftrag der DDR eine geheimdienstliche Operation, die von diesem Staat als nützlich und von der Bundesrepublik als strafbar bewertet wurde, leitete, grundsätzlich dem Interessenwiderstreit entspricht, dem § 153c StPO mit der Einstellungsmöglichkeit Rechnung tragen will. Diese überzeugende Überlegung gilt auch dann, wenn der Führungsoffizier sich zu Führungstreffs gelegentlich ins Operationsgebiet begeben hat.

Zu 2.:

In die geforderte Interessenabwägung sind alle der Strafverfolgung entgegenstehenden öffentlichen Interessen einzubeziehen.

An erster Stelle sind insoweit all jene Gesichtspunkte anzuführen, die das Bundesverfassungsgericht veranlaßt haben, bei allein vom Territorium der DDR aus handelnden Führungsoffizieren ein generelles Verfolgungshindernis anzunehmen (Seite 73 ff. des Beschlusses vom 15. Mai 1995[5]).

Das einer weiteren Strafverfolgung des Führungsoffiziers im MfS entgegenstehende öffentliche Interesse ergibt sich auch aus dem Bedürfnis nach vollständiger Aufklärung von Art und Umfang der nachrichtendienstlichen Verstrickung von Agenten, die als Bürger der Bundesrepublik Deutschland gegen ihren Staat nachrichtendienstlich tätig waren, der Aufdeckung weiterer Straftaten und der gerichtlichen Ahndung dieser sowie bereits bekannter Fälle.

Die Nichtverfolgung der Straftaten des Angeklagten Dr. Coburger eröffnet diesem die Möglichkeit zur umfassenden Offenbarung seines Wissens gegenüber Ermittlungsbehörden und Gerichten, ohne eine weitere eigene Strafverfolgung {5} besorgen zu müssen (vgl. BGH, Beschluß vom 6. Dezember 1955 – 5 StR 452/55; KK-Pelchen, § 55, Rdnr. 4).

Die unter diesen Gesichtspunkten vorzunehmende Interessenabwägung führt bei dem Angeklagten zur Anwendbarkeit des § 153c Abs. 2, 3 StPO und damit zur Einstellung des Verfahrens.

Der Angeklagte hat seine nachrichtendienstliche Tätigkeit als Bürger der ehemaligen DDR durch eine außerhalb der Bundesrepublik Deutschland ausgeübte Tätigkeit begangen. Er handelte ersichtlich in der Annahme, seinem eigenen Staat und dessen Rechtsordnung pflichtgemäß zu dienen. Allein der historische Umstand der Wiedervereinigung ermöglicht eine Ahndung seiner Straftaten.

Es wird dabei nicht verkannt, daß der Angeklagte innerhalb des MfS eine herausgehobene Position einnahm und maßgeblich in eine Vielzahl nachrichtendienstlicher Operationen gegen die Bundesrepublik Deutschland eingebunden war. Auch der besondere Unwert, der namentlich der spezifischen Tätigkeit der HA VIII anhaftet, wird nicht verkannt.

Diesem Strafverfolgungsbedürfnis steht das erhebliche öffentliche Interesse an der Aufklärung mehrerer bedeutsamer Agentenfälle gegenüber, in denen der Angeklagte besonders aussagefähig ist. Er hat bislang umfassende Angaben zu ihm bekannten Spionagestraftaten verweigert. Nach der Einstellung des vorliegenden Verfahrens ist er verpflichtet, zur Aufklärung der genannten bedeutenden Agentenfälle aus seinem Anleitungsbereich beizutragen.

Auf der Grundlage dieser Interessenabwägung ist das Verfahren nach Rücknahme der Anklage gemäß § 153c Abs. 3 einzustellen.

⊗ Es folgt ein Schreiben an das KG Berlin, in dem dieses über die Einstellung des Verfahrens informiert wird. ⊗

Anmerkungen

1 Vgl. Anhang S. 1023.
2 Zu Lohse vgl. lfd. Nr. 6.
3 Vgl. Anhang S. 1026.
4 Vgl. lfd. Nr. 2-4, S. 320ff.
5 Vgl. lfd. Nr. 2-4.

Inhaltsverzeichnis
Beschluss (teilweise Aufhebung und Zurückverweisung) des Bundesgerichtshofs vom 25.10.1995, Az. 3 StR 14/94 bzgl. Kusche

Bundesgerichtshof
Az.: 3 StR 14/94

25. Oktober 1995

BESCHLUSS

in der Strafsache gegen

Hans Kusche aus Berlin,
geboren 1930 in H.,

wegen geheimdienstlicher Agententätigkeit u.a. {2}

Der 3. Strafsenat des Bundesgerichtshofs hat auf Antrag des Generalbundesanwalts und nach Anhörung des Beschwerdeführers am 25. Oktober 1995 gemäß § 154a Abs. 2, § 349 Abs. 2 und 4 StPO einstimmig beschlossen:

1. Die Strafverfolgung wird hinsichtlich des Angeklagten Kusche gemäß § 154a Abs. 2 StPO auf den Vorwurf der Beihilfe zum versuchten Mord beschränkt.
2. Auf die Revision des Angeklagten Kusche wird das Urteil des Kammergerichts Berlin vom 1. Juli 1993[1], soweit es ihn betrifft,
   a) im Schuldspruch dahin geändert, daß der Angeklagte der Beihilfe zum versuchten Mord schuldig ist,
   b) im Strafausspruch mit den zugehörigen Feststellungen aufgehoben.

   Im Umfang der Aufhebung wird die Sache zu neuer Verhandlung und Entscheidung, auch über die Kosten des Rechtsmittels, an einen anderen Strafsenat des Kammergerichts zurückverwiesen.
   Die weitergehende Revision wird verworfen. {3}

Gründe

Auf Antrag des Generalbundesanwalts nimmt der Senat hinsichtlich des Angeklagten Kusche den Vorwurf der geheimdienstlichen Agententätigkeit nach § 99 StGB[2] gemäß § 154a Abs. 2 StPO von der Strafverfolgung aus und ändert den Schuldspruch des angefochtenen Urteils dahin, daß der Angeklagte Kusche der Beihilfe zum Mord schuldig ist. Insoweit hat die Überprüfung des Urteils aufgrund der Revisionsrechtfertigung keinen Rechtsfehler zum Nachteil des Angeklagten ergeben (§ 349 Abs. 2 StPO). Durch die – unzutreffende – Annahme von Tateinheit war der Angeklagte nicht beschwert.

Die Verfahrensbeschränkung gemäß § 154a Abs. 2 StPO führt zur Aufhebung des Strafausspruchs. Das Kammergericht hat die Strafe zwar dem nach §§ 23 Abs. 2, 27 Abs. 2, 49 Abs. 1 StGB gemilderten Strafrahmen des § 211 StGB entnommen, jedoch strafschärfend die Dauer und den Umfang der geheimdienstlichen Agententätigkeit des Angeklagten gewertet. Die Strafe muß daher neu zugemessen werden.

Anmerkungen

1 Vgl. lfd. Nr. 8-2.
2 Vgl. Anhang S. 1024.

Inhaltsverzeichnis
Urteil nach Zurückverweisung des Kammergerichts Berlin vom 26.5.1998,
Az. (5) 3 StE 16/92 (2/96) bzgl. Kusche

Kammergericht Berlin 26. Mai 1998
Az.: (5) 3 StE 16/92(2/96)

URTEIL

In der Strafsache gegen

den Oberstleutnant a.D.
Hans Kusche,
geboren 1930 in H.,

wegen Beihilfe zum versuchten Mord

hat der 5. Strafsenat des Kammergerichts in Berlin aufgrund der Hauptverhandlung vom 26. Mai 1998, an der teilgenommen haben: {2}

⊗ Es folgt die Nennung der Verfahrensbeteiligten. ⊗

für Recht erkannt:

Der Angeklagte Kusche wird wegen der rechtskräftig festgestellten Beihilfe zum versuchten Mord zu einer Freiheitsstrafe
von einem Jahr und neun Monaten
verurteilt.
Die Vollstreckung der Strafe wird zur Bewährung ausgesetzt.
Der Angeklagte trägt die Kosten des Verfahrens mit Ausnahme der Kosten, die dadurch entstanden sind, daß sich der Angeklagte gegen den Vorwurf der geheimdienstlichen Agententätigkeit verteidigen mußte.
Von den Kosten des Revisionsverfahrens fallen drei Fünftel der Staatskasse und zwei Fünftel dem Angeklagten zur Last.
Die dem Angeklagten durch die Verteidigung gegen den Vorwurf der geheimdienstlichen Agententätigkeit entstandenen notwendigen Auslagen fallen der Staatskasse zur Last. {3}

Gründe

(Fassung gemäß § 267 Abs. 4 Satz 1 und 2 StPO)

I. [Sachverhalt]

⊗ Es folgt eine Zusammenfassung der für den Senat bindenden Feststellungen des erstinstanzlichen Urteils (vgl. lfd. Nr. 8-2). ⊗{6}

II. [Persönliche Verhältnisse des Angeklagten]

Zur Strafzumessung hat der Senat folgende Feststellungen getroffen:

Der in H. geborene Angeklagte lebte bis zu seinem 8. Lebensjahr in seinem Geburtsort. 1938 zog er mit seinen Eltern nach Bad Dürrenberg der Nähe von Leipzig, weil diese faschistischen Diskriminierungen ausgesetzt und deshalb auch verhaftet worden waren. In Bad Dürrenberg besuchte der Angeklagte acht Jahre lang die Volksschule und nahm anschließend die Lehre eines Elektrofeinmechanikers in Angriff, die er jedoch nach zweieinhalb Jahren abbrechen mußte, weil seine Lehrfirma in Konkurs geriet. Bis 1949 arbeitete er daraufhin als Traktorist in der Landwirtschaft. Im Februar 1949 trat er freiwillig in die SED ein und meldete sich als Polizeianwärter bei der Schutzpolizei. Anfang Mai 1951 nahm er in der Bezirksverwaltung Halle des MfS seinen Dienst auf und war in Halle und in Berlin als Kraftfahrer eingesetzt. Im August 1954 wurde er im Range eines Oberfeldwebels Hilfssachbearbeiter in der damaligen operativen Abteilung II des MfS in Berlin und nach einer Beförderung zum Oberleutnant schließlich Referatsleiter in der Hauptabteilung II. Dort war er bis Januar 1960 tätig und wurde anschließend aus dem MfS entlassen. Von Oktober 1961 bis November 1969 war er als Leutnant im Innenministerium der früheren DDR beschäftigt. Im Dezember 1969 kehrte er ins MfS zurück und wurde in der Hauptabteilung VIII operativer Mitarbeiter und am 1. Juli 1974 stellvertretender Leiter des Referats 3 in der Abteilung 6. Nach der Tat, die noch Gegenstand des vorliegenden Verfahrens ist, wurde er nach seiner Beförderung zum Hauptmann im Oktober 1976 Leiter des Referats 3. Im Februar 1985 wurde er zum Oberstleutnant befördert und im Referat 6 derselben Abteilung eingesetzt. Am 30. November 1989 wurde er aus dem Dienst {7} entlassen. Er ist mit verschiedenen Geldprämien und Orden der ehemaligen DDR ausgezeichnet worden, unter anderem im Jahre 1974 mit dem Vaterländischen Verdienstorden in Gold.

Der Angeklagte ist seit 1954 verheiratet. Die Eheleute haben zwei erwachsene Kinder. ⊗ Es folgen Angaben zu den finanziellen Verhältnissen des Angeklagten. ⊗ Wegen eines Wirbelsäulenleidens mußte der Angeklagte mehrfach operiert werden. Seine letzte Wirbelsäulenoperation fand im Februar 1998 statt. Seither ist sein linker Fuß gelähmt. Der Angeklagte befindet sich weiterhin in ärztlicher Behandlung. Er ist bisher nicht bestraft.

Vom 3. Juni bis zum 13. August 1992 befand er sich in vorliegender Sache in Polizei- und Untersuchungshaft. Die Tat des vorliegenden Verfahrens hat er gegenüber dem Senat auf die damaligen Verhältnisse, insbesondere seine damalige Stellung im MfS zurückgeführt, dessen Dienst er aus echter Überzeugung versah; er hat sein Handeln jedoch nicht beschönigt.

Der in der Sache 1 Kap Js 711/93 gesondert verfolgte T. ist am 10. Juli 1996 vom Landgericht Berlin aus Mangel an Beweisen freigesprochen worden.

Nachdem das vorliegende Verfahren bei dem Senat anhängig geworden war, hätte die Sache im Februar 1996 verhandelt werden können. Das war jedoch nicht möglich, weil der Verteidiger verhindert war. Danach war eine Verhandlung zu einem früheren Zeitpunkt nicht möglich, weil mehrere Mitglieder des Senats in einem besonders umfangreichen Verfahren mit der Durchführung der Hauptverhandlung befaßt waren. {8}

III. [Strafzumessung]

1. Das Gesetz sieht für den Mord die lebenslange Freiheitsstrafe vor. Da die Tat nur bis zum Versuch gediehen war, hat der Senat von der Strafmilderungsmöglichkeit der §§ 23

Abs. 2, 49 Abs. 1 Nr. 1 StGB Gebrauch gemacht; zusätzlich hat er die Strafe über die Beihilfevorschriften der §§ 27 Abs. 2 Satz 2, 49 Abs. 1 Nr. 1 StGB gemildert, so daß der anzuwendende Strafrahmen sich bei Freiheitsstrafe zwischen sechs Monaten und elf Jahren und drei Monaten bewegte.

2. Der Senat hält in einer Gesamtwürdigung aller Umstände eine Freiheitsstrafe von einem Jahr und neun Monaten für schuldangemessen und hat daher entsprechend erkannt.

a) Bei der Bewertung der Tat und der den Angeklagten bestimmenden Beweggründe hat der Senat insbesondere mildernd berücksichtigt, daß beim Abmontieren eines der von Sch. angebrachten und mit Sprengfallen gesicherten Plakate ein Angehöriger der Grenztruppen schwere Augenverletzungen erlitt, daß sich der Angeklagte in die Tat lediglich aufgrund seiner Tätigkeit für das MfS verstrickte, daß die Haupttat relativ dilettantisch durchgeführt wurde und daß Sch. keinen nennenswerten Schäden davontrug. Dem Umstand, daß der wegen der Haupttat gesondert verfolgte T. freigesprochen wurde, hat der Senat keine durchgreifenden Milderungsgründe beimessen können; denn das Schicksal des Verfahrens gegen T. ist für die Bestrafung des Angeklagten ohne Bedeutung (vgl. Tröndle, StGB 48. Aufl., § 27 Rdn. 12). {9}

b) Dagegen wirkt sich der Zeitraum zwischen der Tat und ihrer Aburteilung strafmildernd aus (vgl. BGHR § 46 Abs. 2 StGB Verfahrensverzögerung 3, 5). Dieser Zeitraum bezieht sich nicht nur auf die Feststellung der Schuld in dem Urteil des Kammergerichts vom 1. Juli 1993, sondern auch auf die Zeit zwischen der Aufhebung des Strafausspruchs und der neuen Verhandlung (vgl. BGHR StGB § 46 Abs. 2 Verfahrensverzögerung 6 S. 2). Er beträgt inzwischen 23 Jahre.

c) Als weiterer selbständiger Strafmilderungsgrund ist zu berücksichtigen, daß die Sache aus Gründen, die nicht der Angeklagte zu vertreten hat, nach der Zurückverweisung nicht eher zum Abschluß gebracht werden konnte (vgl. BGHR StGB § 46 Abs. 2 Verfahrensverzögerung 3). Diesem Gesichtspunkt hat der Senat mit einer Herabsetzung (vgl. hierzu BGHR StGB § 46 Abs. 2 Verfahrensverzögerung 11 mit Nachw.) der an sich sonst schuldangemessenen Strafe von zwei Jahren um drei Monate Rechnung getragen.

3. Die Vollstreckung der Strafe ist zur Bewährung ausgesetzt worden. Die Sozialprognose (§ 56 Abs. 1 StGB) ist bei dem nicht bestraften, sozial eingeordneten und jetzt 67 Jahre alten Angeklagten günstig. Die Gesamtwürdigung von Tat und Persönlichkeit des Angeklagten ergibt besondere Umstände im Sinne des § 56 Abs. 2 Satz 1 StGB. In diese Gesamtwürdigung sind die historischen Veränderungen seit der Auflösung des MfS und der Wiedervereinigung eingeflossen. Aus den genannten Gründen gebietet die Verteidigung der Rechtsordnung nicht die Vollstreckung der Strafe (§ 56 Abs. 3 StGB).

Teil 3:
Strafverfahren gegen Angehörige des militärischen Nachrichtendienstes der DDR

Lfd. Nr. 9

Der Bereich Aufklärung der Nationalen Volksarmee
– Verfahren gegen Krause –

Inhaltsverzeichnis
Anklage des Generalbundesanwalts vom 12.4.1994, Az. 3 StE 3/94 - 2

Der Generalbundesanwalt beim Bundesgerichtshof 12. April 1994
Az.: 3 BJs 456/90 - 2 (136); 3 StE 3/94 - 2 (1)

ANKLAGE[1]

Den ehemaligen NVA-Generalleutnant
Alfred Krause,
geboren 1930,
Deutscher, verheiratet, nicht vorbestraft,
Verteidiger: Rechtsanwalt Klaus Rüther,

klage ich an,

von Oktober 1982 bis März 1990 in Berlin (Ost), Köln, Bonn, Bad Neuenahr, Brüssel und an anderen Orten des In- und Auslandes fortgesetzt und gemeinschaftlich handelnd durch dieselbe Tat {2} im Verlauf seiner im vorgenannten Zeitraum für den Geheimdienst einer fremden Macht gegen die Bundesrepublik Deutschland ausgeübten, auf Erlangung von Staatsgeheimnissen und auf Mitteilung oder Lieferung von Tatsachen, Gegenständen oder Erkenntnissen gerichteten geheimdienstlichen Tätigkeit zu nicht genau feststellbaren Zeitpunkten Staatsgeheimnisse einer fremden Macht oder einem ihrer Mittelsmänner mitgeteilt und dadurch die Gefahr eines schweren Nachteils für die äußere Sicherheit der Bundesrepublik Deutschland herbeigeführt zu haben.

Verbrechen und Vergehen, strafbar nach §§ 93 Abs. 1, 94 Abs. 1 Nr. 1, §§ 98 Abs. 1, 99 Abs. 1 Nr. 1, §§ 25 Abs. 2, 52, §§ 3, 5 Nr. 4, § 9, §§ 45 Abs. 2 und 5, 101 StGB. {3}

Der Angeschuldigte leitete – zuletzt im Range eines Generalleutnants der Nationalen Volksarmee (NVA) – von Oktober 1982 bis September 1990 den zu Anfang noch als „Verwaltung Aufklärung" (VA), alsbald nach Amtsübernahme als „Bereich Aufklärung" (BA) des Hauptstabes der NVA und mit Beginn des Jahres 1990 als „Informationszentrum" (IZ) des Ministeriums für Nationale Verteidigung bezeichneten Militäraufklärungsdienst der ehemaligen DDR. Er führte die Amtsbezeichnung „Chef Aufklärung des Hauptstabes des Ministeriums für Nationale Verteidigung" (CAkl/CA) und war für die gesamte militärische Auslandsaufklärung verantwortlich. Der Schwerpunkt der Aufklärung war auf die militärpolitische, militärstrategische, militärische und militärtechnische Lage der NATO und deren Mitgliedsländer gerichtet.

Der BA gliederte sich im wesentlichen in die Verantwortungsbereiche Informationsdienst, Agenturaufklärung (1. Verwaltung), Auslandsdienst (2. Verwaltung), Operativ-Taktische Aufklärung (3. Verwaltung), Operative Sicherstellung (4. Verwaltung) und Militärwissenschaftliches Institut, deren jeweilige Leiter dem Angeschuldigten direkt unterstellt waren.

Für die Beschaffung von Aufklärungserkenntnissen waren zuständig: Die Agenturaufklärung durch Aufklärung aus illegaler Position (Spionage), der Auslandsdienst durch Aufklärung aus offizieller Position (Militärattachés) sowie die Verwaltung Operativ-Taktische Aufklärung, welche „klassische" Militäraufklärung (Truppen- und Funkaufklärung durch Einsatz technischer Mittel) betrieb. {4}

Im Informationsdienst wurden alle eingebrachten Erkenntnisse ausgewertet und in Meldungen für die Führungsorgane der DDR und weitere Bedarfsträger umgesetzt.

Mit nachrichtendienstlichen Mitteln und Methoden klärten die 1. Verwaltung (Agenturaufklärung) und die Abteilung 8 der 2. Verwaltung auf. Diese Agenten führenden Strukturelemente des BA werden herkömmlich auch als „Militärischer Nachrichtendienst“ (Mil ND) der DDR bezeichnet. Das Operationsgebiet (OPG) des Mil ND umfaßte die NATO in den strategischen Räumen Zentraleuropa und Ostseeausgänge, insbesondere die Bundesrepublik Deutschland einschließlich West-Berlin, sowie die Beneluxstaaten, Frankreich, Großbritannien und Dänemark. Der 1. Verwaltung oblag vor allem die Aufklärung der im Bundesgebiet stationierten NATO- bzw. Bundeswehreinheiten und deren Stäbe; der Abteilung 8 der 2. Verwaltung war die Ausforschung der in den anderen genannten europäischen Ländern gelegenen Führungsorgane und Streitkräfte der NATO zugewiesen.

Der Angeschuldigte hatte die Leitungs- und Anordnungsbefugnisse über den gesamten Bereich Aufklärung. In Zusammenarbeit mit den ihm unterstellten Chefs der 1. und 2. Verwaltung und weiteren leitenden Offizieren legte er von Anfang an Umfang, Zielrichtung und inhaltliche Schwerpunkte der gegen die Bundesrepublik Deutschland und die NATO gerichteten Spionagetätigkeit fest, indem er u.a. {5} die sogenannten jährlichen Anordnungen Nr. 50 des ihm vorgesetzten Stellvertreters des Ministers und Chef des Hauptstabes inhaltlich ausarbeitete. Hierin wurden die Aufgaben des Mil ND konkret festgelegt und zugleich bestimmt, welche Dokumente und Aufklärungserkenntnisse zu beschaffen waren.

Die Umsetzung seiner Vorgaben zur zielgerichteten Anleitung der Agenten erfolgte im wesentlichen auf der „Arbeitsebene“ (Abteilungsleiter, Unterabteilungsleiter, Führungsoffizier). Deren Rechte und Pflichten sowie das methodische Vorgehen bei der Führung von Agenten regelte die Anordnung über „Grundsätze der Strategischen Agenturaufklärung“ (AO 10/86) des Angeschuldigten. Die Erfüllung seiner Aufgabenstellung überwachte dieser im Wege der Berichtspflicht.

Maßnahmen grundsätzlicher Bedeutung unterlagen dem Entscheidungsvorbehalt des Angeschuldigten.

Hierzu gehörten vor allem die Durchführung von Führungstreffs im Ausland, die Einschleusung von Spezialkadern ins OPG sowie die Einstufung und dementsprechende Führung von Agenten als „Quellen“, Objektbeobachter oder Marschaufklärer. Der Rückzug eines Spezialkaders aus dem OPG sowie die Abschaltung eines Agenten bedurfte ebenso der Bestätigung durch den Angeschuldigten wie die Bewertung von beschafftem Verratsmaterial als „außerordentlich wertvoll“. {6}

Darüber hinaus erteilte er bei Besprechungen mit den beteiligten Offizieren in Einzelfällen konkrete Weisungen zur Führung eines Agenten.

Während der Amtszeit des Angeschuldigten als Chef Aufklärung führte der Mil ND eine Vielzahl von Agenten, die sich entweder als sogenannte Agenturische Mitarbeiter (AM) ständig im Operationsgebiet aufhielten oder als Inoffizielle Mitarbeiter (IM/DDR-Bürger) dort vorübergehend zum Einsatz kamen. Unter den AM befanden sich zahlreiche bedeutende Agenten; mindestens zehn waren vom Mil ND als „Spitzenquellen“ eingestuft.

Durch die Leitung des Mil ND und durch das bewußte und gewollte Zusammenwirken mit den ihm unterstellten Aufklärungsoffizieren bei der Führung der Agenten hat der Angeschuldigte deren Tätigkeit mit zu verantworten. Nach Beschränkung der Strafverfolgung werden ihm folgende Fälle des Landesverrats angelastet:

– Joachim P. (Vorgang Weißkopf)

Der in der Zentraldruckerei des Luftwaffenamtes in Köln-Wahn als Drucker beschäftigt gewesene und am 21. März 1990 festgenommene Joachim P. lieferte {7} dem Mil ND aus seinem Zugangsbereich eine Vielzahl von VS-Unterlagen, darunter den „Alarmplan Bundeswehr, Ausgabe Luftwaffe" in der Fassung von 1988 sowie eine vom Luftwaffenamt im selben Jahr herausgegebene Anweisung, die den Funkbetrieb sämtlicher Dienststellen, Verbände und Einheiten der Luftwaffe im Frieden, in Krisenzeiten und im Krieg regelte. Durch den Verrat des Alarmplanes wurden der Gegenseite u.a. umfassende und lückenlose Kenntnisse über das gesamte Alarmierungsverfahren bei der Bundesluftwaffe in den verschiedenen Alarmstufen bis zur vollen Mobilmachung und zum Beginn von Kampfhandlungen vermittelt. Durch den Verrat der Grundlagen des Funksystems der gesamten Luftwaffe war für den Fall einer bewaffneten Auseinandersetzung eine erhebliche Schädigung der Bundesluftwaffe zu besorgen. Die Preisgabe der beiden Dokumente war jeweils für sich geeignet, einen schweren Nachteil für die äußere Sicherheit der Bundesrepublik Deutschland herbeizuführen.

– Heinz Helmuth W. (Vorgang Cherry)

Der im Funkfernschreibdienst beim Auswärtigen Amt in Bonn beschäftigt gewesene Heinz Helmuth W. war zuletzt von Sommer 1987 bis zu seiner vorläu-{8}figen Festnahme am 3. April 1990 bei der Ständigen Vertretung der Bundesrepublik Deutschland bei der NATO in Brüssel tätig. Dort fertigte er u.a. Ablichtungen von Drahtberichten an das Auswärtige Amt und ließ diese seiner Führungsstelle zukommen. Ein Bericht vom 24. November 1987 vermittelte der Gegenseite die Erkenntnis, daß ein etwa 100 km breiter Abschnitt in Hessen von den zuständigen belgischen Luftverteidigungskräften nur unzureichend geschützt wurde. Die Gefahr eines schweren Nachteils für die äußere Sicherheit der Bundesrepublik Deutschland ergab sich ferner aus drei weiteren Drahtberichten vom 20. November 1987, 22. April und 4. Mai 1988. Diese enthielten Einschätzungen über Verteidigungsanstrengungen der NATO-Mitgliedsstaaten USA und Großbritannien. Daraus war zu entnehmen, daß ein potentieller militärischer Gegner im Falle eines Krieges mehr als zehn Tage Zeit haben würde, um mit seinen eigenen Kräften an die Atlantikküste vorzustoßen und so der amerikanischen Verstärkung zuvorzukommen.

– Herbert Karl L. alias Jürgen Detlef K. (Vorgang Vehn)

Der 1966 als Spezialkader unter der Falschidentität Jürgen Detlef K. ins Bundesgebiet eingeschleuste DDR-Bürger Herbert Karl L. war von {9} 1972 bis zu seiner Festnahme am 20. April 1990 im Rechenzentrum der Bundeswehr (RZBW) in Bad Neuenahr angestellt. Das Rechenzentrum verwaltet für das Materialamt des Heeres sämtliche Informationen der Heereslogistik der Bundeswehr. Als Systemverwalter und Sicherheitsadministrator hatte L. alias K. unbeschränkten Zugang zu sämtlichen im RZBW gespeicherten Programmen und Daten. Dem Mil ND lieferte er während der Amtszeit des Angeschuldigten jährlich u.a. Dateikopien des „Dienststellenindexes", des Truppenkontos „Soll/Ist", des „konsolidierten Depotbestandes" und der sogenannten Nationalen Auftragsdatei. Der Gegenseite erschloß sich dadurch ein umfassendes Bild über die Schlagkraft der Truppe, ihre Durchhaltefähigkeit und über einen möglichen Kräfteeinsatz im Verteidigungsfall. Diese Dateien waren in ihrer Gesamtheit als Staatsgeheimnis i.S.d. § 93 Abs. 1 StGB[2] zu bewerten.

Zahlreiche Einzelmaßnahmen bei der Führung dieser „Spitzenquellen" des Mil ND waren mit dem Angeschuldigten abgestimmt, indem entweder Beratungen mit ihm durchgeführt oder ihm schriftliche Planungen zur Bestätigung vorgelegt wurden. So erteilte der Angeschuldigte aufgrund seines Entscheidungsvorbehaltes den in diesen nachrichtendienstlichen Verbindungen als Führungsoffiziere tätig gewesenen Rudi Ehnert und Detlef Wiesbaum (im Fall P.), Roland Glaser (im Fall W.), Idmar Biereigel sowie Werner Denn (im Fall L.) für alle von ihnen außerhalb der DDR durchgeführten Führungstreffs seine Einwilligung. {10}

Das von „Weißkopf", „Cherry" und „Vehn" beschaffte Verratsmaterial wurde auf Veranlassung des Angeschuldigten in Kopie an den sowjetischen militärischen Nachrichtendienst GRU (die „Hauptverwaltung Aufklärung des Generalstabes der Streitkräfte der UdSSR" in Moskau) überstellt. {11}

Beweismittel

⊗ Es folgt eine Auflistung der Beweismittel, darunter Einlassungen des Angeschuldigten, 21 Zeugen, ein sachverständiger Zeuge, ein Sachverständiger sowie verschiedene Urkunden und Augenscheinsobjekte. ⊗ {18}

Wesentliches Ergebnis der Ermittlungen

⊗ Inhaltsverzeichnis ⊗ {23}

A. Persönliche Verhältnisse und beruflicher Werdegang des Angeschuldigten

Der Angeschuldigte ist 1930 als Sohn von Otto K. und dessen Ehefrau Elisabeth, geborene B., in D. geboren. Der Vater war Packer, später Kraftfahrer; die Mutter war Arbeiterin. Beide Elternteile sind inzwischen verstorben. Der Angeschuldigte hat drei Geschwister. Seine beiden Stiefgeschwister Herbert H. und Ilse Ka., geborene H., sind älter; sein Bruder K. ist drei Jahre jünger als er. Die Kindheit verbrachte der Angeschuldigte im Elternhaus in D. Nach dem Besuch der Volksschule von 1936 bis 1944 trat er eine Verwaltungslehre bei der Sozialversicherungskasse Dresden an und absolvierte gleichzeitig die kaufmännische Berufsschule. Nach erfolgreichem Lehrabschluß Ende März 1947 arbeitete er etwa eineinhalb Jahre als Verwaltungsangestellter in seiner früheren Ausbildungsstelle. Am 13. September 1948 trat der Angeschuldigte freiwillig in die Volkspolizei ein und versah zunächst Dienst auf dem Volkspolizeikreisamt Dresden. Ab Juni 1949 besuchte er für ein Jahr als Offiziersschüler der Polizei die Politschule in Torgau, um im Anschluß hieran als Politstellvertreter von Offiziersschüler- und Offizierskompanien dieser Polizeioffiziersschule eingesetzt zu werden. Am 1. August 1950 {24} erhielt der Angeschuldigte seinen ersten Offiziersdienstgrad; er wurde zum Volkspolizeikommissar ernannt.

Im Dezember 1950 wurde diese Schule und mithin der Dienstort des Angeschuldigten von Torgau nach Berlin-Treptow verlegt. Sein Aufgabenbereich blieb bis August 1953 unverändert: Er war als sog. Polit-Offizier mit der politisch-ideologischen Erziehung der Schulabsolventen beauftragt. Ab September 1953 fungierte der Angeschuldigte für die folgenden vier Jahre als Leiter der Kaderabteilung an der Politschule. Diese ursprüngliche Ausbildungsschule der Kasernierten Volkspolizei wurde am 1. März 1956 von der Nationalen Volksarmee (NVA) übernommen.

Als der Angeschuldigte Ende 1957 zur Teilnahme am Lehrgang für Infanterie-Offiziere an die Militärhochschule Dresden abkommandiert wurde, war er zwischenzeitlich mehrfach befördert worden; den Lehrgang begann er im Range eines Majors der NVA. Nach Umgliederung und Umstrukturierung der Hochschule zur Militärakademie „Friedrich Engels" setzte er sein Studium in der Fachrichtung „Allgemeine Truppenkommandeure" fort. Mit erfolgreichem Abschluß des Studiums im Herbst 1962 (Note: sehr gut) erlangte der Angeschuldigte den Grad eines Dipl.-Militärwissenschaftlers. Im Anschluß hieran fand er – bereits 1961 zum Oberstleutnant befördert – Verwendung als stellvertretender Regimentskommandeur für politische Arbeit im Moto-{25}risierten Schützenregiment 7 (MSR-7), welches in Marienberg im Erzgebirge stationiert war und der 7. Panzerdivision unterstand. Von November 1964 bis Herbst 1970 fungierte der Angeschuldigte als Kommandeur dieses MSR-7. Dort wurde er am 1. März 1967 zum Oberst der NVA befördert. Die Tätigkeit als Truppenoffizier wurde durch ein weiteres Studium unterbrochen. In der Zeit von September 1970 bis August 1972 besuchte der Angeschuldigte die Akademie des Generalstabs der Streitkräfte der UdSSR in Moskau, wo ihm die Generalstabsausbildung zuteil wurde. Auch dort erlangte er nach bestandener Prüfung den Grad eines Militärwissenschaftlers; zugleich erhielt er die Befähigung zur Führung einer Division und übergeordneter Militärverbände.

Nach seiner Rückkehr aus Moskau war er zunächst als Stellvertreter des Divisionskommandeurs der 11. Mot.-Schützendivision (Standort: Halle/Saale) eingesetzt, ehe ihm ab November 1974 die Aufgaben des Kommandeurs dieser Division übertragen wurden. Knapp drei Jahre später wurde der Angeschuldigte in das Amt des Stellvertreters des Chefs eines der beiden Militärbezirke (MB), in die das Gebiet der ehemaligen DDR aufgeteilt war (MB III/Leipzig und MB V/Neubrandenburg), eingeführt. Kurz nach seinem Dienstantritt im September 1977 als Stellvertreter des Chefs des MB III und Chef des Stabes wurde der Angeschuldigte am 7. Oktober 1977 zum Generalmajor ernannt. {26}

Im Dezember 1979 wurde er in das Ministerium für Nationale Verteidigung (MfNV) der ehemaligen DDR nach Strausberg versetzt. Nach einer Einarbeitungsphase versah er ab Dezember 1980 die Dienstgeschäfte des Chefs der Verwaltung Inspektion im MfNV. Er war dort verantwortlich für die Begutachtung der Funktionstüchtigkeit aller Teilstreitkräfte der NVA. Am 1. Oktober 1982 wurde der Angeschuldigte Leiter der „Verwaltung

Aufklärung", kurz danach umbenannt in „Bereich Aufklärung", des Hauptstabes der NVA. Er führte die Amtsbezeichnung Chef Aufklärung des Hauptstabes des Ministeriums für Nationale Verteidigung (CAkl; künftig abgekürzt mit CA). Der „Bereich Aufklärung" (BA) – soweit geheimdienstlich tätig, auch als „Militärischer Nachrichtendienst" der DDR bezeichnet – war ein eigenständiger Dienst, der ausschließlich mit Auslandsaufklärung im militärischen Bereich (westliche Staaten) befaßt war. Ein organisatorischer Zusammenhang mit dem Ministerium für Staatssicherheit (MfS) der ehemaligen DDR bestand nicht. Im Gegensatz zu diesem war der BA innerhalb der DDR nicht gegen deren Bürger tätig. Als Leiter dieses Dienstes wurde er 1986 zum Generalleutnant befördert.

Am 24. September 1990 wurde der Angeschuldigte vom damaligen Minister für Abrüstung und Verteidigung (MfAV) der DDR, Rainer Eppelmann, mit Dank für 42-jährige Tätigkeit in den Ruhestand verabschiedet. Ausweislich des Auszugs aus dem Befehl des MfAV Nr. 21/90 über Perso-{27}alentscheidungen vom 6. Juli 1990 ist Generalleutnant a.D. Krause wegen Erfüllung der Dienstzeit mit Wirkung vom 30. September 1990 aus dem Dienst der NVA ausgeschieden. Seither ist er Rentner.

Der Angeschuldigte war schon in seiner Kindheit politisch engagiert. Er gehörte dem Jungvolk und der Arbeitsfront an. In das politische Leben nach 1945 wurde er von seinem Vater eingeführt. Jeweils zum Gründungszeitpunkt wurde er Mitglied des FDGB (1. August 1945) und der FDJ (20. März 1946). Als 15-jähriger trat er am 1. April 1946 der Sozialistischen Einheitspartei Deutschlands (SED) bei; seit 1947 hatte er ständig Funktionen in der Partei inne, u.a. als Mitglied der Leitung oder als Sekretär von Grundorganisationen bzw. als Mitglied der Parteikontrollkommission (PKK).

Auch als Erwachsener war der Angeschuldigte politisch immer aktiv und wurde hierfür – ebenso wie für seine beruflichen Verdienste – vielfach durch Urkunden, Medaillen und Orden ausgezeichnet.

Der Angeschuldigte ist seit dem 30. Dezember 1950 mit Ursula K., geborene G., – früher ebenfalls Angehörige der Volkspolizei – verheiratet. Aus dieser Verbindung sind die beiden Söhne G. (geboren 1948 in D.) und B. (geboren 1954 in B.) hervorgegangen. {28}

Ausweislich der Auskunft aus dem Zentralregister ist der Angeschuldigte nicht vorbestraft. {29}

B. Der Bereich Aufklärung allgemein

I. Geschichtliche Entwicklung

Der erste Militärische Nachrichtendienst der ehemaligen DDR wurde 1952 als „Verwaltung für allgemeine Fragen" bei der Kasernierten Volkspolizei (KVP) gegründet und war damit dem damaligen Minister des Innern, Willi Stoph[3], unterstellt.

In der 10-seitigen handschriftlich vom ersten Chef, Generalmajor Karl Linke, unter dem 19. Juli 1952 abgefaßten und noch am selben Tag von Minister Stoph bestätigten „Direktive der Verwaltung für allgemeine Fragen" werden die Hauptaufgaben dieser Verwaltung wie folgt festgelegt:

„1. Die Aufklärung militärischer und wirtschaftspolitischer Pläne des Anglo-Amerikanischen Blocks gegen die Deutsche Demokratische Republik, gegen die Sowjetunion und gegen die Länder der Volksdemokratie.
2. Aufklärung der Pläne und praktischen Maßnahmen zur Organisierung der westdeutschen Armee und deren Eingliederung und Verwendung im System des aggressiven Nordatlantik-Paktes sowie die Aufklärung der Fragen, die verbunden sind mit Standortverteilung, Ausrüstung, Versorgung Ausbildung u.s.w. {30}
3. Aufklärung der Vorbereitung der Pläne und praktischen Maßnahmen des Anglo-Amerikanischen Blocks und der Bonner Regierung, Westdeutschland zum Aufmarschgebiet für den vorbereitenden Krieg zu machen.
4. Aufklärung und Auswertung aller Neuerungen der Kriegstechnik und Kriegswissenschaft, ihrer Anwendung sowie die Ausarbeitung einer wissenschaftlich-technischen Analyse in dieser Hinsicht auf dem Gebiet von Westdeutschland."

Im Anschluß daran wurde bestimmt, daß die Verwaltung zur Durchführung der vorgenannten Aufgaben „alle Arten von Aufklärungen" gegen Westdeutschland und der Okkupationsarmeen auf ihrem Gebiet „organisiert und benützt, um die ihr gestellte Aufgabe zu erfüllen". Strukturelemente der „Verwaltung für allgemeine Fragen" waren u.a. die „Aufklärungsabteilung A" mit sechs Unterabteilungen (darunter a 1 – Westdeutschland; a 2 – USA/GB; a 3 – Frankreich, Belgien, Niederlande; a 4 – skandinavische Länder), die „Abteilung Militärische Aufklärung W" mit den drei Unterabteilungen Heer, Luft und See sowie die „Abteilung Auswertung (bzw. Information) B" mit sechs Unterabteilungen.

Im weiteren war der „Aufklärungsabteilung A" – ebenso wie der an der Zonengrenze agierenden „Abteilung der operativen Aufklärung C" – befohlen, sich „in Westdeutschland ein Aufklärungs-{31}netz" zu schaffen, um dadurch an „dokumentale und wahrhafte Informationen" zu gelangen. Zudem waren beide Abteilungen gehalten, bei der Durchführung der ihnen gestellten Aufgaben „strengste Konspiration" zu bewahren.

Die vorgenannte Struktur erfuhr im Oktober 1953 insoweit eine Veränderung, als die Abteilung „Militärische Aufklärung W" – also die sog. Truppenaufklärung – aus der „Verwaltung für allgemeine Fragen" ausgegliedert und direkt dem Chef der KVP unterstellt wurde.

Eine grundsätzliche Änderung im Unterstellungverhältnis ergab sich Mitte der 50er Jahre. Im Mai 1955 trat die DDR dem Warschauer Pakt bei; [damit] einher ging die Aufstellung der Nationalen Volksarmee (NVA). Als das neu geschaffene Ministerium für Nationale Verteidigung (MfNV) am 1. März 1956 seine Tätigkeit aufnahm, wurde die KVP in die NVA überführt. Dies hatte zur Folge, daß die ehemalige „Verwaltung für allgemeine Fragen", die seit November 1954 die Bezeichnung „Verwaltung 19" führte, dem Minister für Nationale Verteidigung bzw. dessen Stellvertreter und Chef des Hauptstabes unterstellt wurde. Er übernahm zugleich auch die Führung der – immer noch von der „Verwaltung 19" getrennten – Truppenaufklärung, die schon vor dieser Unterstellung in „Verwaltung Aufklärung" umbenannt worden war. Deren Aufgabe bestand in der Erkenntnisgewinnung über den westlichen Gegner durch die eigenen Land-, {32} Luft- und Seestreitkräfte sowie die Grenztruppen der ehemaligen DDR unter Einsatz ihrer technischen Mittel.

Am 1. September 1964 wurden die „klassische" militärische Truppenaufklärung (Verwaltung Aufklärung) und die nach einer weiteren Umbenennung unter „12. Verwaltung" geführte „nachrichtendienstliche" Militäraufklärung zu einer Diensteinheit zusammengefaßt.

Die gesamte militärische Aufklärung wurde nun als „Verwaltung Aufklärung" (VA) geführt, ehe sie Anfang der 80er Jahre in „Bereich Aufklärung" (BA) des Hauptstabes der NVA umbenannt wurde.

Oberster Dienstvorgesetzter war und blieb der jeweilige Minister für Nationale Verteidigung (MfNV) bzw. zuletzt der Minister für Abrüstung und Verteidigung (MfAV).

Nach der „Wende" und unter veränderten Strukturen erfolgte mit Wirkung vom 1. Januar 1990 die Umbenennung in „Informationszentrum" (IZ), welches am 12. April 1990 dem damaligen Minister für Abrüstung und Verteidigung der DDR, Rainer Eppelmann, unterstellt wurde. Am 3. Oktober 1990 wurde das IZ der Bundeswehr übergeben und zum 31. Dezember 1990 aufgelöst. {33}

Der Militärische Nachrichtendienst der ehemaligen DDR hatte seit seiner Gründung bis zur Einstellung der operativen geheimdienstlichen Tätigkeit im Mai 1990 in zeitlicher Reihenfolge folgende fünf Chefs

- Generalmajor Karl Linke (Juli 1952 bis August 1957)
- Oberst Willy Sägebrecht (August 1957 bis Januar 1959)
- Generalmajor Arthur Franke (Februar 1959 bis November 1974)
- Generalleutnant Theo Gregori (Dezember 1974 bis September 1982)
- Generalleutnant Alfred Krause (Oktober 1982 bis September 1990).

Weitere Einzelheiten zur Chronik des Militärischen Nachrichtendienstes der ehemaligen DDR sind dem nachfolgenden Schaubild, der Ausarbeitung des MAD-Amtes sowie den zu den jeweiligen Strukturen der Vorläufer des BA vom MAD-Amt erstellten Organigrammen zu entnehmen. {34}

⊗ Es folgt das angekündigte Organigramm. ⊗ {35}

II. Allgemeine Grundlagen und Bandbreite der Militäraufklärung

Einen ersten Überblick über Grundlagen, Ziele und Hauptaufgaben der ehemaligen DDR-Militäraufklärung vermittelt der noch unter Federführung des CA Gregori ausgearbeitete und vom damaligen Stellvertreter des Ministers und Chef des Hauptstabes (STMCHS), Generaloberst Fritz Streletz[4], am 4. August 1980 bestätigte „Funktionsverteilungsplan" der Verwaltung Aufklärung (VA). In ihm wird kurz, aber prägnant die gesamte Bandbreite der militärischen Aufklärung umrissen.

Die darin aufgezeigte – nachfolgend wiedergegebene – Aufgabenstellung für den BA galt grundsätzlich auch unter Krauses Amtsführung.

Auf weitere Bestimmungen des Funktionsverteilungsplanes wird an gegebener Stelle ergänzend zurückgekommen. {36}

„MINISTERRAT
DER DEUTSCHEN DEMOKRATISCHEN REPUBLIK
MINISTERIUM FÜR NATIONALE VERTEIDIGUNG
Chef der Verwaltung Aufklärung
Az.: 03 01 36

O.U., den 04.08.1980
Geheime Verschlußsache!
GVS-Nr.: A 526 377
1. Ausfertigung = 15 Blatt

Bestätigt:
am: 04.08.1980

Stellvertreter des Ministers
und Chef des Hauptstabes

Streletz
Generaloberst

Funktionsverteilungsplan
der Verwaltung Aufklärung

1. *Die Grundlagen und Ziele der Aufklärungstätigkeit und die durch die Verwaltung Aufklärung zu erfüllenden Hauptaufgaben*

1.1. *Die Grundlagen der Aufklärungstätigkeit*:

Die Grundlagen der Aufklärungstätigkeit der Verwaltung Aufklärung sind die Beschlüsse des Politbüros und des Zentralkomitees der SED, die Beschlüsse des Nationalen Verteidigungsrates der DDR und die Weisungen seines Vorsitzenden, die Befehle und Anordnungen des Ministers für Nationale Verteidigung und seines Stellvertreters und Chef des Hauptstabes der NVA sowie die Empfehlungen des Oberkommandierenden der Vereinten Streitkräfte.

1.2. *Die Ziele der Aufklärungstätigkeit*

Die Aufklärungstätigkeit der Verwaltung Aufklärung ist zu organisieren und durchzuführen mit folgenden Zielen:

a) Aufdeckung von Veränderungen der Militärpolitik, Militärdoktrinen und Militärstrategien der NATO, ihrer Mitgliedstaaten, dabei in erster Linie der BRD, ferner anderer interessierender Staaten und Vervollkommnung des Erkenntnisstandes zu diesen Fragen sowie über die militärpolitische Situation in den die Lage in Europa beeinflussenden Weltkrisenräumen als Beitrag zu den Grundlagen für die Gestaltung der Militärpolitik der SED und der Regierung der DDR. {37}
b) Aufdeckung von Veränderungen in Kampfbestand, Gruppierung, Kampkraft, Kampftechnik, Gefechtsbereitschaft, Absichten, Möglichkeiten, Perspektiven der Entwicklung, strategischen und operativ-taktischen Plänen und Ansichten sowie praktischen Aggressionskriegsvorbereitungen der NATO-Streitkräfte, besonders der Bundeswehr, aber auch der Streitkräfte nichtpaktgebundener kapitalistischer Staaten in den strategischen Räumen des westlichen Kriegsschauplatzes, in anderen interessierenden strategischen Räumen und ständige Vervollkommnung des Erkenntnisstandes über diese Fragen sowie über den operativen Ausbau der Territorien als Beitrag zu den Grundlagen für die Ausarbeitung von operativen und anderen Führungsentschlüssen für die Vervollkommnung der Landesverteidigung der DDR.
c) Rechtzeitige Warnung vor einem vom Territorium der BRD aus geführten überraschenden Überfall, insbesondere Raketen-Kernwaffen-Überfall sowie anderen aggressiven Aktionen gegen die DDR und die verbündeten Staaten.
d) Beschaffung erforderlicher Angaben und Ausarbeitung von Informationen und Analysen im Interesse der Sicherstellung des Gefechtseinsatzes der NVA und der Gesamtmaßnahmen der Landesverteidigung der DDR.

1.3. *Die Hauptaufgaben der Verwaltung Aufklärung*

Die Hauptaufgaben der Verwaltung Aufklärung im Interesse der Erreichung der genannten Ziele der Aufklärungstätigkeit sind:

a) Die Planung, Organisation und Durchführung der strategischen Aufklärung und der operativen Agenturaufklärung durch Eindringen in die Verteidigungsministerien, militärische und staatliche Führungsorgane, Stäbe und Einrichtungen der NATO-Organisation sowie der Streitkräfte der NATO-Staaten, besonders der BRD und der Bundeswehr, aber auch anderer interessierender Staaten zwecks Beschaffung von erschöpfenden und zuverlässigen Angaben sowie geheimen Dokumenten zu den interessierenden Fragen der Militärpolitik und -strategie, der strategischen, operativ-taktischen und Mobilmachungsplanung, des operativen Ausbaus der Territorien, des Bestandes, der Gruppierung, Kampfkraft und Gefechtsbereitschaft der Streitkräfte, moderner Kampftechnik und Ausrüstung, der Gefechts- und operativ-taktischen Ausbildung sowie der Führungsbereitschaft der Stäbe.

b) Die Organisation und Führung der Kräfte und Mittel der Aufklärung der Kommandos der Teile der NVA und des Kommandos der Grenztruppen der DDR; Organisation des Zusammenwirkens mit anderen bewaffneten Organen der DDR und Führungsorganen {38} der Armeen der Teilnehmerstaaten des Warschauer Vertrages auf dem Gebiet der operativen und taktischen Aufklärung; Lösung grundsätzlicher Probleme der Entwicklung der Aufklärungskräfte und -mittel sowie der Taktik ihres Einsatzes, besonders der Landstreitkräfte.

c) Die Planung, Organisation und Führung der ununterbrochenen Aufklärung des Gegners unter stationären und feldmäßigen Bedingungen durch Funkaufklärungskräfte und -mittel der Verwaltung Aufklärung sowie durch zeitweiligen Einsatz von Aufklärungskräften und -mitteln der Teilstreitkräfte der NVA und der Grenztruppen der DDR.

d) Die schnelle, tiefgründige Systematisierung, Auswertung und Analyse der eingebrachten Aufklärungsangaben und interessierender, offenen Quellen zu entnehmender Angaben unter Nutzung einer EDVA sowie die unverzügliche Meldung der so erarbeiteten Aufklärungsergebnisse, Informationsdokumente, Analysen und Einschätzungen an die in den militärischen Grundsatz- und speziellen Dokumenten befohlenen vorgesetzten Stellen in der in den Dokumenten festgelegten Form.

Gleichzeitig ist in Übereinstimmung mit den genannten Dokumenten die entsprechend ihren Aufgaben erforderliche Information der Chefs und Leiter im Ministerium für Nationale Verteidigung, der Kommandos der Teile der NVA und des Kommandos der Grenztruppen der DDR sowie bestimmter Einrichtungen der NVA zu den o.a. Fragen zu gewährleisten.“ {39}

III. Die Struktur des BA während der Amtsführung des Angeschuldigten

1. Die Verantwortungsbereiche

Die Struktur dieses Dienstes,[5] der unter Krauses Leitung seinen Sitz in der Oberspreestraße in Berlin-Treptow hatte und dort ausweislich eines Schildes am Eingang noch bis Juli 1988 unter der Tarnbezeichnung „Mathematisch-Physikalisches Institut der NVA“ in einem militärisch abgesicherten Gebäudekomplex arbeitete, hat sich durch häufige Umorganisationen durch den Angeschuldigten wiederholt geändert.

Die nachfolgende Darstellung orientiert sich deshalb an den „Grundpfeilern“, also den – wenn auch unter verschiedenen Bezeichnungen – immer vorhanden gewesenen maßgeblichen „Säulen“ des BA und beschreibt sodann deren Zuständigkeiten. Der BA war im wesentlichen wie folgt gegliedert:

- Informationsdienst (Auswertung und Umsetzung aller eingebrachten Aufklärungsangaben)
- Agenturaufklärung (Aufklärung von illegaler Position, also Spionage) {40}
- Auslandsdienst (Aufklärung von offizieller Position unter Anleitung der Militärattachés/Diplomatischer Dienst)
- Operativ-Taktische Aufklärung (Truppen- und Funkaufklärung durch Einsatz technischer Mittel)

- Operative Sicherstellung (Sicherstellung der Funktionstüchtigkeit aller anderen Verantwortungsbereiche)
- Militärwissenschaftliches Institut (Aus- und Fortbildung des Personals der Agenturaufklärung und des Auslandsdienstes)

2. Die Aufgaben der Verantwortungsbereiche

a) Informationsdienst

Der Leiter des Informationsdienstes führte ab 1984 die Amtsbezeichnung „1. Stellvertreter des Chef Aufklärung und Leiter Informationsdienst" (1. STCA) – zuvor „Stellvertreter des Chefs für Information" (STCI).

Unter CA Krause hatten dieses Amt

- Generalmajor Alexander Karin (bis April 1988) {41}
- Generalleutnant Kurt Gottwald (Mai 1988 bis Dezember 1989)
- Oberst Dr. Manfred Zeise (Januar bis September 1990)

inne.

Dem Informationsdienst, der zuletzt 1990 im IZ die Bezeichnung 1. Verwaltung führte, oblag die Aufgabe, die Erkenntnisse

- der strategischen Aufklärung,
- der operativen agenturischen Aufklärung,
- der operativ-taktischen Aufklärung einschließlich der Funk- und funktechnischen Aufklärung,
- aus der Ausschöpfung der verfügbaren offenen und offiziellen Quellen,
- der von den Kommandos der Teilstreitkräfte der NVA und dem Kommando der Grenztruppen der DDR gemeldeten Aufklärungsangaben sowie
- aus dem Informationsaustausch vor allem mit dem MfS und den Aufklärungsverwaltungen der im Warschauer Vertrag vereinten Armeen

zu analysieren, auszuwerten und in Meldungen umzusetzen. {42}

Der Informationsdienst war das zentrale Organ zur umfassenden Einschätzung aller eingebrachten Aufklärungsangaben.

Sämtliche Informationen, die beispielsweise durch

- die Führungsoffiziere (agenturische Aufklärung)
- die Militärattachés (strategische Aufklärung)
- die Truppen- und Funkaufklärung (operativ-taktische Aufklärung)
- die jeweilige Hauptverwaltung Aufklärung der „Bruderarmeen"

beschafft wurden, liefen im Informationszentrum zusammen. Die mittels nachrichtendienstlicher Methoden erlangten Erkenntnisse wurden dem Informationsdienst in „neutralisierter Form", also ohne Nachweis der beschaffenden Quelle, zur Auswertung zugeleitet. Dort wurden alle Aufklärungsangaben kategorisiert in

- Feinddokumente
- Meldungen
- Muster

- erarbeitete Dokumente
- interne Materialien und
- offene Materialien. {43}

Die Aufklärungsmeldungen wurden vor der Rückleitung an die beschaffende Stelle im BA bewertet, wobei die Bewertungsstufen von

- ohne Bewertung
  über
- nicht militärisch brauchbar
- militärisch brauchbar
- wertvoll
- sehr wertvoll bis zu
- außerordentlich wertvoll

reichten.

Die auf der Grundlage aller beschafften Aufklärungsangaben entfaltete Analyse- und Beurteilungstätigkeit des Informationsdienstes beinhaltete vor allem die Einschätzung der aktuellen Lage und die voraussichtliche (kurz-, mittel- und langfristige) militärische Entwicklung im Westen.

Die vom Informationsdienst zu erarbeitenden Meldungen wurden unterschieden nach

- Aufklärungsmeldungen
  Diese gliederten sich wiederum in
  - Tagesaufklärungsmeldungen {44}
    an die Armeeführung über den täglichen Zustand und die laufenden Handlungen vor allem der NATO-Streitkräfte in graphischer und schriftlicher Form
  - Monatsaufklärungsmeldungen
    an die Armeeführung, Chefs und Leiter im MfNV, Stäbe, Truppen und Einrichtungen der NVA und der Grenztruppen der DDR über neue wichtige Aufklärungsergebnisse über die NATO, deren Mitgliedsstaaten und ihre Streitkräfte sowie über die Streitkräfte nicht paktgebundener europäischer Staaten
- Auskunftsdokumente
  (periodisch herauszugebende, die Aufklärungsergebnisse zusammenfassende Karten und Taschenbücher über die NATO-Kriegsvorbereitungen, besonders der NATO-Streitkräfte, ihre realen Möglichkeiten und wahrscheinlichen Absichten) für den Minister für Nationale Verteidigung und dessen Stellvertreter
- Ausbildungsmaterialien
  (periodisch bzw. bei Notwendigkeit auf Befehl zu erstellende Ausarbeitungen über die Einsatzgrundsätze, den Bestand, die Struktur, Bewaffnung und Ausrüstung der NATO- und der französischen Streitkräfte sowie Lesematerial, Filme u.ä.) für den Minister für Nationale Verteidigung und dessen Stellvertreter {45}
- Meldungen
  (schriftliche oder mündliche) des CA an Vorgesetzte (zur periodischen Meldung der Lage der NATO-Streitkräfte und der Lageentwicklung in den Krisenräumen der Welt sowie zur fallweisen Meldung wichtiger, neuer Erkenntnisse der Aufklärung grundsätzlichen Charakters)

- Vorlagen
  (Informationen) für den Nationalen Verteidigungsrat der DDR
- Sonderinformationen
  (Meldungen wichtiger Aufklärungsergebnisse zu entscheidenden militärpolitischen und -strategischen Fragen an den Generalsekretär des ZK der SED und Vorsitzenden des Nationalen Verteidigungsrates der DDR bzw. den Minister für Nationale Verteidigung oder dessen Stellvertreter).

Der Informationsdienst war im übrigen nicht nur für Meldungen an die Partei- und Armeeführung, an den CA selbst sowie dessen Verwaltungschefs und die Chefs und Leiter, Stäbe, Truppen und Einrichtungen der NVA sowie der Grenztruppen der DDR verantwortlich, sondern dem 1. STCA oblag auch die Überstellung durch den BA beschaffter Aufklärungsangaben an das MfS sowie an die Hauptverwaltung Aufklärung {46} des Generalstabes der Streitkräfte der UdSSR (also den militärischen Nachrichtendienst GRU) und weitere Pakt-Partner.

Die Umsetzung der Aufgaben des Informationsdienstes erfolgte im wesentlichen in den drei Abteilungen

- 15 (Auswertung und Aufarbeitung aller Aufklärungsangaben betreffend die NATO, ihre Mitgliedstaaten sowie alle anderen europäischen Staaten; Erstellung der Monatsberichte und längerfristiger Periodica)
- 17 (Beurteilung und Darstellung der täglichen militärischen Lage mit Schwerpunkt Zentraleuropa und Ostsee sowie die Beurteilung militärischer Entwicklungen in außereuropäischen Staaten, in denen die ehemalige DDR Militärattachés akkreditiert hatte)
- 19 (EDV-mäßige Sicherstellung der in den Abteilungen 15 und 17 erarbeiteten Daten bzw. Erkenntnisse sowie das Bibliothekswesen)

Die von Dr. Wolfgang Wolf bis zuletzt geleitete Abteilung 15 hatte zeitweise über 50 Mitarbeiter. 1988 unterstanden dem Chef des Informationsdienstes 107 NVA-Offiziere {47}

b) Agenturaufklärung (1. Verwaltung)

Der Aufgabenbereich der Agenturaufklärung war im Funktionsverteilungsplan vom 4. August 1980 wie folgt festgelegt:

„Planung, Organisation und Erfüllung der vom Minister für Nationale Verteidigung bestätigten Aufklärungsaufgaben über die NATO-Führungsorgane, die Streitkräfte der BRD und die in der BRD und in Westberlin dislozierten NATO-Streitkräfte durch agenturische Kräfte, Mittel und Methoden.“

Hiermit wurde nichts anderes als die Informationsbeschaffung mit geheimdienstlichen Mitteln und Methoden umschrieben.

Zuständig hierfür war Anfang der 80er Jahre ein sogenannter Stellvertreterbereich, geleitet vom Stellvertreter des CA für die Agenturische Aufklärung (STCAA). Etwa 1984 erfolgte die Umbenennung dieses Stellvertreterbereichs in 1. Verwaltung und 1990 in 3. Verwaltung.

STCAA, Chef 1. Verwaltung bzw. zuletzt Chef 3. Verwaltung unter Krause waren

- Generalmajor Eberhard Siewert (bis Dezember 1982) {48}
- Oberst Roland Wunder (Januar 1983 bis Juni 1983)
- Generalmajor Heinz Hofmann (Juli 1983 bis Dezember 1988)
- Oberst Harry Schreyer (Januar 1989 bis September 1990)

Aus Gründen der Übersichtlichkeit und Vereinfachung wird im folgenden von der 1. Verwaltung gesprochen, wenn es um die von diesem Bereich betriebene agenturische Aufklärung geht. Da die 1. Verwaltung nachrichtendienstliche Aufklärung ganz überwiegend auf dem Gebiet der Bundesrepublik Deutschland (alt) betrieben hat und den dabei entfalteten Aktivitäten im Sinne des Anklagevorwurfs strafrechtliche Bedeutung (§§ 93 ff. StGB) zukommt, wird auf ihre Aufgaben, Gliederung und Arbeitsweise in Abschnitt C der Anklage näher eingegangen.

c) Auslandsdienst (2. Verwaltung)

Die Aufgaben der Auslandsaufklärung – bezeichnet wurde damit die Militäraufklärung außerhalb des früheren Bundesgebietes – erfüllte Anfang der 80er Jahre der Verantwortungsbereich Strategische Agenturaufklärung, dessen Leiter der Stellvertreter des CA für die Strategische Aufklärung (STCSA) war. Etwa 1984 erfolgte die Umbenennung in 2. Verwaltung. {49}

STCSA bzw. Chef der 2. Verwaltung unter Krause waren

- Generalmajor Heinz Hofmann (bis Juni 1983)
- Generalmajor Harry Rathmann (Juli 1983 bis Ende 1986)
- Generalmajor Günter Oldenburg (Anfang 1987 bis Februar 1990)
- Oberst Jura Hoffmann (März bis September 1990).

Aufgabe der 2. Verwaltung war es grundsätzlich, Auslandsaufklärung von „offizieller Position“ zu betreiben. Dies wurde realisiert durch Aufklärungsoffiziere, die in Auslandsvertretungen der DDR offiziell als Militärattachés (MA) eingesetzt waren. Die DDR hatte damals in 34 Ländern (nicht aber in der Bundesrepublik Deutschland) Militärattachés akkreditiert. Davon waren zuletzt neun jeweils in zwei Staaten tätig (sogenannte Zweitakkreditierung). Unterstützt wurde der Militärattaché bei der Informationsbeschaffung durch Gehilfen (GMA) und sogenannte Legalisten (Leg.). Letztere waren Aufklärungsoffiziere, die in Auslandsvertretungen der DDR (Botschaft oder wirtschaftlichen/politischen Vertretungen) getarnt legalisiert und vor allem für die Beschaffung von Aufklärungsangaben und Personen-{50}hinweisen zuständig waren. Die Anzahl der in den einzelnen Ländern eingesetzten Legalisten schwankte. Im allgemeinen arbeiteten einem MA zwei bis vier Legalisten zu. Bei der Informationsbeschaffung wurde unterschieden zwischen offenen Quellen und Abschöpfquellen (sogenannten Vertrauenspersonen – VP), d.h. Personen, die über die offiziellen Verlautbarungen hinausgehende Informationen geben konnten. VP konnten sogenannte Abschöpfkontakte (AK) und Kontaktpersonen (KP) sein. Die AK-Person war meist nur dem jeweils amtierenden Militärattaché persönlich bekannt. In den Meldungen an die Zentrale wurde sie mit einem Berichtsnamen versehen. Im Gegensatz hierzu mußte die Kontaktperson der Zentrale gemeldet werden. Sie wurde nach karteimäßiger Überprüfung zwecks Vermeidung von

„Doppelbearbeitung“ und entsprechender Registrierung für den Militärattaché freigegeben. In Berichten wurde die KP unter einem Decknamen geführt. VP (AK und KP) wurden nicht zur nachrichtendienstlichen Zusammenarbeit verpflichtet und wußten in der Regel nicht, daß sie – nachrichtendienstlich gesteuert – abgeschöpft wurden.

Die nachfolgende Übersicht ist dem Plan der Aufklärung (Stand: 10. Januar 1983) entnommen. Sie gibt Aufschluß darüber, in welchen Ländern Militärattachés der DDR mit welchem Unterbau akkreditiert waren bzw. bis 1985 werden sollten. {51}

⊗ Es folgt die angekündigte Übersicht in Form von zwei Tabellen. ⊗ {53}

Mit dieser Aufklärung von offizieller Position wurden u.a. Informationen über militärische Einrichtungen, Dislozierung, Ausrüstung, Bewaffnung der Truppen, militärische Lage und militärstrategische Einbindung des jeweiligen Landes beschafft.

Im Zuge der Ermittlungen ist nicht bekanntgeworden, ob und ggfs. inwieweit die Militärattachés auch „agenturisch“ – also durch Führung von Agenten – tätig waren. Der Angeschuldigte und der Zeuge Kelling haben eine solche Anleitungstätigkeit der MA in Abrede gestellt.

Die Militärattachés wurden ihrerseits durch die Offiziere der 2. Verwaltung im Zentrum angeleitet, wobei die Abteilung 5 zuletzt für außereuropäische und die Abteilung 6 für westeuropäische Länder zuständig waren. Die Abteilung 7 war mit der Ausbildung der Legalisten und der Ehefrauen der Militärattachés befaßt. Der selbständigen Unterabteilung 9 oblag die Anleitung des „Diplomatischen Bereichs Warschauer Paktstaaten“, mithin der im ehemaligen Ostblock akkreditierten Militärattachés.

Im Gegensatz zu den anderen Abteilungen betrieb die Abteilung 8 der 2. Verwaltung neben der Aufklärung von offizieller Position auch Informationsbeschaffung mit nachrichtendienstlichen Mitteln und Methoden. {54}

Diese Abteilung, die für die Aufklärung in Zentraleuropa (Frankreich, Belgien, Niederlande, Dänemark) zuständig war, war bis 1982/83 Strukturelement der Agenturaufklärung/1. Verwaltung. Infolge ihrer Eingliederung in die 2. Verwaltung konzentrierte sich das Aufgabengebiet der 1. Verwaltung auf das Gebiet der Bundesrepublik Deutschland (alt). 1990 wurde die Abteilung 8 wieder der Agenturaufklärung/jetzt 3. Verwaltung angegliedert.

Da die Arbeitsweise der Abteilung 8 der 2. Verwaltung bei der agenturischen Aufklärung derjenigen der 1. Verwaltung entsprach und ihrer Tätigkeit insoweit ebenfalls Relevanz im Sinne der §§ 93 ff. StGB zukommt, werden Einzelheiten im Zusammenhang mit der 1. Verwaltung unter C. der Anklageschrift dargestellt.

1988 unterstanden dem Chef der 2. Verwaltung, Generalmajor Oldenburg, insgesamt 162 Offiziere der NVA. Davon waren etwa 15 hauptamtliche Mitarbeiter in der Abteilung 8 tätig.

d) Operativ-Taktische Aufklärung (3. Verwaltung/VWOTA)

Die Aufgaben der Operativ-Taktischen Aufklärung waren Anfang der 80er Jahre als verantwortlichem Leiter dem Stellvertreter des CA {55}für Operativ-Taktische Aufklärung (STCOTA) übertragen. Etwa 1984 wurde dieser Verantwortungsbereich in Verwaltung Operativ-Taktische Aufklärung (Abkürzung des Verwaltungschefs lautete

CVWOTA) und schließlich etwa 1988 in 3. Verwaltung umbenannt. Im Zuge der Ende 1989/Anfang 1990 vorgenommenen Umstrukturierung des BA zum Informationszentrum (IZ) des Ministeriums für Nationale Verteidigung wurde sie aus dem IZ herausgelöst und mit einem Personalbestand von 30 Armeeangehörigen und Zivilbeschäftigten direkt dem Stellvertreter des Ministers und Chefs des Hauptstabes (STMCHS) unterstellt.

STCOTA, CVWOTA bzw. Chef 3. Verwaltung war unter CA Krause

Generalmajor Gerhard Rother.

Die Hauptaufgaben des nachfolgend als VWOTA bezeichneten Strukturelements des BA waren nach dem Funktionsverteilungsplan der VA vom 4. August 1980:

„– Erarbeitung von Richtlinien für die Planung und Lösung von Grundsatzfragen der operativen und taktischen Aufklärung in den Teilstreitkräften der NVA und den Grenztruppen der DDR und Ausarbeitung von Grundsatzdokumenten, Befehlen und Anordnungen und Kontrolle ihrer Verwirklichung. {56}
- Planung, Organisation und Führung der ununterbrochenen Aufklärung des Gegners unter stationären und feldmäßigen Bedingungen durch Funkaufklärungskräfte und -mittel der Verwaltung sowie durch zeitweiligen Einsatz von Aufklärungskräften und -mitteln der Teilstreitkräfte der NVA und der Grenztruppen der DDR.
- Organisation und Durchführung von Maßnahmen zur Aufrechterhaltung und ständigen Erhöhung der Gefechtsbereitschaft des Funkaufklärungstruppenteils der Verwaltung sowie Teilnahme an Inspektionen und Kontrollen des Zustandes der Gefechts- und Mobilmachungsbereitschaft in den Aufklärungsorganen der Kommandos der Teilstreitkräfte der NVA und im Kommando der Grenztruppen der DDR.
- Erarbeitung und Einflußnahme auf die Erarbeitung qualitativer Forderungen für die Heran- und Weiterbildung der Offiziere der operativen und taktischen Aufklärung der Nationalen Volksarmee und der Grenztruppen der DDR.
- Anleitung, Sicherstellung und Kontrolle der Heran- und Weiterbildung der Aufklärungsoffiziere durch den Lehrstuhl 203 der Militärakademie und im Funkaufklärungstruppenteil der Verwaltung. {57}
- Analyse und Einschätzung der erreichten Ergebnisse bei der Führung der ununterbrochenen Funkaufklärung, in der politischen und Gefechtsausbildung, des politisch-moralischen Zustandes, des Kampfwertes und des Standes der Gefechts- und Mobilmachungsbereitschaft des Funkaufklärungstruppenteils der Verwaltung.
- Einschätzung der erreichten Ergebnisse während der zeitweiligen Einsätze von Aufklärungskräften und -mitteln der Teilstreitkräfte der NVA und der Grenztruppen der DDR, in der operativen und Gefechtsausbildung sowie des Kampfwertes und des Standes der Gefechts- und Mobilmachungsbereitschaft der Aufklärungsorgane.
- Organisation und Durchführung der Voraussetzungen für die Erhöhung der Effektivität der Inhaltsauswertung abgefangener Funkaufklärungsangaben und eingebrachter chiffrierter Dokumente durch Mittel und Methoden der Deskriptierung.“

Die operativ-taktische Aufklärung wurde im wesentlichen von den Aufklärungseinheiten der Teilstreitkräfte (Land- und Luftstreitkräfte, Volksmarine) der NVA und den Grenztruppen der DDR durchgeführt. Wegen der Struktur dieser Verwaltung während der Amtszeit des Angeschuldigten wird Bezug genommen auf Bd. 5 Bl. 207 ff. d.A. {58}

Mit Ausnahme des Funkaufklärungsregiments 2 unterstanden dem CA die vorgenannten Aufklärungseinheiten nur in fachdienstlicher, nicht auch in truppendienstlicher Hinsicht.

Das Funkaufklärungsregiment 2 (zuletzt als Funkaufklärungszentrale der NVA bezeichnet; Regimentssitz Dessau; Kommandeur Oberst Depla, später Oberstleutnant Jahn) war in vollem Umfang ein Strukturelement des BA. Es hatte den Auftrag, die wichtigsten Kurzwellen-Funkverbindungen der Land- und Luftstreitkräfte ab Armeekorps aufwärts und der Kernwaffeneinsatzkräfte in operativ-strategischer Ebene auf dem zentraleuropäischen „Kriegsschauplatz" aufzuklären. Dies geschah u.a. durch Auffangen und Entschlüsseln von Funksprüchen sowie durch Ortung und Identifikation von aufzuklärenden Sendeobjekten (z.B. Umwandlung der Abstrahlung gegnerischer Flugzeuge oder Schiffe – sogenannte funkelektronische Aufklärung). Der Aufgabenbereich der Funk- und funktechnischen Aufklärung umfaßte auch die Aufklärung der Nachrichtensatelliten der USA sowie der NATO-Streitkräfte.

Allgemein oblag der VWOTA im Auftrag des CA Krause, die Strukturierung, Ausbildung, Ausrüstung und Arbeitsweise sämtlicher Aufklärungsorgane, -truppen und -einheiten der NVA und Grenztruppen zu organisieren, anzuleiten und zu kontrollieren. Weiterhin hatte sie die Auf-{59}klärung und Beschaffung von Aufklärungsangaben durch die Truppenaufklärung (Landstreitkräfte), Luftaufklärung, Seeaufklärung, Grenzaufklärung sowie funkelektronische und funktechnische Aufklärung zu organisieren. Hierzu waren einheitliche Dienstvorschriften zu erarbeiten und durch den CA zu erlassen. Zudem hatte die VWOTA das Zusammenwirken mit den Armeen des Warschauer Vertrages und mit der Gruppe der Sowjetischen Streitkräfte in Deutschland (GSSD) auf diesem Aufklärungsgebiet zu koordinieren und umzusetzen.

CA Krause war insoweit in fachdienstlicher Hinsicht über sämtliche Aufklärungseinheiten der Teilstreitkräfte der NVA und der Grenztruppen der DDR weisungsbefugt. Dem Chef Aufklärung waren für die Umsetzung seiner Vorgaben in fachdienstlicher Hinsicht zugeordnet:

- der Chef Aufklärung der Landstreitkräfte, Generalmajor Lothar Engelhardt (später Oberst König);
- der Chef Aufklärung der Luftstreitkräfte/Luftverteidigung, Oberst Lorenz;
- der Chef Aufklärung der Volksmarine, Kapitän zur See Waldemar Krause; {60}
- der Chef Aufklärung der Grenztruppen, Oberst Fähnrich;
- der Leiter des Lehrstuhls imperialistische Armeen und Aufklärung an der Militärakademie „Friedrich Engels", Oberst Prof. Dr. Arnold.

Nach Bestätigung der unter Kontrolle des CA in der VWOTA ausgearbeiteten Anleitungen und Weisungen durch die vorgenannten Chefs leiteten diese die Vorgaben der VWOTA an die Chefs bzw. Leiter Aufklärung der zuständigen Kommandoebene in der jeweiligen Teilstreitkraft bzw. Grenztruppe zur Umsetzung weiter.

Grundsätzlich waren die Aufklärungseinheiten der Teilstreitkräfte der NVA dort mit der Aufklärung befaßt, wo dies zur Erfüllung ihrer eigenen Aufgaben erforderlich war. Soweit ein unmittelbares Aufklärungsinteresse des BA bestand, konnte der Angeschuldigte in seiner Eigenschaft als CA aus „übergeordneten Interessen" den Einsatz dieser Einheiten für den BA direkt veranlassen. Periodisch und punktuell wurden sie auf Anordnung des CA vor allem dann – auch – für den BA tätig, wenn beispielsweise NATO-Übungen durchgeführt wurden. {61}

Bestimmte Aufklärungseinheiten der Teilstreitkräfte der NVA und der Grenztruppen der DDR waren ausweislich der nachfolgend wiedergegebenen AO Nr. 6/85 des CA

Krause vom 23.12.1985 über die „Aufklärung der Überführungsübung ‚Reforger 86‘ und der Truppenübung des VII. AK der USA-Streitkräfte“ an so veranlaßten Aufklärungsmaßnahmen beteiligt. {62}

„MINISTERRAT
DER DEUTSCHEN DEMOKRATISCHEN REPUBLIK
MINISTERIUM FÜR NATIONALE VERTEIDIGUNG
Chef der Verwaltung Aufklärung

Vertrauliche Verschlußsache!
VVS-Nr.: A 649 542
1. Ausfertigung = 4 Blatt

Anordnung
Nr. 6/85
des Chefs Aufklärung des Hauptstabes der NVA
über
die Aufklärung der Überführungsübung ‚Reforger 86‘
und der Truppenübung des VII. AK
der USA-Streitkräfte
vom 23.12.1985

Die Überführungsübung der USA-Streitkräfte ‚Reforger 86‘ findet in der Zeit vom 02.01. bis 12.03.1986 statt.
Die militärische Führung der USA plant, im Luft- und Seetransport ca. 20 000 Mann aus den USA nach Europa zu verlegen und die Überführungsübung ‚Reforger 86‘ mit der Truppenübung des VII. AK (USA) ‚Certain Sentinel‘ – Zeitraum 25.01. bis 07.02.1986 – zu verbinden.
Hauptinhalt der Übungen bilden
- die Überführung in die BRD von Kräften in Divisionsstärke,
- die Übernahme der eingelagerten Kampftechnik,
- die Entfaltung der herangeführten Kräfte sowie der Hauptkräfte des VII. AK (USA) in die Übungsräume,
- die Organisation und Durchführung von Gefechtshandlungen unter Winterbedingungen im Zusammenwirken mit der 4. ATAF und Teilen des Territorialkommandos Süd der BRD sowie
- die Organisation von Angriffs- und Verteidigungshandlungen mit konventionellen und chemischen Kampfmitteln im Angriffsstreifen des VII. AK der USA

Mit der Überführungsübung wird die Ein- und Umlagerung von Technik in Ausrüstungslagern verbunden, die am Anschluß an die Truppenübung des VII. AK (USA) erfolgen soll. {63}
Zur Aufklärung und Beurteilung der Handlungen der Stäbe und Truppen der USA- und Teilen der NATO-Streitkräfte während ‚Reforger 86‘ und ‚Certain Sentinel‘

ordne ich an:

1. Die Aufklärung der USA-Streitkräfte ist Bestandteil der Hauptaufgaben der militärischen Aufklärung im I. Quartal des Ausbildungsjahres 1985/86 zur Erfüllung der Anordnung Nr. 50/85 des STMCHS.
   Sie ist mit dem Ziel zu führen, die Pläne und Handlungen der USA zur Heranführung von Verstärkungskräften sowie zur Verstärkung der Streitkräftegruppierung im Dislozierungsraum des VII. AK (USA) aufzudecken.
2. Es sind zuverlässige und umfassende Angaben zu folgenden Fragen einzubringen:
   - strategische Idee und operativer Fond der Überführungsübung und der Truppenübung des VII. AK (USA),
   - Teilnehmer, Übungsräume, Zeiten der Durchführung, Leitung, Vorbereitung, Verlauf und Ergebnisse sowie Besonderheiten der Überführungs- und der Truppenübung,
   - Anwendung der neuen operativ-strategischen Einsatzgrundsätze der USA- und NATO-Streitkräfte unter Winterbedingungen,

– Stand der Gefechtsbereitschaft und Charakter der Handlungen nicht an den Übungen beteiligter Stäbe und Truppen der USA und der NATO, besonders der NATO-AG Mitte.

Der Leiter Informationsdienst hat dazu detaillierte Aufklärungsanforderungen zu stellen.

3. Zur Aufklärung, Auswertung und Meldung sind einzusetzen:
   – Teile der 1. und 2. Verwaltung – lt. Entschluß der Chefs der Verwaltungen, {64}
   – Aufklärungskräfte der Verwaltung operativ-taktische Aufklärung und Teile der Aufklärungskräfte der NVA und Grenztruppen der DDR entsprechend dem Entschluß des Chefs der Verwaltung operativ-taktische Aufklärung,
   – Teile des Informationsdienstes – lt. Entschluß des Leiters Informationsdienst.
4. Meldungen
   – 03.01.1986 Bereitschaft zur Aufklärung und Auswertung der Winterübungen der USA-Streitkräfte
Stellvertreter des Chefs Aufklärung
Chefs der Verwaltungen
Leiter Informationsdienst
   – wöchentlich, beginnend am 03.01.1986
     . real eingebrachte Aufklärungsangaben zur Übungstätigkeit
Leiter Informationsdienst
     . Besonderheiten bei der Führung der Aufklärung bzw. Aufgabenerfüllung
Stellvertreter des Chefs Aufklärung
Chefs der Verwaltungen
   – 10.01. 24.01. 07.02. Meldungen im Lagezentrum unter Hinzuziehung der Abteilungsleiter (entsprechend der Lage)
   – 15.02.1986 Sonderinformation TÜ VII. AK (USA)
   – 14.03.1986 Sonderinformation Inhalt und Ergebnisse der Winterübungen der USA-Streitkräfte.

   Die Ergebnisse der Winterübungen der USA-Streitkräfte sind in den Monatsaufklärungsmeldungen und abschließend in der Aufklärungsinformation über die operative und Gefechtsausbildung im Jahre 1986 zu melden. {65}
5. Mit der Kontrolle der Durchsetzung der Anordnung beauftrage ich meinen 1. Stellvertreter.
   Die Anordnung tritt mit sofortiger Wirkung in Kraft.
   Sie ist an meine Stellvertreter, die Chefs der Verwaltungen, den Leiter der Abteilung Grundsatzfragen und den Leiter Informationsdienst zu verteilen.
   Sie hat Gültigkeit bis zum 31.03.1986 und ist außer der Urschrift bis zum 30.04.1986 zu vernichten.

Krause
Generalmajor“ {66}

Mit 44 Offizieren der NVA (Stand 1988) setzte der Chef der VWOTA die seinem Verantwortungsbereich obliegenden Aufgaben um.

Soweit hinsichtlich der Aufklärungstätigkeit der VWOTA eine Strafbarkeit des Angeschuldigten in Betracht kommt (§§ 109f, 109g StGB), wurden diese Gesetzesverletzungen gemäß § 154a Abs. 1 StPO von der Verfolgung ausgenommen.

e) Operative Sicherstellung (4. Verwaltung)

Die frühere Leiterbezeichnung „Stellvertreter des Chefs für Operative Sicherstellung“ (STCOS) wurde etwa 1988 in Chef 4. Verwaltung abgeändert.

STCOS bzw. Chef 4. Verwaltung waren unter Krause

- Oberst Wilhelm Schönke (bis Dezember 1989)
- Oberst Alfred Bujak (Januar bis September 1990).

Die 4. Verwaltung des BA hatte die Aufgabe, den gesamten inneren Dienst des BA zu organisieren und zu leiten. Hierzu gehörte u.a. die Gewährleistung der operativen, materiellen, medizinischen, Kfz-technischen und waffentechnischen Sicherstellung. {67}

1988 leitete Oberst Schönke 67 NVA-Offiziere an. Im wesentlichen gliederte sich diese Verwaltung zu diesem Zeitpunkt in

- Abteilung 26/operative Technik mit den Unterabteilungen Elektronik- und Spezialgerätebau, operative Fotografie und Chemie, Polygrafie und Dokumente, Containerbau
- Abteilung 27/Nachrichten mit den Unterabteilungen Agenturische Nachrichtenübermittlung, Agenturische Chiffrierverbindung, Argenturisches Funkzentrum sowie
- Abteilung 29/Materielle Sicherstellung mit den Unterabteilungen Kraftfahrzeuge, Medizin sowie Küche, Munition, Technik und Bauwesen.

Wegen der Strukturelemente im einzelnen wird Bezug genommen auf Bd. 5 Bl. 209 d.A.

f) Militärwissenschaftliches Institut (MWI)

Kommandeure dieser Ausbildungsstätte für das Personal der 1. und 2. Verwaltung des BA (also Agenturaufklärung und diplomatischer Dienst) in Klietz waren {68}

- Oberst Dr. Manfred Zeise (bis Dezember 1982)
- Generalmajor Eberhard Siewert (von Januar 1983 bis zur Auflösung des Instituts Ende August 1990).

Am MWI gab es verschiedene Lehrstühle, zuletzt u.a. für Militärwissenschaft, Spezialausbildung, Staatssicherheit und Fremdsprachen. Mit der Ausbildung waren 97 NVA-Offiziere (Stand 1988) befaßt.

3. Die Gliederung des BA im übrigen

Wegen der strukturellen Einbindung des BA in das MfNV, der Gliederung des BA im einzelnen mit bisher nicht erwähnten Abteilungen sowie der ihm angeschlossenen Stellen des MfS und der sowjetischen Partner wird auf das nachfolgende Organigramm verwiesen. Diese vom Bundeskriminalamt – Abteilung Staatsschutz – erstellte Übersicht beruht auf Angaben des Angeschuldigten und zeigt die wesentliche Struktur des BA auf.

⊗ Es folgt das angekündigte Organigramm. ⊗ {71}

Zu den dem CA unmittelbar unterstellten Abteilungen ist folgendes zu bemerken: Die von Kapitän zur See Alfons Hexamer geleitete Grundsatzabteilung fungierte als „rechte Hand" des Angeschuldigten. In ihrer Unterabteilung Führung (Leiter Oberst Kuchling) waren die grundsätzlichen Führungsentscheidungen des CA, insbesondere seine schriftlichen Anordnungen, vorzubereiten. Ausgenommen hiervon waren die Planungen, welche die nachrichtendienstliche Tätigkeit der 1. Verwaltung und der Abteilung 8 der

2. Verwaltung betrafen. Dieser Komplex wurde – wie noch näher dargestellt wird – in der Unterabteilung Operative Sicherheit und Kontrolle aufbereitet. Des weiteren hatte die Unterabteilung Führung u.a. die internationale Tätigkeit des CA (z.B. Teilnahme an Treffen der CA's der Warschauer-Pakt-Staaten) vorzubereiten und zu sichern, den Büroablauf und die Dolmetscherarbeit beim CA zu organisieren und dessen Termine zu überwachen.

Der Personalabteilung, auch Kaderabteilung genannt, oblag u.a. die Bearbeitung aller Personalangelegenheiten (Armeeangehörige und Zivilbeschäftigte). An der Auswahl von Offizieren aus den Truppen der NVA für eine Verwendung in der Agenturaufklärung und dem Diplomatischen Dienst war die Abteilung ebenfalls beteiligt.

Die Finanzabteilung war für die Planung und Sicherstellung der Finanzierung, insbesondere Planung und Abstimmung des Finanzhaushaltes {72} jedes Stellvertreterbereiches, zuständig. Sie hatte den Jahresfinanzplan des BA zu erarbeiten und diesen ebenso wie periodische Finanzanalysen dem CA vorzulegen.

Auf die Tätigkeit der Hauptabteilung I, Abteilung Äußere Abwehr, Unterabteilung 2 des MfS und die Beziehungen des BA zum sowjetischen Partner wird unter C. VII. und VIII. sowie D. IV. der Anklageschrift eingegangen.

In der Oberspreestraße unterstanden dem CA insgesamt etwa 1.200 Armeeangehörige und Zivilbeschäftigte, davon ungefähr 660 Offiziere und Generale (Stand 1988). {73}

C. Die 1. Verwaltung und die Abteilung 8 der 2. Verwaltung im einzelnen

1. Verwaltung und Abteilung 8 der 2. Verwaltung waren die Strukturelemente des BA, die Aufklärung „von illegaler Position", d.h. verdeckt unter Einsatz nachrichtendienstlicher Mittel und Methoden, somit Spionage im Sinne der §§ 93 ff. StGB, betrieben. Wenn in Strafverfahren vergangener Jahre und herkömmlich auch jetzt noch vom Militärischen Nachrichtendienst (Mil ND) der DDR die Rede ist, handelt es sich also um diese Teile des BA.

Maßgaben für die Tätigkeit der 1. und 2. Verwaltung enthielt die „Anordnung Nr. 10/86 des Chefs Aufklärung über Grundsätze der strategischen Agenturaufklärung" (AO 10/86). Der Angeschuldigte hatte diese Anordnung am 15. April 1986 „zur einheitlichen Bestimmung des Inhaltes und Durchsetzung einer zielgerichteten und wirksamen Organisation, Führung und Sicherstellung der Strategischen Agenturaufklärung" erlassen und damit die bisherige Praxis verbindlich fixiert. In ihr wurden Begriffsbestimmungen und Anordnungen allgemeiner Art für die Agenturaufklärung/1. Verwaltung und Strategische Aufklärung/2. Verwaltung (Oberbegriff: Strategische Agenturaufklärung/SAA) getroffen.

Gegenstand der Strategischen Agenturaufklärung waren danach die {74}

- militärpolitische,
- militärische,
- militärtechnische und
- militärökonomische

Lage der NATO und anderer kapitalistischer sowie interessierender Staaten, die sich daraus ergebenden Kräftegruppierungen und ihre Entwicklungstendenzen.

Die SAA war in mehrere „Richtungen“ zu führen. Hauptrichtung und damit Operationsgebiet der 1. Verwaltung und Abteilung 8 der 2. Verwaltung war „die NATO in den Strategischen Räumen Zentraleuropa und Ostseeausgänge, insbesondere die BRD und Westberlin, die Beneluxstaaten, Frankreich, Großbritannien und Dänemark.“ Weitere „Richtungen“ waren Staaten und Räume, deren Bearbeitung nur den Militärattachés oblag und die deshalb einer näheren Darstellung nicht bedürfen.

Im Gegensatz zu dem bereits mehrfach erwähnten Funktionsverteilungsplan vom 4. August 1980, auf den ergänzend Bezug genommen wird, wurde der Gegenstand der SAA, also die schwerpunktmäßige Aufzählung der Aufklärungsobjekte im Operationsgebiet (OPG), in der AO 10/86 nicht festgelegt. Dies blieb vor allem den – noch {75} darzustellenden – jährlich aktualisierten Aufklärungsanforderungen sowie konkreten Anordnungen des CA im Einzelfall vorbehalten.

I. Allgemeine Hauptaufgaben und Ziele

Zu den Hauptaufgaben der 1. Verwaltung und der Abteilung 8 der 2. Verwaltung gehörte u.a., „Dokumente und andere zuverlässige Aufklärungsangaben“ auf allen militärischen Ebenen zu besorgen und dazu „in die obersten politischen und militärischen Zentren, in die strategischen und operativen Führungsorgane und Stäbe der NATO und der NATO-Staaten, in die Stäbe und Truppen der Kernwaffeneinsatz- und -versorgungskräfte sowie in die militärischen Forschungs- und Produktionseinrichtungen“ einzudringen. Hierzu war ein „zuverlässiges konspiratives Netz, dessen kontinuierliche Entwicklung, ständige Erweiterung und maximale Abschöpfung“ zu schaffen, um die „für die Organisation und Führung der Landesverteidigung und den operativen und Gefechtseinsatz der NVA erforderlichen Aufklärungsangaben über die NATO“ zielstrebig einbringen und rechtzeitig melden zu können und damit im Ergebnis eine militärische Überraschung nicht zuzulassen.

II. Allgemeine Aufklärungsobjekte und -räume

Die agenturisch aufklärenden Einheiten – 1. Verwaltung und Abteilung 8 der 2. Verwaltung – hatten ihr Hauptaugenmerk auf sog. Auf-{76}klärungsobjekte zu konzentrieren. Diese waren definiert als

> „festgelegte militärpolitisch, militärisch, militärtechnisch, militärökonomisch und agenturisch bedeutsame Einrichtungen und Räume des Feindes, die die Entwicklung und Verwirklichung der strategischen und operativen Konzeption maßgeblich beeinflussen und auf die die Hauptanstrengungen zur Beschaffung der notwendigen Aufklärungsangaben zu richten sind.“

Diese Aufklärungsobjekte waren nach der zu erwartenden Wertigkeit der Informationen abgestuft gegliedert in:

- Hauptobjekte (aus ihnen waren geheime Dokumente von strategischer und operativer Bedeutung und andere Aufklärungsangaben durch Quellen und mit Objektbeobachtern zu beschaffen. Auf diese Objekte waren die Hauptanstrengungen zu richten und Kräfte und Mittel zu konzentrieren)

- Beobachtungsobjekte (hierbei handelte es sich um Aufklärungsobjekte, aus denen Meldungen und Dokumente über Handlungen des Feindes und andere Aufklärungsangaben durch Objektbeobachter zu beschaffen waren) {77}
- Räume der besonderen Aufmerksamkeit (hieraus waren Meldungen über die Konzentrierung, Bewegung und Entfaltung der Haupt- und Verstärkungskräfte des Feindes durch Marschaufklärer zu beschaffen).

Zusätzlich war es den einzelnen Abteilungsleitern vorbehalten, „weitere militärische Objekte" und sogenannte Agenturische Objekte festzulegen.

III. Grundlagen der Aufklärungsführung

Nach der AO 10/86 hatte sich die Führung der SAA u.a. an folgenden Grundsatzdokumenten zu orientieren:

- Beschlüssen der SED
- Befehlen, Anordnungen und Weisungen des Ministers für Nationale Verteidigung, des Stellvertreters des Ministers und Chefs des Hauptstabes, des Chef Aufklärung und weiterer direkter Vorgesetzter
- dem vom Minister bestätigten Perspektivplan der militärischen Aufklärung und den Anordnungen Nr. 50 des Stellvertreters des Ministers und Chef des Hauptstabes (STMCHS/GO Streletz) für jedes Ausbildungsjahr {78}
- den jährlichen Aufgabenstellungen des Chefs Aufklärung zur Auswertung des Ausbildungsjahres sowie
- den Entschlüssen der Chefs der 1. und 2. Verwaltung und der Abteilungsleiter zur Erfüllung der gestellten Aufgaben.

Besondere Bedeutung für die SAA kam den Perspektivplänen (Pläne der Aufklärung über einen Zeitraum von mindestens zwei Jahren) und den jährlich erlassenen Anordnungen Nr. 50 des STMCHS für das jeweilige Ausbildungsjahr (1. Dezember bis 30. November des Folgejahres) zu, weil darin unter anderem auch die konkreten Aufklärungsobjekte und -räume festgelegt wurden.

IV. Der Auftrag

Im vom damaligen Minister für Nationale Verteidigung der DDR, Armeegeneral Heinz Hoffmann, am 21. August 1985 bestätigten „Plan Aufklärung für den Perspektivzeitraum 1986-1990" war der SAA beispielsweise vorgegeben, in welchen

Hauptobjekten

vordringlich erfolgreich arbeitende Quellen zu schaffen waren. Im einzelnen waren dies:

„– NATO-Rat, Brüssel/BE {79}
- NATO-Oberkommando Europa, Hauptquartier (SHAPE), Mons/BE
- NATO-Kommando Europa-Mitte (AFCENT), Brunssum/NL
- NATO-Kommando Ostseeausgänge (BALTAP), Karup/DA
- Bundesverteidigungsministerium, Bonn

- Bundesamt für Wehrtechnik und Beschaffung, Koblenz
- Streitkräfteamt der Bundeswehr, Bad Godesberg
- Marineamt, Wilhelmshaven
- Europa-Kommando der USA-Streitkräfte (US EUCOM), Stuttgart
- Stab der NATO-Armeegruppe Nord (NORTHAG), Mönchengladbach
- Stab der NATO-Armeegruppe Mitte (CENTAG), Heidelberg
- Stab Alliierte Luftstreitkräfte Europa-Mitte (AAFCE), Ramstein
- 56. Raketenbrigade („Pershing 2"), Schwäbisch-Gmünd
- Stab V. Armeekorps (USA), Frankfurt/Main
- Stab Jütländisches Armeekorps (LANDJUT), Rendsburg
- Rüstungskonzern Messerschmitt-Boelkow-Blohm (MBB), Ottobrunn
- Senat von Westberlin."

Details wurden in den auf einem solchen „Plan Aufklärung" beruhenden jährlichen Anordnungen Nr. 50 des STMCHS festgelegt. So wurden z.B. in der von Generaloberst Fritz Streletz {80} (STMCHS) am 5. Oktober 1985 erlassenen „Anordnung Nr. 50/85 über die militärische Aufklärung im Ausbildungsjahr 1985/86" hinsichtlich der – nachfolgend wiedergegebenen – „Aufgabenstellung für die strategische Agenturaufklärung" die Hauptobjekte namentlich genannt und – im Unterpunkt (3) – auch die Beobachtungsobjekte und Räume der besonderen Aufmerksamkeit konkret vorgegeben. {81}

„Geheime Verschlußsache!
A 649 300, 1. Ausf., Bl. 14

2. *Aufgaben der Strategischen Agenturaufklärung*

(1) Konzentration der Führungstätigkeit auf die ständige Kenntnis, Analyse und Meldung der Feindlage und ihrer Entwicklungstendenzen sowie auf die Erfüllung der unter Ziffer 1. genannten Ziele und Hauptaufgaben der militärischen Aufklärung. Periodische Analyse und Erarbeitung von Dokumenten zur militärpolitischen, militärischen und agenturischen Lage durch die Residenturen unter offizieller Deckung und Auslandsapparate. Durchsetzung der vollen Verantwortlichkeit der Vorgesetzten aller Stufen für ihre Aufklärungsstreifen, -räume, -länder und -objekte.

(2) Sicherung einer wirksamen Aufklärung in den festgelegten Aufklärungsstreifen, -räumen, -ländern und -objekten durch:

- konsequente Verlagerung des vorhandenen Netzes in oder an die festgelegten Aufklärungsobjekte oder anderen militärischen und agenturischen Objekte;
- zielstrebige Entwicklung der vorhandenen Netzelemente; ihre systematische militärische und agenturische Schulung zur besseren Befähigung in der Aufklärung;
- maximale Abschöpfung des vorhandenen Netzes; ständige analytische Wertung der Möglichkeiten des Netzes zur Erreichung einer höheren Anzahl und besonders höheren Qualität der erforderlichen geheimen und zuverlässigen Feinddokumente mit operativ-strategischer Bedeutung sowie weiterer Aufklärungsangaben;
- Intensivierung der Kontakt- und Werbungsarbeit nach Schwerpunkten, gerichtet auf die festgelegten Aufklärungsobjekte;
- konsequentere Verlagerung des Treffgeschehens sowie der Kontakt- und Werbungsarbeit in das Operationsgebiet;
- zielstrebige Schaffung eines breiten Netzes von Abschöpfkontakten und Kontaktpersonen sowie Anwendung agenturischer Methoden von legalen Positionen; {82}
- allseitige Ausnutzung aller offiziellen und halboffiziellen Möglichkeiten sowie wirksamere Ausnutzung der Deckungsfunktionen;
- kontinuierliche Entwicklung der Nachkontaktarbeit mit ausländischen Militärkadern.

(3) Systematische Erweiterung und Erneuerung der agenturischen Netze durch:

- Aufbau der illegalen Residenturen an den festgelegten Aufklärungsobjekten in
  Bonn
  Koblenz
  München
  Ramstein
  Bad Godesberg
  Frankfurt/Main
  Heilbronn
  Heidelberg
  Stuttgart
  Mönchengladbach
  Rendsburg
  Wilhelmshaven

  Brüssel
  Mons
  Brunssum
  Karup
  Akrotiri
- Schaffung von Residenturen unter offizieller Deckung in
  Bonn
  Oslo
  Peking
- Vorbereitung von Militärattachés für 7 weitere NATO-Staaten und Japan;
- Schaffung von Quellen in den festgelegten Hauptobjekten, besonders vordringlich:
  Bundesministerium der Verteidigung
  Bundesamt für Wehrtechnik und Beschaffung
  Messerschmitt-Bölkow-Blohm GmbH {83}
  Senat *Westberlin*
  Stab NATO-LSK Zentraleuropa (AAFCE)
  Streitkräfteamt der Bundeswehr
  Stab V. AK (USA)
  Stab 56. RBr (USA)
  Stab NATO-AG Mitte (CENTAG)
  Kommando der USA-Streitkräfte Europa (EUCOM)
  Stab NATO-AG Nord (NORTHAG)
  Stab Jütländisches AK
  Stab Marineamt (BRD);

  NATO-Rat *Brüssel* (NAC)
  NATO-Oberkommando Europa (SHAPE)
  NATO-Kommando Zentraleuropa (AFCENT)
  NATO-Kommando Ostseeausgänge (BALTAP)
  Britische Basis *Akrotiri*
  Verteidigungsministerium und Generalstab *Paris*
  Verteidigungsministerium und Generalstab *Kopenhagen*
- Schaffung von Objektbeobachtern in den festgelegten Haupt- und Beobachtungsobjekten, besonders der oben genannten und:
  Stab 1. PD/VII. AK (USA)
  Stab 3. PD/V. AK (USA)

Stab 3. MD/VII. AK (USA)
Stab 8. MD/V. AK (USA)
Stab 12. PD/III. AK (BRD)
Stab 2. PGD/III. AK (BRD)
38. FRG (USA)
FKG-1 ‚Pe' (BRD)
RAB-650 ‚La' (BRD)
1./32. AR/41. FABr/V. AK (USA)
Stab PBr-8/3. PD (BRD)
PAklB-1/1. PD (BRD)
Stab 2. PAk1R/VII. AK (USA)
Stab 3. Br/2. PD/III. AK (USA)
Ausrüstungslager (USA) *Herongen* und *Mönchengladbach*
Britische Kommandantur *Westberlin*

Flügelraketengeschwader *Florennes,*
Flügelraketengeschwader *Woensdrecht,*
Flügelraketengeschwader *Greenham Common*
Flügelraketengeschwader *Molesworth*
Flügelraketengeschwader *Comisco*
USA-Basis *Hellenikon*
Britische Basis *Episkopi*

– Schaffung von Marschaufklärern in den Räumen der besonderen Aufmerksamkeit
Bergen – Braunschweig – Hannover
Bünde – Lippstadt – Warendorf {84}
Bad Oldesloe – Geesthacht – Hamburg
Königslutter – Goslar – Seesen – Hildesheim
Klausthal/Zellerfeld – Duderstadt – Dransfeld – Uslar/Einbeck
Bad Hersfeld – Bischofsheim – Salmonster – Alsfeld
Bad Neuenahr – Koblenz – Oberwesel – Zell – Gerolstein
Bad Neustadt – Eltman – Volkach – Hammelburg
Kronach – Schönwald – Bayreuth – Lichtenfeld
Bensheim – Bruchsal – Karlsruhe – Worms
Mosbach – Schwäbisch Hall – Ludwigsburg – Heilbronn
Aahlen – Ulm – Reutlingen – Göppingen

Gent – Roeselare – Ostende – Eklu
Huy – Ciney – Florennes – Charleroi – Eghazee
W'Appeldoorn – Ede – Zaltbomme – Utrecht
Haderslev – Arnum – Bramminge – Kolding
s'Hertogenbosch – Helmond – Budel – Valkenswaard
Lille – Valencienne – Landrecies – Cambrai – Lenz

– Schaffung der erforderlichen IM.

(4) Zielstrebige Aufklärung, regelmäßige Analyse und Einschätzung der agenturischen Lage in den festgelegten Verantwortungsbereichen;
Herausarbeitung der wirksamsten Methoden zur offensiven Überwindung der Abwehrhindernisse;
Aufdeckung und Beseitigung aller sicherheitsrelevanten Faktoren sowie gründliche Vorbereitung, Absicherung und Auswertung der Treffs.
Fortschreibung und Neuerarbeitung von Sicherheitsanalysen.

(5) Allseitige Verbesserung des Verbindungswesens durch durchdachtere Operationen, allseitige Beachtung der realen Bedingungen, unkompliziertere und abgesichertere Handlungen.

Schaffung von AM-Verbindungselementen und der materiellen Basis im Operationsgebiet an den festgelegten Aufklärungsobjekten für die ständige Aufklärung und für höhere Stufen der Gefechtsbereitschaft.
Fortsetzung der Ausbildung im Ein- und Zweiseitenfunk. Weitere Entwicklung operativer Technik durch Unterbreitung sachkundiger Vorstellungen.
Beseitigung überholter, sicherheitsrelevanter operativer Mittel. {85}
(6) Konsequente Verbesserung der militärischen, agenturischen, länderspezifischen und fremdsprachlichen Qualifikation aller Aufklärungskader;
zielgerichteter Einsatz der Aufklärungsoffiziere im Operationsgebiet zur Erprobung der Grenzschleusen, zum konkreten Studium der agenturischen Lage, zur Entwicklung der Fähigkeiten in der Führungsarbeit und zur Vorbereitung auf Handlungen im Hinterland des Gegners im Spannungs- und Kriegsfall.
Durchsetzung des Systems der Auswahl, der Entwicklung und des Einsatzes von Auslandskadern der NVA.
Verbesserung der militärischen Befähigung der Spezialkader und Legalisten, besonders ihrer militärpolitischen und militärstrategischen Ausbildung.
Sicherstellung der Ausbildung weiterer Aufklärungskader im Zweiseitenfunk bzw. des Erhalts der erreichten Qualifikation durch Wiederholungsausbildung.
(7) Weitere Erarbeitung der Grundsätze der Strategischen Agenturaufklärung sowie ihrer wirksamsten Methoden. Einführung dieser Grundsatzordnung, gründliche Schulung aller Aufklärungsoffiziere.
Gründliche Vorbereitung, Durchführung und Auswertung einer Arbeitstagung mit den Militärattachés der DDR im Juni 1986. Beginn der Erarbeitung der Indikatoren zur Früherkennung einer gegnerischen Überraschung auf der Grundlage der Vorarbeiten des Informationsdienstes und Abschluß der Ausarbeitung für 50 Prozent aller Kategorien der Aufklärungsobjekte.
Erarbeitung der Möglichkeiten zur Schaffung von illegalen Residenturen für höhere Stufen der Gefechtsbereitschaft.
(8) Gewährleistung der ständigen Bereitschaft zur Einnahme der Kriegsstruktur, der Ausbildung in den Kriegsdienststellungen sowie für den Gefechtseinsatz im Hinterland des Feindes.
Ständige Vervollkommnung der Führungsgruppen sowie der Mobilmachungsbereitschaft geplanter IM und ihrer Eingliederung.
(9) Vervollkommnung der Zusammenarbeit mit den festgelegten Partnern, insbesondere mit dem Ministerium für Staatssicherheit, der Hauptverwaltung Aufklärung des Generalstabes der Streitkräfte der UdSSR, dem Ministerium des Innern, dem Ministerium {86} für Auswärtige Angelegenheiten und dem Ministerium für Außenhandel.
Intensivierung der Zusammenarbeit der Militärattachés der DDR mit ihren Partnern des Ministeriums für Staatssicherheit und aus den Ländern des Warschauer Vertrages, besonders mit den Militärattachés der UdSSR.“{87}

V. Die Informanten

Die Aufklärungsangaben wurden beschafft durch sogenannte

- Spezialkader (SK),
- Agenturische Mitarbeiter (AM) und
- Inoffizielle Mitarbeiter (IM).

1. Spezialkader

SK waren DDR-Bürger, die nach entsprechender Ausbildung unter falscher Identität im Ausland unbefristet zum Einsatz kamen. Der Einsatz als SK im Operationsgebiet (OPG) mußte vom Angeschuldigten bestätigt werden. Soweit nicht ohnehin bereits Armeeangehöriger, wurde der SK zum Offizier der NVA ernannt.

Eine Sonderform des Spezialkaders war der sogenannte Legalist (SK-L). Dieser war ein Aufklärungsoffizier, der im OPG als Mitarbeiter einer DDR-Firma oder -Auslandsvertretung legalisiert und – zeitlich begrenzt – wiederholt eingesetzt wurde.

Bei der Auswahl eines SK wurden aufgrund des relativ freien und wenig kontrollierbaren Einsatzes im OPG hohe Anforderungen gestellt. Neben ideologischer Standhaftigkeit waren vor allem Pflicht- und Verantwortungsbewußtsein, uneingeschränkte Zuverlässigkeit und Diszipli-{88}niertheit, Entschlußfreudigkeit und Risikobereitschaft sowie Initiative und Selbständigkeit gefordert.

Der SK wurde in erster Linie als Quelle im Objekt oder als illegaler Resident eingesetzt; als letzterem kam ihm die Aufgabe zu, ein agenturisches Netz (konspirativer Zusammenschluß von Agenten) bei der Beschaffung von Aufklärungsangaben aus Aufklärungsobjekten im OPG anzuleiten und die Informationen an die Führungsstelle zu übermitteln.

2. Agenturische Mitarbeiter

AM waren ausweislich der AO 10/86 „geeignete, befähigte, überprüfte und auf der Basis unterschiedlicher Motive für die SAA geworbene und mit konspirativen Mitteln und Methoden geführte Bürger des Aufklärungslandes bzw. ein dort lebender Ausländer.“

Bevor sie endgültig als AM kategorisiert und geführt wurden, wurden sie als „Vorgesehener (V)“ und sodann als „Fester Vorgesehener (FV)“ bearbeitet. Die erste Phase (V) umfaßte die unpersönliche Überprüfung und Kontaktaufnahme unter Legende. Abgeklärt wurden dabei der Nutzen für die SAA, die allgemeine Zuverlässigkeit des V und sein mögliches Motiv, seine prinzipielle Eignung sowie seine Bereitschaft zur Aufgabenerfüllung. {89}

Nach offen oder unter „falscher Flagge“ durchgeführter Werbung, bei der die angestrebte schriftliche Verpflichtungs- oder Bereitschaftserklärung des V nicht unbedingte Voraussetzung war, erfolgte – falls keine sicherheitsmäßigen Bedenken bestanden – die Bestätigung als FV.

Während der anschließenden Bearbeitung als FV war die nachrichtendienstliche Anbindung zu stabilisieren und eine umfassende Überprüfung der Person des künftigen AM vorzunehmen. Der FV wurde in seine Aufgabenstellung eingewiesen und hatte in der konspirativen Beschaffung erste „Bewährungsproben“ zu bestehen. Er erhielt eine zielgerichtete Ausbildung für die von ihm später konkret zu erfüllenden Aufträge. Zugleich wurde ein konspiratives Verbindungswesen errichtet.

Nach erfolgreichem Abschluß dieser zweiten Phase erfolgte die Bestätigung als AM. Bezogen auf das Bundesgebiet bedeutete dies, daß der nachrichtendienstlich verpflichtete Bundesbürger (oder in der Bundesrepublik Deutschland lebende Ausländer) nunmehr „aktiv“ zielgerichtet geheimdienstlich tätig wurde. {90}

Die AM wurden, je nach ihrer Tätigkeit, in verschiedene Kategorien eingestuft:

AM-Q/Quelle; AM-OB/Objektbeobachter; AM-MA/Marschaufklärer; AM-PK/Perspektivkandidat; AM-Re/Resident; AM-K/Kurier; AM-F/Funker; AM-E/W (Ermittler/Werber); AM-Qu/Quartiergeber; AM-PS/Poststelle; AM-TS/Telefonstelle; AM-AS/Anlaufstelle; AM-ÜS/Übergabestelle; AM-D/Depot oder AM-OP/Originalperson.

In der höchsten Kategorie (Quelle) eingruppiert war ein AM, der „planmäßig und kontinuierlich aus Haupt- und anderen Aufklärungsobjekten notwendige Aufklärungsangaben, insbesondere Feinddokumente" beschaffte. Ziel war es, alle beschaffenden AM zur Quelle zu entwickeln.

Ein AM-Objektbeobachter beschaffte Informationen über geplante, stattfindende und durchgeführte Aktivitäten der als Aufklärungsobjekt bezeichneten NATO-Stäbe und -Truppen und meldete diese unverzüglich.

Der als Marschaufklärer (AM-MA) tätige Agent

> „klärte auf und meldete unverzüglich Elemente des operativen Ausbaus des Kriegsschauplatzes, Handlungen der Streitkräfte bei Übungen, Manövern und bei unmittelbarer Vorbereitung bzw. Ausbruch einer Aggression, vornehmlich aus den Räumen der besonderen Aufmerksamkeit." {91}

Ergänzend zu dem bereits aus der Bezeichnung ersichtlichen jeweiligen Aufgabenbereich der weiteren AM-Kategorien wird Bezug genommen auf Bd. 4 Bl. 143 ff. d.A.

Nachrichtendienstliche Ausbildung sowie Ausrüstung der AM mit nachrichtendienstlichen Hilfsmitteln wurden abgestimmt auf den jeweiligen konkreten Auftrag. Ausschlaggebend waren u.a. Art und Umfang der Informationsgewinnung und die persönliche Fähigkeit des AM, technisches Gerät zu bedienen.

Die Ausbildung umfaßte beispielsweise die Dokumentenfotografie, den einseitigen Funkverkehr A 3 einschließlich der Handhabung der Schlüsselunterlagen, die A 1-Funk-Schulung, das Geheimschreibverfahren, die Bedienung eines Schnellgebers[6] sowie das Anlegen und die Benutzung von „Toten Briefkästen" (TBK) bzw. rollenden TBK.

Die AM wurden je nach Bedarf mit Deckpapieren, Containern, Geheimschreibmitteln, Fotoapparaten, Schmalfilmkameras, Taschenrechnern bis hin zum elektronischen Notizbuch und Funkgeräten ausgerüstet, wobei alles eingesetzt wurde, was technisch zur Nachrichtenübermittlung geeignet und für den einzelnen Agenten handhabbar war. {92}

3. Inoffizielle Mitarbeiter

Inoffizielle Mitarbeiter (IM) waren zuverlässige, für die konspirative Zusammenarbeit geworbene und hierfür entsprechend ausgebildete Bürger der ehemaligen DDR (oder dort lebende Ausländer).

Auf dem Gebiet der DDR waren sie im sogenannten Hilfsnetz vorwiegend als Quartiergeber zur Durchführung von Treffs bzw. als Post- und/oder Telefonstelle zur Weiterleitung von schriftlichen oder mündlichen Mitteilungen an das Zentrum tätig.

Im Operationsgebiet kamen Inoffizielle Mitarbeiter vor allem als Instrukteur (IM-I) zur persönlichen Instruktion und Ausbildung von AM sowie als Kurier (IM-K) zur Übermittlung von Aufträgen und Entgegennahme von Aufklärungserkenntnissen mit persönlicher oder unpersönlicher (Versteck/Depot) Materialübergabe zum Einsatz. Der Ermittler bzw. Werber (IM-E/W) war mit der Ermittlung, Kontaktierung und Werbung sowie mit der Überprüfung von AM beauftragt. Ein IM-A führte selbst Aufklärungsaufträge durch. {93}

VI. Das Zentrum

Strukturelemente der 1. Verwaltung waren Abteilungen, Unterabteilungen (UA) und Arbeitsgruppen (AG) sowie Operative Außenstellen (OAst). Unter dem Angeschuldigten Krause waren etwa 140 bis 170 NVA-Offiziere (sogenannte Hauptamtliche Mitarbeiter) im Aufklärungsbereich tätig. In der hierarchischen Gliederung bestand folgende Rangordnung: Chef der Verwaltung, Abteilungsleiter, Unterabteilungsleiter, Arbeitsgruppenleiter, Oberoffizier, Führungsoffizier. Während der Amtsführung des Angeschuldigten gab es bis etwa 1988 fünf, anschließend sieben operative Abteilungen. Jede Abteilung gliederte sich in drei, teilweise auch vier Unterabteilungen und wies durchschnittlich eine Personalstärke von 25 bis 30 Aufklärungsoffizieren auf. Da die Abteilungsleiter und Unterabteilungsleiter nur ausnahmsweise selbst Agenten führten, waren insgesamt etwa 130 Aufklärungsoffiziere der 1. Verwaltung als Führungsoffiziere tätig. In der Abteilung 8 der 2. Verwaltung waren – wie bereits angeführt – mindestens 15 Hauptamtliche Mitarbeiter als Führungsoffiziere eingesetzt. {94}

1. Gliederung und grundsätzliche Aufgabenverteilung

Der Angeschuldigte hat alsbald nach seinem Amtsantritt eine erste und in der Folgezeit weitere Umstrukturierungen der 1. Verwaltung vorgenommen. Auf Einzelheiten wird hier nicht eingegangen, da Art und Umfang der zahlreichen Änderungen eine gedrängte Darstellung nicht zulassen. Im übrigen kann die Aufgabenverteilung auch deswegen nur allgemein beschrieben werden, weil Aufklärungsoffiziere innerhalb der Abteilungen – teilweise unter „Mitnahme ihres/ihrer Agenten" – häufig versetzt wurden. Dies hatte zur Folge, daß das Prinzip der Aufgabenzuständigkeit öfters durchbrochen und Agenten von einer Abteilung geführt wurden, in die sie von der Struktur her eigentlich nicht „hineingehörten".

Die am längsten gültige Strukturierung (von etwa 1983/84 bis etwa 1988) war geprägt von einer Aufteilung des ehemaligen Bundesgebietes in die drei Aufklärungsstreifen Nord, Mitte und Süd. Die darin gelegenen Hauptobjekte mit allen nachgeordneten Dienststellen und Einheiten (Ausnahme siehe nachfolgend) fielen in die Aufklärungszuständigkeit der Abteilungen 12, 14, und 16 der 1. Verwaltung. Diese wurden deshalb auch „Richtungsabteilungen" (Nord, Mitte, Süd) genannt. Den Abteilungen 10 und 18 waren Schwerpunkte zugewiesen: {95}

Der Abteilung 10 oblag die Aufklärung des Bundesministeriums der Verteidigung sowie der Rüstungsindustrie/Militärtechnik im gesamten ehemaligen Bundesgebiet. Die Abteilung 18 war mit der Ausbildung und Legalisierung von Spezialkadern einschließlich Legendenerstellung und Beschaffung der erforderlichen Dokumente beauftragt. Nach erfolgter Schleusung ins Operationsgebiet wurde der SK dann aber von einem Führungsoffizier der räumlich oder sachlich zuständigen Abteilung der 1. Verwaltung bzw. der Abteilung 8 der 2. Verwaltung übernommen. Die Zuständigkeit für die Führung von AM-Marschaufklärern und AM-Objektbeobachtern richtete sich ebenfalls nach deren Einsatzort.

Danach bestand während des genannten Zeitraumes folgende Regelung:

- Abteilung 10 (Rüstungsindustrie und BMVG)
  zuständig u.a. für die Hauptobjekte:
  - Bundesverteidigungsministerium, Bonn
  - Bundesamt für Wehrtechnik und Beschaffung, Koblenz
  - Rüstungskonzern Messerschmidt-Boelkow-Blohm (MBB), Ottobrunn
  - Erprobungsstelle der Bundeswehr, Meppen {96}
- Abteilung 12 (Mittelstreifen der BRD)
  zuständig u.a. für die Hauptobjekte:
  - Stab NATO-Armeegruppe Mitte (CENTAG), Heidelberg
  - Stab Alliierte Luftstreitkräfte Europa-Mitte (AAFCE), Ramstein
  - Stab V. Armeekorps (USA), Frankfurt/Main
  - Stab III. Armeekorps (BRD), Koblenz
  - Streitkräfteamt der Bundeswehr, Bad Godesberg
- Abteilung 14 (Südstreifen der BRD)
  zuständig u.a. für die Hauptobjekte:
  - Europakommando der US-Streitkräfte (US-EUCOM), Stuttgart
  - Stab VII. Armeekorps (USA), Stuttgart
  - 56. Raketenbrigade (Pershing 2), Schwäbisch-Gmünd
  - Stab II. Armeekorps (BRD), Ulm
- Abteilung 16 (Nordstreifen der BRD)
  zuständig u.a. für die Hauptobjekte:
  - Stab NATO-Armeegruppe Nord (NORTHAG), Mönchengladbach
  - Stab 2. Allied Tactical Air-Force (ATAF), Mönchengladbach
  - Stab I. Armeekorps (BRD), Hannover
  - Marineamt der Bundeswehr, Wilhelmshaven
  - Stab Jütländisches Armeekorps (LANDJUT), Rendsburg. {97}

Etwa 1988 wurde von dem Angeschuldigten die Aufgabenverteilung innerhalb der 1. Verwaltung grundlegend geändert.

Das Prinzip der Aufteilung des Bundesgebietes in drei Aufklärungsstreifen wurde aufgegeben. Stattdessen orientierte sich die neue Struktur an dem Umstand, daß auf dem Bundesgebiet die beiden Stäbe der NATO-Armeegruppen *Nord* (NORTHAG) und *Mitte* (CENTAG) stationiert waren. Die Aufklärung der in diesen beiden Dislozierungsräumen gelegenen Hauptobjekte wurden den Abteilungen 16 (NORTHAG) und 14 (CENTAG) übertragen. Da sich dadurch deren Zuständigkeitsbereich sowohl räumlich als auch in Bezug auf die Zahl der Hauptobjekte vergrößerte, wurden sie von der Führung von Objektbeobachtern und Marschaufklärern entlastet. Die Abteilungen 14 und 16 hatten sich nunmehr darauf zu konzentrieren, daß aus Haupt- und anderen Aufklärungsobjekten der beiden NATO-Armeegruppen die notwendigen Aufklärungsangaben, insbesondere Feinddokumente, durch AM-Quellen beschafft wurden.

Die Führung der Objektbeobachter und Marschaufklärer in den Stationierungsräumen der beiden Armeegruppen – vordringlich in einem etwa 100 km tiefen, parallel zur ehemaligen Grenze zwischen der Bundesrepublik Deutschland und der DDR verlaufenden Raum – wurde der Abteilung 18 (NORTHAG) und der – neu gegründeten – Abteilung 20 (CENTAG) übertragen. {98}

Der Abteilung 10 blieb – insoweit unverändert – die Aufklärung des Bundesverteidigungsministeriums in Bonn sowie nachgeordneter Führungsorgane, Kommandobehörden und zentraler Dienststellen der Bundeswehr zugewiesen.

Die neu gegründete Abteilung 11 übernahm die Aufgaben der früheren Abteilung 18 und war mithin für Ausbildung und Legalisierung der Spezialkader zuständig.

Die Abteilung 12 wurde zuständig für die Aufklärung der Rüstungsindustrie nebst Militärtechnik und hatte sich der Führung von Agenten in West-Berlin anzunehmen. Hierbei ging es vor dem Hintergrund einer möglichen kriegerischen Auseinandersetzung vor allem um die zielgerichtete Aufklärung der Rolle West-Berlins als NATO-Stützpunkt, der militärischen Kräfte der USA, Großbritanniens und Frankreichs in dieser Stadt sowie der West-Berliner Polizei und des Senats von West-Berlin.

Diese Struktur wurde im wesentlichen bis Anfang 1990, als der Dienst sich in Auflösung befand, beibehalten.

Den Abteilungen der 1. Verwaltung standen unter der Amtsführung des Angeschuldigten folgende Leiter (LA) vor, wobei dem jeweils angeführten Zeitraum nur ein Anhaltswert zukommt: {99}

Abteilung 10
- Oberst Werner Bretschneider (bis Mitte 1984)
- Oberst Werner Litzroth (Mitte 1984 bis 1988)
- Oberst Heinz Schwertner (1988 bis März 1990)

Abteilung 11
- Oberst Werner Litzroth

Abteilung 12
- Oberst Fritz Küchler (bis 1988)
- Oberst Dr. Hartmut Eisenschmidt (1988 bis Ende)

Abteilung 14
- Oberst Heinz Merkwirth (bis vermutlich 1985)
- Oberst Karl-Heinz Hauske (1985 bis 1987)
- Oberst Peter End (1987 bis Ende) {100}

Abteilung 16
- Oberst Dieter Wiekhusen (bis 1984)
- Oberst Peter Wolf (1984 bis 1985/86)
- Oberst Harry Schreyer (1985/86 bis Mitte 1988)
- Oberst Roland Kusche (Mitte 1988 bis Ende)

Abteilung 18
- Oberst Peter Mühle (bis 1988)
- Oberst Fritz Küchler (1988 bis Ende)

Abteilung 20
- Oberst Helmut Hannusch

Der Abteilung 8 der 2. Verwaltung oblag mit den drei Unterabteilungen UA 1 bis UA 3 (die vierte Unterabteilung – UA 4 – war mit der Anleitung der diplomatischen Vertretungen in {101} Belgien, Niederlande und Frankreich befaßt) die agenturische Aufklärung der außerhalb des Bundesgebietes gelegenen NATO-Einrichtungen.

Ihr seit 1983/84 im wesentlichen unveränderter Zuständigkeitsbereich umfaßte damit:

- NATO-Rat, Brüssel
- NATO-Oberkommando Europa, Hauptquartier (SHAPE), Mons/Belgien
- NATO-Kommando Europa-Mitte (AFCENT), Brunssum/Niederlande
- NATO-Kommando Ostseeausgänge (BALTAP), Karup/Dänemark

Die Bearbeitung der im OPG Dänemark gelegenen Aufklärungsobjekte wurde Anfang 1988 auf Anweisung des Angeschuldigten zunächst der Abteilung 16 und noch im selben Jahr sodann der Abteilung 18 der 1. Verwaltung übertragen. Leiter der *Abteilung 8 der 2. Verwaltung* waren:

- Kapitän zur See Karl-Heinz Schröder (bis Juli 1986)
- Oberst Hans-Joachim Kelling (August 1986 bis Ende) {102}

Wegen der in den operativen Abteilungen tätig gewesenen Aufklärungsoffiziere (Stand November 1989) wird Bezug genommen auf die Ausarbeitung des MAD-Amtes in Band 5 Blatt 50 ff. d.A.

2. Bestand des agenturischen Netzes

Nach Darstellung des Angeschuldigten wurden bei seinem Dienstantritt 1982 vom Mil ND insgesamt 147 Agenturische Mitarbeiter (AM) geführt. Im Bundesgebiet waren davon 34 AM in bzw. mit Zielrichtung zu einem Hauptobjekt tätig. 17 dieser Agenten waren in Hauptobjekten plaziert und weitere 17 als Objektbeobachter bzw. Marschaufklärer zu Hauptobjekten im Einsatz. Darüber hinaus waren acht Spezialkader ins Bundesgebiet eingeschleust, so daß im Ergebnis 42 Informanten qualitativ hochwertige Aufklärungsangaben aus der Bundesrepublik Deutschland beschafften. Diese sowie über 100 weitere AM, unterstützt von 139 IM (IM-I, IM-K, IM-E/W) und etwa 2.500 Personen des Hilfsnetzes in der DDR sorgten für ein Meldungsaufkommen in der Zentrale, dessen Qualität vom Angeschuldigten nicht nur positiv beurteilt wurde. Wie er angibt, stellte er etwa drei Monate nach Amtsantritt, nachdem er sich mit der seinerzeit praktizierten Methode der Informationsbeschaffung vertraut gemacht hatte, fest, daß „die agenturische Aufklärung ausgeufert {103} war und nicht mehr konsequent auf die militärische Informationsbeschaffung zum Zwecke der militärischen Lagebeurteilung gerichtet war“. In der Folgezeit wurden deshalb verschiedene AM abgeschaltet, weil sie aus seiner Sicht für die Militäraufklärung nicht effektiv waren. Zudem wurden die Hilfsnetzelemente in der DDR zahlenmäßig drastisch reduziert. Im Verlauf dieser Entwicklung bestand das Netz des Mil ND 1988 nach Angaben des Angeschuldigten aus

- 105 AM, davon 31 wichtige Agenten,
- 187 IM zum Einsatz im OPG,
- 1187 Hilfsnetzelementen.

Für die 1. Verwaltung (geführt wurden dort u.a. 28 bedeutende Informanten) kamen 139 IM als Kuriere/Instrukteure bzw. IM-A/E zum Einsatz. 1020 Hilfsnetzelemente standen den Aufklärungsoffizieren der 1. Verwaltung zur Verfügung.

Die Abteilung 8 der 2. Verwaltung führte insgesamt zehn (davon drei wichtige) Agenturische Mitarbeiter. Das zu ihnen unterhaltene Verbindungsnetz setzte sich aus 36 Instrukteuren/Kurieren und 12 IM-A/E zusammen.

Als die illegale Arbeit der militärischen Aufklärung der ehemaligen DDR auf Befehl Nr. 1206/90 des Ministers für Nationale Verteidigung vom 16. März 1990 zum 31. März 1990 {104} beendet wurde, hatte die 1. Verwaltung im Zuge der Auflösung ihres agenturischen Netzes die Zusammenarbeit mit „138 konspirativen Mitarbeitern in der BRD“ einzustellen. Darunter befanden sich etwa 20 Quellen, wovon ungefähr die Hälfte als sogenannte Spitzenquellen anzusehen waren.

3. Führungs- und Verbindungswesen

Die Führung eines AM gestaltete sich nach den allgemein praktizierten Methoden von Nachrichtendiensten. Hauptelemente waren Treffs und unpersönliche Verbindungswege.

In der SAA wurden die persönlichen Kontakte zwischen dem Agenten und den Führungsoffizieren bzw. Instrukteuren/Kurieren unterschieden

- Führungs-,
- Materialübergabe-,
- Standard- und
- Kontroll-Sichttreffs.

Einzelheiten zum klassischen Führungstreff (Agent/FO), der bis 1986 überwiegend in der DDR bzw. dem sozialistischen Ausland, danach entsprechend der Vorgabe in der AO 10/86 vor allem im OPG durchgeführt und als Höhepunkt und wirksamste Maßnahme der Führung eines Netzelementes angesehen wurde, werden unter D. III.3. der Anklage abgehandelt. {105}

Materialübergabetreffs dienten ausschließlich der Übergabe von Aufklärungsangaben und Agentenlohn über ein festgelegtes Treffsystem durch Kuriere bzw. Instrukteure (IM). Instrukteure wurden zusätzlich zur Übermittlung von Weisungen sowie zur Aus- und Weiterbildung eines AM eingesetzt.

Der Standardtreff zwischen einem IM und dem AM erfolgte zur Wiederaufnahme einer unterbrochenen Verbindung bzw. zu einer außerplanmäßigen Verbindungsaufnahme in einem regelmäßig in der Nähe des Wohnortes des Agenten gelegenen Ort.

Der Kontroll-Sichttreff wurde durchgeführt, um die Sicherheit und Arbeitsbereitschaft des Agenten in besonderen Situationen – insbesondere vor oder nach der Erledigung komplizierter agenturischer Operationen – zu überprüfen. Fühlte sich der Agent sicher, hatte er dies dem IM über ein vereinbartes Zeichen zu signalisieren.

Treffreisen wurden mit allen zur Verfügung stehenden, im Einzelfall angebrachten Verkehrsmitteln (PKW, Bahn, Flugzeug) durchgeführt.

Bei der unpersönlichen Verbindung wurde differenziert zwischen {106}

- Funkverbindung
  (einseitige Funkverbindung vom Zentrum an den Agenten im OPG; sog. A 3-Funkverkehr);
- Postverbindung
  (Empfänger für Briefsendungen von Agenten waren IM-Deckadressen in der DDR);

– Telefonverbindung
  (wurde vor allem zur Übermittlung aktueller Meldungen, z.B. Manöverbewegungen, Truppenalarmierungen, aber auch Notrufen oder Treffbestätigungen benutzt. Telefonstellen (TS) waren sowohl im OPG als auch in der DDR eingerichtet, wobei weder dem Agenten noch der TS die Identität des anderen bekannt war und die Verbindungsaufnahme wie auch die Nachrichtenübermittlung verschleiert durchgeführt wurden. Vor der raschen Weiterleitung der Meldung an den FO im Zentrum wurde der Text in der Regel nochmals nach einem vorgegebenen Code von der TS umgesetzt);
– Kurierverbindung über die Materialablage
  (diese diente der mehrmaligen „konspirativen unpersönlichen Übergabe von Aufklärungsangaben, Weisungen und Berichten sowie Mitteln der Sicherstellung" in einer Verbindung. Hierfür war vom FO ein „Ablageplatzsystem" auszuarbeiten, welches die Signalstelle, die Kontrollstrecke sowie den ausgebauten Ablage- und Reserveablageplatz auswies); {107}
– Personen- und Materialschleusung
  (konspirative Grenzschleusungen von AM/IM außerhalb der Grenzübergangsstellen bzw. die unpersönliche Materialschleusung unter Ausnutzung der öffentlichen Verkehrsverbindungen – etwa rollende TBK) und
– Materialdepot
  (einem jederzeit zugänglichen Versteck für die Aufnahme und sichere Aufbewahrung materieller Mittel).

VII. Die Zusammenarbeit mit dem Ministerium für Staatssicherheit (MfS)

Die während der Amtszeit des Angeschuldigten bestehenden Beziehungen zwischen dem BA und dem MfS waren festgeschrieben in der

„Grundsatzvereinbarung zwischen dem Ministerium für Staatssicherheit und dem Ministerium für Nationale Verteidigung über das Zusammenwirken beider Ministerien auf dem Gebiet der Militäraufklärung und bei der Realisierung damit in Zusammenhang stehender Aufgaben und Maßnahmen".

Diese am 28. Mai 1983 zwischen dem Minister für Staatssicherheit, Armeegeneral Erich Mielke, und dem Minister für Nationale Verteidigung, Armeegeneral Heinz Hoffmann, geschlossene Vereinbarung trat an die Stelle der entsprechenden Grundsatzvereinbarung vom 1. Juni 1977. Die Vereinbarungen sahen u.a. einen Er-{108}fahrungsaustausch (etwa zur Methodik der Aufklärung, zu Sicherheitsfragen und zum Einsatz operativer Technik) der Hauptverwaltung Aufklärung (HV A) des MfS und des BA vor und wurden durch „Teilvereinbarungen" zwischen dem BA und den Bezirksverwaltungen des MfS erweitert. Zudem traf der BA auch Vereinbarungen mit verschiedenen Hauptabteilungen des MfS, die hier keiner näheren Erörterung bedürfen, weil sie für die Darstellung der Arbeitsweise der SAA von untergeordnetem Interesse sind. Ein operatives Zusammenwirken des BA mit der im MfS für die militärstrategische Aufklärung der Bundesrepublik (Bundesministerium der Verteidigung, Bundeswehr und zugehörige Einrichtungen sowie NATO-Einheiten) zuständigen Abteilung IV der HV A war nicht vorgesehen und erfolgte auch in der Praxis nicht. Praktisch bedeutsam in der Zusammenarbeit war vor allem der vereinbarte Informationsaustausch und die auf der Grundsatzvereinbarung beruhende „Vereinbarung über die Organisation des Zusammenwirkens bei der Überprüfung und Erfassung von Personen, die Archivierung politisch-operativen Schriftgutes der Verwaltung Aufklärung des MfNV im MfS und die Klärung der sich daraus ergebenden operativen Probleme“ vom 1. Januar 1983, die den entsprechenden Vorläufer vom 1. November 1975 ersetzte. Danach war dem BA – obwohl gegenüber dem MfS ein eigenständiger Dienst – ein unmittelbares Herantreten an operativ interessante Personen untersagt. Um sogenannte Doppelerfassungen zu {109} vermeiden, war er gehalten, jede Person zuvor durch Suchauftrag Form 10 (sogenannte F-10 Anfrage) an das MfS überprüfen zu lassen. Nur wenn der Suchauftrag aus der für die zentrale Registratur und Archivierung zuständigen Abteilung XII des MfS mit dem Vermerk „nicht erfaßt“ zurückkam, konnte eine Erfassung und nachrichtendienstliche Bearbeitung durch den Mil ND erfolgen. War die aktive Erfassung eines AM aufzuheben oder waren Vorgangsakten ganz oder teilweise zu archivieren, erfolgten Löschung und Archivierung ebenfalls in der Abteilung XII des MfS. Im MfS war für dieses „politisch-operative“ Zusammenwirken mit dem BA ausweislich der Dienstanweisungen Nr. 7/75 vom 1. September 1975 bzw. vom 14. Mai 1987 (Nr. 3/87 des Ministers für Staatssicherheit) federführende Diensteinheit die Hauptabteilung I.

Der Hauptabteilung (HA) I des MfS oblag u.a. die Abwehrarbeit in den Führungsorganen, Truppen und Einrichtungen der Nationalen Volksarmee und der Grenztruppen der DDR zur Gewährleistung ihrer funktionellen und persönlichen Sicherheit. Wegen der Struktur dieser auch „Verwaltung 2000“ genannten Diensteinheit wird Bezug genommen auf Bd. 10 Bl. 324 ff. d.A. Mit der abwehrmäßigen Überprüfung der dem BA angehörenden NVA-Offiziere und Zivilbeschäftigten war speziell die Abteilung Äußere Abwehr, Unterabteilung 2 der HA I beauftragt. Die Unterabteilung 2 (UA 2), die bei Amtsan-{110}tritt des Angeschuldigten mit etwa 15 und zuletzt mit ungefähr 40 MfS-Offizieren besetzt war, hatte ihren Sitz im Gebäudekomplex des BA in der Oberspreestraße. Ihr Leiter, Oberstleutnant Eberhard Starke, war dem Leiter der Abteilung Äußere Abwehr (von 1984/85 bis Ende 1989 Oberst Reinhard Lemke) unterstellt. Leiter der HA I war Generalleutnant Manfred Dietze, sein 1. Stellvertreter Generalmajor Manfred Dietel.

Die UA 2 war untergliedert in:

- Referat 1,
  zuständig für die Organisation der Abwehrarbeit in der 1. Verwaltung des BA;
- Referat 2,
  entsprechende Zuständigkeit für die 2. Verwaltung;
- Referat 3,
  zuständig für alle anderen BA-Angehörigen;
- Arbeitsgruppe (AG) Funkaufklärungsregiment 2/Dessau,
  zuständig für die Abwehrarbeit in diesem Strukturelement des BA:
- Referat Koordinierung,
  zuständig u.a. für die Koordinierung der Zusammenarbeit zwischen dem MfS und dem BA in organisatorisch-operativen Fragen wie etwa Nutzung der Möglichkeiten der Diensteinhei-{111}ten der „Linie M“ des MfS (Postüberwachung), Avisierung von FO und IM des BA an den Grenzübergangsstellen, Auskunftserteilung aus dem

Reisedatenspeicher des MfS, Ankündigung von operativen Maßnahmen des BA auf den Transitstrecken der DDR:

- AG 12,
  zuständig für die Erfassung und Registrierung von Personen sowie die Veranlassung der Archivierung von Schriftgut des BA in der Abteilung XII des MfS.

Weitere Einzelheiten ergeben sich aus den vorgenannten Dienstanweisungen.

Ihrem Auftrag, Einbrüche westlicher Nachrichtendienste in den Offiziersbestand des BA und in das agenturische Netz des Mil ND abzuwehren, kam die UA 2 auf zwei Wegen nach. Neben der offiziellen Zusammenarbeit vor allem mit der direkt dem CA unterstellten – noch darzustellenden – Unterabteilung Operative Sicherheit und Kontrolle arbeitete sie auch mit verdeckten Methoden. Hierbei verpflichtete sie hauptamtliche Mitarbeiter des BA zur konspirativen Zusammenarbeit und führte diese unter Decknamen als „IMS" (Inoffizielle Mitarbeiter Sicherheit). {112}

Im Mil ND wurden ungefähr 40 und damit etwa ein Viertel der hauptamtlichen Mitarbeiter als IMS geführt; im Gesamtbestand des BA waren etwa 200 Offiziere zur geheimen Berichterstattung an das MfS verpflichtet.

Die Informantentätigkeit der IMS bestand zum einen in der Bespitzelung ihrer Kollegen, vorwiegend in Bezug auf sicherheitsrelevante Vorkommnisse, und zum anderen in der Beschaffung von Erkenntnissen insbesondere aus der Vorgangsbearbeitung im Mil ND. Dadurch gelangte die UA 2 und mit ihr die HA I des MfS an Erkenntnisse über Angehörige des Mil ND und dessen agenturisches Netz, die ihr im Rahmen der offiziellen Kontakte nicht zugänglich gewesen wären

BA-Vorgänge von gewisser Brisanz meldete der Leiter der UA 2 von sich aus auf dem Dienstweg weiter. So wurde im nachfolgend wiedergegebenen Fall beispielsweise auch der damalige Stellvertreter des Ministers und Leiter der HV A, Generalleutnant Werner Großmann[7], unterrichtet. Aufgrund dieser Meldung wurde Starke beauftragt, „über die weitere Entwicklung ständig und sofort zu berichten". {113}

„Hauptabteilung I — Berlin, 24. März 1988
1. Stellv. des Leiters — VDLA – 324/88
Persönlich
Stellv. des Ministers
und Leiter der HVA
Gen. Generalleutnant Großmann
Berlin
Entsprechend unserer telefonischen Vereinbarung übergebe ich Ihnen als Anlage ein Dokument über
Festlegungen zur Vereinbarung über die Bildung einer Vertretung der Hauptverwaltung Aufklärung des Generalstabes der Streitkräfte der UdSSR beim Chef Aufklärung des Hauptstabes der NVA der DDR
und 2 dazugehörige Informationen mit der Bitte um Kenntnisnahme
Anlage — Dietel
10 Blatt — Generalmajor"{114}

„Hauptabteilung I Berlin, 21.3.1988
Abt. Äußere Abwehr
Unterabteilung 2
Aktenvermerk
Am 17. 3. 1988 fand anläßlich des DDR-Aufenthaltes des Chefs der Hauptverwaltung Aufklärung der Sowjetarmee eine Absprache zwischen Generaloberst Michailow und dem Generalleutnant Krause statt. Nach bisherigen Erkenntnissen nahmen an dieser Absprache außer dem Dolmetscher (nicht ansprechbar) keine weiteren Angehörigen des Bereiches Aufklärung des MfNV teil.
Am 18.3.1988 zur Lagebesprechung mit den Stellvertretern informierte GL Krause über die erfolgte Absprache, bei der es vorrangig um die Probleme der künftigen Gestaltung des Zusammenwirkens zwischen den beiden Partnern gegangen sei. Obwohl GL Krause betonte, daß diese Absprache in kameradschaftlicher Atmosphäre erfolgt sei, wurde in seinen weiteren Ausführungen jedoch deutlich, daß sie durch Spannungen belastet war. GL Krause führte aus, daß GO Michailow seine Vorstellungen nicht akzeptiert habe, daß Oberst Butkow als direkter Vertreter der HV A im Bereich Aufklärung fungieren soll, daß GO Michailow der Meinung ist, daß der Leiter der Gruppe Karlshorst, Gen. Gumenjuk, als Vertreter der HV A gilt, Gen. Butkow als dessen Vertreter ständig im Bereich Aufklärung des MfNV stationiert ist. GL Krause brachte zum Ausdruck, daß dies bedeutet, daß alle Informationen des Bereichs Aufklärung des MfNV künftig nicht mehr direkt nach Moskau gehen, sondern über die Gruppe Karlshorst. GL Krause forderte seine Stellvertreter auf, künftig genauestens zu prüfen, welche Informationen (z.B. Feinddokumente) in Zukunft auf diesem Weg gesandt werden können. GL Krause hat die Vorstellung, dann einen geeigneten direkten Kurierweg der NVA nach Moskau zu suchen.
Es wurde vereinbart, daß die Überlegungen zu der Gesamtproblematik des Zusammenwirkens nochmals überdacht werden und eine Fortsetzung des Gesprächs zu Tagung im April 1988 erfolgt. Bis dahin gilt jedoch die Festlegung, daß Gen. Gumenjuk als offizieller Vertreter der HV A gilt. GL Krause hat nach seinen Aussagen dem Gen. Gumenjuk Vorwürfe gemacht, da er sich nicht ehrlich verhalten hat, indem er bisher das Zusammenwirken immer als problemlos dargestellt hat, in Wirklichkeit aber an der Änderung des Regimes arbeitet. GL Krause nannte ein Beispiel für übertriebene Forderungen und unreale Vorstellungen für das Zusammenwirken, indem die sowjetischen Genossen vom Bereich Aufklärung nicht nur Personenhinweise haben wollen, sondern diese Hinweise aus den Hauptobjekten sein sollen und der Bereich Aufklärung die Aufklärung {115} dieser Personen und deren Kontaktierung übernehmen soll. Zugleich hat GL Krause beanstandet, daß sich die sowjetischen Genossen seiner Forderung nicht fügen wollen, daß alle Fragen der Koordinierung und des Zusammenwirkens mit den Sicherheitsorganen der DDR künftig über den Bereich Aufklärung laufen sollen.
Ob die Darlegungen des GL Krause den tatsächlichen Verlauf des Gespräches wiederspiegeln, kann nicht eindeutig eingeschätzt werden. Eine Ergänzung dieser Information ist nur dann möglich, wenn sich GL Krause gegenüber dem Unterzeichner selbst oder gegenüber einem IM unserer Diensteinheit weitergehend äußert.

Starke
Oberstleutnant“ {116}

⊗ An dieser Stelle war eine unleserliche handschriftliche Notiz in das Dokument einkopiert. ⊗ {117}

„Hauptabteilung I Berlin, 15.3.1988
Abt. Äußere Abwehr
Unterabteilung 2
Aktenvermerk
Am 15.3.1985 informierte der IMS „⊗ unleserlicher Name ⊗“, daß am 14.3.1988 eine Absprache zwischen Generalleutnant Krause, Generalmajor Konowalenko sowie dem Oberst Gumenjuk stattgefunden hat, bei der die beiliegenden Festlegungen zur Diskussion standen. Von Generalmajor Konowalenko wurde dieses Dokument akzeptiert und er war zur Unterschrift bereit. Lediglich bei Oberst Gumenjuk stieß dieses Dokument auf eine Reihe von Vorhalten und Ablehnungen.

1. G. lehnte es ab, den Oberst Butkow als Vertreter der HV A der Sowjetarmee beim Bereich Aufklärung des MfNV zu akzeptieren, da er sich selbst als Vertreter in der DDR sieht.
2. Personenhinweise will G. nicht in Form von Einreisehinweisen, sondern zu aufbereiteten Personen aus den Hauptobjekten haben.
3. Eine Einbeziehung der Sicherheitsorgane der DDR über den Bereich Aufklärung des MfNV lehnte G. ab, da er selbst bis auf die Ebene Stellvertreter Minister im MfS Arbeitsbeziehungen unterhält.
4. Eine Erfassung von Personen des Operationsgebietes wurde von G. abgelehnt und lediglich auf DDR-Bürger begrenzt.

Aufgrund dieser Einwände kam es nicht zur Unterzeichnung der Festlegungen. Generalleutnant Krause hatte sich entschieden, keine weiteren Verhandlungen zur Problematik durchzuführen, sondern die persönliche Absprache mit Generaloberst Michailow bei seiner nächsten Einreise in die DDR durchzuführen.
Nach Aussagen des IM hat Generalleutnant Krause diese in der Anlage befindlichen Festlegungen Genossen Großmann vorgelegt und dieser soll zugestimmt haben. Die Information ist streng vertraulich! Eine unsachgemäße Auswertung würde unweigerlich zur Dekonspiration des IM führen.

Leiter der Unterabteilung
Starke
Oberstleutnant“ {118}

Soweit Ermittlungs- und Strafverfolgungsbehörden heute über personenbezogene schriftliche Unterlagen aus dem Mil ND verfügen, handelt es sich um Ablichtungen von Mil ND-Originalvorgängen, die die UA 2 offiziell gefertigt hat oder von IMS hat beschaffen lassen. Diese Unterlagen gelangten nach entsprechender Auswertung ins MfS-Archiv und befinden sich jetzt beim Bundesbeauftragten für die Unterlagen des Staatssicherheitsdienstes der ehemaligen DDR (BStU). Originalunterlagen des BA existieren nicht mehr.

Der Militärische Nachrichtendienst hat im Zuge der Auflösung des Dienstes im Spätsommer 1990 seine sämtlichen personengebundenen Aktenbestände – wie auch die nachfolgende Meldung des Angeschuldigten an den MfAV belegt – restlos vernichtet. {119}

„MINISTERRAT Berlin, den 13.09.1990
DER DEUTSCHEN DEMOKRATISCHEN REPUBLIK
MINISTERIUM FÜR ABRÜSTUNG UND VERTEIDIGUNG
Chef des Informationszentrums

Meldung
über die Vernichtung personengebundener Akten

Herr Minister!
Gestatten Sie, Ihnen zu melden:

1. Die Vernichtung personengebundener Akten des Informationszentrums erfolgte entsprechend dem Befehl Nr. 1206/90 des Ministers für Nationale Verteidigung vom 16.03.1990, Ziffer 4., wonach alle personellen, materiellen und finanziellen Nachweise, Karteien, Akten oder sonstige Unterlagen, die zur Aufdeckung von Personaldaten führen können, bis zum 31.07.1990 zu vernichten waren. Diese Aufgabe wurde mit größter Sorgfalt und Gewissenhaftigkeit erfüllt. Es wurden ausschließlich Materialien obengenannten Charakters vernichtet.
2. Auf der Grundlage meines Befehls Nr. 05/90 vom 24.07.1990 wurde die Beareitung des in den Archiven Strausberg und Potsdam eingelagerten Archivgutes des Informationszentrums organisiert und durchgeführt. Das Archivgut wurde durch eine Kommission gesichtet und geprüft. Im Ergebnis dessen wurde vernichtet:
   - Material mit Rückschlußmöglichkeiten auf Personen, Objekte und Vorgänge,
   - Austauschmaterialien mit Armeen des Warschauer Vertrages.

   Die Sicherheit bei der Vernichtung wurde durch eine Vernichtungskommission gewährleistet. Das verbliebene Archivgut wurde neu protokolliert und zurückgeführt. {120}
3. Mit der Vernichtung wird gewährleistet,
   - daß die Quellen und die anderen Mitarbeiter der militärischen Aufklärung für ihre Tätigkeit im Interesse der DDR, die sie in der Vergangenheit in der BRD ausgeübt haben, keine Nachteile erfahren und der Datenschutz gesichert bleibt;
   - daß keine Reaktivierung oder weitere Arbeit der ehemaligen Mitarbeiter organisiert und durchgeführt werden kann;
   - daß keine Übernahme ehemaliger Mitarbeiter durch andere Geheimdienste bzw. Arbeit für sie erfolgen kann.

Krause
Generalleutnant

Mitzeichnung:
Vorsitzender der Kommission zur Bearbeitung des Archivgutes — Weiß, Oberst
Vorsitzender der Vernichtungskommission — Breitkopf, Oberst“ {121}

VIII. Die Zusammenarbeit mit dem sowjetischen Partner (GRU)

Dem BA des Hauptstabes der NVA entsprach auf seiten der ehemaligen Sowjetunion (SU) die „Hauptverwaltung Aufklärung des Generalstabes der Streitkräfte der UdSSR“ in Moskau. Diesem unter der Abkürzung „GRU“ bekannten und auch als Militärischer Nachrichtendienst der Sowjetunion bezeichneten Dienst oblag – gleich dem BA – die Militäraufklärung. Seine Gliederung war derjenigen des BA vergleichbar. So gab es auch dort den Verantwortungsbereich der Strategischen Agenturaufklärung, der mit nachrichtendienstlichen Mitteln und Methoden Agenten im westlichen Ausland führte. Stellvertreter des Chefs des Generalstabes und Chef der Hauptverwaltung Aufklärung des Generalstabes der Streitkräfte der UdSSR – mithin Chef der GRU – waren während der Amtszeit des Angeschuldigten

- Armeegeneral Iwaschutin (bis 1987) und anschließend
- Generaloberst Michailow.

Sie unterstanden dem Stellvertreter des Ministers für Verteidigung und Chef des Generalstabes (Marschall der SU Kulikow; Nachfolger: Marschall der SU Achromejew). {122}

Eine Zusammenarbeit des BA mit der GRU gab es auf der Grundlage des Warschauer Vertrages in allen Bereichen der Militäraufklärung. Ausgenommen hiervon war lediglich die strategische Agenturaufklärung (nachrichtendienstliche Aufklärung). Die Zusammenarbeit auf diesem Gebiet wurde durch eine – nachfolgend angesprochene – bilaterale Vereinbarung geregelt. Die Militäraufklärung des gesamten ehemaligen Ostblocks wurde auf überregionaler Ebene koordiniert. Dies geschah bei Konferenzen der Verteidigungsminister und Militärratstagungen der Staaten des Warschauer Vertrages, insbesondere aber auf den Jahreskonferenzen der Chefs Aufklärung der Generalstäbe (des Hauptstabes) der Armeen der Teilnehmerstaaten des Warschauer Vertrages (ATSWV). Auf diesen Konferenzen, die 1985 in Prag und danach in Sofia, Budapest, Berlin (Ost) sowie 1989 in Warschau stattfanden, erörterte der Angeschuldigte mit den anderen Chefs Aufklärung der ATSWV länderübergreifende Aufklärungsbelange und legte gemeinsam mit ihnen die anstehenden Hauptaufgaben der Aufklärung fest. Zugleich wurde der gegenseitige Informationsbedarf abgestimmt. Für diese „internationale“ Zusammenarbeit der beiden Dienste, die auch den Austausch von – durch die Informationsdienste umgesetzten – Aufklärungsmeldungen umfaßte, hatte die GRU-Zentrale – wie auch in den anderen ATSWV-Staaten – einen Vertreter entsandt, der in der DDR formell dem Militärattaché der UDSSR in deren Botschaft in Berlin (Ost) angeschlossen war, {123} seine Tätigkeit tatsächlich aber überwiegend in einem eigenen Dienstzimmer im Chefbereich des BA in der Oberspreestraße ausübte.

Dieser GRU-Verbindungsoffizier,

bis 1988/89 war dies
Oberst Wladimir Butkow,
anschließend Oberst Pilkin,

war u.a. zuständig für die Übermittlung von Fragen und Antworten zu übergeordneten Sachproblemen sowie für den Austausch der von den Informationsdiensten ausgearbeiteten Dokumente. Agenten führte er selbst nicht.

Neben der allgemeinen Zusammenarbeit der ATSWV-Staaten auf der Grundlage des Warschauer Vertrages gab es darüber hinaus speziell für das Zusammenwirken des BA mit den in der DDR stationierten Organen der Agenturaufklärung der Streitkräfte der UdSSR eine bilaterale Regelung. Dabei handelte es sich um die am 22. April 1976 vom damaligen Ersten Stellvertreter des Ministers für Verteidigung und Chef des Generalstabs der Streitkräfte der SU, Armeegeneral Kulikow, und dem ehemaligen Stellvertreter des Ministers für Nationale Verteidigung und Chef des Hauptstabes der NVA der DDR – später Minister für Nationale Verteidigung –, Generaloberst Keßler[8], unterzeichnete „Vereinbarung {124} über die Bildung einer Vertretung der Hauptverwaltung Aufklärung des Generalstabes der Streitkräfte der UdSSR bei der Verwaltung Aufklärung des Hauptstabes der NVA der DDR“. Hierin wurden neben der Errichtung einer ständigen GRU-Vertretung beim BA auch Art und Umfang der gegenseitigen Unterstützung festgelegt; zugleich wurde ein beiderseitiger Austausch von beschafften Aufklärungsinformationen vereinbart.

Einbezogen in diese Vereinbarung waren – obwohl nicht ausdrücklich angesprochen – die „Aufklärungsgruppe Karlshorst“, eine direkt der Zentrale in Moskau unterstellte

Außenstelle der GRU, die in der DDR weitere „Posten" unterhielt, und die Verwaltung Aufklärung (VA) der Gruppe der Sowjetischen Streitkräfte in Deutschland (GSSD bzw. WGT – Westgruppe der Streitkräfte der UDSSR –) mit Stabssitz in Wünsdorf. Der Außenstelle Karlshorst oblag – ergänzend zu gleichgelagerten Aktivitäten der Zentrale – die nachrichtendienstliche Aufklärung der westlichen strategischen Führungsstäbe (z.B. BMVG, Bundesamt für Wehrtechnik und Beschaffung, NATO-Führungsstäbe etc.) vom Boden der DDR aus. Geleitet wurde die GRU-Außenstelle von Kapitän zur See Ljubimow (bis 1986), Oberst Gumenjuk (bis Mitte 1990) und zuletzt von Oberst Wolchow. {125}

Die VA der GSSD gliederte sich in Agenturische Aufklärung, Truppenaufklärung und Funk-/Funktechnische Aufklärung. Aufklärungsziel waren vorrangig Aufenthalts- und Einsatzräume der NATO-Armeegruppen/-Korps im Bundesgebiet. Leiter der GSSD waren bis 1990 Generalmajor Serow und nachfolgend Generalmajor Konowalenko. Entsprechend der vorgenannten Vereinbarung von 1976 gewährten sich BA und die beiden vom Boden der DDR agierenden sowjetischen Aufklärungseinheiten Unterstützung u.a. bei der Ausbildung von Mitarbeitern, bei der Entwicklung operativer Technik, bei der Kontaktherstellung zu staatlichen Stellen und bei der Aufklärung der agenturischen Lage in den Zielgebieten. Der BA unterstützte die sowjetischen Partner zudem beim Erkunden von nachrichtendienstlich interessanten Personen; an deren Ansprache und evtl. Führung war er nicht beteiligt. In die vorgeschriebene Registrierung der für die sowjetischen Dienste erfaßten Personen in der Abteilung XII des MfS wurde der BA zwischengeschaltet.

Der vereinbarte gegenseitige Austausch beschaffter Aufklärungsinformationen wurde in der Praxis unterschiedlich gehandhabt.

Zwischen BA und der VA der GSSD wurden Aufklärungsergebnisse ausgetauscht. Dies galt vor allem für die täglichen Aufklärungsmeldungen {126} der Funk- und Funktechnischen Aufklärung sowie die bei der Truppenaufklärung angefallenen Erkenntnisse und die monatlichen Lagemeldungen.

Ein direkter Informationsaustausch mit der GRU-Außenstelle Karlshorst fand im Rahmen der Zusammenarbeit dagegen nicht statt. Vielmehr wurden die durch den Mil ND nachrichtendienstlich beschafften Erkenntnisse über den Verbindungsoffizier der GRU unmittelbar nach Moskau weitergeleitet. Auf gleichem Weg wurden Aufklärungsergebnisse der GRU an den BA übermittelt. Einzelheiten hierzu werden unter D. IV. der Anklage dargestellt. {127}

D. *Strafbares Verhalten des Angeschuldigten*

I. *Die Führungsverantwortung*

Mit seinem Amtsantritt als CA im Oktober 1982 erlangte der Angeschuldigte umfassende Leitungs- und Anordnungsbefugnisse zur Führung des BA. Im Bestreben, gegenüber seinem Amtsvorgänger Gregori verstärkt militärische Prinzipien im BA durchzusetzen, strukturierte er nicht nur die ihm unterstellten Verantwortungsbereiche um, sondern legte in – bis dahin nicht existierenden – Grundsatzdokumenten perspektivisch Ziele und Hauptaufgaben des BA fest. Dies geschah in den „Plänen der Aufklärung".

In diesen einen mehrjährigen Zeitraum abdeckenden Plänen wurden in groben Zügen Umfang, Zielrichtung und Schwerpunkte der gesamten gegen die Bundesrepublik

Deutschland und die NATO gerichteten militärischen Aufklärungstätigkeit festgelegt und jeder Verwaltung eine Zielvorgabe erteilt, an der sie ihre längerfristigen Planungen zu orientieren hatte. Wegen des Inhalts der Perspektivpläne im allgemeinen wird auf Bd. 5.1 d.A. verwiesen. Vorgaben betreffend die 1. und 2. Verwaltung finden sich dort auf Bl. 6 ff., 16 f., 27 ff., 39 f. und 45 ff. d.A. {128}

Bemerkenswert insoweit ist, daß dem BA und damit auch dem Mil ND die Ziele und Hauptaufgaben nicht etwa von vorgesetzter Stelle (STMCHS/MfNV) vorgegeben wurden, sondern daß sich der BA unter Anleitung des CA seine Aufgaben im Ergebnis selbst gestellt hat.

Zwar wurden die vom Angeschuldigten unterschriebenen „Pläne der Aufklärung" vom Stellvertreter des Ministers und Chef des Hauptstabes mitgezeichnet und letztlich vom Minister für Nationale Verteidigung bestätigt, tatsächlich ausgearbeitet und erstellt wurden sie aber unter Federführung des Angeschuldigten in Zusammenarbeit mit den ihm unterstellten Chefs.

Entsprechendes gilt für die jährlichen Anordnungen Nr. 50 (AO Nr. 50) des STMCHS. Auch diese auf den Perspektivplänen beruhenden und für das jeweilige „Ausbildungsjahr" im BA getroffenen Anordnungen des unmittelbaren Vorgesetzten des CA wurden inhaltlich im „Führungskollektiv" des BA unter Anleitung des Angeschuldigten erarbeitet und – wie die „Pläne der Aufklärung" – in der Grundsatzabteilung schriftlich abgefaßt.

Während in den „Plänen der Aufklärung" die Ziele und Hauptanstrengungen der militärischen Aufklärung nur schwerpunktmäßig festgelegt waren, enthielten die jährlichen AOen Nr. 50 ei-{129}ne sehr viel präzisere Vorgabe der im anstehenden Ausbildungsjahr zu erfüllenden Aufgaben.

Wegen der grundsätzlichen dienstlichen Pflichten und Rechte des CA wird Bezug genommen auf die im wesentlichen auch unter Krause fortbestehende Regelung im Funktionsverteilungsplan vom August 1980.

Seine ihm persönlich obliegenden Aufgaben sind dem jeweiligen Abschnitt „I. Hauptaufgaben" der Quartalsarbeitspläne zu entnehmen. In diesem Abschnitt war – wie aus nachfolgendem Plan beispielhaft ersichtlich – festgelegt, worauf er als Leiter des BA im bevorstehenden Quartal (hier das III. Quartal des Ausbildungsjahres 1984/85) in besonderem Maße zu achten hatte.

Die weiteren Anordnungen und Leitungsmaßnahmen des Angeschuldigten, denen für den Anklagevorwurf Bedeutung zukommt, werden im Sachzusammenhang in nachfolgenden Abschnitten erörtert. {130}

„Geheime Verschlußsache!
GVS-Nr.: A 649 152
1. Ausfertigung = 10 Bl.
Streletz
Generaloberst

Bestätigt: Stellvertreter des Ministers und
Chef des Hauptstabes
am: 30.05.1985

Arbeitsplan
des Chefs Aufklärung
für das III. Quartal im Ausbildungsjahr 1984/85

I. Hauptaufgaben

1. Gründliches Studium und zielgerichtete Auswertung der Materialien der 10. Tagung des ZK der SED sowie Führung einer differenzierten und auf hohem Niveau stehenden politisch-ideologischen Arbeit zur Vorbereitung der Parteiwahlen in den Grundorganisationen und zur Verwirklichung des Beschlusses des Politbüros des ZK der SED vom 19.02.1985 als bedeutende organisationspolitische Maßnahme auf dem Weg zum XI. Parteitag der SED.
   Gestaltung der Vorbereitung des 90. Geburtstages des Militäraufklärers Dr. Richard Stolpe zum Kampf um Höchstleistungen in der militärischen Aufklärung.
   Auswertung der Dokumente des XII. Parlaments der FDJ zur weiteren Ausprägung des bewußten Handelns der jungen Armeeangehörigen.
   Weitere Konzentration der Anstrengungen auf die Erhöhung der Wachsamkeit und Geheimhaltung sowie der Disziplin und Ordnung.
2. Konzentration der militärischen Aufklärung auf die konsequente Erfüllung der AO Nr. 50/84 des STMCHS, insbesondere
   – Beschaffung aussagekräftiger, aktueller, geheimer Aufklärungsangaben und -dokumente über die NATO-Streitkräfte in den festgelegten Hauptrichtungen, besonders über die Richtungen der operativen Ausbildung der Stäbe und Truppen;
   – Verlauf der Stationierung der strategischen Raketen mittlerer Reichweite in Westeuropa, die Herstellung ihrer Gefechtsbereitschaft und ihr Einsatz im DHS;
   – die aktuelle militärpolitische und militärische Entwicklung in den Streitkräften der NATO-Staaten.

   Umfassende und zielgerichtete Vorbereitung der Stabsdienstausbildung des Führungsorgans und der operativen Gruppen des Bereichs Chef Aufklärung sowie der Komplexübung der Aufklärungskräfte und -mittel zur Aufklärung der NATO-Herbstübungsserie ‚Autumn Forge 85'. {131}
3. Fortführung der Erarbeitung von Grundsatzdokumenten der militärischen Aufklärung:
   – Beiträge zu den Grundsatzbefehlen des Ministers für Nationale Verteidigung (Befehle Nr. 100/85 sowie Anlagen 1 und 2, Nr. 101/85 und Nr. 102/85 sowie der Anordnung Nr. 50/85 des STMCHS;
   – Grundsätze der strategischen Agenturaufklärung;
   – Erarbeitung des Inhaltes und der Festlegungen für das System der erhöhten Führungsbereitschaft;
   – Fortführung der Arbeiten zur Ausarbeitung des ‚Planes der Aufklärung für 1986-1990';
   – Erarbeitung der Traditionen der militärischen Aufklärung.
4. Vervollkommnung der strategischen Agenturaufklärung, besonders
   – Effektivität und Wirksamkeit bei der Erzielung hoher Aufklärungsergebnisse aus den festgelegten Aufklärungsobjekten und bei der Verlagerung der Arbeit in das OPG;
   – Gewährleistung einer hohen Sicherheit im Verbindungswesen und
   – Durchsetzung der im Ergebnis der Komplexkontrolle festgelegten Maßnahmen.
5. Teilnahme an und Durchführung von Kontrollen zur Durchsetzung der AO Nr. 50/84 des STMCHS in den Landstreitkräften, Luftstreitkräften/Luftverteidigung sowie der höheren Wirksamkeit der Erziehung im und Einflußnahme auf das FuAR-2.
6. Weitere Vertiefung des Zusammenwirkens mit den Partnern, insbesondere mit der HVA des MfS, der HVA des Generalstabes der Streitkräfte der UdSSR und der Verwaltung Aufklärung des GSSD. Gründliche Auswertung der Dokumente der *Prager* Konferenz der Chefs Aufklärung sowie langfristige und schwerpunktmäßige Vorbereitung der 18. Sitzung der Komitees der Verteidigungsminister der TSWV." {132}

II. Die Anleitung des Militärischen Nachrichtendienstes

1. Vorbemerkung

Gegenstand des Anklagevorwurfs ist nicht der gesamte Verantwortungsbereich des Angeschuldigten als CA des BA, sondern lediglich seine Tätigkeit in Bezug auf die 1. Verwaltung und die Abteilung 8 der 2. Verwaltung. Nur sie haben Informationen mit nachrichtendienstlichen Mitteln und Methoden beschafft.

2. Führungsmaßnahmen nach Amtsantritt

Der Angeschuldigte, der in seiner bisherigen beruflichen Laufbahn mit nachrichtendienstlicher Informationsbeschaffung nicht befaßt war, machte sich damit zu Beginn seiner Amtszeit als CA alsbald vertraut. Dabei unterstützten ihn zunächst die Chefs der 1. und 2. Verwaltung; sie verschafften ihm u.a. einen Überblick über den Bestand des agenturischen Netzes des Mil ND. Abgestuft nach der Bedeutung und Wichtigkeit der Agenturischen Mitarbeiter wurde im einzelnen dargelegt, welcher Agent in welchem Hauptobjekt tätig war. Hierbei und in der Folgezeit wurde dem Angeschuldigten bei mündlichen Unterrichtungen aus Gründen der Konspiration grundsätzlich nur der Deckname des betreffenden Agenten genannt. {133}

Sein so vermitteltes Wissen vertiefte der Angeschuldigte durch Erörterungen mit allen operativ tätigen Abteilungsleitern, wobei die in deren Zuständigkeitsbereich geführten nachrichtendienstlichen Verbindungen einzeln – je nach Gewichtigkeit auch in Anwesenheit des Führungsoffiziers – angesprochen wurden. Darüber hinaus hatte der Angeschuldigte kurz nach Amtsantritt sämtliche Führungsoffiziere beauftragt, für jeden Vorgang eine sog. Sicherheitsanalyse zu erstellen. In dieser schriftlichen Ausarbeitung hatte der FO näher darzulegen, mit welcher Zielrichtung der Agent tätig war und welche Sicherheitsbelastungen beim Agenten selbst bzw. in dem zugehörigen Verbindungswesen aus Sicht des FO erkennbar waren. Entgegen der Praxis unter seinem Amtsvorgänger Gregori war diese Sicherheitsanalyse so detailliert abzufassen, daß aufgrund der darin enthaltenen Angaben (Einsatzort und Dienststelle des Agenten, seit wann unter welchem Decknamen – beim Spezialkader der Einsatzname – nachrichtendienstlich tätig, welche Aufklärungsergebnisse bisher in der Zusammenarbeit erzielt, Darlegung des gesamten Verbindungsplanes unter Aufführung aller Netzelemente etc.) letztlich eine Identifizierung des Agenten ermöglicht wurde, soweit diese Analyse im Einzelfall nicht ohnehin bereits den Klarnamen des Agenten und weitergehende Erkenntnisse zu seiner Person enthielt. {134}

Die Sicherheitsanalyse nebst dem letzten Band der Arbeitsakte (aktuelle Operativakte) war dem Angeschuldigten auf dem Dienstweg (UAL, AL, Chef der Verwaltung) zur Kenntnisnahme zuzuleiten.

Diese vom Angeschuldigten so völlig unüblich veranlaßte „Offenlegung“ einer bestehenden nachrichtendienstlichen Verbindung traf in der 1. Verwaltung und der Abteilung 8 der 2. Verwaltung auf großes Unverständnis und sorgte für erheblichen Unmut bei den Offizieren, die ein solches Vorgehen als Verstoß gegen jegliche Regeln der Konspiration ansahen. Der Angeschuldigte sah dies anders. Abgesehen davon, daß ihm eine Sicherheitsanalyse im Einzelfall zur weiteren Unterrichtung behilflich war, wurde er damit in die Lage versetzt, die Effektivität des gesamten agenturischen Netzes und den militärischen Nutzen jeder einzelnen Verbindung einzuschätzen. Der Angeschuldigte war vor Amtsantritt vom Minister für Nationale Verteidigung beauftragt worden, bei seiner Anleitung des Mil ND insbesondere hierauf zu achten und dessen Tätigkeit auf die eigentliche militärische Aufgabenstellung zurückzuführen. Die Begutachtung sämtlicher nachrichtendienstlicher Verbindungen übertrug Krause der von ihm geschaffenen Unterabteilung Operative Sicherheit und Kontrolle (UA OSK), die zwar der – ebenfalls alsbald nach Amtsantritt gegründeten – sogenannten Grundsatzabteilung angegliedert, dem CA auf „operativer Linie" aber di-{135}rekt unterstellt war. Die UA OSK war eine „Art Vorprüfungsstelle und zugleich Filter" für die Entscheidungen des Angeschuldigten in nachrichtendienstlichen Vorgängen, war aber gegenüber den Chefs der 1. und 2. Verwaltung und deren Aufklärungsoffizieren nicht weisungsbefugt. Die UA OSK unter Leitung von Oberst Kelling überprüfte in der Folgezeit das gesamte agenturische Netz, erstellte ihrerseits Sicherheitsanalysen auf der Grundlage der ihr vom Angeschuldigten zugeleiteten Sicherheitsanalysen der Führungsoffiziere und leitete ihre Ausarbeitungen dem CA zur Bestätigung zu.

Aufgrund der dadurch gewonnenen Erkenntnisse stellte der Angeschuldigte alsbald fest, daß die agenturische Aufklärung entsprechend der Andeutung des Ministers für Nationale Verteidigung in der Tat ausgeufert und nicht mehr konsequent auf die Informationsbeschaffung zum Zweck der militärischen Lagebeurteilung ausgerichtet war. Da nach seiner Einschätzung etwa ein Viertel der vom Mil ND geführten Agenten keine militärisch nutzbringenden Erkenntnisse lieferte, veranlaßte er in der Folgezeit unter Berücksichtigung der von der UA OSK erstellten Sicherheitsanalysen die Abschaltung dieser Agenturischen Mitarbeiter. Zwei Agenten – Wilhelm P. (DN Birke) und Michael V. (DN {136} Weidul) – wurden der HV A des MfS zur weiteren Führung übergeben, da deren Informationen keinen militärischen Bezug hatten. Einhergehend mit der Streichung einer nicht unerheblichen Anzahl von Netzelementen wurde der Mil ND vom Angeschuldigten umstrukturiert.

3. Der Führungsstil

Die Leitung des Mil ND durch den Angeschuldigten war darauf ausgerichtet, die „tägliche" Arbeit in nachrichtendienstlichen Vorgängen von beiden Verwaltungen grundsätzlich eigenverantwortlich durchführen zu lassen. Grundlage für deren Tätigkeit war die von Krause – nach vorangegangenen Erörterungen mit führenden Mitarbeitern – am 15. April 1986 erlassene, schon mehrfach erwähnte Anordnung Nr. 10/86 über Grundsätze der Strategischen Agenturaufklärung. Hierin waren im einzelnen Aufgaben und Befugnisse der operativ tätigen Aufklärungsoffiziere festgelegt.

Durch dieses Führungsprinzip war der Angeschuldigte nicht vom aktuellen Geschehen in den nachrichtendienstlichen Vorgängen abgeschnitten. Vielmehr kam er seiner Pflicht, auch den Mil ND hinsichtlich dessen Aufgabenerfüllung zu kontrollieren, in mehrfacher Hinsicht nach. Anlaß hierfür gaben u.a. die täglichen, wöchentlichen und vierteljährlichen {137} Lagemeldungen und -erörterungen, die die ihm unterstellten Führungskräfte zu erstatten bzw. mit ihm durchzuführen hatten.

Insbesondere in den ersten Jahren seiner Amtsführung traf sich der Angeschuldigte täglich (ausweislich seiner Arbeitspläne zwischen 07.00 Uhr und 09.00 Uhr) mit seinen Stellvertretern bzw. Verwaltungschefs und ließ sich über aktuelle Aufklärungserkenntnisse unterrichten. Diese Zusammenkünfte wurden von den Chefs der 1. und 2. Verwaltung gern genutzt, um dem CA neueste Aufklärungserkenntnisse – insbesondere solche der sog. Spitzenquellen des Mil ND – vorab zu melden sowie beschaffte Dokumente zu präsentieren. Damit die eigene Arbeit beim CA so „ins rechte Licht" gerückt werden konnte, waren die Führungsoffiziere gehalten, notfalls auch während der Nacht eine vorläufige Auswertung und erste Inhaltsübersicht des neuen Verratsmaterials zu erstellen.

Nachdem es in späteren Jahren nicht mehr regelmäßig zu täglichen Zusammenkünften zwischen dem Angeschuldigten und seinen Führungskräften kam, wurde der CA über aktuelle Aufklärungserkenntnisse des Mil ND – falls eine unmittelbare Unterrichtung nicht möglich war – von den Chefs der 1. und 2. Verwaltung auf abhörsicheren Sonderleitungen telefonisch vorab unterrichtet, ehe das Verratsmaterial an den Informationsdienst zur Bewertung weitergeleitet wurde. {138}

Weitere Unterrichtungen des Angeschuldigten durch die Chefs der 1. und 2. Verwaltung erfolgten anläßlich der wöchentlich (jeweils freitags) durchgeführten Einschätzung der militärischen Lage im Lagezentrum sowie bei den vierteljährlichen Quartalsanalysen auf der Grundlage der AO Nr. 50. Hierbei wurden dem Angeschuldigten von seinem 1. Stellvertreter und Leiter des Informationsdienstes die Ergebnisse der eingebrachten Aufklärungsaufgaben zusammenfassend vorgetragen und deren Inhalt analysiert. Wie der Angeschuldigte selbst, hatten auch die Verwaltungschefs Quartals-Arbeitspläne aufzustellen und darin ihre Arbeit für die folgenden drei Monate – orientiert an den jährlichen AO Nr. 50 – darzustellen. Diese Quartalsarbeitspläne der Chefs der 1. und 2. Verwaltung bedurften ebenso wie ihre Jahrespläne der Bestätigung durch den CA (näheres hierzu im nachfolgenden Abschnitt).

Neben den Lageeinschätzungen und turnusmäßigen Dienstbesprechungen fanden zusätzliche Besprechungen statt, bei denen Aufklärungsoffiziere dem CA besondere Entwicklungen im Einzelfall vortrugen und – teilweise nach gemeinsamer Beratung – dessen Entscheidung einholten.

Auf diese Weise war der Angeschuldigte über die vom Mil ND beschafften Informationen stets unterrichtet und verfügte – insbesondere bei von „Spitzenquellen" geliefertem Verratsmate-{139}rial – über den aktuellen Erkenntnisstand in der Zusammenarbeit mit diesen ihm zumindest unter Decknamen bekannten Agenten.

4. Die Jahresaufgabenstellung

Maßgebliche Grundlage für die Aufklärungstätigkeit des gesamten Bereichs Aufklärung war die meist im Oktober eines Jahres vom Stellvertreter des Ministers und Chef des Hauptstabes (STMCHS) erlassene Anordnung Nr. 50 für das nachfolgende Ausbildungsjahr. In diesen etwa 50 bis 60 DIN-A-4-Seiten umfassenden und inhaltlich verantwortlich vom Angeschuldigten ausgearbeiteten Anordnungen wurde die Zielrichtung der Aufklärungstätigkeit für das folgende Jahr vorgegeben, wobei sich die Vorgaben an den jeweils aktuellen militärischen Entwicklungen im Westen orientierten. Gegen Ende eines jeden Ausbildungsjahres (1.12. bis 30.11.) mußte der Angeschuldigte dem Minister für Nationale Verteidigung und dem STMCHS Rechenschaft abgelegen, wie weit der mit der AO Nr. 50 erteilte Aufklärungsauftrag im abgelaufenen Ausbildungsjahr erfüllt werden konnte. Die Gliederung dieser Anordnungen blieb – soweit feststellbar – über die Jahre im wesentlichen unverändert. Zunächst wurden die Ziele der militärischen Aufklärung angegeben. Im Anschluß hieran wurden die Hauptaufgaben der militärischen Aufklärung gestellt und präzisiert, welche Aufklärungsangaben im Ausbildungsjahr einzubrin-{140}gen waren. Nach dieser grundsätzlichen Aufgabenstellung wurden den einzelnen Verantwortungsbereichen des BA (Verwaltungen) zusätzliche spezifizierte Richtlinien vorgegeben. Als Beispiel wird aus der AO Nr. 50/85 des STMCHS über die militärische Aufklärung im Ausbildungsjahr 1985/86 vom 5. Oktober 1985 der Teil „Ziele und Hauptaufgaben der militärischen Aufklärung" nachfolgend wiedergegeben.

Die für dieses Ausbildungsjahr der Strategischen Agenturaufklärung (1. und 2. Verwaltung) gestellten Aufgaben sind schon unter C. IV. der Anklageschrift wiedergegeben.

Der Inhalt der ebenfalls vorliegenden Anordnungen Nr. 50 aus den Jahren 1983, 1986 und 1987 ist Band 4.1 der Akten zu entnehmen. {141}

„Geheime Verschlußsache!
A 649 300, 1. Ausf., Bl. 2

1. *Ziele und Hauptaufgaben der militärischen Aufklärung*

1.1. *Ziele der militärischen Aufklärung*

Im engen Zusammenwirken mit der Hauptverwaltung Aufklärung des Ministeriums für Staatssicherheit, der Hauptverwaltung Aufklärung des Generalstabes der Streitkräfte der UdSSR und den Verwaltungen Aufklärung der Armeen der Teilnehmerstaaten des Warschauer Vertrages ist zu gewährleisten:

(1) Nichtzulassen einer militärischen Überraschung durch die NATO, insbesondere durch
- frühzeitiges Erkennen von lageverschärfenden Maßnahmen,
- rechtzeitiges Aufdecken ihrer Absichten und Handlungen zur Vorbereitung bzw. Entfesselung eines Krieges,
- systematische Aufklärung ihrer Pläne und Maßnahmen zur Erreichung militärischer Überlegenheit.

(2) Zielstrebiges Einbringen und rechtzeitige Meldung der für die Organisation und Führung der Landesverteidigung und den operativen und Gefechtseinsatz der NVA erforderlichen Dokumente und anderen Aufklärungsangaben über die NATO zu
- politischen und militärischen Plänen und Absichten der Vorbereitung eines Krieges,
- Kampfbestand, Ausrüstung und Gefechtsbereitschaft sowie aktuelle militärische Aktivitäten,
- Kernwaffen, Richtungen bzw. Objekten ihrer Schläge sowie Zielen und Charakter erster Operationen,
- Perspektiven der Streitkräfte, Plänen und Arbeiten zur Entwicklung und zum Einsatz neuer Kampftechnik und Bewaffnung, einschließlich neuer Kampfmethoden, sowie zum operativen Ausbau des Kriegsschauplatzes.

(3) Kontinuierliche Aufklärung und Beurteilung der Lageentwicklung außerhalb der NATO. {142}

1.2. *Hauptaufgaben der militärischen Aufklärung*

(1) Ständige Aufklärung, Analyse und Beurteilung der militärpolitischen und militärischen Lage in Europa und in strategisch wichtigen außereuropäischen Räumen. Rechtzeitiges Erkennen und sofortige Meldung von Abweichungen im Friedensregime und anderer lageverändernder Merkmale, von Aktivitäten der USA und NATO zur Einnahme erhöhter Führungs- und Gefechtsbereitschaft operativ-strategischer Bedeutung, zur Überführung in den Kriegszustand und zur Schaffung von Voraussetzungen zur überraschenden Kriegseröffnung, Gewährleistung der un-

unterbrochenen Beobachtung der befohlenen Aufklärungsobjekte und Räume der besonderen Aufmerksamkeit. Beschaffung zuverlässiger Dokumente und Aufklärungsangaben:
- zu den militärpolitischen Grundsätzen der USA,
- zu den ‚Verteidigungspolitischen Richtlinien der Bundesregierung der BRD',
- über die Grundlinien der Militärpolitik der anderen NATO-Staaten, u.a. über die Integrationspläne der *Benelux*-Staaten,
- über die militärpolitischen Ergebnisse der Tagungen der Führungsorgane der NATO und WEU sowie der Abrüstungs- und Rüstungskontrollverhandlungen.

(2) Beschaffung von Dokumenten und zuverlässigen Aufklärungsangaben der NATO über die militärdoktrinären Grundsätze, militärstrategischen Konzeptionen und Operationspläne zur Kriegsentfesselung und Kriegführung gegen die Staaten des Warschauer Vertrages, besonders:
- Pläne der USA zur Durchsetzung der ‚Strategie der direkten Konfrontation' und zur Veränderung des militärstrategischen Kräfteverhältnisses, ‚Militärstrategische Konzeption der Bundeswehr', die grundlegenden Veränderungen in der Militärdoktrin Frankreichs und die neuen operativ-strategischen Einsatzgrundsätze der USA- und NATO-Streitkräfte (Air-Land-Battle-Konzept, Rogersplan, FOFA-Konzept); {143}
- Pläne und Zeitnormative zur strategischen Entfaltung der NATO-Streitkräftegruppierungen und ihres operativen Ausbaus sowie zur Organisation, Durchführung und Sicherstellung der ersten Operationen auf dem Westlichen Kriegsschauplatz, im Raum der Ostseeausgänge, im Ostatlantik und im Kanal;
- Vorgaben der obersten NATO-Führung (Force Goals, Force Proposals) für die Streitkräftepläne der NATO-Staaten bis 1990 und ihre jährlichen Einschätzungen zur Entwicklung der NATO-Streitkräfte; mittel- und langfristige Streitkräfteplanung der NATO-Staaten, besonders die Bundeswehrpläne 1986-1998 und 1987-1999; Stand der Erfüllung des NATO-Langzeitrüstungsprogramms;
- Hauptinhalte, Normative und Ergebnisse von nationalen und NATO-Kommandostabs- und Truppenübungen operativ-strategischer Bedeutung: ‚Global Shield 86', ‚Hilex 86', ‚Able Archer 86', ‚Active Edge I und II/86', ‚Reforger 86', ‚Autumn Forge 86', ‚Cold Fire 86', ‚Central Enterprise 86', Flottenübungen der ‚Northern'-Serie; Übungsplanung 1986 und 1987; Übungsdokumente der KSV ‚Wintex/Cimex 87'.

(3) Ständige Beobachtung und Kontrolle der obersten NATO-Führungsorgane und -stäbe sowie der operativ-strategischen Führungs- und Nachrichtenverbindungen der NATO. Beschaffung zuverlässiger Aufklärungsangaben zu:
- Stand und weiteren Aufbau, Organisation und Sicherstellung dieser Führungsorgane und -stäbe, Führungssysteme und Nachrichtenverbindungen;
- Veränderungen in der Organisationsstruktur, in den Befehlswegen und in der Arbeitsorganisation der obersten Führung, besonders der NATO-, USA-, BRD- und britischen Streitkräfte;
- Verfahren der Führung der NATO- und der unter nationalem Kommando verbleibenden Streitkräfte;
- Entfaltung der Führung, Bestand und Arbeitsweise der gesamtstaatlichen und militärischen Führungsorgane und Stäbe, BRD-Anteile an den NATO-Stäben, Entschlußvorbereitungs- und Konsultationsprozesse; {144}
- Zusammensetzung und Arbeitsweise von Führungsstellen, Gefechtsständen, Lage- und Aufklärungszentren;
- Arbeitsregime und Leistungsparameter automatisierter Führungs- und Informationssysteme sowie operativ-strategischer Nachrichtensysteme;
- Organisation und Wirkungsweise des militärisch-zivilen Zusammenwirkens, Aufbau und Funktion der gesamtstaatlichen und zivilen Führungsorganisation, Führung der paramilitärischen Kräfte und Zivilverteidigungsorganisationen.

(4) Zielgerichtete Aufklärung der Ansichten, Pläne und Maßnahmen der NATO, besonders der USA, GB und FR, zur Kosmischen Kriegführung, zum Ausbau ihres strategischen Angriffspotentials und zur Führung des strategischen Entwaffnungsschlages gegen die Staaten des Warschauer Vertrages. Einbringen zuverlässiger Aufklärungsangaben:

- zum Inhalt und zur Zielstellung der Planungen zur Kosmischen Kriegführung, besonders des SDI-Programmes der USA, des westeuropäischen ‚Eureka'-Projekts und der westeuropäischen Weltraumorganisation ESA, zur Erprobung kosmischer Waffensysteme (einschließlich Raumfähren) sowie zur Schaffung bzw. zum Ausbau kosmischer Kommandos, Einrichtungen, Kräfte und Mittel;
- zum Bestand, zur Organisation, Stationierung, Einsatzbereitschaft, Führung, Entfaltung, zum Einsatz und zur Sicherstellung der strategischen Kernwaffeneinsatzkräfte und von Kräften zum Einsatz anderer Massenvernichtungsmittel;
- zur Planung und Freigabe von Kernwaffenerst- und -folgeschlägen, von Einsätzen chemischer Kampfstoffe und biologischer Kampfmittel auf dem Westlichen Kriegsschauplatz;
- zum Fortgang der Stationierung von Flügelraketen und zum Abschluß der Ausrüstung der 56. RBr mit ‚Pershing 2'; zur Produktion und zum Bestand von Flügel- und ‚Pershing 2'-Raketen (Anzahl der je Startrampe vorhandenen Raketen und Kerngefechtsköpfe); zur Struktur, Einsatzbereitschaft, Ausbildung und zum Diensthabenden System; zu den Stellungsräumen der {145} Raketengeschwader und -bataillone; zu den Flugstrecken und -profilen, Kennziffern der Raketensysteme, Normativen zur Herstellung der Startbereitschaft; zur Organisation der operativen und administrativen Führung (Führungsverbindungen und Führungssysteme) und der Versorgung mit Kernmitteln; Zeitplan und Durchführung der Umrüstung der FKG der BRD auf ‚Pershing 1 B';
- zur Kernwaffeneinsatz- und Kernwaffenzielplanung für die operativen und taktischen KW-Einsatzkräfte der USA und NATO; zu den Zuteilungsnormen, zum Bestand, zur Struktur, Entfaltung und Sicherstellung der Kernwaffeneinsatzeinheiten; zur Anzahl der Kampfflugzeuge und Artilleriesysteme, die bei den nationalen NATO-Kontingenten zum Kernwaffeneinsatz vorgesehen sind;
- zur Erneuerung, Zuführung und Umverteilung der Kernmittel; Anzahl, Typen, Detonationsstärken und andere wichtige Kennziffern bzw. Menge, Arten und Wirkungsweise der auf dem Westlichen Kriegsschauplatz eingelagerten Kernmittel und chemischen Kampfstoffe (Kernmittel- und chemische Lager).

(5) Intensive Aufklärung der Pläne und praktischen Maßnahmen der NATO, insbesondere der USA, BRD, GB und FR zur Verstärkung der NATO-Gruppierungen auf dem Westlichen Kriegsschauplatz durch Heranführung auswärtiger Verstärkungskräfte, Mobilmachungsmaßnahmen und Umgruppierungen. Beschaffung von Dokumenten und zuverlässigen Aufklärungsangaben zu:

- Alarm-, Mobilmachungs- und Verstärkungsplänen;
- Mobilmachungs- und Verstärkungskräften, Ausschöpfung des Reservistenpotentials der NATO-Staaten, insbesondere der BRD, Maßnahmen zur Erhöhung der Mobilmachungsbereitschaft, zur Nutzung ausgesonderter Kampftechnik und Einlagerung von Kampftechnik, Aufbau einer ‚Reserveluftwaffe' der BRD;
- Stand und Entwicklung der See- und Lufttransportkapazitäten für die Heranführung von Verstärkungskräften; {146}
- Vorbereitung von Flugplätzen und Häfen zur Aufnahme von Verstärkungskräften;
- Mobilmachungs- und Verstärkungsübungen.

(6) Ständige Aufklärung des Standes und der Entwicklung der Streitkräfte allgemeiner Bestimmung der NATO und ihrer Mitgliedstaaten; Beschaffung zuverlässiger Aufklärungsangaben zu:

- Bestand, Organisation, Ausrüstung, Kampfkraft und Gefechtsbereitschaft, ideologische Beeinflussung, zu den operativen und Gefechtsmöglichkeiten sowie zur Dislozierung der Truppenteile und Verbände der Teilstreitkräfte;
- Handlungen der Aufklärungs- und FEK-Kräfte sowie der Flottenkräfte im Gefechtsdienst;
- Einsatzgrundsätze (Vorschriften) zur Organisation, Durchführung und Sicherstellung von Operationen und Gefechten, Vorräte besonders an Munition und T/S, ihre Lagerung und Staffelung sowie Arten und Zeiten der Heranführung;
- Ausbildungsprogramme und -schwerpunkte im Ausbildungsjahr 1986; Hauptinhalte, Normative und Ergebnisse der operativen und Gefechtsausbildung, Flug- und Fahrlimite, Übungsplanung 1986 und 1987; Ziele, Inhalt und Ergebnisse der Übungen der Teilstreitkräfte;
- Neuausrüstungs- und Modernisierungsvorhaben sowie Reorganisationsmaßnahmen der Landstreitkräfte, besonders AK-Truppen, ID und LLD (USA), ‚Artilleriestruktur 85' (BRD), territoriale Kräfte (GB, BRD, FR); Ausrüstung mit Artilleriesystemen MLRS (USA), SFL-H 155 mm (FR), Kampfpanzern M 1 (USA), ‚Leopard 2' (BRD, NL), ‚Challenger' (GB), AMX 30B (FR); SPz M 2, M 3 (USA), YPR 765 (NL), MCV 80 (GB); Kampfhubschraubern AH 64 (USA); Führungs-, FEK-, Aufklärungs- und Pioniertechnik, Minen, Munition und Nachtsichttechnik; taktische Forderungen an die zu beschaffende Kampftechnik, Auswirkungen auf die Gefechtsmöglichkeiten; {147}
- Entwicklung in den Landstreitkräften der nationalen NATO-Kontingente in den 90er Jahren, besonders Vorstellungen zur Zusammenlegung von Feld- und Territorialheer der BRD-Landstreitkräfte, zur neuen ‚Waffenfamilie' der gepanzerten Kampftruppen der 90er Jahre und zum Kampfpanzer 2000; Normative zum Herstellen der vollen Gefechtsbereitschaft, Überprüfungsergebnisse; Umdislozierungen von Stäben und Truppen vor allem der USA-Landstreitkräfte (8. MD); Entwicklung der Aufklärungs-Schlag-Komplexe, Vorstellungen bzw. Konzeption für ihre Einführung, Unterstellung, Führung und für ihren Einsatz;
- Veränderungen im Kampfbestand und in der Organisation der Luftstreitkräfte, Zuführung des Aufklärungs-Schlag-Komplexes PLSS, Aufstellung von Fliegerdivisionen der USA-Luftstreitkräfte; Aufstockung der Flugzeugbestände der Fliegerstaffeln, Reorganisationsmaßnahmen bei den Fla-Raketenkräften der USA und BRD, Veränderungen in der Fla-Raketengruppierung, Stand der Neuausrüstung mit Kampfflugzeugen ‚Tornado' (BRD, GB), F 16 (USA, BE, NL), F 18 (KA), ‚Harrier GR MK5' (GB), ‚Mirage 2000' (FR) und Flugzeugbewaffnung Bombenkassette MW-1 (BRD), Gleitbombe GBU-15 (USA), Antifunkmeßrakete HARM (USA) und ALARM (GB), Zuführung von Führungs-, Aufklärungs- und FEK-Technik;
- Veränderungen im Kampfbestand und in der Organisation der Seestreitkräfte der BRD, DA, der NL, BE und GB sowie Marineinfanterie (USA, GB, NL), Verlauf der Ausrüstung des MFG-2 (BRD) mit ‚Tornado', Modernisierung der U-Boote Typ 206 und Raketenschnellboote Typ 148 (BRD), Umrüstung der ‚Seaking MK 41' zu Kampfhubschraubern (BRD), Ausrüstung von Raketenzerstörern, Raketenfregatten und Raketenschnellbooten mit Schiff-Luft-Raketen RAM-ASMD (BRD, DA); Zuführung der ‚Seegrundmine 80' sowie von Führungs-, Aufklärungs- und FEK-Technik (BRD, DA); Flottenbesuche;
- Zivilverteidigungsorgane der NATO; Kräfte, Mittel und Aufgaben der Zivilverteidigung besonders der BRD; Bestand, Ausrüstung und Aufgaben der paramilitärischen Kräfte. {148}

(7) Einbringen von Dokumenten und zuverlässigen Aufklärungsangaben über die Hauptrichtungen der militärischen Forschung und Entwicklung von Kampftechnik, Bewaffnung und Ausrüstung der NATO und ihrer Mitgliedstaaten zur Erringung der militärischen Überlegenheit; besonders:

- langfristige militärische Forschungs-, Entwicklungs- und Technologiekonzeptionen; militärische Forschungs- und Entwicklungspläne und deren Realisierung; Organisation und Führung der militärischen Forschung und Entwicklung, finanzielle Aufwendungen, Umfang und Nut-

zung des Forschungspotentials für militärische Zwecke, Anwendung neuester wissenschaftlicher Erkenntnisse in der militärtechnischen Forschung und Entwicklung;
- Hauptrichtungen und Ergebnisse der Forschung und Entwicklung auf dem Gebiet der kosmischen Bewaffnung und Ausrüstung, der Massenvernichtungswaffen, besonders der Neutronenwaffen, der bakteriologischen (biologischen) Kampfstoffe (Gen-Technik) und der binären chemischen Kampfstoffe, und des Schutzes vor Massenvernichtungswaffen;
- Forschungs- und Entwicklungsergebnisse zur militärischen Nutzung von Hochtechnologien und Mikroelektronik, von Strahlen- und Partikelwaffen, Druckwellen- und Vakuumwaffen, zu Geschossen mit elektromagnetischer Beschleunigung, von Rohrwaffen mit flüssigen Treibladungen, Robotertechnik auf dem Gefechtsfeld, neuartigen Informationsübertragungsverfahren (Frequenzsprungverfahren, kryptologische Technik und Verfahren), über die Nutzung abgereicherten Urans für Geschoßkerne sowie die Härtung der Militärtechnik gegen die Wirkung des nuklearen elektromagnetischen Pulses und Beschuß;
- Unterlagen bzw. Forschungs- und Entwicklungsergebnisse zu Aufklärungs-Schlag-Komplexen, zu unbemannten Luftangriffs- und Aufklärungsmitteln, Präzisions-, Abstands- und Flächenbekämpfungswaffen, zur Aufklärungstechnik, zur Minenlege- und -räumtechnik, zu Streu-, Richt- und Seeminen, zu endphasengelenkten Granaten und Tochtergeschossen; {149}
- Muster bzw. geheime Unterlagen zu Kampftechnik, Bewaffnung und Ausrüstung, die bei den Streitkräften im Einsatz sind bzw. deren Einführung bevorsteht;
- Pläne und Maßnahmen zur Umstellung der Wirtschaft auf Kriegsbedingungen, zur Steigerung der Rüstungsproduktion, Produktionsziffern für kampfkraftbestimmende Kampftechnik, Bewaffnung und Ausrüstung; Rüstungshaushalte und -ausgaben.

(8) Beschaffung zuverlässiger Aufklärungsangaben zur Planung, Organisation und Durchführung der operativen Vorbereitung des Westlichen Kriegsschauplatzes und des Raumes der Ostseeausgänge, besonders der Territorien der BRD, Dänemarks und der Benelux- Staaten:
- Infrastrukturprogramm der NATO 1985-1990 sowie nationale Infrastrukturprogramme;
- Stand und Entwicklung des operativen Ausbaus der Territorien und dessen Auswirkung auf die strategische Entfaltung und die Durchführung erster Schläge und Operationen;
- weiterer Ausbau von Führungsstellen, Ausrüstungs- und vorgeschobenen Korpslagern (einschließlich eingelagerter Ausrüstung und Technik), Einsatz- und Manöverflugplätzen (einschließlich Autobahnabschnitten), Stellungen von Fla-Raketenkomplexen ‚Patriot‘, Übersetzstellen, vorbereiteten Sperren, Aufklärungs- und Nachrichteneinrichtungen, Verkehrseinrichtungen; Rohrleitungssystem;
- Luftbilder, geodätische und nautisch-hydrographische Unterlagen, militärgeographische Beschreibungen des Territoriums und Aquatoriums der BRD und DA sowie topographischer Materialien.

(9) Zielstrebige Aufklärung und Einbringung zuverlässiger Aufklärungsangaben zu den Plänen, Absichten und Aktivitäten der NATO und ihrer Mitgliedstaaten, besonders der BRD, zur Einbeziehung *Westberlins* in die Vorbereitungen auf einen Krieg gegen die Staaten des Warschauer Vertrages: {150}
- Einsatzpläne der westlichen Besatzungsmächte und der BRD bezüglich *Westberlin*; Streben der BRD zur Veränderung des völkerrechtlichen Status *Westberlins*, Unterstützungsmaßnahmen der BRD für *Westberlin*;
- Pläne, Vorbereitungen und Aktivitäten zur Einrichtung einer Luftbrücke in Krisensituationen und zur Aufrechterhaltung der Regierungsgewalt durch den Westberliner Senat;
- Bestand, Ausrüstung, Gefechtsbereitschaft, Ausbildung, Verstärkung, Aufklärungs- und andere Handlungen sowie Einsatz der Besatzungstruppen;
- Organisation, Bestand, Ausrüstung, Bereitschaft, Ausbildung und Einsatz der bewaffneten und Zivilverteidigungskräfte *Westberlins*;

– operativer Ausbau des Territoriums *Westberlin* für einen Krieg; Bevorratung, Leistungsfähigkeit und Ausnutzung der Instandsetzungs- und Versorgungsindustrie, andere Leistungen des zivilen Bereiches.

(10) Aufklärung der Militärpolitik, Wehrstruktur und der Streitkräfte sowie der militärpolitischen und militärischen Aktivitäten nichtpaktgebundener kapitalistischer Staaten Europas:

– Neue Momente und praktische Durchsetzung der Militärpolitik, Entwicklung der Streitkräfte sowie militärpolitische und militärische Aktivitäten Finnlands, Schwedens, Österreichs und der Schweiz; militärpolitische, militärische und militärökonomische Zusammenarbeit dieser Länder mit der NATO und ihren Mitgliedstaaten.

(11) Ständige Aufklärung, Analyse und Einschätzung der Entwicklungstendenzen und des Kräfteverhältnisses in den außereuropäischen Räumen, frühzeitiges Erkennen der Herausbildung von Krisen und Konflikten sowie exakte Beurteilung ihres Verlaufes und ihrer Ergebnisse:

– Militärpolitik, Streitkräfteentwicklung, Charakter des innerstaatlichen Systems und seine Stabilität, Intensität und Charakter der internationalen Verbindungen zu Ost und West, {151} politische und militärische Rolle der Staaten in den außereuropäischen Räumen, ihr Einfluß auf das regionale Kräfteverhältnis;
– militärische Lageentwicklung in den außereuropäischen Räumen, Aktivitäten bestehender und Tendenzen zur Herausbildung neuer militärischer Kräftegruppierungen; Handlungen und Maßnahmen der USA und anderer NATO-Staaten zur Einflußnahme auf die militärische Lageentwicklung; militärische Übungen vom Typ ‚Bright Star', ‚Team Spirit', ‚Big Pine', ‚Readex', ‚Solied Shield', ‚Ocean Venture' und ‚Unitas'; Umfang und Inhalt der Rüstungsexporte der NATO-Staaten sowie ihre militärpolitische, militärische und militärökonomische Zusammenarbeit mit den Staaten in den außereuropäischen Räumen;
– Pläne und Handlungen der Konterrevolution gegen antiimperialistische Staaten.

(12) Ständige Aufklärung und Analyse der agenturischen Lage im Operationsgebiet der Strategischen Agenturaufklärung; Beschaffung von Dokumenten und zuverlässigen Aufklärungsangaben über:

– die Regimeverhältnisse und deren Entwicklung im Spannungsfall und im Krieg;
– den Stand und die Entwicklung der feindlichen Geheimdienste und Abwehrorgane (Struktur, Bestand, Aufgaben, Arbeitsweise) sowie ihr internationales Zusammenwirken; Erweiterung der Vollmachten der Abwehrorgane durch Ausbau der Gesetzgebung;
– die technischen Möglichkeiten der Abwehrorgane und die Weiter- und Neuentwicklung spezifischer Abwehrtechnik und -verfahren (Dechiffrierung gedeckter Nachrichtenverbindungen);
– die Maßnahmen der Abwehrorgane auf dem Gebiet des Dokumentenwesens (u.a. fälschungssichere Personaldokumente).

Der Chef Aufklärung/MfNV hat in Abhängigkeit von der Lageentwicklung weitere Aufklärungsanforderungen zu stellen." {152}

Auf der Grundlage der AO Nr. 50 erließ der Angeschuldigte jeweils im November die im Mil ND auch als „Planvorgabe", „Ausbildungsbefehl" oder „Jahres-/Aufgabenstellung" bezeichnete „jährliche Aufgabenstellung des Chef Aufklärung zur Auswertung des Ausbildungsjahres" (zitiert nach der AO 10/86). Diese schriftliche Anweisung richtete sich an die Chefs der 1. und 2. Verwaltung. Soweit einzelne Vorgänge angesprochen wurden, war sie so allgemein gehalten, daß nur die damit befaßten Offiziere den Zusammenhang erkennen konnten. Dem Chef der 2. Verwaltung wurde für das Ausbildungsjahr 1986/87 im – unter E. III. der Anklageschrift geschilderten – Fall „Cherry" beispielsweise aufgegeben: „Abschluß der Einschleusungsmaßnahme einer Quelle in den NATO-Rat". In Umsetzung der Jahresaufgabenstellung des Angeschuldigten hatten die beiden Verwaltungschefs eigene Jahrespläne (sogenannte Entschlüsse) auszuarbeiten, wie die in ihren Anleitungsbereichen zu erfüllenden Aufgaben auf die einzelnen Abteilungen verteilt werden sollten. Der Entschluß des Verwaltungschefs enthielt für jede Abteilung einen eigenen Abschnitt, der nach Bestätigung des Entschlusses durch den CA dem zuständigen Abteilungsleiter zugeleitet wurde. Im Entschluß des Verwaltungschefs wurde die CA-Vorgabe in der Regel „personenbezogen" umgesetzt, im Fall „Cherry" also beispielsweise bestimmt: „Die Quelle ‚Cherry' ist im Ausbildungsjahr in den NATO-Rat einzuschleusen". Die Aufgabenstellung der Verwal-{153}tungschefs hatten die Abteilungsleiter für ihre Unterabteilungen zu präzisieren (beispielsweise: bis wann die Schleusung der Quelle „Cherry" in das Objekt abzuschließen war). Darauf beruhende Vorgaben der Unterabteilungsleiter waren Arbeitsgrundlage der Führungsoffiziere für die einzelnen Vorgänge. Der allgemeine Auftrag kam also von „oben", Umsetzung und konkrete Einzelfallplanung erfolgten „unten". Die Führung eines Agenten und die im Einzelfall zu treffenden Entscheidungen wurden vorwiegend zwischen Abteilungsleiter, Unterabteilungsleiter und Führungsoffizier abgestimmt.

Abgesehen davon, daß neue militärische Entwicklungen auf westlicher Seite die erstmalige Aufnahme von Aufklärungszielen in die AO Nr. 50 und die Jahresaufgabenstellung des CA zur Folge hatten, hatte die „Arbeitsebene" (AL, UAL, FO) die Möglichkeit, den Umfang ihres Aufklärungsauftrages für das Folgejahr – insbesondere bei langjährig und kontinuierlich arbeitenden „Spitzenquellen" – maßgeblich selbst zu beeinflussen. Eine solche Steuerung erfolgte in der „Jahresberichterstattung". Sowohl zur Rechtfertigung der eigenen Arbeit gegenüber dem CA als auch zu dessen Unterrichtung und Vorbereitung seines Vortrages zur „Jahresauswertung" beim Minister für Nationale Verteidigung mußten, vom Führungsoffizier angefangen bis zum Verwaltungschef, schriftliche Rechenschaftsberichte {154} gefertigt werden. In den einzelnen Abteilungen des Mil ND wurde im August/September eines Jahres mit dem Abfassen der Jahresberichte begonnen. Diese enthielten u.a. das Ergebnis der Zusammenarbeit mit den Agenten und eine Perspektivplanung für das kommende Ausbildungsjahr. Im Fall „Cherry" läßt sich dies beispielhaft erläutern. Die Führungsstelle im Zentrum hatte – in Abstimmung mit dem Angeschuldigten – schon längere Zeit geplant, den Agenten im NATO-Rat in Brüssel zu plazieren. Sie hatte ihn deshalb beauftragt, seine Versetzungsmöglichkeit auszuloten und sich dann entsprechend zu bewerben. Nachdem „Cherry" 1986 signalisiert hatte, daß das Vorhaben voraussichtlich im Folgejahr realisierbar sei, wurde die Schleusung in die Perspektivplanung für das Ausbildungsjahr 1986/87 aufgenommen.

Bestandteile der Jahresberichterstattung des einzelnen Führungsoffiziers im jeweiligen Vorgang waren:

- Benennung bzw. inhaltliche Angabe der bis dahin beschafften wichtigsten Aufklärungsangaben
- Einschätzung der Sicherheitslage des Agenten und des zu ihm unterhaltenen Verbindungswesens (Sicherheitsanalyse) {155}
- Perspektivplanung unter Nennung der Zielvorstellung.

Der Bericht des FO wurde über den Unterabteilungsleiter dem Abteilungsleiter vorgelegt. Beide Vorgesetzte fügten dem vor allem auf Vollständigkeit und Durchführbarkeit der angestrebten Maßnahmen geprüften Bericht eigene Stellungnahmen bei. Der Chef der Verwaltung verwendete die Jahresberichte der Abteilungsleiter für seinen Bericht an den CA, der auf dieser Grundlage im Oktober die „Jahresauswertung" des Mil ND gegenüber dem Minister für Nationale Verteidigung zu rechtfertigen hatte. Dieses Ineinandergreifen von – vorgezogener – Berichterstattung über das noch nicht ganz abgelaufene Jahr und der späteren Auftragserteilung für das folgende (dann bereits angefangene) Ausbildungsjahr bedeutete für die „Arbeitsebene", daß vom Angeschuldigten Jahresaufgaben gestellt wurden, deren Erfüllung jedenfalls bei langfristig tätigen Agenten mit einiger Sicherheit erwartet werden konnte. Kamen neue Aufklärungsobjekte hinzu, oblag es dem zuständigen Abteilungsleiter und seinen Aufklärungsoffizieren, den Auftrag – gegebenenfalls durch Schaffung weiterer AM – zu erfüllen. {156}

5. Weitere schriftliche Anordnungen

Neben den Jahresaufgabenstellungen hat der Angeschuldigte eine Vielzahl grundsätzlicher Anordnungen erlassen, mit denen Arbeitsweise sowie Rechte und Pflichten von Aufklärungsoffizieren verbindlich festgelegt wurden. Genannt seien hier lediglich – zusätzlich zur schon mehrfach zitierten AO 10/86 – die Anordnungen Nr. 20 über „Grundsätze der Informationsarbeit in der militärischen Aufklärung" (AO Nr. 20/86; AO Nr. 20/88; AO Nr. 20/89) und die über „das Zusammenwirken des BA mit militärischen und zivilen Organen und Einrichtungen" (AO Nr. 03/86; AO Nr. 30/88; AO Nr. 30/89). Soweit ihnen speziell für die Tätigkeit des Mil ND Bedeutung zukam, wird noch auf sie eingegangen.

Darüber hinaus konnte der Angeschuldigte ausweislich der jährlichen AO Nr. 50 des STMCHS „in Abhängigkeit von der Lageentwicklung weitere Aufklärungsanforderungen" stellen. Diese Befugnis nutzte Krause u.a. zum Erlaß einer jährlichen Anordnung „über die Aufklärung der Herbstübungsserie der NATO-Streitkräfte" (AO Nr. 5/85; {157} AO Nr. 6/86; AO Nr. 3/87; AO Nr. 4/88; AO Nr. 4/89). Die alle zwei Jahre stattfindende NATO-Kommandostabsübung Wintex/Cimex veranlaßte ihn ebenfalls, entsprechende Aufklärungsanordnungen zu erlassen. Auch seine Anordnung Nr. 6/85 über „die Aufklärung der Überführungsübung ‚Reforger 86' und der Truppenübung des VII. AK der USA-Streitkräfte" (vgl. B.III.2. d. der Anklage) beruhte auf der ihm in den AO Nr. 50 eingeräumten Kompetenz. Zur Aufklärung der genannten NATO-Übungen wurde vom Angeschuldigten der gesamte Militäraufklärungsapparat auf allen Kommandoebenen aktiviert. Auch der Mil ND wurde ausdrücklich aufgefordert, bei der Aufklärung mitzuwirken. Die Chefs der 1. und 2. Verwaltung hatten aufgrund solcher Anordnungen des Angeschuldigten eigene Überlegungen anzustellen und Entschlüsse auszuarbeiten, wie die AM-Quellen, AM-Objektbeobachter und AM-Marschaufklärer am effektivsten einzusetzen waren. {158}

III. Entscheidungsvorbehalte in nachrichtendienstlichen Vorgängen

Der grundsätzlich eigenverantwortlichen Planung innerhalb des Mil ND waren Grenzen gesetzt. Bestimmte Entscheidungen behielt sich der Angeschuldigte selbst vor. In diesen Fällen mußte dem CA vor der Umsetzung der geplanten Maßnahme auf dem Dienstweg über die UA OSK eine schriftliche Ausarbeitung zur „Bestätigung" zugeleitet werden.

Ohne seine Einwilligung, erkenntlich gemacht durch seine Unterschrift, durfte das Vorhaben nicht realisiert werden. Darüber hinaus gab es melde- bzw. berichtspflichtige Ereignisse, die eine umgehende Unterrichtung des Angeschuldigten und dessen Einbeziehung in die Entscheidungsfindung erforderten.

Die Bestätigungsberechtigungen innerhalb der gesamten SAA (also der 1. und 2. Verwaltung) sind in der Anlage 2 der AO 10/R6 aufgelistet. Wegen der Einzelheiten – soweit nachfolgend nicht dargestellt – wird Bezug genommen auf Bd. 4 Bl. 217 bis 222 d.A.

1. Bestätigungspflichtige Planungen

Erfaßt vom Entscheidungsvorbehalt des Angeschuldigten waren danach folgende Planungen des Mil ND: {159}

- die Bildung einer illegalen Residentur (konspirativer Zusammenschluß von Aufklärungsoffizieren und Agenturischen Mitarbeitern zu arbeitsfähigen agenturischen Netzen unter Führung eines Residenten zur zielgerichteten Beschaffung von Aufklärungsangaben aus Aufklärungsobjekten unter allen Bedingungen der Lage);
- der zeitweilige oder zeitlich unbegrenzte Einsatz von Aufklärungsoffizieren auf der Grundlage einer zweiten Identität als Aufklärungsoffizier des Zentrums, Spezialkader oder Spezialkader-Legalist im OPG;
- die Kategorisierung (Höherstufung) eines bisher „Fest Vorgesehenen" als Spezialkader, Spezialkader-Legalist, AM-Quelle, AM-Objektbeobachter und AM-Marschaufklärer. Sowohl die dementsprechende Aufnahme in das agenturische Netz als auch die Streichung aus dieser Kategorie bedurfte der Bestätigung durch den Angeschuldigten;

  Der Entscheidungsfindung des CA lag ein Kategorisierungsvorschlag des Verwaltungschefs zugrunde, aus dem sich insbesondere folgendes ergeben mußte:
  - Nutzen und Perspektive für den Mil ND; {160}
  - Motiv, Zuverlässigkeit, Bereitschaft und Eignung des Agenten;
  - dessen Befähigung zur Aufgabenerfüllung;
  - das Verbindungswesen und dessen Stabilität sowie die notwendige Finanzierung.

  Die Akten beinhalten hierzu folgende Beispiele:
  - Streichung der AM-Quelle „Dolch" aus dem Netz der Abteilung 16,
  - Streichung der AM-Quelle „Wilhelm",
  - Vorschlag zur Kategorisierung des „Arkanum" als AM-Objektbeobachter,
  - Absehen vom ursprünglichen Entschluß der Rückführung des SK „Veran" aus dem OPG,
  - Ablehnung des Angeschuldigten, den Spezialkader-Legalisten „Eugen" als Spezialkader zu bestätigen; {161}
- die operativen Reisen von Aufklärungsoffizieren des Zentrums ins Ausland;
- der Entschluß zur Rückführung/Übersiedlung von Aufklärungsoffizieren bzw. Agenten aus dem OPG.

  Beispiele hierfür:
  - beabsichtigte Rückführung des SK „Veran" aus dem OPG und
  - Entschluß über die Rückführung des SK „Vasall";

- Abschlußbericht und Vorschlag zur Weiterverwendung/Betreuung von aus dem OPG rückgeführten bzw. übersiedelten Agenten.
  Beispiel:
  Abschlußbericht betreffend die im Bundesgebiet verhafteten und verurteilten IM „Wolta“ und „Wetalon“.

Für die „tägliche“ Arbeit im Mil ND hatte zudem ein weiterer – in der AO 10/86 nicht ausgeführter – Entscheidungsvorbehalt des CA Auswirkung. Hierbei ging es um die Bestätigung/Bewilligung von Operativgeldern. {162}

Alsbald nach seinem Dienstantritt hatte der Angeschuldigte mit der Anordnung Nr. 3/83 vom 23. Februar 1983 über „die Verantwortlichkeit und Befugnis der Vorgesetzten der agenturischen und strategischen Aufklärung“ festgelegt, daß ihm nachrichtendienstliche Vorgänge, in denen die Ausgabe von mehr als 5.000,-- DM vorgesehen war, ebenfalls zur Bestätigung vorzulegen waren. Auch diese Führungsmaßnahme diente dem Zweck, sich einen besseren Überblick über gewichtige Fälle zu verschaffen und zugleich – mittels der zwischengeschalteten UA OSK – die Verhältnismäßigkeit der Ausgabe zum militärischen Nutzen des zu beschaffenden Verratsmaterials zu kontrollieren. Nachdem die in der AO 3/83 für die verschiedenen Führungsebenen insgesamt getroffene Regelung durch die grundlegende AO 10/86 ersetzt worden war, wurden die unterschiedlichen Betragshöhen der Operativgelder – bei fortbestehendem Bestätigungsvorbehalt des Angeschuldigten – in den „Bestimmungen über die finanzökonomische Tätigkeit in der SAA“ festgesetzt. Diese Bestimmungen liegen nicht vor. Im Zuge der Ermittlungen konnte nicht eindeutig geklärt werden, ab welchem Mindestbetrag nunmehr die Bestätigung des Angeschuldigten einzuholen war. {163}

2. Berichtspflichtige Ereignisse

Ausweislich der AO 10/86 waren „besondere Vorkommnisse“ in nachrichtendienstlichen Verbindungen dem Angeschuldigten „sofort mündlich und innerhalb von fünf Tagen schriftlich“ zu melden bzw. zu berichten. Diese Pflicht bezog sich auf Fälle des Verrats, der Verhaftung, der vermuteten bzw. bestätigten Doppelagententätigkeit, der akuten Gefahrensituation für Mitarbeiter bei Bearbeitung durch feindliche Organe sowie der vermuteten bzw. bestätigten Dekonspiration von Mitarbeitern, ferner auf Fälle des Verlustes, Mißbrauchs oder eigenmächtiger Vernichtung von Aufklärungsangaben, operativer Technik und operativen Dokumenten. In Absprache mit dem Angeschuldigten wurden in solchen Situationen Maßnahmen zur „Schadensbegrenzung“ geplant und ergriffen. Wegen der Einzelheiten wird Bezug genommen auf Bd. 4 Bl. 184 bis 188 d.A.

3. Bestätigung der Führungstreffs

Während der gesamten Amtszeit des Angeschuldigten bedurfte jeder beabsichtigte Auslandstreff eines Aufklärungsoffiziers des Zentrums mit dem von ihm geführten Agenten der Einwilligung des CA. {164}

Mit der Bestätigung der zugrundeliegenden schriftlichen Treffplanung erteilte der Angeschuldigte dem Führungsoffizier nicht nur die formelle „Reiseerlaubnis“, sondern erklärte sich zugleich mit der inhaltlichen Ausgestaltung der Treffdurchführung einverstanden.

Ziele eines Führungstreffs, bei dem grundsätzlich keine Materialübergabe an den FO erfolgte, waren ausweislich der AO 10/86:

„– die Einschätzung des Standes und der Art und Weise der Aufgabenerfüllung; bei Nichterfüllung die Ermittlung der Ursachen;
- das Stellen der neuen Aufgaben und die Festlegung der Lösungswege und Legenden;
- die Erziehung, Aus- und Weiterbildung als Grundlage für die Aufgabenerfüllung;
- die weitere Ermittlung und Überprüfung der Zuverlässigkeit;
- die Finanzierung;
- die Ausrüstung mit operativen Dokumenten und operativer Technik;
- der Aufbau bzw. die Erweiterung des Verbindungswesens und
- die Festlegungen für den nächsten Treff.“ {165}

Die Planung und die nach jedem Treff vorzunehmende schriftliche Berichterstattung über das Ergebnis waren Aufgabe des Führungsoffiziers. Entsprechendes galt für die Reise eines IM ins OPG zum Treff. Für den IM hatte der FO einen „Einsatzauftrag“ auszuarbeiten, der als Grundlage für die Einweisung des IM in seinen Auftrag diente.

Zur Durchführung eines Führungstreffs waren umfangreiche Vorbereitungen erforderlich, die Abstimmungen zwischen Abteilungsleiter, Unterabteilungsleiter und Führungsoffizier erforderten. Letzterem oblag die schriftliche Abfassung einer Planung des gesamten Treffablaufes, wobei sich diese in zwei Teile gliederte:

- den (eigentlichen) „Vorschlag“ zur Durchführung einer operativen Reise des (namentlich benannten) Führungsoffiziers und
- die „Anlage“ hierzu.

Aus der „Anlage“ ergaben sich:

- Zielstellung der operativen Reise;
- Angaben zum eingesetzten Mitarbeiter;
- Zeitdauer und Zielland;
- einzusetzende operative Dokumente; {166}
- Reiseroute, Übernachtungen, Legenden, Unterstützungsmaßnahmen;
- Angaben zur Trefforganisation und zu anderen operativen Maßnahmen;
- Verbindungswesen sowie
- Angaben über bisherige operative Reisen der eingesetzten Kräfte.

Diese vom FO gefertigte Ausarbeitung wurde vom UAL bzw. AL gezeichnet. Der „Vorschlag“ zur FO-Reise beinhaltete:

- die Begründung der operativen Reise;
- die Aufgabenstellung;
- Reiseroute, Legende, Dokumente und
- die Sicherheitseinschätzung.

Beabsichtigte der FO einen Führungstreff im OPG oder wollte er einen in einem Hauptobjekt plazierten Agenten im sozialistischen Ausland treffen, war der sonst knapp gefaßte „Vorschlag“ näher zu präzisieren. In diesem Fall enthielt er zusätzlich beispielsweise

Angaben über Art und Weise des beabsichtigten Trans-{167}ports von Verratsmaterial (durch mitreisende IM-K) sowie die Aufgliederung der Kosten für Reise und Treffdurchführung.

Sowohl im „Vorschlag" als auch im „Anhang" dazu wurde der Agent unter seinem Decknamen aufgeführt. Entsprechendes galt für eventuell mitreisende IM.

Der „Vorschlag" des FO wurde vom Abteilungsleiter gezeichnet und war vom Chef der 1./2. Verwaltung zu billigen.

Im Anschluß an seine Bestätigung leitete der Verwaltungschef die gesamte Ausarbeitung mit einem entsprechenden eigenen „Vorschlag" dem Angeschuldigten zur Bestätigung zu. Gelegentlich überbrachte er die Unterlagen auch persönlich.

Wie eine solche Planung eines Führungstreffs im einzelnen ausgesehen hat, ergibt sich aus nachfolgendem Beispiel einer beabsichtigten Treffreise der Offiziere Schmidt und M. nach Zypern. {168}

„Chef 1. Verwaltung		O.U., den 13.02.1987
Bestätigt:	Chef Aufklärung	Krause
am: 19.02./87		Generalleutnant

Vorschlag für eine operative Reise der Offiziere Oberstleutnant Schmidt, Helmut und Oberleutnant M., Axel vom 20.02. bzw. 22.02. bis 28.02. 1987 nach Zypern

1. Grund der operativen Reise

Oberltn. M., Offizier der Abteilung 10/02, bearbeitet den AM-W ,Hetter'. Im OPG wurde durch den IM-E/W ,Kesler' die Ermittlung geführt, die den Nutzen und die Eignung des Vorgesehenen für die SAA bestätigte, der Kontakt unter Legende hergestellt und die Bereitschaft zur Zusammenarbeit erwirkt. ,Hetter' arbeitet an der ersten Aufgabe. Die Werbung erfolgt unter ,Fremder Flagge' und nach der Methode der allmählichen Einbeziehung. Unter der Legende einer auf Zypern ansässigen Vermittlerfirma sind die Möglichkeiten des ,Hetter' weiter zu ermitteln, von ihm Aufklärungsangaben zu übernehmen und unter Beachtung der neuen Erkenntnisse eine Aufgabe zu stellen, die der AO 50/86 des STMCHS entspricht. Dafür wird der erfahrenere und altersmäßig passende Oberstltn. Schmidt eingesetzt.

2. Aufgabenstellung

Oberstltn. Schmidt hat unterstützt durch den IM ,Kesler'

- die vom AM-V erarbeitete Studie zu übernehmen, sie einer ersten Wertung zu unterziehen und zu vergüten;
- auf der Grundlage aktueller Ermittlungsergebnisse die neue Aufgabe zu stellen;
- den Aufbau eines Verbindungswesens vorzubereiten und den nächsten Treff zu vereinbaren.

Oberltn. M. übernimmt die Absicherung der Vorbereitung und Durchführung des Treffs vor Ort und hält sich bereit, auf Entscheid des Leiters der Operation, Oberstltn. Schmidt, zu handeln.

3. Reiseroute, Legenden, Dokumente

Oberstltn. Schmidt und IM ,Kesler' reisen mit DDR-Dienstpässen von Berlin-Schönefeld nach Larnaka/Zypern und arbeiten dort vom 22.02. bis 28.02. nach einer Dienstreiselegende. In diesem Rahmen ist ein Kontakt zur DDR-Botschaft vorgesehen und vorbereitet. Oberltn. M. reist getrennt von ihnen mit einer operativen Dokumentation am 20.02. über Athen als Tourist nach Zypern.

4. Sicherheitseinschätzung

Oberltn. M. hat vier operative Reisen erfolgreich durchgeführt, es traten keine seine Einsatzbereitschaft beeinträchtigenden Probleme auf. Bei Oberstltn. Schmidt gibt es aus der bisherigen operativen Arbeit sicherheitsrelevante Probleme, die den Einsatz des Offiziers im kapitalistischen Ausland stark einschränken. Nach Konsultation zur Arbeit der Feindorgane auf Zypern

(2. Verwaltung, MfS-Diensteinheit im Hause) schätze ich ein, daß Oberstltn. Schmidt mit DDR-Dokumentation auf Zypern zum Einsatz gebracht werden kann. Aus dem außerdienstlichem Bereich gibt es bei beiden Offizieren keine Einschränkungen für diese Aufgabe.

Hofmann
Generalmajor“ {169}

„Abteilung 10 O.U., den 12.02.87
Bestätigt: Chef der 1. Verwaltung Hofmann
am: 14.02.87 Generalmajor

Vorschlag zur Durchführung einer operativen Reise

Eingesetzte Kräfte/Zielstellung:
Zur weiteren Bearbeitung des AM-V ‚Hetter'
- Fortführung der Ermittlungen zur Person und zu den agenturischen Möglichkeiten
- Übernahme von Aufklärungsangaben und deren Finanzierung
- Aufgabenstellung entspr. der AO 50

führen die Aufklärungsoffiziere
OSL Helmuth Schmidt und Oltn. Axel M.
und der IM/Ermittler/Werber ‚Kesler'
in der Zeit vom 20.-28.2.87 bzw. 22.-28.2.1987 eine operative Reise nach Zypern (Limassol, Larnaka) durch.

Legendierung der Reisen:

Oltn. M.: Anreise erfolgt am 20.2. als Tourist aus Westberlin mit WB PA ‚Radtke'. Gen. M. handelt in Zypern als Tourist; alle notwendigen Vorbereitungs- und Kontrollaufgaben werden in diese Legende eingebaut. Eine Teilnahme am Treff mit ‚Hetter' erfolgt nur, wenn gegnerische Aktivitäten ausgeschlossen werden können.

OSL Schmidt/ IM ‚Kesler': Dienstreise als DDR-Bürger mit DDR-DP im Auftrage der Bauakademie/Institut für Städtebau und Architektur) zur Anfertigung einer Studie zu Hotelneubauten und Feriendörfern. Zur Stützung der Legende führen beide offizielles Material mit und arbeiten die Legende ab. Die fachlichen Voraussetzungen sind gegeben. Zur An- bzw. Abmeldung suchen beide am 23.2. und 27.2.87 entsprechend den Festlegungen für DDR-Dienstreisende die DDR-Botschaft in Nikosia auf. Die Absicherung dieser Maßnahme durch den Militärattaché ist über die 2. Verwaltung eingeleitet. {170}

Rückzugslegenden für die AO:
Oltn. M. wird sich bei Notwendigkeit auf die Person des Michael S. (erfaßter und verpflichteter Mitarbeiter) zurückziehen. S. weilt während der Einsatzzeit nicht in Berlin.
OSL Schmidt reist unter der Identität eines existierenden DDR-Bürgers (erfaßter und verpflichteter Mitarbeiter). Bei evtl. Anrufen von fremden Personen teilt dieser Genosse mit, daß Herr J. erst im März wieder in Berlin sein wird.

Einsatzaufgaben:

IM ‚Kesler': Da ‚Kesler' den AM persönlich kennt, vermittelt er den Kontakt zwischen ‚Hetter' und OSL Schmidt und nimmt entsprechend seiner Funktion als Personalbearbeiter der Firma für Deutschland an den Verhandlungen teil.
Die Einweisung des IM dafür ist erfolgt.

OSL Schmidt: Er realisiert den wesentlichsten Teil des Treffgesprächs, d.h. die Ermittlung des AM und seiner realen Möglichkeiten. Er gibt seine erste Einschätzung der Aufgabenerfüllung und legt die nächste Aufgabenstellung fest.

Oltn. M.: Er bereitet den Treff am 26.2. organisatorisch vor.

Am 23. und 24. überprüft er evtl. gegnerische Aktivitäten gegen OSL Schmidt und IM ‚Kesler'. Am 25.2. kontrolliert er die Ankunft des AM ‚Hetter'.
Am 26.2. beobachtet er evtl. gegnerische Aktivitäten während der Gespräche mit dem AM.
Erst wenn gegnerische Aktivitäten ausgeschlossen werden können, nimmt Oltn. M. am Abend des 26.2. an den Gesprächen teil und wird durch ‚Kesler' als Mitarbeiter der Firma eingeführt.

Zwischen den Genossen Schmidt, M. und ‚Kesler' ist eine Absprache erfolgt über Lebensläufe und geschäftliche Beziehungen.

Zusammenarbeit OSL Schmidt/IM ‚Kesler' – Oltn. M.:
Bis zum 25.2. wird getrennt gehandelt. Entsprechend der Anlage werden täglich Sichttreffs durchgeführt, zu denen vereinbarte Signale ausgetauscht werden.
Ein erster persönlicher Kontakt wird unter der Legende der zufälligen Bekanntschaft am 25.2., 21 Uhr hergestellt. Gibt es Gefahrenmomente, wird auf diesen Treff verzichtet.

Materialtransport:
Oltn. M. wird nicht mit Material von ‚Hetter' in Verbindung gebracht. Das Material übernehmen OSL Schmidt und IM ‚Kesler' und transportieren es am 27.2. zum MA in die Botschaft. Dort wird entschieden, welcher Teil des Materials durch Schmidt/‚Kesler' persönlich ins Zentrum transportiert werden kann und welcher Teil auf diplomatischem Kurierweg durch den MA ins Zentrum geschickt wird. Die Absprachen dazu sind mit der 2. Verwaltung getroffen.
OSL Schmidt und IM ‚Kesler' werden in der GÜST Flughafen Schönefeld zur Befreiung von der Zollkontrolle bei der Aus- und Einreise avisiert. {171}

Finanzen:

Für OSL Schmidt/IM ‚Kesler':		
7 Tage Verpflegung à 50,- DM	350,-- DM	
6 Übernachtungen à 100,--	600,--	
Fahrtkosten auf Zypern	400,--	
Kosten zur Legendenabdeckung	200,--	
Finanzielle Reserve	350,--	
	1900,-- DM DBB	
	Für OSL Schmidt	1900,-- DM
	Für IM ‚Kesler'	1900,-- DM
Für Oltn. M.		
9 Tage Verpflegung à 50,- DM	450,-- DM DBB	
8 Übernachtungen à 100,-	800,--	
Flug Athen-Zypern	500,--	
Fahrtkosten auf Zypern und evtl. Mieten eines Pkw	700,--	
Kosten für die Treffdurchführung mit ‚Hetter'	500,--	
Kosten zur Legendenabdeckung	300,--	
Finanzielle Reserve	350,--	
	3600,-- DM DBB	3.600,-- DM
Gesamtsumme für den Einsatz OSL Schmidt, Oltn. M. und IM ‚Kesler'		7400,- DM DBB siebentausend-vierhundert

Die DDR-Dienstreisenden werden nur den für einen DDR-Dienstreisenden üblichen Devisensatz mitführen. Er wird ihnen in engl. Pfund übergeben.
Der Rest des Geldes wird durch Oltn. M. transportiert und zum Treff am 25.2. übergeben.

Grundlage für das Zusammenwirken ist eine Grafik, die die Handlungen beider Offiziere zeitlich und örtlich koordiniert.

Bitzroth
Oberst

Die Avisierung bei der Ausreise macht den Einsatz des Oltn. M. für den Geldtransport nicht nötig.“ {172}

„Unterabteilung 10/2
OSL Eisenschmidt

O.U., den 30.1.87

Anlage zur Durchführung einer operativen Reise nach Zypern

1. Zielstellung

Zielstellung dieses Einsatzes ist die Fortsetzung der Bearbeitung des AM-V ‚Hetter‘ durch einen weiteren Treff mit folgenden Schwerpunkten:

- weitere Stützung der Drittlandlegende
- Übernahme und Teilfinanzierung der ersten Aufgabenstellung, die ‚Hetter‘ erfüllt hat
- Klärung der weiteren Zusammenarbeit entsprechend der Möglichkeiten der operativen Materialbeschaffung durch den AM-V im Rahmen der Legende
- Festlegung eines weiteren Treffs nach ca. 4-6 Wochen

2. Eingesetzte Kräfte

AO OSL Schmidt, Helmut — IM E/W ‚Kesler‘
XV/1255/82

weiterhin wird der AO Oltn. M., Axel eingesetzt (s. getrennte Anlage).
Sicherheitsakte des AO liegt vor.

Die Einschätzungen zum IM lt. der bisherigen Anlage können bestätigt werden, es gib keine Veränderungen. Der IM hat den Vorgang ‚Hetter‘ intensiv und mit persönlichem Engagement bearbeitet und einen guten persönlichen Kontakt zum AM-V hergestellt.

3. Zeitdauer

22.02.-28.02.87 nach Zypern Larnaka-Limassol

4. Dokumentation

DDR-DP auf den Namen J., Hilmar — DDR-DP auf den Namen G., Erich

Zerstörungscontainer zur Mitnahme von finanziellen Mitteln, die an den AM-V zu übergeben sind.

5. Reiseroute

22.02.87	IF/RJ 654	02.05 Uhr ab Schönefeld
		08.55 Uhr an Larnaka
28.02.87	IF 651	03.40 Uhr ab Larnaka
		06.30 Uhr an Schönefeld

6. Übernachtung

Übernachtung in einem Mittelklassehotel entsprechend der Dienstreiselegende in Limassol {173}

7. Legende

- Dienstreise im Auftrag der Bauakademie
- beschäftigt als Wiss. Mitarbeiter am Institut für Städtebau und Architektur (Berlin)
- im Auftrag dieses Instituts ist eine Studie über Hotelbauten/Feriendörfer am Flachstrand des Mittelmeers in Zypern anzufertigen, die als Ausgangspunkt für ein Hotelprojekt dienen soll, welches DDR-Baufirmen in Nordafrika ggf. errichten wollen
- dazu werden die wichtigsten Ferienorte angefahren und fotografisch dokumentiert (Larnaka, Limassol, Paphos)

– zur Absicherung der Legende wird ein Besuch zur An- und Abmeldung in Zypern in der Botschaft (fiktiv Kulturattaché, real MA) durchgeführt am 23. und 27.02.87

8. Unterstützungsmaßnahmen
– AGOD: Beschaffung von Flugtickets und DDR-DP
– 2. Verwaltung: Gespräch mit MA in der Botschaft; Materialtransport in Zentrum
– Avisierung von Ein- und Ausreise über Güst Flughagen Sch.

9. Treffdurchführung

26.02.87 10.00 Uhr Larnaka Hotel ‚Sun Hall' mit Unterbrechungen bis in die Abendstunden

– Treffvorbereitung einschl. Zimmer- und Konferenzraumbuchung durch Oltn. M.
– IM ‚Kesler' wird 1000 Uhr ‚Hetter' empfangen und ihn ca. 10.30 Uhr OSL Schmidt vorstellen im Konferenzraum
– Ankunft des AM-C am 25.02. gegen 20.00 Uhr soll durch Oltn. M. überprüft werden

10. Organisatorischer Ablauf

22.02.87	8.00 Uhr Flughafen Larnaka, Fahrt nach Limassol mit Linientaxi oder Bus, Zimmerbuchung und Stadtbesichtigung
23.02.87	Fahrt nach Nikosia und Gespräch in Botschaft, weitere Abarbeitung der Legende
24./25.02.87	Handlungen zur Stützung der Legende in Limassol, Larnaka und Paphos
26.02.87	Durchführung des Treffs in Larnaka
27.02.87	Fahrt nach Nikosia und Übergabe des Materials an MA
28.02.87	Abflug nach Berlin

11. Verbindungswesen

Einsatz der T ‚Kaim' bei Besonderheiten und codiertes Telefonat am 26.02.87 gegen 21.00 Uhr

12. Bisherige Einsätze

AO	IM
keine	2x WB; 7x BRD Österreich

Eisenschmidt/OSL {174}

UAVW:
1. Die eingesetzten Genossen müssen sich gründlich mit den ‚Grundsätzen für das Verhalten von dienstlich im Ausland weilenden Bürgern der DDR' vertraut machen. (liegen in der UAVW vor.)
2. Die Dienstreisenden müssen ihren Aufenthalt im Lande so gestalten, daß sie der Nomenklatur von Dienstpaß-Inhabern entsprechen.
3. Es ist zu berücksichtigen, daß bei der Ankunft in Larnaka eine Einreisekarte mit den Angaben zur Person auszufüllen ist und eine Befragung zum Aufenthaltsgrund/Dienstauftrag, zum Aufenthaltsort und zur Zeitdauer des Aufenthalts erfolgen kann.
4. Die Verbindungsaufnahme zu einer Telefonstelle ist unzweckmäßig. DDR-Dienstreisende sind Verpflichtet, eventuelle Verbindungen zur Botschaft der DDR bzw. zum Entsendungsorgan herzustellen.

Michaelis
Oberst" {175}

Sämtliche operative Reisen von Aufklärungsoffizieren des Zentrums, also auch solche, bei denen sich ein FO nur kurzfristig zur unpersönlichen (telefonischen) Kontaktaufnahme mit einem AM im OPG aufhielt oder die lediglich der Erkundung der agenturischen Lage dienten, unterlagen dem Bestätigungsvorbehalt des CA.

Der vom Verwaltungschef eingereichte Vorschlag zur Durchführung einer operativen FO-Reise wurde vor der Entscheidung des Angeschuldigten einer gesonderten Prüfung unterzogen. Zuständig hierfür war die „Unterabteilung Operative Sicherheit und Kontrolle" (UA OSK), die organisatorisch der sogenannten Grundsatzabteilung (Leiter:

Kapitän zur See Hexamer) angehörte, mit ihrem eigentlichen Aufgabengebiet (Prüfung der nachrichtendienstlichen Vorgänge der 1. und 2. Verwaltung) dagegen direkt dem Angeschuldigten unterstellt war. Die Grundsatzabteilung und deren zwei Unterabteilungen hatte der Angeschuldigte alsbald nach Amtsantritt gegründet. Leiter dieser UA OSK waren:

- Oberst Hans-Joachim Kelling (von Oktober 1982 bis Mai 1986)
- Oberst Bernd Albrecht (Juni 1986 bis Ende). {176}

Auch diese „Führungsgruppe" des CA unterlag verschiedenen Umstrukturierungen und Umbenennungen, weshalb nur die prinzipielle Gliederung dargestellt wird. Der UA OSK gehörten – bis 1985/86 – fünf Arbeitsgruppen (AG) mit folgenden Aufgabenbereichen an:

- Arbeitsgruppe Operative Sicherheit und Kontrolle, zuständig für die Überprüfung der Treffvorschläge aus den Abteilungen 10, 12, 14 und 16 der 1. sowie der Abteilung 8 der 2. Verwaltung;
- Arbeitsgruppe Operative Dokumente bzw. Dokumentation, zuständig für die Erfassung der für die SAA operativ tätigen Personen sowie die Beschaffung von – im MfS hergestellten – Blankopässen;
- Arbeitsgruppe Agenturische Lage, zuständig für die Kenntnis allgemeiner Regimebedingungen im Ausland (z.B. Grenzabfertigungsmodalitäten, Infrastruktur im OPG etc.);
- Arbeitsgruppe Operatives bzw. Agenturisches Verbindungswesen, zuständig für den technischen Reiseablauf (Bereitstellung von PKW mit gefälschten Kennzeichen, Buchung von Fahrkarten, Hotel-{177}reservierungen etc.) sowie die Reisekoordination (Verhinderung, daß sich etwa zwei Führungsoffiziere zum gleichen Zeitpunkt im selben Zug oder Hotel aufhielten);
- Arbeitsgruppe Operative Betreuung, zuständig für die Betreuung zurückgezogener Netzelemente (abgezogene SK/geflohene, übergesiedelte AM).

Der UA OSK oblag die sicherheitsmäßige Überprüfung der gesamten Treffplanung. Vor allem war zu prüfen, ob der beabsichtigte Führungstreff den Sicherheitsbestimmungen und Grundsätzen der AO 10/86 des CA entsprach. Darüber hinaus wurde die UA OSK mit ihren Arbeitsgruppen bereits während der Planungsphase des Treffs unterstützend tätig.

Nachdem der Angeschuldigte den Reisevorschlag an den Leiter der UA OSK weitergeleitet hatte, erfolgte die Überprüfung des eingereichten „Vorschlags" in der AG Operative Sicherheit und Kontrolle. Der „Anhang" wurde zur Überprüfung in die AG Agenturisches Verbindungswesen (letzter Leiter Oberst Michaelis) gesteuert. Nach deren Prüfung und ggfs. erteilten Hinweisen (Hinweis der AG Agenturisches Verbindungswesen/damals Unterabteilung Verbindungswesen genannt) wurden die Unterlagen dem Leiter der UA OSK vorgelegt. {178}

Hatte dieser, auch unter Berücksichtigung der von jedem FO vor einem Führungstreff gesondert zu erstellenden Sicherheitsanalyse, keine sicherheitsmäßigen Bedenken gegen die Reise, brachte er – vor Rückleitung des Vorschlags nebst Anhang an den Angeschuldigten – auf der ersten Seite des Vorschlags seine Paraphe an.

Nach der Entscheidung des Angeschuldigten (Bestätigung oder Versagung des Führungstreffs) gelangte der Vorgang über den Verwaltungschef auf dem Dienstweg zum FO zurück.

Wie die Ermittlungen ergeben haben, hat der Angeschuldigte Treffreisen keineswegs immer genehmigt. Vielmehr hat er nach Einzelfallprüfung seine Bestätigung versagt oder auch seine bereits erteilte Einwilligung wieder zurückgezogen.

So nahm der Angeschuldigte beispielsweise die Bewilligung einer Treffreise des Führungsoffiziers Idmar Biereigel nach Finnland zwei Tage vor dem geplanten Reiseantritt wieder zurück und verhängte zugleich – aus nicht geklärten Gründen – eine mehrjährige Reisesperre gegen diesen Führungsoffizier. Nach dieser Sanktion untersagte er dem FO Biereigel nochmals einen geplanten Führungstreff. Vermutlich verweigerte er diesmal aus Sicherheitsgründen die Bestätigung des Reisevorschlags. Zum Zeitpunkt des geplanten Führungstreffs hielt sich nämlich der damalige Staats-{179}ratsvorsitzende Erich Honecker[9] zu einem offiziellen Besuch in der Bundesrepublik Deutschland auf; der Angeschuldigte wollte das Risiko einer Festnahme seines Offiziers bzw. des Agenten und sich möglicherweise daraus ergebende politische Verwicklungen vermeiden. In einem weiteren Fall bestätigte er eine operative Reise des Aufklärungsoffiziers Dieter M. (SK-L „Eugen“) ins OPG Dänemark nicht, weil er die Einsatzplanung für nicht realisierbar hielt.

Im Gegensatz zur Regelung bei Reisen von Führungsoffizieren waren die Chefs der 1. und 2 Verwaltung berechtigt, IM-Treffreisen ins OPG zu Agenten in Hauptobjekten zu bestätigen. Ebenfalls nicht durch den CA zu bewilligen waren die übrigen IM-Treffreisen. Die hierfür erforderliche Erlaubnis durfte der Abteilungsleiter erteilen.

Die Regelung der Bestätigungskompetenz für Treffs läßt wiederum die bereits unter D.II.3. der Anklage angesprochenen Führungsprinzipien des Angeschuldigten erkennen. Krause, der selbst keine Agenten geführt und an keinem Treff teilgenommen hat, hat sich angesichts seines breitgefächerten Aufgabenbereichs als Chef der gesamten Militäraufklärung innerhalb des Mil ND nur in wichtige Vorgänge eingeschaltet und auch im Wege des Entscheidungsvorbehaltes darauf Einfluß genommen. {180}

4. Weitere Bestätigungen

Wurden die beschafften Aufklärungsangaben (insbesondere also geheime Dokumente, Meldungen oder Muster) vom Informationsdienst als der für die Auswertung zuständigen Stelle in die höchste Stufe eingeordnet, mithin als „außerordentlich wertvoll“ bewertet, bedurfte diese Beurteilung der Bestätigung des Angeschuldigten. Nach der AO 20/88 mußte es sich dabei um Aufklärungsangaben handeln,

> „die das rechtzeitige, eindeutige Erkennen und Melden einer bevorstehenden NATO-Aggression, eines bevorstehenden Überfalls mit Massenvernichtungswaffen, einer überraschenden Einnahme einer höheren Stufe der Gefechtsbereitschaft durch operative Vereinigungen oder einer militärischen Provokation gegen die sozialistischen Staaten gewährleisten“,

oder um

> „rechtzeitige, vollständige und zuverlässige Aufklärungsangaben zu Problemen/Fragekomplexen mit strategischer und operativ-strategischer Bedeutung, zu entscheidenden Entwicklungsvorhaben der NATO-Streitkräfte oder perspektivischer Kampftechnik sowie zu Entwicklungen

in außereuropäischen Räumen, die entscheidenden Einfluß auf die Veränderung der militärstrategischen und militärpolitischen Lage in Europa haben können, unmittelbar die Sicherheitsinteressen der DDR und der Staaten des Warschauer Vertrages berühren und wesentlich zur Entscheidungsfindung der Partei-, Staats- und Armeeführung beitragen." {181}

Bestätigte der Angeschuldigte die Einschätzung des Informationsdienstes aufgrund des ihm von seinem 1. Stellvertreter und Leiter des Informationsdienstes vermittelten Inhalts des beschafften Verratsmaterials, so hatte dies in den meisten Fällen zur Folge, daß der Angeschuldigte persönlich den Führungsoffizier mit einer Prämie auszeichnete. Zu diesem Zweck wurden die operativ tätigen Hauptamtlichen Mitarbeiter der 1. und 2. Verwaltung zur Verlesung eines Befehls des CA in den Kinosaal des BA-Gebäudes gerufen und dem FO vom Angeschuldigten das als „außerordentlich wertvoll" bestätigte Verratsmaterial mit einer finanziellen Prämie übergeben. Ob dies immer so gehandhabt wurde, ist nicht bekannt. Jedenfalls wurde der FO Roland Glaser in drei Fällen auf diese Art und Weise vom CA belobigt.

In diesem Zusammenhang ist anzumerken, daß Auszeichnungen (Orden, Medaillen etc.) von Agenten auf Vorschlag des Führungsoffiziers oder dessen Vorgesetzten nur nach Zustimmung aller übergeordneten Instanzen bis hin zum Minister für Nationale Verteidigung erfolgen konnten. Mithin war auch hier die Bestätigung des Angeschuldigten erforderlich, bevor es zur Auszeichnung des Agenten kommen konnte. Entsprechendes galt für derartige Auszeichnungen von Hauptamtlichen Mitarbeitern des Mil ND. {182}

IV. Der Vollzug des Informationsaustausches mit den Partnern

In den jährlichen Anordnungen Nr. 50 wurde eingangs immer darauf hingewiesen, daß die Ziele der militärischen Aufklärung

„im engen Zusammenwirken mit der Hauptverwaltung Aufklärung des Ministeriums für Staatssicherheit, der Hauptverwaltung Aufklärung des Generalstabes der Streitkräfte der UdSSR und den Verwaltungen Aufklärung der Armeen der Teilnehmerstaaten des Warschauer Vertrages"

zu verwirklichen sind. Für diese Zusammenarbeit hatte der Angeschuldigte in seinen – unter D.II.5. der Anklage bereits angesprochenen – Anordnungen Nr. 3 bzw. 30 grundsätzlich festgelegt, durch wen die Partnerbeziehungen – CA persönlich bzw. die ihm unterstellten Chefs oder andere Führungskader des BA – verwirklicht werden. Wegen der Einzelheiten wird auf die genannten Anordnungen Bezug genommen.

Neben dieser personenbezogenen Regelung der offiziellen Kontakte gab es weitere Bestimmungen für die Übergabe der vom BA beschafften Aufklärungsangaben an die Partner. Solche finden sich in den – ebenfalls unter D.II.5. der Anklage schon aufgeführten – Anordnungen Nr. 20 des Angeschuldigten. {183}

In der ersten Anordnung über Grundsätze der Informationsarbeit, der AO Nr. 20/86 vom 1. August 1986, hatte der Angeschuldigte dazu folgendes angeordnet:

„– Aufklärungsangaben, die für die Übergabe an das MfS Verwendung finden können, sind entsprechend dieser Anordnung zu bearbeiten, vom 1. Stellvertreter periodisch zusammenzustellen und mit Anschreiben dem Chef Aufklärung vorzulegen. Aufklärungsangaben agenturischen Inhalts, die dem MfS zur Verfügung gestellt werden sollen, sind dem LUAOSK zuzustellen, der diese mit Anschreiben dem Chef Aufklärung vorlegt.

- Aufklärungsangaben, die für die Übergabe an die Hauptverwaltung Aufklärung des Generalstabes der Streitkräfte der UdSSR vorgesehen sind, hat der 1. Stellvertreter mit Protokoll dem Vertreter der Hauptverwaltung zu übergeben. Aufklärungsangaben besonderer Bedeutung und wertvollen Inhalts sind durch den 1. Stellvertreter mit Anschreiben an den Chef der Hauptverwaltung dem Chef Aufklärung vorzulegen.
- Aufklärungsangaben, die an andere Partner als oben festgelegt übergeben werden sollen, sind durch den 1. Stellvertreter dem Chef Aufklärung vorzulegen." {184}

In den späteren AO Nr. 20 des Angeschuldigten wurde übereinstimmend angeordnet:

„Die Übergabe von Aufklärungsangaben an andere Aufklärungsdienste sozialistischer Staaten bzw. die GSSD, an das MfS und andere Partner in der DDR entscheidet der 1. Stellvertreter des Chefs Aufklärung. Er legt diese Materialien zur Übersendung dem Chef Aufklärung vor. Diese Aufklärungsangaben sind entsprechend ihrem Informationsgehalt von den Leitern der Abteilungen des Informationsdienstes vorzuschlagen und in Geheimhaltungsstufen ‚Geheim' oder ‚Vertraulich' bzw. als Nachweissendung (NWS) einzustufen."

Dem auf dieser Grundlage stattfindenden Austausch von Aufklärungsangaben des BA mit seinen Partnern kam in der Praxis unterschiedliche Bedeutung zu.

Der HV A des MfS wurden in aller Regel keine Ablichtungen von neutralisierten Originaldokumenten des durch den Mil ND beschafften Verratsmaterials zur Verfügung gestellt. Dem Abteilungsleiter der Abteilung VII (Auswertung, Lage und Information) der HV A wurde bei dienstlichen Besuchen im BA zwar Einsicht in Originalverratsmaterial gewährt und in Ausnahmefällen – nach Einwilligung des Angeschuldig-{185}ten – auf Wunsch auch Ablichtungen von Verratsmaterial durch den zuständigen Leiter des Informationsdienstes übergeben. In umgekehrter Richtung (HV A an BA) wurde der Informationsaustausch nicht so restriktiv gehandhabt. Dem BA wurden jährlich durchschnittlich etwa 300 neutralisierte Verratsdokumente überlassen, wobei diese entweder persönlich überbracht oder – mit Anschreiben des Leiters der HV A an den Angeschuldigten – übersandt wurden. Besondere Bedeutung kam diesem Material aber nicht zu.

Ganz anders gestaltete sich dagegen die Übergabe von Aufklärungsangaben an den sowjetischen Partner. In Anknüpfung an die Darstellung unter C. VIII. der Anklage ist dazu auszuführen:

Vor dem Hintergrund der bilateralen Vereinbarung über den gegenseitigen Austausch der beschafften Aufklärungsinformationen zwischen VA/BA und GRU wurde – jedenfalls von seiten des BA – eine intensive Erkenntnisübermittlung betrieben.

Der GRU wurden nicht nur die vom Informationsdienst erstellten Ausarbeitungen mit umgesetzten Aufklärungserkenntnissen zur Verfügung gestellt, sondern zum ganz überwiegenden Teil auch die operativ beschafften Aufklärungsangaben des Mil ND. Darin eingeschlossen waren be-{186}sonders wertvolle Dokumente und Kopien von Magnetbändern mit gespeicherten Daten, aber auch einzelne Meldungen von Marschaufklärern und Objektbeobachtern. Das von den sogenannten Spitzenquellen des Mil ND beschaffte Verratsmaterial wurde der GRU in jedem Fall überstellt. Originäre Aufklärungsangaben wurden – jeweils nach Rücksprache mit dem Angeschuldigten – in Form neutralisierter Ablichtungen überlassen.

Durch diese Praxis wurde der sowjetische Partner in die Lage versetzt, die Unterlagen des Mil ND selbst einer Auswertung zu unterziehen und die Ergebnisse mit den durch die eigene Spionage erlangten Erkenntnissen zu koordinieren.

Die Weitergabe oblag auf seiten des BA – entsprechend der AO Nr. 20 – dem 1. Stellvertreter des CA und Leiter des Informationsdienstes. Sie erfolgte mit Anschreiben an den Chef der GRU, in dem auf Inhalt und Bedeutung des Verratsmaterials hingewiesen wurde. Erst nach der Unterzeichnung des Schreibens durch den Angeschuldigten war der Leiter des Informationsdienstes befugt, die Unterlagen dem Vertreter der GRU mit Dienstsitz im BA, Oberst Butkow, auszuhändigen.

Die so vom Angeschuldigten verantwortete Übergabe des Verratsmaterials führte im Ergebnis dazu, daß die Erkenntnisse an der GRU-Außen-{187}stelle in Karlshorst vorbei direkt in die GRU-Zentrale in Moskau gelangten. Beinhalteten Unterlagen wichtige Erkenntnisse, wurde vom sowjetischen Partner Lob und Dank ausgesprochen.

Die fachliche Zusammenarbeit mit den vom Gebiet der DDR aus agierenden sowjetischen Diensten hatte der Angeschuldigte Offizieren seiner Grundsatzabteilung übertragen.

In bedeutsamen Fragen schaltete er sich selbst ein (vgl. hierzu seine Einbindung in den von der GRU geführten Vorgang „Mister“) und führte persönlich die Verhandlungen mit den Vertretern des sowjetischen Partners. So auch, als es 1988 zu Meinungsverschiedenheiten darüber gekommen war, wer als „direkter“ Vertreter der GRU-Zentrale im BA (der Verbindungsoffizier Oberst Butkow oder der Leiter der GRU-Außenstelle Karlshorst, Oberst Gumenjuk) anzusehen sei. Diese Frage hatte unmittelbare Auswirkungen darauf, wem die durch den Mil ND beschafften Verratsunterlagen zu übergeben waren. Falls Oberst Gumenjuk als „direkter“ Vertreter anzusehen gewesen wäre, wären sie erst auf dem Umweg über die GRU-Außenstelle Karlshorst in die Zentrale nach Moskau gelangt. Ausweislich der von der HA I des MfS gefertigten und auf vertraulichen IMS-Berichten beruhenden Aktenvermerke hat der Angeschuldigte in den Gesprächen mit den GRU-Vertretern eine klare Position be-{188}zogen. In Übereinstimmung mit der bisherigen Verfahrensweise war nach seiner Auffassung auch zukünftig Oberst Butkow als der maßgebliche GRU-Vertreter im BA anzusehen, weil nur so gewährleistet war, daß das Verratsmaterial auf direktem Weg in die GRU-Zentrale nach Moskau gelangte. Die vom Angeschuldigten sodann getroffene Festlegung zur Regelung dieser Frage sah die Fortsetzung der bisherigen Praxis vor. Wegen der Einzelheiten wird auf Bd. 6/152 bis 158 und Bd. 4.2/226 d.A. Bezug genommen. Ob nach dieser Festlegung verfahren wurde, ist nicht geklärt worden, weil diesem Umstand keine wesentliche Bedeutung zukommt. {189}

E. Die Einzelfälle

I. Vorbemerkung

Bis zum Beginn der Verhaftungswelle im Frühjahr 1990 führte der Mil ND etwa 140 Agenten im OPG. Davon waren etwa 20 Spione in Hauptobjekten tätig, ungefähr die Hälfte waren sogenannte Spitzenquellen. Im Mai 1990 erstellte der Angeschuldigte eine Liste über „Mitarbeiter der militärischen Aufklärung der NVA, die in der Bundesrepublik Deutschland verhaftet wurden“, die er am 24. Mai 1990 dem damaligen MfAV, Rainer Eppelmann, übergab. Diese Aufstellung über „zehn der wichtigsten Quellen“ enthält folgende Namen, wobei Beruf bzw. Arbeitsplatz und der Mil ND-interne Deckname des Vorgangs zur Erläuterung hinzugefügt sind:

- Herbert L. alias Jürgen K.
  (Rechenzentrum der Bundeswehr in Bad Neuenahr/DN Vehn);
- Heinz W.
  (Angestellter im Fernschreibdienst des Auswärtigen Amtes in Bonn/DN Cherry);
- Joachim und Gisela P.
  (Zentraldruckerei des Luftwaffenamtes in Köln-Wahn/DN Weißkopf und Wandlitz); {190}
- Hans L. und Hans Wilhelm P.
  (Amt für Studien und Übungen der Bundeswehr in Bergisch-Gladbach/DN Tresor und Sammler);
- Ulrich Steinmann
  (Baudirektor im Bundesministerium für Verteidigung in Bonn/DN Esche);
- Dieter Popp
  (Versicherungsangestellter/DN Asriel, der den als Quelle im Bundesministerium für Verteidigung in Bonn tätig gewesenen – verstorbenen – Egon S./DN Aurikel, anleitete);
- Wolfgang Nolte
  (Oberleutnant der Bundeswehr/DN Harry);
- Thomas H.
  (Regierungsinspektor im Kreiswehrersatzamt Detmold/DN Drache).

Bei seiner Vernehmung vom 12. Mai 1993 bezeichnete der Angeschuldigte weitere aus Sicht des Mil ND bedeutende Quellen wie folgt:

- „Hauptmann der Bundeswehr im Materialamt der Luftwaffe",
  identifiziert als der 1992 verstorbene Herbert Sch. (Offizier im Materialamt der Bundeswehr in St. Augustin bei Bonn/DN Wuck); {191}
- „Quelle in Bremer Elektronikfirma",
  enttarnt als Walter E./DN Fön;
- „Hamburger Abgeordneter (L.)",
  identifiziert als Dr. Gerd L./DN Händler;
- „Oberkommissar Polizei Berlin mit seinem Bruder",
  identifiziert als Harald und Hans W., Polizei Berlin/DN Waldinger und Wotan;
- „Quelle aus Koblenz (SK Zille)",
  gemeint war damit der als Resident des alias Jürgen K. nach Koblenz eingeschleuste Spezialkader Dietrich W./DN Zille;
- „Deckname Hose",
  identifiziert als Bildjournalist Walter H.

Hierzu wird ergänzend auf die Auswertungsvermerke des Bundeskriminalamts – Abteilung Staatsschutz – vom 19. Mai 1993 sowie des MAD-Amtes vom 23. und 29. Juni 1993 Bezug genommen. Als weitere wichtige Vorgänge sind noch anzuführen:

- Reinhold G.
  (Hauptmann der Bundeswehr/DN Arlt); {192}
- Ulrich S.
  (Bundeswehr-Oberleutnant der Reserve/DN Wurich) und
- Detlef S.
  (selbständiger Ingenieur/DN Jochen).

Wegen Landesverrats wurden davon verurteilt:

- Joachim P.
  (zehn Jahre Freiheitsstrafe/OLG Düsseldorf),
- Heinz W.
  (neun Jahre Freiheitsstrafe/OLG Düsseldorf),
- Wolfgang Nolte
  (sieben Jahre Freiheitsstrafe/OLG Celle) und
- Herbert L.
  (fünf Jahre Freiheitsstrafe/OLG Koblenz).

In folgenden Fällen erfolgten bisher Verurteilungen wegen geheimdienstlicher Agententätigkeit:

- Ulrich Steinmann
  (sechs Jahre Freiheitsstrafe/OLG Düsseldorf)[10],
- Dieter Popp
  (sechs Jahre Freiheitsstrafe/OLG Düsseldorf)[11], {193}
- Hans L. und Hans Wilhelm P.
  (vier Jahre und sechs Monate bzw. zwei Jahre Freiheitsstrafe/OLG Düsseldorf),
- Reinhold G.
  (vier Jahre und sechs Monate Freiheitsstrafe/OLG Düsseldorf),
- Ulrich S.
  (drei Jahre und drei Monate Freiheitsstrafe/OLG Stuttaart).
- Harald und Hans W.
  (zwei bzw. ein Jahr Freiheitsstrafe/KG Berlin) und
- Thomas H.
  (ein Jahr und sechs Monate Freiheitsstrafe/OLG Düsseldorf).

In allen Fällen wird auf die Urteilsmehrfertigungen in Bd. 11 d.A. Bezug genommen.

Die Strafverfolgung des Angeschuldigten wegen Straftaten nach den §§ 94, 98, 99 StGB[12] während seiner Leitungstätigkeit wurde gemäß § 154a Abs. 1 Nr. 1 StPO beschränkt auf die nachfolgend dargestellten Fälle Joachim P., Heinz W. und Herbert L. {194}

II. Der Fall Joachim und Gisela P. (Vorgang Weißkopf und Wandlitz)

Der 1944 in M. geborene Joachim P. besuchte seit Anfang der 60er Jahre von seinem Wohnort Krefeld aus des öfteren seine in der damaligen DDR wohnhaften Großeltern. Anläßlich einer solchen Besuchsreise Ende 1965 nach Neubrandenburg (P. war kurz zuvor zur Bundeswehr eingezogen worden), nahm er an einer für Bundesbürger durchgeführten Informationsveranstaltung teil und wurde hierbei von einem ihm nicht bekannten „Rudi" angesprochen. Dabei handelte es sich um Rudi Ehnert, hauptamtlicher Mitarbeiter des Mil ND und späterer Führungsoffizier des Joachim P. Nach diesem ersten – losen – Kontakt initiierte „Rudi" in der Folgezeit weitere Zusammenkünfte mit Joachim P. Nachdem dieser im Sommer 1966, als gelernter Schriftsetzer inzwischen bei der Bundeswehr in der Zentraldruckerei des Luftwaffenamtes in Köln-Wahn als Drucker tätig, bereits ein Telefonverzeichnis dieser Dienststelle absprachegemäß an „Rudi" geschickt hatte, erklärte sich Joachim P. wenig später bei einem Treffen in Ost-Berlin bereit, zukünftig alle ihm zugänglichen wichtigen Unterlagen aus der Zentraldruckerei an „Rudi" zu liefern. Es wurde vereinbart, daß Joachim P. die Schriftstücke fotografiert und die Negative nach Ost-Berlin verbringt. {195}

1968 verpflichtete sich P. bei einem weiteren Treff in Ost-Berlin schriftlich zur Zusammenarbeit mit dem Mil ND, nachdem Rudi Ehnert ihm offen den wahren Beziehungspartner benannt hatte.

Die Zentraldruckerei des Luftwaffenamtes in Köln-Wahn führte Druckaufträge unterschiedlichen Inhalts u.a. für alle in Wahn stationierten – auch höheren – Kommandobehörden und Truppenteile sowie die Stammdienststelle der Luftwaffe aus, wobei die zu druckenden Vorgänge zu einem großen Teil als Verschlußsachen – vielfach mit den Geheimhaltungsgraden „Geheim" und „Streng Geheim" – eingestuft waren.

Joachim P. schied 1973 als Zeitsoldat aus der Bundeswehr aus, arbeitete aber übergangslos als Bundeswehrangestellter auf demselben Dienstposten als Drucker weiter. Nach seiner Mitte 1978 erfolgten Ermächtigung zum Umgang mit Verschlußsachen bis zum VS-Grad „Streng Geheim" war er ab 1981 – nunmehr als stellvertretender Leiter der Druckerei – vor allem mit der Annahme der Druckaufträge und -vorlagen sowie deren Verteilung an die dort beschäftigten Drucker befaßt.

Der Arbeitsablauf innerhalb der Zentraldruckerei ermöglichte es dem die Oberaufsicht über den Druckvorgang führenden Joachim P., die ihm zur Kontrolle (Vollständigkeit und Qualität des Drucks) ausgehändigten Druckexemplare {196} unbemerkt beiseite zu schaffen. Zum Abtransport des Verratsmaterials aus der Druckerei waren ihm von seiner Führungsstelle präparierte Container ausgehändigt worden.

Zu Hause fotografierte er das Material, wobei u.a. eine „Minox"-Kamera, eine Mikratkamera und ab Mai 1984 nach entsprechender Aufforderung seiner Führungsstelle eine Schmalfilmkamera der Marke „Minolta XL-601" Verwendung fanden. Einhergehend mit der Benutzung der Schmalfilmkamera nahm die an den Mil ND gelieferte Menge des Verratsmaterials erheblich zu. Während P. in den ersten Jahren handelsübliche Filme benutzte, wurde ihm in der Folgezeit von seiner Führungsstelle präpariertes, für die Dokumentenfotografie besonders geeignetes Spezial-Filmmaterial, zugeleitet. In der Anfangszeit brachte Joachim P. die von ihm entwickelten Filmnegative selbst nach Ost-Berlin. Ab Anfang 1970 kam diese Aufgabe seiner Ehefrau Gisela zu. Sie hatte sich 1969 ebenfalls zur nachrichtendienstlichen Zusammenarbeit mit dem Mil ND verpflichtet. Für den Transport erhielt auch sie Container.

Ab 1975 fanden die – nach wie vor in vierteljährlichem Abstand durchgeführten – Materialübergabetreffs im Bundesgebiet – vorzugsweise in Wuppertal/Elberfeld und Düsseldorf – statt. Treffpartnerinnen der Gisela P. waren stets Frauen. Aus der damaligen DDR kamen nacheinander die der Gisela P. nur als „Ruth", „Han-{197}nelore" und „Judith" vorgestellten IM-Kuriere zur Abholung der Filme, Übergabe des Agentenlohnes und Aushändigung aktueller Schlüsselunterlagen für die Umsetzung der über Funk erteilten Weisungen.

Führungsoffiziere der während Krauses Amtsleitung von der Abteilung 14 der 1. Verwaltung unter der Mil ND-internen Vorgangsbezeichnung „Weißkopf" und „Wandlitz" geführten Joachim und Gisela P. waren:

– Rudi Ehnert (von Anfang bis Herbst 1984),

- Jochen Hutsky (von Herbst 1984 bis 1988) und
- Detlef Wiesbaum (von 1988 bis zur Verhaftung der Eheleute P. am 21. März 1990).

Zu – schon unter CA Gregori in Wien/Budapest, Athen und Rom durchgeführten – Auslandstreffs reisten während der Amtszeit des Angeschuldigten die beiden Führungsoffiziere Ehnert und Wiesbaum:

„Kurz vor Übergabe des Vorgangs an seinen Nachfolger Hutsky nahm der FO Ehnert im Herbst 1984 in Sofia/Bulgarien einen Treff mit den Eheleuten P. wahr. Diese wurden zunächst in Athen von der dorthin entsandten {198} IM-Kurierin ‚Ruth' (Klarname Ute U.) in Empfang genommen. In Athen trennten sich deren Wege. Während ‚Ruth' nach Ost-Berlin zurückkehrte, flogen die Eheleute P. – versehen mit von ‚Ruth' übergebenen gefälschten Ausweisen – zwei Tage später nach Sofia, um auf Ehnert zu treffen. Gemeinsam mit diesem reisten sie auf dem Luftwege nach Ost-Berlin, wo sie näher instruiert wurden. Nach einem mehrtägigen Aufenthalt flogen die Eheleute P. nach Athen zurück, um dort noch einige Tage Urlaub zu machen.
Im Februar 1990 reiste der damals vorgangsführende FO Wiesbaum in die Niederlande. Der Führungstreff mit den Eheleuten P. wurde in einem vom FO angemieteten Bungalow des Center-Parks ‚Het Meerdal' nahe bei Venlo durchgeführt."

Durch die nachrichtendienstliche Tätigkeit der Eheleute P. ist der Mil ND über zwei Jahrzehnte hinweg in den Besitz einer Vielzahl von – größtenteils als Verschlußsachen eingestuften – Unterlagen aus nahezu allen Bereichen der Luftwaffe gelangt.

Mindestens 88 Materialübergabetreffs wurden während dieses Zeitraumes abgewickelt. Das seit 1980 verratene Material konnte im einzelnen festgestellt werden. Während Joachim P. zuvor die aus der Zentraldruckerei entnommenen Unterlagen nach Verfilmung in einem – 1980 ab-{199}gerissenen – Ofen seiner Waschküche verbrannte (bis dahin schätzungsweise 8.000 Blatt unbekannt gebliebenen Inhalts), stapelte er in der Folgezeit die verratenen Druckerzeugnisse in seiner Wohnung. Bei der Durchsuchung wurden 188 Einzelvorgänge (bis auf fünf waren alle als Verschlußsachen eingestuft) mit insgesamt 16.618 Blatt vorgefunden.

Folgende dem Mil ND während der Amtszeit des Angeschuldigten zugespielte Unterlagen hatten einen in hohem Maße sicherheitsempfindlichen Inhalt:

- Joachim P. lieferte in den Jahren 1983 bis 1987 erschienene Änderungen und Ergänzungsbestimmungen zu dem von ihm noch unter CA Gregori verratenen „Alarmplan Bundeswehr, Ausgabe Luftwaffe" in der Fassung von 1980. Außerdem machte er seiner Führungsstelle den 1985 verfaßten „Wirkungskatalog" zu diesem Alarmplan mit einer späteren Änderung zugänglich. Darüber hinaus verriet P. der Gegenseite den „Alarmplan Bundeswehr, Ausgabe Luftwaffe" in der kompletten Neufassung 1988.

Durch den Verrat der vorgenannten Alarmunterlagen wurden einem potentiellen militärischen Gegner umfassende und lückenlose Kenntnisse über das gesamte Alarmwesen der Bundesluftwaffe, aber auch weitgehende Einblicke in die Grundlagen der Alarmplanung der Bundeswehr und {200} der NATO vermittelt. Der Gegner kannte das gesamte Alarmierungsverfahren und im Detail sämtliche im Krisenfall in den verschiedenen Alarmstufen bis zur vollen Mobilmachung und zum Beginn von Kampfhandlungen vorgesehenen Alarmmaßnahmen.

- Seinem nachrichtendienstlichen Auftraggeber lieferte P. des weiteren sogenannte NATO- und Nationale Übungsübersichten aus den Jahren 1983 bis 1990 mit mehreren Berichtigungen, Änderungen und Ergänzungen; ebenso den Übungsbefehl für die NATO-Übung „Cold Fire" 1984. Ferner verschaffte er dem Mil ND Erfahrungs- bzw. Abschlußberichte dieser Übungen aus den Jahren 1983 und 1986. Auch von den 1983, 1985 und 1987 erteilten Befehlen für die in regelmäßigen Abständen von zwei Jahren stattfindenden NATO-Kommandostabsübungen „Wintex-Cimex" einschließlich den zugehörigen Änderungsanweisungen hatte die Gegenseite aufgrund seiner Verratstätigkeit Kenntnis.

In den Übungsübersichten waren sämtliche während des betroffenen Jahres unter Beteiligung deutscher Truppenteile, vor allem unterschiedlicher Luftwaffenverbände, durchgeführten militärischen Übungen der wichtigsten NATO-Partner der Bundesrepublik Deutschland aufgelistet. Sie beinhalteten u.a. kurzgefaßte Angaben über den Zeitpunkt der Übung. den Übungs-{201}raum, die zur Teilnahme vorgesehenen nationalen und NATO-Verbände, den geplanten Verlauf sowie den Zweck der Übung. Entsprechendes gilt – allerdings inhaltlich noch detaillierter – für den Übungsbefehl zur NATO-Übung „Cold Fire" 1984. Den Erfahrungs- bzw. Auswertungsberichten zu den NATO-Übungen waren vor allem die Schwachpunkte der Bundesluftwaffe zu entnehmen. Aufgrund der Kenntnis der jeweiligen Übungsunterlagen wurde die Gegenseite in die Lage versetzt, Rückschlüsse hinsichtlich der Reaktion der Bundesluftwaffe im Ernstfall zu ziehen.

- Schließlich spielte P. seiner Führungsstelle noch eine im Februar 1988 vom Luftwaffenamt herausgegebene, überwiegend „VS Geheim" eingestufte sogenannte Besondere Anweisung zu, die auf 145 Seiten – mit einer späteren Änderung – den Funkbetrieb sämtlicher Dienststellen, Verbände und Einheiten der Luftwaffe im Frieden, in der Krise und im Krieg regelte.

Durch den Verrat dieser Anweisung wurden dem potentiellen Gegner zunächst die Grundlagen des Funksystems der Luftwaffe, die grundsätzliche Aufteilung und Zuweisung der Funknetze und -frequenzen, das Rufzeichensystem, der Kreis der Benutzer, die für die Bereitstellung und Benutzung vorgesehenen Zeiträume und die zum Schutz der Funkdienste getroffenen Maßnahmen bekannt. In einer Vielzahl von Tabellen {202} waren sodann im Detail u.a. die den verschiedenen Hauptquartieren, Kommandobehörden und sonstigen Dienststellen sowie den fliegenden Verbänden zugeteilten Netze und Frequenzen – nebst den dafür jeweils festgelegten Codenummern –, die Rufzeichen und die verwendeten Funkgeräte aufgeführt.

Infolge des Verrats dieser Unterlagen war für den Fall einer bewaffneten Auseinandersetzung eine erhebliche Schädigung der Bundesluftwaffe zu erwarten. Sie hätte die ihr im Verteidigungsfall zugewiesenen Aufgaben nur noch unzureichend erfüllen können.

Diese in den vorgenannten drei „Gruppen" aufgeführten Verratsmaterialien stellten jeweils in ihrer Gesamtheit ein Staatsgeheimnis i.S.d. §§ 93, 94 StGB dar. Sie waren aufgrund ihrer Einstufung als Verschlußsachen – vorwiegend der Grade „Streng Geheim" und „Geheim" – nur einem begrenzten Personenkreis zugänglich und mußten vor einer fremden Macht wie der damaligen DDR und den hinter ihr stehenden Staaten des Ostblocks geheimgehalten werden, um die Gefahr eines schweren Nachteil für die äußere Sicherheit der Bundesrepublik Deutschland abzuwenden. {203}

Soweit

- der „Alarmplan Bundeswehr, Ausgabe Luftwaffe“ in der Fassung von 1980 nebst den 1981/82 erfolgten Änderungen und
- die NATO- und Nationale Übungsübersicht aus 1982 nebst Änderungen sowie für die „Wintex-Cimex“-Übung 1981 der ihr zugrundeliegende Befehl nebst Änderungsanweisung

schon vor Amtsantritt des Angeschuldigten von P. verraten wurden, hat dies – wie der Sachverständige in der Hauptverhandlung ausführen wird –, für die rechtliche Bewertung der seit 1983 gelieferten Dokumente als Staatsgeheimnisse keine ausschlaggebende Bedeutung.

Darüber hinaus wird der Sachverständige darzulegen haben, ob der im Oktober 1984 vom Luftwaffenführungsdienstkommando herausgegebenen und von P. an den Mil ND verratenen „Besonderen Anweisung“ betreffend die Radarbetriebsart „HADAR“ (Hughes Air Defense Radar) schon für sich allein gesehen – ohne die bereits unter CA Gregori gelieferte, im September 1980 herausgegebene Anweisung betreffend die Radarbetriebsart „MPR“ (Medium Power Radar) – die Qualität eines Staatsgeheimnisses zukommt.

Die Eheleute P. wurden mit hohen Orden der NVA ausgezeichnet und erhielten insgesamt etwa 180.000,-- DM Agentenlohn. {204}

Im März 1991 verurteilte das Oberlandesgericht Düsseldorf Joachim P. wegen Landesverrats in Tateinheit mit Bestechlichkeit zu einer Freiheitsstrafe von zehn Jahren und seine Ehefrau Gisela wegen Beihilfe zum Landesverrat zu einer Freiheitsstrafe von vier Jahren. Das Urteil erlangte noch im März 1991 Rechtskraft.

III. Der Fall Heinz Helmuth W. (Vorgang Cherry)

Der 1944 in G. geborene und im Raum Schwäbisch Hall aufgewachsene Heinz Helmuth W. bewarb sich nach bestandener Kaufmannsgehilfen-Prüfung zur Bundesmarine. Dorthin wurde er am 1. Juli 1962 als Soldat auf Zeit eingezogen. Er verpflichtete sich zunächst auf drei Jahre, später auf insgesamt zwölf Jahre. Nach der Grundausbildung wurde er im Fernschreib- und Schlüsseldienst ausgebildet und nach dem Besuch weiterer Lehrgänge im März 1965 zur Marinefernmeldegruppe 22 nach Cuxhaven versetzt. Hier war er als Wachleiter im Fernschreib- und Schlüsseldienst sowie im Funkfernschreibbetrieb tätig. Im Juli 1969 erfolgte seine Versetzung zum Verteidigungskreiskommando (VKK) 632 nach Nürnberg. {205}

Nach Ablauf der Bundeswehrdienstzeit wurde er 1974 im Auswärtigen Amt (AA) in Bonn als Angestellter im Fernschreibdienst eingestellt. Dort war er zunächst in der offenen Fernmeldestelle tätig. Ab Sommer 1977 wurde er auch in der Chiffrierstelle eingesetzt.

Während seiner Tätigkeit beim Auswärtigen Amt war er wie folgt im Ausland in der jeweiligen Fernmeldestelle der deutschen Vertretung eingesetzt:

- 1. August bis 10. September 1977:
  Deutsche Botschaft in Paris;
- 28. Juli bis 4. Oktober 1979:
  Deutsche Botschaft in London;

- 24. April bis 18. Mai 1980:
  Deutsche Botschaft in Wien.

Aufgrund seiner Bewerbung wurde er vom 8. September 1980 bis 25. Juni 1984 an die Deutsche Botschaft in Wien versetzt. Seine anschließende Tätigkeit in der Zentrale des AA in Bonn wurde wie folgt unterbrochen:

- Ende August/Anfang September 1985:
  Teilnahme an der Nahostreise des Außenministers; {206}
- 14. Oktober bis 25. November 1985:
  Abordnung an die deutsche Botschaft in Budapest:
- 21. April bis 25. Juli 1986:
  Abordnung an die deutsche Botschaft in Ankara:
- 30. Oktober 1986 bis 29. Januar 1987:
  Abordnung an die deutsche Botschaft in Wien.

Von Bonn aus erfolgte am 31. August 1987 eine weitere – wiederum auf seine Bewerbung zurückzuführende – Versetzung an die Ständige Vertretung der Bundesrepublik Deutschland bei der NATO in Brüssel, wo er bis zu seiner vorläufigen Festnahme am 3. April 1990 tätig war.

W. war während seiner Bundeswehrzeit in Cuxhaven in Geldschwierigkeiten geraten. Im Dezember 1968 schrieb er deshalb einen Brief an den Soldatensender 935 der ehemaligen DDR und bot darin gegen Entgelt seine Bereitschaft zur geheimdienstlichen Agententätigkeit an.

Der Mil ND griff das Angebot auf. Bereits im Januar 1969 kam es zu einem Treff in Ost-Berlin mit dem Aufklärungsoffizier Roland Glaser, der W. dann bis zu dessen Verhaftung führte. {207}

Im Frühjahr 1969 erhielt W. in Ost-Berlin eine umfassende nachrichtendienstliche Schulung. Zugleich wurde er mit seinem ersten Kurier und Instrukteur, Rolf S. (Deckname Peter), bekannt gemacht. W. selbst erhielt den Decknamen „Günter"; in der Zentrale des Mil ND wurde sein Vorgang unter der Deckbezeichnung „Cherry" geführt.

In der Folgezeit entwickelte sich W., der mit zahlreichen nachrichtendienstlichen Hilfsmitteln ausgestattet worden war, zu einer der wichtigsten Quellen des Mil ND.

Während seiner Bundeswehrzeit beim VKK 632 in Nürnberg wurden fünf Führungstreffs mit Glaser in Ost-Berlin durchgeführt. Insgesamt 48 Materialübergabetreffs wurden mit „Peter" im Großraum Nürnberg abgewickelt. W. war beim VKK 632 als stellvertretender Leiter der Verteilervermittlung, über die der Funkschreibverkehr aller Bundeswehrdienststellen im süddeutschen Raum abgewickelt wurde, tätig. Dazu wurde das Ver- und Entschlüsselungsgerät *Elcrotel* E 1 verwendet. W. oblag u.a. die Aufgabe, den Tagesschlüssel (Lochstreifen) des Vortags aus dem Gerät zu entnehmen und den neuen Tagesschlüssel in das Gerät einzulegen, um es so betriebsfertig zu machen. {208}

Die Weisung, den Schlüssel des Vortages zu verbrennen, umging W. bei allen sich bietenden Gelegenheiten. Die entnommenen Lochstreifen lichtete er ab und übergab die Negative dem Kurier. Im Sommer 1972 verschaffte er sich das 50 kg schwere Schlüsselteil eines defekten *Elcrotel*-Gerätes und übermittelte es dem Mil ND der DDR. Dieses Schlüsselteil wurde von Experten der GRU untersucht. Ob es diesen gelungen ist, über die Elektronik des Schlüsselteils den darin enthaltenen Algorithmus nachzuvollziehen, das Gerät funktionsfähig nachzubauen, die Fernschreibleitungen der Bundeswehr anzuzapfen und so die aktuellen Fernschreiben zu entschlüsseln, konnte nicht geklärt werden. Jedenfalls wurde die Lieferung als „außerordentlich wertvoll" eingestuft.

Nachdem W. im Sommer 1974 in die Fernschreibstelle des AA nach Bonn gewechselt war, wurde die nachrichtendienstliche Verbindung aus Sicherheitsgründen zunächst „konserviert". Es kam bis Sommer 1977 lediglich zu zwei Kuriertreffs mit „Peter" im Raum Bonn sowie einem Führungstreff mit Roland Glaser in Sopron/Ungarn, bei dem W. zwei Fachleuten der GRU Auskunft über technische Details des *Elcrotel*-Geräts gab.

Ab Sommer 1977 wurde die geheimdienstliche Tätigkeit des W. wieder forciert. Während seiner Tätigkeit in den Chiffrierstellen des {209} AA in Bonn sowie in den Botschaften in Paris, London und Wien wurde er beauftragt, Unterlagen zu liefern, die sich mit den MBFR-Verhandlungen (Mutual Balanced Forces Reduction), der KSZE (Konferenz für Sicherheit und Zusammenarbeit in Europa), den deutsch-französischen Konsultationen und den diplomatischen Aktivitäten der genannten Botschaften befaßten. Unter Ausnutzung seiner jeweiligen Zugangsmöglichkeiten als Fernmeldebediensteter erfüllte W. die Anliegen seiner Führungsstelle. Diese setzte ab 1978 zusätzlich zu „Peter" als weiteren Kurier und Instrukteur Dr. Burkhard G. (Deckname Hans-Jürgen) ein. Im Wechsel übernahmen sie von „Cherry" geliefertes Verratsmaterial. 1977 wurden hierzu vier, 1978 und 1979 je acht Materialübergabetreffs in Paris, London, Wien und im Großraum Bonn durchgeführt. Anläßlich eines Führungstreffs mit Roland Glaser 1978 in Budapest wurde W. mit dem vom Staatsrat der DDR verliehenen Vaterländischen Verdienstorden der DDR in Silber ausgezeichnet.

Im Sommer 1980 bewarb sich W. um eine Versetzung an die deutsche Botschaft nach Wien. Sein nachrichtendienstlicher Auftraggeber hatte ihn hierzu angewiesen, weil er davon verstärkt Erkenntnisse über die westlichen Verhandlungspositionen bezüglich der KSZE und der MBFR-Verhandlungen erwartete, nachdem bekannt {210} war, daß die deutschen Verhandlungsdelegationen die Fernmeldestelle der Botschaft mitbenutzten. Obwohl W. nach seiner Versetzung (8. September 1980) die als sogenannte Drahtberichte per Fernschreiben an die Zentrale in Bonn gesandten Wochen- und Abschlußberichte der beiden deutschen Delegationen mit geringen Ausnahmen abfotografierte und seiner Führungsstelle zukommen ließ, blieb der Wert der Informationen zunächst hinter den Erwartungen seiner Auftraggeber zurück. Dies war darauf zurückzuführen, daß die Verhandlungen in Wien auf der Stelle traten.

Erst als Ende 1983 der Abrüstungsprozeß beschleunigt wurde und die Verhandlungen neue Impulse bekamen, wurden W.'s Lieferungen für seine Auftraggeber bedeutsamer. Mit dem dann als „wertvoll" bzw. „sehr wertvoll" bewerteten Verratsmaterial wurde die östliche Seite in die Lage versetzt, die Einschätzung der Verhandlungsmöglichkeiten durch die deutschen Delegationen zu erkennen und ihre eigenen Verhandlungspositionen darauf einzustellen. Bei den Materialübergabetreffs, die etwa alle fünf bis sechs Wochen in Wien und Umgebung stattfanden, lieferte W. an „Peter" oder „Hans-Jürgen" jeweils ein bis zwei belichtete Filme. Im Gegensatz zu früher, als er die be-{211}lichteten Filme den Kurieren offen überließ, benutzte er jetzt eine Brieftasche mit Geheimfach als Container.

Bei einem Führungstreff in Ost-Berlin 1984 wurde W. der Vaterländische Verdienstorden der DDR in Gold verliehen.

Auch in der Zeit von Sommer 1984 bis Sommer 1987, als er – abgesehen von seinen Abordnungen – wieder in der Zentrale des AA in Bonn tätig war, lieferte W. bei Materialübergabetreffs im Großraum Bonn etwa alle zwei Monate abfotografierte Unterlagen zu den vorgenannten Themenbereichen.

Den Schwerpunkt der Agententätigkeit des Heinz W. bildete sein Einsatz an der Ständigen Vertretung der Bundesrepublik Deutschland bei der NATO in Brüssel von Ende August 1987 bis zu seiner Festnahme am 3. April 1990.

Seine östlichen Auftraggeber hatten ihn angewiesen, sich dorthin zu bewerben.

Die dortige Fernmeldestelle war mit dem Dienststellenleiter und zwei Mitarbeitern besetzt. W. versah im Wechsel mit dem zweiten Mitarbeiter den Früh- und Spätdienst. Zeitweise war er dann allein in der Fernmeldestelle. Diese Umstände nutzte W. aus und brachte eine Vielzahl als Verschlußsachen eingestufter Fernschreiben an sich, indem er {212} überzählige Klartexte, die in den *Elcrotel*-Geräten und dem Magnetkartenschreiber entstanden, für sich behielt oder Ablichtungen hiervon fertigte. Zudem stellte er mit den von ihm zu verwahrenden Lochstreifen weitere – nicht in Überzahl vorhandene – Klartexte her und nahm diese ebenfalls mit. Hierzu verwendete er einen ihm von seiner Führungsstelle überlassenen Aktenkoffer mit Geheimfach.

Angesichts der Menge des Verratsmaterials, das W. aus seiner Dienststelle beschaffte, wurden von seiner östlichen Führungsstelle die weiteren Aufgaben neu verteilt. Das Abfotografieren der Unterlagen wurde den – nach wie vor im Wechsel agierenden – Kurieren/Instrukteuren „Peter“ und „Hans-Jürgen“ übertragen; zur anschließenden Vernichtung der von W. übergebenen Unterlagen führten sie einen transportablen Reißwolf mit sich. Um die Sicherheit von „Peter“ und „Hans-Jürgen“ zu gewährleisten, entsandte die Führungsstelle zu den beiden Instrukteuren weitere Kuriere. Als solche kamen wechselweise vier IM-Ehepaare zum Einsatz, deren Aufgabe darin bestand, die von „Peter“ bzw. „Hans-Jürgen“ belichteten Filme zu übernehmen und zur Zentrale in die DDR zu verbringen. {213}

Bei nunmehr etwa 14-tägig stattfindenden Materialübergabetreffs in Löwen, Brüssel und Aachen übergab W. jeweils zwischen 30 und 400 Blatt Unterlagen an „Peter“ bzw. „Hans-Jürgen“.

Neben den bereits angesprochenen Rüstungskontroll- und Abrüstungsfragen war W. vom Mil ND zusätzlich damit beauftragt worden, u.a. Unterlagen über Streitkräfteplanungen, Streitkräftevergleiche zwischen NATO und Warschauer Pakt, Überprüfungen der Verteidigungsleistungen der einzelnen NATO-Mitgliedsländer, NATO-Militärübungen wie „Wintex-Cimex“, militärische Zusammenarbeit zwischen Frankreich und der Allianz, Fragen der Deutschlandpolitik, Einschätzung der Lage in den einzelnen Ostblockländern sowie Vorbereitungen von Gipfeltreffen und über sonstige Verhandlungen zwischen den USA und der Sowjetunion zu beschaffen. Zu diesen Themen verriet W. u.a. Dokumente bezüglich der NATO-Gipfeltreffen auf der Ebene der Staats- und Regierungschefs der NATO-Außenministertagungen bis „hinunter“ zur Arbeitsgruppe der NATO auf der Ebene der Zwei-Sterne-Generale unterhalb der Oberkommandierenden, die sich mit der Vorbereitung von Abrüstungsverhandlungen befaßten. Wegen der

Einzelheiten hinsichtlich der vom Oberlandesgericht Düsseldorf als verraten festgestellten Unterlagen wird Bezug genommen auf Bd. 11 Bl. 87 bis 92 d.A. {214}

Folgende von „Cherry“ verratene Unterlagen hatten einen besonders sicherheitsempfindlichen Inhalt:

- Ein als VS-Vertraulich eingestufter Drahtbericht der Ständigen Vertretung an das AA in Bonn vom 24. November 1987 befaßte sich mit einer Sitzung der NATO-Botschafter vom selben Tag, in der die DPC-Ministersitzung (Defence Planning Committee) am 1./2. Dezember 1987 vorbereitet wurde. In diesem Bericht ging es u.a. um den Beitrag Belgiens zur gemeinsamen Luftverteidigung. Hierzu war ausgeführt, daß Belgien 1989/90 seine im Bundesgebiet (alt) stationierten Luftabwehrraketen vom Typ Nike außer Betrieb stellen werde, ohne Raketen des neueren Typs Patriot anzuschaffen.

Der Gegenseite wurde dadurch die Erkenntnis vermittelt, daß ein etwa 100 km breiter Abschnitt in Hessen von den hierfür zuständigen belgischen Luftverteidigungskräften nur unzureichend geschützt war. Diese Kenntnis versetzte den potentiellen Gegner in die Lage, im Falle eines Krieges seine Luftangriffe auf den belgischen Abschnitt in Hessen zu konzentrieren und nach Durchbrechen des Luftverteidigungsgürtels Ziele im gesamten Hinterland anzugreifen. {215}

Diese Möglichkeit bedeutete angesichts der hohen Zerstörungskraft der gegnerischen Luftstreitkräfte eine für die NATO, insbesondere aber für die Bundesrepublik Deutschland, erhebliche Beeinträchtigung ihrer Verteidigungsfähigkeit und damit die Gefahr eines schweren Nachteils für ihre äußere Sicherheit.

Ebenfalls als Staatsgeheimnis i.S.d. §§ 93, 94 StGB waren – jedenfalls in ihrer Gesamtheit – die folgenden drei als VS-Vertraulich eingestuften und von der Ständigen Vertretung an das AA und das Bundesministerium der Verteidigung gerichteten Drahtberichte über die multilateralen Überprüfungen der Streitkräfteverpflichtungen der angesprochenen NATO-Staaten zu bewerten:

- Im Drahtbericht vom 20. November 1987 wurde u.a. mitgeteilt, daß der Vertreter von SHAPE (Supreme Headquarters Allied Power Europe) Zweifel an der Fähigkeit der USA geäußert habe, binnen zehn Tagen die Verlegung von zehn Divisionen nach Europa durchführen zu können.
- Mit Drahtbericht vom 22. April 1988 wurde gemeldet, daß infolge verringerter Verteidigungsausgaben in Großbritannien im Zeitraum von 1989 bis 1994 eine Beeinträchtigung der See-Verbindungen im Atlantik zu besorgen sei. {216}
- Im Drahtbericht vom 4. Mai 1988 wurde auf Abstriche in dem Verteidigungsbeitrag der USA hingewiesen; insbesondere wurde berichtet, daß die Planungszahlen bezüglich der See-Eskorte verringt würden.

Aufgrund der Kenntnis dieser Berichte hätte der potentielle Gegner im Falle eines Krieges seine Strategie darauf einstellen können, daß er mehr als zehn Tage Zeit haben würde, um an die Atlantikküste vorzustoßen und so der amerikanischen Verstärkung zuvorzukommen. Er hätte diesen Zeitraum in Kenntnis, daß die Seeeskorten Schwächen auswiesen, durch Angriffe auf die atlantischen Seewege noch verlängern können. Diese Erkenntnisse mußten vor der ehemaligen DDR geheimgehalten werden, um die Gefahr eines schweren Nachteils für die äußere Sicherheit der Bundesrepublik Deutschland abzuwenden.

Der mehrmals aufgrund der Qualität und des Umfangs des beschafften Materials ausgezeichnete Führungsoffizier des Heinz W., NVA-Oberst Roland Glaser (unter Krause Angehöriger der Abteilung 8, Unterabteilung 1 der 2. Verwaltung des BA), führte mit „Cherry" während der Amtsführung des Angeschuldigten folgende drei Führungstreffs im Ausland durch: {217}

- 1985 in Schweden
  (Glaser reiste im Beisein seines damaligen Leiters der Abteilung 8, Karl Heinz Schröder, zum Treff);
- Ende Juni 1986 in Istanbul/Türkei
  (Glaser wurde vom Kurier Dr. Burkhard G. begleitet);
- August 1989 in Antalya/Türkei
  (der Kurier Rolf S. reiste mit dem FO).

Das von „Cherry" – insbesondere während seiner Tätigkeit bei der Ständigen Vertretung der Bundesrepublik Deutschland bei der NATO in Brüssel – gelieferte Verratsmaterial wurde nach Auswertung durch den Informationsdienst des BA wiederholt als „außerordentlich wertvoll" eingestuft. Ein oder zwei von W. gelieferte Dokumente hielt der Mil ND sogar für so wichtig, daß sie dem damaligen Staatsratsvorsitzenden Erich Honecker persönlich vorgelegt wurden.

„Cherry" wurde letztmals im Jahre 1989 ausgezeichnet. Ihm wurde damals der Kampforden der Nationalen Volksarmee in Gold verliehen.

Die durch W. gewonnenen Erkenntnisse hat der BA dem sowjetischen militärischen Nachrichtendienst (GRU) zur Verfügung gestellt. {218}

Heinz W., der wiederholt zum Umgang mit Verschlußsachen ermächtigt wurde (zuletzt in Brüssel bis zur VS-Stufe „Cosmic Top Secret Atomal"), hat bei insgesamt etwa 180 Materialübergabetreffs Verratsmaterial an seine Kuriere „Peter" und „Hans-Jürgen" übergeben und im Gegenzug mindestens 180.000,-- DM Agentenlohn erhalten.

Wegen Landesverrats in Tateinheit mit Bestechlichkeit und Verletzung des Dienstgeheimnisses hat ihn das Oberlandesgericht Düsseldorf am 9. Oktober 1991 zu einer Freiheitsstrafe von neun Jahren verurteilt. Das Urteil ist rechtskräftig.

IV. Der Fall Herbert Karl L. alias Jürgen Detlef K. (Vorgang Vehn)

Der 1938 in G. geborene und in der ehemaligen DDR aufgewachsene Herbert Karl L. schloß nach dem Besuch der Oberschule ein vierjähriges Studium an der Hochschule für Ökonomie in Ost-Berlin mit dem Diplom ab (1960). Im Anschluß hieran begann er seine berufliche Laufbahn als Sachbearbeiter in der Abteilung Finanzen beim Rat des Kreises Bernau, ehe er 1962 in eine vergleichbare Stellung beim Rat des Bezirks der Stadt Frankfurt/Oder wechselte. {219}

Im Frühjahr/Sommer 1965 erklärte sich L. auf entsprechende Anfrage von Mitarbeitern des Mil ND bereit, eine nachrichtendienstliche Tätigkeit auszuüben. L., der seinen Vater und seinen Bruder im Zweiten Weltkrieg verloren hatte und dessen Mutter 1959 verstorben war, fühlte sich gegenüber seinem Land zu besonderer Loyalität verpflichtet, da er in der Jugendorganisation des DDR-Regimes betreut und ihm als Arbeiterkind eine kostenlose und umfassende Ausbildung gewährt worden war.

Nach förmlicher Verpflichtung und nachrichtendienstlicher Ausbildung (u.a. zweiseitiger Funkverkehr, Geheimschreibverfahren, Observation, Dokumentenfotografie und Treffabwicklung) sowie Vorbereitung auf seinen Einsatz im OPG begab er sich Mitte Mai 1966 unter der Identität des im März 1966 aus persönlichen Gründen von West-Berlin nach Ost-Berlin übergesiedelten Jürgen Detlef K. ins Bundesgebiet. Mit allen für eine Anmeldung und Arbeitsaufnahme notwendigen Papieren – lautend auf den Legendenspender – ausgestattet, meldete sich L. noch im Mai 1966 beim Einwohnermeldeamt in Hamburg als Jürgen Detlef K., wohnhaft in Hamburg ⊗ es folgt die Adresse ⊗ an. Diese Identität behielt er bis zu seiner Verhaftung bei.

Seine erste Arbeitsstelle fand L. im Herbst 1966, als er bei der Deutschen Lufthansa AG eingestellt wurde. Nachdem er zunächst {220} in der Abteilung Rechnungsprüfung tätig war, beschäftigte er sich alsbald mit der elektronischen Datenverarbeitung. 1971 zog er von Hamburg nach Rüsselsheim, um in dem neu errichteten Datenverarbeitungsbetrieb der Lufthansa in Frankfurt/Main zu arbeiten.

L. war bis dahin nachrichtendienstlich erfolglos. Alsbald nach seiner Einschleusung ins Bundesgebiet stellte sich heraus, daß sein ursprünglicher nachrichtendienstlicher Auftrag, nach kurzer Legalisierungsphase eine Residentur in Belgien/NATO-Führungsstelle aufzubauen, wegen seiner Kontaktschwierigkeiten nicht zu realisieren war. Die Führungsstelle erwog deshalb den Rückzug ihres Spezialkaders. Um dies zu vermeiden, bemühte sich L. vereinbarungsgemäß und letztlich erfolgreich um eine Anstellung bei der Bundeswehr.

Am 1. Oktober 1972 wurde er bei der Dienststelle für maschinelles Berichtswesen der Bundeswehr (späteres Rechenzentrum der Bundeswehr/RZBW) in Bad Neuenahr eingestellt. Er war dort zunächst als Programmierer tätig. Durch regelmäßige Teilnahme an Fortbildungslehrgängen im Bereich der elektronischen Datenverarbeitung gelang es ihm, am 1. Februar 1976 zum Programmiergruppenleiter, am 1. Mai 1980 zum Systemprogrammierer und schließlich am 1. August 1985 zum Systemtechniker aufzusteigen, wobei er in dieser Position als Systemverwal-{221}ter und zugleich als Sicherheitsadministrator des RZBW fungierte. Mit dieser Funktion wurde ihm eine Schlüsselstellung im Rechenzentrum übertragen. Ihm oblag die Bereitstellung, Implementierung, Überwachung (Fehleranalyse und -beseitigung) und Optimierung der eingesetzten Software-Komponenten. Er hatte hierfür direkten Zugang zu sämtlichen gespeicherten Programmen und Daten.

Das RZBW unterstützt logistische Bundeswehr-Dienststellen, deren wichtigste das Materialamt des Heeres ist. Die Datenerfassung erfolgt über einen Großrechner, an den insgesamt 17 weitere Rechner der Bundeswehr angeschlossen sind. Über diesen Datenverbund verwaltet das RZBW für das Materialamt des Heeres sämtliche Informationen der Heereslogistik u.a. in den Bereichen Gerät, Ersatzteile, Betriebsmittel und Munition. Im System sind die Anzahl und der derzeitige Lagerplatz der jeweils erfaßten Gegenstände verzeichnet. Darüber hinaus sind alle bei der Neubeschaffung von Wehrmaterialien jedweder Art zu durchlaufenden Abwicklungsstufen gespeichert. Dies bedeutet, daß in der Regel fünf bis zehn Jahre vor dem Beginn der Einführung in der Truppe die Daten eines jeden Gerätes beim RZBW verfügbar sind und der jeweilige Entwicklungsplan und Planungsfortschritt kontinuierlich abgerufen werden kann. {222}

Das RZBW ist seit 1973 auf einem militärisch abgesicherten Gelände mit dem Materialamt des Heeres in einem gemeinsamen Gebäudekomplex untergebracht. Erst von Beginn des Jahres 1981 an wurde der Zugang zum Gebäudetrakt des RZBW effektiv auf einen begrenzten Personenkreis eingeschränkt, indem u.a. Sperrzonen geschaffen, die Zu- und Abgangskontrolle zu den jeweiligen Sperrzonen mit Hilfe eines automatischen Kontrollsystems überwacht und die Personalien von Besuchern des RZBW computermäßig erfaßt wurden. Zusätzlich wurde 1985 ein weiteres Sicherungssystem eingeführt, um die Dateien und Programme gegenüber unberechtigtem Zugriff Dritter zu schützen. Es war danach grundsätzlich feststellbar, welche Person zu welchem Zeitpunkt auf welche besonders geschützten Daten über Computer Zugriff genommen hatte. Für L. hatte dies im Ergebnis aber keine Bedeutung, weil ihm in seiner Vertrauensstellung als Systemverwalter und Sicherheitsadministrator des RZBW auch danach unbeschränkte Zugriffsmöglichkeiten auf die Dateien eingeräumt waren.

L., der sich im Oktober 1972 und im Februar 1975 schriftlich gegenüber seinem Dienstherrn verpflichtet hatte, über militärische und Dienstgeheimnisse strengstes Stillschweigen zu bewahren, wußte, daß im RZBW besonders sicherheitsempfindliche und geheimhaltungsbedürftige Dateien gespeichert werden. Ihr In-{223}halt und ihre Bedeutung für die äußere Machtstellung der Bundesrepublik Deutschland waren ihm ebenfalls bekannt.

1974 begann er erstmals, verschiedene Datensätze auf ein Leermagnetband zu kopieren. Empfänger dieser und aller weiteren künftig von ihm kopierten Datenträger war auf seiten des Mil ND Idmar Biereigel, der von Ende 1971 bis zur vorläufigen Festnahme des Herbert L. am 20. April 1990 dessen Führungsoffizier war. Die Materialübergabe erfolgte vorwiegend unpersönlich. Etwa vierteljährlich deponierte L. das bis dahin beschaffte Material (ein bis drei Datenbandkopien) in einer Aktentasche in U- bzw. S-Bahnhofschließfächern. Dort holten es die in der Verbindung eingesetzten Kuriere Peter H. (Deckname Zahl), Jürgen S. (Deckname Zeuge), Eckhardt Sch. (Deckname Zapke) und Klaus K. (Deckname Posaune) ab.

Dieses unpersönliche Materialübergabeverfahren wurde Mitte der 80er Jahre aufgegeben, nachdem die nachrichtendienstliche Führungsstelle einen weiteren Spezialkader als Residenten für Herbert L. ins Bundesgebiet eingeschleust hatte. Der NVA-Offizier Dietrich W. (Deckname Zille), der zuvor ebenfalls als Kurier zu Herbert L. zum Einsatz gekommen war, meldete sich unter der Falschidentität „Rainer Grube“ in Koblenz ⊗ es folgt die Adresse ⊗ {224} polizeilich an und nahm nach einer Legalisierungsphase im September 1986 Kontakt zu L. auf. Anlaß für diese Maßnahme der Führungsstelle war der Umstand, daß es einige Zeit zuvor zu einem mehrmonatigen Kontaktabbruch zwischen L. und seinem Führungsoffizier gekommen war. Wie sich durch von Biereigel veranlaßte Maßnahmen herausgestellt hatte, war dies auf eine Frauenbekanntschaft des L. zurückzuführen. Dem aus Sicht des Mil ND drohenden Verlust dieser Spitzenquelle sollte durch eine straffere Führung des Herbert L. vorgebeugt werden. Bis April 1990 trafen sich L. und W. mindestens einmal im Monat zur Instruktion; etwa vierteljährlich übergab L. durchschnittlich zwei bis drei kopierte Dateien an seinen Residenten.

Am 20. April 1990, dem Tag der vorläufigen Festnahme des Herbert L., erhielt W. – ebenfalls von Biereigel geführt – die Weisung, sofort in die DDR zurückzukehren. Seine Enttarnung gelang erst im Zuge der weiteren Ermittlungen gegen Herbert L.

Der Führungsoffizier, NVA-Fregattenkapitän Idmar Biereigel, der bis 1988 Angehöriger der Abteilung 10 und danach der Abteilung 12 war, hatte mit L. bereits drei Führungstreffs {225} in Salzburg (1978/erste persönliche Begegnung), Graz (1980) und Stockholm (1982) wahrgenommen. Unter Krauses Amtsführung führte er noch zwei weitere Führungstreffs durch:

- 1988 in Bad Neuenahr und
- 1989 in Bad Schussenried.

Ein weiterer geplanter Führungstreff, der letztlich vom führungsbeteiligten NVA-Oberst Werner Denn 1984 allein in Finnland durchgeführt wurde, war Biereigel vom Angeschuldigten untersagt worden.

Das in die Zentrale des Mil ND nach Ost-Berlin gelangte Verratsmaterial bereitete dort anfangs Probleme, weil die Datenbänder mangels Verfügbarkeit der dazu notwendigen Technik nicht auswertbar waren. Daraufhin beschaffte L. das Handbuch „Datenelemente Logistik“ und Satzgliederungen von den wichtigsten – zu Anfang von ihm ausgewählten – Grunddateien; hiernach war es dem nachrichtendienstlichen Auftraggeber möglich, mit technischer Unterstützung des Außenhandelszentrums der DDR die Bänder lesbar zu machen. In der Folgezeit übermittelte L. verschiedene Dateiverzeichnisse, anhand derer die Führungsstelle alljährlich Listen der vom Mil ND gewünschten Dateien erstellte. Diese Aufträge arbeitete L. ab. {226}

Neben einer Vielzahl anderer Dateien des RZBW lieferte L. der Zentrale in Ost-Berlin zudem in der Zeit von 1981 bis 1989 jeweils einmal jährlich folgende besonders sicherheitsempfindlichen Dateien:

- Dienststellenindex:
  eine etwa 6.000 Adressen umfassende Datei, die die Anschriften sämtlicher Dienststellen des Heeres sowie der Instandsetzungsfirmen im Rahmen der Friedensstationierung umfaßt. Sie gibt Aufschluß über die Art der einzelnen Verbände und Truppenteile und läßt Rückschlüsse auf deren militärisches Potential sowie die militärische Belegung einzelner Räume zu;
- Truppenkonto „Soll/Ist“:
  eine ungefähr 500.000 Datensätze umfassende Datenbank über den gegenwärtigen Ausstattungsstand der einzelnen militärischen Dienststellen des Heeres mit ihren jeweiligen Waffen, Munitionsarten und Geräten. Neben dem aktuellen „Ist-Stand“ war aus dieser Datei auch der auf eine Frist von fünf Jahren abgestellte Bedarf („Soll“) der einzelnen Dienststellen zu entnehmen; {227}
- Konsolidierter Depotbestand:
  eine zuletzt etwa 2,5 Millionen Datensätze umfassende Datei, die ein zentrales Bild von den aktuellen Depotbeständen an Wehrmaterial für mehr als 100 Depots im Heer einschließlich der Vorräte für den Verteidigungsfall vermittelt;
- Nationale Auftragsdatei:
  eine Datenbank, in der sämtliche Informationen über den jeweiligen Umfang des für die Truppe in Beschaffung befindlichen Wehrmaterials und über den jeweiligen

Stand im Beschaffungsvorgang (Planung; Erprobung von Prototypen; Einführung in der Truppe) gespeichert werden.

Aus den vorgenannten Dateien war u.a. ein umfassendes Bild über die Schlagkraft der Truppe, ihre Durchhaltefähigkeit und über einen möglichen Kräfteeinsatz im Verteidigungsfall zu gewinnen. Auch wurde der Gegenseite eine Beurteilung der Leistungsfähigkeit aller Waffensysteme des Heeres ermöglicht. Die Kenntnis dieser Dateien gestattete es dem potentiellen Gegner, seinen eigenen Kräfteansatz auszurichten, neben dem jeweils gegenwärtigen Stand auch künftige Ausrüstungen in seine Überlegungen einzubeziehen, seine strategischen und taktischen Vorhaben auf die Nutzung von Schwächen und ein Ausweichen vor den Stärken abzu-{228}stellen und nach der abschätzbar gewordenen Durchhaltefähigkeit der einzelnen Heeresteile zielgerechte Zeiten und Fristen für eine eigene Operationsplanung zu nutzen. Während bereits die Kenntnis einzelner Dateien, jeweils für sich genommen, geeignet war, die äußere Machtstellung der Bundesrepublik Deutschland zu gefährden, so galt dies erst recht für die durch die Gesamtheit des Verratsmaterials vermittelten Vorteile des potentiellen Gegners.

Die Daten waren jedenfalls in ihrer Gesamtheit – auch wegen der dadurch ermöglichten Verknüpfung der jeweiligen Einzelerkenntnisse – als Staatsgeheimnis zu bewerten und mußten vor der DDR geheimgehalten werden, um die Gefahr eines schweren Nachteils für die äußere Sicherheit der Bundesrepublik Deutschland abzuwenden. An dieser Einschätzung ändert nichts, daß die von Herbert L. 1981 und 1982 gelieferten Dateien wahrscheinlich noch unter der Amtsleitung des CA Gregori in der Zentrale des Mil ND in Ost-Berlin eingegangen sind. Der Sachverständige wird hierzu in der Hauptverhandlung ausführen, daß diesem Umstand für die rechtliche Bewertung der seit 1983 gelieferten Dateien als Staatsgeheimnis keine ausschlaggebende Bedeutung zuzumessen ist.

Sämtliche von L. beschafften Dateien wurden von seinem nachrichtendienstlichen Auftraggeber in Kopie an die Hauptverwaltung Aufklärung der Sowjetarmee (GRU) in Moskau wei-{229}tergeleitet, die sich regelmäßig am Jahresende für die „Überlassung wertvoller hochwertiger Informationen“ beim BA bedankte.

Herbert L., der in seiner Eigenschaft als Spezialkader des Mil ND anfangs den Dienstrang eines NVA-Hauptmanns hatte, später zum Major und 1983 zum Oberstleutnant der NVA befördert wurde, lieferte Verratsmaterial, das vom Informationsdienst ganz überwiegend als „außerordentlich wertvoll“ bzw. „wertvoll“ beurteilt wurde. Die Wichtigkeit dieses Agenten für den BA war auch ursächlich dafür, daß der von L. 1988 geäußerte Wunsch, angesichts seiner Erkrankung die Invalidisierung beantragen zu dürfen (und somit vorzeitig aus der Bundeswehr auszuscheiden), vom Mil ND abschlägig beschieden wurde.

Der im Mil ND unter der Vorgangsbezeichnung „Vehn“ geführte Herbert L. wurde vielfach und während der Amtsleitung des Angeschuldigten wie folgt ausgezeichnet:

- 1. März 1984:
  Medaille für treue Dienste in Silber,
- 7. Oktober 1984:
  Vaterländischer Verdienstorden in Gold,
- 1. März 1986:
  Jubiläumsmedaille „30 Jahre NVA“, {230}

- 7. Oktober 1987:
  Vaterländischer Verdienstorden in Bronze,
- 1. März 1989:
  Medaille für treue Dienste in Gold,
- 1. März 1990:
  Kampforden für Verdienste um Volk und Vaterland in Silber.

Insgesamt wurde L. Agentenlohn in Höhe von mindestens 100.000,-- DM ausbezahlt. Daneben erhielt er als Offizier der NVA sein Gehalt, welches auf DDR-Konten angelegt wurde.

Das Oberlandesgericht Koblenz verurteilte Herbert Karl L. im Juni 1993 wegen Landesverrats zu einer Freiheitsstrafe von fünf Jahren. Das Urteil ist seit dem 6. Januar 1994 rechtskräftig.

V. Die Verantwortlichkeit des Angeschuldigten

Der Angeschuldigte, der alsbald nach seinem Amtsantritt als CA im Oktober 1982 auch über den bis dahin erreichten Stand in der nachrichtendienstlichen Zusammenarbeit mit den {231} Spitzenquellen „Weißkopf", „Cherry" und „Vehn" unterrichtet worden war, hat in der Folgezeit die gesamte Verratstätigkeit dieser Agenten – gemeinsam mit den führungsbeteiligten Leitern und Offizieren – verantwortlich geplant und gelenkt. Durch die in seinem Verantwortungsbereich erarbeiteten jährlichen Anordnungen Nr. 50, seine darauf gründenden Jahresaufgabenstellungen an die Chefs der 1. und 2. Verwaltung und durch die Bestätigung der Jahres- und Quartalsarbeitspläne dieser Verwaltungschefs hat er die Zielrichtung des Einsatzes dieser Agenten und die Schwerpunkte ihrer nachrichtendienstlichen Tätigkeit vorgegeben. Alle Themenbereiche, zu denen die angeführten drei Spitzenquellen Verratsmaterial geliefert haben, finden sich – mehr oder weniger präzise – in den jeweiligen AO Nr. 50 wieder. Dabei hat der Angeschuldigte seine Zielvorgaben differenziert abgestimmt mit den bereits im Mil ND vorhandenen Erkenntnissen. Beispielhaft belegt wird dies im Vorgang „Weißkopf". Nachdem Joachim P. bereits vor der Amtsübernahme Krauses den „Alarmplan Bundeswehr, Ausgabe Luftwaffe" in der Fassung von 1980 geliefert hatte, findet sich in der AO Nr. 50/83 die Vorgabe des Angeschuldigten, zukünftig „Präzisierungen am Alarmplan der BRD-Luftstreitkräfte" zu beschaffen. {232}

Erst zwei Jahre später wurde dann mit der AO Nr. 50/85 (wie auch mit den nachfolgenden AO Nr. 50/86 und Nr. 50/87) gefordert, (wieder komplette, neue) „Alarmpläne" zu besorgen. Auch diese Vorgabe konnte von den Aufklärungsoffizieren umgesetzt werden. Es gelang ihnen, P. zum Verrat der Neufassung des Alarmplans der Bundesluftwaffe, Ausgabe 1988, zu veranlassen.

Durch die Einschleusung des Heinz W. in die Ständige Vertretung der Bundesrepublik Deutschland bei der NATO in Brüssel ist es den an der Vorgangsführung beteiligten Offizieren des Mil ND entsprechend den in der AO Nr. 50/87 festgeschriebenen Aufgaben gelungen, Verratsmaterial über

„Inhalt und Ergebnisse der Tagungen der obersten NATO-Führungsorgane"

sowie über

„Pläne und praktische Maßnahmen der NATO, insbesondere der USA, BRD, Großbritanniens und Frankreichs zur Verstärkung der NATO-Gruppierungen auf dem Westlichen Kriegsschauplatz durch Mobilmachungsmaßnahmen, Heranführung von Verstärkungskräften und Umgruppierungen, besonders … Art und Weise, Zeiten, Reihenfolge und Sicherstellung der Heranführung und Eingliederung von Verstärkungskräften, …“

und über {233}

„Stand und Entwicklung der See- und Lufttransportkapazitäten für die Heranführung von Verstärkungskräften“

zu erhalten.

Durch die Führung des Spezialkaders Herbert L. wurde eine vom Angeschuldigten von Anfang an gestellte und beispielsweise in der AO Nr. 50/87 wie folgt formulierte Aufklärungsanforderung erfüllt:

„Zustand und Entwicklungsperspektiven der Streitkräfte allgemeiner Bestimmung der NATO und ihrer Mitgliedsstaaten, besonders der BRD, im einzelnen
– Bestand, Organisation, Ausrüstung, Kampfkraft und Gefechtsbereitschaft, ideologische Beeinflussung, operative und Gefechtsmöglichkeiten sowie Dislozierung der Truppenteile und Verbände der Teilstreitkräfte, …“.

Weitere Übereinstimmungen von in den AO’en Nr. 50 gestellten Aufklärungsanforderungen einerseits und dem tatsächlich durch die drei Spitzenquellen beschafften Verratsmaterial andererseits ergeben sich aus dem Vergleich der Themenbereiche der AO’en Nr. 50 und den in den jeweiligen Urteilen als verraten festgestellten Dokumenten.

Die mit der Führung dieser Agenten befaßten Aufklärungsoffiziere kamen damit zugleich der verantwortlich vom Angeschuldigten in den An-{234}ordnungen Nr. 50 immer wieder gestellten Forderung nach Beschaffung „einer höheren Anzahl und besonders höheren Qualität der erforderlichen geheimen und zuverlässigen Feinddokumenten mit operativ-strategischer Bedeutung“ nach.

Der Angeschuldigte beschränkte sich aber nicht nur auf eine rein anleitende Tätigkeit durch Vorgabe der Aufklärungsziele. Vielmehr war er auch in die konkrete Führung der einzelnen Agenten einbezogen.

Dies galt insbesondere für Führungstreffs im Ausland. Von seiner Entscheidung hing es ab, ob ein solcher durchgeführt wurde oder nicht.

Aufgrund der alsbald nach seiner Amtsübernahme als CA

– durch die Verwaltungschefs erfolgten Unterrichtung über die jeweiligen Objekte, in denen die drei Quellen tätig waren, deren Zugangsmöglichkeiten sowie Umfang und Inhalt des bisher durch sie beschafften Verratsmaterials,
– durch die auf dieser Grundlage erfolgte detaillierte Besprechung dieser Einzelfälle unter Beteiligung der in die Führung einbezogenen Aufklärungsoffiziere, {235}
– durch die Einsichtnahme in die zu Anfang seiner Amtsführung von den Führungsoffizieren erstellten Sicherheitsanalysen und die beigefügten jeweiligen Arbeitsakten (aktuelle Operativakten),
– durch die fortlaufende Unterrichtung über den Inhalt aktuell beschafften, gewichtigen Verratsmaterials in den Vorgängen „Weißkopf“, „Cherry“ und „Vehn“,
– durch die ihm anhand der Quartals- bzw. Jahresberichterstattung vermittelten Perspektivplanungen in diesen Verbindungen sowie

– durch die Kenntnis der „Treffvorschläge“, in denen aufgeführt war, mit welcher Quelle ein Führungstreff durchgeführt und welches Ziel dabei erreicht werden sollte,

war der Angeschuldigte über diese drei Spitzenvorgänge umfassend informiert. Mit diesem Wissen hat er, um die nachrichtendienstliche Verbindung zu stabilisieren, die Quelle neu zu instruieren und die Motivation des Agenten zu weiterem Verrat zu stärken, die bereits geschilderten Führungstreffs in den Vorgängen „Weißkopf“, „Cherry“ und „Vehn“ genehmigt und damit mitverantwortet.

Während seiner Amtszeit befürwortete der Angeschuldigte die Vorschläge der Führungsoffiziere zur Auszeichnung der Agenten P., W. und L. Gleiches gilt für die den Führungsoffizieren zuteil gewordenen Auszeichnungen. {236}

Die Einschätzung des von diesen Agenten beschafften Verratsmaterials wurde von Krause, soweit vom Informationsdienst als „außerordentlich wertvoll“ bewertet, bestätigt.

Verantwortlich veranlaßt hat der Angeschuldigte außerdem, daß das in den Vorgängen „Weißkopf“, „Cherry“ und „Vehn“ beschaffte Verratsmaterial an den sowjetischen Partner (GRU) überstellt wurde. Hierbei wurden dem Verbindungsoffizier der GRU nicht nur Ausarbeitungen des Informationsdienstes übergeben, sondern vor allem zusätzlich gefertigte Dateikopien bzw. Ablichtungen des „neutralisierten“ Originalverratsmaterials.

Im Vorgang „Cherry“ ließ sich der Angeschuldigte wiederholt vom früheren Leiter der UA OSK und seit August 1986 als Leiter der Abteilung 8 fungierenden Hans-Joachim Kelling über den aktuellen Stand der Verbindung unterrichten. Die in der Abteilung 8 angestellten Überlegungen und Planungen über die weitere Verwendung des Heinz W. nach seinem Einsatz in der deutschen Botschaft in Wien und während seiner anschließenden Tätigkeit im AA in Bonn wurden mit ihm abgestimmt. Insbesondere hat Krause die vorgesehene Einschleusung W.'s in die Ständige Vertretung der Bundesrepublik Deutschland bei der NATO in Brüssel hinsichtlich des Objektes und des Einsatzortes sowohl mündlich als auch schriftlich bestätigt. {237}

Nachdem W. dort 1987 seine Verratstätigkeit aufgenommen hatte, forderte der Angeschuldigte wiederholt – im Ergebnis allerdings erfolglos – die Einschleusung eines Spezialkaders ins Operationsgebiet. Dieser sollte nach seiner Vorstellung als Resident des W. fungieren und eine erhöhte Sicherheit dieser Spitzenquelle gewährleisten. Angesichts der Menge und der Qualität des Verratsmaterials, das W. aus dem Hauptobjekt in Brüssel beschaffte, setzte die Zentrale in Ost-Berlin ein von der Anzahl einmaliges Kontingent an Verbindungselementen in einem Vorgang zum schnellstmöglichen Abtransport der Unterlagen ein. Neben den Instrukteuren wurden vier Kurierehepaare tätig. Auch dies geschah nach Entscheidung des CA. Obwohl nach der grundsätzlichen Regelung in der AO 10/86 Kuriereinsätze ins OPG nur vom Verwaltungschef zu bestätigen waren, bewilligte Krause diese Instrukteur- und Kuriereinsätze. Maßgebend hierfür war allerdings die Tatsache, daß so hohe Geldbeträge (Reise- und Übernachtungskosten, Fluchtgeld, Agentenlohn) mitgeführt wurden, daß die dem Verwaltungschef zur Bewilligung von Operativgeldern eingeräumte Grenze (wohl 10.000,-- DM) überschritten war. Einzelheiten zu all diesen Treffs bzw. Einsätzen waren dem Angeschuldigten aus den vom Führungsoffizier schriftlich ausgearbeiteten Einsatzaufträgen für die einzelnen IM bekannt. {238}

Soweit Krause durch solche Bestätigungen auch die Zahlung von Agentenlohn an „Cherry" bewilligt hat und damit hinreichende tatsächliche Anhaltspunkte vorliegen, daß er sich dadurch gemäß § 334 StGB wegen Bestechung strafbar gemacht hat, ist von der Strafverfolgung abgesehen worden (§ 154a Abs. 1 Nr. 1 StPO).

Auch auf die Führung des Vorgangs „Vehn" nahm der Angeschuldigte – neben dem bisher dargestellten – zusätzlichen Einfluß. Nachdem es Mitte der 80er Jahre zu einem dreimonatigen Kontaktabbruch zwischen der Führungsstelle und Herbert L. gekommen war, hatte Führungsoffizier Idmar Biereigel dem CA zur Sache vorzutragen. Der Vorschlag des FO, ihn zu einem Führungstreff ins OPG zu entsenden, wurde vom Angeschuldigten verworfen. Statt dessen erhielt Biereigel den Auftrag, einen Maßnahmeplan zur Aktivierung „Vehns" zu erarbeiten. Nachdem der Hintergrund des Kontaktabbruchs durch einen Kuriereinsatz im OPG geklärt war (Aufnahme einer freundschaftlichen Beziehung des Herbert L. zu einer Arbeitskollegin), wurde der ehemalige Kurier in diesem Vorgang und zwischenzeitlich zum Spezialkader ausgebildete Dietrich W. zur Führung des „Vehn" ins Bundesgebiet eingeschleust. Alle damit in Zusammenhang stehenden Planungen und Maßnahmen waren dem Angeschuldigten bekannt und wurden von ihm gebilligt. {239}

Insbesondere wurde die Umkategorisierung des SK-Vorgesehenen W. zum Spezialkader – entsprechend der AO 10/86 – vom Angeschuldigten bestätigt. In diesem Fall wurde auch der von Biereigel erarbeitete und dem CA vorgelegte Plan zur Einschleusung des SK W., nach Koblenz vom Angeschuldigten genehmigt. Nach der Einschleusung hatte Biereigel bis auf wenige Ausnahmen alle seine damit in Zusammenhang stehenden Planungen dem Angeschuldigten ebenfalls zur Bestätigung vorzulegen.

Der am Tag der vorläufigen Festnahme des Herbert L. erfolgte Abzug des Spezialkaders W. aus dem OPG war gleichfalls mit Krause abgestimmt und der Rückzugsbefehl von ihm bestätigt worden. {240}

F. Beweiswürdigung

Der Angeschuldigte hat sich zur Sache eingelassen und insbesondere zur Struktur des Bereichs Aufklärung und den ihm als ehemaligem Chef Aufklärung des Hauptstabes des Ministeriums für Nationale Verteidigung übertragenen Aufgaben umfangreiche Angaben gemacht.

Seinen eigenen Tatbeitrag in den ihm zur Last gelegten drei Landesverratsfällen hat er im wesentlichen eingeräumt.

Dem vom Mil ND durch den Einsatz nachrichtendienstlicher Mittel und Methoden erlangten Erkenntnisaufkommen kam – entgegen der abschwächenden Darstellung des Angeschuldigten in seinen verantwortlichen Vernehmungen – maßgebliches Gewicht bei der Aufgabenerfüllung des Bereichs Aufklärung zu. Belegt wird dies durch eine vom Angeschuldigten selbst gegen Ende seiner Amtsführung als Chef des IZ unter dem 24. August 1990 verfaßte schriftliche „Einschätzung der Tätigkeit des Informationszentrums des Ministeriums für Abrüstung und Verteidigung". Im Anschluß an die Feststellung, daß die illegale militärische Aufklärung (also die Tätigkeit der 1. Verwaltung und der Abteilung 8 der 2. Verwaltung) zum 31. März 1990 eingestellt wurde, führte er aus: {241}

„Die Informationsbeschaffung, -bearbeitung, -analyse und -bewertung erfolgt seit März 1990 auf völlig neuer Grundlage. Früher wurde die Einschätzung der militärpolitischen und militärischen Lage schwerpunktmäßig auf der Grundlage der vom illegalen Apparat eingebrachten Erkenntnisse vorgenommen. Heute erfolgt das ausschließlich auf der Basis offizieller Informationen und eigener Analysetätigkeit des Informationsdienstes, der der Hauptträger der Veränderungen ist. Alle verbleibenden Strukturelemente arbeiten ihm zu.“

Im übrigen wird der Anklagevorwurf auf die angeführten Beweismittel gestützt. {242}

G. Rechtliche Würdigung

Indem der Angeschuldigte in den Fällen Joachim und Gisela P., Heinz Helmuth W. und Herbert Karl L. maßgebend daran mitgewirkt hat, daß Staatsgeheimnisse der Bundesrepublik Deutschland sowohl an die DDR-Führung als auch an zentrale Exekutivstellen der ehemaligen Sowjetunion offenbart wurden, hat er sich mittäterschaftlich des fortgesetzten Landesverrats schuldig gemacht. Als „Chef Aufklärung des Hauptstabes des Ministeriums für Nationale Verteidigung“ der DDR war der Angeschuldigte nicht Repräsentant einer fremden Macht, sondern deren Mittelsmann. Er war weder Mitglied der Regierung noch Leiter einer vergleichbaren zentralen Exekutivstelle. Die unter seiner Leitung vom Mil ND beschafften Staatsgeheimnisse waren an für die Handlungsentscheidung als „letzte Adressaten“ zuständige oberste Staatsorgane weiterzuleiten (vgl. BGHSt 39, 260[13]). Das Zusammenwirken zwischen dem Angeschuldigten, den ihm unterstellten Aufklärungsoffizieren und den meldenden Quellen war arbeitsteilig, wie es für die Mittäterschaft i.S.d. § 25 Abs. 2 StGB kennzeichnend ist. Krause hat einerseits tatherrschaftlich mit dem Ziel entsprechender Informationsbeschaffung gemeinsam mit den mit der Vorgangsführung befaßten Offizieren den Einsatz seiner jeweils als Mittäter anzusehenden Agenten im Operationsgebiet geplant und gesteuert. Andererseits hat er als Mittelsmann der Partei- und {243} Staatsführung der DDR dafür Sorge getragen, daß die zu seiner Kenntnis gelangten Geheimnisse der Bundesrepublik Deutschland denjenigen Institutionen – insbesondere den für militärische und militärpolitische Belange zuständigen Stellen der DDR – zugänglich wurden, für deren Zwecke sie zum Nachteil der Bundesrepublik Deutschland nutzbar gemacht werden konnten und vor denen sie deshalb geheimzuhalten waren. In seiner Funktion als CA war er ferner verantwortlich, daß auch die für die vorgenannten Belange zuständigen Stellen der ehemaligen UdSSR über deren Mittelsmann in den Besitz der von den Agenten Joachim P., Heinz W. und Herbert L. gelieferten Staatsgeheimnisse gelangten.

Für die subjektive Tatseite des Landesverrats kommt es nicht darauf an, ob die Planungen des Angeschuldigten von vornherein jeweils konkret auf die Erlangung des fraglichen Verratsmaterials gerichtet waren. Dies war im Fall Heinz W. aufgrund des gesteuerten Einsatzes in der Ständigen Vertretung der Bundesrepublik Deutschland bei der NATO in Brüssel allerdings anzunehmen und in den Fällen Joachim P. und Herbert L. angesichts des bereits vor Krauses Amtsübernahme gelieferten Verratsmaterials jedenfalls naheliegend. Die Zugangsmöglichkeiten dieser Quellen waren dem Angeschuldigten bekannt. Die Beschaffung der in Rede stehenden Unterlagen und Gegenstände war {244} jeweils Teil einer nachrichtendienstlichen Gesamtoperation, deren Rahmen durch den Angeschuldigten vorgezeichnet war und die durch seine Einbeziehung in wesentliche Einzelentscheidungen bis hin zu den Führungstreffbestätigungen nach seinen Vorgaben ausgeführt wurde. Danach war dem Angeschuldigten zumindest die Möglichkeit bewußt, daß die von ihm in ihrem Ablauf mitgesteuerte Verratstätigkeit der Agenten P., W. und L. zur Offenbarung von Staatsgeheimnissen führen werde. Dieser Erfolg war von ihm auch beabsichtigt. Daß es sich bei den von Heinz W. während seiner Tätigkeit bei der Ständigen Vertretung der Bundesrepublik Deutschland bei der NATO in Brüssel verratenen Unterlagen um NATO-Geheimnisse gehandelt hat, steht ihrer Bewertung als Staatsgeheimnis i.S.d. §§ 93, 94 StGB nicht entgegen. Denn die gemeinsamen Geheimnisse der Mitglieder des Nordatlantik-Paktes sind zugleich auch Geheimnisse der Bundesrepublik Deutschland im Sinne der vorgenannten Strafvorschriften (BGH bei Holtz, MDR 1980, 105).

Das Verhalten des Angeschuldigten erfüllt zudem den Tatbestand der landesverräterischen Agententätigkeit des § 98 Abs. 1 Nr. 1 StGB und der geheimdienstlichen Agententätigkeit des § 99 Abs. 1 Nr 1 StGB. {245}

Die grundsätzliche Strafbarkeit früherer hauptamtlicher Mitarbeiter der Geheimdienste der ehemaligen DDR hat der Bundesgerichtshof in mehreren Entscheidungen (zuletzt BGHSt 39, 261) ausdrücklich anerkannt. Danach ist eine Strafverfolgung weder durch allgemeine Regeln des Völkerrechts noch durch Verfassungsrecht ausgeschlossen. Der Angeschuldigte kann zudem nicht mit Erfolg geltend machen, daß eine gegen die Bundesrepublik Deutschland gerichtete nachrichtendienstliche Tätigkeit vom Territorium der DDR nach dem zur Tatzeit geltenden Recht der DDR legitim gewesen sei. Er kann sich auch nicht auf Amts- und Dienstpflichten berufen, da insoweit allein das wegen des inländischen Tatorts anwendbare Recht der Bundesrepublik Deutschland (zum Tatort bei Mittäterschaft vgl. BGHSt 39, 88) bestimmend ist.

Entschuldigungsgründe sind nicht ersichtlich. Insbesondere kommen die Grundsätze der entschuldigenden Pflichtenkollision oder der Unzumutbarkeit normgemäßen Verhaltens nicht zum Tragen, weil der Angeschuldigte nicht unter dem Druck widerstreitender Pflichten tätig wurde (vgl. BGH NJW 1991, 2498 ff.).

Im übrigen wird auf die beigefügte Stellungnahme des Generalbundesanwalts vom 19. November 1991 zum Vorlagebeschluß des Kammergerichts[14] Bezug genommen. {246}

Das Verbrechen des Landesverrats (§ 94 StGB) verdrängt im Sinne der Gesetzeskonkurrenz die Vergehen der landesverräterischen und geheimdienstlichen Agententätigkeit (§§ 98, 99 StGB).

Die drei Fälle des Landesverrats werden durch den Gesamtvorsatz des Angeschuldigten zu einer fortgesetzten Handlung verbunden. Dabei wird die Rechtsprechung des Bundesgerichtshofes (BGHSt 26, 4) zugrunde gelegt. Der Angeschuldigte hat durch die von ihm jährlich verantwortlich erarbeiteten AO'en Nr. 50 von seiner „Richtlinienkompetenz“ Gebrauch gemacht und damit nachrichtendienstliche Operationen angeleitet und befürwortet, die darauf abzielten, die äußere Sicherheit der Bundesrepublik Deutschland durch die Beschaffung möglichst hochwertiger Informationen zu beeinträchtigen. Der wechselnde Erfolg dieser grundsätzlich gleichen, immer gegen dasselbe Rechtsgut gerichteten und vom gleichen Willen und Wollen getragenen Tätigkeit führt dazu, daß im einzelnen Vorgang wiederholt der Tatbestand des § 99 StGB, wiederholt der des § 98

StGB und in drei Fällen der des § 94 StGB erfüllt ist. Dies begründet nach derzeit verbindlicher Rechtslage eine fortgesetzte Handlung.

Der Verlust der Amtsfähigkeit, der Wählbarkeit und des Stimmrechts folgt aus §§ 45 und 101 StGB. {247}

Ich beantrage,

a) das Hauptverfahren zu eröffnen

und

b) Termin zur Hauptverhandlung vor dem 7. Strafsenat des Oberlandesgerichts Düsseldorf zu bestimmen.

Anmerkungen

1 Der Generalbundesanwalt nahm die Anklage gegen Krause am 31.7.1995 – Az. VII 27/94 (20/94 VS-Vertr.) – zurück und stellte das Verfahren mit Zustimmung des OLG Düsseldorf am 20.10.1995 – Az. 3 StE 3/94 - 2 – gem. § 153 Abs. 1 StPO ein.

2 Vgl. Anhang S. 1022.

3 Zu Stoph vgl. den Dokumentationsband zu Amtsmissbrauch und Korruption, lfd. Nr. 7.

4 Zu Streletz vgl. den Dokumentationsband zu den Gewalttaten an der deutsch-deutschen Grenze, lfd. Nr. 15.

5 Zur Struktur des Bereichs Aufklärung im Jahr 1989 vgl. Schaubild 6 im Anhang auf S. 1019.

6 So genannte Schnellgeber ermöglichten es, einen Funkspruch in wenigen Sekunden an die Zentrale zu übermitteln.

7 Zu Großmann vgl. lfd. Nr. 2.

8 Zu Keßler vgl. den Dokumentationsband zu den Gewalttaten an der deutsch-deutschen Grenze, lfd. Nr. 15.

9 Zu Honecker vgl. den Dokumentationsband zu Amtsmissbrauch und Korruption, lfd. Nr. 8.

10 Ulrich Steinmann, ein Beamter des höheren technischen Verwaltungsdienstes im Geschäftsbereich des Bundesministers der Verteidigung, und sein Führungsoffizier Fritz Schulmeyer wurden vom Generalbundesanwalt am 24.6.1991 – Az. 3 StE 10/91-3 – wegen geheimdienstlicher Agententätigkeit angeklagt. Das OLG Düsseldorf verurteile Steinmann am 25.6.1992 – Az. IV a 4/91 – zu einer Freiheitsstrafe von sechs Jahren und Schulmeyer zu einer Freiheitsstrafe von einem Jahr, deren Vollstreckung zur Bewährung ausgesetzt wurde. Ein Antrag Schulmeyers auf Wiederaufnahme des rechtskräftig abgeschlossenen Verfahrens wurde durch Beschluss des OLG Düsseldorf v. 15.3.1996 – Az. VI 9/95 – als unzulässig abgelehnt. Die sofortige Beschwerde Schulmeyers gegen diesen Beschluss wurde vom BGH am 28.11.1996 – Az. 3 StB 12/96 – verworfen.

11 Klaus Lippold und Dieter Popp wurden vom Generalbundesanwalt am 13.6.1991 – Az. 3 StE 8/91 - 2 – wegen Landesverrats angeklagt. Das OLG Düsseldorf verurteilte Popp zu einer Freiheitsstrafe von sechs Jahren und Lippold zu einer Freiheitsstrafe von zwei Jahren, die auf Bewährung ausgesetzt wurde. Der Bundesgerichtshof verwarf am 22.7.1992 bzw. am 24.9.1993 – jeweiliges Az. 3 StR 199/92 – die Revisionen der Angeklagten als unbegründet. Das Bundesverfassungsgericht hob auf die Verfassungsbeschwerde von Lippold hin am 15.5.1995 – Az. 2 BvL 19/91 u.a. – (= lfd. Nr. 2-4) die Verurteilung auf. Im Anschluss daran nahm der Generalbundesanwalt die Anklage gegen Lippold zurück und stellte das Verfahren ein. Die Verfassungsbeschwerde von Popp wurde vom Bundesverfassungsgericht durch Beschluss vom 23.5.1995 – Az. 2 BvR 1404/92 – nicht zur Entscheidung angenommen. Die von Popp erhobene Beschwerde zum Europäischen Gerichtshof für Menschenrechte hatte ebenfalls keinen Erfolg (vgl. Beschluss vom 25.2.2000 – Az. 29357/95 – (= lfd. Nr. 11-2). Popp wurde am 11.5.1994 nach Verbüßung von zwei Dritteln seiner Strafe aus der Haft entlassen.

12 Vgl. Anhang S. 1023ff.

13 Vgl. lfd. Nr. 3-2.

14 Vgl. lfd. Nr. 2-2.

Teil 4:
Beispielhafte Spionagefälle

Lfd. Nr. 10

Spionage bei der Nato
– Der Fall Rupp alias „Topas“ –

Inhaltsverzeichnis
Erstinstanzliches Urteil des Oberlandesgerichts Düsseldorf vom 17.11.1994, Az. IV - 28/94

Oberlandesgericht Düsseldorf 17. November 1994
Az.: IV - 28/94 (4/94 VS-Geheim); 3 StE 9/94 (3 – Ref. 5 –) Generalbundesanwalt

URTEIL[1]

In der Strafsache gegen

1. den Diplom-Volkswirt
   Rainer Rupp,
   geboren 1945 in S.,
   zur Zeit in Untersuchungshaft in der Justizvollzugsanstalt Düsseldorf,
2. die Hausfrau
   Ann-Christine Rupp, geborene Bowen,
   geboren 1948 in D., England, {2}
3. den ehemaligen Oberst im MfS
   Dr. Klaus Kurt Rösler,
   geboren 1926 in Z.,
4. den ehemaligen Oberst im MfS
   Karl Friedrich Rehbaum,
   geboren 1937 in S.,

wegen Landesverrats

hat der 4. Strafsenat in der Hauptverhandlung vom 23. September, 4., 5., 6., 13., 14., 20., 21., 27., 28. Oktober, 2., 3., 4., 10. und 17. November 1994,

an der teilgenommen haben:

⊗ Es folgt die Nennung der Verfahrensbeteiligten. ⊗ {3}

am *17. November 1994*

für *Recht* erkannt:

Es werden kostenpflichtig verurteilt:
1. der Angeklagte Rainer Rupp wegen Landesverrats zu einer Freiheitsstrafe von zwölf Jahren,
2. der Angeklagte Dr. Rösler wegen Landesverrats zu einer Freiheitsstrafe von zwei Jahren, deren Vollstreckung zur Bewährung ausgesetzt wird,
3. der Angeklagte Rehbaum wegen Landesverrats zu einer Freiheitsstrafe von zwei Jahren, deren Vollstreckung zur Bewährung ausgesetzt wird, {4}
4. die Angeklagte Ann-Christine Rupp wegen Beihilfe zum Landesverrat zu einer Freiheitsstrafe von einem Jahr und zehn Monaten, deren Vollstreckung zur Bewährung ausgesetzt wird.

Zu Lasten der Angeklagten Rainer und Ann-Christine Rupp als Gesamtschuldner wird ein Geldbetrag von 200.000,-- DM, zu Lasten des Angeklagten Rainer Rupp ein weiterer Geldbetrag von 100.000,-- DM für verfallen erklärt.

Dem Angeklagten Rainer Rupp wird für die Dauer von fünf Jahren das Recht, in öffentlichen Angelegenheiten zu wählen oder zu stimmen, aberkannt.
(Angewendete Vorschriften:
Für den Angeklagten Rainer Rupp:
§§ 93, 94 Abs. 1 Nr. 1, Abs. 2 S. 2 Nr. 1 und 2, 25 Abs. 2, 45 Abs. 5, 73 Abs. 1, 73a, 73c Abs. 1 S. 2, 101 StGB,
Für die Angeklagten Dr. Rösler und Rehbaum:
§§ 93, 94 Abs. 1 Nr. 1, 25 Abs. 2, 56 Abs. 2 StGB.
Für die Angeklagte Ann-Christine Rupp:
§§ 93, 94 Abs. 1 Nr. 1, 27, 73 Abs. 1, 73a, 73c Abs. 1 S. 2, 56 Abs. 2 StGB). {5}

Gründe

(abgekürzt gemäß § 267 Abs. 4 StPO)

A. [Die persönlichen Verhältnisse der Angeklagten]

I. [Rainer Rupp]

Der heute 49jährige, bisher nicht bestrafte Angeklagte Rainer Rupp wurde in S. als nichteheliches Kind von Margarete R. geboren. Bis zu seinem 13. Lebensjahr wuchs er bei den Großeltern in S. auf, wo ihn seine berufstätige Mutter an den Wochenenden besuchte. Seinen Vater hat er nie kennengelernt. Von seiner Mutter, zu der er – bis heute – ein zwiespältiges Verhältnis hat und die ihn in der Kindheit öfter körperlich züchtigte, erfuhr er, daß er kein Wunschkind war; sein Erzeuger habe sie „sitzengelassen", weshalb sie zunächst sogar aus dem Elternhaus verstoßen worden sei. Dagegen sah der Angeklagte im Großvater eine starke, von ihm vorwiegend positiv empfundene Vaterfigur, die ihn durch Durchsetzungsfähigkeit, Selbstbewußtsein und eine konsequente, aufrechte Haltung mit einem Hang zum Freidenkertum beeindruckte und prägte.

1958 – nach der Eheschließung seiner Mutter – zog Rainer Rupp zu ihr und seinem Stiefvater Rudolf J. nach Saarburg und besuchte von nun an ein neusprachliches Gymnasium in Trier, nachdem er zuvor nach vierjähriger Grundschulzeit in Schwalbach auf das Humanistische Gymnasium in Saarlouis gewechselt war. Zu seinem Stiefvater hatte er ein gutes Verhältnis ebenso wie zu seinen drei Halbbrüdern.

Mit 16 Jahren – veranlaßt durch die vermeintlich spießbürgerliche Enge einer Kleinstadt – riß der Angeklagte Rainer Rupp für ca. 6 bis 8 Wochen nach Paris aus; zuvor hatte er bereits einen Sommerurlaub an der Nordsee „überzogen" und war per Autostop für einige Wochen nach Schweden gereist. {6}

Beeindruckt von seinem Geschichtslehrer, der namentlich die Zeit des Nationalsozialismus in Deutschland mit großer Offenheit erörtert hatte, schämte er sich, Deutscher zu sein und meldete sich im Alter von 18 Jahren und mit diffusen politischen Vorstellungen ohne Wissen seiner Eltern freiwillig – und vergeblich – bei der US-Armee, um in Vietnam zu kämpfen, weil dort nach seiner Ansicht die Freiheit verteidigt wurde, während in Deutschland dafür nichts geschah.

Nach bestandenem Abitur studierte er ab 1964/65 Volkswirtschaft an den Universitäten in Mainz (bis etwa 1969), Brüssel (bis 1970) und Bonn, wo er im Frühjahr 1974 sein

Studium erfolgreich mit der Note „2+“ abschloß. Im Anschluß fand er zunächst an der Universität in Brüssel eine Anstellung als wissenschaftlicher Mitarbeiter für ein Forschungsprojekt über internationale kurzfristige Kapitalbewegungen. Bereits 1975 arbeitete er gleichzeitig – zunächst nur halbtags – bei einer Firma T. in Brüssel, die Industrieinteressen bei den politischen Gremien wahrnahm, als rechte Hand des Geschäftsführers. Anfang 1976 wechselte er zur Brüsseler Industriebank C. und fungierte dort ein Jahr als Leiter der Abteilung für *Industrial Economic Research*. Seit dem 15.01.1977 war er bis zu seiner Festnahme am 31.07.1993 als „Country Rapporteur“ im Wirtschaftsdirektorat der NATO tätig, wo er zuletzt umgerechnet etwa 16.000 DM netto monatlich verdiente.

Nach der Wende bemühte sich der Angeklagte Rainer Rupp erfolglos, sich als künftiger Unternehmensberater einen Namen zu machen. Der von ihm ins Auge gefaßte Technologietransfer aus der ehemaligen Sowjetunion nach Westeuropa, den er auf einer Reihe von Vorträgen vorstellte, fand keine Resonanz; auch scheiterte sein Versuch, mit einem ehemaligen Oberst der Bundeswehr sogenannte RD 33 Triebwerke für die – jetzt auch von der Bundeswehr eingesetzte – MiG 29 nach Deutschland zu schaffen. {7}

Rainer Rupp ist seit dem 08.04.1972 mit der Mitangeklagten Ann-Christine Rupp verheiratet, die er im Frühjahr 1970 in Brüssel kennengelernt hatte, wo sie damals bei der britischen Militärmission, einer Verbindungsstelle zur NATO, tätig war. Aus der Ehe sind drei Kinder hervorgegangen: T., geboren 1980, R., geboren 1981, und die 1986 geborene A.

⊗ Es folgen Angaben zu den finanziellen Verhältnissen des Ehepaars Rupp. ⊗

II. [Ann-Christine Rupp]

Die nicht vorbestrafte Angeklagte Ann-Christine Rupp wurde als Tochter des Telefonkommunikationstechnikers William B. und seiner Ehefrau Claire in D./Großbritannien geboren. Sie wuchs gemeinsam mit ihrem drei Jahre älteren Bruder im elterlichen Haushalt auf. Bis zu ihrem elften Lebensjahr besuchte sie die D. School in D. Nach dem Umzug der Familie nach Poole im Jahre 1959 ging sie dort in die Grammar School, die sei 1964 mit dem „O-Level“, einem der mittleren Reife entsprechenden Zeugnis, abschloß. Anschließend besuchte die Angeklagte für ein Jahr das Secretarial College in {8} Poole, um dann zunächst im Sommer 1965 bis Sommer 1966 bei der Versicherungsgesellschaft W. in Poole, danach bis Sommer 1967 bei der Firma G., ansässig in Westbourne, als Sekretärin zu arbeiten.

Etwa im August/September 1967 zog die Angeklagte nach London, um dort eine Stelle beim britischen Verteidigungsministerium anzutreten. Sie wurde zunächst in der Secretarial Training School des Ministeriums für sechs Monate ausgebildet und arbeitete anschließend als Sekretärin beim *Assistant Chief of the Defense Staff/Policy* (ACDS). Nachdem ihr im August 1968 eine Stelle beim Militärischen Vertreter Großbritanniens bei der NATO in Brüssel angeboten worden war, verlegte die Angeklagte ihren Wohnsitz und ging fortan einer Tätigkeit als Sekretärin in Brüssel nach.

Nach erfolgreicher Bewerbung bei der NATO wurde sie am 14.09.1971 dort als Sekretärin eingestellt und bis Ende Dezember als Schreibkraft im Schreibpool des internationalen Stabes eingesetzt. Von Januar 1972 bis Ende 1974 arbeitete sie als Sekretärin bei der NICSMA (NATO Integrated Communications Systems Management Agency), von Januar 1975 bis 31.03.1977 bei der P + P Division IMS (Plans and Policy Division International Military Staff) und vom 01.04.1977 bis zu ihrem Ausscheiden am 23.07.1991 bei NOS (NATO Office of Security). Ihre berufliche Tätigkeit wurde durch die Geburt ihres ersten Sohnes von Februar bis Mai 1980, durch die Geburt und eine Erkrankung ihres zweiten Sohnes von Juni bis Dezember 1981, durch die Geburt ihrer Tochter von Juni bis Oktober 1986 sowie durch eigene Krankheit von Frühjahr 1994 bis Frühjahr 1985 unterbrochen.

⊗ Es folgen Angaben zu den finanziellen Verhältnissen der Angeklagten. ⊗ {9}

III. [Kurt Rösler]

Der jetzt 68 Jahre alte, nicht vorbestrafte Angeklagte Dr. Rösler wurde als einziges Kind des kaufmännischen Angestellten Kurt R. und dessen Ehefrau Hilde geborene W. geboren. Er wuchs im Elternhaus in Z. auf. Sein Vater verlor 1933 wegen seiner Funktionen in der Sozialistischen Arbeiterpartei (SAP) seine Stellung als Buchhalter im Braunkohlebergwerk H. bei Z. Die Familie siedelte 1935 nach Waldenburg/Schlesien um, wo der Vater nach längerer Arbeitslosigkeit eine Stellung als Filialleiter für einen Lesezirkel fand. Nach Wehrdienst und russischer Gefangenschaft wurde der Vater 1947 Bürgermeister in H. und S. bei Z. Er starb im Jahre 1984; die Mutter des Angeklagten war bereits 1977 verstorben.

Der Angeklagte wurde nach dem Besuch der Volksschule von 1932 bis 1936 in Hirschfelde und der Oberrealschule in Waldenburg, die er Ende 1944 kriegsbedingt ohne Abschluß verließ, zunächst für sechs Monate zum Reichsarbeitsdienst und am 23.05.1944 zur Wehrmacht einberufen. Er war Angehöriger eines Jäger-Ersatzbataillons und erreichte den Rang eines Gefreiten. Am 10.02.1945 lief er in der Nähe von Breslau zur Roten Armee über. In der anschließenden russischen Gefangenschaft wurde er nach einer mehrwöchigen politischen Schulung zu Wachdiensten im Donez-Gebiet eingesetzt und besuchte von 1948 bis zu seiner Entlassung im Juli 1949 die Gebiets- und Zentralschule „2040" in Riga, wo er eine Art Grundstudium in Politik und Geschichte absolvierte.

Nach seiner Rückkehr in die Heimat wurde Dr. Rösler im Braunkohlewerk H. tätig, zunächst als Kultursachbearbeiter, dann als Leiter der Betriebsgewerkschaftsgruppe und schließlich bis Mitte 1951 als Parteisekretär der SED, der er im März 1950 beigetreten war. Es folgte eine Beschäftigung von einigen Monaten als angelernter Kreisredakteur bei der L. in Z. {10}

Anfang 1952 wurde der Angeklagte vom Außenpolitischen Nachrichtendienst (APN) der DDR angeworben, der später in das Staatssekretariat für Staatssicherheit (SfS) übernommen wurde, aus welchem dann das Ministerium für Staatssicherheit hervorging. Nach einem Besuch der Schule der Hauptverwaltung Aufklärung in Berlin als Kursant von April bis Oktober 1952 wurde er vom 17.10.1952 bis zum 30.07.1955 – zwischenzeitlich im Juni 1954 zum Oberleutnant befördert – als Referent in der Hauptabteilung I der HVA eingesetzt. Anschließend wurde er in die für die Ausspähung der mit der Bundesrepublik Deutschland verbündeten westlichen Staaten und der NATO zuständige Abteilung III versetzt, wo er – im Oktober 1956 zum Hauptmann befördert – als Referent, ab 15.10.1958 als Leiter des Referats 2, nach zwischenzeitlicher Beförderung im

Oktober 1960 zum Major, ab 01.12.1962 als kommissarischer stellvertretender Abteilungsleiter und ab 01.07.1966 – im Februar 1965 zum Oberstleutnant befördert – als stellvertretender Abteilungsleiter tätig war. Ab 01.02.1971 übernahm der Angeklagte die Leitung der aus der Abteilung III hervorgegangene Abteilung XIII. Diese Position hatte er, am 01.10.1972 zum Oberst befördert, bis zu seiner Entlassung aus dem MfS am 31.12.1989 inne.

Neben seiner beruflichen Tätigkeit absolvierte der Angeklagte von 1966 bis Juli 1969 ein Fernstudium der pädagogischen Psychologie an der Karl-Marx-Universität in Leipzig. Am 01.07.1973 promovierte er an der Juristischen Hochschule des MfS in Potsdam zum Doktor der Rechtswissenschaften mit der Arbeit „Psychologische Bedingungen der inoffiziellen Arbeit in das und im Operationsgebiet".

Für seine Tätigkeit in der HVA erhielt er Angeklagte Auszeichnungen, unter anderem den Kampforden „Für Verdienste um Volk und Vaterland" in Silber (1969), die Vaterländischen Verdienstorden in Bronze (1971), Silber (1975) und Gold (1987), den „Friedrich-Engels-Preis 2. Klasse" (1980), den Orden der Völkerfreundschaft der UdSSR (1980) und den „Scharnhorst-Orden" (1984). {11}

Der Angeklagte Dr. Rösler ist seit dem 31.12.1952 mit Johanna R. geborene A. verheiratet, mit der er im Juli 1953 geborene Zwillingssöhne hat. ⊗ Es folgen Angaben zu den finanziellen Verhältnissen des Angeklagten. ⊗

IV. [Karl Rehbaum]

Der jetzt 57 Jahre alte, nicht vorbestrafte Angeklagte Rehbaum wurde als einziges Kind des Arbeiters Karl R. und dessen Ehefrau Else geborene E. geboren. Sein Vater war Mitglied der Kommunistischen Partei und wurde deshalb ab 1933 für etwa ein Jahr im Konzentrationslager Lichtenburg bei Torgau inhaftiert. Die Eltern sind 1963 bzw. 1983 verstorben. Der Angeklagte wuchs im Elternhaus in S. auf und besuchte dort von 1943 bis 1951 die Grundschule. Nachdem er den anschließenden Besuch einer Oberschule in Erfurt nach etwa einem Jahr abgebrochen hatte, erlernte er bis zum Herbst 1953 bei der Zentralstelle für Tierzucht in H. den landwirtschaftlichen Beruf eines Milchleitungsprüfers und übte diesen Beruf bis Mitte 1955 im Kreis Q. aus. Aus Überzeugung wurde er im November 1953 Kandidat und im April 1955 Mitglied der SED.

Am 02.07.1955 wurde der Angeklagte Rehbaum für das damalige Staatssekretariat für Staatssicherheit angeworben. Nachdem er zunächst drei Monate als Wachmann bei der Kreisdirektion Querfurt der Bezirksverwaltung Halle tätig gewesen war, besuchte er anschließend, inzwischen zum Feldwebel ernannt, bis 1957 als Kursant für Jura die Hochschule des MfS in Potsdam-Eiche. Sein Abschlußdiplom wurde später jedoch nicht als das {12} eines Diplom-Juristen anerkannt. Von Oktober 1957 bis Juni 1965 wurde der Angeklagte – am 1. Oktober 1957 zum Unterleutnant, am 01.10.1960 zum Leutnant und am 01.02.1964 zum Oberleutnant befördert – als Hilfssachbearbeiter, Sachbearbeiter, Hauptsachbearbeiter und operativer Gruppenleiter bei der Kreisdirektion Eisleben der Bezirksverwaltung Halle des MfS eingesetzt.

Am 01.07.1965 erfolgte die Übernahme des Angeklagten Rehbaum zur Abteilung III der HVA, wo er als Referent tätig wurde. Diese Stellung behielt er, am 01.10.1968 zum Hauptmann befördert, auch als Mitglied der Abteilung XII, die aus der Abteilung III hervorging. Er wurde am 01.10.1973 unter gleichzeitiger Beförderung zum Major zum stellvertretenden Referatsleiter und am 01.04.1978 – zwei Monate vorher zum Oberstleutnant befördert – zum stellvertretenden Abteilungsleiter ernannt. Nachdem am 01.02.1984 seine Beförderung zum Oberst erfolgt war, wurde er am 01.03.1987 Erster stellvertretender Abteilungsleiter und war schließlich vom 01.01.1990 bis zum 31.03.1990 Leiter der Abteilung XII. Anschließend war er bis Ende Juni 1990 an der Auflösung des MfS beteiligt.

Während seiner Tätigkeit in der HVA absolvierte der Angeklagte Rehbaum von 1968 bis 1977 ein Fernstudium im Fachbereich Außenpolitik am Institut für internationale Beziehungen an der Akademie in Potsdam-Babelsberg. Dieses Studium schloß er als Diplom-Staatswissenschaftler ab. Außerdem nahm er vom 01.06.1986 bis zum 30.06.1987 an einem Lehrgang am Institut des Innenministeriums für marxistisch-leninistische Weiterbildung teil.

Der Angeklagte wurde für seine Tätigkeit im MfS ausgezeichnet, unter anderem mit den Verdienstmedaillen der NVA in Bronze (1968), Silber (1970) und Gold (1977), dem Kampforden „Für Verdienste an Volk und Vaterland“ in Gold (1979), den „Vaterländischen Orden“ in Bronze (1981) und Silber (1985), der „Medaille der Waffenbrüderschaft“ in Gold (1987) und – im Rahmen eines Kollektivs – dem „Friedrich-Engels-Preis“ Stufe 1 (1990). {13}

Der Angeklagte ist seit dem 09.05.1959 mit Elisabeth R. geborene M. verheiratet. Seine Ehefrau war bis 1989 als Stenotypistin ebenfalls Angehörige des MfS. Aus der Ehe ist eine im Dezember 1963 geborene Tochter hervorgegangen. ⊗ Es folgen Angaben zu den finanziellen Verhältnissen des Angeklagten. ⊗

B. [Der Sachverhalt]

I. [Die Abteilung XII der HVA]

Der Abteilung XII der HVA, der die Angeklagten Dr. Rösler und Rehbaum bis zum Ende ihrer Tätigkeit für das MfS angehörten, oblag es, die NATO und die Europäische Gemeinschaft (EG) im zivilen, politischen und militärischen Bereich umfassend aufzuklären. Vorläufer dieser Abteilung war die 1953 gegründete Abteilung VI des damals dem Ministerium des Innern unterstellten „Staatssekretariat für Staatssicherheit“, die die Missionen der USA, Frankreichs und Großbritanniens in Bonn und Berlin auszuforschen hatte. Nach Umbenennung in die Abteilung III 1957/1958 war als weiterer Aufgabenbereich die Aufklärung der NATO hinzugekommen. Ende 1970 wurde die bisherige Abteilung III in die neuen Abteilungen III, XI und XII aufgeteilt.

Die Führung der in verschiedene Referate gegliederten Abteilung erfolgte durch den Abteilungsleiter und zwei stellvertretende Abteilungsleiter, auf die die Anleitung der Referate, denen jeweils ein Referatsleiter vorstand, aufgeteilt war. {14}

Wie alle Abteilungen der HVA war auch die Abteilung XII in das Zentrale Planungswesen eingebunden. Auf der Grundlage der jährlich vom Minister für Staatssicherheit erlassenen Zentralen Planvorgabe erstellte der Leiter der HVA für alle Abteilungen Planvorgaben und Planorientierungen. Diesen folgend hatte der Abteilungsleiter einen Abteilungsplan zu erstellen, dessen inhaltliche Gestaltung durch ministerielle Richtlinien geregelt war. Dieser fußte in komprimierter Form auf den Jahresplänen der

Referatsleiter, die diese in Abstimmung mit dem zuständigen stellvertretenden Abteilungsleiter aufgrund von Vorlagen ihrer Mitarbeiter zu fertigen hatten und in denen die einzelnen operativen Vorhaben, die Inoffiziellen Mitarbeiter mit Decknamen sowie die einzelnen Ziele und vorgesehenen Entwicklungsphasen aufgeführt waren. Nach Bestätigung durch den Leiter der HVA ging der Abteilungsplan über den Abteilungsleiter und den stellvertretenden Abteilungsleiter an die einzelnen Referate zurück und bildete die verbindliche Grundlage für die Tätigkeit jedes Mitarbeiters. Neben den Arbeitsplänen wurden in gleicher Weise auch Finanzpläne, u.a. ein jährlicher Valuta-Dienstleistungsplan, erstellt, in denen Geldzuwendungen an Quellen und Kuriere sowie Aufwendungen für operative Reisen und sonstige operative Maßnahmen veranschlagt wurden. Jede operative Tätigkeit, insbesondere die Anberaumung und Durchführung eines Führungstreffs oder der Reise eines Kuriers/Instrukteurs zu einem Treff mit einem Inoffiziellen Mitarbeiter (IM) war Gegenstand eines Operativplanes des Führungsoffiziers (FO), der der Bestätigung mindestens des Referatsleiters und des Abteilungsleiters bzw. des zuständigen Stellvertreters bedurfte.

II. [Die nachrichtendienstliche Anbahnung des Angeklagten Rainer Rupp]

Im Jahre 1966 gelang es den damals für die Abteilung III der HVA tätigen Offiziere Dr. Jürgen Rogalla und Helmut Schreier, den Zeugen Heinz Sch. für eine nachrichtendienstliche Tätig-{15}keit anzuwerben und ihn am 09.05.1967 förmlich zu verpflichten. Er wurde mit dem Decknamen „Heinz Winkler" unter dem MfS-Aktenzeichen II 336/66 registriert. Es war von vornherein beabsichtigt, Heinz Sch. als „Werber" im „Operationsgebiet" einzusetzen. Er sollte unter der Identität eines Kurt T. in die Bundesrepublik Deutschland übersiedeln und dort Kontakte zu Bundesbürgern herstellen, die ihm für eine künftige nachrichtendienstliche Tätigkeit geeignet erschienen. Der echte Kurt T. hatte bis zum Frühjahr 1967 in Schottland gelebt, war am 01.04.1967 in die DDR eingereist und hatte sich dort einbürgern lassen.

Nach einer Ausbildung in nachrichtendienstlicher Technik und dem Erwerb sogenannter Regimekenntnisse reiste Heinz Sch. im November 1967 in die Bundesrepublik Deutschland ein und meldete sich, angeblich aus Schottland kommend, unter dem Namen Kurt Max T. am 27.11.1967 in Mainz, an. Er war mit einem gefälschten Reisepaß ausgestattet.

Wenige Tage später lernte Sch. im Anschluß an eine Demonstration zur Notstandsgesetzgebung in einer Mainzer Gaststätte den Angeklagten Rainer Rupp kennen, demgegenüber er sich als „Kurt" vorstellte und sich bei dem anschließenden Gespräch – wie Rupp – als Verfechter „linker" Positionen und engagierter Gegner der Notstandsgesetzgebung ausgab. Von nun an trafen sich beide für den Zeitraum fast eines Jahres regelmäßig und tauschten ihre politischen Meinungen aus. Dabei verstand es „Kurt", seinen jungen Gesprächspartner, der sich von einer vermeintlich scheinheiligen und unmoralischen Politik der USA und auch der Bundesrepublik Deutschland abgestoßen fühlte, zu beeindrucken und in dessen politischen Wunschvorstellungen von einem sozialistischen Staat zu bestärken. Aus der anfänglichen Bekanntschaft wurde allmählich eine Freundschaft. Dabei erinnerte „Kurt" in seiner Art, komplizierte Sachverhalte auf eine einfache Frage reduzieren zu können, den Angeklagten Rainer Rupp immer mehr an seinen

Großvater. Allerdings lehnte {16} Rainer Rupp das Ansinnen „Kurts" ab, für ihn Berichte über rechte Gruppierungen an der Universität zu schreiben, weil er immer noch einen Rest an Mißtrauen hegte, es könne sich bei „Kurt" möglicherweise um einen „agent provocateur" des bundesdeutschen Verfassungsschutzes oder der CIA handeln.

Von mehr Erfolg gekrönt waren dagegen die Versuche von Heinz Sch., den Angeklagten Rupp zu einem Besuch der DDR zu bewegen, die er als lohnendes Ziel beschrieb, in der die Basis für den Sozialismus bereits existiere. Dort vor Ort könne er sich ein eigenes Bild machen; er, „Kurt", stamme selbst aus der DDR. Voraufgegangen waren regelmäßige Berichte Sch.'s über die Entwicklung seiner Bekanntschaft mit Rupp an seine Führungsoffiziere Dr. Jürgen Rogalla und Dieter Kutta, auf deren Weisung Sch. dann 1968 den als Perspektivagenten geeignet erscheinenden Rupp nach Ost-Berlin einlud. Die Bedenken des Angeklagten Rupp, daß ihm in der DDR „etwas passieren" könne, zerstreute „Kurt" mit dem Hinweis, daß er unter dem Schutz der Staatssicherheit unbesorgt in die DDR reisen könne. Ende 1968 fuhr er daraufhin mit „Kurt", der zuvor für beide gefälschte Pässe von seiner Führungsstelle besorgt hatte, nach Ost-Berlin und verbrachte ein Wochenende im Hotel „Unter den Linden", wo er Dieter Kutta und Dr. Jürgen Rogalla kennenlernte und mit ihnen politische Gespräche führte. Bei einem gemeinsamen Mittagessen offenbarten sich „Dieter" und „Jürgen" als Mitarbeiter des MfS und empfahlen Rainer Rupp, nicht mehr zu demonstrieren, vielmehr sein Studium abzuschließen, Karriere zu machen und gemeinsam mit ihnen etwas für den Frieden zu tun. Am nächsten Tage erklärte sich der Angeklagte Rupp bereit, für das MfS zu arbeiten, und unterschrieb mit seinem Klarnamen eine entsprechende Verpflichtungserklärung. Er wurde beim MfS unter der Nummer XV 333/69 registriert und erhielt Anfang der 70er Jahre auf Vorschlag von Heinz Sch. den Decknamen „Mosel". „Kurt" hatte sich dabei von der Moselstadt Trier leiten lassen, wo ggfs. ein Nottreff an der Porta Nigra stattfinden sollte. Etwa 1979 wurde aus „Mosel" der Deckname „Topas". {17}

Nach seiner Rückkehr nach Mainz traf Rupp sich weiter regelmäßig mit Heinz Sch., dessen Hauptaufgabe es war, auf ihn ideologisch einzuwirken und ihn in der Überzeugung zu bestärken, daß seine Tätigkeit für das MfS dem Frieden diene. Nicht immer verliefen ihre Diskussionen allerdings harmonisch. Rainer Rupp verteidigte seine Auffassungen engagiert; so prangerte er den Einmarsch russischer Truppen 1968 in Prag an und verglich Ulbricht mit Franco. Auch lehnte der Angeklagte Rupp den Auftrag ab, Gleichgesinnte in seiner Umgebung zu suchen, die ebenfalls bereit seien, für das MfS zu arbeiten.

Die Führungsstelle des Angeklagten in der Abteilung III entwickelte in der Folgezeit den Plan, Rupp zur Fortsetzung seines Studiums in Brüssel zu veranlassen, wovon man sich eine Verbesserung der Chancen einer späteren Anstellung bei den dortigen Behörden, etwa der Europäischen Gemeinschaft (EG) oder der NATO versprach, ferner, ihn während des Studiums finanziell zu unterstützen. Bei einem weiteren Treff in Ost-Berlin in der ersten Hälfte des Jahres 1969, an welchem neben Dieter Kutta und Dr. Jürgen Rogalla auch der Angeklagte Dr. Klaus Rösler als der damals zuständig stellvertretende Abteilungsleiter teilnahm, forderte dieser dementsprechend Rainer Rupp, dem er sich als „Martin" vorstellte, auf, sein Studium in Brüssel fortzusetzen und dort internationale Erfahrungen zu sammeln; das MfS werde sein Studium finanzieren. Auftragsgemäß immatrikuliert sich Rupp, der fortan mit zunächst 150 DM monatlich, später 300 DM monatlich unterstützt wurde, im Herbst 1969 an der Universität in Brüssel.

Heinz Sch. hatte sich zwischenzeitlich bereits am 30.06.1969 beim Einwohnermeldeamt in Mainz als angeblich nach Oslo verzogen abgemeldet. Tatsächlich war er in die DDR zurückgekehrt und vom MfS beim Rat des Bezirks Schwerin als Mitarbeiter untergebracht worden. Mit dem Angeklagten Rupp traf er sich jetzt etwa alle sechs bis acht Wochen in Brüssel und Düsseldorf; Rupp berichtete bei {18} diesen Begegnungen auftragsgemäß über seinen beruflichen Werdegang und sein jeweiliges Umfeld in Brüssel. Dem Wunsch von „Kurt“, Charakteristiken von Kommilitonen und Personen zu fertigen, die zum Umfeld der EG-Kommission oder der NATO gehörten, entzog er sich dagegen.

III. [Die nachrichtendienstliche Anbahnung der Angeklagten Ann-Christine Rupp]

Im Frühjahr 1970 lernten sich die späteren Eheleute Rupp in Brüssel kennen. Rainer Rupp beeindruckte Ann-Christine u.a. durch seine umfassende Allgemeinbildung und intellektuellen Fähigkeiten. In der sich in der Folgezeit entwickelnden Liebesbeziehung verlagerten sich die Gespräche zwischen beiden zunehmend auf die Erörterung politischer Grundsatzfragen. Auch auf diesem Gebiet wußte der Angeklagte Rainer Rupp der politisch unerfahrenen Angeklagten Ann-Christine Rupp zu imponieren. Seine Vorstellungen etwa zu Fragen der Verteilungsgerechtigkeit sowie seine Überzeugung von der den Weltfrieden einzig fördernden und erhaltenden marxistisch-leninistischen Ideologie wurden von der Angeklagten kritiklos übernommen.

Als sich die Beendigung der Abordnungszeit von Ann-Christine Rupp bei der NATO abzeichnete, beschlossen die Angeklagten Anfang 1971, in absehbarer Zeit zu heiraten. Um in Brüssel bleiben zu können, bewarb sich die Angeklagte Ann-Christine im März 1971 u.a. bei der NATO, wo sie am 14.09.1971 als Sekretärin eingestellt wurde.

Über seine Beziehung zu Ann-Christine unterrichtete Rainer Rupp den Zeugen Sch. („Kurt“) noch im Jahre 1971. Daraufhin kam es zu einem weiteren Treffen in Ost-Berlin. Am Abend vor seiner Abreise eröffnete Rainer Rupp seiner späteren Ehefrau, wohin er fahre, und war darum bemüht, ihr den Grund für seine Zusammenarbeit mit dem MfS darzulegen. Als er am nächsten Tag mit „Kurt“ und „Dieter“ (Kutta) in Ost-Berlin zusammentraf und über {19} sein vorabendliches Gespräch mit Ann-Christine berichtete, riet man dem Angeklagten Rainer Rupp aus Sicherheitsgründen davon ab, nach Belgien zurückzukehren. Da der Angeklagte sich jedoch mit seinem Wunsch zurückzukehren, schließlich durchsetzen konnte, beschloß man, die weitere Entwicklung abzuwarten.

Nachdem die Angeklagte noch im Jahr 1971 „Kurt“ in Brüssel kennengelernt hatte, wollte die Führungsstelle des Angeklagten Rainer Rupp die Angeklagte Ann-Christine Rupp ebenfalls kennenlernen und arrangierte zu diesem Zweck Ende 1971/Anfang 1972 ein Treffen in Amsterdam. An diesem Treffen nahm neben den Angeklagten Rainer und Ann-Christine Rupp und dem Zeugen Heinz Sch. eine namentlich nicht bekannte männliche Person teil, die sich „Walter“ nannte und der englischen Sprache mächtig war. Das mit diesem Treffen verfolgte Ziel des MfS, auf die Angeklagte Ann-Christine Rupp vertrauensbildend einzuwirken, wurde nicht erreicht, da „Walter“ wegen einer vielfach angebrachten zweideutigen Bemerkungen abstoßend auf die Angeklagte wirkte. Eine nachrichtendienstliche Ansprache der Angeklagte erfolgte nicht.

Nach ihrer Hochzeit am 08.04.1972 reisten die Angeklagten – versehen mit Falschausweisen – gemeinsam nach Ost-Berlin, verbrachten dort mehrere Tage mit „Kurt“,

Dieter Kutta und Dr. Jürgen Rogalla und führten zahlreiche Gespräche politischen Inhalts. Die Angeklagten fuhren dann nach dem Besuch einer landwirtschaftlichen Produktionsgenossenschaft, der auf Wunsch des Angeklagten Rainer Rupp durchgeführt wurde, mit „Dieter" und „Kurt" für einige Tage nach Leningrad. Nach ihrer Rückkehr nach Ost-Berlin setzten die Angeklagten ihre politischen Gespräche fort. In Anwesenheit des Angeklagten Dr. Rösler gelang es Dr. Rogalla, die Angeklagte Ann-Christine Rupp für eine Zusammenarbeit mit dem MfS zu gewinnen. Da sie zu dieser Zeit die deutsche Sprache kaum beherrschte, übernahm der Angeklagte Rainer Rupp bei diesen Gesprächen die Rolle des Übersetzers. Nachdem sich seine Ehefrau mündlich zu einer nachrichtendienstlichen Mitarbeit verpflichtet hatte, geriet er in eine geradezu euphorische Stimmung. {20}

Fortan wurde die Angeklagte bei der HVA unter dem Decknamen „Kriemhild", später „Türkis" geführt.

Bestimmendes Motiv für die Bereitschaft der Angeklagten Ann-Christine Rupp zur nachrichtendienstlichen Zusammenarbeit mit der HVA war außer ihrer Liebe zu ihrem Ehemann ihre von diesem in langen politischen Diskussionen geweckte, dann als eigene Auffassung vertretene ideologische Übereinstimmung mit den Ideen des in den Staaten des Warschauer Paktes praktizierten Sozialismus marxistischer Prägung.

Einen konkreten nachrichtendienstlichen Auftrag erhielt die Angeklagte Ann-Christine Rupp nicht. Vielmehr war ihre Führungsstelle allgemein an Informationen über die neu geschaffene Organisationseinheit NICSMA interessiert, wo die Angeklagte inzwischen als Sekretärin arbeitete. Sie sollte sowohl über die strukturelle Organisation dieses Arbeitsbereiches als auch über dessen personelle Zusammensetzung berichten sowie Dokumente aus diesem Tätigkeitsgebiet beschaffen.

IV. [Die nachrichtendienstliche Ausstattung und Unterweisung der Eheleute Rupp]

Anläßlich des Treffens in Ost-Berlin im April 1972 wurde der Angeklagte Rainer Rupp nachrichtendienstlich geschult und in der Dokumentenfotografie – das von seiner Frau beschaffte Informationsmaterial sollte er fotografieren und anschließend die Filme „Kurt" zur Weiterbildung nach Ost-Berlin übergeben –, im Empfang von Funksendungen, dem Geheimschreibverfahren und im Umgang mit toten und rollenden Briefkästen unterwiesen. Die Schlüsselunterlagen zum Entschlüsseln von Funksendungen sowie gefälschte bundesdeutsche Reisepässe für sich und seine Ehefrau als Fluchtausweise bewahrte er bis etwa 1985 in einem Container in einer DIN-A 4 großen Schreibmappe aus Leder auf. Danach versteckte er seine Schlüsselunterlagen in einer Socke im Schlafzimmerschrank. {21}

Zum Empfang von Funksendungen erwarb Rainer Rupp auftragsgemäß ein Kofferradio der Marke Saba, später als dieses Gerät defekt geworden war, einen Weltempfänger Marke *Tandy*. Die Kosten wurden ihm von seiner Führungsstelle erstattet. Sendezeiten waren dienstags, und zwar jeweils eine Woche vor und eine Woche nach einem Kuriertreff. In den Funksprüchen wurde der kommende, bereits verabredete Treff bestätigt bzw. die Bestätigung übermittelt, daß Kurier und Material wohlbehalten in der DDR eingetroffen seien. Die letzte Funksendung, mit der er aufgefordert wurde, die Arbeit einzustellen und alle nachrichtendienstlichen Hilfsmittel zu vernichten, empfing der Angeklagte Rainer Rupp im Dezember 1989.

Nach Führungstreffs im Ausland hatte Rainer Rupp seiner Führungsstelle seine – problemlose – Heimkehr mitzuteilen. Zu diesem Zweck standen ihm zwei Deckadressen in der DDR zur Verfügung, darunter eine „Erna, Köpenicker Landstraße", in Ost-Berlin.

Zur Anfertigung von Dokumentenfotos erhielt Rainer Rupp von seiner Führungsstelle eine Spiegelreflex-Kamera der Marke „Canon". Als er sie beim Segeln verlor, erwarb er weisungsgemäß eine – auf Einzelbilder schaltbare – Super 8 Filmkamera der Marke „Braun-Nizo" in einem Fotogeschäft in Antwerpen und später eine „OLYMPUS PEN-EES 2, Nr. 5136066", mit der man mit Spezialfilmen 72 Aufnahmen machen konnte. Anfänglich zur Verfügung gestelltes präpariertes Filmmaterial verwendete er aus Sicherheitsgründen nur kurzzeitig. Danach versuchte er eine Zeitlang mit handelsüblichen Filmen – 36 Aufnahmen – zu fotografieren. Als sich hierdurch die Bildqualität verschlechterte, wurden ihm von seiner Führungsstelle Spezialfilme mit 72 Aufnahmen überlassen.

Die belichteten Filme übergab Rupp seinen Kurieren zunächst in normalen schwarzen Filmdosen, später auch in einem in einer Tuborg-Bierdose eingebauten Container. {22}

1977 erhielt der Angeklagte Rainer Rupp von „Kurt" zum Transport von Dokumenten einen Aktenkoffer mit einem eingebauten Container, der 30 DIN-A 4 Blätter faßte. Ab etwa 1983/1984 wurde dieser durch einen Aktenkoffer mit einem größeren Container ersetzt, in dem ca. 40-50 DIN-A 4 Blätter Platz hatten.

Eine nachrichtendienstliche Unterweisung der Angeklagten Ann-Christine Rupp erfolgte nicht; sie erhielt jedoch von „Kurt" zu einem nicht mehr feststellbaren Zeitpunkt eine Handtasche mit eingebautem Container, die sie – unwiderlegt – nicht benutzte.

V. [Das Führungs- und Verbindungswesen]

1. [Instrukteure und Kuriere]

Instrukteur und Kurier der Eheleute Rupp war bis Mai 1980 Heinz Sch. („Kurt"), der sich bis dahin mit dem Angeklagten Rainer Rupp mindestens 103mal getroffen hatte. Die Treffs fanden in sechs- bis achtwöchigem Abstand zumeist in Antwerpen, aber auch in Brüssel, Amsterdam, Düsseldorf, Genf, Namur, Brügge, Spa, Paris, Istanbul, Salzburg, Lüttich, Bastogne, Bonn und Lindau/Bodensee statt und wurden von Mal zu Mal verabredet. In der Regel nahm auch die Angeklagte Ann-Christine Rupp an den Treffs mit „Kurt" teil. Bei der Bestätigung per Agentenfunk wurde für den jeweiligen Treffort ein Codewort verwandt; so stand für Antwerpen der Decknamen „Anton", Brüssel hieß „Ledervogel". Die Übergabe von belichtetem Filmmaterial, das Rainer Rupp in Filmdosen bei sich trug, geschah anläßlich dieser Zusammenkünfte jeweils auf der Toilette eines vorher festgelegten Restaurants, in dem man sich traf, nachdem man aus Sicherheitsgründen zunächst etwa eine halbe Stunde zuvor Sichtkontakt aufgenommen hatte. {23}

Wegen der Vielzahl seiner Treffs mit den Eheleuten Rupp und der damit ständig wachsenden Gefahr einer Enttarnung entschlossen sich die Angeklagten Dr. Rösler und Kurt Rehbaum Anfang 1980, Heinz Sch. zu ersetzen. An seine Stelle trat Prof. Dr. Heinz S., dem man in der Führungsstelle wegen seiner größeren intellektuellen Fähigkeiten zudem zutraute, mit Rainer Rupp besser und vertieft über das Verratsmaterial diskutieren zu können. Er wurde Rainer und Ann-Christine Rupp bei einem Führungstreff in

Bad Reichenhall im Jahre 1980 als „Heinz“ vorgestellt. Zwischen Rainer Rupp und Prof. S., der dessen umgängliche, aufgeschlossene Art und die kritischen Diskussionen mit ihm u.a. über Mängel im sozialistischen System schätzte, entwickelte sich schon bald eine freundschaftliche Beziehung. Treffs fanden überwiegend in Antwerpen und Lüttich, aber auch in Brüssel und Amsterdam statt, wobei die bisherigen Treffmodalitäten beibehalten wurden. Darüber hinaus besuchte Prof. S. die Eheleute Rupp im Jahre 1987 an ihrem Urlaubsort in Griechenland. Das verfilmte Verratsmaterial transportierte „Heinz“ zunächst in seinem Gepäck verborgen, später in einer mit einem Container versehenen Tuborg-Bierdose in die DDR. Angesichts der Fülle des Materials und der Häufigkeit der Übernahmetreffs entschieden die Angeklagten Dr. Rösler und Rehbaum, aus Sicherheitsgründen im Wechsel mit Professor S. einen zweiten Kurier einzusetzen. Mit dieser Aufgabe wurde Heinz P. betraut, den die Eheleute Rupp samt seiner Ehefrau Irene bereits anläßlich eines Führungstreffs 1977 oder 1978 in Stockholm als „Heinz und Reni Peters“ kennengelernt hatten. Die Eheleute P. – MfS interner Deckname „Pfaff und Reni“ – lebten schon seit Jahren in Luxemburg und fungierten dort für die HVA als „Residenten“. Heinz P. traf sich etwa ab 1983 – wie Prof. S. – alle sechs bis acht Wochen mit Rainer Rupp insbesondere in Brüssel. Das bei dieser Gelegenheit übernommene Verratsmaterial brachte er ebenfalls in einer Tuborg-Bierdose nach Trier, wo es von Helmut J., Deckname „Funk“, einem Jugendfreund des Angeklagten Karl Rehbaum, übernommen und in die DDR weitergeleitet wurde. {24}

Ein letztes Mal übergab Rainer Rupp Verratsmaterial im Dezember 1989 an Prof. Heinz S.

2. [Führungsoffiziere]

Führungsoffiziere der Eheleute Rupp waren in der Anfangszeit Dr. Jürgen Rogalla und Dieter Kutta, die am 01.01.1973 bzw. am 01.05.1973 in andere Abteilungen wechselten; Kutta ist mittlerweile verstorben. Spätestens zum letztgenannten Zeitpunkt übernahm der Angeklagte Rehbaum die Funktion des Führungsoffiziers. Der Angeklagte Dr. Rösler, der von Anfang an in die Operation eingebunden war, schaltet sich über die ihm als Abteilungsleiter ohnehin obliegenden Aufgaben hinaus persönlich in die Führung der Eheleute Rupp ein.

3. [Führungstreffs]

Außer den Instrukteur-/Kuriertreffs kam es nach der Eheschließung des Angeklagten Rainer Rupp bis Mitte der 80er Jahre alle zwei Jahre und danach jährlich zu *Führungstreffs* mit den Angeklagten Dr. Rösler und Kurt Rehbaum vor allem im Ausland, so 1977 oder 1978 in Stockholm, 1980 in Bad Reichenhall, 1982 – nur mit Dr. Rösler – und 1984 oder 1985 in Griechenland. Danach nahm die Angeklagte Ann-Christine Rupp an derartigen Treffs nicht mehr teil, während ihr Ehemann noch einmal in Wien, in Madrid sowie zweimal in der Schweiz, zuletzt im Frühjahr 1989 in Basel, mit den beiden Mitangeklagten zusammentraf.

Etwa Mitte 1992 kam es auf Bitten Rainer Rupps zu einer Zusammenkunft zwischen ihm und dem Mitangeklagten Karl Rehbaum in der Wohnung der Eheleute P. in Luxemburg. Rainer Rupp war um seine Sicherheit besorgt. Karl Rehbaum gelang es nicht, ihn gänzlich zu beruhigen, zumal er nicht ausschließen konnte, daß nicht alles Material mit Hinweisen auf Rupp vernichtet worden sei. Er riet allerdings davon ab, sich in der Bundesrepublik zu stellen, und äußerte, Rupp habe „Landesverrat“ begangen, der mit hoher Freiheitsstrafe bedroht sei. {25}

VI. [Vorübergehende Unterbrechung der nachrichtendienstlichen Aktivitäten]

Nach dem Führungstreff in Stockholm, zu dem sich die Eheleute Rupp während der Rückreise von einem Urlaubsaufenthalt in den USA eingefunden hatten und an dem auch der spätere Kurier Heinz P. und seine Ehefrau Irene teilnahmen, erhielt der Angeklagte 1979 über Funk von seiner Führungsstelle die Anweisung, seine nachrichtendienstlichen Aktivitäten vorübergehend einzustellen und seine Unterlagen für den Agentenfunk zu vernichten. Man befürchtete seine Enttarnung, nachdem westdeutsche Medien über einen Erfolg der schwedischen Sicherheitsorgane berichtet hatten, denen es gelungen war, den damaligen Chef der HVA, Markus Wolf[2], bei einem Führungstreff Anfang Juli 1978 in Stockholm mit dem bayerischen Landtagsabgeordneten Dr. Friedrich Wilhelm Cremer zu fotografieren. Da sich die Eheleute Rupp ebenfalls in Stockholm aufgehalten hatten, befürchtete man, daß diese möglicherweise mit in das Raster des schwedischen Nachrichtendienstes gelangt waren. Das gleiche Risiko galt aus Sicht der HVA für die Agentin Ursel Lorentzen, die bei der NATO als Sekretärin tätig war, und ihren Residenten Dieter Will. Beide hatten sich ebenfalls 1978 zu einem Führungstreff in Stockholm aufgehalten und flüchteten im März 1979 über Jugoslawien in die DDR aus Sorge, sie seien bei ihrer Zusammenkunft in Stockholm mit dem damaligen stellvertretenden Leiter der HVA, Generalmajor Horst Jänicke, fotografiert worden.

Etwa zwei bis drei Monate später sah die Führungsstelle Rainer Rupps ihre Befürchtungen nicht mehr bestätigt, ließ dem Angeklagten neues Chiffrier- bzw. Dechiffriermaterial für den A3-Funk zukommen und forderte ihn – mit Erfolg – auf, seine Agententätigkeit fortzusetzen. {26}

VII. Die Verratstätigkeit der Angeklagten bei der NATO

1. [Die Tätigkeit von Ann-Christine Rupp bei der NICSMA]

a) Die Anfang 1972 neu geschaffene Organisationseinheit NICSMA befaßte sich mit der Aufgabe, sowohl für das NATO-Hauptquartier als auch für den allgemein militärischen Bereich ein Kommunikationssystem über Postleitungen und Satelliten aufzubauen. Als Sekretärin des Leiters der Planungsabteilung war die Angeklagte Ann-Christine Rupp mit den allgemeinen, für eine derartige Tätigkeit üblichen Arbeiten betraut. Sie hatte Schreibarbeiten zu erledigen, Diktate entgegenzunehmen und die Post zu sichten. Zu dieser Post gehörten auch alle bei NICSMA eingehenden Unterlagen des NATO-Komitees, die die Planung und Ausführung des Kommunikationssystems innerhalb aller NATO-Mitgliedsstaaten betrafen, sowie Unterlagen aus dem NATO-Infrastrukturkomitee über Infrastrukturpläne betreffend den Ausbau des Kommunikationssystems der NATO-Länder für einen Zeitraum von jeweils zehn Jahren. Diese Unterlagen waren mit „NATO-Secret“ klassifiziert. Weiterhin hatte sich den Schriftverkehr zwischen der

NICSMA und anderen entsprechenden Organisationseinheiten der NATO bei dem NATO-International-Staff (IS), dem NATO-International-Military-Staff (IMS) sowie beim Shape-Technical-Centre (in Den Haag) und der Shape-CE-Division zu sichten und dem Leiter der Planungsabteilung vorzulegen. Zum Aufgabengebiet der Angeklagten gehörte es auch, Protokolle von internen Sitzungen der NICSMA, die sämtlich „NATO-Secret“ eingestuft waren, nach Diktat zu schreiben.

Am 01.01.1975 nahm die Angeklagte ihre Tätigkeit bei Plans and Policy Division IMS auf. Der Grund für den Wechsel des Arbeitsplatzes lag darin, daß der damalige Vorgesetzte der Angeklagten bei der NICSMA in den Internationalen Militärstab bei der NATO wechselte und die Angeklagte in diesen Bereich mitnahm. Bei der Abteilung „Plans and Policy“ handelt es sich um einen besonders sensiblen Bereich innerhalb des internationalen militärischen Stabes der NATO, in dem die Grundlagen {27} für die Streitkräfteplanung des gesamten Bündnisses bearbeitet werden. Die entsprechenden Dokumente enthalten die Planung der Streitkräftepartner über einen Zeitraum von jeweils fünf bis zehn Jahren und geben Auskunft über die Stärke und Ausrüstung der Streitkräfte der einzelnen NATO-Mitgliedsstaaten.

Die Angeklagte Ann-Christine Rupp verrichtete in diesem Bereich für den stellvertretenden Direktor und seinen persönlichen Mitarbeiter die für eine Sekretärin üblichen Arbeiten. So hatte sie unter anderem die ein- und ausgehende Post zu sichten, alle Ein- und Ausgänge von Dokumenten und Unterlagen zu ordnen und zu registrieren sowie Schriftmaterial für Sitzungen des IMS vorzubereiten. Da sie im Sekretariat des stellvertretenden Abteilungsleiters arbeitete, hatte sie Zugang zu allen aus den fünf Unterabteilungen stammenden Unterlagen, die sämtlich über ihren Tisch liefen.

Im April 1977 wechselte die Angeklagte erneut ihr berufliches Aufgabengebiet und war nunmehr im Sicherheitsdienst der NATO (NOS) beschäftigt.

b) aa) Die im Rahmen ihrer Tätigkeit vorhandenen Zugangsmöglichkeiten zu sämtlichen in der Organisationseinheit NICSMA anfallenden Unterlagen nutzte die Angeklagte Ann-Christine Rupp, die seit dem 05.05.1972 zum Umgang mit Verschlußsachen bis zum Geheimhaltungsgrad „Cosmic Top Secret“ ermächtigt war, weitestgehend aus. Sie berichtete jeweils in bewußtem und gewolltem Zusammenwirken mit ihrem Ehemann, dem Angeklagten Rainer Rupp, der die Berichte bzw. Unterlagen entgegennahm, schriftlich umsetzte, fotografierte und an die Führungsstelle weiterleitete, über die internen Sitzungen sowie über Planung und Umsetzung von Projekten, auch über die einzelnen Entwicklungsphasen, und lieferte insoweit anfallende technische Beschreibungen. Durchschläge ausgehender Korrespondenz gab sie ebenso weiter wie ein Organigramm der Abteilung. Auch beschrieb {28} sie in kurzer Form die persönlichen und sozialen Verhältnisse einzelner Mitarbeiter. Welche der überwiegend „NATO-Confidential“ eingestuften Dokumente die Angeklagte konkret verraten hat, ließ sich nicht feststellen. Unter diesen Dokumenten befanden sich jedoch

- Beschreibungen der drei zum damaligen Zeitpunkt zur Auswahl stehenden Varianten eines Kommunikationssystems sowie Kopien von Zeichnungen dieser Systeme;
  Diese mit „NATO-Confidential“ eingestuften Unterlagen enthielten keine genauen Daten über die Leistungsstärken und die Lagezentren, sie zeigten mithin keine Schwachstellen auf, sondern befaßten sich mit Grundlagenplanung.

- Berichte zur Frage der Sicherung der transatlantischen NATO-Kommunikationsverbindung unter besonderer Berücksichtigung des Ausbaus des Nachrichtenzentrums Lissabon;
  Hierbei handelte es sich unter anderem um Beschreibungen über die physische Sicherheit der Satellitenbodenstationen gegen Anschläge und über die Möglichkeiten der Sicherung der verschiedenen Richtfunkstellen durch die Nutzung elektronischer Schlüsselgeräte für die Sprachverschlüsselung.
- Berichte zur Problematik der Sprachverschlüsselung;
  Eine zentrale Aufgabe der NICSMA bestand darin, ein Verschlüsselungssystem zu beschaffen.
- Arbeitspapiere und Stärken und Schwächen der Fernmeldeverbindungen innerhalb der NATO; {29}
  In diesen Unterlagen waren unter anderem die Bemühungen festgelegt, die allein schon durch die geografische Lage der NATO bestehenden Schwachstellen der Nachrichtenverbindungen zu minimieren, um das System auch bei Störung einer einzelnen Verbindung im übrigen funktionsfähig zu erhalten.
- Unterlagen über die Fernmeldeschiene, d.h. die Nord-Süd-Sammelleitung des Heeres der Bundesrepublik Deutschland;
  Aus diesen Beschreibungen ging u.a. hervor, daß das Fernmeldenetzwerk halbmondförmig den „Ostblock" umfaßte und die Nord-Süd-Verbindung einen Teil dieses Netzwerkes darstellte.
- Unterlagen zu den Verschlüsselungssystemen „*Elco*" und „*Elcro Vox*";
- Material zu Untersuchungen der Betriebssicherheit vorhandener Fernmeldeverbindungen und über Probleme mit dem Kommunikationssystem über Satelliten (SAT-COM);
- Untersuchungen zu Auswirkungen des elektromagnetischen Impulses EMP auf Fernmeldeverbindungen nach Kernexplosionen;
  In diesen Berichten spielte die Frage eine Rolle, ob bzw. wie man Kommunikationssysteme durch Zünden einer Rakete in der Atmosphäre außer Betrieb setzen kann.
- Unterlagen zur Frage von Echtzeitverbindungen zwischen den einzelnen NATO-Kommandos;
  Hierbei ging es um Überlegungen, daß Kommunikationssysteme in Krisensituationen innerhalb kürzester Zeit reagieren müssen, und um deren Realisationsmöglichkeiten {30}

und

- einen Bericht über die Möglichkeit, gegnerische Aufklärungssatelliten durch Vorschalten eines Anti-Satelliten und Ausstreuen von Kupferstaub zu blenden.

Die Angeklagte verschaffte im Zusammenwirken mit ihrem Ehemann ihrer Führungsstelle – als deren einzige Quelle in der NICSMA – durch den Verrat des Materials einen nahezu vollständigen Überblick über die Organisationsstruktur der NICSMA sowie deren Einbindung in die NATO. Da diese Organisationseinheit, um ihre Hauptaufgabe erfüllen zu können, wissen mußte, welche Schwachstellen bestimmte Kommunikationsmittel und -wege aufwiesen, waren dort auch die genauen Positionen und personellen Stärken der Kommandozentralen bekannt. Auch insoweit erhielt die HVA durch das Verratsmaterial einen umfassenden Überblick.

bb) Welche Dokumente die Angeklagte aus ihrem Arbeitsbereich bei der Plans und Policy Division IMS im einzelnen verraten hat, ließ sich nicht feststellen. Es steht jedoch fest, daß sich unter den von ihr über ihren Ehemann gelieferten Unterlagen

- eine Auswertung der Wintex-Cimex-Übung 1974,
- eine Studie über chemische Kampfstoffe oder chemische Kriegsführung,
- ein Bericht über den Einsatz von Teilen der britischen Rheinarmee in Nordirland

und

- das Dokument DPC/D (75) Final vom 10.07.1975

befanden. {31}

Trotz ihrer umfassenden Zugriffsmöglichkeiten nutzte die Angeklagte ihre Verratsmöglichkeiten nicht in dem Maße aus, wie sie es noch im Bereich „NICSMA" getan hatte. Bereits im Jahre 1975 tauchten bei ihr erste Zweifel hinsichtlich der Richtigkeit ihres Handelns auf, nachdem sie begonnen hatte, sich mit Literatur und Medienveröffentlichungen über den Sozialismus zu beschäftigen. Über diese langsam aufkeimenden Bedenken sprach die Angeklagte auch mit ihrem Ehemann, von dem sie allerdings insoweit keine Unterstützung erfuhr. Bei der Beschaffung von schriftlichem Verratsmaterial wurde die Angeklagte in der Folgezeit immer zurückhaltender und lieferte über lange Zeiträume nichts, so daß der Zeuge Sch. sie mehrfach – vergeblich – aufforderte, aktiver zu werden und schriftliches Informationsmaterial aus ihrem Arbeitsbereich zu beschaffen.

2. [Die Tätigkeit von Rainer Rupp]

Der Angeklagte Rainer Rupp war seit dem 05.01.1977 bei der NATO als „Country Rapporteur" im Wirtschaftsdirektorat tätig. Dabei handelte es sich um eine Unterabteilung der „Political Division", eine von insgesamt fünf Hauptabteilungen – „Division of Defence Planning and Policy", „Division of Defence Support", „Division of Scientific Affairs", „Office of Council Operation and Communication" – des vom Generalsekretär geleiteten *„Nato International Staff"*, dessen – militärisches – Pendant der *„International Military Staff"* war. Die Tätigkeit des Angeklagten, die ihm Zugang zu Verschlußsachen bis zum Geheimhaltungsgrad „NATO *Top Secret*" gewährte, – mit Dienstbeginn hatte er zudem eine Erklärung unterzeichnet, die ihn zur Verschwiegenheit über alle eingestuften Dokumente verpflichtete –, bestand im wesentlichen in der Mitwirkung am NATO-Streitkräfteplanungsverfahren. In der ursprünglich etwa 20, später 12 Mitarbeiter umfassenden Unterabteilung war Rainer Rupp zunächst zuständig für die NATO-Mitgliedsstaaten Bundesrepublik Deutschland, Griechenland, Türkei und Portugal, etwa ab 1990 auch für Spanien, Italien und die Benelux-Staaten. Sein Auf-{32}gabenbereich erlaubte ihm den Zugang zu allen einschlägigen Dokumenten für die Verteidigungsplanung dieser Länder. Außerdem erhielt er alle politischen und wirtschaftlichen Analysen der NATO über Vorgänge in sozialistischen Staaten, Entwicklungsländern sowie ausgewählten Regionen (Drittländeranalysen).

In dem federführend von der Hauptabteilung für Verteidigungsplanung und -politik (Division of Defence Planning and Policy) durchgeführten Streitkräfteplanungsverfahren hatte Rainer Rupp die Analyse der wirtschaftlichen Faktoren vorzunehmen und dabei namentlich die Auswirkungen der wirtschaftlichen Entwicklungen innerhalb der NATO-

Länder und zwischen den Ländern des Bündnisses auf die Sicherheitsinteressen des NATO-Bündnisses zu erarbeiten.

a) Im fortlaufenden Verrat der das NATO-Streitkräfteplanungsverfahren betreffenden Dokumente lag das Schwergewicht der Verratstätigkeit des Angeklagten. Dieses Verfahren bestand aus folgenden Abschnitten:

aa) – *Ministerial Guidance* (Ministerrichtlinien), überwiegend *NATO-Confidential*, zum Teil auch *NATO-Secret* eingestuft.

Dabei handelte es sich um jeweils in den ungeraden Jahren im Zweijahresrhythmus erstellte Weisungen der Verteidigungsminister der NATO-Staaten für den Planungszeitraum der nächsten zwei Jahre. Diesen Weisungen ging ein Entwurf der federführenden Hauptabteilung für Verteidigungsplanung und -politik voraus, der sich neben einer eigenen Expertise auf einen militärischen Beitrag des Militärausschusses (MC) und einen wirtschaftlichen Beitrag des Wirtschaftsdirektorats stützte, das zuvor eine Erhebung der wirtschaftlichen Daten vorgenommen hatte. Im *Defence Review Committee*, dann im *Defence Planning Committee* (DPC) auf Botschafterebene vorberaten, wurde der Entwurf schließlich dem DPC auf Ministerebene zur Entscheidung vorgelegt. {33}

Die Ministerrichtlinien waren verhältnismäßig abstrakt gefaßt und enthielten eine Zusammenfassung der wichtigsten politischen, militärischen und wirtschaftlichen Überlegungen, die die Verteidigungspläne und die Verteidigungspolitik der NATO bestimmten.

So wurde beispielsweise in den *Ministerial Guidance* 1983 (DPC/D (83)7 Ziffer 128) der Einsatz der USA außerhalb des Bündnisgebietes angesprochen:

„Jeder Kräfteeinsatz außerhalb des Bündnisgebietes (out of area ooa) hat Einfluß auf die Verfügbarkeit der Streitkräfte innerhalb des Bündnisgebiets. Deshalb betreffen die folgenden Entwicklungen der USA direkt die NATO-Verteidigungsplanung: fortgesetzte Entwicklung des strategischen Konzepts für Südwestasien (Nahost), einschließlich der Organisation der Schnellen Eingreifkräfte und der Schaffung des Central Command. Die NATO-Militärbehörden haben einen Zwischenbericht zu den Auswirkungen des Konzepts auf die NATO im Nov. 1982 vorgelegt, und ein Abschlußbericht wird für den Sommer 1983 erwartet."

Ein weiteres Thema der *Ministerial Guidance* aus dem Jahre 1982 war die – jährliche – Erhöhung der Verteidigungsausgaben ‹Ziffer 136 (c) und (d)›:

„(c): sofern das gegenwärtige politische Klima andauert, könnten die meisten Regierungen Schwierigkeiten haben, die Verteidigungsausgaben über die bisher geplante Höhe anzuheben, in Anbetracht der Einschränkungen und der konkurrierenden Anforderungen an die öffentlichen Ausgaben; nichtsdestoweniger deutet der Umfang des Bruttosozialprodukts der NATO-Mitgliedsstaaten darauf hin, daß die gegenwärtige Höhe der Ausgaben nicht die absoluten Grenzen dessen ist, was in strikt finanziellem Sinn für die Verteidigung ausgegeben werden kann;
(d): jüngste Überprüfungen der Verteidigung haben ergeben, daß das reale Anwachsen der Verteidigungsausgaben um ca. 3% pro Jahr – wenngleich ein wichtiger Schritt zur Beibehaltung angemessener Streitkräfte – in einigen Ländern nicht einmal ausreichen würde, die gegenwärtigen Streitkräftestrukturen beizubehalten. Darüber hinaus erscheinen beträchtliche Anhebungen der Beiträge zum NATO-Infra-{34}strukturprogramm erforderlich, damit die NATO-Streitkräfte ihr volles Potential an Fähigkeiten kosteneffektiv ausnutzen können. Beide Anforderungen müssen in einer ausgeglichenen Weise erfüllt werden."

Der Angeklagte Rainer Rupp, der an der Erstellung der *Ministerial Guidance* durch Lieferung eines wirtschaftlichen Beitrages mitarbeitete und auch an den Sitzungen des DRC teilnahm, erhielt sowohl sämtliche Entwürfe als auch die Endfassung (final report) der *Ministerial Guidance*.

bb) – *Force Goal Country Chapters* (Streitkräfteziele der jeweiligen Mitgliedsländer), *NATO-Secret*.

Ebenfalls im Zweijahresrhythmus erstellt, waren diese etwa 30-40 Seiten umfassenden Plandokumente wesentlich konkreter und stellten als Länderkapitel (Country Chapters) für jedes Mitglied das möglichst zu erreichende Streitkräftepotential – Soll-Stärke – nach Umfang, Gliederung, Ausrüstung und Bereitschaft fest. Vorausgegangen waren Beratungen im *Defence Review Committee* (DRC) und im Militärausschuß über die von den NATO-Oberbefehlshabern nach Ermittlung der bisherigen Mängel unterbreiteten Vorschläge (*Force Proposals*) für die nächsten Streitkräfteziele, die endgültig vom DPC auf Ministerebene in der Form der Force Goals beschlossen wurde. In ihrer endgültigen Fassung stellten die *Force Goals* für jedes Mitglied einen Katalog von Planungszielen für die nächsten sechs Jahre dar. So war beispielsweise in den Streitkräftezielen 1984, gültig für den Planungszeitraum 1985-1990, für die Land- und Seestreitkräfte der Bundesrepublik Deutschland folgendes festgelegt (DPC/D (84)5 Ziff. 7 und 11):

„*(Landstreitkräfte)*

7. Im Rahmen der gültigen nationalen Streitkräfteplanungen wird das Heer seine verfügbaren Ressourcen vorrangig zum Erhalt der operativen Bereitschaft einsetzen. Laufende Entwicklungs- und Beschaffungsvorhaben werden jedoch wie {35} geplant fortgeführt. Die Reorganisation des Sanitätsdienstes wird fortgesetzt, und der Streitkräfteumfang wird verbessert durch die Schaffung von drei zusätzlichen Kompanien für die elektronische Kampfführung und zusätzliche Aufklärungskompanien mit Drohnenausrüstung. Die Ausrüstungsplanung betont Panzerung, panzerbrechende Munition, Luftverteidigung, Feldartillerie, Fernmeldewesen, Aufklärung und ABC-Abwehr. Hauptpunkte sind: Einführung des Kampfpanzers Leopard II, Modernisierung der vorhandenen Panzer, Einführung verbesserter Gefechtsköpfe für die Anti-Panzer-Lenkwaffen TOW und MILAN sowie die Beschaffung mehrerer Arten von panzerbrechender Artilleriemunition. Neue Panzerhaubitzen 155 mm werden die M-109 Haubitzen ersetzen, und einen Mehrfachraketenwerfersystem MLRS wird eingeführt. Flugabwehr in niedriger Höhe wird verbessert durch Ersetzen der tragbaren Systeme *Redeye*, wahrscheinlich durch *Stinger*-Nachfolge. Im Fernmeldewesen wird die geplante Beschaffung *Autoko* II und III die Korps-, Divisions- und Bereichskommunikation (theatre) verbessern. Weitere Planung beinhaltet neue Verbindungshubschrauber, Einführung von Radfahrzeugen, eine zweite Generation von Radtransportfahrzeugen, Verbesserung von elektronischer Kampfführung und ABC-Abwehr sowie Beschaffung von Drohnen zur Verbesserung der Fähigkeit zur Überwachung der Zielauffassung. Darüber hinaus werden der Munitionsvorrat erhöht und mehr Reservisten zu Übungen einberufen.

(Seestreitkräfte)

11. Nach einer extensiven Studie im letzten Jahr zielen die gegenwärtigen Planungen für die deutschen Marinestreitkräfte auf eine weitere Modernisierung der Flotte mit langfristiger Betonung der maximalen Kosteneffektivität. Eine Geleitflotte von 16 Zerstörern und Fregatten wird für die Dauer der Planungsperiode erhalten bleiben, indem die älteren Fahrzeuge durch betriebserhaltende Maßnahmen unterhalten werden. Bis 1990 werden die Schnellboote, alle flugkörperbestückt, den Klassen 148, 143 A oder 143 B angehören; die Boote der Klassen 143 A und B werden über eine verbesserte Flugabwehrfähigkeit verfügen. Bei den Minenabwehrstreitkräften wird die Klasse 340/341 durch die Klasse 343 ersetzt werden, und auf längere Sicht wird ein neuer 332 Küstenminenjäger eingeführt (1991 bis 1993). Diese Programme werden zu einer Reduzierung der Anzahl an Minenabwehreinheiten führen, jedoch bei Verbesserung der gesamten Fähigkeiten. Während der Planungsperiode wird {36} mit dem Bau der neuen Typ 211 U-

Boote begonnen, sechs Einheiten werden von 1991-1993 erwartet. Modernisierung der Marineflieger wird fortgesetzt, und alle E-104 werden bis Ende 1985 auslaufen. Das erste Geschwader von 36 *Tornado* Aufklärungs- und Angriffsflugzeugen wurde 1983 unterstellt (assigniert), das zweite Geschwader wird 1987 unterstellt werden. Das kürzlich modernisierte Seeaufklärungsflugzeug *Atlantique* wird im Dienst bleiben, bis es später (1992-1995) ersetzt wird. Die 22 *Seaking* Mk 41 Hubschrauber werden in der Zeit 1987-89 eine Angriffs-/Aufklärungsfähigkeit erhalten; Beschaffung einer neuen Klasse von Marinehubschraubern ist für die Mitte der 90er Jahre geplant. In den Plänen für die Verbesserung der Küsteninstallationen enthalten sind der Bau von drei Küstenradarstationen, verbesserte Küsteninfrastruktur zur Unterstützng assignierter Kräfte und die Erneuerung von unterseeischen U-Boot-Ortungsanlagen. Letzteres Projekt wird durch den Mangel an NATO-Infrastrukturmitteln verzögert."

In einem der *Force Goals* beigefügten, *NATO-Secret* eingestuften Annex A waren für die geplanten Maßnahmen die jeweiligen Prioritätsstufen und die gewünschte Bereitschaft/Verfügbarkeit aufgeführt. So war beispielsweise für die Bundesrepublik Deutschland im Annex A, S. 15 zum DPC/D (84)5 für die Bekämpfung von gepanzerten Waffensystemen die – höchste – Prioritätsstufe I und als – innerhalb des Planungszeitraums – durchzuführende Maßnahme u.a. festgeschrieben:

„Ausrüstung aller Panzerabwehrraketen des Typs TOW, MILAN und HOT der 2. Generation mit allwetterfähiger Nachtsicht."

Zur Verbesserung der Kommunikation für U-Boote im getauchten Zutand oder in schwer zugänglichen Gebieten war auf der Seite 53 unter der Priorität II festgelegt:

„Parallel mit der Einführung des Minimum Shift Keying von NATO-Sendestationen aus. Installation der MSK Empfänger auf allen U-Booten." {37}

Hinsichtlich Italien beispielsweise war im Annex A jeweils unter der Prioritätsstufe I zur U-Boot-Waffe (S. 27) und zur Flugkörperbeschaffung (S. 73) festgeschrieben:

S. 27
„Um bis 1987 12 moderne U-Boote zu erhalten (inkl. 4 Totti und 4 Sauro-Klasse), Beschaffung von 4 zusätzlichen U-Booten (als Ersatz für die außer Dienst zu stellenden 4 Boote der Piomarta und Gazzana Klasse) wie folgt:
a. Indienststellung von 2 bis Ende 1986
b. Indienststellung von 2 bis Ende 1987."
S. 73
„Bis Ende 1986 Modifizierung des Feuerleitsystems der F-104 Abfangjäger, um bessere Allwetterfähigkeit herzustellen sowie Abfangfähigkeit bis jenseits der Sichtweite gegenüber tieffliegenden Zielen."

In einem Annex B – NATO-Secret – war schließlich für jedes Mitgliedsland in tabellarischer Form ein Vergleich zwischen den *Force Proposals* und den *Force Goals* dargestellt.

Der Angeklagte Rainer Rupp, der an der Erarbeitung der *Force Goals* nicht beteiligt war, erhielt stets eine Kopie der Endfassung mit den Annexen, und zwar über einen ständigen Verteiler die Enddokumente zu *sämtlichen* NATO-Mitgliedsstaaten, also auch der nicht zu seinem Zuständigkeitsbereich gehörenden.

cc) – *Force Goal General Report*, *NATO-Confidential*.

In diesem ebenfalls alle zwei Jahre erstellten Bericht waren die wichtigsten Erkenntnisse und Überlegungen der Länderkapitel samt einer Anlage mit ökonomischen Daten zusammengefaßt. Außerdem enthielt dieser Bericht namentlich eine Darstellung der *Force Proposals* für die nächsten sechs Jahre, das Ergebnis deren Überprüfung durch das DRC und die Stellungnahme des Militärausschusses zu den *Force Goals*. So hieß es im *General Report* von 1984 beispielsweise (DPC/D (84)5 Ziffern 27, 34, 37): {38}

„*(Anwendung technischer Möglichkeiten)*
27. Von besonderer Wichtigkeit auf lange Sicht sind Studienvorschläge, welche verbesserte Fähigkeiten suchen, die Kräfte des Warschauer Pakts in der Tiefe anzugreifen. Diese schließen z.B. ein: endphasengelenkte Munition für das Mehrfachraketenwerfersystem, die gemeinsame Entwicklung eines Langstrecken-Luft-Boden-Abstandsflugkörpers, einer zukünftigen Familie von verbesserten Luft-Luft-Flugkörpern, eines Flugkörpers zur Unterdrückung der gegnerischen Flugabwehr in Verbindung mit der Entwicklung einer umfassenden Fähigkeit zur Unterdrückung der gegnerischen Flugabwehr, luftverbringbare Landminen, ein luftverbringbares, auf lange Entfernung panzerbrechendes System, Raketen und Flugkörper mit Endphasenlenkung und Endanflugzielsuche, verbrauchbare (Einweg-)elektronische Störgeräte, unbemannte Bodensensoren mit zentraler Ablesestation, koordinierte Kampfzonenüberwachung zur schnellen Sammlung und Auswertung von Zieldaten auf Entfernungen bis zu 300 Kilometern.
(Kommentare des Militärausschusses zu den Streitkräftezielen)
34. Der mögliche Verlust von Streitkräften wegen Operationen außerhalb des NATO-Gebiets, der beträchtliche Bedarf an militärischer Unterstützung einiger NATO-Nationen zur Erfüllung der Streitkräfteziele, der langsame Fortschritt bei der Erfüllung einiger von den NATO-Militärbehörden identifizierten kritischen Erfordernissen – insbesondere Kriegsvorratshaltung – und der andauernde Bedarf an maritimen Kräften, um die Versorgung und Verstärkung des Alliierten Kommandos Europa sicherzustellen, bleiben weiterhin ernster Anlaß zur Besorgnis für die Periode dieser Streitkräfteziele.
(Folgerungen)
37. Ohne einen hohen Erfüllungsgrad der Ziele wird ein ernsthaftes Risiko verbleiben, daß eine erfolgreiche Verteidigung nicht durchgeführt werden könnte, ohne frühzeitig den Einsatz nuklearer Mittel in Betracht zu ziehen.“

Auch hier empfing Rainer Rupp eine Kopie des jeweiligen Endberichts. {39}

dd) – *Annual Defence Review Country Chapters* (jährliche Verteidigungsüberprüfung der jeweiligen Mitgliedsländer) *NATO-Secret*.

Diese Überprüfung begann mit der Versendung eines umfangreichen, überwiegend standardisierten Fragebogens – *Defence Planning Questionnaire* (DPQ) –, an dessen Erstellung der Angeklagte Rainer Rupp regelmäßig mitarbeitete, an die Mitgliedsstaaten, die darauf mit einem „*Reply*“ antworteten, in dem der jeweilige Ist-Zustand der Streitkräfte dargestellt wurde. Sowohl von den Fragebögen als auch den entsprechenden, etwa 30-40 Seiten pro Land umfassenden Antworten erhielt Rainer Rupp für seinen Zuständigkeitsbereich eine Kopie.

Nach einer Auswertung und Analyse dieser Unterlagen für jedes Mitglied – das Wirtschaftsdirektorat führt eine Erhebung der wirtschaftlichen Daten durch – samt Erörterungen mit den Militärbehörden und im *Defence Review Committee* (DRC), an dessen Sitzungen der Angeklagte Rainer Rupp teilnahm, wurde die endgültige Fassung zunächst im DPC auf Botschafterebene beraten und schließlich von den Ministern als „*Annual Defence Review*“ mit den einzelnen *Country Chapters* verabschiedet. Diese Länderkapitel enthielten eine konzentrierte Darstellung der wesentlichen Elemente der jeweiligen nationalen Pläne, die sie an den *Force Goals*, den gemeinsam verabschiedeten Planungszielen, maßen. Sie beinhalteten ferner eine militärische Bewertung durch die

NATO-Oberbefehlshaber, eine Analyse der Verteidigungspolitik und der Verteidigungsausgaben sowie einen statistischen Annex, der unter anderem die der NATO zur Verfügung gestellten Streitkräfte tabellarisch auflistete.

In dem die Bundesrepublik Deutschland betreffenden Länderkapitel aus dem Jahre 1984 war unter anderem aufgeführt (DPC/D (84)19, Ziffern 17, 44 und 97):

„17. In Übereinstimmung mit einem Priorität I Ziel wird die Einführung von 1800 neuen Kampf-{40}panzern Leopard II bis 1987 vollendet sein; Leopard I werden modernisiert, und die M-48 Panzer werden durch Leopard ersetzt und bis 1986 an die Heimatschutzbrigaden übergeben, was ein Jahr später ist als empfohlen.
44. Auslieferung der letzten zwei Fregatten 122 im Laufe des Jahres 1984 brachte die Klasse auf insgesamt sechs Schiffe und hat eine Geleitflotte von 16 Schiffen komplettiert, die während der Dauer der Planungsperiode bestehen bleiben wird. Mindestens neun dieser Geleitfahrzeuge werden der Kategorie A-1 zugeordnet, was ein Ziel der Priorität I erfüllt.
97 SACEUR'S Bewertung der deutschen Fähigkeiten:
(d) ... Andauernde Feuerunterstützung wird jedoch fraglich bleiben, bis die gegenwärtige Planung in erhöhten Beständen an 155 mm und 203 mm Munition umgesetzt sind.
(e) ... Luftgestützte elektronische Kampfunterstützung bleibt eine unerfüllte Anforderung. Dieses Fehl wiegt umso schwerer, als solche Mittel im ACE ohnehin kritisch fehlen.“

Die in der Bewertung durch *Saceur* angesprochene Bevorratungsreichweite bei der Munition, die in einem statistischen Annex im einzelnen dargestellt war, galt in der NATO als außerordentlich sensibel und schützenswert, ließ sie mit Hilfe des Annexes doch erkennen, daß in bestimmten Gefechtsabschnitten nur eine zeitlich befristete Verteidigungsfähigkeit bestand. Entsprechendes galt für den Hinweis auf die fehlende luftgestützte elektronische Kampfunterstützung.

In einem NATO-Secret eingestuften Anhang (Enclosure) zu den Country Chapters waren in tabellarischer Form die einzelnen Streitkräfteziele und ihre Realisierung bzw. der Zeitpunkt ihrer voraussichtlichen Verwirklichung aufgeführt. So konnte etwa im Enclosure (S. 43) zum Länderkapitel 1984 der Bundesrepublik Deutschland zum Ziel eines – verstärkten – Trainings taktischer Luft-{41}unterstützung maritimer Operationen (TASMO) in der Nordsee, um amphibische Landungen an der deutschen Küste zu verhindern, festgestellt werden, daß die deutsche Luftwaffe zwischenzeitlich mit zwei Geschwadern entsprechende Übungen durchführte.

Ebenfalls auf der Seite 43 wird zum Ziel der gemeinsamen Entwicklung eines allwettertauglichen Jagdflugzeuges zum Ersatz der F-4 Flotte während der 90er Jahre bemerkt, daß dieses Ziel hinausgeschoben werde und mit Beginn 1989 die F-4 mit AMRAAM (advanced medium range air-to-air missile) nachgerüstet würden, um „RVR/AWX“-Fähigkeiten zu erreichen.

Der den jeweiligen *Country Chapters* zudem beigefügte, ebenfalls *NATO-Secret* eingestufte statistische Annex enthielt neben der Auflistung der der NATO unterstellten Streitkräfte – gegliedert in die drei Waffengattungen Heer, Marine, Luftstreitkräfte – eine Fülle von Details namentlich zum Ausrüstungsstand, die wichtigsten Daten des militärischen Potentials, den genauen geographischen Standort sowie Tabellen mit finanz- und wirtschaftspolitischen Daten.

So waren z.B. im Anhang zum Länderkapitel 1982 betreffend die Bundesrepublik (DPC(D)82/19) auf S. 18 die Heimatschutzbrigaden im Detail nach Bereitschaftsstatus, Mobilisierungszeit und Verfügbarkeit dargestellt.

Rainer Rupp standen zum einen Kopie der Entwürfe und der Endbericht mit statistischem Annex und Enclosure für die in seinen Zuständigkeitsbereich fallenden Länder zur Verfügung, zum anderen erhielt er auch die die übrigen NATO-Mitgliedsstaaten betreffenden Enddokumente samt Annex und Enclosure. {42}

ee) – *Defence Planning General Report, NATO-Secret.*

Vergleichbar mit dem *Force Goal General Report* war dies ein die Ergebnisse der „*Annual Defence Review Country Chapters*" zusammenfassender Bericht für die gesamte Allianz. Im General Report des Jahres 1984 war beispielsweise zum Kernthema in der NATO, nämlich den Schwächen bei den konventionellen Streitkräften, festgehalten (DPC/D (84) 19):

„Militärische Eignung des Streitkräfteplanes 1985-1990 und das damit verbundene Risiko
48. Angesichts des siginifikanten Fehlens an notwendigen stehenden Kräften und der Fragen von zuverlässiger Verstärkung und Versorgung dieser Kräfte muß der NATO-Streitkräfteplan 1985-1990 als nicht ganz geeignet für die Umsetzung der NATO-Strategie 14/3 angesehen werden. Die Strategie bleibt jedoch in Kraft. Ein bemerkenswertes Fehlen betrifft den Mangel an Allianz-Unterstützung für solche Nationen, die nicht imstande sind, die erforderlichen Kräfte in ihrer eigenen Region zu stellen. Selbst bei Berücksichtigung von Schwächen des Warschauer Pakts besteht eine sich ausweitende Ungleichheit zwischen der Fähigkeit des WP zur konventionellen Kriegsführung und der konventionellen Verteidigungsfähigkeit der NATO, was die für die Abschreckung als so wichtig erachtete Flexibilität reduziert. Die NATO ist deshalb über Gebühr abhängig von Atomwaffen als Abschreckungsmitteln gegen einen konventionellen Angriff und mglw. von einem Übergang zur Nutzung atomarer Mittel zu einem frühen Zeitpunkt, sollte die Abschreckung versagen. Die generelle Glaubwürdigkeit einer solchen Position gegenüber einem vollen Spektrum offensiver Fähigkeiten, inklusive Einschüchterung und Erpressung, wird als weniger überzeugend betrachtet als die einer starken konventionellen Fähigkeit. Deshalb wird das Risiko als größer als in der Vergangenheit betrachtet. Falls die gegenwärtigen Trends anhalten, wird das Risiko noch anwachsen."

Zudem enthielt der General Report 4 Annexe, darunter im Annex B für jedes Mitgliedsland eine allgemeine Bewertung, die 1984 z.B. für Island wie folgt lautete: {43}

„2. Die Anlagen von Keflavik haben zweifache Funktionen:
Einerseits bilden sie Teil des bündnisweiten Frühwarnsystems, auf der anderen Seite gewähren sie NATO-Kräften logistische Unterstützung. Luft- und Seezugänge zum Nordatlantik werden von zwei Schlüsselpositionen aus überwacht: der Dänemarkstraße und den Faröer Inseln. Luftüberwachung wird sowohl durch Bodenradars wie durch AWACS durchgeführt, während die U-Boot-Ortung den für diesen Zweck gebauten Orion Flugzeugen anvertraut ist. Beide Typen Flugzeuge operieren von der Basis Keflavik aus. Das Abfangen eindringender sowjetischer Militärflugzeuge geschieht durch US Phantom-Geschwader, die häufig mit patrouillierenden britischen *Nimrods* und anderen NATO-Flugzeugen zusammenarbeiten. Die in den letzten Jahren beobachtete Zunahme sowjetischer Marine- und Flugaktivitäten zusammen mit der Ausweitung der sowjetischen strategischen Basen bei Murmansk auf der Kola-Halbinsel haben den Wert der auf Island stationierten Kräfte und Einrichtungen für die NATO noch gesteigert. Pläne für die Erneuerung der Flugzeuge und Einrichtungen des Keflavik Luftwaffenstützpunktes wurden bereits in den US-Haushalt 1985 eingeschlossen. Schon heute ein signifikanter Teil der Luft- und Seeüberwachungsoperationen, wäre Island auch wertvoll im Falle der Entsendung von nordamerikanischen Verstärkungskräften nach Europa."

Auch hier erhielt der Angeklagte Rainer Rupp, der zuvor einen wirtschaftlichen Gesamtüberblick erstellt hatte, Kopien aller Entwürfe und des Endberichts samt Annexen.

b) aa) Bei dem von ihm gelieferten Verratsmaterial hatte der Angeklagte Rainer Rupp zuvor eine Auslese getroffen und das zusammengestellt, was ihm für seine nachrichtendienstlichen Auftraggeber als wissenswert und wichtig erschien. Im wesentlichen konzentrierte er sich dabei auf Enddokumente aus dem Bereich der Streitkräfteplanung mit den jeweiligen Annexen und Enclosures – vorhergehende Entwürfe lieferte er mit, wenn sie ihm zum Verständnis des Enddokuments notwendig erschienen – der in seine Zuständigkeit fallenden NATO-Länder Bundesrepublik {44} Deutschland, Griechenland, Türkei und Portugal, die er ab 1977/1978 bis Ende 1989 regelmäßig und vollständig lieferte. Darüber hinaus übermittelte er in diesem Zeitraum auch sämtliche die übrigen NATO-Mitgliedsstaaten betreffenden Enddokumente der *Force Goal Country Chapters* und der *Annual Defence Review Country Chapters* jeweils mit Annex und Enclosure.

Die *Ministerial Guidance* gaben zwar keine konkreten militärischen Einzelheiten wieder; mit Hilfe der angegebenen Haushaltsansätze erhielten jedoch die Staaten des Warschauer Paktes die Möglichkeit, ihre Kenntnisse von den Vorhaben der NATO zu verbessern und das dadurch gewonnene Bild den eigenen Rahmen- und Gesamtplanungen zugrundezulegen.

Die *Force Goal Country Chapters* ließen durch die Festlegung der künftigen Sollwerte die bisherigen Schwachstellen (IST-Werte) erkennen und gaben dadurch dem Gegner außerordentlich wertvolle Hinweise sowohl in militärisch-operativer Hinsicht als auch für seine eigene Planung.

Der *Force Goal General Report* stellte eine verbindliche Trendbestimmung für das gesamte Bündnis dar.

Die Kenntnis der *Annual Defence Review Country Chapters* gab dem potentiellen Gegner annähernd alle für seine operationellen Planungen wesentlichen Aufschlüsse über die Streitkräfte des jeweiligen Mitgliedsstaates namentlich im Hinblick auf die Fülle von Details im statistischen Annex. Das Ergebnis dieser jährlichen Verteidigungsüberprüfung in den NATO-Mitgliedsländern vermittelte dem Gegner einen umfassenden Überblick über den aktuellen Stand der Streitkräfte in dem jeweiligen Mitgliedsstaat sowie deren kritische Schwachstellen. {45}

Der *Defence Planning General Report* enthielt in verdichteter Form einen Gesamtüberblick über das Bündnis.

Der fortlaufende Verrat der Enddokumente des Streitkräfteplanungsverfahrens, insbesondere der beiden vorstehend genannten, geheimzuhaltenden Endprodukte

– *Force Goal Country Chapters*

und

– *Annual Defence Review Country Chapters*

betreffend die Bundesrepublik Deutschland und sämtliche weiteren, in dem Verteidigungsbündnis der NATO zusammengeschlossenen Mitgliedsländer einschließlich der USA brachte, wie sich der Angeklagte Rainer Rupp bewußt war und von ihm gebilligt wurde, für die Bundesrepublik die Gefahr eines besonders schweren Nachteils für ihre äußere Sicherheit mit sich. Die Kenntnis dieser von Rupp gelieferten Unterlagen versetzte den potentiellen Gegner in die Lage, das militärische Potential der Bundesrepublik und der anderen NATO-Länder sicher zu beurteilen, die erkannten Schwächen sowohl in operativer Hinsicht als auch bezüglich der eigenen Planung für sich zu nutzen, die zu erwartende Dauer der Beseitigung der Schwachstellen zu berücksichtigen, erkannten Stärken auszuweichen oder sich durch einen zutreffenden Kräfteansatz und zielgerechte Verfahren darauf verbessert einzustellen. Die Kenntnis von Schwachstellen der anderen Mitgliedsstaaten der NATO betraf zugleich die Verteidigungsfähigkeit dieses Bündnisses und damit notwendig auch die äußere Sicherheit der Bundesrepublik.

Der fortlaufende, kontinuierliche Verrat der Enddokumente aus dem Streitkräfteplanungsverfahren über einen Zeitraum von zwölf Jahren hatte zur Folge, daß der potentielle Gegner „alle Karten kannte". Der Sachverständige Oberst i.G. Mayer hat diesen Verrat überzeugend als die Gefahr des „Gau" für die NATO bezeichnet, der sich im Kriegsfall kriegsentscheidend hätte auswirken können. {46}

bb) Der Angeklagte Rainer Rupp war die einzige Quelle der HVA, die solche Dokumente lieferte. Die NATO-Sekretärin Ursel Lorentzen, Deckname „Michelle", und ihr Resident Dieter Will, Deckname „Bordeaux", hatten bis zu ihrer Flucht 1979 kein Material aus dem Bereich des NATO-Streitkräfteplanungsverfahrens übermittelt, sondern im wesentlichen über die Stabsrahmenübungen Wintex-Cimex, Hilex sowie Big Lift berichtet und Dokumente zur Nuklearen Planungsgruppe der NATO, zum NATO-Alarmsystem, 6 Kapitel zum Langzeitverteidigungsprogramm (LTDP) der NATO einschließlich einer Ost-West-Studie mit einer politischen Analyse von Krisenerscheinungen in den sozialistischen Staaten und – etwa 1975 – das Strategiekonzept der NATO (Dokument MC 14/3) geliefert.

Zwar gab es durch das LTDP, das das Konzept MC 14/3 umsetzen sollte, Berührungspunkte mit dem Streitkräfteplanungsverfahren. Hierbei handelte es sich jedoch lediglich um eine – für einen Zeitraum von 10-15 Jahren angelegte – Studie nur zu Einzelproblemen namentlich mit dem Ziel, konventionelle Lücken zu schließen; verbindliche Festlegungen waren darin nicht enthalten.

Auch der vom Senat am 09.10.1991 verurteilte Agent Heinz Helmut W., der für den militärischen Nachrichtendienst der DDR tätig war, hatte aus seiner Zeit als Chiffreur bei der Ständigen Vertretung der Bundesrepublik Deutschland bei der NATO in Brüssel ab 31.08.1987 nicht solche hier in Rede stehenden (End-)Dokumente zum Streitkräfteplanungsverfahren geliefert. Berührungspunkte gab es insofern nur mit den von Will verratenen Berichten der Ständigen Vertretung über die multilateralen Überprüfungen der Streitkräfteverpflichtungen der NATO-Staaten. Dabei handelte es sich um Berichte an das Auswärtige Amt und das Bundesministerium der Verteidigung über Sitzungen des Defence Review Committee anläßlich der jährlichen Verteidigungsüberprüfung der Mitgliedsländer. Diese Berichte enthielten nur wenige Details und waren auch nicht annähernd {47} mit den Enddokumenten aus dem Streitkräfteplanungsverfahren zu vergleichen. Ihre Bedeutung bestand im wesentlichen aus einer Bewertung des Ablaufs der Sitzung im Defence Review Committee. Der Senat hat in diesem Zusammenhang zugunsten der Angeklagten unterstellt, daß Will nicht nur die von seinem Führungsoffizier Glaser in der damaligen Hauptverhandlung wiedererkannten 3 Jahresberichte betreffend USA (2x) und Großbritannien verraten hat, sondern auch die – von dem Zeugen Glaser in der Hauptverhandlung nicht mehr sicher identifizierten – Berichte betreffend Niederlande, Belgien, Kanada, Italien, Dänemark, Spanien, Griechenland und die Türkei.

c) Zu den *weiteren* von Rainer Rupp gelieferten Verratsmaterialien gehörten namentlich – aa) ein *NATO-Secret* eingestufter, 480 Seiten umfassender Bericht MC 161 aus dem Jahre 1988 einschließlich eines Anhangs (enclosure) von 478 Seiten. Dieser jährlich unter Federführung der Nachrichtenabteilung des International Military Staff erstellte Bericht umfaßte das gesamte Wissen der NATO über das militärische Potential des Warschauer Paktes. In einem Teil I sind die – von der NATO angenommenen – politischen und strategischen Erwägungen der Sowjets betreffend die NATO dargestellt, darunter z.B. in einem Abschnitt 5 der Frühwarnprozeß. Im Abschnitt 2 betreffend die Beschaffung der Ausrüstung für die einzelnen Waffengattungen geht die NATO unter Ziffer 37 davon aus (S. I-2-11), daß bei der Beschaffung von Flugkörpern ein Verdrängungseffekt zu Lasten von SS 17, 18, 19 wegen der vorrangigen Ausgaben für Interkontinental- und Flugabwehrraketen stattfinde.

Die Teile II und III enthalten im Detail das militärische Potential des Warschauer Pakts, darunter im Abschnitt 1 des Teils II auch die Kommandostrukturen.

Im Teil II, Abschnitt 6, der sich mit der Luftwaffe des Warschauer Pakts befaßt, heißt es beispielsweise (S. II-6-29) zu den Stärken: {48}

Ziff. 101 Eine signifikante Kampfwertsteigerung der Bomberflotte findet statt durch die Modifizierung der Bear B/C und den Einsatz der Backfire C und Bear H. Waffensystem und Fähigkeit zur elektronischen Kampfführung dieser Allwetterbomber wurden durch die Einführung neuer Flugkörper und Elektronik ebenfalls gesteigert.

Ziff. 106 Es wird geschätzt, daß ca. 90% der Jagdbomber und Aufklärer jetzt in Schutzbauten in optimaler Gefechtsbereitschaft untergebracht werden können, d.h. ein kampfbereites Flugzeug pro Shelter.

Zu den Schwächen (S. II-6-30) ist u.a. ausgeführt:

Ziff. 109 Eindringen und Punktzielerfassung bei Nacht und schlechtem Wetter sind begrenzt.

Ziff. 110 Der Bomberflotte fehlen Präzisionswaffen für Direktangriffe auf nichtstrahlende Landziele und weitreichende Abstandswaffen für konventionelle Angriffe auf die meisten Landziele ... Nur ein Teil der Bomber kann Operationen gegen Nordamerika durchführen.

Ziff. 113 Offensichtliches Fehlen von ausgebildetem Personal für Rollbahninstandsetzung ... Nicht mehr als die Hälfte der Kräfte können in einsatzbereitem Zustand gehalten werden.

Teil IV des Dokuments MC 161 enthält schließlich die von der NATO angenommenen Konzepte für den Einsatz der Truppen des Warschauer Paktes zu Beginn einer kriegerischen Auseinandersetzung.

Die Kenntnis dieses Dokuments gibt Aufschluß über die durch die NATO perzipierten Möglichkeiten und Vorgehensweisen des Warschauer Paktes bis hin zum angenommenen und bewerteten militärischen Risiko. Der potentielle Gegner erhielt damit die Gesamtheit der natoweit vorhandenen Vorstellungen über ihn und konnte diese namentlich bei den Eckwerten seiner Operationsplanung entscheidend berücksichtigen. Er bekam durch dieses {49} Dokument außerordentlich wichtige Hinweise auf die Reaktionen der NATO etwa im Bereich Rüstung, Forschung und Planung. Fehleinschätzungen der NATO konnten genutzt, zutreffend beurteilte Schwächen des Warschauer Paktes – für den Gegner verdeckt – beseitigt werden.

Durch den Verrat dieser im Dokument MC 161/1988 gesammelten und bündnisweit abgeglichenen Erkenntnisse des Bündnisses über den Warschauer Pakt wurde die Gefahr eines besonders schweren Nachteils für die äußere Sicherheit der Bundesrepublik Deutschland und ihrer Bündnispartner herbeigeführt.

bb) Der für den militärischen Nachrichtendienst der DDR tätige Agent W. hatte von der Ständigen Vertretung der Bundesrepublik bei der NATO zwar auch Dokumente mit Angaben über die militärische Stärke des Warschauer Paktes geliefert, und zwar

- FK (Fernkopie) der Ständigen Vertretung an das Auswärtige Amt vom 28.09.1998 mit einer Zusammenstellung des Kraftfahrzeugbestandes des Warschauer Pakts („red data") und
- FK der Ständigen Vertretung an das Auswärtige Amt vom 10.08.1988 mit einer Zusammenstellung der personellen und materiellen Stärke der Streitkräfte des Warschauer Pakts und der NATO („data package").

Beide Dokumente waren von der NATO zusammengestellt worden für die Abrüstungsverhandlungen über konventionelle Streitkräfte, enthielten zumindest teilweise die von östlicher Seite offiziell genannten Zahlen zur Stärke des Warschauer Pakts und stellten allenfalls einen geringeren Ausschnitt des Dokuments MC 161 dar. Die beiden Fernkopien waren im übrigen von Wert nur für die Verhandlungstaktik bei den Abrüstungsverhandlungen, nicht aber für den gegnerischen operativen Auswerter, dem in dem – jährlich fortgeschriebenen MC 161 – ein vom Sachverständigen Mayer als „Bibel" bezeichnetes außerordentlich wertvolles Werk zur Verfügung stand. {50}

d) Weiter übermittelte der Angeklagte Rainer Rupp aus dem allgemeinen Bereich

- Beschlußentwürfe des NATO-Rates und des Verteidigungsausschusses auf Ministerebene;
- Jahresberichte und Lageeinschätzung des NATO-Generalsekretariats;
- vergleichende Ost-West-Studien über Verteidigungsausgaben;
- Berichte über die Entwicklung des Ost-West-Verhältnisses nach der Machtergreifung Gorbatschows;
- zusammenfassende Berichte von Sitzungen des NATO-Verteidigungsausschusses;
- Berichte über gerechte Lastenverteilung;
- Teile der Krisenhandbücher (Crisis Management Manuals);
- auf Anforderung einen von ihm verfaßten Bericht über die Frage der Nachfolge Lord Carringtons als Generalsekretär der NATO;
- ein etwa 40-50 Seiten umfassendes Dokument „Inventory of Preventive Measures" sowie
- Berichte verschiedener NATO-Ausschüsse und deren nachgeordneter Gremien, soweit sie Rainer Rupp für wichtig hielt.

Aus dem Wirtschaftsdirektorat lieferte der Angeklagte Rainer Rupp politische und wirtschaftliche Analysen und Untersuchungen der NATO, insbesondere über Vorgänge in sozialistischen Staaten, in Entwicklungsländern und in ausgewählten Regionen, so z.B. {51}

- Einschätzungen der Belastung der sowjetischen Wirtschaft durch den Afghanistan-Krieg;

und als weitere typische Beispiele die Dokumente

- GDR: Defence Budget AC/127-D/761;
- East European Countries: Reinforced Meeting ED/EC/84/40
  17, 18th January 1985

Germany Democratic Republic: Economic Background;

- The Situation in the Sowjet Union and Eastern Europe:
  October 1985 to March 1986
  C-M(86)13;
- CMMEA Countries and Yugoslavia: Economic Situation in 1981 and Prognosis for the First Half-Years of 19822
  AC/127-D/721;
- Yugoslavia: The Economic Situation ED/EC/85/24 (Revised);
- Yugoslavia's Economic Situation and Bilateral Yugoslav-Soviet Issues
  ED/EC/88/17;
- Report on the Situation in the Mediterranean
  April 1985-October 1985 C-M(85)56;
- The Situation in Africa South of the Sahara:
  February-October 1986
  C-M(86)54;
- The Situation in Africa South of the Sahara
  C-M(82)70;
- The Situation in Latin America and the Carribean
  September 1985 to March 1986
  C-M(86)14;
- The Situation in Latin America and the Carribean
  Document C-M(82)18;
- Economic Co-Operation and Assistance within the Alliance PO/88/123 (Revised);
- Economic Co-Operation and Assistance within the Alliance PO/86/93;
- Economic Co-Operation and Assistance within the Alliance PO/85/46 und PO/82/59;
  {52}
- People's Republic of China – Recent Economic Developments and Prospects for Modernisation C-M(85)38;
- People's Republic of China – Reforms and Recent Economic Developments
  C-M(88)4 und
- The Convertible Currency Balance of Payments of the USSR and Eastern Europe and Trends in East-West Economic Relations
  C-M(82)2.

Als Mitglied der Current Intelligence Group (CIG), der geheimen Nachrichtengruppe, versah Rainer Rupp etwa alle sechs bis acht Wochen jeweils eine Woche lang Dienst im Lagezentrum der NATO (Situation Center, abgekürzt SITCEN). Hier trafen täglich die von den Sicherheitsdiensten der NATO-Mitgliedsländer gefertigten Meldungen politischer und militärischer Natur zur aktuellen Lage ein, so beispielsweise zu – von Satelliten beobachteten – Schiffsbewegungen des Warschauer Paktes. Ein Dreiergremium – Rupp hatte während seines Dienstes hier den Vorsitz – entschied, welche Nachrichten in den jeweiligen Tagesbericht der CIG aufgenommen wurden, der dann – in der Regel „Confidential“ oder „Secret“ eingestuft – an leitende Beamte im NATO-Hauptquartier und in den Hauptstädten der NATO-Mitgliedsstaaten verteilt wurde.

Schließlich nahm der Angeklagte in seiner Eigenschaft als Mitglied der CIG im zweijährigen Turnus an Wintex/Cimex- und Hilex-Übungen teil und erhielt dabei einen Gesamtüberblick über das Operationsverfahren der NATO im Krisenfall.

Aus dem Lagezentrum der NATO verriet Rainer Rupp

- Lageberichte zu den strategischen Übungen „*Wintex-Cimex*" und „*Hilex*"; {53}
- „Indicator and Warning System"-Katalog.
  Dabei handelt es sich um eine Aufstellung von abstrakten Ereignissen aus den Bereichen Diplomatie, Wirtschaft, Politik, Militär, Geheimdienste, die die NATO als Indikatoren für den Spannungs- und Kriegsfall ansah. Der Katalog umfaßte insgesamt ca. 800 solcher Indikatoren, die jeweils mit einer speziellen Kennziffer versehen waren. Dieses Dokument war in der HVA namentlich unter dem Gesichtspunkt der Früherkennung eines Raketenkernwaffenangriffs besonders begehrt.
- Lagemeldungen und analytische Berichte zur Entwicklung der Streitkräfte des Warschauer Paktes;
- Meldungen über personelle Veränderungen in den Stäben und Ministerien der Warschauer-Pakt-Staaten;
- Berichte über Manöver in den Warschauer-Pakt-Staaten;
- militärische Lagemeldungen aus der Dritten Welt;
- eine Studie über die Einschätzung der Kosten des Afghanistan-Krieges und
- eine Analyse der politischen Situation in der DDR vom 12.12.1989.
  Das aus dem Lagezentrum von Rupp gelieferte Material war besonders umfangreich und füllte ganze Aktenschränke.
- 3 Kapitel des Long Term Defence Programm (LTDP), und zwar Final Report on „Consumer Logistic"
  AC/281 (LTDO) Report /78)9;
  Final Report on „Electronic Warfare"
  AC/281 (LTDO) Report (78)7;
  LTDP „Improvements to NATO's Theatre Nuclear Forces Posture", DPC/D (78)10. {54}

Schließlich fertigte und lieferte Rainer Rupp Berichte über solche Erkenntnisse, die er durch gezielte Abschöpfung anderer NATO-Angehöriger gewann, darunter unter anderem Nachrichten über Differenzen zwischen einzelnen NATO-Militärs.

Die während seiner Tätigkeit bei der NATO von seiner Führungsstelle erneut an ihn herangetragene Aufforderung, Charakteristiken von Mitarbeitern zu liefern, lehnte der Angeklagte Rainer Rupp ab. Ihm war klar, daß das MfS hoffte, durch solche Unterlagen auf persönliche Schwachstellen von NATO-Bediensteten zu stoßen, die eine nachrichtendienstliche Ansprache erfolgversprechend machen könnte. Rupp wollte verhindern, daß Kollegen auf diese Weise durch Druck zu einer nachrichtendienstlichen Mitarbeit gezwungen werden würden.

e) Die für seine nachrichtendienstlichen Auftraggeber bestimmten NATO-Unterlagen transportierte der Angeklagte Rainer Rupp in der Regel in den ihm zur Verfügung gestellten Containern; gebundene Dokumente, die mehr als 30 Seiten umfaßten und nicht in den Container paßten, versteckte er unter seiner Kleidung und trug sie so nach Hause. Dort lichtete er alle Unterlagen mit einer Kamera ab. Die Kamera schraubte er auf ein

Stativ, auf dem er entsprechende Markierungen angebracht hatte. Die Dokumente legte er auf eine Pappe auf den Boden und fotografierte sie mit einer Hand aus einer Höhe von etwa 1,60 m, mit der anderen Hand drehte er die Blätter um. Bis etwa 1975 half ihm seine Frau dabei. Danach fotografierte er das Verratsmaterial im Weinkeller, wenn entweder seine Ehefrau nicht anwesend oder bereits zu Bett gegangen war.

Kontrollen beim Verlassen des NATO-Geländes waren außerordentlich selten und oberflächlich. Selbst als er 1979 mit von ihm offen in einer Aktentasche transportierten Verschlußsachen angetroffen wurde, half ihm die simple Ausrede, er habe die Unterlagen ganz in Gedanken eingesteckt. {55}

Die abgelichteten Dokumente verbrachte der Angeklagte Rainer Rupp, soweit es sich um *NATO-Secret* eingestuftes und damit registriertes Material handelte, mittels Container oder am Körper versteckt wieder zurück an seinen Arbeitsplatz in der NATO. Alle anderen Dokumente (*NATO-Confidential* oder niedriger) verbrannte er in seiner Garage in einer Tonne und spülte die zerstampfte Asche in die Kanalisation. Die belichteten Filme nahm er im Dunkeln aus ihren Patronen und steckte sie zusammengerollt in Filmdosen, die er zwischen anderem Filmmaterial zunächst in einem Schrank im Weinkeller deponierte. Bei den Instrukteur-/Kuriertreffs übergab Rupp zwischen zwei und vier dieser Filmdosen, die jeweils zwei bis drei Filme mit entweder 36 oder 72 Aufnahmen abgelichteten Verratsmaterials enthielten.

f) Im Laufe seiner Agententätigkeit erfuhr die Motivation des Angeklagten Rainer Rupp einen teilweisen Wandel:

Hatte er ursprünglich in den USA und damit auch der NATO den Aggressor gesehen, der das sozialistische Lager vernichten wollte, so wandelte sich diese Einschätzung im Laufe seiner Tätigkeit bei der NATO zunächst dahin, daß diese Organisation sich kaum für einen Angriffskrieg gegen den Osten instrumentalisieren ließ und insbesondere nicht – mehr – willfähriges Instrument der USA war, von der nach Rupps Auffassung jedoch immer noch die größte Kriegsgefahr ausging. In dieser Zeit hatte der Angeklagte mit Hilfe der von ihm übermittelten Dokumente versucht, für mehr Transparenz zwischen den Machtblöcken zu sorgen und so Fehlkalkulationen der östlichen Seite zu verhindern, die möglicherweise sonst zum Krieg hätte führen können.

Schließlich bemühte er sich mit Beginn der Gorbatschow-Ära etwa ab Mitte der 80er Jahre verstärkt, seinen Führungsoffizieren zu verdeutlichen, daß von der Bundesrepublik keine Kriegsgefahr ausgehe, in der Hoffnung, damit gerade angesichts der Politik Gorbatschows zu einer Liberalisierung in der DDR und dort zu {56} einem demokratischen Sozialismus beitragen zu können. Während der gesamten Dauer seiner Verratstätigkeit war sich der Angeklagte Rainer Rupp allerdings stets bewußt, daß er keinen Einfluß darauf hatte, wie mit seinem Material im MfS und in der Staatsführung der DDR tatsächlich umgegangen wurde.

g) „Topas“ wurde in der HVA als außerordentlich wertvoll eingestuft. Er war nach dem Rückzug der HVA-Agentin Ursel Lorentzen im Jahre 1979 die einzige in einem Direktorat der NATO tätige Quelle mit Zugang zu geheimen militär- und sicherheitspolitischen, militärischen und rüstungstechnischen Dokumenten; zudem befand sich das von „Topas“ gelieferte Material stets auf einem aktuellen Stand.

Die von Rupp in aller Regel im englischen Originaltext übermittelten Dokumente wurden auf Veranlassung der Angeklagten Dr. Rösler und Rehbaum, um eine Identifizierung dieser Spitzenquelle zu verhindern, zunächst von dafür besonders ausgewählten Kräften, zum Beispiel von Frau P., der Ehefrau eines der stellvertretenden Leiter der HVA, Generalmajor Prosetzky, übersetzt. Erst danach wurde die deutsche Fassung an die für die Auswertung zuständige Abteilung VII der HVA weitergeleitet; ein Exemplar erhielt obligatorisch der Verbindungsoffizier des KGB ebenso wie eine Ausfertigung des späteren Auswertungsberichts. Die mehrfach geäußerte Bitte von Armeegeneral Krutschkow, des Leiters der ersten Hauptverwaltung des KGB, um Überlassung der englischsprachigen Originalablichtungen lehnte die Führung der HVA ab. Wohl erhielt das KGB aus Anlaß bevorstehender sowjetischer Staatsfeiertage auf Veranlassung oder Vorschlag des Leiters der HVA über den Minister für Staatssicherheit ausgewählte Ergebnisse der Arbeit der HVA in Form sogenannter „Geschenkpakete". Darunter befanden sich auch übersetzte Fassungen des von „Topas" gelieferten Verratsmaterials. Als die Lieferungen von „Topas" immer umfangreicher wurden und die Übersetzung immer länger auf sich warten ließen, erstellten die Angeklagten Dr. Rösler und Rehbaum eine Prioritätenliste für die Übersetzung des Verratsmaterials. {57}

Etwa 1985 kam es zu einer Ausnahmeregelung von dem Grundsatz, der Auswertung nicht die englischsprachigen Originalablichtungen zukommen zu lassen. Diese Ausnahme betraf die von „Topas" aus dem SITCEN gelieferten Unterlagen betreffend das „Indicator and Warning System", die der Abteilung VII im Original für einen Zeitraum von 6 bis 8 Wochen zur Verfügung gestellt werden durften. Die Thematik wurde innerhalb der HVA insbesondere unter dem Gesichtspunkt der Früherkennung eines Raketenkernwaffenangriffs einer besonderen Kommission zur Bearbeitung übertragen. Außerdem wurde ein weiterer, Oberst Dr. Busch übertragener Stellvertreterbereich in der Abteilung VII eingerichtet.

3. [Die Tätigkeit von Ann-Christine Rupp bei der NOS und ihre Unterstützung der nachrichtendienstlichen Tätigkeit von Rainer Rupp]

Als die Angeklagte Ann-Christine Rupp im April 1977 zum Sicherheitsdienst der NATO (NOS) wechselte, arbeitete der Angeklagte Rainer Rupp bereits im Wirtschaftsdirektorat der NATO und hatte selbst begonnen, Verratsmaterial aus seinem Arbeitsbereich zu beschaffen. Ihren nicht nachlassenden Zweifeln gegenüber ihrer Agententätigkeit entsprechend liefert Ann-Christine Rupp aus ihrem neuen Tätigkeitsgebiet keine schriftlichen Informationen mehr, berichtete jedoch anfangs mündlich über ihren Arbeitsbereich und – anläßlich eines Treffens 1984/85 in Griechenland – über einen nachrichtendienstlichen Verdachtsfall, der einen sowjetischen Diplomaten oder Journalisten betraf. Ihre Hauptaufgabe auch gegenüber dem MfS sah die Angeklagte nunmehr darin, ihren Ehemann zu schützen – gleichsam einen „Schutzwall" zu bilden – und ihn von einem etwa aufkommenden Verdacht des Sicherheitsdienstes gegen ihn unverzüglich zu unterrichten. Über diesen von ihr als Auftrag empfundenen Punkt sprach die Angeklagte gleich zu Beginn der Aufnahme der Tätigkeit bei der NOS mit dem Zeugen Sch. und dem Angeklagten Rainer Rupp.

Gleichzeitig erklärte sie sich auch bereit, darauf zu achten, ob Sicherheitskontrollen durchgeführt würden, um ihren Ehemann dann ggfs. zu warnen. {58}

Nach der Geburt ihres ersten Kindes im Februar 1980 ließ die Bereitschaft der Angeklagten zur nachrichtendienstlichen Zusammenarbeit mit dem MfS noch stärker nach. Entscheidend hierfür war der Wunsch, das Kind und damit ihre Familie zu schützen. Ihre zu Beginn der nachrichtendienstlichen Verpflichtung noch vorhandene ideologische Übereinstimmung mit den von der HVA verfolgten Absichten und Zielsetzungen hatte die Angeklagte in der Zwischenzeit verloren. Sie versuchte daher in zahlreichen Gesprächen, auf ihren Ehemann einzuwirken, die Zusammenarbeit mit dem MfS zu beenden. Diese Bemühungen blieben jedoch wegen der einseitig ausgerichteten politischen Grundeinstellung des Angeklagten Rainer Rupp erfolglos.

Im Januar/Februar 1982 weigerte sich die Angeklagte erstmals, an einem Treffen mit „Heinz“, dem Zeugen Professor S., den sie im März/April 1980 in Bad Reichenhall kennengelernt hatte, teilzunehmen. Als der Angeklagte Rainer Rupp auf sie einwirkte und versuchte, sie zur Teilnahme an dem Treff zu bewegen, erlitt sie einen Weinkrampf, so daß Rainer Rupp allein zum Treff fuhr. Auch in der Folgezeit setzte die Angeklagte, deren Sicherheitsbedürfnis sich aufgrund der Geburt des zweiten Kindes noch verstärkt hatte, ihre Bemühungen fort, ihren Ehemann von der Fortführung seiner Agententätigkeit abzubringen. Gleichwohl nahm sie aber an einem Führungstreff mit dem Angeklagten Dr. Rösler im Sommer 1982 in Griechenland teil. Auch traf sie sich in Begleitung ihres Ehemannes Ende 1982/Anfang 1983 mit dem Zeugen Professor S. in Antwerpen.

Anläßlich des weiteren Führungstreffs im Sommer 1984 und 1985 in Griechenland, an dem auch Prof. S. teilnahm, besprachen die Angeklagten Ann-Christine und Rainer Rupp mit den Angeklagten Rehbaum und Dr. Rösler die zukünftige Ausgestaltung der nachrichtendienstlichen Verbindung von Ann-Christine Rupp zum MfS. Den beiden Führungsoffizieren war in der Zwischenzeit nicht verborgen geblieben, daß die Angeklagte kein schriftliches Verratsmaterial mehr beschaffte und daß auch ihre münd-{59}lich an ihren Ehemann weitergegebenen Informationen immer spärlicher flossen. Im Verlaufe des Gesprächs akzeptierten die Angeklagten Rehbaum und Dr. Rösler schließlich den Wunsch der Angeklagten Ann-Christine Rupp, von einer aktiven nachrichtendienstlichen Tätigkeit im Sinne einer Materialbeschaffung entbunden zu werden. Die Angeklagte wurde jedoch von Dr. Rösler aufgefordert, weiterhin für die Sicherheit ihres Ehemannes zu sorgen, und stimmte dem zu. Bis zum Ende ihrer Tätigkeit bei der NATO im Juli 1991 war die Angeklagte jederzeit bereit, ihren Ehemann von einem aufkommenden Verdacht der Sicherheitsorgane gegen ihn unverzüglich zu unterrichten. Sie wußte auch, daß der Angeklagte Rainer Rupp nach dem Führungstreff 1984/85 seine nachrichtendienstliche Tätigkeit fortsetzte, ging allerdings – unwiderlegt – davon aus, daß er seiner Führungsstelle nur noch mündliche Berichte lieferte. Rainer Rupp hatte ihr nämlich ein entsprechendes Versprechen gegeben. Die Einhaltung dieses Versprechens machte er dadurch glaubhaft, daß er auf die tiefgreifenden Änderungen der weltpolitischen Lage durch den Aufstieg Gorbatschows verwies. In Wirklichkeit fotografierte Rainer Rupp nunmehr heimlich im Weinkeller seines Hauses die aus seiner Dienststelle mitgebrachten Dokumente, wobei er u.a. die unterschiedlichen Schlafgewohnheiten von ihm und seiner Ehefrau ausnutzte.

Bis 1984 wußte die Angeklagte allerdings, welches Verratsmatrial Rainer Rupp ab Anfang 1977 an die HVA lieferte. Aufgrund ihrer eigenen Tätigkeit bei der NATO, insbesondere bei der NOS, war ihr der Aufgabenbereich ihres Ehemannes samt seinen

Zugängen bekannt. Die Angeklagte wußte daher, daß ihr Ehemann Zugriff auf Dokumente zu Streitkräfteplanungen der NATO hatte, die auch die militärischen Bereiche umfaßten. Wenn sie auch keine Kenntnis von dem Inhalt bestimmter Dokumente hatte, waren ihr, wie ihr späterer teilweiser Rückzug und ihre Bemühungen zeigen, den Angeklagten Rainer Rupp zum Abbruch der nachrichtendienstlichen Verbindung zu bewegen, der Stellenwert und die Brisanz des Verratsmaterials insgesamt bekannt. Damit, daß {60} durch die Weitergabe dieses Materials an die HVA der NATO und mithin auch der Bundesrepublik Deutschland die Gefahr eines schweren Nachteils für ihre innere Sicherheit drohte, hat die Angeklagte gerechnet. Sie hat, um ihrem Ehemann zu helfen, diesen möglichen Erfolg zustimmend in Kauf genommen, als sie den Angeklagten Rainer Rupp zunächst durch ihre Hilfe beim Abfotografieren und durch Teilnahme u.a. an den Instrukteurtreffs, später durch Errichten eines „Schutzwalles", also psychisch, unterstützte. Ihre Warnfunktion hinsichtlich der Sicherheit Rainer Rupps hat die Angeklagte auch nach dem Treffen 1984/85 nicht abgelegt oder gar von sich gewiesen. Vielmehr gingen sämtliche an dem Führungstreff in Griechenland beteiligte Personen, also auch die Angeklagten Rehbaum und Dr. Rösler, davon aus, daß die Angeklagte Ann-Christine Rupp ihren Ehemann weiter wie abgesprochen schützen werde.

Die Angeklagte Ann-Christine Rupp traf in der Folgezeit auch noch zweimal mit dem Zeugen Professor S. zusammen. Kurze Zeit nach der Geburt ihrer Tochter im August 1986 nahm sie auf Wunsch ihres Ehemannes an einer Zusammenkunft in Lüttich teil. Während eines Sommerurlaubs in Griechenland 1987 erschien Professor S. – für die Angeklagte nicht unerwartet – dann am Aufenthaltsort der Familie. Daß die Angeklagte ihm während dieses Zusammentreffens bedeutete, sie wünsche ihn nicht mehr wiederzusehen, betraf lediglich eine von ihr abgelehnte Liefertätigkeit bzw. ihre mangelnde Bereitschaft, den Angeklagten Rainer Rupp zu Instrukteurtreffs zu begleiten. Einen Widerruf ihrer Bereitschaft, ihren Ehemann ggfs. bei einem gegen ihn gerichteten Verdacht der Sicherheitsorgane zu warnen, stellte diese Äußerung nicht dar.

4. [Verantwortlichkeit der Angeklagten Dr. Rösler und Rehbaum]

Die Angeklagten Dr. Rösler, zunächst in seiner Eigenschaft als stellvertretender Leiter der Abteilung III und später als Leiter der Abteilung XII, und Rehbaum als Führungsoffizier, der diese Funktion auch noch nach seiner Beförderung zum stellver-{61}tretenden Abteilungsleiter ausübte, haben die Verratstätigkeit der Eheleute Rupp in allen wesentlichen Grundzügen ihrer Ausgestaltung, ihrer Entwicklungsziele und methodischen Vorgehensweisen persönlich gesteuert und kontrolliert. Sie waren verantwortlich an der regelmäßigen Jahresplanung beteiligt, in der die Vorgänge „Mosel" bzw. „Topas" eine wichtige Rolle spielten, legten die nachrichtendienstlichen Aufträge fest und schufen die Voraussetzungen dafür, daß die Eheleute Rupp ihre Spionagetätigkeit effizient gestalten und Material liefern konnten, welches wegen seiner Vollständigkeit und Aktualität für das MfS besonders wertvoll war. Hierfür stellten sie die nachrichtendienstliche Technik zur Verfügung und veranlaßten die Bereitstellung der finanziellen Mittel, die den Eheleuten Rupp als Aufwandsentschädigung und nachrichtendienstliches Entgelt zuflossen. Sie wählten die Instrukteure und Kuriere aus und bestimmten Dauer und Häufigkeit ihres Einsatzes. Als die Menge des von Rainer Rupp beschafften Verratsmaterials dies erforderlich machte, eröffneten sie über die Eheleute P. und den Zeugen J. einen zweiten Verbindungsweg. Wie die Ereignisse des Jahres 1979 belegen, konnten die Angeklagten Dr. Rösler und Rehbaum jederzeit aus Sicherheitsgründen die nachrichtendienstliche Tätigkeit Rainer Rupps unterbrechen und wiederaufleben lassen. Sie wirkten ferner bei der Weiterleitung des Verratsmaterials an den Verbindungsoffizier des KGB sowie die Auswertungsabteilung VII und damit an die Staats- und Parteiführung der DDR mit. Die von ihnen organisierten Führungstreffs, an welchen sie nach 1973 regelmäßig teilnahmen, dienten der Aufrechterhaltung der persönlichen Beziehungen zu den Eheleuten Rupp und weiter dazu, sie motivieren, ihre nachrichtendienstliche Tätigkeit fortzusetzen. Bei diesen Gelegenheiten wurden auch operative Fragen erörtert und Instruktionen gegeben, welches Verhalten gegenüber „feindlichen“ Untersuchungs- und Justizorganen ggfs. zu zeigen sei. {62}

Die Angeklagten Dr. Rösler und Rehbaum waren aufgrund ihres Auftrages, aber auch ihres persönlichen Interesses an einer erfolgreichen nachrichtendienstlichen Führungstätigkeit bestrebt, in bewußtem und gewolltem Zusammenwirken mit den Eheleuten Rupp an möglichst wertvolle Informationen zu gelangen.

Aufgrund ihrer Erfahrung mit der Einschätzung des von Rainer Rupp gelieferten Verratsmaterials erkannten sie dessen Brisanz und billigten die durch den Verrat herbeigeführte Gefahr eine schweren Nachteils für die äußere Sicherheit der Bundesrepublik Deutschland.

VIII. [Die den Angeklagten Rainer und Ann-Christine Rupp erwachsenen Vorteile]

1. [Regelmäßige Zahlungen]

Seit seinem Besuch in der ersten Hälfte des Jahres 1969 in Ost-Berlin bis zum Abschluß seines Studiums hatte der Angeklagte Rainer Rupp vom MfS zunächst 150 DM, dann – mit Beginn seiner Studienzeit in Brüssel – 300 DM monatlich erhalten. Nach der Eheschließung ab Mai 1972 bezog das Ehepaar Rupp von seiner Führungsstelle pro Monat 2000 DM, in denen 400 DM Aufwandsentschädigung bzw. Auslagenersatz für die Teilnahme an Treffs enthalten waren. Anfang 1980 – mit Geburt des ersten Kindes – wurden auf Wunsch des Angeklagten Rainer Rupp die Bezüge der Eheleute auf monatlich 3000 DM bei gleichbleibender – eingeschlossener – Aufwandsentschädigung erhöht, um die Kosten für ein Kindermädchen von monatlich etwa 800 DM aufzufangen. Der Angeklagten Ann-Christine Rupp war in diesem Zusammenhang nicht zu widerlegen, daß sie von dem für beide bestimmten und von Rainer Rupp kassierten Agentenlohn keine Kenntnis hatte. Von diesem Angentenlohn finanzierte Rainer Rupp teilweise Reisen zu Fortbildungsveranstaltungen – etwa nach Madrid –, die ihm sonst von seinem Arbeitgeber – aus finanziellen Gründen – nicht genehmigt worden wären. {63}

2. [Kauf eines Hauses]

Im Jahre 1984 wurde der Angeklagt Rainer Rupp anläßlich eines Führungstreffs von den Mitangeklagten Dr. Rösler und Rehbaum mit der Idee konfrontiert, sich ein Haus in Brüssel oder Umgebung zu kaufen. Anlaß dazu waren Überlegungen seiner nachrichtendienstlichen Auftraggeber, ihrer Spitzenquelle mit einer solchen örtlichen Festlegung größere Chancen für einen unbefristeten Vertrag bei der NATO zu verschaffen. Eine solche Entscheidung stand für Rupp nach mehreren befristeten Arbeitsverträgen mit Ablauf einer zehnjährigen Tätigkeit in absehbarer Zeit bevor. Rainer Rupp lehnte dieses Ansinnen zunächst ab. Seine Einstellung zu diesem Thema, das in der Folgezeit in unregelmäßigen Abständen wiederholt angesprochen wurde, änderte sich erst Anfang 1986, als feststand, daß seine Frau wieder schwanger war. Nachdem er seinem Instrukteur bei einem nächsten Treff von seinem Entschluß berichtet hatte, in Brüssel seßhaft zu werden, erfuhr er zunächst wenig später, daß seine Führungsstelle ihn dabei finanziell unterstützen werde, und schließlich auch die Größenordnung dieser Unterstützung (200.000 DM). Im August 1986, in unmittelbarem zeitlichem Zusammenhang mit der Geburt seiner jüngsten Tochter am 13. August, erwarben die Eheleute Rupp ein Haus in Tervuren, einem Vorort Brüssels, zum Preise von rund 650.000 DM. Den ihm vom MfS zur Verfügung gestellten Betrag, der ihm in bar in einer Bierdose bei einem Instrukteurtreff übergeben wurde, akzeptierte der Angeklagte Rainer Rupp zunächst nur als Darlehen. Seiner Ehefrau hatte er kurz vor der notariellen Unterzeichnung des Kaufvertrages von diesem Darlehen des MfS berichtet.

Nachdem Rainer Rupp noch im Dezember 1989 seinem Instrukteur „Heinz“ letztes Verratsmaterial übergeben hatte, erfuhr er in einem letzten Funkspruch seiner Führungsstelle Ende 1989, daß er den Darlehensbetrag in Höhe von 200.000 DM behalten könne. Insgesamt hat die HVA an die Eheleute Rupp als reinen Agentenlohn mindestens 530.000 DM gezahlt. {64}

3. [Auszeichnungen]

Der Angeklagte Rainer Rupp wurde von der HVA mit mehreren Orden ausgezeichnet. Einzelheiten konnten insoweit nicht mehr ermittelt werden.

C. [Beweiswürdigung]

I. [Allgemeine Beweiswürdigung]

Dieser Sachverhalt steht als Ergebnis der Beweisaufnahme, insbesondere aufgrund der umfassend und glaubhaften Geständnisse aller Angeklagten, zur Überzeugung des Senats fest.

II. [Schuldfähigkeit des Angeklagten Rainer Rupp]

Bedenken gegen die uneingeschränkte Schuldfähigkeit der Angeklagten, namentlich des Angeklagten Rainer Rupp, bestehen nicht. Die von seiner Verteidigung behauptete „schwerwiegende neurotische Persönlichkeitsstörung mit Krankheitswert im Sinne der §§ 20, 21 StGB“ hat sich nicht bestätigt. Insbesondere haben sich nach den überzeugenden, vom Senat nachvollzogenen Ausführungen des Sachverständigen Prof. Dr. Saß, Direktor der Psychiatrischen Klinik der RWTH Aachen, entgegen der Darstellung der Verteidigung keine Anhaltspunkte dafür ergeben, daß der Angeklagte Rainer Rupp durch nachteilige Erlebnisse in der früheren Kindheit, insbesondere das Fehlen des leiblichen Vaters als Identifikationsfigur, tief verletzende Offenbarungen der Mutter und das Zusammenleben mit dem rigiden Großvater schwerwiegende Persönlichkeitsdefizite und schwerwiegende Schäden des Selbstwertgefühls entwickelt habe und deshalb für seine Führungsoffiziere manipulierbar und steuerbar gewesen sei. Bei dem – höchst intelligenten – Angeklagten Rainer Rupp kann weder von einer krankhaften seelischen Störung noch von Schwachsinn oder einer tiefgreifenden Bewußtseinsstörung und {65} auch nicht von einer Neurose oder einer anderen schweren Persönlichkeitsstörung gesprochen werden. Seine nachrichtendienstliche Verstrickung ist zwar psychologisch geschickt herbeigeführt worden, hat sich jedoch durchaus noch im Rahmen eines normalen, nachvollziehbaren Überzeugungsgeschehens weder unter Aufhebung noch unter Einschränkung seiner Einsichts- und Steuerungsfähigkeit abgespielt.

III. [Höhe des Agentenlohnes]

Die für die Anordnung des Verfalls maßgebliche Höhe des Agentenlohns beruht auf folgenden Erwägungen:

Rainer Rupp hat zunächst bis zu seiner Eheschließung im April 1972 10.350 DM Agentenlohn erhalten, und zwar von der ersten Hälfte 1969 – der Senat geht vom 01.03. aus – bis einschließlich September 1969 monatlich 150 DM = 1.050 DM, mit Beginn des Studiums in Brüssel ab Oktober 1969 monatlich 300 DM = 9.300 DM.

Von Mai 1972 betrug der Agentenlohn für das Ehepaar Rupp danach bis einschließlich Februar 1980 (Geburt des 1. Kindes) monatlich 2.000 DM abzüglich 400 DM Aufwandsentschädigung = 150.400 DM. Ab März 1980 bis Ende 1989 wurde der Agentenlohn wegen der Kosten für ein Kindermädchen auf monatlich 3.000 DM abzüglich 400 DM Aufwandsentschädigung erhöht. Unwiderlegt hat die Angeklagte Ann-Christine Rupp von diesen Zahlungen nichts gewußt. Kenntnis hatte sie allerdings von dem ihr und ihrem Ehemann für den Kauf des Hauses in Tervuren vom MfS zur Verfügung gestellten Betrag von 200.000 DM. Von dem somit für die Eheleute Rupp vom MfS insgesamt gezahlten 657.200 DM hat der Senat die ab März 1980 bis Ende 1989 angefallenen Kosten für ein Kindermädchen mit rund 100.000 DM (monatlich ca. 800 DM) in Abzug gebracht sowie weitere 27.200 DM für die vom Angeklagten vom Agentenlohn finanzierten Reisen zu Fortbildungsveranstaltungen abgesetzt, so daß ein Betrag von 530.000 DM verbleibt. {66}

D. [Rechtliche Würdigung]

I. [Landesverrat, landesverräterische und geheimdienstliche Agententätigkeit]

1. [Die Straftaten der Angeklagten Rainer Rupp, Rösler und Rehbaum]

In der rechtlichen Würdigung stellt sich das festgestellte Geschehen bei den Angeklagten Rainer Rupp, Dr. Rösler und Rehbaum als ein gemeinschaftlich begangener Landesverrat nach den §§ 93, 94 StGB[3] dar.

Die über 12 Jahre kontinuierlich verratenen Final-Dokumente der NATO-Streitkräfteplanung und das Dokument MC 161 aus dem Jahre 1988 enthielten Tatsachen und Erkenntnisse, die nur einem begrenzten Personenkreis zugänglich waren und vor einer fremden Macht – der DDR und dem Warschauer Pakt – geheimgehalten werden mußten, um die Gefahr eines schweren Nachteils für die äußere Sicherheit der Bundesrepublik Deutschland als Teil des NATO-Verteidigungsbündnisses abzuwenden.

Namentlich *Force Goal Country Chapters* und die *Annual Defence Review Country Chapters* stellten schon jedes für sich, umso mehr im Verbund eines Planungszyklus, Staatsgeheimnisse dar. Nach Auffassung des Senats ist hier jedoch von einer einheitlichen, einzigen Landesverratstat auszugehen. Der nachrichtendienstliche Auftrag und das Bestreben des Angeklagten Rainer Rupp gingen dahin, der HVA und über diese den Staaten des Warschauer Paktes, insbesondere der Führungsmacht Sowjetunion, ein umfassendes, stets aktuelles Bild über die Streitkräfteplanung der NATO zu verschaffen. Dieser Aufgabe entledigte der Angeklagte Rainer Rupp sich durch kontinuierliche Lieferung der betreffenden Enddokumente, die es jeweils ermöglichten, die bisher gewonnenen Erkenntnisse über die Stärken und Schwächen {67} der NATO zu überprüfen, zu ergänzen und zu aktualisieren. Seine fortlaufende, in verhältnismäßig kurzen Zeitabständen geleistete Arbeit am „Bild“ der NATO stellt sich als eine natürliche Handlungseinheit dar, in deren Rahmen auch das Dokument MC 161/88 geliefert worden ist und hineinpaßt.

Darüber hinaus haben sich die Angeklagten Rainer Rupp, Dr. Rösler und Rehbaum der gemeinschaftlich begangenen landesverräterischen und geheimdienstlichen Agententätigkeit nach den §§ 98 Abs. 1 Nr. 1, 99 Abs. 1 StGB[4] schuldig gemacht. Sie haben bewußt und gewollt für den Geheimdienst einer fremden Macht, die HVA des MfS der DDR, eine geheimdienstliche Tätigkeit gegen die Bundesrepublik Deutschland ausgeübt, die auf die Mitteilung und Lieferung von Tatsachen und Erkenntnissen sowie Staatsgeheimnissen gerichtet war. Die Vergehen nach §§ 98, 99 StGB treten gegenüber den mit ihnen in Tateinheit verbundenen Verbrechen des Landesverrats zurück; sie behalten jedoch – gerade auch angesichts der Fülle des übrigen, keine Staatsgeheimnisse darstellenden Verratsmaterials – Bedeutung bei der Strafzumessung.

Die Angeklagten Dr. Rösler und Rehbaum waren Mittäter (§ 25 Abs. 2 StGB) und nicht etwa nur Gehilfen des Angeklagten Rainer Rupp. Sie haben mit der Steuerung des Vorgangs „Topas“ wichtige und unverzichtbare Beiträge geleistet und hatten auch ein eigenes Interesse am Tatgeschehen.

Alle drei Angeklagten haben vorsätzlich in Kenntnis aller Tatumstände bewußt und gewollt gehandelt. Das gilt insbesondere auch für die Verurteilung wegen Landesverrats. Aufgrund ihrer großen Sachkenntnis und Übersicht wußten sie um die Geheimhaltungsbedürftigkeit der verratenen Dokumente und die durch den Verrat heraufbeschworene Gefahr eines schweren Nachteils für die äußere Sicherheit der Bundesrepublik und nahmen diese zustimmend in Kauf (Rainer Rupp) bzw. billigten sie. {68}

2. [Die Straftaten der Angeklagten Ann-Christine Rupp]

Auch die Angeklagte Ann-Christine Rupp hat sich der gemeinschaftlichen geheimdienstlichen landesverräterischen Agententätigkeit nach den §§ 98 Abs. 1, 99 Abs. 1, 25 Abs. 2 StGB schuldig gemacht. Sie hat bewußt und gewollt in arbeitsteiligem Zusammenwirken von April 1972 bis Ende 1989 für den Geheimdienst einer fremden Macht, die HVA des MfS der ehemaligen DDR, eine geheimdienstliche Tätigkeit gegen die

Bundesrepublik Deutschland ausgeübt, die auf die Mitteilung von Tatsachen, Gegenständen und Erkenntnissen sowie Staatsgeheimnissen gerichtet war.

Bereits zu Beginn ihrer nachrichtendienstlichen Verstrickung wurde durch die Führungsstelle ein arbeitsteiliges Zusammenwirken der Angeklagten mit ihrem Ehemann festgelegt, indem dem Angeklagten Rainer Rupp – vor seinem Eintritt in die NATO – der technische Bereich der nachrichtendienstlichen Verbindung zugewiesen wurde. Er erhielt zum einen eine Unterweisung in der Dokumentenfotografie und sollte das von der Angeklagten Ann-Christine Rupp beschaffte Material fotografieren und weiterleiten. Darüber hinaus wurde der Angeklagte Rainer Rupp bereits zu diesem Zeitpunkt im Abhören des einseitigen A 3-Funks unterrichtet und erhielt die entsprechenden Schlüsselunterlagen ausgehändigt, um den Kontakt zur Führungsstelle aufrechtzuerhalten.

Sowohl der Angeklagte Rainer Rupp als auch die Angeklagte Ann-Christine Rupp, die das Verratsmaterial beschaffte, teilweise dem Angeklagten Rainer Rupp beim Fotografieren half, ihn zu den Führungs- und Instrukteurtreffs regelmäßig begleitete und Schutzfunktionen für ihren Ehemann wahrnahm, übernahmen für das Gelingen der Tat unentbehrliche Teilaufgaben und hatten beide auch ein eigenes persönliches Interesse an der Tat. {69}

Für die Zeit von April 1977 bis Sommer 1984 stellt sich das Verhalten der Angeklagten Ann-Christine Rupp außerdem als Beihilfe zum Landesverrat (§§ 27, 94 StGB), begangen durch den Angeklagten Rainer Rupp, dar. Dadurch, daß sie mit Aufnahme ihrer Tätigkeit bei der NOS ihre Hauptaufgabe darin sah, über die Sicherheit ihres Ehemannes zu wachen und ihn ggfs. von aufkeimenden Verdachtsmomenten der Sicherheitsorgane zu unterrichten, vermittelte sie dem Angeklagten Rainer Rupp ein Gefühl der Sicherheit vor Enttarnung und Festnahme. Darüber hinaus begleitete die Angeklagte ihren Ehemann bis Ende 1979 regelmäßig, ab 1980 sporadisch, zu Instrukteurtreffs sowie bis einschließlich 1984 zu den alle zwei Jahre stattfindenden Führungstreffs. Diese Verhaltensweisen sind als Unterstützungshandlungen im Sinne einer psychischen Beihilfe zu werten.

Es ist anerkannt, daß Beihilfe auch durch psychische Unterstützung geleistet werden kann, indem der Gehilfe den Haupttäter in seinem schon gefaßten Tatentschluß bestärkt und ihm ein erhöhtes Gefühl der Sicherheit vermittelt (vgl. BGH StGB § 27 Abs. 1 Hilfeleisten 8; BGH StGB § 27 Abs. 1 Unterlassen 5; jeweils mit weiteren Rechtsprechungsnachweisen). Dabei wird nicht vorausgesetzt, daß der Gehilfe die Tat billigt. Es genügt vielmehr, daß der Teilnehmer den als möglich erkannten Eintritt des Erfolges der Haupttat in Kauf nimmt, etwa aus Solidarität mit dem Haupttäter oder zur Vermeidung von Nachteilen, und diesen Erfolg damit will (vgl. BGH StGB § 27 Abs. 1 Vorsatz 3 und Vorsatz 1; jeweils mit weiteren Rechtsprechungsnachweisen). Diese Voraussetzungen liegen hier vor.

Die Angeklagte wußte, welches Arbeitsgebiet ihrem Ehemann zugewiesen war und daß er fortlaufend als „*NATO-Confidential*“ bzw. „*NATO-Secret*“ eingestufte Dokumente verriet, die die Langzeitverteidigungsplanung der NATO betrafen. Aufgrund ihrer Tätigkeit bei der NOS und aus Gesprächen mit dem Angeklagten Rainer Rupp und seinen Führungsoffizieren kannte sie die Be-{70}deutung des Verratsmaterials. Den sich durch die Weitergabe dieser Dokumente an das MfS ergebenden drohenden schweren Nachteil für die äußere Sicherheit der Bundesrepublik Deutschland nahm sie billigend in Kauf, um die Sicherheit ihres Ehemannes wahren zu können.

Die nachrichtendienstliche Ausgestaltung der Verbindung Ann-Christine Rupps zur HVA änderte sich grundlegend erst anläßlich des zweiten Führungstreffs in Griechenland, wobei der Senat zugunsten der Angeklagten Ann-Christine Rupp diesen Treff in den Sommer 1984 legt.

Während sich bis zu diesem Zeitpunkt die Tätigkeit der Angeklagten als Beihilfe zum Landesverrat gemäß §§ 93 Abs. 1, 94 Abs. 1, 27 Abs. 1 StGB darstellt, ist ihre anschließende Unterstützungshandlung, die Aufrechterhaltung des „Schutzwalles“, fortan nur noch als geheimdienstliche Agententätigkeit im Sinne des § 99 Abs. 1 StGB zu werten. Denn der Angeklagten ist für die Zeit ab Sommer 1984 bis Ende 1989 nicht zu widerlegen, daß sie den weiteren Verrat von Dokumenten nicht gekannt – auch nicht gebilligt – hat. Auch bei ihr treten die Tatbestände der §§ 98, 99 StGB hinter der Beihilfe zum Verbrechen des Landesverrates zurück.

II. [Keine völker- und verfassungsrechtlichen Einwände gegen die Strafverfolgung]

Völkerrechtliche oder verfassungsrechtliche Einwände stehen der Strafverfolgung der Angeklagten Dr. Rösler und Rehbaum nicht entgegen, so daß auch keine Veranlassung besteht, das Verfahren auszusetzen und eine Entscheidung des Bundesverfassungsgerichts nach Art. 100 Abs. 1 und 2 GG einzuholen oder mit dem Verfahren bis zur Entscheidung auf die bereits erfolgten Vorlagen des Kammergerichts vom 22.07.1991[5] und 27.08.1993[6] innezuhalten. {71}

Der Senat hält nach erneuter Prüfung an seiner u.a. bereits in den Verfahren gegen Popp/Lippold (Urteil vom 23.12.1991 – IV-22/91 –[7]), gegen Markus Wolf (Urteil vom 06.12.1993 – IV-40/92 –[8]) und gegen Dr. Gast u.a. (Urteil vom 09.06.1994 – IV-35/92 –[9]) vertretenen Auffassung fest, daß sich an der grundsätzlichen Anwendbarkeit der Vorschriften der §§ 93 ff. StGB durch den Beitritt der früheren DDR zur Bundesrepublik nichts geändert hat. Er sieht sich darin bestätigt durch die eingehenden und überzeugenden Ausführungen des Bundesgerichtshofes im Urteil gegen Schütt und Böttger vom 30.07.1993 (BGHSt 39, 260 ff.[10]).

Daß Führungsoffiziere eines Staates, die von ihrem Staatsgebiet aus die geheimdienstliche Agententätigkeit eines Mitarbeiters auf dem Gebiet der Bundesrepublik Deutschland gesteuert haben, sich diese Tätigkeit als Mittäter oder Teilnehmer zurechnen lassen müssen und deshalb nach den §§ 9 in Verbindung mit 3 StGB, jedenfalls aber nach § 5 Nr. 4 StGB dem Strafrecht der Bundesrepublik unterworfen sind, ist in Rechtsprechung und Schrifttum (vgl. die Nachweise in dem o.a. BGH-Urteil) allgemein anerkannt. Völkerrechtliche oder verfassungsrechtliche Bedenken bestehen hiergegen, wie der Bundesgerichtshof überzeugend ausgeführt hat, nicht.

An der Zulässigkeit der Strafverfolgung hat sich durch den Einigungsvertrag und das entsprechende Einigungsvertragsgesetz vom 23.09.1990 (BGBl. II S. 885 ff.) nichts geändert. Darin und in dem auf ihnen beruhenden Art. 315 Abs. 4 EGStGB sind die §§ 93 ff. StGB im Gegensatz zu anderen Strafbestimmungen von der Geltung im Beitrittsgebiet gerade *nicht* ausgenommen. Unter den einzelnen Vorschriften des StGB, die auf dem Gebiet der ehemaligen DDR keine Anwendung finden, sind in der Anlage I zum Einigungsvertrag, Kap. III Sachgebiet C Abschnitt III Nr. 1 (BGBl. II, S. 957) die Strafnormen des Landesverrats und der Gefährdung der äußeren Sicherheit (§§ 93 bis 101a StGB) sowie die entsprechenden Rechtsanwendungsvorschriften nicht genannt. Insoweit liegt eine von den Vertragsschließenden und dem Gesetzgeber bewußt getroffene Regelung vor, die der Senat auch im Wege einer korrigierenden Auslegung nicht abändern kann. {72}

Der Senat folgt auch den Darlegungen des Bundesgerichtshofes zum Nichtbestehen eines Strafverfolgungsverbots aus Art. 31 der Haager Landkriegsordnung[11]. Der Bundesgerichtshof hat dazu überzeugend ausgeführt, insoweit handele es sich um eine Sondernorm des *Kriegs*völkerrechts, die sich in ihren tatbestandlichen Voraussetzungen wie in ihren Rechtsfolgen vom vorliegenden Sachverhalt derart unterscheide, daß sich auch eine entsprechende Anwendung verbiete.

Der Gleichbehandlungsgrundsatz des Art. 3 GG verpflichtet den Gesetzgeber nicht, die ehemaligen Angehörigen der HVA straffrei zu stellen. Es kann ihm von Rechts wegen nicht verwehrt sein, die in seinem Rechtsgebiet von *jeher* bestehende Strafbarkeit eines bestimmten Verhaltens beim Beitritt eines anderen Staatsgebildes beizubehalten und dabei einen Wertunterschied zu machen zwischen der *für* die Bundesrepublik ausgeübten, nicht mit Strafe bedrohten Tätigkeit etwa des BND und den *gegen* die Bundesrepublik gerichteten Angriffen der HVA, die über die eigentliche Ausspähung hinaus auf Zersetzung und Destabilisierung deren politischen Systems angelegt war. Dies umso weniger, als im Einzelfall die Möglichkeit besteht und – unter Mitwirkung des Senats – weitestgehend genutzt wird, Verfahren nach den §§ 153 ff. StPO[12] einzustellen oder den veränderten politischen Verhältnissen nach dem Wegfall der Ost-West-Konfrontation durch Berücksichtigung bei der Strafzumessung ausreichend Rechnung zu tragen, wie es im vorliegenden Fall auch geschieht.

Angesichts der von jeher bestehenden Strafbarkeit einer gegen die Bundesrepublik ausgeübten Spionagetätigkeit kann entgegen der vom Angeklagten Rehbaum vertretenen Auffassung von einer gegen Art. 103 GG verstoßenden rückwirkenden Anwendung der §§ 93 ff. StGB keine Rede sein. Die Angeklagten Dr. Rösler und Rehbaum sind zwar selbst nur außerhalb der Bundesrepublik tätig geworden, jedoch müssen sie sich den von ihnen veranlaßten und zu vertretenden Tatbeitrag der Inoffiziellen Mitarbeiter, {73} Instrukteure und Kuriere in der Bundesrepublik als deren Mittäter nach § 25 Abs. 2 StGB zurechnen lassen. Gemäß § 9 Abs. 2 StGB war danach auch für sie die Bundesrepublik Tatort und bestand ihre Strafbarkeit nach §§ 93 ff. StGB bereits zu DDR-Zeiten.

E. [Strafzumessung]

Für die Strafzumessung sind folgende Erwägungen maßgebend:

I. [Besonders schwerer Fall des Landesverrats]

1. [Rainer Rupp]

Das von dem Angeklagten Rainer Rupp begangene Verbrechen des Landesverrats stellt sich in mehrfacher Hinsicht als besonders schwerer Fall gemäß § 94 Abs. 2 StGB dar: Einmal liegt der Regelfall des § 94 Abs. 2 Satz 2 Nr. 1 StGB vor, weil der Angeklagte die ihm als *Country Rapporteur* im Internationalen Stab der NATO mit Zugang zu geheimen Dokumenten anvertraute verantwortliche Stellung, die ihn zur Wahrung von Staatsgeheimnissen besonders verpflichtete, mißbraucht hat. Zum anderen hat der kontinuierliche, über den langen Zeitraum von 12 Jahren verübte Verrat für die äußere Sicherheit der Bundesrepublik die Gefahr eines besonders schweren Nachteils im Sinne des § 94 Abs. 2 Satz 2 Nr. 2 StGB herbeigeführt, verschaffte er doch dem Warschauer Pakt ein umfassendes, stets auf dem neuesten Stand befindliches Bild von den Stärken und Schwächen der NATO, was sich im Fall einer bewaffneten Auseinandersetzung mit dem Warschauer Pakt kriegsentscheidend hätte auswirken können.

2. [Rösler und Rehbaum]

Die gegen die Angeklagten Dr. Rösler und Rehbaum zu verhängenden Strafen sind dem Rahmen des § 94 Abs. 1 StGB – Freiheits-{74}strafen von einem Jahr bis zu 15 Jahren – zu entnehmen. Zwar liegt bei ihnen der gesetzliche Regelfall des § 94 Abs. 2 Nr. 2 StGB vor, weil sie – wie der Angeklagte Rupp – durch den Verrat die Gefahr eines besonders schweren Nachteils für die äußere Sicherheit der Bundesrepublik herbeigeführt haben.

Bei der erforderlichen Gesamtschau aller für die Strafzumessung bedeutsamen Umstände ergeben sich jedoch so viele strafmildernde Umstände, die die straferschwerenden bei weitem überwiegen, daß die indizielle Bedeutung des Regelbeispiels durch sie kompensiert wird (vgl. Dreher/Tröndle, StGB, 46. Aufl., § 46 Rdn. 44 m.w.N.).

Zwar wirken sich zu Lasten der Angeklagten der lange Zeitraum und die Qualität des von ihnen geführten Agenten Rainer Rupp sowie Wert und Umfang des von diesem gelieferten Verratsmaterials aus. Nicht unberücksichtigt bleiben kann auch, daß durch die Weitergabe der Unterlagen an das KGB die eingetretene Gefahr auch heute noch in gewisser Weise fortwirkt.

Dem steht aber eine große Anzahl von für die Angeklagten sprechenden Umstände entgegen: Die Angeklagten sind bislang unbestraft. In der Hauptverhandlung haben sie die ihnen zur Last gelegte Tat eingeräumt und sich zu ihrer Verantwortung bekannt. Sie haben sich an der nachrichtendienstlichen Ausspähung der Bundesrepublik im Rahmen der Rechtsordnung ihres damaligen Staates beteiligt, der sie ideologisch geprägt, ihnen ein Feindbild von der Bundesrepublik vermittelt hat und dem sie sich verpflichtet fühlten. Ihre Tätigkeit war aus der Sicht der DDR nicht nur nicht strafbar, sondern höchst verdienstvoll und wurde u.a. mit der Verleihung von Orden belohnt. Bei Befolgung des strikten Verbots, sich ins Operationsgebiet zu begeben, war ihre – vornehmlich am Schreibtisch ausgeübte – Tätigkeit für sie im Gegensatz zu der von ihnen gesteuerten IM ungefährlich. Eine Auslieferung an die „feindliche" Bundesrepublik brauchten sie nicht zu befürchten, hatten mithin auch keine Hemmschwelle zu überwinden. Insbesondere war für sie nicht vorhersehbar, daß die DDR untergehen werde und sie strafrechtlich verfolgt würden. {75}

Die Enttäuschung der Angeklagten darüber, daß es den Repräsentanten ihres früheren Staates nicht gelungen ist, eine Amnestie für frühere HVA-Angehörige und damit auch für sie auszuhandeln, ist nachvollziehbar. Die von ihnen mitverursachte Gefahr hat sich letztlich nicht zu einem Schaden für die Bundesrepublik entwickelt. Ihre nachrichtendienstliche Tätigkeit hat den Untergang der DDR nicht verhindern können, von deren Geheimdiensten keine Gefahr mehr ausgehen kann. Die von den Angeklagten geführten IM haben sich aus ideologischen Gründen zur Mitarbeit bereiterklärt. Versuche, sich aus der nachrichtendienstlichen Verstrickung zu lösen, sind nur von der Angeklagten Ann-Christine Rupp unternommen worden, ohne daß daraufhin auf sie Druck ausgeübt worden ist; die Einschränkung ihrer aktiven Mitarbeit ist sogar akzeptiert worden.

Die Angeklagten haben eine angesehene, gut dotierte Position verloren und ihre Versorgungsansprüche weitgehend eingebüßt. Sie sind aufgrund ihres Alters besonders strafempfindlich. Auch sie werden durch die ihnen auferlegten Verfahrenskosten zusätzlich belastet.

Schließlich muß auch den Angeklagten Dr. Rösler und Rehbaum zugute kommen, daß mit ihrem Mittäter Rupp der Verrat durch mangelhafte Kontrollen seitens der NATO erleichtert worden ist. Bei der Gesamtwertung hebt sich der vorliegende Fall mithin soweit von dem Durchschnitt der praktisch vorkommenden Fälle der Regelbeispiele des § 94 Abs. 2 Nr. 2 StGB ab, daß eine Anwendung des Regelstrafrahmens nicht in Betracht kommt.

3. [Ann-Christine Rupp]

Das Verhalten der Angeklagten Ann-Christine Rupp erfüllt nicht den Tatbestand einer Beihilfe zu einem besonders schweren Fall des Landesverrats. Dazu müßte die von ihr geleistete Unterstützungshandlung als solche als besonders schwerer Fall eingestuft werden können. Dies ist jedoch zu verneinen. Ihre Hilfeleistung bewegte sich nach Art und Intensität im unteren {76} Bereich denkbarer Beihilfehandlungen und war zudem maßgeblich auch von der Sorge um den Verlust ihres Ehemannes bestimmt. Die Strafe ist nach § 27 Abs. 2 Satz 2 StGB gemäß § 49 Abs. 1 StGB zu mildern, so daß ein Strafrahmen von drei Monaten bis 11 1/4 Jahren zur Verfügung steht.

II. [Strafzumessung im engeren Sinne]

Bei der Strafzumessung im engeren Sinne hat der Senat sich von folgenden Erwägungen leiten lassen:

1. [Rainer Rupp]

Zu Lasten des Angeklagten Rainer Rupp fällt namentlich ins Gewicht, daß er insgesamt 21 Jahre ein williger Mitarbeiter eines gefährlichen östlichen Nachrichtendienstes war. Die große Fülle der von ihm gelieferten Informationen, vor allem die von ihm übermittelten Finaldokumente des NATO-Streitkräfteplanungsverfahrens und das Dokument MC 161/88, aber auch die mehrere Aktenschränke füllenden Meldungen aus dem SITCEN machten ihn zu einer Spitzenquelle. Dies wird auch an dem von der HVA für ihn betriebenen Aufwand deutlich: regelmäßige Teilnahme auch des Abteilungsleiters an den Führungstreffs, Auswechselung des Instrukteurs „Kurt“ gegen Prof. „Heinz“ S. Einrichtung zusätzlicher Kurierverbindungen über die Eheleute P. und den Zeugen J., Zuwendung hoher Geldbeträge.

Bis auf die von ihm abgelehnte Charakterisierung von Kollegen und Vorgesetzten hat der Angeklagte Rainer Rupp alle Erwartungen seiner Führungsstelle erfüllt. Sein Verhalten zeugte von hoher krimineller Energie: Obwohl 1979 bei einer nächtlichen Kontrolle mit Verschlußsachen entdeckt, hat er auch weiterhin in großem Umfang Geheimdokumente nach draußen geschafft, um sie zu Hause zu fotografieren. Den Tatbestand des Landesverrats hat er kumulativ in beiden Spielarten des § 94 Abs. 2 StGB verwirklicht. Die Folgen dieser Tat sind wegen der Weiterleitung der Informationen an das KGB mit der Wiedervereinigung nicht {77} restlos beseitigt. Zudem muß sich Rainer Rupp vorwerfen lassen, daß er durch Ausspielen seiner intellektuellen Überlegenheit seine Frau der nachrichtendienstlichen Verstrickung zugeführt und sich später allen Bitten, mit der Agententätigkeit aufzuhören, mit dem Hinweis auf seine politische Überzeugung verschlossen hat.

Schließlich hat er die Straftatbestände der §§ 98, 99 StGB erfüllt, und zwar jeweils in Form eines besonders schweren Falles. Das folgt zum einem aus dem Mißbrauch seiner verantwortlichen, ihm zur Wahrung von Staatsgeheimnissen besonders verpflichtenden Stellung (§§ 99 Abs. 2 Satz 2 Nr. 1, 98 Abs. 1 Satz 2, 2. Halbsatz, 94 Abs. 2 Satz 2 Nr. 1 StGB), bei § 99 StGB auch aus der durch die Tat herbeigeführten Nachteils für die Bundesrepublik Deutschland (§ 99 Abs. 2 Satz 2 Nr. 2 StGB).

Auf der anderen Seite sprechen eine Reihe von Umständen für ihn: Er ist bislang unbestraft und hat – wenn man von seiner Verratstätigkeit absieht – ein arbeitsames und erfolgreiches Leben geführt. Seine Vorgesetzten schätzten ihn als tüchtigen und wertvollen Mitarbeiter. Zu seiner Verratstätigkeit ist er in jungen Jahren – er war 22 Jahre alt, als der auf seinen Werber „Kurt" traf – und unter geschickter Ausnutzung seiner Mentalität und politischen Ansichten gebracht worden. Die Übergabe zahlreicher und umfangreicher Geheimdokumente ist ihm auch dadurch erleichtert worden, daß die Sicherheitsvorkehrungen der NATO nicht sehr effizient waren; der Angeklagte ist in all den Jahren nur einmal kontrolliert worden.

Dem Angeklagten Rainer Rupp kann ferner zugute gehalten werden, daß es ihm auch darum ging, zum Abbau von Vorurteilen und Besorgnissen des Warschauer Paktes die Absichten der NATO transparent zu machen und damit zum Frieden beizutragen. Die Erstellung von Charakteristiken hat er stets abgelehnt und auch nicht des Geldes wegen für seine östlichen Auftraggeber gearbeitet. {78}

Neben der Freiheitsstrafe, die ihn auf lange Zeit von seiner Familie trennen wird, werden ihn auch die Belastung mit den Verfahrenskosten und der angeordnete Verfall empfindlich treffen. Mit dem Untergang der DDR ist zudem das östlichen Agenten in der Regel gegebene Versprechen, sie nach Enttarnung, Festnahme und Verurteilung im Wege des Austausches heimzuholen, gegenstandslos geworden.

In beträchtlichem Maße muß sich letztlich das umfassende Geständnis des Angeklagten auswirken. Der Angeklagte Rainer Rupp hat von Anfang an über seine nachrichtendienstliche Tätigkeit ausgesagt und – ohne sich selbst zu schonen – mit Kräften zur Aufklärung des Sachverhalts beigetragen. Seine Angaben gingen über die bereits vorliegenden Erkenntnisse weit hinaus. Nicht nur in seiner eigenen Sache, sondern zuvor schon als Zeuge in der Strafsache gegen den ehemaligen Leiter der HVA Markus Wolf hat sich Rainer Rupp zur Aufhellung des Sachverhaltes und Schadensbegrenzung bereit gefunden. Schließlich spricht auch das letzte Wort des Angeklagten, in dem er unter anderem die Gesellschaft um Verzeihung seines Fehlverhaltens gebeten hat, für Einsicht und echte Reue.

Nach Abwägung der vorgenannten Gesichtspunkte hält der Senat angesichts der in § 94 Abs. 1 Satz 1 StGB enthaltenen Strafandrohung – Freiheitsstrafe nicht unter fünf Jahren bis zu lebenslänglicher Freiheitsstrafe – die Verhängung einer lebenslänglichen Freiheitsstrafe nicht für angemessen, wobei vor allem ins Gewicht fällt, daß von den aufgelösten Nachrichtendiensten der untergegangenen DDR keine Gefahr mehr ausgeht und daß die Machtblöcke sich nicht mehr feindlich gegenüberstehen, so daß der Gedanke einer wirksamen Generalprävention nicht mehr in dem früher gebotenen Maße zur Anwendung kommen muß. Die danach zu verhängende zeitige Freiheitsstrafe muß im oberen Drittel des {79} Strafrahmens liegen, wird aber angesichts der bestehenden Milderungsgründe nach Auffassung des Senats mit

12 Jahren

den Zwecken staatlichen Strafens noch gerecht.

Auf diese Strafe wird gemäß § 51 StGB die erlittene Untersuchungshaft angerechnet.

2. [Rösler und Rehbaum]

Für jeden der beiden Angeklagten Dr. Rösler und Rehbaum hält der Senat unter nochmaliger Abwägung der unter E. I.2. dargestellten, für und gegen sie sprechenden Umstände eine Freiheitsstrafe von

2 Jahren

für angemessen und ausreichend.

Die Vollstreckung dieser Strafen kann gemäß § 56 Abs. 2 StGB zur Bewährung ausgesetzt werden. Den nicht vorbestraften Angeklagten, von denen die Gefahr einer geheimdienstlichen Betätigung nicht mehr ausgeht, kann eine günstige Sozialprognose gestellt werden. Die aufgeführten Strafmilderungsgründe sind in ihrer Gesamtheit nach Auffassung des Senats als besondere Umstände im Sinne des § 56 Abs. 2 StGB anzusehen.

3. [Ann-Christine Rupp]

Bei der Bemessung der zu verhängenden Strafe für die Angeklagte Ann-Christine Rupp fällt eine Reihe von Umständen zu ihren Gunsten ins Gewicht: Sie ist bisher unbestraft und hat ein geordnetes und arbeitsames Leben geführt. Auch war sie bei ihrer nachrichtendienstlichen Verstrickung mit 24 Jahren noch recht jung und in ihrer Persönlichkeit noch wenig gefestigt. Ihre Verpflichtung zur Zusammenarbeit mit der HVA wurde durch Zufälligkeiten begünstigt, die der Angeklagten nicht vorzu-{80}werfen sind: Ihrem Ehemann intellektuell unterlegen und politisch unerfahren hat sie dessen linksorientierte politische Einstellung gleichsam adoptiert. Ein Motiv zur nachrichtendienstlichen Mitarbeit war sicherlich die Liebe zu dem Angeklagten Rainer Rupp, der bereits nachrichtendienstlich verstrickt war. Für die Angeklagte spricht ferner, daß sie von Anfang an ein Geständnis abgelegt hat. Entscheidendes Gewicht kommt jedoch dem Umstand zu, daß sie sich mit fortschreitender politischer Emanzipation mehr und mehr aus dem Verratsgeschehen zurückgezogen und – wenn auch vergeblich – versucht hat, ihren Ehemann von der Fortführung seiner nachrichtendienstlichen Tätigkeit abzubringen. Ein meßbarer Schaden durch das von der Angeklagten gelieferte Material ist nicht entstanden. Zu berücksichtigen ist in diesem Zusammenhang auch, daß die Angeklagte in den kommenden Jahren für ihre Kinder die alleinige Bezugsperson darstellt. Da die Kinder mit Englisch als Muttersprache aufgewachsen sind, dürfte ihre Erziehung in Deutschland – zumindest in den Anfangsjahren – mit Anpassungs- und Eingewöhnungsschwierigkeiten verbunden sein, die die Angeklagte wird auffangen müssen. Durch den angeordneten Verfall wird die Angeklagte zusätzlich belastet.

Zu Lasten der Angeklagten muß sich allerdings die lange Dauer der nachrichtendienstlichen Tätigkeit von mehr als 17 Jahren auswirken, während der es zu einer Vielzahl von Treffs mit Instrukteuren und Führungsleuten gekommen ist. Auch fällt hier ins Gewicht, daß die Angeklagte die ihr als Sekretärin obliegende Verpflichtung zur Verschwiegenheit in hohem Maße verletzt und dabei das Vertrauen ihrer Vorgesetzten und ihrer Arbeitskollegen über viele Jahre mißbraucht hat. Das MfS erhielt durch die Angeklagte u.a. einen nahezu vollständigen Überblick über den Organisationsbereich der NICSMA. {81}

Unter Abwägung aller dieser Gesichtspunkte hält der Senat in Übereinstimmung mit den Vertretern der Bundesanwaltschaft eine Freiheitsstrafe von

1 Jahr und 10 Monaten

für noch tat- und schuldangemessen.

Die Vollstreckung dieser Strafe kann gemäß § 56 Abs. 2 StGB zur Bewährung ausgesetzt werden. Die Angeklagte ist nicht vorbestraft und lebt in geordneten Verhältnissen. Die Nachrichtendienste der DDR sind aufgelöst, so daß keine Wiederholungsgefahr besteht. Unter diesen Umständen kann erwartet werden, daß die Angeklagte sich schon die Verurteilung zur Warnung dienen lassen und künftig keine Straftaten mehr begehen wird. Besondere Umstände im Sinne des § 56 Abs. 2 StGB sind in der Art und Weise ihrer Verstrickung sowie darin zu sehen, daß die Angeklagte sich teilweise aus ihrer nachrichtendienstlichen Tätigkeit zurückgezogen hat. Dies läßt es als vertretbar erscheinen, ihr das weitere berufliche und private Leben durch eine Strafaussetzung zu erleichtern.

F. [Nebenentscheidungen]

I. [Aberkennung des aktiven und passiven Wahlrechts]

Der Senat hält es für angemessen, dem Angeklagten Rainer Rupp für die Dauer von fünf Jahren das Recht, in öffentlichen Angelegenheiten zu wählen und zu stimmen, nach den §§ 45 Abs. 5, 101 StGB abzuerkennen. Für die anderen Angeklagten ist eine solche Maßnahme nicht angezeigt. {82}

II. [Verfall des Agentenlohnes]

Die Anordnung des Verfalls beruht auf den §§ 73, 73a StGB. Den von Rainer Rupp erlangten reinen Agentenlohn von 530.000 DM hat der Senat nicht in voller Höhe, sondern nur in Höhe von 300.000 DM für verfallen erklärt; für den auch ihr zugeflossenen

Beitrag von 200.000 DM haftet die Angeklagte Ann-Christine Rupp als Gesamtschuldnerin (vgl. Leipziger Kommentar – Schäfer, 10. Aufl., § 73 StGB RdNr. 20). Der Beschränkung der Verfallsanordnung auf einen Betrag von insgesamt 300.000 DM liegt der Gedanke zugrunde, der Familie, insbesondere den Kindern, die nach dem zeitweiligen Ausfall des Vaters schwierige Lebensführung nicht noch weiter zu erschweren, zumal das Erlangte im Vermögen der Eheleute jedenfalls nicht mehr in vollem Umfang vorhanden sein dürfte (§ 73c Abs. 1 Satz 2 StGB). In der verbleibenden Höhe stellt der Verfall im Hinblick auf den für das Tervurener Haus erzielten Verkaufserlös eine unbillige Härte im Sinne des § 73c Abs. 1 Satz 2 StGB nicht dar.

Anmerkungen

1 Das Urteil unterlag zunächst dem Geheimschutz, der nach Auskunft des Generalbundesanwalts mittlerweile aufgehoben wurde.

2 Zu Wolf vgl. lfd. Nr. 1.

3 Vgl. Anhang S. 1022.

4 Vgl. Anhang S. 1024f.

5 Vgl. lfd. Nr. 2-2.

6 Vgl. lfd. Nr. 6-2.

7 Klaus Lippold und Dieter Popp wurden vom Generalbundesanwalt am 13.6.1991 – Az. 3 StE 8/91 - 2 – wegen Landesverrats angeklagt. Das OLG Düsseldorf verurteilte Popp zu einer Freiheitsstrafe von sechs Jahren und Lippold zu einer Freiheitsstrafe von zwei Jahren, die auf Bewährung ausgesetzt wurde. Der Bundesgerichtshof verwarf am 22.7.1992 bzw. am 24.9.1993 – jeweiliges Az. 3 StR 199/92 – die Revisionen der Angeklagten als unbegründet. Das Bundesverfassungsgericht hob auf die Verfassungsbeschwerde von Lippold hin am 15.5.1995 – Az. 2 BvL 19/91 u.a. – (= lfd. Nr. 2-4) die Verurteilung auf. Im Anschluss daran nahm der Generalbundesanwalt die Anklage gegen Lippold zurück und stellte das Verfahren ein. Die Verfassungsbeschwerde von Popp wurde vom Bundesverfassungsgericht durch Beschluss vom 23.5.1995 – Az. 2 BvR 1404/92 – nicht zur Entscheidung angenommen. Die von Popp erhobene Beschwerde zum Europäischen Gerichtshof für Menschenrechte hatte ebenfalls keinen Erfolg (vgl. Beschluss vom 25.2.2000 – Az. 29357/95 – (= lfd. Nr. 11-2). Popp wurde am 11.5.1994 nach Verbüßung von zwei Dritteln seiner Strafe aus der Haft entlassen.

8 Vgl. lfd. Nr. 1-1.

9 Vgl. lfd. Nr. 11-1.

10 Vgl. lfd. Nr. 3-2.

11 Vgl. Anhang S. 1020.

12 Vgl. Anhang S. 1026ff.

Lfd. Nr. 11

Spionage beim Bundesnachrichtendienst
– Der Fall Gast –

Inhaltsverzeichnis
Erstinstanzliches Urteil des Bayerischen Obersten Landesgerichts vom 19.12.1991, Az. 3 St 8/91 a-d und 3 BJs 437/90 - 1

Bayerisches Oberstes Landesgericht 19. Dezember 1991
Az.: 3 St 8/91 a-d; 3 BJs 437/90 - 1

URTEIL[1]

Im Namen des Volkes

Der 3. Strafsenat des Bayerischen Obersten Landesgerichts hat in dem Strafverfahren gegen

a) Dr. Gast, Gabriele

b) M., Lothar Werner

c) Schneider, Karl-Heinz

d) Stephan, Karlheinz

wegen geheimdienstlicher Agententätigkeit

in der öffentlichen Sitzung vom 19. Dezember 1991, aufgrund der öffentlichen Hauptverhandlung vom 25., 26., 27. und 28. November 1991 sowie vom 3., 4., 5., 9., 10., 11., 12. und 19. Dezember 1991, an der teilgenommen haben {2}

⊗ Es folgt die Nennung der Verfahrensbeteiligten. ⊗ {3}

für Recht erkannt:

I. Die Angeklagten
Dr. Gast, Gabriele,
geb. 1943 in R., deutsche Staatsangehörige, ledig, Regierungsdirektorin, z.Zt. in dieser Sache in Untersuchungshaft in der Justizvollzugsanstalt München-Neudeck,
M., Lothar Werner,
geb. 1937, deutscher Staatsangehöriger, verheiratet, Laborant,
Schneider, Karl-Heinz,
geb. 1934 in P., deutscher Staatsangehöriger, ledig, Kfz-Meister,
und
Stephan, Karlheinz,
geb. 1940 in P., deutscher Staatsangehöriger, verheiratet, Lagerarbeiter,
sind der geheimdienstlichen Agententätigkeit schuldig. {4}

II. Es werden deswegen verurteilt
die Angeklagte Dr. Gast zu einer Freiheitsstrafe von sechs Jahren neun Monaten,
der Angeklagte M. zu einer Freiheitsstrafe von zwei Jahren,
der Angeklagte Schneider zu einer Freiheitsstrafe von einem Jahr sechs Monaten
und
der Angeklagte Stephan zu einer Freiheitsstrafe von einem Jahr.

III. Die Vollstreckung der gegen die Angeklagten M., Schneider und Stephan erkannten Freiheitsstrafen wird zur Bewährung ausgesetzt.
IV. Der Angeklagten Dr. Gast werden für die Dauer von vier Jahren die Fähigkeit, öffentliche Ämter zu bekleiden und Rechte aus öffentlichen Wahlen zu erlangen, sowie das Recht, in öffentlichen Angelegenheiten zu wählen oder zu stimmen, aberkannt.
V. Die Angeklagten tragen die Kosten des Verfahrens. {5}

Angewendete Vorschriften:
Bei der Angeklagten Dr. Gast
§ 99 Abs. 1 Nr. 1 und Abs. 2, § 25 Abs. 2, § 45 Abs. 2 und 5, § 101 StGB;
bei den Angeklagten M. und Schneider
§ 99 Abs. 1 Nr. 1, § 25 Abs. 2, § 56 Abs. 1 und 2 StGB;
bei dem Angeklagten Stephan
§ 99 Abs. 1 Nr. 1, § 25 Abs. 2, § 56 Abs. 1 StGB. {6}

Gründe

I. Die persönlichen Verhältnisse der Angeklagten

1. Die Angeklagte Dr. Gabriele Gast wurde 1943 in R. als jüngstes Kind des Fahrlehrers A. Gast und dessen Ehefrau I. geboren. Sie wuchs behütet im Elternhaus zusammen mit einem Bruder und einer Schwester auf. Ihr Vater ist verstorben, mit ihrer Mutter und ihrem Bruder hat sie noch sehr enge Verbindungen.

Die Angeklagte besuchte in R. die Grundschule und ein neusprachliches Mädchengymnasium mit angeschlossener Frauenoberschule, wo sie im März 1962 das Fachabitur bestand. Nach einem Zusatzkurs in Mathematik erreichte sie die allgemeine Hochschulreife. Anschließend unterzog sie sich der Ausbildung für das Lehramt an berufsbildenden Schulen und studierte an der Technischen Hochschule in Aachen Lebensmittelchemie und politische Wissenschaften. 1967 legte Dr. Gast das erste Staatsexamen für das Gewerbelehramt ab, erweiterte dann ihr Studium der politischen Wissenschaften an der Technischen Hochschule in Aachen und promovierte in diesem Fachgebiet im Mai 1972 zum Dr. phil. Nach ihrer Promotion war Dr. Gast als Politologin für ein Jahr am Forschungsinstitut für Sicherheit und {7} internationale Fragen e.V. in München tätig. Hier wurde sie am 1.11.1973 vom Bundesnachrichtendienst übernommen, wo sie den Rang einer Regierungsdirektorin erreichte.

Im November 1987 bezog Dr. Gast bei M. ein Reihenhaus, ⊗ es folgen Angaben zu den finanziellen Verhältnissen der Angeklagten. ⊗

Dr. Gast ist unverheiratet. Im Juli 1980 nahm sie das damals fünfjährige Kind S. zur Pflege in ihrem Haushalt auf und ließ auf S. ihren eigenen Familiennamen übertragen. S. ist spastisch gelähmt. Die Angeklagte lernte das Kind kennen, als es bei ihrer Schwester in Adoptionspflege war. Nachdem sich ihre Schwester entschieden hatte, S. nicht als Kind anzunehmen, nahm es Dr. Gast bei sich auf, um ihm das Aufwachsen in einem Heim zu ersparen; kurz zuvor wurde sie sich auch sicher, daß sie nicht heiraten und auf leibliche Kinder verzichten werde.

Dr. Gast – wie auch die übrigen drei Angeklagten – mußte sich bisher noch nicht vor einem Strafgericht verantworten. In vorliegender Sache wurde sie am 30.9.1990 vorläufig festgenommen und befindet sich seit dem 1.10.1990 in Untersuchungshaft aufgrund des Haftbefehls des Ermittlungsrichters des Bundesgerichtshofs vom selben Tage. Infolge des im Haftbefehl festgestellten Sachverhalts wurde gegen die Angeklagte am 22.11.1990 ein förmliches Disziplinarverfahren eingeleitet; zugleich wurde sie mit sofortiger {8} Wirkung vorläufig des Dienstes enthoben; 30% der Dienstbezüge werden wegen der Schwere des Dr. Gast zur Last gelegten Dienstvergehens einbehalten.

2. Lothar Werner M. wurde 1937 in M. geboren. Er verließ M. nie für längere Zeit. Hier besuchte er 8 Jahre die Volksschule, 1 Jahr die Handelsschule und 3 1/2 Jahre die Berufsschule für Laboranten und Drogisten. Seine Lehre als Chemielaborant begann er im September 1952 bei einer Forschungs- und Materialprüfstelle für Mineralöle und Teere; sein Lehrbetrieb übernahm ihn nach Abschluß der Ausbildung im März 1956 als Chemielaboranten. An diesem Arbeitsplatz blieb er, von der Zeit seines Wehrdienstes vom April 1957 bis zum März 1958 abgesehen, bis zum Oktober 1990. Zuletzt verdiente er dort 3.000 DM netto im Monat. Nach Einleitung des vorliegenden Verfahrens mußte er den Arbeitsplatz wechseln. ⊗ Es folgen Angaben zu den finanziellen Verhältnissen des Angeklagten. ⊗

M. ist seit 1966 verheiratet. Seine Ehefrau versorgt den Haushalt und übt darüber hinaus keinen Beruf aus. Die Eheleute haben eine jetzt 22 Jahre alte Tochter, die im elterlichen Haushalt lebt und als Lehrerin für Handarbeit und Hauswirtschaft ausgebildet wird. {9}

M. wurde am 18.10.1990 vorläufig festgenommen. Am 19.10.1990 kam er in Untersuchungshaft aufgrund des Haftbefehls des Ermittlungsrichters des Bundesgerichtshofs vom selben Tage. Die Untersuchungshaft des Angeklagten M. endete am 24.10.1990, nachdem der gegen ihn erlassene Haftbefehl außer Vollzug gesetzt worden war.

3. Der unverheiratete Angeklagte Karl-Heinz Schneider wurde 1934 in P. geboren. In seinem Geburtsort wuchs er zusammen mit seiner Schwester im Elternhaus auf, wo er jetzt noch mit der Schwester und deren Ehemann wohnt.

Nach dem Besuch der Volksschule lernte er den Beruf eines Autoschlossers. Er ist ausgebildeter Kraftfahrzeugmeister. In seinem erlernten Beruf arbeitete er bis 1967. Danach war er hauptamtlicher Mitarbeiter des DDR-Ministeriums für Staatssicherheit (MfS) bis zu dessen Auflösung im März 1990. ⊗ Es folgen Angaben zu den finanziellen Verhältnissen des Angeklagten, darunter der Hinweis, dass „sein Versorgungsanspruch aus der Tätigkeit für das MfS erloschen [ist]". ⊗ Für seinen nichtehelichen Sohn, der nach Erinnerung des Angeklagten jetzt über 20 Jahre ist, und mit dem er nur „lose" Verbindungen hat, zahlt er keinen Unterhalt.

4. Karlheinz Stephan wurde 1940 ebenfalls in P. geboren. Nach dem Besuch der Grund- und Oberschule studierte er an der Friedrich-Schiller-Universität in Jena Slawistik und Romanistik und war anschließend bis 1968 [als] Lehrer für Russisch und Französisch an der Ernst-Thälmann-Oberschule in Plauen tätig. Von 1968 bis zum 30. März 1990 war er hauptamtlicher Mitarbeiter des MfS. ⊗ Es folgen Angaben zu den finanziellen Verhältnissen des Angeklagten. ⊗

Aus der 1960 geschlossenen ersten Ehe stammt der am 1961 geborene Sohn F. Nach der 1969 erfolgten Scheidung heiratete Stephan 1971 seine nunmehrige Ehefrau E., die eine 13jährige Tochter mit in die Ehe brachte. ⊗ Es folgen weitere Angaben zu den finanziellen Verhältnissen des Angeklagten. ⊗

5. Die Feststellungen zu den persönlichen Verhältnissen beruhen auf den Angaben der vier Angeklagten sowie auf den Auskünften des Zentralregisters und des Erziehungsregisters in Berlin. {11}

II. Die nachrichtendienstlichen Tätigkeiten der Angeklagten

1. Anbahnung und nachrichtendienstliche Verstrickung von Dr. Gast

Im Frühjahr 1968 besuchte die Angeklagte Dr. Gast für eine Woche Chemnitz (Karl-Marx-Stadt), um auf Anregung ihres Doktorvaters Prof. Klaus Mehnert Material für ihre Dissertation „Die politische Rolle der Frau in der DDR“ zu sammeln.

Durch Vermittlung von Verwandten, bei denen sie in Karl-Marx-Stadt wohnte, erhielt die Angeklagte Gelegenheit zu einem Gespräch mit Vertreterinnen des „Demokratischen Frauenbundes Deutschland“. Bei dem Gespräch war auch Gerhard Müller, ein Mitarbeiter der DDR-Gewerkschaft (FDGB) anwesend, was Dr. Gast erstaunte, weil sie nur an ein Gespräch mit Frauen gedacht hatte; die Angeklagte blieb aber arglos, weil Müller Sachkunde bewies.

Müller war zugleich, was Dr. Gast erst Monate später erfuhr, für die Hauptverwaltung Aufklärung (HVA) in der operativen Außengruppe (OAG) der Abteilung XV (Auslandsaufklärung) der MfS-{12}Bezirksverwaltung Karl-Marx-Stadt tätig. Müller hatte für das MfS die Aufgabe, Dr. Gast bei ihrem Gespräch mit Vertreterinnen des Frauenbundes zu beobachten.

In Begleitung von Müller war der Angeklagte Schneider, der ebenfalls in der OAG Karl-Marx-Stadt tätig war. Schneider hatte bereits Anfang der sechziger Jahre für die HVA Kurierdienste übernommen, weil er als MfS-Grenzgänger leichter seinen Vater in Oberfranken besuchen konnte, der in den fünfziger Jahren vom Vogtland in seine Heimat in Oberfranken übergesiedelt war. Schneider wurde 1964 inoffizieller Mitarbeiter des MfS und [war] von 1967 bis zur Auflösung des MfS Ende März 1990 Offizier im besonderen Einsatz (OibE), zuletzt im Rang eines Majors. Unter dem Decknamen „Schmitt“ war Schneider bei der OAG als Ausbilder und Techniker tätig und übernahm weiter Kurierdienste. Bei dem Gespräch der Angeklagten Dr. Gast mit Vertreterinnen des Frauenbundes war Schneider anwesend, weil er nach dem Gespräch Müller nach Dresden fahren sollte.

Dr. Gast erfuhr von der geplanten Fahrt. Weil sie sich Dresden anschauen wollte, fragte sie Müller und Schneider, ob sie mitkommen dürfe. Es wurde ihr erlaubt. Nach der Rückkehr aus Dresden lud Dr. Gast am Abend des gleichen Tages zum Dank Müller und Schneider in die Kosmos-Bar in Karl-Marx-Stadt ein. Dr. Gast und Schneider lernten sich hier näher kennen. Weil sie sich sympathisch fanden, vereinbarten sie ein Wiedersehen. {13}

Im Spätsommer 1968 kam Dr. Gast für 2 bis 3 Wochen nach Karl-Marx-Stadt zurück, um ihre Materialsammlung für die Doktorarbeit zu beenden und um sich mit Schneider zu treffen. Zwischen beiden entwickelte sich nun eine intime Beziehung. Schneider behielt seine MfS-Legende „Schmitt“, geboren an einem 24. November. Erst nach ihrer Festnahme erfuhr Dr. Gast den wirklichen Namen und den tatsächlichen Geburtstag des Angeklagten Schneider, geboren am 24. Dezember 1934. Im Spätsommer 1968 besuchte Dr. Gast Schneider auch in einem Appartement in Karl-Marx-Stadt, das Schneider als seine Wohnung ausgab. Tatsächlich gehörte es dem MfS, das es als konspirative Wohnung benutzte, aber Schneider überließ, wenn er in Karl-Marx-Stadt übernachtete.

Dr. Gast bemerkte weiterhin nicht die Verbindung zwischen Schneider und dem MfS. Schneider hatte sich auch nicht im Auftrag des MfS der Angeklagten genähert. Er fühlte sich aber dienstlich verpflichtet, den erneuten Aufenthalt von Dr. Gast in Karl-Marx-Stadt, deren Besuche im MfS-Appartement und die Aufnahme intimer Beziehungen dem mit ihm befreundeten Gotthard Schramm, dem inzwischen verstorbenen stellvertretenden Leiter der Abteilung XV der MfS-Bezirksverwaltung Karl-Marx-Stadt, zu melden, der die Meldung Egon Lorenz weitergab. Lorenz war von 1952 bis zu seinem Tode 1989 Leiter der Abteilung XV in Karl-Marx-Stadt. Schneider wurden von der Abteilungsleitung Vorwürfe gemacht, weil er ohne Auftrag sich mit Dr. Gast befreundet {14} hatte. Schramm aber sagte sogleich nach der Meldung zu Schneider, „mal sehen", ob man Dr. Gast nicht nachrichtendienstlich „fest einbinden" könne.

Weil Dr. Gast von sich aus keine Möglichkeit sah, zum dritten Mal eine Besuchserlaubnis für Karl-Marx-Stadt zu erhalten, Dr. Gast und Schneider aber sich wiedersehen wollten, schlug Schneider der Angeklagten Dr. Gast vor, sie solle über Westberlin nach Ostberlin einreisen, wo man sich treffen werde. Dr. Gast war einverstanden, zumal sie für ihre Promotionsarbeit das Archiv des Gesamtdeutschen Instituts in Westberlin aufsuchen wollte.

Ende 1968/Anfang 1969 kamen – wie verabredet – Dr. Gast und Schneider nach Ostberlin. Ungeachtet seiner persönlichen Beziehung zu Dr. Gast war für Schneider diese Fahrt, wie auch alle späteren Zusammentreffen mit Dr. Gast, eine vom MfS bewilligte und genau festgelegte Dienstreise mit Kostenerstattung.

Schneider lud Dr. Gast in Ostberlin in das Hotel „Unter den Linden" ein, wo Schramm wartete. Schramm war vom MfS beauftragt, Schneider nach Ostberlin zu begleiten und Dr. Gast zu überprüfen, ob sie für das MfS nachrichtendienstlich verwendet werden könne. Schneider stellte Dr. Gast seinen Freund und Vorgesetzten Gotthard Schramm vor. Schramm übernahm die Gesprächsführung und eröffnete nach kurzer Zeit Dr. Gast, daß er und Schneider Mitarbeiter des MfS wären. {15}

Dr. Gast schwieg betroffen. Schramm fragte sodann Dr. Gast, ob sie bereit sei, „ein bißchen" mit dem MfS „mitzuarbeiten". Dr. Gast zögerte kurz. Schramm und auch Schneider gaben daraufhin zu erkennen, die Angeklagte selbst könne es durch ihre Mitarbeit ermöglichen, weiterhin mit Schneider zusammenzutreffen. Da sagte sie zu. Eine förmliche Verpflichtung für das MfS erfolgte zu keinem Zeitpunkt. Die Angeklagte war sich bewußt, welches Risiko sie einging, für einen Geheimdienst der DDR tätig zu werden. Für ihre gesamte Mitarbeit für das MfS beanspruchte und erhielt sie weder Entgelt noch Erstattung der Unkosten.

2. *Nachrichtendienstliche Schulung und Ausstattung von Dr. Gast*

Nachdem sich Dr. Gast bereiterklärt hatte, für das MfS zu arbeiten, erhielt sie einen total gefälschten Reisepaß der Bundesrepublik Deutschland mit ihrem Lichtbild, dazu eine schwarze Damenhandtasche mit einem Geheimfach, in dem der Paß versteckt werden konnte. Einige Jahre später händigte ihr Schneider einen zweiten gefälschten Reisepaß aus. Beide Fälschungen waren auf den Vornamen „Gisela“ ausgestellt, der der MfS-Deckname von Dr. Gast wurde.

Dr. Gast reiste bis zum Frühjahr 1973 alle zwei bis drei Monate, pro Jahr mindestens fünfmal, unter Benutzung eines der gefälschten Reisepässe nach Westberlin und über den Bahnhof Friedrichstraße nach Ostberlin, wo sie Schneider abholte {16} und zu einem MfS-Gästehaus in Karl-Marx-Stadt oder anderswo in der DDR brachte. Bei einem dieser Besuche organisierte das MfS im Sommer 1970 in Jößnitz (Vogtland) eine Verlobungsfeier zwischen Dr. Gast und Schneider, bei der auch Schramm teilnahm, der auf Kassette gesprochene Glückwünsche von Lorenz überbrachte. Dr. Gast wurde bald in die Freundschaft zwischen Schramm und Schneider einbezogen. Auch zu Lorenz entwickelte sich ab 1971 eine freundschaftliche Beziehung, wobei Dr. Gast in Lorenz eine Autoritätsperson sah, die alle Fäden ihrer Verstrickung mit dem MfS in der Hand hielt.

Die zahlreichen Reisen von Dr. Gast in die DDR und alle späteren Treffs dienten neben der Aufrechterhaltung und Festigung der persönlichen Beziehung mit Schneider auch der nachrichtendienstlichen Befragung und Informierung, der nachrichtendienstlichen Schulung und Ausstattung unter Leitung von Schramm und in Anwesenheit von Schneider sowie unter Hinzuziehung weiterer Mitarbeiter des MfS.

1969 wurde Dr. Gast zuerst über Verhaltensmaßregeln bei konspirativen Treffs unterrichtet (Aufnahme von Sichtkontakten; Überprüfung, ob observiert wird; Haupttreff eine Stunde später am gleichen Ort). Dann wurde sie in den einseitigen, auf Empfang eingerichteten A 3-Agentenfunk und in das Entschlüsseln der im Kurzwellenbereich gesendeten Zahlengruppen eingewiesen, wobei sie hierzu schriftliches, von Fall zu Fall auszuwechselndes Schlüsselmaterial erhielt. Als {17} Sendezeiten der für sie bestimmten Mitteilungen wurde jeder Dienstag 21.00 Uhr, mit Wiederholung um 23.00 Uhr, festgelegt; ab 1975 kam als weiterer Wiederholungstermin der Mittwoch mit den gleichen Rufzeiten hinzu. Für den Empfang des A 3-Agentenfunks kaufte sich die Angeklagte in Aachen auf eigene Kosten einen Kofferradio mit gespreiztem Kurzwellenband der Marke Grundig, Typ Ocean Boy. Sie empfing damit bis zum Ende ihrer Agententätigkeit neben persönlichen Grüßen von Schneider vor allem nachrichtendienstliche Meldungen, meist Einzelanordnungen zu einem neuen Treff.

Um ihrerseits Nachrichten an das MfS schicken zu können, bekam Dr. Gast eine Deckadresse in Karl-Marx-Stadt, wohin sie mit Geheimschrift ihre Informationen richtete. Als Geheimschreibmittel erhielt sie 1972 ein buntgemustertes präpariertes Seidentuch, das zur Erstellung der Geheimschrift wie ein Durchschlagpapier benutzt wurde. Nach einigen Jahren wurde das Tuch gewechselt.

1981 warf es die Angeklagte in den Abfall, nachdem ihr ein Füllfederhalter mit farbloser Flüssigkeit ausgehändigt worden war, mit dem man mit unsichtbarer Schrift auf unverfänglich sichtbarem Text schreiben konnte. Diesen Füller warf Dr. Gast 1985 weg, weil sie einen Stabilo-Bleistift mit auswechselbaren Minen erhalten hatte, die eine für das Geheimschreibverfahren geeignete chemische Substanz enthielten. 1987 übergab ihr Schneider einen zweiten Stabilo-Bleistift mit Geheimschreibminen. Die anderen Geheimschreibmittel hatte sie von Lorenz erhalten. Den {18} von Schneider ausgehändigten Stabilo-Stift gebrauchte Dr. Gast überhaupt nicht, mit dem anderen schrieb sie zwei Briefe. Die Tücher und den Füllfederhalter wandte sie einige Male für nachrichtendienstliche Mitteilungen an, insbesondere für Treffabreden.

Zum Fotografieren von Dokumenten bekam Dr. Gast von Lorenz 1972 in Karl-Marx-Stadt eine Kleinbild-Spiegelreflexkamera Olympus PEN-FT. Ein Techniker des MfS unterwies sie in deren nachrichtendienstlichem Gebrauch. Weil der Filmtransport der Olympuskamera nicht mehr ging, kaufte sich Dr. Gast auf eigene Kosten 1985 in Hongkong eine Kleinbild-Spiegelreflexkamera Pentax ME SUPER. Mit beiden Kameras fotografierte die Angeklagte Verratsmaterial. Sie verwendete Schwarz-Weiß-Negativfilme Agfapan 25 zu je 36 Aufnahmen, die sie bis 1984 auf eigene Kosten in München kaufte; danach wurden die Filme von dem Angeklagten M. geliefert. Bis 1979 entwickelte Dr. Gast die Filme selbst; auch die Entwicklungsutensilien erwarb sie mit eigenem Geld.

Zur nachrichtendienstlichen Ausstattung erhielt die Angeklagte Dr. Gast unverfänglich aussehende Behältnisse mit Geheimfächern für die gefälschten Ausweise, für die Schlüsselunterlagen zur Dechiffrierung der empfangenen Agentenfunk-Nachrichten und für den Transport von Verratsmaterial. Die schwarze Damenhandtasche mit dem gefälschten Reisepaß, die sie nach ihrer Zusage, für das MfS zu arbeiten, ausgehändigt bekommen hatte, wurde 1972 durch ein rotes Schminkköffer-{19}chen ersetzt, das sie 1976 mit Inhalt, nach einer durch Agentenfunk übermittelten Warnung, vernichtete. Bei einem Treffen außerhalb der DDR übergab ihr der Angeklagte Schneider 1977 eine mittelbraune Damenledertasche und 1981 eine dunkelbraune Lederaktentasche, in der 10 bis 12 DIN A 4-Blätter versteckt werden konnten. 1978 brachte ihr Schneider noch eine mittelbraune Schreibmappe, in der ein Falschausweis eingeschweißt war, den sie bei einer möglichen Flucht benutzen sollte.

3. *Erster Auftrag des MfS*

Nachdem sich die Angeklagte Dr. Gast gegenüber dem MfS bereit erklärt hatte, geheimdienstlich tätig zu werden, berieten Schramm, Schneider und Dr. Gast gemeinsam 1969 bei mehreren Treffs in der DDR, wie die Angeklagte eingesetzt werden könne. Dabei wurde auch über die Kommilitonen der Angeklagten gesprochen und sie erwähnte den Bundeswehroffizier von Sch. Klaus von Sch. war aktiver Offizier und arbeitete daneben – wie Dr. Gast – am Institut für politische Wissenschaften an der Technischen Hochschule in Aachen. Dr. Gast und von Sch. hatten als gemeinsamen Doktorvater Prof. Klaus Mehnert. Die Angeklagte kannte auch die Familie von Sch. Zwischen ihnen bestand ein lockerer freundschaftlicher Kontakt; Dr. Gast gab sich auch gerne mit den kleinen Kindern des Ehepaars von Sch. ab und behütete sie abends, wenn die Eltern ausgegangen waren. {20}

Dr. Gast wurde von Schramm aufgefordert, ihre Kontakte zu Klaus von Sch. zum Nutzen des MfS zu intensivieren. Ohne den Bedenken nachzugehen, Bekannte und Freunde in ihre eigene Verstrickung mit dem MfS einzubeziehen, sagte die Angeklagte zu, um sich auch in Zukunft mit Schneider treffen zu können. Sie nahm deshalb ohne zu zögern bei Frau von Sch., damals noch Studienreferendarin, ab Sommer 1969 in Aachen für ein bis zwei Stunden in der Woche Privatunterricht in Französisch, wodurch für das MfS der Zugang zu Klaus von Sch. erleichtert werden sollte.

Ebenfalls im Sommer 1969 wurde Dr. Gast in Karl-Marx-Stadt der Zeuge Dr. Schmidt vorgestellt, den sie an Klaus von Sch. heranzubringen hatte. Bei der Vorstellung waren neben Schramm und Schneider auch Horst Martin, ein weiterer Offizier des MfS, anwesend.

Der Zeuge Dr. Schmidt war seit 1954 inoffizieller Mitarbeiter des MfS. Im Juni 1969 erhielt er vom MfS den Auftrag, für einige Tage nach Köln zu reisen, um sich zu „akklimatisieren“. Er führte den Auftrag aus und wurde einige Wochen später Dr. Gast vorgestellt. Bei seinen Reisen in die Bundesrepublik Deutschland benutzte Dr. Schmidt verschiedene Falschausweise. Schon bei der Vorstellung gewann Dr. Schmidt den Eindruck, daß Dr. Gast „motiviert“ und „voller Tatendrang“ war, für das MfS zu arbeiten. Ab dem zweiten Treffen mit Dr. Gast und Schneider wurde ihm ferner bewußt, daß zwischen Dr. Gast und {21} Schneider eine über Freundschaft hinausgehende enge Beziehung bestand. Dr. Schmidt war es auch, der im Auftrag des MfS in der Bundesrepublik 1970 die Ringe für die Verlobung von Dr. Gast und Schneider kaufte.

Schon eine Woche nach ihrem Kennenlernen in Karl-Marx-Stadt trafen sich Dr. Gast und Dr. Schmidt unter Einhaltung konspirativer Regeln in Köln. Dr. Schmidt brachte für Dr. Gast, wie meist auch später, ein persönliches Schreiben des Angeklagten Schneider mit; umgekehrt händigte ihm Dr. Gast regelmäßig einen Brief für Schneider aus.

In Aachen vermittelte Dr. Gast zwei Besuche von Dr. Schmidt bei Klaus von Sch. in dessen Familienwohnung und einen Besuch in der Kaserne. Dr. Gast und Dr. Schmidt trafen das Ehepaar von Sch. auch einmal 1970 bei einer Aachener Karnevalsveranstaltung. Der letzte Besuch von Dr. Schmidt bei Klaus von Sch. war im März 1970 in D., wohin die Familie von Sch. inzwischen gezogen war.

Dr. Schmidt gab sich gegenüber Klaus von Sch. und dessen Familie als Dr. Eberhard Schreiner aus, der in der Bundesrepublik kaufmännisch tätig sei. Zwischen Dr. Gast und Dr. Scmidt war vereinbart, als gute Bekannte aufzutreten, zwischen denen sich ein Liebesverhältnis entwik-{22}kelt. Die Zeugin von Sch. gewann deshalb beim letzten Besuch im März 1970 den Eindruck, daß die Angeklagte den Zeugen Dr. Schmidt „sehr mochte“.

Nach dem letzten Besuch vom März 1970 kamen in Karl-Marx-Stadt die Angeklagten Dr. Gast und Schneider sowie Dr. Schmidt, Schramm und Martin bei einer gemeinsamen Erörterung übereinstimmend zu dem Ergebnis, daß man weitere Kontaktversuche des MfS zu Klaus von Sch. abbrechen sollte. Daraufhin trat das MfS nicht weiter an von Sch. heran.

Ob es sich bei dem ersten MfS-Auftrag für Dr. Gast aus Sicht von Schramm, Lorenz und Martin um eine Personenabklärung, um einen Anbahnungsversuch zur Gewinnung eines neuen Agenten oder nur um einen Probeauftrag für Dr. Gast und für Dr. Schmidt gehandelt hat, ist nicht feststellbar.

4. *Forschungsinstitut für Sicherheit und internationale Fragen e.V.*

Als sich 1970 die Angeklagten Dr. Gast und Schneider verlobten, dachte Dr. Gast daran, nach dem Abschluß ihres Studiums zu Schneider nach Plauen zu ziehen. Schneider überlegte aber auch mit Dr. Gast, ob er nicht in die Bundesrepublik Deutschland kommen könne. {23}

Nach dem Abschluß ihrer Promotion mit dem Rigorosum im Mai 1972 entschied sich Dr. Gast, nicht in die DDR umzusiedeln. Ein Daueraufenthalt in der DDR hätte die Verbindung zu ihrer in der Bundesrepublik lebenden elterlichen Familie erschwert, was die Angeklagte nicht wünschte. Sie wollte auch als Politologin arbeiten, was ihr nur in der Bundesrepublik möglich erschien. Sie war sich bewußt, daß ihre MfS-Verstrickung sich gegen jeden ihrer möglichen Arbeitgeber in der Bundesrepublik richten könne. Dr. Gast unterstand auch dem Einfluß von Gotthard Schramm, der ihr riet, doch in der Bundesrepublik Deutschland einen Arbeitsplatz zu suchen, und ihr eine Tätigkeit im Auswärtigen Amt empfahl. Dort bewarb sich Dr. Gast auch, jedoch ohne Erfolg. Ebenso erfolglos blieben Bewerbungen bei der Konrad-Adenauer-Stiftung wie auch bei anderen, der CDU nahestehenden Institutionen und bei Bundestagsabgeordneten der CDU. Dr. Gast selbst war seit 1965 CDU-Mitglied, wo sie in der Frauenvereinigung aktiv mitgearbeitet hatte. Schließlich wurde sie auf Empfehlung von Prof. Mehnert und des Geschäftsführers der Konrad-Adenauer-Stiftung, eines früheren Studienkollegen der Angeklagten aus Aachen, mit Wirkung ab 17.7.1972 im Forschungsinstitut für Sicherheit und internationale Fragen e.V. in München eingestellt.

Getragen wurde das Forschungsinstitut von der Hanns-Seidel-Stiftung und von der Konrad-Adenauer-Stiftung. Es befaßte sich mit Fragen der Außen- und Sicherheitspolitik der Bundesrepublik Deutschland sowie mit Fragen der inneren Sicher-{24}heit. Dr. Gast gab bei ihrer Bewerbung als Referenzperson u.a. den Bundeswehroffizier Klaus von Sch. an. Die Angeklagte unterzog sich einer Sicherheitsüberprüfung und beteuerte vor Antritt ihrer Arbeit ausdrücklich, daß ihre Beschäftigung kein Sicherheitsrisiko darstelle. Sie arbeitete vorrangig und leitend in der „Sektion Innere Sicherheit“, wobei sie z.B. an Studien über „Die Sicherung von privatrechtlichen Veranstaltungen“ (Sicherung von Großveranstaltungen wie Aktionärsversammlungen der Siemens-AG oder der Deutschen Bank) und über die „Rolle der Gewerkschaften in der Strategie der Systemüberwindung“ beteiligt war. Die Studien waren der Allgemeinheit nicht zugänglich; sie dienten der Unterrichtung der Auftraggeber aus Wirtschaft und Politik. Mit Verschlußsachen kam Dr. Gast am Forschungsinstitut nicht in Berührung.

Bei einem Treff mit Schneider und Schramm in Karl-Marx-Stadt berichtete Dr. Gast 1972 über ihre Arbeit am Forschungsinstitut. Sie wurde angewiesen, ihren mündlichen Bericht durch Lieferung schriftlicher Ausarbeitungen des Instituts zu ergänzen. Daraufhin fotografierte Dr. Gast zuhause Institutsmaterial und zerschnitt den von ihr entwickelten Film in Einzelaufnahmen, die sie in ein Notizbuch klebte. Etwa dreimal übergab Dr. Gast derartig bearbeitete Filme im Freizeitzentrum „Alpamare“ in Bad Tölz an den Zeugen Dr. Schmidt, der bereits bei ihrem ersten MfS-Auftrag für sie als Kurier tätig gewesen war. Die Treffdaten wurden der Angeklagten über den A 3-Funk bekanntgegeben. Dr. Schmdit reiste zur {25} Verdeckung auf unterschiedlichen Wegen über Jugoslawien, Österreich oder verschiedene Städte der Bundesrepublik mit Flugzeug und Eisenbahn an. Dr. Gast und Dr. Schmidt benutzten im „Alpamare“ zwei nebeneinander liegende Umkleidekabinen; das Material wurde von Dr. Gast durch eine Öffnung der Trennwand in Bodennähe Dr. Schmidt zugeschoben. Dr. Schmdit brachte die Filme in einem Geheimfach einer Kollegmappe in die DDR, wobei die Rückreise ähnlich verdeckt war wie die Anreise. In der DDR händigte Dr. Schmidt die Filme dem MfS-Offizier Martin aus.

Weil das Forschungsinstitut für Sicherheit und internationale Fragen e.V. wegen Finanzierungsschwierigkeiten aufgelöst wurde, schied Dr. Gast dort am 30.6.1973 aus. Bei der Suche nach einem neuen Arbeitsplatz war ihr der Leiter des Instituts behilflich. Als neuer Arbeitgeber wurde der Bundesnachrichtendienst (BND) in München gefunden.

5. Bundesnachrichtendienst

Am 1.11.1973 begann die Angeklagte Dr. Gast ihre Arbeit beim BND als Angestellte. Sie wurde im Juni 1976 als Regierungsrätin in das Beamtenverhältnis übernommen, im Juli 1978 zur Oberregierungsrätin und im April 1987 zur Regierungsdirektorin ernannt. Dr. Gast wurde zur Einstellung einer Sicherheitsüberprüfung unterzogen, nach der Einstellung wurde ihr jährlich eine Sicher-{26}heitsbelehrung erteilt. Zum Umgang mit Verschlußsachen bis zum Geheimhaltungsgrad „Geheim" war sie seit Juli 1974 und seit August 1975 für „Streng Geheim" ermächtigt.

Nach einem Intensivlehrgang für die russische Sprache und einem Grundlehrgang „Höherer Dienst" war die Angeklagte, von einer Abordnung in das Bundeskanzleramt vom 1.12.1978 bis zum 30.6.1979 abgesehen, vom 1.4.1974 bis zu ihrer Festnahme am 30.9.1990 in der Abteilung „Auswertung" des BND tätig.

Dr. Gast fing im Referat „Politik der Sowjetunion" an. Sie arbeitete dort als verantwortliche Sachgebietsleiterin abwechselnd in den Bereichen „Sowjetische Westpolitik" (einschließlich sowjetischer USA-Politik) und „Sowjetische Dritte-Welt-Politik". Im Rahmen ihrer Zuständigkeit hatte sie Zugang zu allen nachrichtendienstlich erlangten Informationen, zu allen im Referat erstellten Ausarbeitungen bis zum Verschlusssachengrad „Geheim" und zu allen wesentlichen Berichten aus den angrenzenden Fachbereichen. Die Angeklagte arbeitete auch an dem vom Bundesministerium für innerdeutsche Beziehungen herausgegebenen DDR-Handbuch namentlich zum Stichwort „Frauen" mit.

Im Februar 1983 wechselte Dr. Gast in das Lagereferat, wo sie als Leiterin das Sachgebiet „Spitzenberichterstattung" übernahm, das zuständig war für die Ausgangsberichterstattung beispielsweise an das Bundeskanzleramt, an Mini-{27}ster, Staatssekretäre und leitende Beamte der Ministerien, an Fraktionsvorsitzende und an Ministerpräsidenten. Der Schwerpunkt der Aufgabe von Dr. Gast bestand in der Redigierung von Ausarbeitungen, im Sprachgebrauch des BND „finished intelligence", der Fachbereiche Politik, Wirtschaft, Militär, Wissenschaft und Technik. Vom BND wurden ihr neben offenem Material (Zeitungen, Zeitschriften u.ä.) auch nachrichtendienstlich beschaffte Informationen zur Verfügung gestellt. Zugänglich waren ihr Drahtberichte des Auswärtigen Amtes und Botschaftsberichte bis zum Verschlußsachengrad „Geheim", die Rohmeldungen der BND-Abteilung Beschaffung, die tägliche Meldungsmappe der Abteilung Auswertung für den Präsidenten des BND und eine Ausarbeitung von dessen Lagevortrag, den er wöchentlich im Bundeskanzleramt zur Einschätzung der Sicherheitslage und zu dem wichtigsten aktuellen Meldeaufkommen des BND hielt.

Im November 1987 kehrte Dr. Gast als Leiterin des Sachgebiets „Sowjetische Blockpolitik" in das Referat „Politik der Sowjetunion" zurück, konzentriert auf die Schwerpunkte „Warschauer Pakt" und „Entwicklung in der DDR". Zugleich wurde sie Stellvertreterin des Referatsleiters.

Über 15 Jahre verriet die Angeklagte Dr. Gast an das MfS eine Fülle von Verschlußsachen des BND, eingestuft in die Geheimhaltungsgrade „Vertraulich" und „Nur für den Dienstgebrauch". {28}

Von Dr. Gast wurden an das MfS Berichte von Botschaften der Bundesrepublik Deutschland weitergegeben, die dem BND vom Auswärtigen Amt zur Verfügung gestellt worden waren und u.a. folgende Themen betrafen:

- die innenpolitische Lage der Sowjetunion und die sowjetische Außenpolitik (Außenpolitik ab 1975, Innenpolitik zwischen 1985 und 1989);
- ostpolitische Lagebeurteilungen außerhalb der Sowjetunion (1984 bis 1989);
- Gipfeltreffen Reagan/Gorbatschow (1985 bis 1987);
- Gipfeltreffen Mitterand/Gorbatschow (1985);
- Bewertungen des Verhandlungsstandes der deutschen KSZE-Delegationen in Genf (1974/75) und in Belgrad (1978).

Der größte Teil des von Dr. Gast an das MfS verratenen Materials waren Berichte (Erkenntnisse – auch nachrichtendienstlich erlangte – und Analysen meist aus aktuellem Anlaß) des BND selbst, die überwiegend an Bundesregierung und Bundestag gerichtet waren und als Unterlagen für Meinungsbildung und Entscheidungen dienen sollten. Durch diese von Dr. Gast verratenen Berichte wurde die DDR in Kenntnis gesetzt, welche Einsichten und Beurteilungen der BND der politischen Führung der Bundesrepublik Deutschland zur Verfügung gestellt hat. {29}

Die verratenen BND-Berichte behandelten insbesondere folgende Themen:

- Ostpolitik des Vatikans;
- sowjetische Europapolitik, z.B. Politik der friedlichen Koexistenz gegenüber den westeuropäischen Staaten, Entspannungspolitik gegenüber westeuropäischen Staaten;
- verschiedene Analysen der sowjetischen Westpolitik;
- sowjetische Politik im Rahmen der KSZE-Konferenzen;
- sowjetische Politik gegenüber anderen Staaten des Warschauer Paktes, sowjetische Politik in Krisengebieten (z.B. Afghanistan, Golfregion, Konfliktzonen in Afrika und Nahost);
- Entwicklung des Euro-Kommunismus und die sowjetische Haltung dazu;
- Bewertungen des 27. Parteitages der KPdSU 1986 und der 19. Parteikonferenz 1988;
- Bewertung des Wirtschaftsreformprogramms der Sowjetunion;
- Analysen zur wirtschaftlichen Lage in der Sowjetunion;
- Bewertung der Rede Gorbatschows zum 70. Jahrestag der Oktoberrevolution 1987;
- Bewertung der Neukonzeption sowjetischer Außenpolitik unter Gorbatschow (1986);
- Analysen über die Beziehungen der Sowjetunion zu den osteuropäischen Staaten;
- Bewertungen verschiedener Tagungen von Gremien des Warschauer Paktes;
- innenpolitische Probleme in der DDR (Kontaktsperre, Ausreisedruck, Übersiedlung 1985 bis 1987); {30}
- die psychopolitische Lage in der DDR;
- die Versorgungslage in der DDR;
- der Entwicklungsstand des sowjetischen Kernenergieprogramms (1984 bis 1987);
- sowjetische Raumfahrtunternehmen (1984 bis 1987);
- Rüstungsexporte der Sowjetunion und der übrigen Staaten des Warschauer Paktes in Länder der Dritten Welt (1984 bis 1985);
- Stand der Rüstungskontrollverhandlungen und Wertungen der sowjetischen Verhandlungsposition und der Vorschläge der sowjetischen Regierung (1984 bis 1987);
- Hinweise über eine mögliche Beteiligung deutscher Firmen am Bau einer chemischen Fabrik in Rabta/Libyen (1986) und über mögliche deutsche Rüstungsgüterlieferungen an den Irak;
- Bewertung des Polenbesuches Gorbatschows 1988;

- Bewertung des Jugoslawienbesuches Gorbatschows 1988;
- Bewertung der Lageentwicklung in der kommunistischen Bewegung (1988);
- Bewertungen der politischen Lageentwicklung in Polen, Ungarn und Jugoslawien (1988 bis 1989);
- Bewertung der Gespräche zwischen Gorbatschow und Honecker[2] im September 1988 und Juni 1989;
- Reformkonflikt zwischen der Sowjetunion und der DDR (1988 bis 1989). {31}

Allein für die Zeit vom 2.12.1986 bis zum 19.7.1989 konnten konkret 49 Berichte festgestellt werden, die Dr. Gast – neben weiterem Verratsmaterial – ganz oder auszugsweise geliefert hat. Davon stammen 21 aus den ersten drei Monaten des Jahres 1987.

Die Angeklagte Dr. Gast wählte aus den ihr zugänglichen BND-Unterlagen diejenigen aus, die ihr für das MfS besonders wichtig erschienen. Eine konkrete Weisung, bestimmtes Verratsmaterial zu liefern, erhielt Dr. Gast vom MfS nicht.

Bis 1981 machte sich die Angeklagte während der Dienstzeit in ihrem BND-Büro von dem jeweiligen Bericht, den sie an das MfS verraten wollte, Notizen, die sie zu Hause ausarbeitete und auf ihrer Schreibmaschine zu einem eigenen Bericht zusammenfaßte. Diesen Bericht fotografierte sie, übermittelte den Film mit den Aufnahmen dem MfS und vernichtete die Notizen und den von ihr verfaßten Bericht; ein- oder zweimal händigte sie solche Berichte auch unfotografiert aus. Nachdem sie 1981 die Lederaktentasche mit dem Geheimfach für DIN A 4-Blätter erhalten hatte, nahm sie in der Regel die Originalberichte des BND in der Tasche mit nach Hause, fotografierte sie in vollem Umfang oder auszugsweise, brachte die Berichte zurück und überließ den Film mit den aufgenommenen Berichten dem MfS; in Einzelfällen machte sie aber weiterhin nur Notizen, die sie zu Hause zu einem Bericht für das MfS zusammenstellte. {32}

Für Dr. Gast war die Gefahr gering, daß die verbotene Mitnahme der Notizen und der Originalberichte entdeckt werden könnte. Kontrollen wurden an der Torwache des BND selten durchgeführt und wenn Kontrollen vorgenommen wurden, waren sie in der Regel von weitem bemerkbar, so daß man unter einem Vorwand das Betreten oder Verlassen des BND-Areals abbrechen konnte. Dr. Gast wurde in zehn Jahren, von 1980 bis 1990, viermal bei der Ausfahrt und einmal bei der Einfahrt kontrolliert. Bei einer Ausfahrtkontrolle hatte sie die Aktentasche mit dem Geheimfach auf dem Rücksitz ihres Autos, überprüft wurde aber nur die Handtasche auf dem Beifahrersitz.

Schon zum Zeitpunkt ihrer Bewerbung war sich die Angeklagte sicher, daß das MfS von ihr die Beschaffung von BND-Material, das zweifellos für jeden Geheimdienst einer fremden Macht besonders interessant ist, verlangen werde. Sie nahm dies hin, weil sie eine Tätigkeit beim BND als Politologin anregender fand als den Beruf einer Lehrerin; eine Stelle als Lehrerin hätte sie nach ihrer Meinung 1972/73 ohne weiteres bekommen können.

Im Sommer 1973 schrieb Dr. Gast in Geheimschrift dem MfS an die Deckadresse in Karl-Marx-Stadt, daß sie sich beim BND beworben hätte. Daraufhin wurde sie über den A 3-Funk angewiesen, wegen der zu erwartenden Sicherheitsüberprüfung Fahrten in die DDR zu unterlassen und vorerst jede Verbindung zum MfS einzustellen. {33}

Die Angeklagte hörte weiterhin den Agentenfunk ab, über den sie im Sommer 1974 die Weisung erhielt, Schneider in Südtirol zu treffen. Dort teilte ihr Schneider mit, sie solle BND-Material aus ihrem unmittelbaren Arbeitsbereich dem MfS liefern, für darüber hinausgehendes Material habe das MfS andere Zugangsmöglichkeiten zum BND. Nach ihrer Rückkehr an ihren Arbeitsplatz begann die Angeklagte im Sommer 1974, dem neuen MfS-Auftrag nachzukommen.

Vor der Wiederbegegnung im Sommer 1974 in Südtirol waren sich Dr. Gast und Schneider zuletzt im Frühjahr 1973 in der DDR begegnet. Wegen dieser langen Zeit der Trennung hatten sich – zumindest aus Sicht von Schneider – die beiden Angeklagten entfremdet. Hinzu kam, daß nach Beendigung der vom MfS angeordneten Trennungspause Dr. Gast dem Angeklagten Schneider gestanden hatte, daß sie während der Zeit der Trennung in München kurzfristig intime Beziehungen zu einem anderen Mann aufgenommen hatte. Beide jedoch, Dr. Gast und Schneider, wollten sich weiterhin in vom MfS bestimmten Abständen treffen.

Bei einem Treffen im Januar 1980 in Innsbruck erklärte Dr. Gast dem Angeklagten Schneider, sie werde ein spastisch gelähmtes Kind in Pflege nehmen und werde deshalb nicht mehr viel Zeit haben, um für das MfS zu arbeiten. Sie habe die Absicht, ihre MfS-Tätigkeit zu reduzieren, später möglicherweise ganz einzustellen. Hierfür sprächen auch Sicherheitsgründe, da sie Furcht vor Enttarnung habe. Sie bat Schneider, ihre neue familiäre {34} Situation Lorenz mitzuteilen. Es wurde ein neuer Treff vereinbart, der im September 1980 in Bischofshofen (Österreich) stattfand und an dem auch Lorenz teilnahm. Lorenz überredete die Angeklagte, weiterhin für das MfS BND-Material zu liefern. Dr. Gast erklärte sich bereit, obwohl sie inzwischen das Kind in Pflege genommen hatte. Mit der Übernahme der Pflege war für Dr. Gast der Verzicht auf eine Ehe mit Schneider verbunden. Seither hatten Dr. Gast und Schneider auch keine sexuellen Kontakte mehr miteinander, wollten aber in einer „lebenspartnerschaftlichen Beziehung" verbunden bleiben. Schneider versicherte Dr. Gast, er wolle sie bei der Erziehung des Kindes unterstützen, worauf sich Dr. Gast verließ. Nach dem Gespräch mit Dr. Gast im Januar 1980 begann Schneider in Karl-Marx-Stadt eine intime Beziehung zu einer anderen Frau. Hiervon erfuhr Dr. Gast erst in der Hauptverhandlung im November 1991.

Bei einem vom 24.8. bis zum 7.9.1985 gemeinsam verbrachten Urlaub in Marbella erklärte Dr. Gast dem Angeklagten Schneider, aus Sorge um das Wohl und die Sicherheit ihres Pflegekindes möchte sie die Mitarbeit für das MfS einstellen und sich auch von Schneider trennen. Schneider erwiderte, wegen des Abbruchs der Beziehungen solle sie mit Lorenz persönlich sprechen. Es wurde ein Treff vereinbart, der im Dezember 1985 in Zell am See zustande kam. Hierbei überredete Lorenz wiederum Dr. Gast, ihre Verratstätigkeit fortzusetzen. Er wies auf die Freundschaft hin, die Dr. Gast mit ihm und mit Schneider verbinde. Aus Freundschaft {35} seien auch beide um ihre und des Kindes Sicherheit sehr bemüht. Diese Sicherheit sei aber nur gewährleistet, wenn sie weiter für das MfS arbeite. Früher schon hatte ihr der Leiter der HVA Markus Wolf[3] versichert, ihr könne nichts passieren, sie sei innerhalb der HVA ganz abgeschirmt, die Zahl der Mitwisser ihrer Agententätigkeit sei deshalb sehr begrenzt; falls Dr. Gast doch einmal enttarnt werden sollte, würde man sie „rausholen", ihr Austausch sei sicher. Für den Fall eines Austausches hatte ihr Lorenz bereits einen Bauplatz in Plauen in Aussicht gestellt. Die Angeklagte Dr. Gast lieferte weiterhin BND-Material an das MfS. Bei ihrer Entscheidung, ihre Verratstätigkeit fortzusetzen, ging Dr. Gast auch davon aus, daß Schneider ihr weiterhin als Lebenspartner zur Seite stehen und bei der Erziehung ihres Pflegekindes helfen werde.

Vom Sommer 1974 bis Mai 1990 trafen sich die Angeklagten Dr. Gast und Schneider durchschnittlich vier- bis fünfmal im Jahr. Etwa zweimal jährlich verbrachten sie zusammen einen längeren Urlaub, sonst handelte es sich um verlängerte Wochenenden. Regelmäßig verbrachten sie mit dem Pflegekind von Dr. Gast einen Winterurlaub in Bad Gastein. Auch die anderen Reiseziele lagen meist in Österreich, man traf sich aber auch in Holland, Griechenland, Italien, Spanien, Schweden und in der Schweiz. {36}

Neben diesen Treffs, an denen als MfS-Angehöriger nur Schneider beteiligt war, fanden alle ein bis zwei Jahre in Österreich, Griechenland, Jugoslawien und Ungarn „Führungstreffs" statt, an denen vom MfS neben Schneider auch Schramm und Lorenz teilnahmen. Der erste derartige Treff war am 8.11.1974 in Innsbruck mit Schneider und Schramm. Unabhängig davon traf sich Dr. Gast siebenmal mit Markus Wolf, davon dreimal in Jugoslawien und viermal in der DDR. Das erste Treffen mit Wolf war im September 1975 in Rabac, das letzte im Mai 1986 in Oberwiesenthal. Bei den Anreisen zu den Treffen mit Wolf wurde Dr. Gast stets von Schneider begleitet. Beim ersten Treffen von Dr. Gast mit Wolf in der DDR (1977) holte Schneider die Angeklagte in Göteborg ab und beide fuhren mit gefälschten Personalausweisen nach Ostberlin. Bei den drei weiteren Treffen (1981, 1984, 1986) reisten Dr. Gast und Schneider, jeder mit einem DDR-Diplomatenpaß ausgestattet, von Wien aus über die Tschechoslowakei in die DDR.

Bei allen Treffs mit Schneider wurde von ihm mit Dr. Gast das nächste Treffen – mit Schneider alleine oder auch mit Wolf, Schramm und Lorenz – im groben Rahmen nach Ort und Zeit abgesprochen. Den genauen Ort und den genauen Zeitpunkt erhielt Dr. Gast später über den Agentenfunk mitgeteilt. Schneider sorgte teilweise auch – so insbesondere bei den Treffs mit Wolf, Schramm und Lorenz – für die Quartiere und deren Ausstattung, besorgte {37} Blumen, Lebensmittel usw. Bei den „Führungstreffs", auch bei denen mit Wolf, wurden Dr. Gast die Unterkunft und das Essen bezahlt; im übrigen kam Dr. Gast für sich selbst auf.

Während der wegen der BND-Sicherheitsüberprüfung vom MfS angeordneten Ruhepause für die Agententätigkeit der Angeklagten Dr. Gast zum Nachteil der Bundesrepublik wurde der Angeklagte Stephan in Ablösung des MfS-Offiziers Martin 1974 in die organisatorische, operativ-technische Führung der Angeklagten eingebunden. Stephan ging bereits 1968 zum MfS, weil er dort doppelt soviel verdienen konnte wie als Lehrer; er meinte auch, seine Sprachkenntnisse würden für die Auslandsaufklärung, die jeder Staat betreiben müsse, eingesetzt. Er hatte den Decknamen „Stein". 1981 wurde er von der Bezirksverwaltung Karl-Marx-Stadt nach Ostberlin als Leiter des gegen den BND gerichteten Referats 1 der Abteilung IX der HVA versetzt; die Versetzung brachte keine Änderung in der Betreuung der Angeklagten Dr. Gast mit sich.

Stephan war verantwortlich für die nachrichtendienstlichen Verbindungswege und für die Abwicklung von Treffs mit Dr. Gast. Er hatte für den sicheren Transport des von der Angeklagten gelieferten Verratsmaterials zu sorgen. Er hatte nach Vorgaben Lorenz' Treffort, -zeit und -bedingungen vorzuschlagen, die nachrichtendienstlich günstigste Reiseroute unter Beratung der „Verbindungsstelle" herauszusuchen und die Treffs zu sichern. Seine Pläne hatte er den Vorgesetzten zur Genehmigung vorzulegen, in Karl-Marx-Stadt Lorenz, in {38} Ostberlin Schramm. Von ihm war die Bekanntgabe des jeweils beabsichtigten konkreten Treffs an Dr. Gast über den A 3-Funk zu veranlassen.

Die Verbringung der beteiligten Personen an den Treffort mußte er gewährleisten. Auch war er für die bürokratische Kostenabwicklung der Treffs zuständig und besorgte die Quartiere. Bis 1985/86 nahm er regelmäßig an den Treffs mit Dr. Gast persönlich teil, bei denen auch Schramm, Lorenz und Wolf anwesend waren. Stephan blieb dabei als Organisator im Hintergrund. Seinen letzten MfS-Auftrag erfüllte Stephan im März 1990. Zusammen mit Schneider traf er Dr. Gast in einer Landgaststätte bei Salzburg. Stephan teilte Dr. Gast mit, ihre Agententätigkeit für das MfS sei beendet, sämtliche Akten der HVA über sie seien vernichtet und alle nachrichtendienstlichen Hilfsmittel, die sie noch in ihrem Besitz habe (Handtasche und Aktentasche mit den Geheimfächern, die zwei Stabilo-Bleistifte mit den Spezialminen für die Geheimschrift, die Schreibmappe mit dem Falschausweis) möge sie umgehend beseitigen.

Stephan war es auch, der die ersten Filme mit dem BND-Verratsmaterial der Angeklagten 1974 und 1975 von dem Kurier Dr. Schmidt auf dem Bahnhof von Karl-Marx-Stadt entgegennahm. Wie bei den Filmen mit den Aufnahmen von den schriftlichen Arbeiten des Forschungsinstituts übernahm Dr. Schmidt im „Alpamare“ in Bad Tölz etwa dreimal Filme von Dr. Gast mit Informationen über ihre BND-Arbeit und ebenso wie früher brachte Dr. Schmidt die Filme versteckt und verdeckt in die DDR. {39}

Im Herbst 1975 wurde Dr. Schmidt von dem Ehepaar Bruno und Brigitta S. abgelöst. Das Ehepaar S. unternahm seit 1971 Auslandsreisen für das Ministerium für Außenhandel der DDR. Im Auftrag dieses Ministeriums fuhr es im Juni 1975 nach Innsbruck, wo ihm auf der Mittelstation der Bergbahn zum Hafelekar von einem Vertreter der DDR-Handelsmission die Angeklagten Dr. Gast und Schneider sowie die MfS-Offiziere Lorenz und Schramm vorgestellt wurden. Der Zweck der Vorstellung war, daß das Ehepaar S. die Angeklagte Dr. Gast kennenlernen solle, weil sie möglicherweise eine „sehr wichtige“ Partnerin für S.'s werden könne. Das Ehepaar S. wurde dann vom MfS mit der Legende der tatsächlich existierenden Eheleute Heinz und Cordula N. in die Bundesrepublik Deutschland eingeschleust, ausgestattet mit Schlüsselmaterial für den A 3-Funk und Schminkköfferchen mit Geheimfach.

Dr. Gast und das Ehepaar S. trafen sich zunächst dreimal in einer Gaststätte in Wuppertal und später drei- oder viermal im Restaurant des Kaufhofs am Marienplatz in München. Nachdem man sich mit Blicken verständigt hatte, übergab die Angeklagte in der Damentoilette Frau S. das Verratsmaterial, zuerst in Briefumschlägen, später in kleinen, mit schwarzem Tesaband umwickelten Schachteln. Die Treffdaten wurden den Beteiligten über den Agentenfunk mitgeteilt. {40}

Vermutlich einmal, wahrscheinlich beim ersten Treffen, erhielt das Ehepaar S. von der Angeklagten Papiere mit maschinenschriftlichem Text, die Bruno S. fotografierte. Sonst bekam das Ehepaar von Dr. Gast nur entwickelte Filme.

Die Filme leitete das Ehepaar in die DDR weiter, ein- oder zweimal über einen Mittelsmann, später unter Benutzung eines rollenden toten Briefkastens (RTBK) in einem Hohlraum unter dem Waschbecken einer besonders gekennzeichneten Toilette eines Interzonenzuges.

Im Juni 1976 erhielt das Ehepaar S. über den Agentenfunk vom MfS die Weisung, seine nachrichtendienstlichen Hilfsmittel zu vernichten und sofort über Dänemark in die DDR zurückzukehren. Das Ehepaar befolgte den Befehl, den das MfS erteilt hatte, weil man wegen neuer Fahndungsmethoden des Bundeskriminalamtes eine Entdeckung der eingeschleusten Kuriere befürchtete. Der Angeklagte Stephan, der auch diesen Verbringungsweg organisiert hatte, war den Eheleuten S. nach ihrer Rückkehr in die DDR bei der Eingliederung in das Berufsleben im dienstlichen Auftrag behilflich.

Aus Furcht vor Enttarnung im Zusammenhang mit der möglichen Fahndung nach den Eheleuten S. wurde die nachrichtendienstliche Verbindung des MfS mit der Angeklagten Dr. Gast für einige Mona-{41}te eingestellt. Den Befehl hierzu sowie die Weisung, ihre vom MfS zur Verfügung gestellten Hilfsmittel zu vernichten, erhielt Dr. Gast wiederum über den A 3-Funk.

Im April 1977 traf sich Dr. Gast erneut mit Schneider, der nun bis Ende 1979 das Verratsmaterial in die DDR brachte.

Dr. Gast händigte bei ihren Treffs – jeweils außerhalb der Bundesrepublik Deutschland – Schneider ein bis zwei Filme aus.

Während ihrer Abordnung zum Bundeskanzleramt vom 1.12.1978 bis zum 30.6.1979 fanden keine Treffen statt. Dr. Gast, Lorenz und Schneider waren übereingekommen, daß in dieser Zeit aus Sicherheitsgründen Dr. Gast jede nachrichtendienstliche Tätigkeit für das MfS unterlassen solle.

Als neuer Kurier für Dr. Gast wurde vom MfS der Angeklagte M. ausersehen. M. war dem MfS schon seit vielen Jahren wegen dessen Reisen in die DDR bekannt. Aus Gutmütigkeit und aus der Neigung heraus, zu helfen, wo seine Hilfe gefordert wurde, lehnte M. das Ansinnen, für das MfS als Kurier tätig zu werden, nicht ab. Hinzu kam, daß M. sich den DDR-Behörden gegenüber verpflichtet fühlte, weil sich diese um seine Eltern bei deren DDR-Besuchen gekümmert hatten, ohne sie nachrichtendienstlich zu verstricken. Entgelt für seine Tätigkeit als Kurier für das MfS hat M. nicht erhalten. {42}

Im Oktober 1979 wurde M. in Wien Dr. Gast in Anwesenheit von Lorenz, Schramm und Schneider vorgestellt. Unmittelbar danach war das erste Treffen im „Alpamare" in Bad Tölz, wo das Verratsmaterial wie bei dem Kurier Dr. Schmidt unter der Trennwand zwischen nebeneinanderliegenden Umkleidekabinen ausgetauscht wurde. Man traf sich in Abständen von vier bis sechs Wochen. Dr. Gast übergab jeweils zwei Filme, die in einer Spraydose (Deo-Spray) versteckt waren, im Gegenzug erhielt sie von M. eine präparierte neue Dose. 1982/83 entwickelte sich zwischen Dr. Gast und ihrem Pflegesohn einerseits und dem Angeklagten M. sowie dessen Ehefrau und Tochter andererseits ein freundschaftliches Verhältnis. Man duzte sich und besuchte sich gegenseitig zu Hause, Dr. Gast den Angeklagten auch an dessen Arbeitsplatz. M. half Dr. Gast bei Reparaturen in deren Wohnung oder an deren Auto. 1983 wurde die Beziehung zwischen den beiden so vertraulich, daß Dr. Gast zu M. sagte, sie wäre beim BND beschäftigt. Ab diesem Zeitpunkt trafen sich die beiden zur Übergabe des Verratsmaterials nicht mehr verdeckt in Bad Tölz, sondern offen in der Wohnung von Dr. Gast oder auf dem Gelände der Dienststelle von M. Ab 1988 wurde auf Wunsch von M. statt der Spraydosen ein Luftkompressorgerät benutzt, in dem jeweils zwei Filme versteckt waren. Das letzte Verratsmaterial für das MfS übergab Dr. Gast dem Angeklagten M. Ende 1989. Die nachrichtendienstlichen Hilfsmittel, die Dr. Gast auf von Stephan übermittelter Anordnung des MfS im März 1990 beseitigen sollte, händigte diese M. aus. {43}

Zum Weitertransport des Verratsmaterials benutzte M. ebenfalls einen RTBK, der in einem Interzonenzug von München nach Görlitz verborgen war, wobei die Filme in ein Behältnis gelegt wurden, das mit einem Selbstzerstörungsmechanismus bei unsachgemäßer Öffnung ausgestattet war. Der Angeklagte Stephan hatte nicht nur die Aufgabe, für den sicheren Transport des Verratsmaterials in die DDR zu sorgen, sondern er traf M. auch dreimal im Auftrag von Lorenz, der selbst bei zwei Treffs anwesend war. Zu den Gesprächen zwischen Lorenz und M. wurde Stephan nicht hinzugezogen; bei dem einen Treff, bei dem Lorenz nicht dabei war, hatte Stephan die Aufgabe, M. zum 50. Geburtstag (1987) zu gratulieren.

M. sagte zum Angeklagten Schneider einmal, er möchte „mit 50 in den Ruhestand treten" und mit den Kurierdiensten für das MfS aufhören. Lorenz gelang es, auch M. zum Weitermachen zu überreden.

Ab 1984/85 traf Schneider jährlich einmal, insgesamt fünfmal, mit M. zusammen, zuletzt im August 1990 in Nürnberg. Die Treffs dienten vorwiegend der Aufrechterhaltung der persönlichen Verbindung mit einem Vertreter des MfS, es wurden aber auch Sicherheitsfragen erörtert. {44}

III. Beweiswürdigung

Der unter II. festgestellte Sachverhalt beruht in erster Linie auf dem umfassenden Geständnis der Angeklagten Dr. Gast, das durch die glaubhaften Einlassungen der Angeklagten Schneider und Stephan, durch Zeugenaussagen sowie durch Urkunden bestätigt und in Einzelpunkten – ohne Widerspruch – ergänzt wurde.

Allerdings hat Dr. Gast nach Überzeugung des Senats – entgegen ihrer Darstellung – während der langen Dauer von Anfang 1969 bis März 1990 zu keinem Zeitpunkt ihre Verratstätigkeit für das MfS abgebrochen. Sie hat lediglich zeitweilig sich aktiver Beziehungen zum MfS enthalten. Dies gilt auch für die Pause 1985, als Dr. Gast anläßlich des Urlaubs in Marbella vom 24.8. bis 7.9. zu Schneider sagte, aus Sorge um das Wohl und die Sicherheit ihres Pflegekindes wolle sie die Verbindung zum MfS und auch zu ihm beenden. Ähnlich wie im Januar 1980 in Innsbruck war dies lediglich eine Erwägung von Dr. Gast, zum Schutz ihres Kindes sei es besser, nicht mehr für das MfS zu arbeiten. Es war aber keine endgültige Aufgabe der Verratstätigkeit, denn sonst hätte sich Dr. Gast nicht bereit erklärt, Lorenz persönlich ihre Besorgnis vorzutragen, von dem sie aus ihrer Erfahrung im September 1980 wußte, daß es ihm gelingen werde, ihre Sicherheitsbedenken zu zerstreuen. Bei einem fest beschlossenen Bruch wäre die Angeklagte auch nicht einverstanden gewesen, das von Schneider vorgeschlagene Gespräch mit Lorenz nicht einmal vier Monate nach dem Urlaub in Marbella in Zell am See zu führen. Dieses Gespräch im Dezember 1985 war {45} nichts anderes als ein Regeltreff mit ihrem Führungsoffizier, eines in einer Reihe von vielen während ihrer Aktivität für das MfS, bei dem Sicherheitsfragen – wie sonst auch – erörtert wurden. Auch von Schneider wollte Dr. Gast sich ernsthaft nicht trennen, denn sie sah in ihm weiterhin den Lebenspartner, der ihr bereits 1980 versichert hatte, sie auch bei der Erziehung des Pflegekindes zu unterstützen. Die Behauptung der Angeklagten Dr. Gast im Hilfsbeweisantrag, die sieben Zusammenkünfte zwischen ihr und Markus Wolf u.a. – abgesehen vom ersten Treffen – hätten überwiegend aus persönlicher Sympathie zwischen Dr. Gast und Wolf stattgefunden, kann so behandelt werden, als sei die behauptete Tatsache wahr.

M., der sich nicht zur Sache äußerte, ist durch die Angaben der Mitangeklagten Dr. Gast, Schneider und Stephan sowie durch die glaubwürdigen Bekundungen der als Zeugen vernommenen ehemaligen MfS-Offiziere Kanis und Sacher überführt.

IV. Rechtliche Würdigung

Die vier Angeklagten sind aufgrund des festgestellten Sachverhalts eines gemeinschaftlich begangenen (§ 25 Abs. 2 StGB) Vergehens der geheimdienstlichen Agententätigkeit nach § 99 Abs. 1 Nr. 1 StGB[4] schuldig. In wissentlichem und willentlichem Zusammenwirken übten sie {46} für das MfS der ehemaligen DDR eine geheimdienstliche Tätigkeit gegen die Interessen der Bundesrepublik Deutschland aus, die auf Mitteilung und Lieferung von Tatsachen und Erkenntnissen gerichtet war.

1969/70 vermittelte Dr. Gast Kontakte des MfS zu dem Bundeswehroffizier Klaus von Sch. Von 1972 bis 1990 forschte Dr. Gast für das MfS das Institut für Sicherheit und internationale Fragen e.V. und den BND aus und verriet Material beider Einrichtungen. Der Angeklagte M. war vom Herbst 1979 bis zum März 1990 vorwiegend als Kurier zwischen Dr. Gast und dem MfS tätig. Während der ganzen Zeit von 1969 bis 1990 oblag dem Angeklagten Schneider die Festigung der persönlichen Beziehungen zwischen Dr. Gast und dem MfS; daneben war er u.a. für die organisatorische Betreuung der Treffs mit Dr. Gast untergeordnet zuständig und hatte von April 1977 bis Ende 1979 auch Kurierdienste übernommen. Der Angeklagte Stephan hatte ab 1974 für das MfS die Verratstätigkeit der Angeklagten Dr. Gast organisatorisch-technisch sicherzustellen. Die Aktivitäten aller vier Angeklagten für das MfS waren zu keinem Zeitpunkt endgültig abgebrochen, es handelte sich für jeden von ihnen insgesamt um eine Dauerstraftat.

Der Verfolgbarkeit der ehemaligen MfS-Offiziere Schneider und Stephan stehen rechtliche Gründe nicht entgegen (ausführlich: BGH NJW 1991, 929 und 2498; BGH v. 4.10.1991 – 3 StB 22/91[5]; BayObLG v. 15.11.1991 – 3 St 1/91 a-d[6]). Ihre für das MfS gegen die Bundesrepublik gerichtete geheimdienstliche Tätigkeit war zur Tatzeit nach § 99 Abs. 1 StGB i.V. mit § 25 Abs. 2, § 9 StGB strafbar. Hieran hat sich durch den Beitritt der DDR zur Bundesrepublik nichts geändert. Weil aber erst {47} durch die Wiedervereinigung die Strafverfolgung von Schneider und Stephan konkret ermöglicht wurde, ergeben sich für beide Angeklagten aus dem Beitritt gewichtige Strafmilderungsgründe.

V. Rechtliche Folgen

1. Der gesetzliche Rahmen, innerhalb dessen die schuldangemessene Strafe für die Angeklagte Dr. Gast zu finden ist, ergibt sich aus § 99 Abs. 2 StGB, wonach die Mindeststrafe ein Jahr, die Höchststrafe zehn Jahre beträgt.

Es liegt zwar kein Regelbeispiel im Sinne von § 99 Abs. 2 Satz 2 Nr. 2 StGB vor, weil sich aus dem Verratsmaterial keine konkrete Gefahr eines schweren Nachteils für die Bundesrepublik Deutschland ableiten läßt. Dr. Gast hat aber das Regelbeispiel des § 99 Abs. 2 Satz 2 Nr. 1 StGB erfüllt. Sie hat Tatsachen und Erkenntnisse, die vom BND geheimgehalten wurden, dem MfS mitgeteilt und dabei ihre verantwortliche Stellung beim BND mißbraucht, die sie zur Wahrung solcher Geheimnisse besonders verpflichtet hatte. Dr. Gast war vom 1.4.1974 bis 1990, von der Abordnung in das Bundeskanzleramt vom 1.12.1978 bis zum 30.6.1979 abgesehen, in der Abteilung „Auswertung“ des BND als Sachgebietsleiterin, ab November 1987 auch als Stellvertreterin des Referatsleiters, und da-{48}mit in einem besonders sicherheitsempfindlichem Amt tätig, das sie bewußt ausnutzte, um als VS-Vertraulich oder VS-Nur für den Dienstgebrauch eingestuftes Material zu verraten.

Bei der Gesamtwertung aller objektiven, subjektiven und die Persönlichkeit der Angeklagten betreffenden Umstände, die der Tat selbst innewohnen oder die sonst im Zusammenhang mit ihr stehen, sind Unrecht und Schuld der Angeklagten nicht derart gering, daß von dem erhöhten Strafrahmen nach § 99 Abs. 2 Satz 2 Nr. 1 StGB abzusehen ist.

Nicht zu verkennen ist, daß erhebliche Strafmilderungsgründe vorliegen. Mit Ausnahme ihrer Tätigkeit für das MfS hat sich Dr. Gast nicht strafbar gemacht. Sie hat im übrigen ein geordnetes Leben geführt. Die Übernahme des spastisch gelähmten Kindes S. zeigt Mitgefühl und Hilfsbereitschaft. Die Strafempfindlichkeit bei ihrem Alter von jetzt 48 Jahren ist erhöht, wobei noch die schmerzliche Trennung von ihrem Pflegekind und die bedrückende Einwirkung der Untersuchungshaft von über 15 Monaten hinzukommen. Dr. Gast geriet in die MfS-Verstrickung wegen ihrer Zuneigung zu dem MfS-Offizier Schneider, dessen wirklichen Namen und dessen tatsächlichen Geburtstag sie erst nach ihrer Festnahme erfahren hat. Sie lebte insoweit in einer phantomhaften, nachrichtendienstlich-legendären Beziehung mit Schneider. Aus einer verräterischen Verstrickung mit einem fremden Geheimdienst sich ohne Offenbarung gegenüber einer Behörde der Bundesrepublik {49} zu lösen, ist sehr schwierig, zumal Dr. Gast vom MfS psychologisch sehr geschickt geführt worden ist. 1980 und 1985 traf sie immerhin Anstalten, sich aus der MfS-Verstrickung zu befreien, unterlag jedoch den Überredungskünsten des MfS-Offiziers Lorenz. Bei ihrem Verrat des BND mußte sie keine großen Schwierigkeiten, z.B. durch Kontrollmaßnahmen, überwinden. Wegen der Wiedervereinigung ist einerseits der Bundesrepublik Deutschland durch den Verrat der Angeklagten kein bleibender Schaden entstanden, während andererseits der Angeklagten die Möglichkeit einer gnadenweisen schnellen Haftentlassung mit anschließendem Austausch versagt bleibt. Die Angeklagte hat durch ihren Verrat keine Vermögensvorteile erlangt, Entgelt oder Kostenerstattung hat sie nicht erhalten. Die beruflichen Nachteile aufgrund der Verurteilung sind sehr hart: Mit der Beendigung des Beamtenverhältnisses nach Rechtskraft des Urteils sind erhebliche Einbußen verbunden, die Zukunftsperspektiven für die Ausübung eines anderen Berufes sind wenig hoffnungsvoll. Von erheblichem strafmildernden Gewicht ist das Geständnis der Angeklagten. Obwohl es der Angeklagten sehr schwer fiel, vor sich, vor ihren Angehörigen, vor ihrem Pflegekind ihre große Schuld einzuräumen, sagte Dr. Gast kurz nach ihrer Festnahme rückhaltlos aus und war bemüht, zur Aufklärung ihrer umfangreichen Verratstätigkeit umfassend beizutragen. Ohne ihr Geständnis hätte ihre Straftat nur wenig konkretisiert, die nachrich-{50}tendienstliche Anbahnung, Schulung und Ausstattung, die Treffs und der Inhalt des Verratsmaterials im einzelnen hätten nicht ermittelt werden können.

Diesen Milderungsgründen stehen aber derart erhebliche Erschwerungsgründe gegenüber, daß nach Unrecht- und Schuldgehalt die Anwendung des Ausnahmestrafrahmens von § 99 Abs. 2 StGB geboten ist.

Über 20 Jahre, von Anfang 1969 bis März 1990, war die Angeklagte für das MfS zum Schaden der Bundesrepublik tätig; Ende 1989 war ihre letzte Lieferung von BND-Material. Nicht nur der zeitliche, auch der quantitative Umfang der Verratstätigkeit war sehr groß; so hat beispielsweise Dr. Gast mindestens 21 BND-Berichte allein in den ersten drei Monaten des Jahres 1987 an das MfS geliefert. Sie war für das MfS eine wertvolle Spionin, wie sich schon aus ihrer nachrichtendienstlichen Ausbildung, aus der Ausrüstung mit nachrichtendienstlichen Hilfsmitteln und aus dem damit verbundenen konspirativen Gesamtverhalten ergibt. Rücksichtslos nützte Dr. Gast persönliche Beziehungen aus, als sie das MfS an den Bundeswehroffizier Klaus von Sch. und dessen Familie heranführte. Ihr Beitrag als Agentin beschränkte sich dabei nicht auf das zur Erfüllung des MfS-Auftrags Notwendigste; vielmehr entwickelte sie bereits zu Beginn ihrer Agententätigkeit beträchtliche Einsatzbereitschaft, nahm nur deshalb bei Frau von Sch. Französischunterricht, um leichter Dr. Schmidt an den Bundeswehroffizier {51} heranführen zu können, und sie scheute sich auch nicht, vor der Familie von Sch. die Rolle einer in Dr. Schmidt Verliebten zu spielen. Schon bei der Aufnahme ihrer Tätigkeit beim Forschungsinstitut für Sicherheit und internationale Fragen e.V. rechnete Dr. Gast damit, daß das MfS an sie herantreten werde, das Institut zu verraten. Nur weil ihr die Beschäftigung als Lehrerin wenig interessant erschien, bewarb sich die Angeklagte dann bedenkenlos bei dem besonders sicherheitsempfindlichen BND, wobei ihr klar war, daß sie ihren künftigen Arbeitgeber an das MfS verraten werde. Von Anfang an hatte sie beim BND eine besonders verantwortliche Stellung, die sie zum Verrat für das MfS mißbrauchte, so daß die Grenze zum bloßen Vorliegen des Regelbeispiels von § 99 Abs. 2 Satz 2 Nr. 1 StGB deutlich überschritten worden ist. Die kriminelle Intensität des Verrats durch Dr. Gast zeigte sich auch darin, daß ihr das MfS die Auswahl des Materials aus ihrem Tätigkeitsbereich überließ und sie eigenverantwortlich diejenigen BND-Berichte lieferte, von denen sie annahm, daß sie für das MfS besonders bedeutungsvoll seien. Das Verratsmaterial war von nicht geringer Wertigkeit, soweit es sich um BND-Berichte handelte, die Verschlußsachen waren und erkennbar aus Sicht des BND der Meinungs- und Entscheidungsbildung von Parlament und Regierung dienen sollten. Schließlich dürfen bei Dr. Gast im Rahmen der Schuldangemessenheit auch generalpräventive Gesichtspunkte nicht unberücksichtigt bleiben. Zwar hat der Strafzweck der Generalprävention aufgrund der politischen Entwicklung, nach der Wiedervereinigung, nach der Auflösung {52} des MfS, an Gewicht verloren. Agententätigkeiten zugunsten anderer fremder Mächte sind aber nach der Wiedervereinigung nicht nur auf dem Gebiete der Wirtschaftsspionage weiterhin möglich und wahrscheinlich, so daß präventive Strafzwecke auch künftig nicht außer Betracht bleiben können. Insbesondere potentiellen Agenten, die derart sicherheitsempfindliche Einrichtungen wie den BND zu verraten beabsichtigen, muß das strafrechtliche Risiko, das sie eingehen, deutlich vor Augen geführt werden.

Unter Abwägung der für und gegen die Angeklagte Dr. Gast sprechenden Umstände ist die Anwendung des Ausnahmestrafrahmens des § 99 Abs. 2 StGB gerechtfertigt und eine Freiheitsstrafe von sechs Jahren und neun Monaten schuld- und tatangemessen.

Im Hinblick auf die Schwere der Verfehlung ist es angebracht, der Angeklagten Dr. Gast gemäß §§ 101, 45 Abs. 2 und 5 StGB für die Dauer von vier Jahren die Fähigkeit, öffentliche Ämter zu bekleiden und Rechte aus öffentlichen Wahlen zu erlangen, sowie das Recht, in öffentlichen Angelegenheiten zu wählen oder zu stimmen, abzuerkennen.

2. Gegen den Angeklagten M. spricht die lange Dauer von dessen Agententätigkeit vom Oktober 1979 bis zum März 1990. {53}

Demgegenüber liegt eine Fülle von Strafmilderungsgründen vor. M. ist nicht vorbestraft. Er hat ein sonst tadelfreies Leben geführt, sorgt für seine Familie, ist arbeitsam und hilft allen, die ihn darum bitten. Aus seiner Neigung heraus zu helfen, wo seine Hilfe gefordert wird, verbunden mit Dankbarkeit, daß seine Eltern bei ihren Besuchen in der DDR von den dortigen Behörden großzügig betreut, aber nicht nachrichtendienstlich verstrickt worden waren, erklärte er sich auch bereit, in der verhältnismäßig niedrigen Funktion eines Kuriers zwischen Dr. Gast und dem MfS tätig zu werden. Die genaue Wertigkeit des von Dr. Gast verratenen Materials kannte er anfangs nicht. Erst 1983 erfuhr er, daß Dr. Gast beim BND arbeitet; weitere Einzelheiten blieben ihm unbekannt. Anhaltender Schaden durch seine Agententätigkeit ist nicht feststellbar. Er wollte zu seinem 50. Geburtstag aufhören, sich als nachrichtendienstlicher Kurier strafbar zu machen, aber auch er unterlag den Überredungskünsten von Lorenz. Mit 54 Jahren ist M. sehr strafempfindlich; die früher bestehende Möglichkeit eines Austausches ist entfallen. Finanziellen Vorteil zog er aus seiner Agententätigkeit nicht, verlor aber seinen Arbeitsplatz, den er über 30 Jahre innehatte. Er muß sich jetzt mit einer schlechter entlohnten Stelle begnügen.

Bei dieser Fülle von gewichtigen Strafmilderungsgründen ist es angebracht, gegen M. lediglich eine Freiheitsstrafe von zwei Jahren zu verhängen, deren Vollstreckung zur Bewährung ausgesetzt {54} werden kann, weil die Sozialprognose für M. besonders günstig ist und generalpräventive oder andere Gründe die Vollstreckung nicht gebieten (§ 56 Abs. 1, Abs. 2 und Abs. 3 StGB).

3. Schneider hat nicht gegen den Staat, in dem er lebte, sondern für ihn gearbeitet, wozu er dienstlich verpflichtet war. Sein berufliches Leben von weit über 20 Jahren hat nach der Auflösung der DDR, des MfS, seinen Sinngehalt verloren. Bis zum Beitritt der DDR zur Bundesrepublik brauchte er mit einer Strafverfolgung wegen geheimdienstlicher Agententätigkeit nicht zu rechnen; mit dem Beitritt ist zugleich die Möglichkeit eines Austausches entfallen. Wegen der Wiedervereinigung wurde einerseits der Versorgungsanspruch, den der Angeklagte als hauptamtlicher MfS-Mitarbeiter sich erworben hatte, aufgehoben; andererseits ist nach der Wiedervereinigung ein durch die Agententätigkeit herbeigeführter bleibender Schaden nicht erkennbar. Zu beachten ist auch, daß die berufliche Stellung von Schneider beim MfS als OibE (zuletzt Major) nicht sehr hoch war und daß er in der Hauptverhandlung ein umfassendes, sich nicht schonendes Geständnis abgelegt hat. Schließlich ist die Strafempfindlichkeit auch bei Schneider, der 57 Jahre alt und wegen eines 1971 erlittenen Unfalls zu 30% erwerbsunfähig ist, als besonders hoch anzusetzen.

Zum Nachteil des Angeklagten fällt die Dauer von dessen Agententätigkeit im Zusammenwirken mit Dr. Gast von 1969 bis 1990 ins Gewicht, wobei seine Hauptaufgabe darin bestand, Dr. Gast per-{55}sönlich zu betreuen und deren Verbindung zum MfS zu fördern. Betreuungsaufgaben hat er auch gegenüber M. erfüllt. Er war ferner laufend an der Organisation der Treffs, insbesondere der Führungstreffs des MfS mit Dr. Gast, beteiligt. Schließlich sprang er vom April 1977 bis Ende 1979 als Kurier ein.

Nach der Auflösung des MfS haben präventive Gesichtspunkte bei MfS-Offizieren, die selbst nicht unmittelbar in der Bundesrepublik tätig geworden sind, an Bedeutung verloren. Auf keinen Fall wertet es der Senat nachteilig, daß Schneider die Angeklagte Dr. Gast dem MfS zugeführt hat, nachdem er mit ihr intime Beziehungen aufgenommen hatte, denn Schneider nahm diese Beziehung nicht im Auftrag des MfS auf und er meldete sie auch dem MfS nur, weil er sich dienstlich dazu verpflichtet fühlte. Es bedurfte auch seinerseits keiner besonderen Mühe, die Angeklagte Dr. Gast zur Verratstätigkeit anzuhalten.

Bei Abwägung aller Umstände ist eine Freiheitsstrafe von einem Jahr und sechs Monaten zur Ahndung der Straftat des Angeklagten Schneider ausreichend.

Die Vollstreckung der Strafe wird zur Bewährung ausgesetzt. Es besteht die begründete Erwartung, daß der Angeklagte künftig keine Straftaten mehr begehen wird (§ 56 Abs. 1 StGB). Die Sozialprognose ist sehr günstig, da der 57jährige Angeklagte sich nur in Ausübung seines Berufes als MfS-Offizier strafbar gemacht hat und das MfS aufgelöst {56} worden ist. Die Tatsache, daß die verhängte Freiheitsstrafe ein Jahr übersteigt, steht der Strafaussetzung nicht entgegen, weil nach der Gesamtwürdigung des Angeklagten und seiner Taten mildernde Umstände von besonderem Gewicht vorliegen (§ 56 Abs. 2 StGB). Schon das Zusammentreffen der Milderungsgründe, die sich aus dem Fehlen von Vorstrafen, dem Geständnis und den mit der Tat verbundenen beruflichen Nachteilen ergeben, ist bei einer Freiheitsstrafe von eineinhalb Jahren so ungewöhnlich, daß die Strafaussetzung nicht als unangebracht und den allgemeinen vom Strafrecht geschützten Interessen zuwiderlaufend erscheint. Hinzu kommt als außerordentlicher Umstand die Veränderung der politischen Verhältnisse, der Wegfall der Konfrontation zwischen Ostblock und Westblock, die Auflösung des MfS, so daß allein schon deshalb, trotz des in der Strafhöhe sich widerspiegelnden erheblichen Unrechts- und Schuldgehalts, auf die Strafvollstreckung verzichtet werden kann. Auch die Verteidigung der Rechtsordnung gebietet nicht die Vollstreckung der Strafe (§ 56 Abs. 3 StGB). Wegen der deutlichen Besonderheiten des Falles ist die Aussetzung der Vollstreckung für das allgemeine Rechtsempfinden nicht unverständlich und durch sie kann das Vertrauen der Bevölkerung in die Unverbrüchlichkeit des Rechts und den Schutz der Rechtsordnung vor kriminellen Angriffen nicht erschüttert werden. {57}

4. Für und gegen den Angeklagten Stephan sprechen dem Grundsatz nach dieselben Strafzumessungserwägungen wie bei dem Angeklagten Schneider, jedoch wirkte Stephan erst ab 1974 lediglich organisatorisch-technisch bei der Verratstätigkeit der Angeklagten Dr. Gast mit und gestand außerdem seine Tat bereits vor der Hauptverhandlung. Bei Stephan erkennt daher der Senat auf eine Freiheitsstrafe von einem Jahr, deren Vollstreckung zur Bewährung ausgesetzt wird (§ 56 Abs. 1 und 3 StGB).

5. Die von den Angeklagten Dr. Gast und M. jeweils erlittene Polizei- und Untersuchungshaft wird gemäß § 51 Abs. 2 Satz 1 StGB auf die erkannten Freiheitsstrafen angerechnet.

Anmerkungen

1 Das Urteil ist mittlerweile in Bezug auf alle Angeklagten rechtskräftig geworden. Die Angeklagte Gast hatte Revision eingelegt, die vom BGH am 24.6.1992 – Az. 3 StR 176/92 – als unbegründet verworfen wurde. Ihre daraufhin eingelegte Verfassungsbeschwerde blieb ebenso ohne Erfolg (Nicht-

annahmebeschluss des BVerfG vom 23.5.1995 – Az. 2 BvR 1469/92) wie ihre Beschwerde zum Europäischen Gerichtshof für Menschenrechte (vgl. lfd. Nr. 11-2).

2 Zu Honecker vgl. den Dokumentationsband zu Amtsmissbrauch und Korruption, lfd. Nr. 8.

3 Zu Wolf vgl. lfd. Nr. 1.

4 Vgl. Anhang S. 1024.

5 Vgl. DtZ 1992, 62; BGHR StGB § 99 Agent 2; BGHR StPO § 116 Agent 2; BGHR GG Art 103 Abs 2 Rückwirkung 2.

6 Vgl. lfd. Nr. 3-1.

Inhaltsverzeichnis
Urteil (Verwerfung der Beschwerde) des Europäischen Gerichtshofs für Menschenrechte vom 25.2.2000, Az. 29357/95

Europäischer Gerichtshof für Menschenrechte 25. Februar 2000
Beschwerde Nr. 29357/95

URTEIL[1]

In der Sache Gast und Popp gegen Deutschland,

hat die Kammer des Europäischen Gerichtshof für Menschenrechte, der folgende Richterinnen und Richter angehörten:

⊗ Es folgt die Nennung der Verfahrensbeteiligten. ⊗

in nichtöffentlicher Sitzung am 25. Februar 2000,

am genannten Tag für Recht erkannt:

Verfahren

⊗ Nrn. 1-5: Es folgen Ausführungen zum Verfahrensgang und zu den Verfahrensbeteiligten. ⊗

Sachverhalt

I. Die Umstände des Falles

⊗ Nrn. 6-28: Es folgen Ausführungen zum allgemeinen Tathintergrund sowie zu den Verfahren vor den deutschen Gerichten.[2] ⊗

II. Das einschlägige innerstaatliche Recht und seine Anwendung

⊗ Nrn. 29-56: Es folgen Ausführungen zum anzuwendenden Recht, u.a. zur Strafbarkeit der Spionage in beiden deutschen Staaten und zum Einigungsvertrag, sowie zur Entscheidung des Bundesverfassungsgerichts vom 15. Mai 1995 (vgl. lfd. Nr. 2-4). ⊗

Verfahren vor der [Europäischen] Kommission [für Menschenrechte]

57. Gabriele Gast und Dieter Popp wandten sich am 1. Mai 1995 an die [Europäische] Kommission [für Menschenrechte]. Sie behaupteten u.a. eine Verletzung von Art. 6 Abs. 1 EMRK im Hinblick auf die Verfahrensdauer vor dem Bundesverfassungsgericht.

58. Die Kommission erklärte die Beschwerde (Nr. 29357/95) am 20. Oktober 1997 für teilweise zulässig. In ihrem Bericht vom 28. Mai 1998 (Art. 31 EMRK a.F.) kam die Kommission mit 20 zu elf Stimmen zu der Überzeugung, dass keine Verletzung von Art. 6 Abs. 1 vorliegt. Der vollständige Text der im Bericht enthaltenen Kommissionsentscheidung sowie der abweichenden Meinung sind der vorliegenden Entscheidung als Anhang beigefügt.[3]

Schlussanträge an das Gericht

59. In ihrem Schriftsatz forderte die Bundesregierung das Gericht auf festzustellen, dass die Bundesrepublik Deutschland Art. 6 Abs. 1 EMRK nicht verletzt habe.

60. Die Beschwerdeführer bezogen sich auf ihren vorangegangen Vortrag vor der Kommission und baten das Gericht festzustellen, dass Art. 6 Abs. 1 EMRK im Hinblick auf die Verfahrensdauer vor dem Bundesverfassungsgericht verletzt worden sei.

Rechtliche Würdigung

I. Behauptete Verletzung von Art. 6 Abs. 1 EMRK

61. Nach dem Vorbringen der Antragsteller überschritt die Dauer des Verfahrens vor dem Bundesverfassungsgericht die angemessene Frist nach Art. 6 Abs. 1 EMRK, der Folgendes vorsieht:

„Jede Person hat ein Recht darauf, dass … über eine gegen sie erhobene strafrechtliche Anklage von einem … Gericht … innerhalb angemessener Frist verhandelt wird."

A. Anwendbarkeit von Art. 6 Abs. 1

62. Im vorliegenden Fall stellt sich die Frage, ob Art. 6 Abs. 1 in seiner strafrechtlichen Bedeutung auch auf Verfahren vor dem Bundesverfassungsgericht anwendbar ist.

63. Mit Bezug auf ihre eigenen Entscheidungen und Meinungen sowie die Rechtsprechung des Gerichts vertrat die Kommission die Auffassung, dass Art. 6 Abs. 1 EMRK auf das vorliegende Verfahren Anwendung findet. Sie stellte u.a. fest, dass ein Staat, der ein Verfassungsgericht einrichtet, dafür Sorge tragen muss, dass den Prozessbeteiligten in einem solchen Verfahren die in Art. 6 niedergelegten grundlegenden Garantien zugute kommen.

64. Das Gericht erinnert daran, dass es für die Entscheidung, ob verfassungsgerichtliche Verfahren bei der Bestimmung der Angemessenheit der Verfahrensdauer berücksichtigt werden können, nach seiner ständigen Rechtsprechung (vgl. EGMR, 1986, Serie A, Bd. 100, S. 26 Nr. 77 – Deumeland/Deutschland; EGMR, 1989, Serie A, Bd. 150, S. 18 Nr. 37 – Bock/Deutschland; EGMR, 1993, Serie A, Bd. 262, S. 19 Nr. 35 – Ruiz-Mateos/Spanien) darauf ankommt, ob das Ergebnis des verfassungsgerichtlichen Verfahrens den Ausgang der Auseinandersetzung vor den ordentlichen Gerichten zu beeinflussen vermag.

Daraus folgt, dass verfassungsgerichtliche Verfahren nicht prinzipiell außerhalb des Anwendungsbereichs von Art. 6 Abs. 1 EMRK liegen (vgl. *mutatis mutandis* EGMR, Slg. 1996-IV, S. 1171 Nr. 39 – Süßmann/Deutschland).

65. Das Gericht ist ebenso wie die Kommission der Ansicht, dass die Verfahren vor dem Bundesverfassungsgericht in unmittelbarem Zusammenhang mit der Frage der Begründetheit der Spionagevorwürfe standen. Wie zwei der Grundsatzentscheidungen zeigen, beschränkt sich das Bundesverfassungsgericht im Falle eines erfolgreichen Ausgangs der Verfassungsbeschwerden nicht darauf, die Verletzung einer Grundgesetznorm festzustellen; vielmehr hebt es die angefochtene Entscheidung auf und verweist die Sache zurück an das zuständige Gericht. Hat eine Verfassungsbeschwerde Erfolg, wird dar-

über hinaus die betreffende Gesetzgebung für unwirksam erklärt und eine Wiederaufnahme des Strafverfahrens ist zulässig (§ 95 iVm § 79 BVerfGG, vgl. Abschnitt 40-41 oben).

66. Nach den tatsächlichen Umständen, die den zahlreichen Verfassungsbeschwerden vor dem Bundesverfassungsgericht im Zusammenhang mit nach der deutschen Vereinigung erfolgten Verurteilungen wegen Spionage oder Verrat zugrunde lagen, waren diese Verfahren eine weitere Stufe der betreffenden Strafverfahren und ihre Folgen konnten für die verurteilten Personen entscheidend sein.

67. Es trifft zu, dass die zweite Kammer des Zweiten Senats des Bundesverfassungsgerichts im vorliegenden Fall die Verfassungsbeschwerden der Beschwerdeführer mit Verweis auf vorangegangene Verfahren nicht zur Entscheidung angenommen hat (§§ 93a, 93b BVerfGG, vgl. Abschnitt 38 oben). Dies durfte das Bundesverfassungsgericht auch tun, nachdem es nach eingehender Prüfung aller entscheidenden Argumente am 15. Mai 1995 bereits eine Grundsatzentscheidung gefällt hatte. In den nachfolgenden Fällen wurde ausdrücklich auf diese Grundsatzentscheidung hingewiesen, die auch beigefügt wurde.

68. Unter diesen Umständen ist Art. 6 Abs. 1 auf die fraglichen Verfahren anwendbar.

B. Vereinbarkeit mit Art. 6 Abs. 1

1. Zu berücksichtigender Zeitraum

69. Das Gericht befasst sich ausschließlich mit der Verfahrensdauer vor dem Bundesverfassungsgericht. Demnach begann der entscheidende Zeitraum mit dem Datum des 18. Juli bzw. 13. August 1992, an dem die Beschwerdeführer jeweils Verfassungsbeschwerde beim Bundesverfassungsgericht einlegten. Der Zeitraum endete mit dem 9. Juni bzw. 3. Juni 1995, als die Entscheidungen des Bundesverfassungsgerichts vom 23. Mai 1995 der Beschwerdeführerin und dem Anwalt des Beschwerdeführers bekannt gegeben wurden. Die Verfahrensdauer betrug daher im Fall der Beschwerdeführerin etwa zwei Jahre und zehn Monate und im Fall des Beschwerdeführers etwa zwei Jahre und neun Monate.

2. Anzuwendende Kriterien

70. Die Angemessenheit der Verfahrensdauer muss im Lichte der besonderen Umstände des Einzelfalles unter Beachtung der in der Rechtsprechung des Gerichts entwickelten Kriterien bestimmt werden, darunter insbesondere die Vielschichtigkeit des Falles, das Verhalten des Beschwerdeführers und der zuständigen Behörden sowie der Bedeutung dessen, was für die Beschwerdeführer in dem Rechtsstreit auf dem Spiel steht (vgl. EGMR, Slg. 1996-IV, S. 1172-73 Nr. 48 – Süßmann/Deutschland sowie Slg. 1997-IV, S. 1110 Nr. 60 – Pammel/Deutschland – und S. 1136 Nr. 55 – Probstmeier/Deutschland).

71. Die Beschwerdeführer behaupteten, dass die Verfahrensdauer vor dem Bundesverfassungsgericht überhöht gewesen und einer Rechtsverweigerung gleichgekommen sei. Ihnen zufolge waren ihre Fälle nicht sonderlich kompliziert und hätten zeitiger entschieden werden können. Sie betonten die Bedeutung der Verfassungsgerichtsentschei-

dungen für ihr Recht auf Freiheit, da sie sich während eines Teils des Verfahrens in Haft befunden hätten.

72. Die Bundesregierung erklärte, die Fälle der Beschwerdeführer seien Teil einer größeren Zahl von Fällen gewesen, die die Bestrafung von Spionage nach der deutschen Vereinigung betrafen. Die Verfahren hätten die Erstellung eines Sachverständigengutachtens zu Fragen des internationalen Rechts erfordert.[4] Ihr zufolge geht die Vielschichtigkeit des Gegenstandes am deutlichsten aus der Grundsatzentscheidung des Verfassungsgerichts vom 15. Mai 1995 hervor. Darüber hinaus war die Bundesregierung unter Bezug auf die Besonderheiten des Verfahrens vor dem Bundesverfassungsgericht und der Eigentümlichkeiten des vorliegenden Falles der Meinung, dass dem Bundesverfassungsgericht keine unangemessenen Verzögerungen zur Last gelegt werden könnten. Sie trug insbesondere vor, dass der Zweite Senat des Bundesverfassungsgerichts im selben Zeitraum noch weitere dringende Fälle von beachtlicher politischer Bedeutung zu entscheiden gehabt habe, u.a. bezüglich der rechtlichen Regelungen zur Abtreibung, der Anfechtung des Maastricht-Vertrages sowie der Einsätze deutscher Streitkräfte im früheren Jugoslawien und in Somalia.

73. Das Gericht stellt fest, dass die jeweiligen Verfassungsbeschwerden der Beschwerdeführer im Vorverfahren zurückgewiesen wurden, nachdem die entscheidenden verfassungsrechtlichen Fragen in einer Grundsatzentscheidung zu vier anderen Fällen geklärt worden waren. Die rechtlichen Fragen, die in der Entscheidung untersucht wurden, auf die die Beschwerdeführer in den ablehnenden Entscheidungen zu ihren eigenen Beschwerden verwiesen wurden, waren im Großen und Ganzen sehr kompliziert, auch was die besondere Situation anbelangte, in der sich Personen wie die Beschwerdeführer befanden.

74. Das Verhalten der Beschwerdeführer verursachte keine Verzögerung des Verfahrens.

75. Was die Vorgehensweise des Bundesverfassungsgerichts betrifft, erinnert das Gericht an seine schon mehrfach geäußerte Auffassung, dass Art. 6 Abs. 1 die Vertragsstaaten dazu verpflichtet, ihr Rechtssystem dergestalt zu organisieren, dass die Gerichte sämtliche seiner Anforderungen erfüllen können, einschließlich der Verpflichtung, einen Fall innerhalb einer angemessenen Frist zu verhandeln.

Obwohl diese Verpflichtung auch für ein Verfassungsgericht gilt, kann sie doch nicht in gleicher Weise ausgelegt werden wie bei einem ordentlichen Gericht. Die Rolle des Verfassungsgerichts als Hüter der Verfassung erfordert mitunter, andere Gesichtspunkte als die rein zeitliche Reihenfolge des Eingangs von Fällen zu berücksichtigen, wie etwa die Art eines Falles und seine Bedeutung in politischer und gesellschaftlicher Hinsicht. Indem Art. 6 zügige Gerichtsverfahren verlangt, wird zudem der allgemeine Grundsatz einer ordnungsgemäßen Rechtspflege betont (vgl. EGMR, Slg. 1996-IV, S. 1174 Nrn. 55-57 – Süßmann/Deutschland).

76. Im gegenwärtigen Fall hält es das Gericht für begründet, dass das Bundesverfassungsgericht diese Fälle zusammengefasst hat, um einen umfassenden Überblick über die rechtlichen Fragen zu erhalten, die durch die Verurteilungen wegen Spionage und Verrat infolge der deutschen Vereinigung aufgeworfen wurden (vgl. *mutatis mutandis*, EGMR, Slg. 1996-IV, S. 1174 Nr. 59 – Süßmann/Deutschland).

77. Weiterhin hat das Gericht die Erklärungen der Bundesregierung zur allgemeinen Arbeitsplanung beim Zweiten Senat des Bundesverfassungsgerichts im betreffenden Zeitraum zur Kenntnis genommen.

78. Einige der erwähnten Verfahren scheinen sich auf Angelegenheiten bezogen zu haben, die aufgrund der allgemeinen Arbeitsrückstände beim Zweiten Senat noch nicht abgeschlossen waren. Insoweit erinnert das Gericht daran, dass eine ständige Überlastung, wie sie das Bundesverfassungsgericht seit Ende der 1970er Jahre kennt, eine überlange Verfahrensdauer nicht rechtfertigen kann (vgl. EGMR, Slg. 1997-IV, S. 1112 Nr. 69 – Pammel/Deutschland bzw. S. 1138 Nr. 64 – Probstmeier/Deutschland).

79. Was die anderen Fälle betrifft, mit denen sich der Zweite Senat zur fraglichen Zeit zu befassen hatte, stellt das Gericht fest, dass das Bundesverfassungsgericht bei der Abwägung zwischen dem, was für zahlreiche wegen Verrat oder Spionage zu Haftstrafen verurteilte Personen auf dem Spiel stand, und den beträchtlichen politischen und sozialen Folgewirkungen dieser anderen Fälle, zulässigerweise diesen den Vorzug geben konnte.

80. Das Gericht ist der Ansicht, dass, auch wenn die Beschwerdeführer ihre Haftstrafen schon vor den verfassungsgerichtlichen Verfahren angetreten hatten, ihre Bestrafung sie nicht in einem solchen Ausmaß beeinträchtigte, dass für das betreffende Gericht hieraus eine Pflicht erwachsen wäre, ihre Fälle mit besonderer Dringlichkeit zu behandeln, wie es bei bestimmten Verfahrenstypen der Fall ist (vgl. *mutatis mutandis*, EGMR, Slg. 1996-IV, S. 1174-75 Nr. 61 – Süßmann/Deutschland, unter Verweis auf EGMR, Slg. 1996-I, S. 107 Nr. 78 – A. u.a./Dänemark). Darüber hinaus stellt das Gericht fest, dass die Beschwerdeführer am 12. Februar bzw. am 11. Mai 1994 aus der Haft entlassen wurden. In dieser Hinsicht beachtete das Gericht auch das Vorbringen der Bundesregierung, die Beschwerdeführer hätten beim Bundesverfassungsgericht eine vorläufige Aussetzung der Haftvollstreckung beantragen können (vgl. *mutatis mutandis*, EGMR, 1978, Serie A, Bd. 27, S. 40 Nr. 111 – König/Deutschland).

81. Angesichts aller Umstände des Falles stellt das Gericht ebenso wie die Kommission fest, dass sämtliche aufgetretenen Verzögerungen nicht als so erheblich erscheinen, dass die Dauer des Verfahrens vor dem Bundesverfassungsgericht eine Überschreitung der „angemessenen Frist" iSd Art. 6 Abs. 1 darstellen würde (vgl. EGMR, 1992, Serie A, Bd. 245-B, S. 26 Nr. 20 – Cesarini/Italien – sowie EGMR, 1992, Serie A, Bd. 245-D, S. 56 Nr. 21 – Salerno/Italien). Zu diesem Schluss gelangte das Gericht unter Berücksichtigung der Tatsache, dass die Strafverfahren gegen die Beschwerdeführer, einschließlich Untersuchungshaft, Gerichtsverhandlung und Beschwerdeverfahren, im Fall der Beschwerdeführerin nur etwa ein Jahr und zehn Monate und im Fall des Beschwerdeführers etwa zwei Jahre und drei Monate gedauert haben.

82. Im Ergebnis wurde das in Art. 6 Abs. 1 gewährleistete Recht der Beschwerdeführer auf eine Gerichtsverhandlung innerhalb einer „angemessenen Frist" nicht verletzt.

Aus diesen Gründen entscheidet der Gerichtshof einstimmig, dass

keine Verletzung von Art. 6 Abs. 1 EMRK vorliegt.

Anmerkungen

1 Mittlerweile veröffentlicht in: EGMR, Slg. 2000-II, S. 467ff. (engl. Fassung) bzw. S. 489ff. (franz. Fassung). Der englische und französische Text der Entscheidung können außerdem im Internet über die Homepage des EGMR unter http://www.echr.coe.int abgerufen werden (Stand vom 1.6.2004). Das Urteil wurde von Petra Schäfter mit Unterstützung durch Florian Jeßberger und Cathy Powell ins Deutsche übertragen.

2 Die Beschwerdeführerin Gabriele Gast wurde vom Bayerischen Obersten Landesgericht am 19.12.1991 zu einer Freiheitsstrafe von sechs Jahren und neun Monaten verurteilt (vgl. lfd. Nr. 11-1). Hiergegen legte sie Revision ein, die vom BGH am 24.6.1992 – Az. 3 StR 176/92 – als unbegründet verworfen wurde. Ihre daraufhin eingelegte Verfassungsbeschwerde blieb ebenfalls ohne Erfolg (Nichtannahmebeschluss des BVerfG vom 23.5.1995 – Az. 2 BvR 1469/92).
Der Beschwerdeführer Dieter Popp wurde gemeinsam mit Klaus Lippold, der als sein Führungsoffizier agierte, vom Generalbundesanwalt am 13.6.1991 – Az. 3 StE 8/91 - 2 – wegen geheimdienstlicher Agententätigkeit angeklagt. Das OLG Düsseldorf verhängte durch Urteil vom 23.12.1991 – Az. IV - 22/91 – gegen Popp eine Freiheitsstrafe von sechs Jahren. Lippold erhielt eine Freiheitsstrafe von zwei Jahren, deren Vollstreckung zur Bewährung ausgesetzt wurde. Die von den Angeklagten hiergegen eingelegte Revision wurde vom Bundesgerichtshof durch die Beschlüsse vom 22.7.1992 bzw. vom 24.9.1993 – Az. 3 StR 199/92 – jeweils als unbegründet verworfen. Auf die Verfassungsbeschwerde von Lippold hob das Bundesverfassungsgericht am 15.5.1995 – Az. 2 BvL 19/91, 2 BvR 1206/91, 2 BvR 1584/92, 2 BvR 2601/93 – (= lfd. Nr. 2-4) das Urteil gegen ihn auf. Im Anschluss an dieses Urteil nahm der Generalbundesanwalt die Anklage gegen Lippold zurück und stellte das Verfahren gegen ihn gem. § 153c StPO ein. Die Verfassungsbeschwerde Popps nahm das Bundesverfassungsgericht durch Beschluss v. 23.5.1995 – Az. 2 BvR 1404/92 – unter Hinweis auf den erwähnten Beschluss vom 15.5.1995 jedoch nicht zur Entscheidung an.

3 An dieser Stelle steht im Original folgende Anmerkung: „Aus praktischen Gründen wird dieser Anhang nur in der endgültigen Veröffentlichung des Urteils (in den amtlichen ‚Reports of Selected Judgments and Decisions of the Court‘) enthalten sein, aber eine Kopie des Kommissionsberichts kann über die Verwaltung angefordert werden.“ Die angekündigte Veröffentlichung unterblieb. In der amtlichen Sammlung findet sich an dieser Stelle der Hinweis, dass eine Kopie des Kommissionsberichts über die Verwaltung erhältlich ist.

4 Das erwähnte Gutachten wurde vom Max-Planck-Institut für ausländisches öffentliches Recht und Völkerrecht in Heidelberg erstellt (vgl. lfd. Nr. 2-4, S. 300ff.). Es wurde mittlerweile veröffentlicht, vgl. Frowein, Jochen Abr./Rüdiger Wolfrum/Gunnar Schuster (Hg.): Völkerrechtliche Fragen der Strafbarkeit von Spionen aus der ehemaligen DDR. Gutachten erstattet im Auftrag des Bundesverfassungsgerichts und Beschluß des Gerichts vom 15. Mai 1995, Berlin u.a. 1995.

Anhang

Inhaltsverzeichnis

Schaubilder zu den Nachrichtendiensten der DDR

Schaubild 1: Aufbau der Hauptverwaltung A des MfS im Jahr 1986

Leiter der HVA

– Sektor Wissenschaft und Technik –

Stab HVA	**Abteilung V** Auswertung wissenschaftlich-technischer Informationen	**Abteilung VI** Operativer Reiseverkehr, Dokumente	**Abteilung XI** USA und US-Einrichtungen in Europa	**AG XV** Bezirke	**RD** Versorgung, Finanzen, KFZ, Gebäude/Wohnungen, Bau
Abteilung I Staatsapparat BRD	**Abteilung XIII** Atomwissenschaft, Biologie, Chemie, Medizin	**Abteilung VII** Informations- und Auswertungsorgan	**Abteilung XII** NATO und EG, Zivil- und Militärbereich	**AG Grenze** Grenzschleusung	**Bereich K** Operative Nutzung offizieller Kontakte
Abteilung II Parteien, gesellsch. Organisationen BRD	**Abteilung XIV** Mikroelektronik, Elektrotechnik, Gerätebau	**Abteilung VIII** Operative Technik und Funk	**Abteilung XV** Berlin (Ost)	**AG EDV** EDV-Vorhaben der HVA	**Objekt S** HVA-Schule
Abteilung III Residenturen westliches Ausland ohne USA/BRD	**Abteilung XV** Metallbau, Maschinenbau, Kfz-Bau	**Abteilung IX** Gegenspionage		**AG L** Vorbereitung der HVA für den Spannungsfall	
Abteilung IV Militärstrategische Aufklärung BRD	**AG III** Beschaffung von wehrtechnischen Materialien	**Abteilung X** Aktive Maßnahmen, Desinformation			
	AG V Personenerfassung, Kadergewinnung				

Schaubild 2: Aufbau der Abteilung IX/HVA im Jahr 1989

Koordinierungs- stelle		**Abteilungsleiter**		**AG Sicherheit**
Bereich **Leitung**				**Referat 1** AG "Medium"
Bereich A Gegnerische Dienste		**Bereich B** Legalresidenturen		**Bereich C** Auswertung
Referat 1 BND	**Referat 2** MAD	**Referat 1** Westeuropa	**Referat 2** Bundesrepublik	**Referat 1** Auswertung allgemein
Referat 3 CIA	**Referat 4** BfV / LfV	**Referat 3** Arabische u. asia- tische Staaten	**Referat 4** Afrika, Mittel- amerika	**Referat 2** EDV
Referat 5 übrige westliche Dienste	**Referat 6** BKA/LKA	**Referat 6** Kaderfragen	**Referat 7** Operative Außengruppe	**Referat 3** CIA, NATO
Referat 7 Operative Außengruppe	**Referat 9** Gegenoperation			**Referat 4** Auswertung Ver- fassungsschutz
Referat 10 Außengruppe Absicherung				**Referat 5** BND

Schaubild 3: Aufbau der Abteilung X/HVA im Jahr 1989

Sonderoffizier Öffentlichkeits-arbeit	**Abteilungsleiter**	
Referat 1 Dritte Welt	**Referat 2** Innenpolitik BRD, Parteien, politische Kräfte	**Referat 3** Steuerung Ein-flussagenturen
Referat 5 Geheimdienste	**Referat 7** Wirtschaftsbezie-hungen, Handel	**Referat 4** Einflussnahme un-ter „legalen Dächern“
		Referat 6 „Merkur“, Gewin-nung von Nach-wuchs

Schaubild 4: Aufbau der Abteilung XV/BV Dresden im Jahr 1989

	Abteilungsleiter	
Referat 1 vorgangsführendes Referat	**Referat 2** Erarbeitung Erst-hinweise	**Referat 3** Übersiedlung/ Ausbildung Einsatzkader
Referat AI Auswertung und Information	**Referat KD** Aufklärung in KD	**KO** Bereich konspi-rative Objekte
IAZ Informations- und Ausbildungs-zentrum		**OAG** Kaderausbildung

Schaubild 5: Aufbau der Hauptabteilung II des MfS im Jahr 1989

Leiter der Hauptabteilung II

AGL Arbeitsgruppe des Leiters	**Abteilung 2** BRD-Dienste	**AGA** Arbeitsgruppe Ausländer	**Abteilung 1** Hauskapelle*	**Abteilung 6** ökonomische Spionageabwehr
AKG Auswertungs- und Kontrollgruppe	**Abteilung 4** sowjetische Militärobjekte	**Abteilung 3** US-Botschaft	**Abteilung 21** Dienstobjekte, Wohngebiete	**Abteilung 19** DKP, SEW
AGK Arbeitsgruppe Koordinierung	**Abteilung 5** Schriftenfahndung, Postkontrolle	**Abteilung 15** nichtsozialistische Botschaften	**Abteilung 18** Sondereinsätze, Antiterrorgruppe	**Abteilung 17** Observation
Abteilung 13 westliche Journalisten	**Abteilung 12** BRD-Vertretung	**Abteilung 9** sonstige westliche Botschaften	**Abteilung 20** Sicherung sowjetische Botschaft	**Abteilung 16** Technik
Abteilung 10 DDR-Botschaften (Ost)			**Abteilung 8** Logistik	
		Abteilung 14 Sicherung MfAA, DDR-Auslandsvertretungen	**Abteilung 11** Sicherung Vertretungen anderer Staaten	

* Bezeichnung steht für interne Abwehr.

Schaubild 6: Aufbau des Bereichs Aufklärung des Hauptstabes der NVA im Jahr 1989

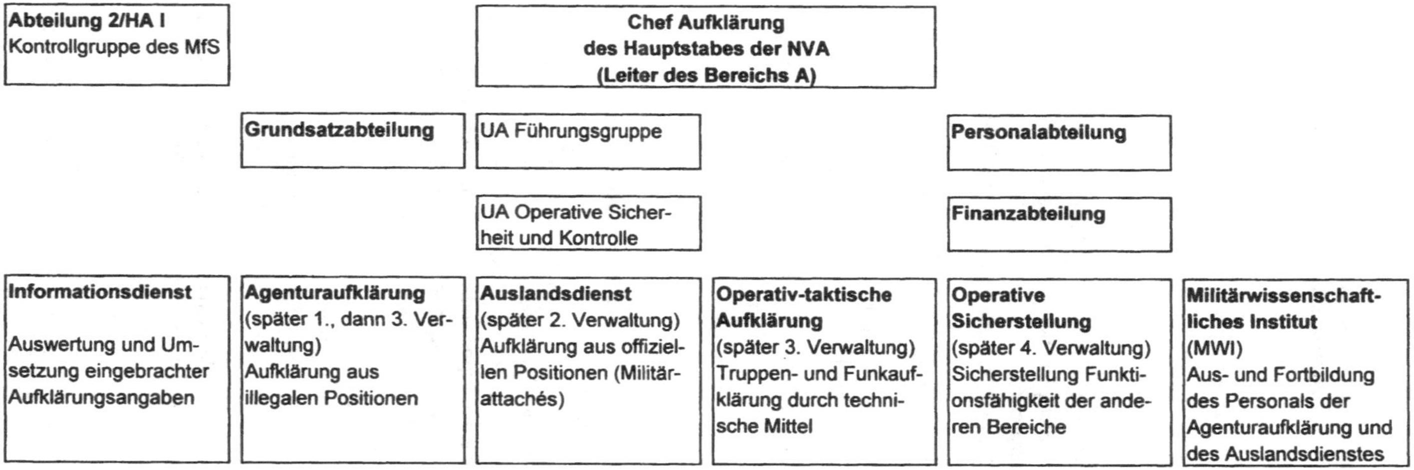

Haager Landkriegsordnung (Auszug)[1]

Art. 31

Ein Spion, welcher zu dem Heere, dem er angehört, zurückgekehrt ist und später vom Feinde gefangen genommen wird, ist als Kriegsgefangener zu behandeln und kann für früher begangene Spionage nicht verantwortlich gemacht werden.

Staatsschutzstrafrecht der DDR (Auszüge)

1974[2]

§ 96 Hochverrat

(1) Wer es unternimmt,
 1. die sozialistische Staats- oder Gesellschaftsordnung der Deutschen Demokratischen Republik durch gewaltsamen Umsturz oder planmäßige Untergrabung zu beseitigen oder in verräterischer Weise die Macht zu ergreifen;
 2. das Gebiet der Deutschen Demokratischen Republik einem anderen Staat einzuverleiben oder einen Teil derselben von ihr loszulösen;
 3. einen Angriff auf Leben oder Gesundheit eines führenden Repräsentanten der Deutschen Demokratischen Republik zu begehen;
 4. mit Gewalt oder durch Drohung mit Gewalt die verfassungsmäßige Tätigkeit der führenden Repräsentanten der Deutschen Demokratischen Republik unmöglich zu machen oder zu behindern,

 wird mit Freiheitsstrafe nicht unter zehn Jahren oder mit lebenslänglicher Freiheitsstrafe bestraft.

(2) In besonders schweren Fällen kann auf Todesstrafe erkannt werden.

Landesverrat

§ 97 Spionage

(1) Der sozialistische Staat schütz und sichert seine staatlichen, wirtschaftlichen und militärischen Geheimnisse allseitig gegenüber jedermann.

(2) Wer es unternimmt, Tatsachen, Gegenstände, Forschungsergebnisse oder sonstige Nachrichten, die im politischen oder wirtschaftlichen Interesse oder zum Schutze der Deutschen Demokratischen Republik geheimzuhalten sind, für einen imperialistischen Geheimdienst oder für andere Organisationen, Einrichtungen, Gruppen oder Personen, deren Tätigkeit gegen die Deutsche Demokratische Republik oder andere friedliebende Völker gerichtet ist, oder deren Vertreter oder Helfer zu sammeln, an sie auszuliefern oder zu verraten, wird mit Freiheitsstrafe nicht unter fünf Jahren bestraft.

(3) Das Unternehmen der Spionage begeht auch, wer
 1. sich von einem imperialistischen Geheimdienst anwerben läßt;
 2. sich von Organisationen, Einrichtungen, Gruppen oder Personen oder deren Vertretern oder Helfern zum Zwecke der Sammlung oder Auslieferung geheimzuhaltender Nachrichten anwerben läßt;
 3. bei Spionage gegen die Deutsche Demokratische Republik in anderer Weise als durch Sammlung oder Auslieferung geheimzuhaltender Nachrichten mitwirkt.

---

1 Die genaue Bezeichnung lautet „Abkommen, betreffend die Gesetze und Gebräuche des Landkriegs" vom 18.10.1907 (RGBl 1910 S. 107, 143f.).

2 Strafgesetzbuch der DDR vom 12.1.1968 in der Neufassung vom 19.12.1974 (DDR-GBl. I 1975, S. 14).

(4) In besonders schweren Fällen kann auf lebenslängliche Freiheitsstrafe oder Todesstrafe erkannt werden.

§ 98 Sammlung von Nachrichten

(1) Wer Nachrichten, die geeignet sind, die gegen die Deutsche Demokratische Republik oder andere friedliebende Völker gerichtete Tätigkeit von Organisationen, Einrichtungen, Gruppen oder Personen zu unterstützen, für sie sammelt oder ihnen übermittelt, wird mit Freiheitsstrafe von zwei bis zu zwölf Jahren bestraft.
(2) Vorbereitung und Versuch sind strafbar.

§ 99 Landesverräterischer Treubruch

(1) Wer als Bürger der Deutschen Demokratischen Republik außerhalb ihrer Grenzen mit imperialistischen Geheimdiensten oder anderen Organisationen, Einrichtungen, Gruppen oder Personen, deren Tätigkeit gegen die Deutsche Demokratische Republik oder andere friedliebende Völker gerichtet ist, in Verbindung tritt und diese in ihrer staatsfeindlichen Tätigkeit unterstützt, wird mit Freiheitsstrafe von zwei bis zu zehn Jahren bestraft.
(2) Wer die Tat durch Auslieferung oder Verrat geheimzuhaltender Nachrichten begeht, wird mit Freiheitsstrafe nicht unter zwei Jahren bestraft. In besonders schweren Fällen kann auf lebenslängliche Freiheitsstrafe oder Todesstrafe erkannt werden.
(3) Vorbereitung und Versuch sind strafbar.
(4) Von Maßnahmen der strafrechtlichen Verantwortlichkeit ist abzusehen, wenn der Täter in die Deutsche Demokratische Republik zurückkehrt, sich den Sicherheitsorganen stellt, die Umstände seiner Handlung offenbart und durch diese keine schwerwiegenden Folgen herbeigeführt wurden oder zu erwarten sind.

§ 100 Staatsfeindliche Verbindungen

(1) Wer zu Organisationen, Einrichtungen, Gruppen oder Personen wegen ihrer gegen die Deutsche Demokratische Republik oder andere friedliebende Völker gerichteten Tätigkeit Verbindung aufnimmt, wird mit Freiheitsstrafe von einem Jahr bis zu fünf Jahren bestraft.
(2) Der Versuch ist strafbar.

1988[1]

Landesverrat

§ 97 Spionage

(1) Wer Nachrichten oder Gegenstände, die geheimzuhalten sind, zum Nachteil der Interessen der Deutschen Demokratischen Republik für eine fremde Macht, deren Einrichtungen oder Vertreter oder für einen Geheimdienst oder für ausländische Organisationen sowie deren Helfer sammelt, an sie verrät, ihnen ausliefert oder in sonstiger Weise zugänglich macht, wird mit Freiheitsstrafe nicht unter fünf Jahren bestraft.
(2) Vorbereitung und Versuch sind strafbar.
(3) In besonders schweren Fällen kann auf lebenslängliche Freiheitsstrafe oder Todesstrafe erkannt werden.

---

1 Strafgesetzbuch der DDR vom 12.1.1968 id Neufassung durch das 5. Strafrechtsänderungsgesetz v. 14.12.1988 (DDR-GBl. I 1989, S. 33).

§ 98

Wer sich von den in § 97 Absatz 1 genannten Stellen oder Personen zum Zwecke der Sammlung, des Verrats oder der Auslieferung von geheimzuhaltenden Nachrichten zum Nachteil der Interessen der Deutschen Demokratischen Republik anwerben läßt, wird ebenfalls wegen Spionage bestraft.

§ 99 Landesverräterische Nachrichtenübermittlung

(1) Wer der Geheimhaltung nicht unterliegende Nachrichten zum Nachteil der Interessen der Deutschen Demokratischen Republik an die im § 97 genannten Stellen oder Personen übergibt, wird mit Freiheitsstrafe von zwei bis zu zwölf Jahren bestraft.
(2) Vorbereitung und Versuch sind strafbar.

§ 100 Landesverräterische Agententätigkeit

(1) Wer zu den im § 97 genannten Stellen oder Personen Verbindung aufnimmt oder sich zur Mitarbeit anbietet oder diese Stellen oder Personen in sonstiger Weise unterstützt, um die Interessen der Deutschen Demokratischen Republik zu schädigen, wird mit Freiheitsstrafe von einem Jahr bis zu zehn Jahren bestraft.
(2) Vorbereitung und Versuch sind strafbar.

Staatsschutzstrafrecht der Bundesrepublik Deutschland (Auszüge)

1951[1]

§ 100e[2]

Wer zu einer Regierung, einer Partei, einer anderen Vereinigung oder einer Einrichtung außerhalb des räumlichen Geltungsbereichs dieses Gesetzes oder zu einer Person, die für eine solche Regierung, Partei, Vereinigung oder Einrichtung tätig ist, Beziehungen aufnimmt oder unterhält, welche die Mitteilung von Staatsgeheimnissen oder eine der in § 100d Abs. 1 bezeichneten Maßnahmen zum Gegenstand haben, wird mit Gefängnis bestraft.
Ebenso wird bestraft, wer für eine Regierung, eine Partei, eine andere Vereinigung oder eine Einrichtung außerhalb des räumlichen Geltungsbereichs dieses Gesetzes tätig ist und Beziehungen der in Absatz 1 bezeichneten Art zu einem anderen aufnimmt oder unterhält.

1968[3]

§ 93 Begriff des Staatsgeheimnisses

(1) Staatsgeheimnisse sind Tatsachen, Gegenstände oder Erkenntnisse, die nur einem begrenzten Personenkreis zugänglich sind und vor einer fremden Macht geheimgehalten werden

1 Strafgesetzbuch vom 15.5.1871 idF des Strafrechtsänderungsgesetzes vom 30.8.1951 (BGBl I S. 739).

2 Diese Norm galt auch in Westberlin, nachdem das Land Berlin gemäß Artikel 87 Abs. 2 seiner Verfassung mit Wirkung vom 11.11.1952 die Anwendung dieses Gesetzes in Berlin beschlossen hatte (vgl. Art. 1 des Gesetzes zur Übernahme des Strafrechtsänderungsgesetzes vom 30.10.1952, GVBl Berlin S. 994).

3 Die Normen erhielten ihre bis heute geltende Fassung (vgl. Strafgesetzbuch in der Fassung der Bekanntmachung vom 13.11.1998, BGBl. I S. 3322) durch das 8. Strafrechtsänderungsgesetz vom 25.6.1968 (BGBl I S. 741). Art. 7 Abs. 1 des 4. Strafrechtsänderungsgesetzes vom 11.6.1957 (BGBl I S. 579) erweiterte den strafrechtlichen Schutz der §§ 93 bis 97b und 98 bis 100 in Verbindung mit den §§ 101 und 101a StGB auf die nichtdeutschen Vetragsstaaten des Nordatlantikpaktes.

müssen, um die Gefahr eines schweren Nachteils für die äußere Sicherheit der Bundesrepublik Deutschland abzuwenden.

(2) Tatsachen, die gegen die freiheitliche demokratische Grundordnung oder unter Geheimhaltung gegenüber den Vertragspartnern der Bundesrepublik Deutschland gegen zwischenstaatlich vereinbarte Rüstungsbeschränkungen verstoßen, sind keine Staatsgeheimnisse.

§ 94. Landesverrat

(1) Wer ein Staatsgeheimnis
1. einer fremden Macht oder einem ihrer Mittelsmänner mitteilt oder
2. sonst an einen Unbefugten gelangen läßt oder öffentlich bekanntmacht, um die Bundesrepublik Deutschland zu benachteiligen oder eine fremde Macht zu begünstigen,

und dadurch die Gefahr eines schweren Nachteils für die äußere Sicherheit der Bundesrepublik Deutschland herbeiführt, wird mit Freiheitsstrafe nicht unter einem Jahr bestraft.

(2) In besonders schweren Fällen ist die Strafe lebenslange Freiheitsstrafe oder Freiheitsstrafe nicht unter fünf Jahren. Ein besonders schwerer Fall liegt in der Regel vor, wenn der Täter
1. eine verantwortliche Stellung mißbraucht, die ihn zur Wahrung von Staatsgeheimnissen besonders verpflichtet, oder
2. durch die Tat die Gefahr eines besonders schweren Nachteils für die äußere Sicherheit der Bundesrepublik Deutschland herbeiführt.

§ 95. Offenbaren von Staatsgeheimnissen

(1) Wer ein Staatsgeheimnis, das von einer amtlichen Stelle oder auf deren Veranlassung geheimgehalten wird, an einen Unbefugten gelangen läßt oder öffentlich bekanntmacht und dadurch die Gefahr eines schweren Nachteils für die äußere Sicherheit der Bundesrepublik Deutschland herbeiführt, wird mit Freiheitsstrafe von sechs Monaten bis zu fünf Jahren bestraft, wenn die Tat nicht in § 94 mit Strafe bedroht ist.

(2) Der Versuch ist strafbar.

(3) In besonders schweren Fällen ist die Strafe Freiheitsstrafe von einem Jahr bis zu zehn Jahren. § 94 Abs. 2 Satz 2 ist anzuwenden.

§ 96. Landesverräterische Ausspähung; Auskundschaften von Staatsgeheimnissen

(1) Wer sich ein Staatsgeheimnis verschafft, um es zu verraten (§ 94), wird mit Freiheitsstrafe von einem Jahr bis zu zehn Jahren bestraft.

(2) Wer sich ein Staatsgeheimnis, das von einer amtlichen Stelle oder auf deren Veranlassung geheimgehalten wird, verschafft, um es zu offenbaren (§ 95), wird mit Freiheitsstrafe von sechs Monaten bis zu fünf Jahren bestraft. Der Versuch ist strafbar.

§ 97. Preisgabe von Staatsgeheimnissen

(1) Wer ein Staatsgeheimnis, das von einer amtlichen Stelle oder auf deren Veranlassung geheimgehalten wird, an einen Unbefugten gelangen läßt oder öffentlich bekanntmacht und dadurch fahrlässig die Gefahr eines schweren Nachteils für die äußere Sicherheit der Bundesrepublik Deutschland verursacht, wird mit Freiheitsstrafe bis zu fünf Jahren oder mit Geldstrafe bestraft.

(2) Wer ein Staatsgeheimnis, das von einer amtlichen Stelle oder auf deren Veranlassung geheimgehalten wird und das ihm kraft seines Amtes, seiner Dienststellung oder eines von einer amtlichen Stelle erteilten Auftrags zugänglich war, leichtfertig an einen Unbefugten gelangen läßt und dadurch fahrlässig die Gefahr eines schweren Nachteils für die äußere

Sicherheit der Bundesrepublik Deutschland verursacht, wird mit Freiheitsstrafe bis zu drei Jahren oder mit Geldstrafe bestraft.

(3) Die Tat wird nur mit Ermächtigung der Bundesregierung verfolgt.

§ 97a. Verrat illegaler Geheimnisse

Wer ein Geheimnis, das wegen eines der in § 93 Abs. 2 bezeichneten Verstöße kein Staatsgeheimnis ist, einer fremden Macht oder einem ihrer Mittelsmänner mitteilt und dadurch die Gefahr eines schweren Nachteils für die äußere Sicherheit der Bundesrepublik Deutschland herbeiführt, wird wie ein Landesverräter (§ 94) bestraft. § 96 Abs. 1 in Verbindung mit § 94 Abs. 1 Nr. 1 ist auf Geheimnisse der in Satz 1 bezeichneten Art entsprechend anzuwenden.

§ 97b. Verrat in irriger Annahme eines illegalen Geheimnisses

(1) Handelt der Täter in den Fällen der §§ 94 bis 97 in der irrigen Annahme, das Staatsgeheimnis sei ein Geheimnis der in § 97a bezeichneten Art, so wird er, wenn
   1. dieser Irrtum ihm vorzuwerfen ist,
   2. er nicht in der Absicht handelt, dem vermeintlichen Verstoß entgegenzuwirken, oder
   3. die Tat nach den Umständen kein angemessenes Mittel zu diesem Zweck ist,

   nach den bezeichneten Vorschriften bestraft. 2 Die Tat ist in der Regel kein angemessenes Mittel, wenn der Täter nicht zuvor ein Mitglied des Bundestages um Abhilfe angerufen hat.

(2) War dem Täter als Amtsträger oder als Soldat der Bundeswehr das Staatsgeheimnis dienstlich anvertraut oder zugänglich, so wird er auch dann bestraft, wenn nicht zuvor der Amtsträger einen Dienstvorgesetzten, der Soldat einen Disziplinarvorgesetzten um Abhilfe angerufen hat. Dies gilt für die für den öffentlichen Dienst besonders Verpflichteten und für Personen, die im Sinne des § 353b Abs. 2 verpflichtet worden sind, sinngemäß.

§ 98. Landesverräterische Agententätigkeit

(1) Wer
   1. für eine fremde Macht eine Tätigkeit ausübt, die auf die Erlangung oder Mitteilung von Staatsgeheimnissen gerichtet ist, oder
   2. gegenüber einer fremden Macht oder einem ihrer Mittelsmänner sich zu einer solchen Tätigkeit bereit erklärt,

   wird mit Freiheitsstrafe bis zu fünf Jahren oder mit Geldstrafe bestraft, wenn die Tat nicht in § 94 oder § 96 Abs. 1 mit Strafe bedroht ist. 2 In besonders schweren Fällen ist die Strafe Freiheitsstrafe von einem Jahr bis zu zehn Jahren; § 94 Abs. 2 Satz 2 Nr. 1 gilt entsprechend.

(2) Das Gericht kann die Strafe nach seinem Ermessen mildern (§ 49 Abs. 2) oder von einer Bestrafung nach diesen Vorschriften absehen, wenn der Täter freiwillig sein Verhalten aufgibt und sein Wissen einer Dienststelle offenbart. Ist der Täter in den Fällen des Absatzes 1 Satz 1 von der fremden Macht oder einem ihrer Mittelsmänner zu seinem Verhalten gedrängt worden, so wird er nach dieser Vorschrift nicht bestraft, wenn er freiwillig sein Verhalten aufgibt und sein Wissen unverzüglich einer Dienststelle offenbart.

§ 99. Geheimdienstliche Agententätigkeit

(1) Wer
   1. für den Geheimdienst einer fremden Macht eine geheimdienstliche Tätigkeit gegen die Bundesrepublik Deutschland ausübt, die auf die Mitteilung oder Lieferung von Tatsachen, Gegenständen oder Erkenntnissen gerichtet ist, oder

2. gegenüber dem Geheimdienst einer fremden Macht oder einem seiner Mittelsmänner sich zu einer solchen Tätigkeit bereit erklärt,

wird mit Freiheitsstrafe bis zu fünf Jahren oder mit Geldstrafe bestraft, wenn die Tat nicht in § 94 oder § 96 Abs. 1, in § 97a oder in § 97b in Verbindung mit § 94 oder § 96 Abs. 1 mit Strafe bedroht ist.

(2) In besonders schweren Fällen ist die Strafe Freiheitsstrafe von einem Jahr bis zu zehn Jahren. Ein besonders schwerer Fall liegt in der Regel vor, wenn der Täter Tatsachen, Gegenstände oder Erkenntnisse, die von einer amtlichen Stelle oder auf deren Veranlassung geheimgehalten werden, mitteilt oder liefert und wenn er
1. eine verantwortliche Stellung mißbraucht, die ihn zur Wahrung solcher Geheimnisse besonders verpflichtet, oder
2. durch die Tat die Gefahr eines schweren Nachteils für die Bundesrepublik Deutschland herbeiführt.

(3) § 98 Abs. 2 gilt entsprechend.

§ 100. Friedensgefährdende Beziehungen

(1) Wer als Deutscher, der seine Lebensgrundlage im räumlichen Geltungsbereich dieses Gesetzes hat, in der Absicht, einen Krieg oder ein bewaffnetes Unternehmen gegen die Bundesrepublik Deutschland herbeizuführen, zu einer Regierung, Vereinigung oder Einrichtung außerhalb des räumlichen Geltungsbereichs dieses Gesetzes oder zu einem ihrer Mittelsmänner Beziehungen aufnimmt oder unterhält, wird mit Freiheitsstrafe nicht unter einem Jahr bestraft.

(2) In besonders schweren Fällen ist die Strafe lebenslange Freiheitsstrafe oder Freiheitsstrafe nicht unter fünf Jahren. Ein besonders schwerer Fall liegt in der Regel vor, wenn der Täter durch die Tat eine schwere Gefahr für den Bestand der Bundesrepublik Deutschland herbeiführt.

(3) In minder schweren Fällen ist die Strafe Freiheitsstrafe von einem Jahr bis zu fünf Jahren.

§ 100a. Landesverräterische Fälschung

(1) Wer wider besseres Wissen gefälschte oder verfälschte Gegenstände, Nachrichten darüber oder unwahre Behauptungen tatsächlicher Art, die im Falle ihrer Echtheit oder Wahrheit für die äußere Sicherheit oder die Beziehungen der Bundesrepublik Deutschland zu einer fremden Macht von Bedeutung wären, an einen anderen gelangen läßt oder öffentlich bekanntmacht, um einer fremden Macht vorzutäuschen, daß es sich um echte Gegenstände oder um Tatsachen handele, und dadurch die Gefahr eines schweren Nachteils für die äußere Sicherheit oder die Beziehungen der Bundesrepublik Deutschland zu einer fremden Macht herbeiführt, wird mit Freiheitsstrafe von sechs Monaten bis zu fünf Jahren bestraft.

(2) Ebenso wird bestraft, wer solche Gegenstände durch Fälschung oder Verfälschung herstellt oder sie sich verschafft, um sie in der in Absatz 1 bezeichneten Weise zur Täuschung einer fremden Macht an einen anderen gelangen zu lassen oder öffentlich bekanntzumachen und dadurch die Gefahr eines schweren Nachteils für die äußere Sicherheit oder die Beziehungen der Bundesrepublik Deutschland zu einer fremden Macht herbeizuführen.

(3) Der Versuch ist strafbar.

(4) In besonders schweren Fällen ist die Strafe Freiheitsstrafe nicht unter einem Jahr. Ein besonders schwerer Fall liegt in der Regel vor, wenn der Täter durch die Tat einen besonders schweren Nachteil für die äußere Sicherheit oder die Beziehungen der Bundesrepublik Deutschland zu einer fremden Macht herbeiführt.

§ 101. Nebenfolgen

Neben einer Freiheitsstrafe von mindestens sechs Monaten wegen einer vorsätzlichen Straftat nach diesem Abschnitt kann das Gericht die Fähigkeit, öffentliche Ämter zu bekleiden, die Fähigkeit, Rechte aus öffentlichen Wahlen zu erlangen, und das Recht, in öffentlichen Angelegenheiten zu wählen oder zu stimmen, aberkennen (§ 45 Abs. 2 und 5).

§ 101a. Einziehung

Ist eine Straftat nach diesem Abschnitt begangen worden, so können

1. Gegenstände, die durch die Tat hervorgebracht oder zu ihrer Begehung oder Vorbereitung gebraucht worden oder bestimmt gewesen sind, und
2. Gegenstände, die Staatsgeheimnisse sind, und Gegenstände der in § 100a bezeichneten Art, auf die sich die Tat bezieht,

eingezogen werden. § 74a ist anzuwenden. Gegenstände der in Satz 1 Nr. 2 bezeichneten Art werden auch ohne die Voraussetzungen des § 74 Abs. 2 eingezogen, wenn dies erforderlich ist, um die Gefahr eines schweren Nachteils für die äußere Sicherheit der Bundesrepublik Deutschland abzuwenden; dies gilt auch, wenn der Täter ohne Schuld gehandelt hat.

Strafprozessordnung der Bundesrepublik Deutschland (Auszüge)[1]

§ 153 [Absehen von Verfolgung wegen Geringfügigkeit]

(1) Hat das Verfahren ein Vergehen zum Gegenstand, so kann die Staatsanwaltschaft mit Zustimmung des für die Eröffnung des Hauptverfahrens zuständigen Gerichts von der Verfolgung absehen, wenn die Schuld des Täters als gering anzusehen wäre und kein öffentliches Interesse an der Verfolgung besteht. Der Zustimmung des Gerichtes bedarf es nicht bei einem Vergehen, das nicht mit einer im Mindestmaß erhöhten Strafe bedroht ist und bei dem die durch die Tat verursachten Folgen gering sind.

(2) Ist die Klage bereits erhoben, so kann das Gericht in jeder Lage des Verfahrens unter den Voraussetzungen des Absatzes 1 mit Zustimmung der Staatsanwaltschaft und des Angeschuldigten das Verfahren einstellen. Der Zustimmung des Angeschuldigten bedarf es nicht, wenn die Hauptverhandlung aus den in § 205 angeführten Gründen nicht durchgeführt werden kann oder in den Fällen des § 231 Abs. 2 und der §§ 232 und 233 in seiner Abwesenheit durchgeführt wird. Die Entscheidung ergeht durch Beschluß. Der Beschluß ist nicht anfechtbar.

§ 153a [Einstellung des Verfahrens bei Erfüllung von Auflagen und Weisungen]

(1) Mit Zustimmung des für die Eröffnung des Hauptverfahrens zuständigen Gerichts und des Beschuldigten kann die Staatsanwaltschaft bei einem Vergehen vorläufig von der Erhebung der öffentlichen Klage absehen und zugleich dem Beschuldigten Auflagen und Weisungen erteilen, wenn diese geeignet sind, das öffentliche Interesse an der Strafverfolgung zu beseitigen, und die Schwere der Schuld nicht entgegensteht. Als Auflagen oder Weisungen kommen insbesondere in Betracht,

1. zur Wiedergutmachung des durch die Tat verursachten Schadens eine bestimmte Leistung zu erbringen,

1 Strafprozessordnung idF der Bekanntmachung vom 7.4.1987 (BGBl I S. 1074), zuletzt geändert durch das Gesetz zur strafrechtlichen Verankerung des Täter-Opfer-Ausgleichs und zur Änderung des Gesetzes über Fernmeldeanlagen vom 20.12.1999 (BGBl. I S. 2491).

2. einen Geldbetrag zugunsten einer gemeinnützigen Einrichtung oder der Staatskasse zu zahlen,
3. sonst gemeinnützige Leistungen zu erbringen,
4. Unterhaltspflichten in einer bestimmten Höhe nachzukommen,
5. sich ernsthaft zu bemühen, einen Ausgleich mit dem Verletzten zu erreichen (Täter-Opfer-Ausgleich) und dabei seine Tat ganz oder zum überwiegenden Teil wieder gut zu machen oder deren Wiedergutmachung zu erstreben, oder
6. an einem Aufbauseminar nach § 2b Abs. 2 Satz 2 oder § 4 Abs. 8 Satz 4 des Straßenverkehrsgesetzes teilzunehmen.

Zur Erfüllung der Auflagen und Weisungen setzt die Staatsanwaltschaft dem Beschuldigten eine Frist, die in den Fällen des Satzes 2 Nr. 1 bis 3, 5 und 6 höchstens sechs Monate, in den Fällen des Satzes 2 Nr. 4 höchstens ein Jahr beträgt. Die Staatsanwaltschaft kann Auflagen und Weisungen nachträglich aufheben und die Frist einmal für die Dauer von drei Monaten verlängern; mit Zustimmung des Beschuldigten kann sie auch Auflagen und Weisungen nachträglich auferlegen und ändern. Erfüllt der Beschuldigte die Auflagen und Weisungen, so kann die Tat nicht mehr als Vergehen verfolgt werden. Erfüllt der Beschuldigte die Auflagen und Weisungen nicht, so werden Leistungen, die er zu ihrer Erfüllung erbracht hat, nicht erstattet. § 153 Abs. 1 Satz 2 gilt in den Fällen des Satzes 2 Nr. 1 bis 5 entsprechend.

(2) Ist die Klage bereits erhoben, so kann das Gericht mit Zustimmung der Staatsanwaltschaft und des Angeschuldigten das Verfahren bis zum Ende der Hauptverhandlung, in der die tatsächlichen Feststellungen letztmals geprüft werden können, vorläufig einstellen und zugleich dem Angeschuldigten die in Absatz 1 Satz 1 und 2 bezeichneten Auflagen und Weisungen erteilen. Absatz 1 Satz 3 bis 6 gilt entsprechend. Die Entscheidung nach Satz 1 ergeht durch Beschluß. Der Beschluß ist nicht anfechtbar. Satz 4 gilt auch für eine Feststellung, daß gemäß Satz 1 erteilte Auflagen und Weisungen erfüllt worden sind.

(3) Während des Laufes der für die Erfüllung der Auflagen und Weisungen gesetzten Frist ruht die Verjährung.

§ 153b [Absehen von Klage; Einstellung]

(1) Liegen die Voraussetzungen vor, unter denen das Gericht von Strafe absehen könnte, so kann die Staatsanwaltschaft mit Zustimmung des Gerichts, das für die Hauptverhandlung zuständig wäre, von der Erhebung der öffentlichen Klage absehen.

(2) Ist die Klage bereits erhoben, so kann das Gericht bis zum Beginn der Hauptverhandlung mit Zustimmung der Staatsanwaltschaft und des Angeschuldigten das Verfahren einstellen.

§ 153c [Nichtverfolgung von Auslandstaten][1]

(1) Die Staatsanwaltschaft kann von der Verfolgung von Straftaten absehen,
1. die außerhalb des räumlichen Geltungsbereichs dieses Gesetzes begangen sind oder die ein Teilnehmer an einer außerhalb des räumlichen Geltungsbereichs dieses Gesetzes begangenen Handlung in diesem Bereich begangen hat,
2. die ein Ausländer im Inland auf einem ausländischen Schiff oder Luftfahrzeug begangen hat,

1 Mittlerweile geändert durch das Gesetz zur Einführung des Völkerstrafgesetzbuchs vom 26.6.2002 (BGBl I S. 2254) sowie das 34. Strafrechtsänderungsgesetz vom 22.8.2002 (BGBl I S. 3390).

3. wenn wegen der Tat im Ausland schon eine Strafe gegen den Beschuldigten vollstreckt worden ist und die im Inland zu erwartende Strafe nach Anrechnung der ausländischen nicht ins Gewicht fiele oder der Beschuldigte wegen der Tat im Ausland rechtskräftig freigesprochen worden ist.

(2) Die Staatsanwaltschaft kann auch von der Verfolgung von Straftaten absehen, die im räumlichen Geltungsbereich dieses Gesetzes durch eine außerhalb dieses Bereichs ausgeübte Tätigkeit begangen sind, wenn die Durchführung des Verfahrens die Gefahr eines schweren Nachteils für die Bundesrepublik Deutschland herbeiführen würde oder wenn der Verfolgung sonstige überwiegende öffentliche Interessen entgegenstehen.

(3) Ist die Klage bereits erhoben, so kann die Staatsanwaltschaft in den Fällen des Absatzes 1 Nr. 1, 2 und des Absatzes 2 die Klage in jeder Lage des Verfahrens zurücknehmen und das Verfahren einstellen, wenn die Durchführung des Verfahrens die Gefahr eines schweren Nachteils für die Bundesrepublik Deutschland herbeiführen würde oder wenn der Verfolgung sonstige überwiegende öffentliche Interessen entgegenstehen.

(4) Hat das Verfahren Straftaten der in § 74a Abs. 1 Nr. 2 bis 6 und § 120 Abs. 1 Nr. 2 bis 7 des Gerichtsverfassungsgesetzes bezeichneten Art zum Gegenstand, so stehen diese Befugnisse dem Generalbundesanwalt zu.

§ 153d [Absehen von Strafverfolgung bei politischen Straftaten]

(1) Der Generalbundesanwalt kann von der Verfolgung von Straftaten der in § 74a Abs. 1 Nr. 2 bis 6 und in § 120 Abs. 1 Nr. 2 bis 7 des Gerichtsverfassungsgesetzes bezeichneten Art absehen, wenn die Durchführung des Verfahrens die Gefahr eines schweren Nachteils für die Bundesrepublik Deutschland herbeiführen würde oder wenn der Verfolgung sonstige überwiegende öffentliche Interessen entgegenstehen.

(2) Ist die Klage bereits erhoben, so kann der Generalbundesanwalt unter den in Absatz 1 bezeichneten Voraussetzungen die Klage in jeder Lage des Verfahrens zurücknehmen und das Verfahren einstellen.

§ 153e [Absehen von Strafverfolgung bei tätiger Reue]

(1) Hat das Verfahren Straftaten der in § 74a Abs. 1 Nr. 2 bis 4 und in § 120 Abs. 1 Nr. 2 bis 7 des Gerichtsverfassungsgesetzes bezeichneten Art zum Gegenstand, so kann der Generalbundesanwalt mit Zustimmung des nach § 120 des Gerichtsverfassungsgesetzes zuständigen Oberlandesgerichts von der Verfolgung einer solchen Tat absehen, wenn der Täter nach der Tat, bevor ihm deren Entdeckung bekanntgeworden ist, dazu beigetragen hat, eine Gefahr für den Bestand oder die Sicherheit der Bundesrepublik Deutschland oder die verfassungsmäßige Ordnung abzuwenden. Dasselbe gilt, wenn der Täter einen solchen Beitrag dadurch geleistet hat, daß er nach der Tat sein mit ihr zusammenhängendes Wissen über Bestrebungen des Hochverrats, der Gefährdung des demokratischen Rechtsstaates oder des Landesverrats und der Gefährdung der äußeren Sicherheit einer Dienststelle offenbart hat.

(2) Ist die Klage bereits erhoben, so kann das nach § 120 des Gerichtsverfassungsgesetzes zuständige Oberlandesgericht mit Zustimmung des Generalbundesanwalts das Verfahren unter den in Absatz 1 bezeichneten Voraussetzungen einstellen.

Gerichtsverfassungsgesetz der Bundesrepublik Deutschland (Auszüge)[1]

§ 120[2]

(1) In Strafsachen sind die Oberlandesgerichte, in deren Bezirk die Landesregierungen ihren Sitz haben, für das Gebiet des Landes zuständig für die Verhandlung und Entscheidung im ersten Rechtszug
1. bei Friedensverrat in den Fällen des § 80 des Strafgesetzbuches,
2. bei Hochverrat (§§ 81 bis 83 des Strafgesetzbuches),
3. bei Landesverrat und Gefährdung der äußeren Sicherheit (§§ 94 bis 100a des Strafgesetzbuches) sowie bei Straftaten nach § 52 Abs. 2 des Patentgesetzes, nach § 9 Abs. 2 des Gebrauchsmustergesetzes in Verbindung mit § 52 Abs. 2 des Patentgesetzes oder nach § 4 Abs. 4 des Halbleiterschutzgesetzes in Verbindung mit § 9 Abs. 2 des Gebrauchsmustergesetzes und § 52 Abs. 2 des Patentgesetzes,
4. bei einem Angriff gegen Organe und Vertreter ausländischer Staaten (§ 102 des Strafgesetzbuches),
5. bei einer Straftat gegen Verfassungsorgane in den Fällen der §§ 105, 106 des Strafgesetzbuches,
6. bei einer Zuwiderhandlung gegen das Vereinigungsverbot des § 129a, auch in Verbindung mit 129b Abs. 1, des Strafgesetzbuches,
7. bei Nichtanzeige von Straftaten nach § 138 des Strafgesetzbuches, wenn die Nichtanzeige eine Straftat betrifft, die zur Zuständigkeit der Oberlandesgerichte gehört und
8. bei Straftaten nach dem Völkerstrafgesetzbuch.

(2) Diese Oberlandesgerichte sind ferner für die Verhandlung und Entscheidung im ersten Rechtszug zuständig
1. bei den in § 74a Abs. 1 bezeichneten Straftaten, wenn der Generalbundesanwalt wegen der besonderen Bedeutung des Falles nach § 74a Abs. 2 die Verfolgung übernimmt,
2. bei Mord (§ 211 des Strafgesetzbuches), Totschlag (§ 212 des Strafgesetzbuches) und den in § 129a Abs. 1 Nr. 2 und 3 des Strafgesetzbuches bezeichneten Straftaten, wenn ein Zusammenhang mit der Tätigkeit einer nicht oder nicht nur im Inland bestehenden Vereinigung besteht, deren Zweck oder Tätigkeit die Begehung von Straftaten dieser Art zum Gegenstand hat, und der Generalbundesanwalt wegen der besonderen Bedeutung des Falles die Verfolgung übernimmt,
3. bei Mord (§ 211 des Strafgesetzbuches), Totschlag (§ 212 des Strafgesetzbuches), Geiselnahme (§ 239b des Strafgesetzbuches), schwerer und besonders schwerer Brandstiftung (§§ 306a und 306b des Strafgesetzbuches), Brandstiftung mit Todesfolge (§ 306c des Strafgesetzbuches), Herbeiführen einer Explosion durch Kernenergie in den Fällen des § 307 Abs. 1 und 3 Nr. 1 des Strafgesetzbuches, Mißbrauch ionisierender Strahlen in den Fällen des § 309 Abs. 2 und 4 des Strafgesetzbuches, Herbeiführen einer Überschwemmung in den Fällen des § 313 Abs. 2 in Verbindung mit § 308 Abs. 2 und 3 des Strafgesetzbuches, gemeingefährlicher Vergiftung in den Fällen des § 314 Abs. 2 in

1 In der Fassung der Bekanntmachung vom 9.5.1975 (BGBl. I S. 1077), zuletzt geändert durch Art. 2 des 6. StrRG v. 26.1.1998 (BGBl. I S. 164)

2 Für das Beitrittsgebiet war bis zur Anpassung des Gerichtsaufbaus das Kammbergericht Berlin zuständig (Einigungsvertrag Anl. I Kap. III Sachgebiet A Abschnitt III Nr. 1 l). Inzwischen ist auch dort den neu geschaffenen Oberlandesgerichten die Zuständigkeit übertragen worden. Die bereits anhängigen Verfahren blieben beim Kammergericht (§ 21 RPflAngG). Über das Rechtsmittel der Revision gegen die erstinstanzlichen Urteile entscheidet der BGH (§ 135 Abs. 1 GVG).

Verbindung mit § 308 Abs. 2 und 3 des Strafgesetzbuches und Angriff auf den Luft- und Seeverkehr in den Fällen des § 316c Abs. 1 und 3 des Strafgesetzbuches, wenn die Tat nach den Umständen bestimmt und geeignet ist,

a) den Bestand oder die äußere oder innere Sicherheit der Bundesrepublik Deutschland zu beeinträchtigen,
b) Verfassungsgrundsätze zu beseitigen, außer Geltung zu setzen oder zu untergraben oder
c) die Sicherheit der in der Bundesrepublik Deutschland stationierten Truppen des Nordatlantik-Pakts oder seiner nichtdeutschen Vertragsstaaten zu beeinträchtigen,

und der Generalbundesanwalt wegen der besonderen Bedeutung des Falles die Verfolgung übernimmt.

Sie verweisen bei der Eröffnung des Hauptverfahrens die Sache in den Fällen der Nummer 1 an das Landgericht, in den Fällen der Nummern 2 und 3 an das Land- oder Amtsgericht, wenn eine besondere Bedeutung des Falles nicht vorliegt.

(3) In den Sachen, in denen diese Oberlandesgerichte nach Absatz 1 oder 2 zuständig sind, treffen sie auch die in § 73 Abs. 1 bezeichneten Entscheidungen. Sie entscheiden ferner über die Beschwerde gegen Verfügungen der Ermittlungsrichter der Oberlandesgerichte (§ 169 Abs. 1 Satz 1 der Strafprozeßordnung) in den in § 304 Abs. 5 der Strafprozeßordnung bezeichneten Fällen.

(4) Diese Oberlandesgerichte entscheiden auch über die Beschwerde gegen Verfügungen und Entscheidungen des nach § 74a zuständigen Gerichts.

(5) Für den Gerichtsstand gelten die allgemeinen Vorschriften. Die beteiligten Länder können durch Vereinbarung die den Oberlandesgerichten in den Absätzen 1 bis 4 zugewiesenen Aufgaben dem hiernach zuständigen Gericht eines Landes auch für das Gebiet eines anderen Landes übertragen.

(6) Soweit nach § 142a für die Verfolgung der Strafsachen die Zuständigkeit des Bundes begründet ist, üben diese Oberlandesgerichte Gerichtsbarkeit nach Artikel 96 Abs. 5 des Grundgesetzes aus.

§ 142a

(1) Der Generalbundesanwalt übt in den zur Zuständigkeit von Oberlandesgerichten im ersten Rechtszug gehörenden Strafsachen (§ 120 Abs. 1 und 2) das Amt der Staatsanwaltschaft auch bei diesen Gerichten aus. Können in den Fällen des § 120 Abs. 1 die Beamten der Staatsanwaltschaft eines Landes und der Generalbundesanwalt sich nicht darüber einigen, wer von ihnen die Verfolgung zu übernehmen hat, so entscheidet der Generalbundesanwalt.

(2) Der Generalbundesanwalt gibt das Verfahren vor Einreichung einer Anklageschrift oder einer Antragsschrift (§ 440 der Strafprozeßordnung) an die Landesstaatsanwaltschaft ab,

1. wenn es folgende Straftaten zum Gegenstand hat:
   a) Straftaten nach den §§ 82, 83 Abs. 2, §§ 98, 99 oder 102 des Strafgesetzbuches,
   b) Straftaten nach den §§ 105 oder 106 des Strafgesetzbuches, wenn die Tat sich gegen ein Organ eines Landes oder gegen ein Mitglied eines solchen Organs richtet,
   c) Straftaten nach § 138 des Strafgesetzbuches in Verbindung mit einer der in Buchstabe a bezeichneten Strafvorschriften oder
   d) Straftaten nach § 52 Abs. 2 des Patentgesetzes, nach § 9 Abs. 2 des Gebrauchsmustergesetzes in Verbindung mit § 52 Abs. 2 des Patentgesetzes oder nach § 4 Abs. 4 des Halbleiterschutzgesetzes in Verbindung mit § 9 Abs. 2 des Gebrauchsmustergesetzes und § 52 Abs. 2 des Patentgesetzes;
2. in Sachen von minderer Bedeutung.

(3) Eine Abgabe an die Landesstaatsanwaltschaft unterbleibt,
1. wenn die Tat die Interessen des Bundes in besonderem Maße berührt oder
2. wenn es im Interesse der Rechtseinheit geboten ist, daß der Generalbundesanwalt die Tat verfolgt.

(4) Der Generalbundesanwalt gibt eine Sache, die er nach §120 Abs. 2 Nr. 2 oder 3 oder § 74a Abs. 2 übernommen hat, wieder an die Landesstaatsanwaltschaft ab, wenn eine besondere Bedeutung des Falles nicht mehr vorliegt.

Auswahlbibliografie

Zur DDR-Spionage allgemein

Bohnsack, Günter: Hauptverwaltung Aufklärung: Die Legende stirbt – Das Ende von Wolfs Geheimdienst, Berlin 1997.

Busch, Heinz: Die Militärspionage der DDR-Staatssicherheit, Europäische Sicherheit 1993, S. 617ff.

Chaker, Irene: Die Arbeit der Hauptverwaltung Aufklärung (HV A) im „Operationsgebiet" und ihre Auswirkungen auf oppositionelle Bestrebungen in der DDR, in: Deutscher Bundestag (12. Wahlperiode) (Hg.), Materialien der Enquete-Kommission „Aufarbeitung von Geschichte und Folgen der SED-Diktatur in Deutschland", Bd. VIII, Baden-Baden, Frankfurt/M. 1995, S. 126ff.

Fricke, Karl Wilhelm: Ordinäre Abwehr – elitäre Aufklärung? Zur Rolle der Hauptverwaltung A im Ministerium für Staatssicherheit, APuZ B 50/1997, S. 17ff.

Fricke, Karl Wilhelm: Organisation und Tätigkeit der DDR-Nachrichtendienste, in: Wolfgang Krieger/Jürgen Weber (Hg.): Spionage für den Frieden? Nachrichtendienste in Deutschland während des Kalten Krieges, München u.a. 1997, S. 213ff.

Göpel, Helmut: Aufklärung, in: Klaus Naumann (Hg.): NVA. Anspruch und Wirklichkeit nach ausgewählten Dokumenten, Berlin u.a., S. 221ff.

Günther, Heinz: Wie Spione gemacht wurden, Berlin 1992.

Herbstritt, Georg/Helmut *Müller-Enbergs* (Hg.): Das Gesicht dem Westen zu ... DDR-Spionage gegen die Bundesrepublik Deutschland, Bremen 2003.

Kabus, Andreas: Auftrag Windrose. Der militärische Geheimdienst der DDR, Berlin 1993.

Knabe, Hubertus: West-Arbeit des MfS. Das Zusammenspiel von „Aufklärung" und „Abwehr", Berlin 1999.

Labrenz-Weiß, Hanna: Die Hauptabteilung II: Spionageabwehr, in: Wilfried Suckut u.a. (Hg.): Anatomie der Staatssicherheit. Geschichte, Struktur, Methoden. (MfS-Handbuch Teil III/7), Berlin 1998.

Müller-Enbergs, Helmut (Hg.): Inoffizielle Mitarbeiter des Ministeriums für Staatssicherheit. Teil 2: Anleitungen für die Arbeit mit Agenten, Kundschaftern und Spionen in der Bundesrepublik Deutschland, Berlin 1998.

Roesler, Jörg: Industrieinnovation und Industriespionage in der DDR. Der Staatssicherheitsdienst in der Innovationsgeschichte der DDR, DA 1994, S. 1026ff.

Sélitrenny, Rita/Thilo *Weichert*: Das unheimliche Erbe. Die Spionageabteilung der Stasi, Leipzig 1991.

Siebenmorgen, Peter: „Staatssicherheit" der DDR. Der Westen im Fadenkreuz der Stasi, Bonn 1993.

Rechtliche Bewertung der DDR-Spionage

Monographien

Frowein, Jochen Abr./Rüdiger *Wolfrum*/Gunnar *Schuster* (Hg.): Völkerrechtliche Fragen der Strafbarkeit von Spionen aus der ehemaligen DDR. Gutachten erstattet im Auftrag des Bundesverfassungsgerichts und Beschluß des Gerichts vom 15. Mai 1995, Berlin u.a. 1995.

Gehrlein, Markus: Die Strafbarkeit der Ost-Spione auf dem Prüfstand des Verfassungs- und Völkerrechts, Köln u.a. 1996.

Lampe, Joachim: Juristische Aufarbeitung der Westspionage des MfS. Eine vorläufige Bilanz. Festvortrag gehalten am 18. Juni 1999 in der Akademie für politische Bildung in Tutzing, Berlin 1999.

Marxen, Klaus/Gerhard *Werle*: Die strafrechtliche Verfolgung von DDR-Unrecht. Eine Bilanz, Berlin 1999.

Nanzka, Martin: Spionage der ehemaligen DDR gegen die Bundesrepublik Deutschland. Verfassungsrechtliche Grenzen der Strafverfolgung wegen Landesverrates, Geheimdienstlicher Agententätigkeit und damit in Zusammenhang stehender Straftaten nach der Herstellung der Einheit Deutschlands, Frankfurt/M. usw. 2000.

Ridder, Helmut: Die deutsch-deutsche Spionage im Okular der westdeutschen Deutschland-Jurisprudenz, Bonn 1996.

Thiemrodt, Ivo: Strafjustiz und DDR-Spionage. Zur Strafverfolgung ehemaliger DDR-Bürger wegen Spionage gegen die Bundesrepublik, Berlin 2000.

Aufsätze und Sammelbandbeiträge

Albrecht, Peter-Alexis/*Kadelbach*, Stefan: Zur strafrechtlichen Verfolgung von DDR-Außenspionage, Völker- und verfassungsrechtliche Fragen, NJ 1992, S. 137ff.

Albrecht, Peter-Alexis/*Kadelbach*, Stefan: Zur strafrechtlichen Verfolgung von DDR-Außenspionage, KritV 1992, S. 84ff.

Arndt, Claus: Das Grundgesetz und die Strafverfolgung von Angehörigen der Hauptverwaltung Aufklärung, NJW 1991, S. 2466f.

Classen, Claus Dieter: Straffreiheit für DDR-Spione: Verschlungene Pfade zu einem vernünftigen Ergebnis, NStZ 1995, S. 371ff.

Cramer, Steffen: Zur Strafbarkeit der DDR-Außenspionage, NJ 1993, S. 102ff.

Doehring, Karl: Zur Ratio der Spionenbestrafung – Völkerrecht und nationales Recht, ZRP 1995, S. 293ff.

Dölp, Michael: Auswirkung der Anordnung des Verfalls von Wertersatz bei verbrauchtem Agentenlohn, NStZ 1993, S. 26f.

Eser, Albin/Jörg *Arnold* (Hg.): Strafrecht in Reaktion auf Systemunrecht. Vergleichende Einblick in Transitionsprozesse, Bd. 2: Deutschland, Kapitel 5: DDR-Spionage, Freiburg i.Br. 2000, S. 277ff.

Ignor, Alexander/*Müller*, Anke: Spionage und Recht, Bemerkungen zur Strafverfolgung der ehemaligen DDR-Spionage, StV 1991, S. 573ff.

Kasper, Uwe Wolfgang: Staatsschutz und Völkerrecht, Völkerrechtliche Schranken eines Strafanspruchs gegen ehemalige DDR-Spione, NJ 1992, S. 432ff.

Lampe, Joachim: Politische und juristische Aspekte der Spionageprozesse, in: Jürgen Weber/Michael Piazolo (Hg.), Eine Diktatur vor Gericht, Aufarbeitung von SED-Unrecht durch die Justiz, München und Landsberg 1995, S. 137ff.

Lampe, Joachim: Die strafrechtliche Aufarbeitung der DDR-Spionage, in: Karlmann Geiß u.a. (Hg.): Festschrift aus Anlaß des fünfzigjährigen Bestehens von Bundesgerichtshof, Bundesanwaltschaft und Rechtsanwaltschaft beim Bundesgerichtshof, Köln usw. 2000, S. 449ff.

Lippold, Rainer: Die Strafbarkeit der DDR-Spionage und ihre Verfassungsmäßigkeit, NJW 1992, S. 18ff.

Loos, Fritz/Henning *Radtke*: MfS-Offiziere als (Mit-)Täter des Landesverrats (§ 94 StGB)?, StV 1994, S. 565ff.

Neumann, Ulfried: Strafrechtliche Verantwortlichkeit für die DDR-Spionage gegen die Bundesrepublik, in: Ernst-Joachim Lampe (Hg.): Deutsche Wiedervereinigung, Die Rechtseinheit, Arbeitskreis Strafrecht, Band II, Die Verfolgung von Regierungskriminalität der DDR nach der Wiedervereinigung, Köln u.a. 1993, S. 161ff.

Quaritsch, Helmut: DDR-Verbrechen vor dem Bundesverfassungsgericht: Außenperspektive und Binnensicht. In: Rolf Stober (Hg.): Recht und Recht. Festschrift für Gerd Roellecke zum 70. Geburtstag, Stuttgart 1997, S. 221ff.

Rittstieg, Helmut: Bestrafung von ehemaligen DDR-Bürgern wegen Verrats der Bundesrepublik Deutschland?, Vierteljahresschrift für Sicherheit und Frieden 1994, S. 188 ff.

Sachs, Michael: Strafbarkeit und Verfolgung der Spionage für die DDR, JuS 1996, S. 66f.

Samson, Erich: Auslands- oder Inlandstheorie bei DDR-Alttaten, NJ 1991, S. 236ff.

Schlüchter, Ellen/Gunnar *Duttge*: Spionage zugunsten des Rechtsvorgängerstaats als Herausforderung für die Strafrechtsdogmatik, NStZ 1996, S. 457ff.

Schlüchter, Ellen/Gunnar *Duttge*/Gerhard *Klumpe*: Verjährung eines tatbestandlichen Handlungskomplexes am Beispiel geheimdienstlicher Agententätigkeit, JZ 1997, S. 995ff.

Schmidt, Wilhelm: Verjährungsprobleme bei Straftaten der Mitarbeiter des Ministeriums für Staatssicherheit der ehemaligen DDR, NStZ 1995, S. 262ff.

Schünemann, Bernd: Strafrechtliche Verantwortlichkeit für die DDR-Spionage gegen die Bundesrepublik nach der Wiedervereinigung, in: Ernst-Joachim Lampe (Hg.): Deutsche Wiedervereinigung, Die Rechtseinheit, Arbeitskreis Strafrecht, Bd. II, Die Verfolgung von Regierungskriminalität der DDR nach der Wiedervereinigung, Köln u.a. 1993, S. 173ff.

Schuster, Gunnar: Verfassungs- und völkerrechtliche Fragen der Bestrafung von DDR-Spionen nach der Wiedervereinigung Deutschlands, ZäöRV 51 (1991), S. 651ff.

Simma, Bruno/Klaus *Volk*: Der Spion, der in die Kälte kam, NJW 1991, S. 871ff.

Widmaier, Gunter: Strafbarkeit der DDR-Spionage gegen die Bundesrepublik – auch noch nach der Wiedervereinigung?, NJW 1990, S. 3169ff.

Widmaier, Gunter: Verfassungswidrige Strafverfolgung der DDR-Spionage: Verstoß gegen das Rückwirkungsverbot des Art. 103 Abs. 2 GG, NJW 1991, S. 2460ff.

Widmaier, Gunter: Vom Grundsatz des rechtsstaatlichen Vertrauensschutzes, Zur Strafverfolgung von Bürgern der ehemaligen DDR wegen Spionage gegen die Bundesrepublik, KritV 1994, S. 377ff.

Zuck, Rüdiger: Spione in Ost und West, MDR 1991, S. 1009.

Urteilsanmerkungen und -besprechungen

Arndt, Claus: Bestrafung von Spionen der DDR, Anmerkung [zu BVerfG v. 15.05.1995 – BvL 19/91 u.a.], NJW 1995, S. 1803f.

Classen, Claus Dieter: Anmerkung. [zu BGH v. 30.01.1991 – 2 BGs 38/91 = BGHSt 37, 305ff.], JZ 1991, S. 717.

Dehn, Bertram: Anmerkung zu den Beschlüssen des Bundesgerichtshofs v. 28.11.96 [StB 12/96 und 13/96], NStZ 1997, S. 143ff.

Huber, Peter M.: Die Strafbarkeit von MfS-Spionen. BVerfG v. 15.5.1995 – 2 BvL 19/91, 2 BvR 1206/91, Jura 1996, S. 301.

Kasper, Uwe Wolfgang: Zur Strafbarkeit von DDR-Geheimdienstmitarbeitern. Anmerkung [zu BGH v. 30.07.1993 – 3 StR 347/92], MDR 1994, S. 545.

König, Stefan: Kommentar [zu BGH, Beschluss v. 25.2.1998 – 3 StE 7/94 - 1 - (2), NJ 1998, S. 266.

Lampe, Joachim: Anmerkung [zu OLG Stuttgart, Urteil v. 10.12.1992 – 4-3 StE 3/92], NJW 1993, S. 1407.

Rittstieg, Helmut: Zur Strafbarkeit der Spionage für die ehemalige DDR, Anmerkung [zu BGH v. 30.07.93 – 3 StR 347/92], NJW 1994, S. 912f.

Rudolphi, Hans-Joachim: Anmerkung [zu BGH, Urteil v. 26.2.1997 – 3 StR 525/96], NStZ 1997, S. 489f.

Sachs, Michael: Rechtsprechungsübersicht: Strafbarkeit und Verfolgung der Spionage für die DDR [zu BVerfG, Beschluss v. 15.5.1995 - 2 BvL 19/91 u.a.], JuS 1996, S. 66f.

Schlüchter, Ellen/Gunnar *Duttge*: Anmerkung zu BGH 3 StR 114/97 vom 28.11.1997, NStZ 1998, S. 618ff.

Schmidt, Hans-Wolfgang: Aus der Rechtsprechung des BGH in Staatsschutzsachen – 1. Teil, NStZ 1996, S. 372ff.

Schmidt, Wilhelm: Anmerkung [zu BayObLG v. 24.8.1995 – 3 St 11/949], JR 1996, S. 430ff.

Schroeder, Friedrich-Christian: Anmerkung [zu BGH v. 27.09.1991 – 3 StR 312/91], JR 1992, S. 205ff.

Schroeder, Friedrich-Christian: Die Strafbarkeit der Ausforschung der Bundesrepublik durch die DDR, Zum Beschluß des Bundesverfassungsgerichts vom 15.5.1995, JR 1995, S. 441ff.

Träger, Ernst: Anmerkung [zu BGH v. 30.07.1993 – 3 StR 347/92], NStZ 1994, S. 282.

Volk, Klaus: Anmerkung [zu KG Berlin, Beschluß v. 22.7.1991 – (1) 3 StE 9/91 – 4 (13/91)], JR 1991, S. 431ff.

Volk, Klaus: Übermaß und Verfahrensrecht. Zur Spionageentscheidung des BVerfG, NStZ 1995, S. 367ff.

Widmaier, Gunter: DDR-Spionage und Rechtsstaat. Zur Spionageentscheidung des Bundesverfassungsgerichts, NJ 1995, S. 345ff.

Wilke, Dieter: Das Kammergericht im Irrgarten des Ost-West-Rechts [zu KG Berlin, Beschluss v. 22.7.1991 – (1) 3 StE 9/91 – 4 – (13/91)], NJW 1991, S. 2465f.

Amnestiedebatte

Blanke, Thomas: Der „Rechtshistorikerstreit" um Amnestie. Politische Klugheit, moralische Richtigkeit und Gerechtigkeit bei der Aufarbeitung deutscher Vergangenheiten, KJ 1995, S. 131ff.

Deutscher Bundestag (Hg.): Entwurf eines Gesetzes über Straffreiheit bei Straftaten des Landesverrats und der Gefährdung der äußeren Sicherheit. Gesetzentwurf der Koalitionsfraktionen von CDU/CSU und FDP vom 2.9.1990 (BT-Drs. 11/7762 ‹neu›).

Deutscher Bundestag (Hg.): Entwurf eines Gesetzes über Straffreiheit bei Straftaten des Landesverrats und der Gefährdung der äußeren Sicherheit. Gesetzentwurf der Bundesregierung vom 13.9.1990 (BT-Drs. 11/7871).

Deutscher Bundestag (Hg.): Entwurf eines Gesetzes über Straffreiheit bei Straftaten des Landesverrats und der Gefährdung der äußeren Sicherheit (Spionageamnestiegesetz). Gesetzentwurf der Gruppe PDS/Linke Liste vom 7.12.1993 (BT-Drs. 12/6370).

Deutscher Bundestag: Prozesse gegen Bundesbürger und Bundesbürgerinnen aus den alten Bundesländern wegen nachrichtendienstlicher Tätigkeit für die Deutsche Demokratische Republik. Kleine Anfrage der Abgeordneten Andrea Lederer und der Gruppe der PDS/Linke Liste sowie Antwort der Bundesregierung (BT-Drs. 12/1598 und 12/1698).

Deutscher Bundestag: Strafverfolgung von Spionen der DDR in den EU-Staaten, Japan, Kanada und den USA. Kleine Anfrage des Abgeordneten Dr. Uwe-Jens Heuer und der Gruppe der PDS sowie Antwort der Bundesregierung (BT-Drs. 13/2424 und 13/2561).

Eberan, Barbro: Amnestie für Straftaten unter dem DDR-Regime?, NJ 1995, S. 299ff.

Fricke, Karl Wilhelm: Merkwürdige Schlußstrich-Diskussion, DA 1995, S. 113ff.

Gauck, Joachim: Wem würde eine Amnestie nützen?, DRiZ 1999, S. 90ff.

Geiger, Stefan: … und die Kleinen laufen lassen, DRiZ 1990, S. 231

Greive, Wolfgang (Hg.): Amnestie für Straftaten unter der SED-Diktatur? Dokumentation einer Tagung der Evangelischen Akademie Loccum vom 15. bis 17. Februar 1995. Rehburg-Loccum: Evangelische Akadademie Loccum, Protokollstelle 1996.

Greive, Wolfgang (Hg.): Amnestie, Gnade, Politik. Dokumentation einer Tagung der Evangelischen Akademie Loccum vom 18. bis 20. November 1988. Rehburg-Loccum: Evangelische Akadademie Loccum, Protokollstelle 1992.

Hammel, Frank Achim: Innerstaatliche Amnestien. Grundlagen und Grenzen aufgrund des internationalen Rechts. Frankfurt/M. u.a. 1993.

Heuer, Uwe-Jens (Hg.): Amnestie – Straffreiheit – Schlußgesetz? Beiträge und Materialien/Anhörung Amnestiedebatte und Schlussgesetz der PDS-Bundestagsgruppe am 25. März 1995 im Berliner Abgeordnetenhaus. PDS im Bundestag. Bonn: Bundestagsgruppe der PDS 1995.

Hillenkamp, Thomas: Offene oder verdeckte Amnestie – über Wege strafrechtlicher Vergangenheitsbewältigung, JZ 1996, S. 179ff.

Die Idee des Schlußstrichs. Eine Diskussion mit Joachim Gauck, Regina Ogorek, Richard Schröder, Gesine Schwan, Wolfgang Ullmann und Rudolf Wassermann. In: Gary Smith/Avishai Margalit (Hg.), Amnestie oder Die Politik der Erinnerung in der Demokratie, Frankfurt/M. 1997, S. 209ff.

Jäger, Herbert: Amnestie für staatliche Verbrechen?, KJ 1990, S. 467ff.

Jäger, Herbert/Rolf *Knieper*/Joachim *Perels*: Amnestie für in der DDR begangene Straftaten? Eine Diskussion, in: Redaktion Kritische Justiz (Hg.), Die juristische Aufarbeitung des Unrechts-Staats, Baden-Baden 1998, S. 691ff.

Leutheusser-Schnarrenberger, Sabine: „Amnestie kann nur Rechtsfrieden schaffen, wenn sie allgemein akzeptiert ist und auf einem breiten Konsens beruht". Rede der Bundesjustizministerin anläßlich der Eröffnung der Ausstellung „Im Namen des Volkes? – Über die Justiz im Staat der SED" ..., in: Das Bundesministerium der Justiz (Hg.), Recht – Eine Information des Bundesministers der Justiz, Bonn 1995, S. 17ff.

Leutheusser-Schnarrenberger, Sabine: Amnestie für Spione? ZRP-Rechtsgespräche, ZRP 1995, S. 308ff.

Müller, Wolfgang/Manfred Grigo: Amnestie oder Strafverfolgung? Zum Problem der Strafverfolgung ehemaliger DDR-Spitzenfunktionäre, KJ 1991, S. 88ff.

Quaritsch, Helmut: Über Bürgerkriegs- und Feind-Amnestien, Der Staat 1992, S. 389ff.

Rautenberg, Erardo Cristoforo: Plädoyer für ein begrenztes Straffreiheitsgesetz im Bereich des SED-Unrechts, NJ 1995, S. 617ff.

Schaefgen, Christoph: Amnestie für Systemunrecht?, RuP 1995, S. 135ff.

Schätzler, Johann-Georg: Die versäumte Amnestie. Vorwärts gelebt, rückwärts nichts verstanden, NJ 1995, S. 57ff.

Schorlemmer, Friedrich: Amnestie zum 9. Oktober 1999, DRiZ 1999, S. S. 88f.

Sendler, Horst: Strafrechtliche Aufarbeitung der DDR-Vergangenheit oder Amnestie?, NJW 1997, S. 3146ff.

Sendler, Horst: Unrechtsstaat und Amnestie, NJ 1995, S. 225f.

Smith, Gary/Avishai *Margalit* (Hg.): Amnestie oder die Politik der Erinnerung in der Demokratie. Frankfurt/M. 1997.

Wassermann, Rudolf: Amnestie – eine endlose Debatte?, NJW 1998, S. 204f.

Wassermann, Rudolf: Dritte Schuld der Deutschen? Die neue Amnestiedebatte belastet die Strafverfolgung, RuP 1994, S. 138ff.

Wassermann, Rudolf: Schlußstrich unter die SED-Verbrechen? Zur Debatte um eine Amnestie für SED-Funktionärs- und DDR-Regierungskriminalität, NJW 1994, S. 2666ff.

Zielcke, Andreas: Diskussion: Amnestie für in der DDR begangene Straftaten? Gnade vor Recht?, KJ 1990, S. 460ff.

Zuck, Rüdiger: Amnesty national. Kommentar, NJW 1995, S. 1801ff.

Sonstiges (Dokumentationen, Biographien etc.)

Abramowski, Wanja: Im Labyrinth der Macht. Innenansicht aus dem Stasi-Apparat, in: Bernd Florath/Armin Mitter/Stefan Wolle (Hg.): Die Ohnmacht der Allmächtigen. Geheimdienste und politische Polizei in der modernen Gesellschaft, Berlin 1992, S. 212ff.

Bohnsack, Günter/Herbert *Brehmer*: Auftrag: Irreführung. Wie die Stasi Politik im Westen machte, hg. von Ch. v. Ditfurth, Hamburg 1992.

Der Bundesbeauftragte für die Unterlagen des Staatssicherheitsdienstes der ehemaligen Deutschen Demokratischen Republik (Hg.): Die Inoffiziellen Mitarbeiter. Richtlinien, Befehle, Direktiven, 2 Bde., Bonn (Lizenzausgabe für die Bundeszentrale für Politische Bildung) 1992.

Eichner, Klaus: Ermittlungsverfahren, Anklagen, Verurteilungen – eine Dokumentation, in: Hans Reichelt/Wolfgang Richter/Hans Weber: Unfrieden in Deutschland. Weissbuch, Unrecht im Rechts-Staat, Strafrecht und Siegerjustiz im Beitrittsgebiet, Berlin 1995, S. 319ff.

Eichner, Klaus: Strafverfolgung wegen nachrichtendienstlicher Tätigkeit für die DDR, in: Hans Reichelt/Wolfgang Richter/Hans Weber: Unfrieden in Deutschland. Weissbuch, Unrecht im Rechts-Staat, Strafrecht und Siegerjustiz im Beitrittsgebiet, Berlin 1995, S. 285ff.

Eltgen, Hans: Ohne Chance. Erinnerungen eines HVA-Offiziers, Berlin 1995.

Fricke, Karl Wilhelm, Markus Wolf vor Gericht, DA 1994, S. 6ff.

Gast, Gabriele: Kundschafterin des Friedens. 17 Jahre Topspionin der DDR beim BND, Frankfurt/M. 1999.

Großmann, Werner: Bonn im Blick. Die DDR-Aufklärung aus der Sicht ihres letzten Chefs, 2. Aufl., Berlin 2001.

Guillaume, Günter: Die Aussage. Wie es wirklich war, München 1990.

Hirsch, Rudolf: Der Markus-Wolf-Prozeß. Eine Reportage, Berlin 1994.

Lederer, Andrea (Hg.): Spionage & Justiz nach dem Anschluß der DDR. Meinungen und Dokumente zu den Prozessen gegen ehemalige Mitarbeiter der Auslandsnachrichtendienste der DDR, Berlin 1992.

Michels, Bernd: Spionage auf Deutsch. Wie ich über Nacht zum Top-Agent wurde, Düsseldorf 1992.

Müller-Enbergs, Helmut: Garanten äußerer und innerer Sicherheit, in: Matthias Judt (Hg.): DDR-Geschichte in Dokumenten, Bonn 1998, S. 431ff. (Dokumente S. 450ff.).

Pfister, Elisabeth: Unternehmen Romeo, Die Liebeskommandos der Stasi, Berlin 1999.

Quoirin, Marianne: Markus Wolf im Gehege des Rechtsstaats. Gastkommentar, DRiZ 1993, S. 289.

Reichenbach, Alexander: Chef der Spione – Die Markus Wolf Story, Stuttgart 1992.

Richter, Peter/Klaus *Rösler*: Wolfs West-Spione. Ein Insider-Report, Berlin 1992.

Stiller, Werner: Im Zentrum der Spionage, Mainz 1986.

Tiedge, Hansjoachim: Der Überläufer. Eine Lebensbeichte, Berlin 1998.

Wagner, Klaus: Spionageprozesse. Spionagemethoden des MfS (HVA) und östlicher (u.a. KGB) sowie nahöstlicher Nachrichtendienste in den Jahren 1977-1990 in der Bearbeitung von Guido Korte, hg. von der Fachhochschule des Bundes für

Öffentliche Verwaltung, Fachbereich Öffentliche Sicherheit, Brühl bei Köln 2000.
Wolf, Markus: In eigenem Auftrag. Bekenntnisse und Einsichten, München 1991.
Wolf, Markus: Die Kunst der Verstellung. Dokumente, Gespräche, Interviews, Berlin 1998.
Wolf, Markus: Spionagechef im geheimen Krieg. Erinnerungen, München 1997.

Verfahrensübersicht

Die folgende Auflistung enthält sämtliche Strafverfahren, die vom Generalbundesanwalt wegen DDR-Spionage gegen die Bundesrepublik geführt wurden und die dem Projekt „Strafjustiz und DDR-Vergangenheit“ bis zum 20. April 2004 bekannt geworden sind, sofern mindestens ein DDR-Bürger unter den Angeklagten war.
Die Strafverfahren sind chronologisch nach dem Datum der Anklageerhebung geordnet. Wenn nichts anderes angegeben ist, sind die Erledigungen rechtskräftig geworden.

Nr.	Datum	Behörde/Gericht	Art des Dokuments	Aktenzeichen	Angeklagte und Verfahrensausgang
1 (=lfd. Nr. 3)	20.02.1991	GBA	Anklage	3 StE 4/91 - 3	Günter Böttger, Harry Schütt (Verfahren gegen Alfred und Ludwig Spuhler, Anklage des GBA v. 17.1.1991 – Az. 3 StE 1/90 - 3 –, später hinzuverbunden)
	15.11.1991	BayObLG	Erstinstanzl. Urteil	3 St 1/91 a-d; 3 StE 1/90 - 3; 3 StE 4/91 - 3	Jeweils Freiheitsstrafe ohne Bewährung A. Spuhler: 10 Jahre L. Spuhler: 5 Jahre 6 Monate
	23.01.1996	GBA	Anklagerücknahme	3 StE 4/91 - 3	Böttger, Schütt: jeweils Anklagerücknahme und anschließende Einstellung gem. § 153c StPO
2 (= lfd. Nr. 2)	10.06.1991	GBA	Anklage	3 StE 9/91 - 4	Ralf-Peter Devaux, Siegfried Kern, Bernhard Schorm, Bernd Fischer, Werner Großmann
	28.04.1994	GBA	Anklagerücknahme	-	Fischer, Kern: jeweils Anklagerücknahme und anschließende Einstellung gem. § 153c StPO
	28.07.1995	GBA	Anklagerücknahme	3 StE 9/91 - 4	Devaux, Großmann: jeweils Anklagerücknahme und anschließende Einstellung gem. § 153c StPO
	23.07.1996	KG Berlin	Beschluss	(1a/1) 3 StE 9/91 - 4 - (13/91)	Schorm: Einstellung gem. § 153a Abs. 2 StPO
3	13.06.1991	GBA	Anklage	3 StE 8/91 - 2	Klaus Lippold, Dieter Popp
	23.12.1991	OLG Düsseldorf	Erstinstanzl. Urteil	IV - 22/91	Popp: Freiheitsstrafe ohne Bewährung (6 Jahre)

	24.01.1996	GBA	Anklagerücknahme	3 BJs 180/90 - 2 (57)	Lippold: Anklagerücknahme und anschließende Einstellung gem. § 153c StPO
4	24.06.1991	GBA	Anklage	3 StE 10/91 - 3	Fritz Schulmeyer, Ulrich Steinmann
	25.06.1992	OLG Düsseldorf	Erstinstanzl. Urteil	IVa 4/91	Steinmann: Freiheitsstrafe ohne Bewährung (6 Jahre) Schulmeyer: Freiheitsstrafe mit Bewährung (1 Jahr)
5	03.07.1991	GBA	Anklage	3 StE 11/91 - 1	Uwe A., Kerstin, Gerlinde und Wolf-Dieter F., Kurt Tiemann
	12.03.1992	BayObLG	Erstinstanzl. Urteil	3 St 9/91 a-d	W.-D. F.: Freiheitsstrafe ohne Bewährung (8 Jahre) Jeweils Freiheitsstrafe mit Bewährung K. F.: 1 Jahr 9 Monate Tiemann: 1 Jahr 6 Monate
	13.07.1993	BayObLG	Beschluss	3 St 29/91	G. F.: Einstellung gem. § 153a Abs. 2 StPO
	22.08.1996	BayObLG	Urteil nach Zurückverweisung	3 St 16/96	A.: Verwarnung mit Strafvorbehalt (angedrohte Geldstrafe von 150 Tagessätzen zu je 100 DM)
6 (= lfd. Nr. 11)	04.07.1991	GBA	Anklage	3 StE 14/91 - 1	Gabriele Gast, Lothar M., Karl-Heinz Schneider, Karlheinz Stephan
	19.12.1991	BayObLG	Erstinstanzl. Urteil	3 St 8/91 a-d und 3 BJs 437/90 - 1	Gast: Freiheitsstrafe ohne Bewährung (6 Jahre 9 Monate) Jeweils Freiheitsstrafe mit Bewährung: M.: 2 Jahre Schneider: 1 Jahr 6 Monate Stephan: 1 Jahr
7 (= lfd. Nr. 5)	31.01.1992	GBA	Anklage	3 StE 3/92 - 4	Jürgen Dobel, Herbert Köhler, Johannes Konavec, Rolf Preusche
	14.10.1992	OLG Stuttgart	Beschluss	4 - 3 StE 3/92	Dobel, Konavec, Preusche: Jeweils Einstellung gem. § 153a Abs. 2 StPO
	26.07.1996	OLG Stuttgart	Beschluss	4 - 3 StE 3/92	Köhler: Einstellung gem. § 153a Abs. 2 StPO
8	16.07.1992	GBA	Anklage	3 StE 9/92 - 1 (3)	Mathias Reichert, Barbara S.

	02.10.1992	OLG Düsseldorf	Erstinstanzl. Urteil	IV - 32/92 (5/92 VS-Geheim); 3 StE 9/92 - 1 (3)	Reichert: Freiheitsstrafe ohne Bewährung (5 Jahre)
	13.01.1993	OLG Düsseldorf	Beschluss	IV - 32/92 (5/92 VS-Geheim); 3 StE 9/92 - 1 (3) Generalbundesanw.	S.: Einstellung gem. § 153a Abs. 2 StPO
9	28.07.1992	GBA	Anklage	3 StE 10/92 - 1	Gerhard Behnke, Kurt Gailat, Werner Groth, Günther Neefe
	20.01.1995	OLG Düsseldorf	Beschluss	IV - 24/94	Neefe: Einstellung gem. § 206 (Verhandlungsunfähigkeit)
	31.07.1995	GBA	Anklage-rücknahme	-	Behnke, Groth, Gailat: jeweils Anklagerücknahme und anschl. Einstellung gem. § 153c StPO
10	30.07.1992	GBA	Anklage	3 StE 4/92 - 2 (3)	Johanna Olbrich
	16.01.1996	OLG Düsseldorf	Urteil nach Zurückverweisung	VIII - 17/95 (6/95 VS-Vertr.)	Freiheitsstrafe mit Bewährung (1 Jahr 9 Monate)
11 (= lfd. Nr. 1)	16.09.1992	GBA	Anklage	3 StE 14/92 - 3	Markus Wolf (Verfahren Nr. 26 später hinzuverbunden, vgl. Anklage vom 20.08.1996)
	27.05.1997	OLG Düsseldorf	Urteil nach Zurückverweisung	VII - 1/96 (1/96 VS-Geheim); 3 StE 14/92 - 3 (3) - Ref. 4; 3 StE 4/96 - 4 (1); 3 StE 9/96 - 4 (2)	Freiheitsstrafe mit Bewährung (2 Jahre)
12 (= lfd. Nr. 8)	14.12.1992			3 StE 16/92 - 4	Hans Kusche, Heinrich Schneider, Erich Schubert, Karli Coburger
	01.07.1993	KG Berlin	Erstinstanzl. Urteil	(2/1) 3 StE 16/92 - 4 (1) (81/92)	Schneider: Freiheitsstrafe ohne Bewährung (4 Jahre 6 Monate)
	14.11.1994	LG Berlin	Beschluss	(529) 1 Kap Js 711/93 (29/93)	Schubert: Verbindung zum Verfahren 1 Kap Js 711/93, dort Einstellung durch das LG Berlin am 23.10.1996 – Az. 529 - 29/93 – gem. § 206a StPO (Verhandlungsunfähigkeit)

	23.08.1995	GBA	Anklage-rücknahme	3 StE 16/92 - 4	Coburger: Anklagerücknahme und anschl. Einstellung gem. § 153c StPO
	26.05.1998	KG Berlin	Urteil nach Zurückverweisung	(5) 3 StE 16/92 (2/96)	Kusche: Freiheitsstrafe mit Bewährung (1 Jahr 9 Monate)
13 (= lfd. Nr. 6)	12.03.1993	GBA	Anklage	3 StE 2/93 - 2	Günther Kratsch, Wolfgang Lohse, Wolfgang Mauersberger, Kurt Ulbrich
	04.06.1996	GBA	Anklage-rücknahme	3 StE 2/93 - 2 - (2)	Lohse, Ulbrich: jeweils Anklagerücknahme und anschl. Einstellung gem. § 153c StPO Mauersberger: Anklagerücknahme und anschl. Einstellung gem. § 170 Abs. 2 StPO
	06.01.1997	KG Berlin	Beschluss	-	Kratsch: Einstellung gem. § 153a Abs. 2 StPO
14	24.04.1993	GBA	Anklage	3 StE 4/93 - 3	Wolfgang Hartmann, Eckard Kurschat
	17.01.1994	OLG Hamburg	Erstinstanzl. Urteil	3 StE 4/93 - 3 (1)	Kurschat: Freiheitsstrafe ohne Bewährung (5 Jahre 3 Monate) Hartmann: Freiheitsstrafe mit Bewährung (2 Jahre) (nur teilweise rk)
	01.04.1997	OLG Hamburg	Beschluss	IV - 1/96; 3 StE 4/93 - 3 (1)	Hartmann: Teilw. Aufhebung des OLG-Urteils vom 17.01.1994 und diesbez. Teileinstellung gem. § 154 Abs. 2 StPO; im Übrigen blieb es bei der Verurteilung zu einer Freiheitsstrafe mit Bewährung (1 Jahr 6 Monate)
15 (= lfd. Nr. 7)	03.05.1993	GBA	Anklage	3 StE 3/93 - 2	Horst Männchen
	25.09.1995	GBA	Anklage-rücknahme	3 StE 3/93 - 2	Anklagerücknahme und anschl. Einstellung gem. § 153 Abs. 1 StPO
16	22.06.1993	GBA	Anklage	3 StE 6/93 - 1	Harald Fischer
	27.07.1995	GBA	Anklage-rücknahme	3 StE 6/93 - 1	Anklagerücknahme und anschl. Einstellung gem. § 153c StPO
17	15.09.1993	GBA	Anklage	3 StE 10/93 - 2	Walter Liewehr, Manfred Lohs
	03.02.1994	OLG Düsseldorf	Erstinstanzl. Urteil	IVa - 21/93	Liewehr: Freiheitsstrafe ohne Bewährung (3 Jahre) Lohs: Freiheitsstrafe mit Bewährung (9 Monate)

18 (= lfd. Nr. 4)	03.11.1993	GBA	Anklage	3 StE 12/93 - 4	Bernd Michels, Wolfgang Mutz, Rolf Rabe, Rolf Wagenbreth
	24.11.1995	GBA	Anklage-rücknahme		Mutz, Wagenbreth: jeweils Anklagerücknahme und anschl. Einstellung gem. § 153c StPO
	05.11.1996	OLG Schleswig	Erstinstanzl. Urteil	2 OJs 25/93	Michels: Freiheitsstrafe mit Bewährung (1 Jahr 6 Monate)
	06.11.1996	OLG Schleswig	Beschluss	2 OJs 25/93	Rabe: Einstellung gem. §153a Abs. 2 StPO
19 (= lfd. Nr. 9)	12.04.1994	GBA	Anklage	3 StE 3/94 - 2	Alfred Krause
	31.07.1995	GBA	Anklage-rücknahme	VII 27/94 (20/94 VS-Vertr.)	Anklagerücknahme und anschl. Einstellung gem. § 153 Abs. 1 StPO
20	04.05.1994	GBA	Anklage	3 StE 6/94 - 4	Karl Wienand, Alfred Völkel
	26.06.1996	OLG Düsseldorf	Erstinstanzl. Urteil	IV - 21/94 (5/94 VS-Vertr.)	Wienand: Freiheitsstrafe ohne Bewährung (2 Jahre 6 Monate) Völkel: Verwarnung mit Strafvorbehalt (vorbehaltene Geldstrafe von 120 Tagessätzen zu je 40 DM)
21	04.05.1994	GBA	Anklage	3 StE 5/94 - 4	Karin H.-P., Wolfgang P., Kurt Schröder
	14.08.1996	GBA	Anklage-rücknahme	3 StE 5/94 - 4 (3)	Schröder: Anklagerücknahme und anschl. Einstellung gem. § 153c StPO
	22.11.1996	OLG Düsseldorf	Erstinstanzl. Urteil	IV - 23/94 (6/94 VS-Vertr.); 3 StE 5/94 - 4 (3)	H.-P., P.: jeweils Freiheitsstrafe mit Bewährung (2 Jahre)
22	25.05.1994	GBA	Anklage	3 StE 8/94 - 4	Karl-Heinz Rode, Hans-Georg Schrader
	13.10.1994	OLG Düsseldorf	Beschluss	IV - 25/94 (8/94 VS-Vertr.); 3 StE 8/94 - 4 (5)	Rode: Einstellung gem. §153a Abs. 2 StPO
	11.01.1995	OLG Düsseldorf	Beschluss	IV - 25/94 (8/94 VS-Vertr.); 3 StE 8/94 - 4 (5)	Schrader: Einstellung gem. §153a Abs. 2 StPO

23 (= lfd. Nr. 10)	20.06.1994	GBA	Anklage	3 StE 9/94	Karl Rehbaum, Klaus Rösler, Ann-Christine und Rainer Rupp
	17.11.1994	OLG Düsseldorf	Erstinstanzl. Urteil	IV - 28/94	R. Rupp: Freiheitsstrafe ohne Bewährung (12 Jahre) Jeweils Freiheitsstrafe mit Bewährung: A. Rupp: 1 Jahr 10 Monate Rehbaum, Rösler: 2 Jahre
24	21.07.1995	GBA	Anklage	3 StE 10/95 - 1 (1)	Hans-Jürgen Henze
	18.11.1998	OLG Düsseldorf	Erstinstanzl. Urteil	VII - 13/95 (3/95 VS-Geheim)	Freiheitsstrafe mit Bewährung (2 Jahre)
25	07.11.1995	GBA	Anklage	3 StE 14/95 - 4	Irene S., Ernst K.
	28.01.1998	OLG Düsseldorf	Erstinstanzl. Urteil	VII - 19/95 (7/95 VS-Vertr.); 3 StE 14/95 - 4 (8)	S.: Freiheitsstrafe mit Bewährung (1 Jahr)
	23.03.1998	OLG Düsseldorf	Beschluss	VII - 5/97 (1/97 VS-Vertr.); 3 StE 14/95 - 4 (8)	K.: Einstellung gem. § 153a StPO
26	20.08.1996	GBA	Anklage	3 StE 9/96 - 4	Markus Wolf
	12.09.1996	OLG Düsseldorf	Beschluss	VII - 1/96 (1/96 VS-Geheim) und VII - 14/96 (7/96 VS-Vertr.); 3 StE 14/92 - 3 (3) Ref. 4 und 3 StE 9/96 - 4 (2)	Verbindung zum Verfahren Nr. 11, Anklage vom 16.09.1992

Fundstellenverzeichnis

nach Gerichten

Gericht	Datum	Az.		veröffentlicht in	Lfd. Nr.
BayObLG	15.11.1991	3 St 1/91 a-d	Urteil	BayObLGSt 1991, 127-136; NStZ 1992, 281-283	3-1
BGH	18.10.1995	3 StR 324/94	Urteil	BGHSt 41, 292-303	1-2
	30.07.1993	3 StR 347/92	Urteil	BGHSt 39, 260-280	3-2
BVerfG	15.05.1995	2 BvL 19/91, 1206/91, 1584/91, 2601/93	Urteil	BVerfGE 92, 277-365	2-4
	26.05.1995	2 BvR 1724/93, 1130/94	Beschluss	Juris (Nr: KVRE260889501)	8-3
	09.07.1995	2 BvR 1180/94	Beschluss	NJW 1995, 2706-2707	8-4
KG Berlin	22.07.1991	(1) 3 StE 9/91 - 4 (13/91)	Beschluss	NJW 1991, 2501-2504	2-2
	27.08.1993	(1) 3 StE 2/93 (12/93)	Beschluss	NJ 1994, 34-36	6-2
	14.05.1993	(2) 3 StE 16/92 - 4 (1) (12/92)	Urteil	NJ 1993, 471-472	8-1
OLG Stuttgart	10.12.1992	4 - 3 StE 3/92	Urteil	NJW 1993, 1406-1407	5

nach Entscheidungssammlung/Zeitschrift

		Gericht	Datum	Az.		Lfd. Nr.
BayObLGST	1991, 127-136	BayObLG	15.11.1991	3 St 1/91 a-d	Urteil	3-1
BGHSt	39, 260-280	BGH	30.07.1993	3 StR 347/92	Urteil	3-2
	41, 292-303	BGH	18.10.1995	3 StR 324/94	Urteil	1-2
BVerfGE	92, 277-365	BVerfG	15.05.1995	2 BvL 19/91, 1206/91, 1584/91, 2601/93	Urteil	2-4
Juris	Nr: KVRE260889501	BVerfG	26.05.1995	2 BvR 1724/93, 1130/94	Beschluss	8-3
NJ	1993, 471-472	KG Berlin	14.05.1993	2) 3 StE 16/92 - 4 (1) (12/92)	Urteil	8-1
	1994, 34-36	KG Berlin	27.08.1993	(1) 3 StE 2/93 (12/93	Beschluss	6-2
NJW	1995, 2706-2707	BVerfG	09.07.1995	2 BvR 1180/94	Beschluss	8-4
	1991, 2501-2504	KG Berlin	22.07.1991	(1) 3 StE 9/91 - 4 (13/91)	Beschluss	2-2
	1993, 1406-1407	OLG Stuttgart	10.12.1992	4 - 3 StE 3/92	Urteil	5
NStZ	1992, 281-283	BayObLG	15.11.1991	3 St 1/91 a-d	Urteil	3-1

Gesetzesregister

Recht der Deutschen Demokratischen Republik

Bundesrecht und früheres Reichsrecht

Völkerrechtliche Vereinbarungen und zwischenstaatliche Verträge

Ortsregister

Es wurden nur solche Ortsnamen aufgenommen, deren Erwähnung im Kontext der untersuchten Spionagetaten stand. Sind im folgenden einzelne Seitenzahlen angegeben, wird der Ort bzw. der entsprechende Kreis oder Bezirk auf der genannten Seite mindestens einmal erwähnt. Sind Seitenbereiche angegeben, spielt der Ort im gesamten Textabschnitt eine Rolle, wird aber nicht notwendigerweise auf jeder einzelnen Seite erwähnt. Von einer Aufnahme West- und Ost-Berlins in das Register wurde abgesehen, da diese Orte zu häufig erwähnt werden. Einzelne Berliner Bezirke sind jedoch erfasst.

Personenregister

In das Personenregister wurden ausschließlich Personen der Zeitgeschichte aufgenommen, da alle anderen aus datenschutzrechtlichen Gründen anonymisiert werden mussten. Die Schreibweise folgt meist derjenigen im Text. Namen von verfahrensbeteiligten Richtern oder Rechtsanwälten wurden ebenfalls weggelassen. Namen in Anführungszeichen sind Deck- oder andere Falschnamen bzw. Namen von Personen, deren Identität nicht geklärt werden konnte. Nach dem Namen folgt in Klammern die Funktion(en), die die betreffende Person innehatte. Sind Seitenbereiche angegeben, wird die betreffende Person im betreffenden Textabschnitt mehrfach, nicht notwendigerweise aber auf jeder Seite erwähnt. Kursiv gesetzte Seitenzahlen verweisen auf ein Verfahren, in dem die betreffende Person Angeklagter war. Die laufende Nummer des entsprechenden Verfahrens ist in Klammern hinzugefügt.

Sachregister

Das Sachregister ist als Schlagwortregister angelegt und enthält auch Namen von Institutionen. Es wurden nicht nur die Dokumente, sondern auch Anmerkungen, die Begleittexte, der Anhang sowie die Verfahrensübersicht in die Verschlagwortung einbezogen.

FSC
www.fsc.org
MIX
Papier | Fördert
gute Waldnutzung
FSC® C083411

Kolibri 360 GmbH
Ferdinand-Jühlke-Straße 7
99095 Erfurt, Deutschland
produktsicherheit@kolibri360.de